Ulrich Affeld

Unter der Treue Gottes

Bilder aus dem Leben Moses

Verlag und Schriftenmission der
Evangelischen Gesellschaft
für Deutschland
Wuppertal-Elberfeld

In Dankbarkeit meiner Frau zugeeignet

ISBN 3 87857 130 X

© 1974 Verlag und Schriftenmission der Evangelischen Gesellschaft für Deutschland,
56 Wuppertal-1
Umschlagentwurf: Martin Wolf
Herstellung: St.-Johannis-Druckerei C. Schweickhardt,
763 Lahr-Dinglingen
13484/1974

Inhalt

5

Vorwort

Die folgenden Bibelarbeiten über Mose sind in »Licht und Leben« durch mehrere Jahrgänge erschienen. Von vielen Lesern bin ich gebeten worden, sie in Buchform vorzulegen. Der Schriftenmissions-Verlag Gladbeck hat mir ohne Zögern das Recht eingeräumt, sie unserem Verlag zu übergeben. Dafür gebührt ihm Dank.

Wir lernen von den Männern der Bibel. An ihnen hat der Herr gestaltet. Ein besonderes Werkzeug in seiner Hand ist unter ihnen Mose gewesen. Er wurde von Gott zum Führer seines Volkes in schwerer und schwerster Stunde gesetzt. Aber nicht nur das! – Er hat ihn zum bevollmächtigten Priester und beauftragten Propheten heranreifen lassen. Seinem Volk hat er das Gesetz geben dürfen. Seine Psalmen werden noch heute gehört und gebetet. Er ist ein Mann, der in vorderster Linie gestanden hat. Bei ihm lernen wir, daß kein Glaube ohne Kampf, ohne Anfechtung, ohne Leiden, aber auch ohne staunende Anbetung gelebt wird.

Wir wünschen dem Leser einen solchen vertieften Glauben, der allein Jesus und sein Wort zum Inhalt hat. Dem Herrn zu dienen, ist Lohn genug. Das zeigen die Bilder aus dem Leben Moses.

Gott erwählt sich seinen Mann

Und es ging hin ein Mann vom Hause Levi und nahm ein Mädchen aus dem Hause Levi zur Frau. Und sie ward schwanger und gebar einen Sohn. Und als sie sah, daß es ein feines Kind war, verbarg sie ihn drei Monate. Als sie ihn aber nicht länger verbergen konnte, machte sie ein Kästlein aus Rohr und verklebte es mit Erdharz und Pech und legte das Kind hinein und setzte das Kästlein in das Schilf am Ufer des Nils. Aber seine Schwester stand von ferne, um zu erfahren, wie es ihm ergehen würde. Und die Tochter des Pharao ging hinab und wollte baden im Nil, und ihre Gespielinnen gingen am Ufer hin und her. Und als sie das Kästlein im Schilf sah, sandte sie ihre Magd hin und ließ es holen. Als sie es auftat, sah sie das Kind, und siehe, das Knäblein weinte. Da jammerte es sie, und sie sprach: Es ist eins von den hebräischen Kindlein. Da sprach seine Schwester zu der Tochter des Pharao: Soll ich hingehen und eine der hebräischen Frauen rufen, die da stillt, daß sie dir das Kindlein stille? Die Tochter des Pharao sprach zu ihr: Gehe hin. Das Mädchen ging hin und rief die Mutter des Kindes. Da sprach die Tochter des Pharao zu ihr: Nimm das Kindlein mit und stille es mir; ich will es dir lohnen. Die Frau nahm das Kind und stillte es. Und als das Kind groß war, brachte sie es der Tochter des Pharao, und es ward ihr Sohn, und sie nannte ihn Mose; denn sie sprach: Ich habe ihn aus dem Wasser gezogen (2. Mose 2, 1–10).

Israel ist in ägyptischer Gefangenschaft. Die Aussichtslosigkeit und das Dunkel der Sklaverei lasten auf dem Volk. Frondienste unter ägyptischer Peitsche bestimmen seinen Alltag. Die Leistungsnorm wird von Zeit zu Zeit erhöht. Hoffnungslosigkeit greift um sich. Das Volk wartet auf Rettung. Es sucht den Horizont nach einer beginnenden Morgenröte ab. Nichts regt sich! Der Retter bleibt aus! Im Gegenteil: Die Lage des Volkes wird unerträglich. Der Kinderreichtum der Hebräer macht der ägyptischen Regierung Sorge. Deshalb verfügt sie, daß alle hebräischen Kinder männlichen Geschlechts, die fortan geboren werden, zu töten sind.

Das ist das Todesurteil für Israel! Seine Knaben sollen wie junge Hunde ertränkt werden! Nicht auszudenken! Und doch läßt Gott diese staatlich befohlene Geburtenkontrolle zu.

1. Der Herr hat seine eigene Zeit

Das Volk kann nur warten. Ist es recht, in dieser Zeit Kinder zu gebären? Können es Eltern unter diesen Umständen verantworten, Kinder zu zeugen? Ihr Geburtstag wäre ihr Sterbetag. Wer will diese Verantwortung auf sich nehmen!

Ägypten hingegen läßt sich von der Zahl bestimmen. Es hat Furcht, daß Israel zu stark wird. Wer die größere Zahl an Waffen, Menschen und Fabriken hat, hat die Macht. Wer die Macht hat, steht in Gefahr, sie zu mißbrauchen, weil er einen Szenenwechsel fürchtet. Das ist heute noch genauso. Wirtschaftsstatistiken werden aufgestellt, Bündnisse geschlossen und Volkszählungen angeordnet. Der Mehrheit schließen wir uns an. Was alle tun, machen wir auch. Wir sind Sklaven der Zahl! Sie läßt die Ägypter zu Mördern werden! Älteste, Schriftgelehrte und Hohepriester fürchteten nach der Auferweckung des Lazarus, daß dem Jesus von Nazareth alles Volk nachlaufe und sie den Einfluß verlieren würden. Darum steht sein Tod für sie fest. Und wir! Meinen wir heute nicht auch, unserer Zeit Kinder vorenthalten zu müssen! Wieviel werdendes Leben wird vorsätzlich und bewußt unter uns getötet? Der Ehebruch soll vertuscht und der »Hemmschuh« beseitigt werden. Die gesellschaftliche Note muß gewahrt bleiben.

Israel ist verzweifelt. Es schreit und ruft zu seinem Gott. Wie kann es merken, daß er bereits zu seinem Volk unterwegs ist? Der Herr braucht keine günstige Zeit. Er handelt und gestaltet, wann er will. Von Jesus hören wir es mehrere Male, daß seine Zeit und seine Stunde noch nicht da ist.

Gott läßt uns manches Mal warten, aber er verläßt uns nicht.

2. Am Ende der eigenen Kraft

So weit geht es, bis wir nicht mehr können! Liegt nicht eine große Verantwortung auf jeder Mutter, die ein Kind erwartet?

Jochebeth steht vor Gott. Sie ist eine betende Mutter. Was Gebete auf dieser Wegstrecke bedeuten, ahnen wir kaum. Hier werden bereits die Weichen gestellt.

Jochebeth empfängt den Sohn. Sie und ihr Mann Amram nahmen den Kampf mit Pharao auf. Bereits der erste Schrei des Kindes kann zum Verhängnis werden. Das darf nicht sein: geboren, um zu sterben! Hier vollzieht sich etwas von dem opfernden Kampf einer Mutter. Jeder neue Laut ihres Kindes wird ihr zur beißenden Qual. Aber Jochebeth hält durch, weil sie glaubt (Hebr. 11, 23).

Sie kämpft weiter. Stephanus bezeugt in seiner Rede vor dem Hohenpriester: »Zu der Zeit ward Mose geboren und war ein feines Kind vor Gott und ward drei Monate genährt in seines Vaters Hause« (Apg. 7, 20). In dem Kinde steht der Mutter die ewige Liebe Gottes vor Augen. Sie seilt sich im Glauben an den Gott ihrer Väter an und vertraut.

Von Mose gilt, was über den Propheten Jeremia von Gott in der Schrift gesagt ist: »Ich kannte dich, ehe ich dich im Mutterleibe bereitete, und sonderte dich aus, ehe du von der Mutter geboren wurdest, und bestellte dich zum Propheten für die Völker« (Jer. 1, 5). Hier hört alles Denken auf. Das läßt sich nicht nachkontrollieren. Hier kann ich nur nachglauben und stotternd in aller meiner Armut die wegbestimmende Güte Gottes im Leben seiner Knechte, wie in meinem eigenen, mit offenen Augen anbeten.

Gottes Plan für seinen Knecht Mose liegt fest, noch ehe er geboren wurde. *Die Bibel geht in ihrem Zeugnis weiter zurück und weiter voran, als wir es nur ahnen und vermuten.*

Nach drei Monaten gibt die Mutter den ungleichen Kampf auf. Den Grund wissen wir nicht. Mag sein, daß die ägyptische Gestapo etwas geahnt hat. Es kann aber auch sein, daß der wachsende Neid der Nachbarn sie dazu veranlaßt hat. Jedenfalls setzt Jochebeth ihr Kind aus.

3. Unter der Hoffnung des rettenden Eingriffs Gottes

»In der tiefsten Tiefe der Not steht Gott und wartet auf uns.« Das ist Vater Bodelschwinghs Erfahrung in seinem persönlichen Leben wie in Seelsorge und Diakonie. Wo wir am Ende sind, fängt der Herr erst an.

Abraham ist mit seinem einzigen Sohn Isaak den Weg nach Morija gegangen. Er ist zum Opfer des Sohnes bereit gewesen. Allein der Glaube hat ihn gehalten, daß unser Gott aus toten Gebeinen Leben erschaffen könne.

Jochebeth steht in einer Linie mit den Erzvätern. Sie glaubt an den, der Tote auferweckt.

Unser Gott kann! Er hat ganz Ägypten in seiner Hand. Das Kästchen ist nicht Sarg, sondern Hoffnung.

Zu dem schwer geprüften Vater Jairus sagt Jesus: »Fürchte dich nicht, glaube nur!« (Mark. 5, 36). Und das, als er die Nachricht bekommt, daß seine Tochter tot ist. Wo ist Hoffnung? Wo ist Trost? Jairus bleibt bei Jesus. Er wird am Ende nicht enttäuscht.

Seine Jünger muß Jesus bei der Sturmstillung mahnen: »Ihr Kleingläubigen, warum seid ihr so furchtsam!« (Matth. 8, 26). Erst danach bedroht er den Wind und das Meer, und es wurde ganz still.

Lege das Kind deiner Sorge in Gottes Hand! Er besorgt, was du nicht kannst.

4. Errettung aus Angst und Tod

Gott gebraucht Menschen, um andere zu bereichern. In seiner Hand sind sie wie Wasserbäche. Es begibt sich! Die Tochter des Pharao erbarmt sich des weinenden Findlings. Nach dem Gesetz ihres mächtigen Vaters hätte sie das Kind der ägyptischen Polizei zwecks Tötung übergeben müssen. Sie tut es nicht, sondern durchbricht das Gesetz. Das ist kein Zufall, keine glückliche Stunde. Gott ist weder von den Launen der Menschen, noch von günstigen Umständen abhängig. Er schafft sie und handelt durch Menschen, ohne daß sie es wissen, um anderen wohlzutun. So ist es auch mit der Schwester, die das ausgesetzte Kästchen mit dem Bruder beobachtet, um im entscheidenden Augenblick der Pharaonentochter einen Wink zu geben.

Für Christen gibt es keinen Zufall im üblichen Sinne; es sei denn, daß sie bekennen, daß dies oder jenes ihnen von Gott zugefallen ist.

Jochebeth bekommt das Kind ihrer Gebete. Ihr Glaube wird bestätigt. Aber es ist ein Geschenk auf Zeit. Das steht von vornherein fest. In welcher Weise hängen wir uns an unsere Kinder? Sie sind für uns ein und alles. Eine Mutter kann damit nicht fertig werden, daß der Herr ihr das Liebste aus der Hand gewunden hat. Er hat dein Kind noch lieber. Deshalb hat er es zu sich gezogen aus lauter Güte. Überdies liebt er dich mehr als alle Menschen. Du sollst die Hände für ihn wieder frei haben, die nur für dein Kind dagewesen sind.

Kinder sind nicht Selbstzweck, sondern Auftrag. Nützen wir die Zeit und unterweisen sie im Wort? Das Elternhaus und das Glaubensleben der Eltern wirken prägend auf die Kinder. Sie brauchen Vorbilder im Glauben und müssen umbetet werden. Die nachhaltigste Erziehung ist die auf den Knien. Der Vater braucht sich der Gebete für seine Kinder nicht zu schämen. Er hat die Zeit zu nützen. Versäumt ist versäumt! Nichts läßt sich im Leben wiederholen. Alles ist einmalig, auch die Stellung zu deinen Kindern.

Amram und Jochebeth nahmen ihr Kind ein zweites Mal aus Gottes Hand. Sie wissen, er hat es aus dem Wasser gezogen. In dunkelster Zeit baut der Herr so am Heilsweg seines Volkes. Er ist unterwegs zu den Bedrückten und Bedrängten. Niemand ist ihm für seine Hilfe zu gering und nichts zu nichtig, als daß er uns in unserer Angst nicht ernst nimmt.

Gott läßt seinen Mann ziehen

Zu der Zeit, als Mose groß geworden war, ging er hinaus zu seinen Brüdern und sah ihren Frondienst und nahm wahr, daß ein Ägypter einen seiner hebräischen Brüder schlug. Da schaute er sich nach allen Seiten um, und als er sah, daß kein Mensch da war, erschlug er den Ägypter und verscharrte ihn im Sande. Am anderen Tag ging er wieder hinaus und sah zwei hebräische Männer miteinander streiten und sprach zu dem, der im Unrecht war: Warum schlägst du deinen Nächsten? Er aber sprach: Wer hat dich zum Aufseher oder Richter über uns gesetzt? Willst du mich auch umbringen, wie du den Ägypter umgebracht hast? Da fürchtete sich Mose und sprach: Wie ist das bekanntgeworden? Und es kam vor den Pharao; dieser trachtete danach, Mose zu töten. Aber Mose floh vor dem Pharao und hielt sich auf im Lande Midian. Und er setzte sich nieder bei einem Brunnen (2. Mose 2, 11–15).

1. Der Schritt in die große Welt

Das bleibt die Sehnsucht mancher Menschen. Besonders die jungen Leute sind davon angetan. Nur einmal möchten sie am Hebel der Geschichte sitzen, um den Pulsschlag der Menschheit zu fühlen. Der Atem wie der Hauch der weiten Welt lockt sie.

Wissen ist Macht! Das ist die Parole aller Generationen, der vermeintliche Schlüssel zum Thron der Macht und der Herrschaft. Sie vergessen, daß Wissen vielmehr verpflichtet. Es weist in den Dienst und läßt uns klein und bescheiden werden. Echtes Wissen besteht darin, daß wir wissen, daß wir nichts wissen.

Für Mose beginnt eine andere Welt. Ägypten ist die Brücke von Afrika nach Asien. Seine gottesfürchtige Mutter hat ihm von Abraham, Isaak und Jakob, vom Gott seiner Väter, erzählt. Jetzt sind Weltkultur, Weltreligion und Weltreich seine Themen. Er hat in anderen Weiten und Räumen zu denken, denn er ist Prinz am Pharaonenhof, ein hochbegabter, junger Mann. Das Glück scheint ihm hold zu sein.

Die Herrscher Ägyptens kommen aus den höchsten Priestergeschlechtern. Thron und Altar, Staat und Kirche sind verbunden. Jetzt beginnt die Umerziehung für Mose.

Staatskunst, Rechtswesen und ägyptische Theologie sind seine Lehrgebiete. Heerführung, Strafrecht und Sozialgesetzgebung werden mitbehandelt. Was bringt der russische Staat an seiner Jugend nicht fertig, und was hat Hitler geschafft! Eine Mischung von Jahweglaube und ägyptischer Theologie ist die Folge. Mose steht mitten in diesem Umwandlungsprozeß. Vermischung von ägyptischer Weisheit und Väterglaube führt zum Weltglauben. Der Fortschrittsgedanke, ethisch religiöse Besinnung, frommer Idealismus führen zur abendländischen Mischkultur.

Die Söhne gläubiger Eltern werden oft hervorragende Mitarbeiter der Welt.

Die Antike kann als das Produkt aus heidnisch-griechischem Denken und aufsteigendem Christentum gesehen werden. – Keine glückliche Ehe! – Noch heute leiden wir darunter. – Die Vernunft steht über allem. Der Glaube wird ihr untergeordnet. Was vor ihr nicht bestehen kann, darf nicht sein. Selbst Gott wird zu ihrem blassen und toten Produkt.

2. Die Verführung zum frommen Idealismus

Mose verkauft für ein Linsengericht der Welt seine Erstgeburt. Daniel und seine Freunde handeln am Hofe des Nebukadnezars anders. Sie halten sich an die Gebote Gottes und bekennen sich zum Glauben der Väter. Falsche Weltoffenheit führt zur Weltförmigkeit. Sie will den Menschen bessern. Er soll menschlicher erscheinen.

Frommer Idealismus ist noch kein Glaube. – Mose ist aufgespalten. »Der natürliche Mensch vernimmt nichts vom Geiste Gottes« (1. Kor. 2, 14). Das stellt Paulus mahnend fest.

Dieser Gefahr sind wir heute wie damals ausgeliefert. Das ist unsere Versuchung. Wir sind zum Teil so weltoffen in Kirche, Freikirche und Mission, daß wir selbst Welt geworden sind. Die Folge ist leere Betriebsamkeit. Der Diener wird zum routinierten Funktionär. Die Frage nach dem gnädigen Gott verwandelt sich kurzerhand in die Frage nach dem gnädigen Nächsten. Bürgerliche Redlichkeit und intellektueller Scharfsinn machen das Heil nicht aus.

Entleerte Traditionen und stumpfe wie brillante Kirchlichkeit zerbrechen, aber die Gemeinde Jesu Christi bleibt. Keine Macht der Welt wird sie beseitigen, noch wird die Hölle mit ihr fertig.

Mose hinkt auf beiden Seiten. ». . . gelehrt in aller Weisheit der Ägypter und mächtig in Worten und Werken . . .« (Apg. 7, 22). Das hat Stephanus in seiner vollmächtigen Predigt über diesen Lebensabschnitt Moses gesagt. Ganz nahe liegt für den sprühenden Geist Mose die Versuchung, sich zum Wohltäter und Retter seines Volkes zu machen. – Der Sohn Gottes erliegt dieser Versuchung in der Wüste nicht. Jesus widersteht in allen Stücken dem Versucher, indem er sich hinter Gottes Wort verschanzt.

Wenn dein Wort nicht mehr soll gelten,
worauf soll der Glaube ruhn'n?
Mir ist's nicht um tausend Welten,
aber um dein Wort zu tun!

So bekennt es fröhlich und getrost der Mann des Herrnhuter Losungsbüchleins, Nikolaus Ludwig Graf von Zinzendorf. Zu diesem Wort hat sich unerschrocken D. Martin Luther vor weltlicher und geistlicher Obrigkeit bekannt.

Diesem Wort wußten sich die Märtyrer aller Zeiten verpflichtet. Um dieses Wortes willen haben die Hugenotten Land und Heimat verlassen. Mit diesem Wort hat Pastor Paul Schneider im Konzentrationslager Buchenwald allen Versuchungen widerstanden. Unter diesem Wort ist noch heute die Gemeinde Jesu geborgen.

Frommer Idealismus verebbt, aber der Glaube bekommt seine Vollendung.

3. Der Zug zum Sklavenvolk

Das betende Ringen der Mutter Jochebeth für ihren Sohn Mose bleibt nicht vergeblich. Mit vierzig Jahren sucht Mose seine Brüder. Die Liebe zum Volk Gottes bricht bei ihm auf. Das ist noch kein Glaube. Er bleibt weiterhin der fromme Idealist.

Wie manche Eltern meinen, vergeblich um ihren Sohn in der Welt zu ringen. Aber Gottes Stunde ist noch nicht da! Er hat eine andere Zeit als wir. Seine Uhr geht nie nach, sondern läuft sekundengenau.

Wir haben es eilig oder kommen zu spät. Der Herr kommt immer im richtigen Augenblick. Ihm unterlaufen keine Irrtümer noch Fehler. Er bleibt immer der gleiche.

Wenngleich aus Sorge die betende Mutter über ihr mißratenes Kind sterben sollte, Jesus bringt ihr Kind zurück. Im Studierzimmer eines Seelsorgers sitzt der alte Vater eines Hingerichteten, der in seiner letzten Nacht zum Glauben gekommen ist. Nachdem er den Bericht des Pastors über die allerletzten Stunden seines Sohnes angehört hat, stellt er unter Tränen fest: »Unser Sohn mußte so tief fallen, damit der Herr ihn in die Hand bekam.«

Und ob gleich alle Teufel
hier wollten widerstehn,
so wird doch ohne Zweifel
Gott nicht zurückegehn;
was er sich vorgenommen
und was er haben will,
das muß doch endlich kommen
zu seinem Zweck und Ziel.

Für Mose beginnt die Stunde seiner Wende. Er verläßt seine Prinzengemächer und hält sich zu den Niedrigen, den Versklavten, den Geschlagenen und Gefangenen. – Von Jesus heißt es: »Dieser nimmt die Sünder an und ißt mit ihnen« (Luk. 15, 2).

4. Unter dem harten Schlag Gottes

Als unter seinen Augen ein ägyptischer Fronvogt mit seiner Nilpferdpeitsche einen Hebräer schlägt, erwacht bei ihm die Idee des Retters.

». . . er meinte aber, seine Brüder sollten es verstehen, daß Gott durch seine Hand ihnen Rettung gebe; aber sie verstanden es nicht . . .« (Apg. 7, 25).

Bei Mose müssen die Ideale zerbrechen. Ihm wird die ideale Liebe zu seinen Volksgenossen zerschlagen. – Der Herr schlägt manchmal in unserem persönlichen Leben hart zu, damit wir aus unseren Träumen und frommen Idealen erwachen. Dazu läßt er uns am frommen Menschen irre werden, weil er uns allein an Jesus binden will. Und doch suchen wir unentwegt den frommen Menschen und zerbrechen an ihm. Wir hängen uns an eine Person und werden bitter enttäuscht. Personalgemeinden haben keinen Bestand. Sie versickern mit dem Abgang der Person. Ihre Quelle ist dahin.

Mose flieht in die arabische Wüste. Er wird zum Flüchtling aus Zwang! Pharao ist sein Gegner. – Maria und Joseph fliehen mit dem Jesuskind auf Befehl Gottes vor der Mordlust des Herodes nach Ägypten. – Es geht in die Fremde und mit ihr in die Stille.

Eine Diakonisse fragt ihr Patenkind nach einem Gottesdienst: »Ist das, was du predigst, Evangelium?« Den jungen Pastor trifft diese Frage hart. Bringt er Idealismus oder Evangelium? Erst dann ist er zur inneren Ruhe gekommen, als er glaubte. Er hat der Frage standgehalten. Sie ist ihm zum Segen geworden.

Mose muß noch dahin kommen. Er befindet sich in der Todeswüste! Das ist vom Herrn geschehen.

Gott behaut seinen Mann

Der Priester aber in Midian hatte sieben Töchter; die kamen, Wasser zu schöpfen, und füllten die Rinnen, um die Schafe ihres Vaters zu tränken. Da kamen Hirten und stießen sie weg. Mose aber stand auf und half ihnen und tränkte ihre Schafe. Und als sie zu ihrem Vater Reguel kamen, sprach er: Warum seid ihr heute so bald gekommen? Sie sprachen: Ein ägyptischer Mann stand uns bei gegen die Hirten und schöpfte für uns und tränkte die Schafe. Er sprach zu seinen Töchtern: Wo ist er? Warum habt ihr den Mann draußen gelassen? Ladet ihn doch ein, mit uns zu essen. Und Mose willigte ein, bei dem Mann zu bleiben. Und er gab Mose seine Tochter Zippora zur Frau. Die gebar einen Sohn, und er nannte ihn Gerschon; denn, sprach er, ich bin ein Fremdling geworden im fremden Lande (2. Mose 2, 16-22).

Nichts kommt auf uns zu, was nicht zuerst an Gott vorbeigeht. Er wiegt und mißt es ab. So ist es auch im Leben Moses. Er ist in notvoller Zeit geboren. Gott hat ihn aus dem Wasser gezogen. Er durfte nicht getötet werden. Gott durchbrach die staatliche Geburtenkontrolle, die schwer auf dem Volk Gottes lastete. Denn was ist es anders, wenn Ägyptens Regierung verfügt, daß alle Neugeborenen männlichen Geschlechts getötet werden müssen?

Mose bleibt. Er wird am ägyptischen Pharaonenhof wie ein Prinz erzogen. Das verhindert nicht, daß Mose sich zum Sklavenvolk der Hebräer gerufen weiß. Bei ihm erwacht die Liebe zu seinem Volk. Das ist noch kein Glaube. Am Brunnen in Midian findet Gott den Mose.

1. Bei voller Manneskraft in der Todeswüste

Ein Mann in den besten Jahren mit großem Wissen und vorzüglichen Gaben ist kaltgestellt. Wir verstehen das nicht. Für uns erscheint es als Tragik oder Schicksal. Wir sehen es als Fehler an. Der Herr aber macht keine Fehler. Er handelt immer zur rechten Zeit. Dabei nimmt er keine Rücksicht darauf, ob sein Handeln uns angenehm ist oder Schmerzen bereitet. Er geht mit uns seinen Weg. Die Frage ist nur, ob wir mitgehen und seinem Walten stillhalten.

Mose ist in tausend Scherben zerschlagen. Gott hat ihn aus dem Gefüge Ägyptens und seines Volkes herausgebrochen. Er ist heimatlos geworden. Ein Flüchtling oder Emigrant! Das nackte Leben, mehr hat er nicht! Wir wissen, was das bedeutet. Womöglich haben wir es bereits vergessen, auf fremden Straßen, unter fremden Leuten, in fremden Häusern geduldet zu sein.

Gott hat Mose aus der Höhe in die Tiefe herabgeworfen. Wie einen Felsblock finden wir ihn dort, der in der Höhe herausgebrochen nun unten zum Abtransport in die Werkstatt des Meisters *bereitliegt.* Wir denken unwillkürlich an die wuchtige Mose-Statue Michelangelos. Wie mag der Künstler in den Marmorbrüchen von Arara gestanden und in dem einen Felsblock bereits die fertige Statue gesehen haben. Dann ist dieser Block aus dem Gefüge des Gesteins herausgelöst worden und krachend in die Tiefe gestürzt.

Gott reißt in die Tiefe, damit wir in seine Werkstatt kommen. Wir müssen unter seinen Meißel. Der Herr haut nur fort, was nicht hingehört. Er ist der geniale Bildhauer, der uns sein Bild und seinen Namen auf- und einprägen will. Davon möchten wir nichts wissen.

Wir fürchten weithin, der Welt verlorenzugehen und nicht Gott. – Deshalb sind wir so weltoffen geworden, daß uns nichts mehr von der Welt unterscheidet. Darum suchen wir dem Menschen zu gefallen und entschärfen das Wort vom Kreuz. Wir wagen nicht mehr, von Sünde zu reden und von persönlicher Schuld zu sprechen, weil wir Gott nicht mehr fürchten. Sein Wort verpflichtet uns nicht, wenn es Legende ist. Wir haben keine Angst, verlorenzugehen, ausgebucht zu werden, unter sein Gericht zu fallen. Wer den Herrn nicht ernst nimmt, kann sich nicht ernst nehmen. Er bleibt in Illusionen über Gott und sich selbst. Zur Klarheit gelangt er nicht. Wer fürchtet, den Anschluß an die Welt, auch die fromme Welt, zu verlieren, kann nicht Knecht Gottes sein.

2. Seliges Umlernen in der Fremde

Mose hat das Gute gewollt. Er hat es wie ein Saulus getan. Sein Volk sollte erkennen, daß er es erretten würde aus seinen Banden. Dieser fromme Idealist hat den Namen Gottes stinkend gemacht. Bei allem guten Willen ist er zum Mörder geworden. Das läßt Gott nicht stehen! Mose muß umlernen.

Was ihm Gewinn war, das hat er für Dreck geachtet. Nichts ist ihm geblieben von königlichen Gemächern, ausgeübter Macht, erarbeitetem Wissen. Zu einem Bettler ist er geworden. Das Tragende durch diese Welt liegt nicht im Stand, nicht in der Herkunft, nicht im Sparkonto noch in der Höhe der Wertpapiere oder Aktienpakete. Es liegt in der Gewißheit und in dem Bekenntnis: »Ich weiß, daß mein Erlöser lebt!« – Das Letzte kann nicht vernunftmäßig noch erkenntnistheoretisch erfaßt werden, sondern will geglaubt sein. Gott läßt sich nicht erdenken, wohl aber erfahren.

Saulus hat viele Pluspunkte. Er ist am achten Tage beschnitten, kommt aus dem Volk Israel, vom Stamme Benjamin, ist ein Pharisäer und im Gesetz unsträflich (vgl. Phil. 3, 5–11). Das alles hat ihn nicht gehindert, ein glühender Verfolger der Gemeinde Jesu zu sein. Er meint, Gott damit einen Dienst zu tun. Gläubiges Elternhaus, gute und gediegene Schulbildung sowie gesicherte Existenz in geistlichen Berufen machen noch keinen Jünger Jesu.

Dem Saulus schlägt die Stunde Gottes vor den Stadttoren von Damaskus. Hier lernt er um. Die Verfolgten werden seine Brüder. Christus ist sein Leben! – Aus dem hochbegabten Saulus wird ein Werkzeug in Gottes Hand, ein Bevollmächtigter des Christus. Er stellt sich mit seinen reichen Gaben in den Dienst Jesu. Die Gaben an sich sind noch nicht für unser Leben und Heil entscheidend, wenn sie selbstherrlich eingesetzt werden. Sie gehören in die Hand Gottes und wollen im Dienst für ihn verbraucht werden. Ich soll nicht tun, was ich will, sondern ich darf fragen: »Herr, was willst du, daß ich tun soll?« – Darin liegt meine Bestimmung und mein Menschsein.

Joseph hätte Grund, seine Brüder zu hassen und sie zu strafen. Was sie ihm angetan haben, können sie nie wiedergutmachen. In der Fremde hat er umgelernt. Deshalb mißbraucht er seine Machtstellung nicht, sondern dient seinen Brüdern und tröstet sie. Vor ihnen bekennt er noch nach dem Tode ihres Vaters Jakob: ». . . ihr dachtet es böse zu tun, aber Gott hat es umgeplant in Heil . . .« (vgl. 1. Mose 50, 20; 45, 4 ff.). Das ist mehr als kaltes Wissen, sondern erfahrene Güte Gottes. Er führt auf rechter Straße auch im finstern Tal.

In der Wüste wird der vulkanische Geist des Mose zur Ruhe gebracht. Friedrich v. Bodelschwingh betet für eine begabte und gereifte Diakonisse: »Gib, daß dies Kind nicht hoffärtig wird.« – Stehen wir nicht alle in der Gefahr, hochmütig zu werden? Sind wir uns diese Fürbitte nicht schuldig? Bangen wir noch umeinander, im Dienst für Jesus untauglich zu werden? – Wenn der Teufel uns nicht in Zweifel hinabstürzen kann, versucht er, uns in den Hochmut zu locken. Beides ist tödlich.

In der Stille der Oase von Midian hat für Mose die Stunde Gottes geschlagen. »Nur an einer stillen Stelle legt Gott seinen Anker an.«

3. Unter den Meisterschlägen Gottes

Mose willigt in seine Außerdienstsetzung ein. Er sagt ein ganzes Ja zur Fremde und zu seiner Erniedrigung. Das geschieht nicht im Handumdrehen, sondern setzt Gebetsringen voraus. Es zeugt von Glauben und Vertrauen. In der Werkstatt Gottes zu bleiben, fällt nicht leicht. Wenn er den Meißel ansetzt und zuschlägt, ist das stets schmerzhaft. Wir sehen in jedem Schlag eher Verlust als Gewinn. Ägypten haßt alles, was mit Vieh, Herde und Hirten zusammenhängt. Das ist für den Ägypter zu gering, zu klein und zu schmutzig. Ausgerechnet da wird Mose hineingestellt. Was mutet uns der Herr oft zu! Aber er weiß warum er es tut. Bei ihm gibt es keinen Leerlauf und keinen Fehlschlag. Alles, was er an uns tut, hat Grund und Ziel. Das ist nicht immer sofort erkennbar. Manches Mal erfahren wir es hernach. Es kann auch sein, daß uns der Sinn seiner Wege mit uns erst aufgeht, wenn wir bei ihm sind.

Aus dem Geachteten ist ein Gehaßter geworden. Der verheißene Messias wird von seinem Volk gehaßt. Jesus muß ans Kreuz. Sein Volk sagt sich von ihm los. Er wird zum Allerverachtetsten und Unwertesten. – »Die Strafe liegt auf ihm, auf daß wir Frieden hätten, und durch seine Wunden sind wir geheilt« (vgl. Jes. 53, 5).

Gott, der Allmächtige und Ewige, ist immer im Kleinen. Denken wir nur an das kleine Volk Israel, an die winzige Jüngerschar Jesu und an die unscheinbare Gemeinde der Gläubigen. Da ist nichts Imponierendes, nichts Großes und nichts Gewaltiges – und doch haben sie die Verheißung.

Wie steht es im Hebräerbrief? »Durch den Glauben verließ er (Mose) Ägypten und fürchtete nicht des Königs Grimm; denn er hielt sich an den, den er nicht sah, als sähe er ihn« (vgl. Hebr. 11, 27). Eine bessere Definition für Glauben gibt es nicht.

Mose glaubt! Ihm sind die Hände der Liebe aufgetan. Deshalb hilft er den Töchtern Jethros bei der Viehtränke und schützt sie vor der brutalen Gewalt selbstsüchtiger Hirten. Er schlägt sich auf die Seite der Schwachen und Hilfebedürftigen. Was kann aus dem Mose noch werden! Er hat Augen der Liebe bekommen.

Der Herr haut in unserem Leben nur weg, was nicht hingehört. Welch treuer Gott! – Wo er bei uns gestalten und formen kann, empfangen wir Segen.

4. Ein Fremder in dieser Welt

Mose wird Hirte. Eine eigene Herde hat er nicht. Er versorgt die Schafe Jethros. Statt einer Prinzessin heiratet er ein Beduinenmädchen. Zippora wird seine Frau. Durch sie kommt er in ein Priesterhaus.

Die Verbindung im Glauben ist entscheidend für den Weg der Ehe. Nicht nur Gleichheit der Interessen, des Bildungsgrades, der Herkunft und des Vermögens sind Garantien einer glücklichen Ehe, sondern die Gewißheit, daß der Herr uns füreinander bestimmt hat. Für den gläubigen jungen Mann gibt es nur das gläubige junge Mädchen und umgekehrt. Missionsaufträge haben hier ihre Grenze. Ich kann fünfzig junge Männer zu Jesus führen, aber nie meine Braut oder Frau. Johannes Busch hat erfahren, daß der junge Mann als Mitarbeiter ausfällt, der ein ungläubiges junges Mädchen geheiratet hat. Umgekehrt ist es genauso!

Der rechte Ehegefährte will erbeten werden. Auf ihn darf ich getrost und gewiß warten. Der Herr vergißt mich nicht. Eigenmächtiges Handeln geht in dieser Sache stets schief. Schon in den Sprüchen heißt es: »Wandelbar ist die Anmut, ein flüchtiger Hauch die Schönheit. Aber eine Frau, die Gott fürchtet, ist wert, daß wir sie rühmen« (vgl. Spr. 30, 30).

Fortan vollzieht sich Moses Leben in Zelten statt in prachtvollen Prinzengemächern. Er bleibt in der Schule und Werkstatt Gottes. Er läuft nicht fort.

Sein erster Sohn, Gerschon, soll durch seinen Namen bezeugen, wozu Gott ihn gemacht hat. Denn »Gerschon« heißt: Mann der Fremde, der Vertreibung, der Ausstoßung oder der Verbannung. Namen werden im Alten Testament nicht wild und leichtfertig gegeben. Sie sind nicht wie bei uns der Mode unterworfen, sondern sie sind Glaubensbekenntnisse der Eltern und hier des Vaters. Sie sagen etwas aus. Mose bleibt Fremdling, weil er um die einzige, ewige Heimat weiß. Er ist zum Bürger in Gottes Welt geworden. – Und wir?

Gott hat Zeit
mit seinem Mann

Lange Zeit aber danach starb der König von Ägypten. Und die Kinder Israel seufzten über ihre Knechtschaft und schrien, und ihr Schreien über ihre Knechtschaft kam vor Gott. Und Gott erhörte ihr Wehklagen und gedachte seines Bundes mit Abraham, Isaak und Jakob. Und Gott sah auf die Kinder Israel und nahm sich ihrer an. Mose aber hütete die Schafe Jethros, seines Schwiegervaters, des Priesters in Midian, und trieb die Schafe über die Steppe hinaus und kam an den Berg Gottes, den Horeb. Und der Engel des Herrn erschien ihm in einer feurigen Flamme aus dem Dornbusch. Und er sah, daß der Busch im Feuer verbrannte und doch nicht verzehrt wurde. Da sprach er: Ich will hingehen und die wundersame Erscheinung besehen, warum der Busch nicht verbrennt. Als aber der Herr sah, daß er hinging, um zu sehen, rief Gott ihn aus dem Busch und sprach: Mose, Mose! Er antwortete: Hier bin ich. Gott sprach: Tritt nicht herzu, zieh deine Schuhe von deinen Füßen, denn der Ort, darauf du stehst, ist heiliges Land! Und er sprach weiter: Ich bin der Gott deines Vaters, der Gott Abrahams, der Gott Isaaks und der Gott Jakobs. Und Mose verhüllte sein Angesicht; denn er fürchtete sich, Gott anzuschauen (2. Mose 2, 23–3, 6).

Der Pharao Ramses II. (gestorben 1225 v. Chr.) ist tot. Die Welt hält den Atem an. Angst und Zittern überfällt sie. Was wird kommen? Das treibt die Völker um. Ein schmaler Hoffnungsschimmer fällt in die Dunkelheit derer, die ägyptische Vasallen sind. Noch mehr muß es die treffen, die als billige Arbeitskräfte bei den riesigen Bauvorhaben Ägyptens verbraucht werden. Ob sich ihr Schicksal wendet?

Indessen wird der Leichnam des toten Herrschers sechs Monate lang von Wissenschaftlern und Spezialisten einbalsamiert. Er soll der Nachwelt erhalten bleiben. Der Verwesung ist er entronnen, aber dem Gericht Gottes kann er nicht entgehen. Für eine Zeitspanne mag sein Grabmal, das mit dem Schweiß Israels gefertigt wurde, Wallfahrtsort seiner Verehrer sein. Wie schnell eilt die Zeit dahin! Das Lenin-Mausoleum ist Symbol einer Epoche.

So töricht sind wir, daß wir uns an Menschen binden und Namen verehren. Wie teuer hat unser Volk dafür bezahlt. Und doch lernen wir nicht um. Im Gegenteil! Wir suchen uns einen Namen zu machen wie jener französische Feldherr, der seinen Namen in eine Felswand unter ägyptische Pharaonen und römische Kaiser einmeißeln ließ. Wir haben Angst, vergessen zu werden. Und doch lassen wir Gott stehen, als wäre er nicht da. Der Ruhm dieser Welt vergeht, aber nicht der Herr.

1. Die quälende und schmerzende Unsicherheit treibt das Volk Gottes ins Gebet

Durch den Tod des Weltherrschers fällt für Israel Licht in seine blöde und gottverlassene Welt. In seiner Angst schreit es zum Gott seiner Väter. Es weiß nicht mehr, wo es mit seiner angestauten Not und seiner schmerzenden Last hin soll. Israel macht sich auf und geht wie der verlorene Sohn zum Vater. Es kann seine Knechtschaft nicht selber abstreifen und die Tore der Lager aufbrechen. Ein Aufstand hilft ihm nicht. Mit allen Hoffnungen auf eine politische Wendung hat Israel sich narren lassen. Sie liegen zerbrochen am Boden. Der Weg in die Heimat ist nicht frei, wohl aber der Weg zum Herrn. Menschliche Hoffnungen retten nicht. Uns befreit allein der Herr.

Fragen nicht viele unter uns noch heute: »Wann kommen wir nach Hause?« Sie warten und sterben darüber hin. »Wir aber wollen uns aufmachen und zum Herrn gehen. Er hat uns zerrissen. Er wird uns auch heilen« (Hos. 6, 1). Es kann den Betern noch gelingen! –

In Israel setzt ein Gebetsringen ein. *Das Volk bringt sich vor Gott in Erinnerung.* Er will gebeten sein. Erst dann fängt der Herr an zu handeln.

»Und Gott erhörte . . . und Gott gedachte an seinen Bund . . . und Gott sah auf die Kinder Israel . . . und Gott nahm sich ihrer an . . .« Lauter Tätigkeitsworte werden hier verwandt. Sie umschreiben die Aktivität Gottes. Der Herr ist unterwegs! Seine Stunde ist da! Gott packt zu! Das ist erfüllte Zeit.

2. Die Barmherzigkeit Gottes geschieht unbemerkt

Israel weiß von alledem nichts. Sein Alltag geht dahin wie vorher. Nichts ist von Gottes befreiendem Eingriff und seiner rettenden Barmherzigkeit zu sehen. Die Sklavenarbeit bleibt. Die Fronvögte setzen die Arbeitsnormen fest, und die Oberaufseher gebrauchen ihre Nilpferdpeitschen. Nur der Herrscher hat gewechselt.

»Le roi est mort! Vive le roi!« – »Der König ist tot! Es lebe der König!« So wird es immer bleiben. Das ist der Lauf der Weltgeschichte. Große Herrscher prägen ihre Zeit und haben ihre Zeit. Sie kommen und gehen, aber unser Herr bleibt.

Auch Mose sieht nichts vom barmherzigen Handeln seines Gottes. An seiner Lage ändert sich nichts. Seine Tage fließen gleichmäßig dahin. Für ihn geschieht nichts Greifbares.

Ist das nicht auch unsere Erfahrung? Wir beten und rufen, aber wir meinen, kein Echo zu haben. Alles bleibt beim alten. Das macht verzagt. Wir fangen an zu zweifeln. Will uns Gott überhaupt? Erhört er unsere Gebete? Nimmt er uns ernst? Er kann doch Wunder tun? Und das auch heute noch! Dabei übersehen wir ganz, daß wir ihm den Weg und die Art und Weise seiner Hilfe nicht vorschreiben können. Das haben wir bewußt oder unbewußt getan. Deshalb sind wir so zerschlagen und manches Mal enttäuscht. Seine Gedanken decken sich nicht mit unseren Vorstellungen.

Wir erkennen es erst später, wie unbemerkt Gott handelt. Das sollte uns getrost machen.

3. Der Herr meißelt immer noch an seinem Mann

Mose hütet die Schafe seines Schwiegervaters. Er hat kein Eigentum. Er ist bettelarm. Sein Erzvater Jakob kann unter Laban stattliche Herden erwerben, seinen Besitz vermehren und als ein reicher Mann den Weg in die Heimat antreten. Mose klagt nicht über seine Armut. Er hat es verlernt, auf das zu sehen, was er verloren hat. Deshalb ist er jetzt frei vom Heimweh.

Wer will, der trag sich tot;
wir reisen abgeschieden
mit wenigem zufrieden;
wir brauchen's nur zur Not.

Ob wir es Gerhard Tersteegen nicht nur nachsprechen, sondern auch nachleben können? Das ist nicht einfach für uns, die wir wieder Besitz und Eigentum erlangt haben. Was uns schwerfällt aufzugeben, daran hängt unser Herz. Mose hätte sich wund reden können an dem, was er zurücklassen mußte. Die fürstlichen Gemächer, die eigenen Wertsachen, die wertvollen Sammlungen, die unersetzbaren Bücher und die einflußreiche Stellung in Staat und Gesellschaft – vorbei ist vorbei! Niemals können wir unser Lebensbuch zurückblättern. Es wird Seite um Seite beschrieben. Entscheidend ist, ob wir es tun oder es von Gott beschreiben lassen. Es bleibt entweder unvollendet oder wird durch ihn vollendet. Er streicht die Fehler an und berichtigt sie. »Wer seine Hand an den Pflug legt und sieht zurück, der ist nicht geschickt zum Reiche Gottes« (Luk. 9, 62).

Immer noch zerbricht Gott den Mose. *Mit uns hat er in seiner Werkstatt zeitlebens zu tun.* Fertige Christen gibt es in dieser Welt und seiner Gemeinde nicht. Er gestaltet und arbeitet an jedem einzelnen von uns mit unendlicher Geduld. Als Kinder Gottes werden wir in seiner Werkstatt zubereitet. Mitunter läßt er uns bei schwerer Arbeit in der Wüste, aber er verbindet, reinigt, segnet und heiligt uns dabei. Gott nimmt es mit unserer Zurüstung sehr genau. Nichts läßt er durchgehen. Jedes kleine Versagen im Denken, Reden und Handeln streicht er an. Was andere können, dürfen seine Kinder nicht. Er nimmt sich Zeit und arbeitet Tag und Nacht an uns.

4. Mit dem einzelnen redet Gott stets persönlich

Mose zieht über die Wüste hinaus und kommt an den Berg Gottes – Horeb. Das ist Gnade. Über die Wüste hinaus! Der brennende Busch! Mose, deine Sünde ist verbrannt. Ziehe deine Schuhe aus! – Wir müssen über die Wüste hinaus an den Berg Golgatha. Das ist für uns Weg, Wahrheit und Leben. Der Mann am Kreuz ist unser Friede. Mitten in den Brand unserer Gottesfeindschaft, unseres Götzendienstes, unserer Unwahrhaftigkeit, unserer Sattheit und täuschenden Selbstgerechtigkeit ruft der Sohn Gottes: »Mein Gott, mein Gott, warum hast du mich verlassen!« (Matth. 27, 46.) Unsere Sünde und Schuld ist verbrannt. Er ist das Heil der Welt. Niemand kommt zum Vater, denn durch ihn.

Vor ihm bleiben wir im letzten Bettler. Wir sind zwar unterwegs, um als seine Knechte nach neuen Quellen für seine Herde zu suchen. Aber ohne ihn können wir nichts tun. Deshalb hat F. v. Bodelschwingh diesen Herrn in kindlicher Einfalt gebeten: »*Gib mir ein kleines Wort für meine arme Gemeinde.*« So abhängig bleiben wir. Mit Dr. Martin Luther verbindet uns die gleiche Aussage: »Nichts als Bettler sind wir, das ist wahr!«

Für Mose leuchten Offenbarungslichter auf. Es sind seine Väter im Glauben: Abraham, Isaak, Jakob und sein Vater Amram. Gott hat ihn nicht vergessen. Er reiht ihn ein in die Wolke der Zeugen. Das reicht aus!

Gott beruft seinen Mann

Und der Herr sprach: Ich habe das Elend meines Volkes in Ägypten gesehen und ihr Geschrei über ihre Bedränger gehört; ich habe ihr Leiden erkannt. Und ich bin herniedergefahren, daß ich sie errette aus der Ägypter Hand und sie herausführe aus diesem Lande in ein gutes und weites Land, in ein Land, darin Milch und Honig fließt, in das Gebiet der Kanaaniter, Hethiter, Amoriter, Peresiter, Heviter und Jebusiter. Weil denn nun das Geschrei der Kinder Israel vor mich gekommen ist und ich dazu ihre Not gesehen habe, wie die Ägypter sie bedrängen, so geh nun hin, ich will dich zum Pharao senden, damit du mein Volk, die Kinder Israel, aus Ägypten führst. Mose sprach zu Gott: Wer bin ich, daß ich zu Pharao gehe und führe die Kinder Israel aus Ägypten? Er sprach: Ich will mit dir sein. Und das soll dir das Zeichen sein, daß ich dich gesandt habe: Wenn du mein Volk aus Ägypten geführt hast, werdet ihr Gott opfern auf diesem Berge (2. Mose 3, 7–12).

Die Not des Volkes Gottes steigt. Sie wird unerträglich. Keine Hilfe zeichnet sich ab. Es bleibt still über den Peitschenhieben der ägyptischen Aufseher. Das macht die Todesangst des Volkes Israel noch größer. Es ist an der Grenze seines Durchhaltevermögens. Sein Rufen und Schreien gleicht dem eines Ertrinkenden.

Dennoch ist Gott bereits unterwegs. Er hat gesehen und erkannt und ist herniedergefahren. Wenn wir auch noch nichts sehen und die Hitze der Leiden steigt, er ist am Werke. Seine Hilfe kommt nie zu spät.

An wen soll sich das Volk Israel auch halten, wenn nicht an den lebendigen Gott? Wer wird ihm Recht schaffen, wenn nicht der Gott der Väter? Wo wird es Ruhe finden, wenn nicht unter dem rettenden Handeln seines Gottes? So arm ist es geworden, daß es sich bettelnd an den Herrn aller Herren krampfhaft bindet. Es hat nichts mehr, was ihm selber gehört. Deshalb schreit es Tag und Nacht zu Gott.

1. Erfüllte Zeit

Wenn die Not am größten, ist der Herr am nächsten. Das ist bleibende Glaubenserfahrung aller, die sich im Tal der Leiden befinden. Das sind zu allen Zeiten nicht wenige. Jeder hat mehr oder weniger durch die Niederungen des Leidens zu gehen. Keinem von uns gefällt das. Wer würde schon um Leid anhalten. Aber das bleibt gewiß, was Karl Friedrich Hartmann bekennt:

Leiden bringt empörte Glieder
endlich zum Gehorsam wieder,
macht sie Christo untertan,

daß er die gebrochnen Kräfte
zu dem Heiligungsgeschäfte
sanft und still erneuern kann.

Wer kann das so nachsprechen, wenn er sich im Schmelztiegel der Leiden befindet? Wir sehen erst hernach, wie gut es der Herr mit uns meint, wenn wir durch Wochen und Jahre hindurch müssen, die uns nicht gefallen. Israel sieht noch nichts, während Gott bereits mit seinem Mann redet. Er hat das Elend seines Volkes gesehen und das Schreien gehört.

Wenn es um sein Volk geht, ist der Herr immer dabei. Das bleibt eine tröstliche Feststellung. Sein Volk schreibt er nicht ab. Er verzieht einen Augenblick, um sich der Geängstigten herzlich anzunehmen. Denn in den tiefsten Tiefen der Not steht Gott und wartet auf uns. Er ist kein toter Gott, sondern ein Herr, der so gerne hilft. Noch ehe wir rufen, hat er uns schon gesehen.

»Da aber die Zeit erfüllet ward, sandte Gott seinen Sohn, geboren von einem Weibe und unter das Gesetz getan, auf daß er die, so unter dem Gesetz waren, erlöste, damit wir die Kindschaft empfingen« (Gal. 4, 4. 5). »Denn Gott versöhnte in Christus die Welt mit ihm selber und rechnete ihnen ihre Sünden nicht zu und hat unter uns aufgerichtet das Wort von der Versöhnung« (2. Kor. 5, 19). Wie zur Zeit Jesu ist auch jetzt für das leidende Israel erfüllte Zeit, in der Gott seine Armut und seine Todesangst ausfüllt. Er bezahlt unsere Schuld und rettet vom Tode. Das anhaltende Gebet der Geängsteten verfehlt nie Gottes Herz.

2. Errettung aus freien Stücken

Wir brauchen nicht in der Angst zu bleiben. Das gilt auch für Israel. Mose ist zubereitet. Gott hat ihn behauen. Jetzt kann er ihm seinen Plan entfalten. Der Herr will Israel aus ägyptischer Sklaverei herausbrechen. Was er sich vornimmt, das tut er auch. Sein Wille ist Tat. Niemand kann ihm widerstehen, noch seinen Heilsplan vereiteln.

Das gilt für seine Gemeinde in allen Jahrhunderten. Niemand wird sie aus des Vaters Hand reißen. Selbst die Pforten der Hölle sollen sie nicht überwältigen. Deshalb können wir ganz stille sein. Auch in unserer Zeit der Irrungen und Wirrnisse wird er seine Schar bewahren, wie er es in den Zeiten blutiger Verfolgungen tut.

In einer sich wandelnden Welt bleibt das Evangelium unwandelbar. Es kann nicht verändert werden, wenn es nicht das Eigentliche verlieren soll. Wie der Herr unwandelbar ist, so ist auch sein Wort unwandelbar. Kulturepochen und Zeitalter kommen und gehen, aber sein Wort bleibt. Das ist der Wille Gottes, daß der Sünder sich bekehre und lebe. Christ, dein Retter, ist da! Darin erweist sich frohe Botschaft, fröhliche Gewißheit und ganze Lebenshingabe, wenn die Losung des erst zwanzigjährigen Wittenberger Studenten Paul Gerhardt lautet:

Es koste Leib und Leben
und alles, was ich hab:
An dir will fest ich kleben
und nimmer lassen ab.

Das Evangelium leuchtet Mose strahlend hell an. Aus freien Stücken hat der
Herr die Errettung seines Volkes beschlossen. Gott führt sein Volk Israel
aus der Hölle der Unterdrückung, des Unrechts und der Todesangst. Das
gute, weite Land liegt bereit. Es ist abgesteckt und ausgemessen, ein Land
der Fülle. Wie es eingenommen werden wird, bleibt noch Geheimnis. Bei
Gott geht es Schritt für Schritt. Der Weg seiner Führungen mit uns ist abgesteckt, wir haben ihn Schritt für Schritt zu erwandern. Das ist seine Güte.
Nie werden wir ihn in der ganzen Weite im voraus übersehen. Nach vorne
bleibt er uns verborgen. Deshalb sind wir gezwungen, an der Hand Jesu zu
bleiben, um uns führen zu lassen. Er führt uns recht und macht keine Fehler. Das Volk, der Mann, der ihm vertraut, hat krisenfest gebaut. –

3. Berufung ohne Anfrage

Der Befehl ist da! So hat Dr. jur. Hans Berg seinen Lebensbericht über-
schrieben. Er hat den Weg vom Juristen zum Evangelisten gehen müssen.
Vielen durfte er auf diesem Wege zu Jesus helfen. Der Herr führt jeden von
uns persönlich. Jeder hat seinen eigenen Weg. Aber darin sind sie alle
gleich, daß er uns als seine Werkzeuge gebrauchen will. Er bindet sich nun
einmal an seine Gemeinde und handelt durch sie. Seine Knechte bevollmächtigt er und verherrlicht durch sie seinen Namen. Er braucht sie als
Werkzeuge. Das hat er auch mit Mose vor.

Ohne Werkzeug läßt sich nichts gestalten. Das wissen wir aus unserem Alltag. *Gott behaut sich sein Werkzeug selbst.* Das hat er an Mose getan. Rechter Aufbruch ist Abbruch des alten Menschen. Er beginnt senkrecht unterm
Kreuz Christi.

Mose ist unter Gottes Augen beschnitten und so behauen, daß er sich selber
gar nichts mehr zutraut. »Wer bin ich, daß ich zum Pharao gehe und führe
die Kinder Israel aus Ägypten?« Hinter dieser Frage verbergen sich *Min-
derwertigkeitskomplexe.* Mose ist leer, ausgedörrt und vertrauenslos. Dennoch hat er zu gehen. Wenn der Herr ruft, gibt es kein »Aber«. Ungeteilter
Gehorsam ist auf Gottes Ruf die einzige Antwort.

»Zu beneiden sind sie, die geistlich arm sind, denn das Himmelreich ist ihr«
(Matth. 5, 3). Mit solchen Armen macht Gott Segensgeschichte. Davon
sind die Erweckungsbewegungen in den einzelnen Jahrhunderten der Geschichte der Gemeinde Jesu ein beredtes Zeugnis.

Vor Gott Armgewordene haben ein Herz für Arme. Der Reichsgraf Pück-
ler wird Bruder unter Brüdern. Manche haben erst an seinem Grabe erfahren, daß er ein Reichsgraf gewesen ist. Eva v. Tiele-Winckler wird zur

»Mutter Eva« und nimmt sich elternloser und gefährdeter Kinder an. Am Grabe Alfred Christliebs, des Pastors von Heidberg, bekennt es ein Unbekannter von der Straße: »Alfred, in deiner Nähe fiel es uns leicht, an Jesus zu glauben!«

So ein Armer ist Mose geworden, vom ägyptischen Prinzen zum einfachen Hirten. Ihm gebietet Gott als seinem Knecht, zu Pharao zu gehen. Mehr als diesen Befehl hat er nicht.

4. Gesegnet zum Dienst

In einem Atemzug mit seiner Berufung wird Mose zum Dienst eingesegnet. Gott verspricht ihm ohne Abstriche und Vorbehalte: »Ich will mit dir sein!« Das ist mehr als alle Treuekundgebungen eines Volkes, alle Versprechungen eines Freundes und alle Gelöbnisse helfender und tragender Liebe in der Ehe.

Mose ist nicht allein. Der Herr ist mit ihm. Seine Hilfe und sein Segen sind ihm gewiß. Gott verbündet sich selbst mit Mose, wie er sich des Erzvaters Abraham in Treue angenommen hat. Mit ihm hat er den Bund geschlossen, in dem er, der Herr, sich einseitig verpflichtet. Er hat ihm den Sohn geschenkt und ihn zum großen Volk gemacht. Wer kann das verstehen, daß Gott sich so einseitig festlegt? –

Der Herr springt Mose bei. Von ihm erhält er ein sichtbares Zeichen. Das ist der Berg »Horeb«. An diesem Berg soll er Gott opfern, wenn er das Volk Israel aus Ägypten geführt hat. So verbindet sich der Herr mit uns, daß er seinen einzigen Sohn Mensch werden ließ, damit wir glauben. Unser Zeichen ist das Kreuz.

Wer diesem Herrn vertraut, geht kein Risiko ein. Er bleibt der Gesegnete. Der Apostel Paulus kann aus seinem bewegten Leben sagen: »Wir rühmen uns auch der Trübsale, dieweil wir wissen, daß Trübsal Geduld bringt . . .« (Röm. 5, 3). Während in Wittenberg die Pest umgeht und nicht vor seinem Hause Halt macht, bekennt Dr. Martin Luther:

Mit unsrer Macht ist nichts getan,
wir sind gar bald verloren;
es streit't für uns der rechte Mann,
den Gott hat selbst erkoren.
Fragst du, wer er ist?
Er heißt Jesus Christ,
der Herr Zebaoth,
und ist kein andrer Gott;
das Feld muß er behalten.

Arme, Reiche, die sich rufen lassen, sind Segensträger für ihre Zeit. Bei Mose wird sich das noch zeigen.

Gott beauftragt seinen Mann

Mose sprach zu Gott: Siehe, wenn ich zu den Kindern Israel komme und spreche zu ihnen: Der Gott eurer Väter hat mich zu euch gesandt! und sie mir sagen werden: Wie ist sein Name? was soll ich ihnen sagen? Gott sprach zu Mose: Ich werde sein, der ich sein werde. Und sprach: So sollst du zu den Kindern Israel sagen: »Ich werde sein«, der hat mich zu euch gesandt. Und Gott sprach weiter zu Mose: So sollst du zu den Kindern Israel sagen: Der Herr, der Gott eurer Väter, der Gott Abrahams, der Gott Isaaks, der Gott Jakobs, hat mich zu euch gesandt. Das ist mein Name auf ewig, mit dem man mich anrufen soll von Geschlecht zu Geschlecht. Darum gehe hin und versammle die Ältesten von Israel und sprich zu ihnen: Der Herr, der Gott eurer Väter, ist mir erschienen, der Gott Abrahams, der Gott Isaaks, der Gott Jakobs, und hat gesagt: Ich habe mich euer angenommen und gesehen, was euch in Ägypten widerfahren ist, und habe euch gesagt: Ich will euch aus dem Elend Ägyptens führen in das Land der Kanaaniter, Hethiter, Amoriter, Pheresiter, Heviter und Jebusiter, in das Land, darin Milch und Honig fließt. Und sie werden auf dich hören. Danach sollst du mit den Ältesten Israels hineingehen zum König von Ägypten und zu ihm sagen: Der Herr, der Gott der Hebräer, ist uns erschienen. So laß uns nun gehen drei Tagereisen weit in die Wüste, daß wir opfern dem Herrn, unserm Gott. Aber ich weiß, daß euch der König von Ägypten nicht wird ziehen lassen, er werde denn gezwungen durch eine starke Hand. Daher werde ich meine Hand ausstrecken und Ägypten schlagen mit all den Wundern, die ich darin tun werde. Danach wird er euch ziehen lassen. Auch will ich diesem Volk Gunst verschaffen bei den Ägyptern, daß, wenn ihr auszieht, ihr nicht leer auszieht, sondern jede Frau sich von ihrer Nachbarin und Hausgenossin silbernes und goldenes Geschmeide und Kleider geben lassen. Die sollt ihr euren Söhnen und Töchtern anlegen und von den Ägyptern als Beute nehmen (2. Mose 3, 13–22).

Mose ist herausgerufen. Gott hat seine Hand auf ihn gelegt. Er soll sein Knecht sein, Werkzeug in seiner Hand. Der Viehhirte Mose soll Botschafter sein und seinem Volk den Tag der Befreiung aus ägyptischer Gefangenschaft und mörderischer Ausbeuterei ankündigen.

Wer wird ihm glauben? Kann das nicht jeder sagen? Sein Volk ist enttäuscht und fällt gewiß auf solche Parolen nicht herein. Wie aber, wenn es mißtrauisch nach dem Namen seines Auftraggebers fragt? Wer ist dein Gott, der unser Gott sein will? Die Angst vor dem Auftrag bricht bei Mose auf. Der Mensch fragt: Wer bist du, Gott, und wie heißt du? An dieser Frage haben sich heidnische Kulte wund geopfert, Götzenpriester satt meditiert und Sekten tot geschrien. Auf sie erhält allein der an Jesus Christus gebundene Glaube die verbindliche Antwort.

Ohne Zögern antwortet der Herr seinem Knecht.

1. Die Selbstbenennung Gottes

Mose traut sich selber nichts mehr zu. Er ist völlig zerbrochen, daß Gott ihn aufrichten muß. Das tut er auf seine Weise. Er gibt sich ihm zu erkennen. Gott enthüllt sich dem Mose. Er offenbart sich ihm, so wie er sich zuallerletzt und endgültig in seinem Sohne Jesus Christus geoffenbart hat. Mose darf hören! Er sagt zu ihm: »Ich werde sein, der ich sein werde« oder besser: »*Ich bin, der ich bin!*« In derselben Weise benennt sich der Sohn Gottes: »*Ich bin* das Brot des Lebens« (Joh. 6, 48); »das Licht der Welt« (Joh. 8, 12); »die Tür« (Joh. 10, 7); »der gute Hirte« (Joh. 10, 12); »die Auferstehung und das Leben« (Joh. 11, 25); »der Weg, die Wahrheit und das Leben« (Joh. 14, 6); »der rechte Weinstock« (Joh. 15, 1). Die Offenbarung nimmt dieses Selbstzeugnis Gottes wieder auf: »*Ich bin* das Alpha und das Omega« (Offb. 1, 8); »der Erste und der Letzte« (Offb. 1, 17).

Der Sprache nach ist hier eine Einheit wie in der Person. Denn Jesus bekennt: »Ich und der Vater sind eins« (Joh. 10, 30). Der eine Herr und Gott tritt auf den Plan. Er deckt sein Wesen auf. Wie einem Freunde begegnet er dem Mose. Er schenkt ihm sein ganzes Vertrauen. So weit läßt sich Gott herab, um seinen Knecht zu stärken und ihm seine unendliche Liebe aufzudecken. Er will seinem Mann die Weite seiner Barmherzigkeit, sein unausschöpfbares Wesen, seine Heiligkeit und unantastbare Gerechtigkeit enthüllen.

Seine Stunde bestimmt er selbst. Das müssen Israel und Mose erfahren. Gott erzieht. In diese Erziehungsarbeit mit seinem Volk und seinen Knechten läßt er sich nicht hineinreden. Er ist ein souveräner Herr, der alles zur rechten Zeit tut. Niemals kommt er zu spät. Denn mit seinen Augen verfolgt er uns. Keinen Augenblick sind wir unbeobachtet. Wer wüßte davon nichts zu sagen!

Mose sieht in die makellose Treue seines Gottes. Er hält sich zu ihm, und Gott bestätigt ihm: Ich bin der Herr!

Pharao sowie die Herrscher und Gewaltigen nach ihm haben nicht das letzte Wort. Keine Diktatur, kein Feldherr und kein noch so großer Staatsmann kann sich seinem Willen widersetzen. Sie können rauben, morden und zerstören, aber der letzte Sieger ist er, der Schöpfer Himmels und der Erde. Das Feld wird er behalten. Er ist ein Gott, der da lebt! Das stärkt die kleine Herde und macht sie froh und getrost.

2. Der unwandelbare Herr

Mose kommt im Auftrage und Namen des Gottes, der von Anfang an ist. Durch sein Wort ist alles geschaffen, was ist. Er sprach: Es werde, und es ward! So er gebietet, so geschieht es. Sein Wort ist Tat. »Im Anfang war das Wort, und das Wort war bei Gott, und Gott war das Wort . . .« (Joh. 1, 1). Im 1. Johannesbrief heißt es: »Das da von Anfang war, das wir gehört haben, das wir gesehen haben mit unsern Augen, das wir beschaut haben und unsere Hände betastet haben, vom Wort des Lebens und das Leben ist erschienen . . .« (1. Joh. 1, 1 ff.).

Es ist das Bekenntnis zu dem einen Herrn und Gott, der zu Mose redet und ihm sagt, wer er sei.

Der Ewige ist der Unwandelbare. Unsere Welt ändert sich, und unser Wissen wächst. Bei uns gibt es nichts Fertiges. Wir sind immer im Werden. Wechsel bestimmt unser Leben – Sommer und Winter, warm und kalt, arm und reich, Frieden und Krieg, Tod und Leben. Der Wechsel ist so kraß, daß viele von Schicksal reden und von Glück oder Pech in ihrem Leben sprechen. In unserer Welt ist alles im Fluß.

Heute gibt es keine unbedingten Tabus mehr wie Ehrfurcht vor dem Alter, eheliche Treue, Jungfräulichkeit, bedingungslose Wahrhaftigkeit, Achtung vor dem Eigentum und Leben des andern. Wir können in den Weltraum fliegen und Forschungssatelliten zum Mond schicken, aber unsere Welt blutet an vielen Stellen, in Vietnam, in Nahost, in Nordirland. Der Weltsicherheitsrat ist ratlos und die UNO machtlos.

Dahinein fällt tröstend für die Gemeinde sein Name: Ich bin, der ich bin. Darauf kann Mose sich gründen. *Dieser Herr verändert sich nicht, aber er verändert uns.* Er ist keinen Gefühlsschwankungen noch fragwürdigen Beeinflussungen zugänglich. Sein Weg ist klar, und sein Wort bleibt wahr.

Das hat Mose in der Todeswüste Midian erfahren. Von dem ägyptischen Prinzen über den einfachen Viehhirten ist er zum Botschafter Gottes geworden. Sein Beglaubigungsschreiben ist von Gott unterzeichnet. Er ist der Gott seiner Väter. Mit Abraham, Isaak und Jakob hat er seinen Weg. Er ist ein Gott der Geschichte, der an der Straße des Heils unentwegt baut. Sie alle – Abraham, Mose und wir sind seine Bauarbeiter. Wir stehen nicht allein, sondern sind eingeordnet in das Heer seiner Knechte. Wer ihm vertraut, ist fest gegründet.

3. Der unwiderrufliche Auftrag

Mose hat Israel die Botschaft zu bringen, daß der Gott seiner Väter das Volk in das verheißene Land bringen wird. Sein Plan ist fertig schon und liegt bereit. Israel wird Mose anerkennen und auf ihn hören. Da gibt es keine Schwierigkeiten. *Der Herr schickt seinen Knecht in vorbereitete Stellungen.* Jede Angst ist unnötig. Es kommt alles!

Wie mancher hat das in seinem Leben erfahren, was Hedwig v. Redern für sich in Verse gefaßt hat:

Weiß ich den Weg auch nicht, du weißt ihn wohl;
das macht die Seele still und friedevoll.
Ist's doch umsonst, daß ich mich sorgend müh,

daß ängstlich schlägt mein Herz, sei's spät, sei's früh . . .
Drum wart ich still, dein Wort ist ohne Trug,
du weißt den Weg für mich, das ist genug. ·

Mit den Ältesten wird Mose in Auftrag und Glaube verbunden. Der Herr
läßt ihn nicht einsam, sondern schenkt ihm Bruderschaft des Glaubens, des
Gebetes und des Dienstes. Allein verzagt er und wird müde. Der Bruder ist
Korrektur, Hilfe und Halt. Jesus schickt seine Jünger zu zweit hinaus. Das
ist Schutz und Trost zugleich. Der einzelne verkümmert, wenn er allein
und einsam bleibt. Aber die Gemeinde besteht und hat die Verheißung: geborgen in des Vaters Hand. Mose wird eingewiesen in die Gemeinde, das
Volk Gottes, die Schar der Ältesten in Israel. Gott denkt an alles. Er ist besorgt um seinen Mann.

4. Der Weg aus Glauben

Wen der Herr schickt, der braucht nicht zu denken, daß alles ohne Schwierigkeiten abläuft. Es geht nicht immer glatt, und auf den ersten Anhieb gelingt es auch nicht. *Gott erzieht Mose von Anfang an zur Nüchternheit.* Wir
leben in keiner Traumwelt, sondern befinden uns im Kampfgebiet. Der Satan hat seine Truppen unterwegs. Im Angriff und in der Verteidigung liefern sie harte und blutige Gefechte. Aber der Sieg ist nicht auf ihrer Seite.
Sie versuchen zu stören. Wir halten uns an das Wort unseres Gottes. Er
wird für uns streiten.

Pharao wird den Botschafter und die Botschaft nicht beachten, obgleich
ihm Mose in seiner Denkweise begegnen soll und vor ihm vom Gott der
Hebräer zu sprechen hat. Für ihn gibt es nur eine Theologie, und das ist die
ägyptische. Der Gott der Hebräer ist für ihn keine Größe. Sein Fanatismus
läßt es nicht zu, auf ihn zu hören. Hier hat dieser Gott nichts zu sagen. In
seinem Reiche herrschen sein Pharaonengeschlecht und der altägyptische
Glaube. Denn nach damaliger Ansicht, die im Altertum weit verbreitet gewesen ist, kommt ein Volk aus dem Schutzbereich seiner Götter, wenn es
die Grenzen seines Landes verläßt. Israel ist verschleppt und Pharao der Be-
herrscher dieses Volkes. Wie kann er auf das Wort des Hebräergottes eingehen! Das läßt sein Pharaonenstolz nicht zu. Deshalb wird er ihr religiöses
Bedürfnis, dem Gott ihrer Väter zu opfern, mißachten. Das Sklavenvolk
der Hebräer wird er seine Macht spüren lassen. Vor ihm bleibt es ohnmäch-
tig. Aber Gott wird es mit eigener Hand herausbrechen, Ägypten schlagen
und seine Wunder tun.

Das Ergebnis wird sein, daß Israel ziehen darf. Am Ende wird es sogar beschenkt werden. Goldenen und silbernen Schmuck werden sie als Beute ihren Kindern geben können, weil sie es von ihren ägyptischen Nachbarn geschenkt bekommen. Das alles klingt in diesem Augenblick noch so un-
wahrscheinlich und traumhaft.

Unser Gott kann! Das hat der Augustinermönch Doktor Martinus Luther erfahren, indem er erkannte: sola fide, sola scriptura, sola gratia, sola christus (allein der Glaube, allein die Schrift, allein die Gnade, allein Christus). Sie sind zum Kampfruf der Reformation geworden und haben Luther in Bann und Reichsacht gebracht. – Aber unser Gott hat auch hier das Feld behalten. Diesen Glauben sollen wir uns nicht nehmen lassen. Was er verspricht, das hält er auch. – Er tut Wunder!

Aber bis dahin hat Israel noch einen weiten Weg zurückzulegen. Mose ist noch nicht am Ende seiner Wege. Er hat noch viel zu lernen. Aber Gott ist getreu! Er hält zu seinem Mann.

Gott stärkt seinen Mann

Mose antwortete und sprach: Siehe, sie werden mir nicht glauben und nicht auf mich hören, sondern werden sagen: Der Herr ist dir nicht erschienen. Der Herr sprach zu ihm: Was hast du da in deiner Hand? Er sprach: Einen Stab. Der Herr sprach: Wirf ihn auf die Erde. Und er warf ihn auf die Erde; da ward er zur Schlange, und Mose floh vor ihr. Aber der Herr sprach zu ihm: Strecke deine Hand aus und erhasche sie beim Schwanz. Da streckte er seine Hand aus und ergriff sie, und sie ward zum Stab in seiner Hand. Und der Herr sprach: Darum werden sie glauben, daß dir erschienen ist der Herr, der Gott ihrer Väter, der Gott Abrahams, der Gott Isaaks, der Gott Jakobs. Und der Herr sprach weiter zu ihm: Stecke deine Hand in den Bausch deines Gewandes. Und er steckte sie hinein. Und als er sie wieder herauszog, siehe, da war sie aussätzig wie Schnee. Und er sprach: Tu sie wieder in den Bausch deines Gewandes. Und er tat sie wieder hinein. Und als er sie herauszog, siehe, da war sie wieder wie sein anderes Fleisch. Und der Herr sprach: Wenn sie dir nun nicht glauben und nicht auf dich hören werden bei dem einen Zeichen, so werden sie dir doch glauben bei dem anderen Zeichen. Wenn sie aber diesen zwei Zeichen nicht glauben und nicht auf dich hören werden, so nimm Wasser aus dem Nil und gieß es auf das trockene Land; dann wird das Wasser, das du aus dem Strom genommen hast, Blut werden auf dem trockenen Land (2. Mose 4, 1–9).

Mose ist von Gott beauftragt. Er steht in seinem Dienst. Gott hat ihm seinen Namen enthüllt. Mose sieht seine Aufgabe. Er kennt sein Volk. Es ist ein störrisches und ungehorsames Volk. Ein Volk, mit dem der Herr viel Geduld hat. Wenn es nicht so wäre, so wäre es in den Gerichten umgekommen. Eine gewaltige Aufgabe an einem untauglichen Objekt! Das steht vor Mose. Diese Tatsache droht ihn zu erdrücken. Wenn Israel nicht will, ist aller Einsatz umsonst. Jesus weint über Jerusalem und klagt: »Wie oft habe ich dich versammeln wollen ... und du hast nicht gewollt« (Matth. 23, 27). Mit Gewalt läßt sich niemand retten. Er muß ja sagen zu seinem Retter und seine Rettung wollen. Die Stunde der Gnade muß er nützen und sich vom Augenblick der Retterliebe des Sohnes ergreifen lassen. Er muß von der Planke seiner Selbstgerechtigkeit in das Boot der blutenden Liebe des Vaters. Dazu bedarf es des Absprungs, sonst treibt er sich samt der Planke im Meer seiner endlosen Schuld tot. Wird Israel glauben und hören?

1. Die Stunde der Anfechtung

Diese Frage bewegt den Knecht Gottes. Von ihr kommt Mose nicht los. Er beschäftigt sich damit. Immer tiefer gerät er in ihren Strudel, bis er ganz von ihr gefangen ist. Jetzt spricht er es als Tatsache aus: »Sie werden mir nicht glauben und nicht auf mich hören ...« Für Mose hat die Stunde der Anfechtung begonnen.

Die Schwere und Last der Aufgabe nimmt ihm die Luft, glaubensfroh zu atmen. Er wird kurzatmig und damit schwerfällig, wenn nicht untauglich zum Dienst. Das ist nicht Kleinglaube, sondern bittere Erfahrung und nüchterne Einsicht. So kennt er sein Volk. Und wenn es abstreitet, daß der Herr ihm erschienen sei? Was bleibt ihm anders, als zu bekennen? Mehr kann er nicht. Mose fürchtet, daß Israel das Heil, seine Befreiung nicht selbst ergreift.

Mit ihm haben das viele erfahren. Diesen Weg haben Jesaja und Jeremia in der ganzen Härte aufopfernder Selbstlosigkeit bis hin zum Martyrium gehen müssen. Darunter haben Elia und Elisa geseufzt. Das wird von dem Sohn Gottes bekundet, daß er in sein Eigentum gekommen sei und die Seinen ihn nicht aufgenommen haben. Für ihn ist keine Herberge gewesen. Im Viehstall zu Bethlehem hat er das Licht dieser Welt erblickt. Paulus hätte auf seine Seligkeit verzichtet, wenn dadurch die Decke von den Augen seines Volkes Israel gewichen wäre.

Kennen wir das nicht auch? Zittern uns nicht manches Mal die Knie, wenn wir die Kanzel besteigen? Die Verantwortung liegt bleischwer auf uns, die Einmaligkeit der Stunde erdrückt uns. Wir möchten rufen: Herr, wenn sie nicht glauben, nicht auf uns hören und uns gar abstreiten, deine Bevollmächtigten zu sein was dann? Der Dienst aus Gehorsam läßt sich nicht spielerisch tun, sondern verlangt uns ganz nach Leib, Seele und Geist. Halber Dienst ist gar kein Dienst wie halber Gehorsam ganzer Ungehorsam bleibt. Zu leicht werden wir müde. Was passiert Großes unter uns? Die Zeiten der Erweckung stehen uns vor Augen. Das sind Tage gewesen, wo Menschen in Scharen zum Glauben an Jesus gekommen sind. Und heute? Wir freuen uns, wenn einer hier und dort ein neues Leben mit Jesus beginnt, und sind glücklich, wenn es in der eigenen Familie geschieht.

Wie gut müssen wir Mose verstehen. Wir leben in einer Zeit zunehmender Gottlosigkeit. Unsere Kreise und Gemeinden leben von der Substanz der älteren Generation. Die Einmaligkeit der Stunde am Sarge, bei der Trauung, im Gespräch mit den Taufeltern, vor der jungen Generation heißt, das Evangelium griffig zu sagen, das ganze Heil in Jesus Christus werbend anzubieten sowie unsere völlige Verlorenheit aus Überschuldung schonungslos aufzuzeigen. Und wenn sie nicht hören? Damit werden auch wir angefochten.

2. Der Sieger über den Bösen

Gott schilt den Mose nicht, sondern geht auf seine Frage ein. Er offenbart sich ihm in seiner Macht und Herrlichkeit. Das tut er in Wundern. Sie sind Zeichen seiner Königsherrschaft. Mose muß den Blick fortbekommen von der Untauglichkeit des Objektes. Er darf nich nach unten sehen auf die Schwierigkeiten und das mögliche Scheitern seiner Mission. Das hemmt und belastet seinen Dienst.

Wer Erfolg sucht, bleibt beim Objekt und seinen Möglichkeiten stehen. Wem es aber um Frucht ernst ist, vertraut sich dem Herrn völlig an. Ohne ihn können wir nichts tun. Er ist der Weinstock, wir sind die Reben. Wer in ihm bleibt, der bringt viele Frucht (vgl. Joh. 15, 5 u.a.).

Genauso wie Mose den Herrn auf die Mauer des Unglaubens in Israel hinweist, zeigt Gott auf die Waffe, die zu seinem Hirtendasein gehört. Niemals läßt der Herr seine Leute ungerüstet in den Kampf gehen. Er rüstet sie zu. Deshalb fragt er seinen Knecht: »Was ist das da in deiner Hand?« Darauf muß Mose selber antworten: »Ein Stab, eine Hirtenkeule!« Erst danach erfolgt der Befehl. Der Stab wird zur Schlange. Vor ihr flieht Mose in hellem Entsetzen. Die Schlange ist in der Sprache der Bibel die Verkörperung der Gottesfeindschaft, die Weltempörung gegen Gott, der Satan selbst. In Ägypten symbolisiert das Schlangen-Drachenungeheuer die Weltmacht. Es verbindet Gottesfeindschaft und Dämonie. Wir denken an die Feindschaft zwischen der Schlange und dem Weibe sowie ihrer beiden Nachkommen. Von ihnen heißt es: ». . . der soll dir den Kopf zertreten, und du wirst ihn in die Ferse stechen« (1. Mose 3, 15). Das macht das Wunder noch schrecklicher und treibt Mose aus Angst zur Flucht. Mitten in diese Angst befiehlt ihm Gott, mit fester Hand zuzupacken. »Fasse sie bei ihrem Schwanz!« Hier begegnet uns das gleiche Wort wie bei jener Aussage Gottes: »Ich weiß . . . daß der König . . . euch nicht ziehen lassen wird, außer durch eine starke, fest zupackende Hand.« Hier wird Mose angesichts der Schlange im Glauben vor dieselbe Frage gestellt, vor der der Gott seiner Väter gegenüber dem Weltreich Ägyptens steht. Gehorsam packt er zu und darf als der angefochtene Knecht die Kraft des lebendigen Gottes erfahren. Er wird beteiligt an dem Siege Gottes über den Bösen.

Das können zu allen Zeiten die Bevollmächtigten des Christus in zupackendem Glaubensgehorsam erleben. Davon weiß Paulus auf der Insel Malta zu berichten (Apg. 28, 3). Der Otternbiß an der Hand ist für ihn nicht tödlich. Den Jüngern Jesu wird Macht gegeben, auf Schlangen zu treten und sie zu vertreiben (Luk. 10, 19, Mark. 16, 18). Durch den Sohn Gottes werden Menschen von bösen Geistern frei. Das bezeugen die Evangelien, und davon wissen die Stillen im Lande. Wir denken an den Diakonissenvater Wilhelm Löhe sowie an Christoph Blumhardt in seinem Heilungsbericht über die besessene Gottliebin Dittus. Wir haben es in der Hand. – Die Macht der gefalteten Hände bleibt die Waffe der Gesegneten und wirkt noch heute Wunder.

3. Der Herr über die Krankheit

Wie Mose den Stab zur Erde wirft, so soll er jetzt seine Hand in den Bausch seines Gewandes stecken. Die Wunderkraft Gottes rückt ihm näher auf den Leib. Seine Hand ist aussätzig. Wir können die Furchtbarkeit dieser Aussage erst ermessen, wenn wir daran denken, daß der Arzt bei uns feststellte, wir hätten Krebs. Das heißt Siechtum, steigende Schmerzen, zunehmendes

Absterben, Tod. Der Aussätzige im Orient ist ein Gezeichneter. Für ihn gibt es keine Hilfe. Er verfault am lebendigen Leibe. Zudem wird er aus jeder menschlichen Gemeinschaft ausgestoßen. Er gilt als unrein. Von Gott ist er geschieden. Für seine Mitmenschen wirkt er als ein aufgerichtetes Zeichen des Zornes Gottes. Gibt es Härteres, als unter dem Zorn Gottes stehen zu müssen? – Erschrecken wir noch vor dieser Möglichkeit? – Die Gleichgültigkeit gegenüber den Heilsaussagen Gottes umschließt den heutigen Menschen wie einen festen Panzer. Er muß zerschlagen werden. Die Sache sieht anders aus, wenn wir selbst betroffen sind.

Wie ein Riesenungeheuer ist dem Mose der Zorn Gottes im Aussatz auf den Leib gekrochen. Wir alle sterben unter dem Zorngericht Gottes. Die meisten wollen es nicht wahrhaben. Sie meinen, mit ihrer schwankenden und attrappenhaft errichteten Gerechtigkeit vor Gott auskommen zu können.

Im Garten Gethsemane hat sich dieser Zorn Gottes erdrückend auf den Sohn gelegt. Sein Schweiß ist wie Blutstropfen gewesen. Er hat ihn auf sich gezogen. Sein Blut macht hell mich und rein.

Mose kostet es Selbstüberwindung, ein zweites Mal die Hand mit dem ansteckenden Aussatz an die eigene Brust zu führen. Er wagt es im Glaubensgehorsam, und seine Hand wird rein. Der Herr ist unser Arzt, der da schlägt und heilt. Mose wird am Sieg Gottes über die Mächte seines Zorns beteiligt.

Jünger Jesu sind Beteiligte des Sieges ihres Herrn über Krankheit und Not. Auf die Kranken werden sie die Hände legen, und es wird besser mit ihnen werden (Mark. 16, 18). Das geschieht auch heute noch.

4. Tod und Leben in Gottes Hand

Gott hat noch etwas für seinen Knecht bereit. Für den Fall, daß sein Volk den beiden ersten Zeichen nicht traut, gibt er Mose ein drittes. Der Herr läßt Mose nicht hängen. Er steht ihm bei. Nur muß er auf ihn sehen und es im Glaubensgehorsam auf der Stelle wagen. Hier gibt es kein Zagen!

Mose bekommt den Befehl, an den Nil zu gehen, die Lebensader Ägyptens. Sein Wasser wird durch den Guß zur Erde zu Blut. Bedenken wir, was das bedeutet! Ein Land ohne Wasser, Menschen unter Durst! Steppe und Sterben ist ihnen gewiß.

Gott kann eine Lebensader in eine Todesader verwandeln. Die Weltmacht Ägypten ist in seiner Hand. Wer würde nicht an das unvorstellbare Blutvergießen beider Weltkriege erinnert, an die Toten der Bombennächte und die Zahlen der Vergasten in Konzentrationslagern? Dabei ist kein Ende abzusehen. Das Morden geht weiter, und die sinnlose Vernichtung aus der Luft hält an. Sie hängt drohend über uns allen. Und doch regiert der Herr. Er hat die Macht. Tod und Leben sind in seiner Hand. Das muß Mose lernen – und mit ihm auch wir, als die Sterbenden – und siehe: sie leben!

Gott läßt nicht ab
von seinem Mann

Mose aber sprach zu dem Herrn: Ach, mein Herr, ich bin von jeher nicht wohl beredt gewesen, auch jetzt nicht, seitdem du mit deinem Knecht redest; denn ich habe eine schwere Sprache und eine schwere Zunge. Der Herr sprach zu ihm: Wer hat dem Menschen den Mund geschaffen? Oder wer hat den Stummen oder Tauben oder Sehenden oder Blinden gemacht? Habe ich's nicht getan, der Herr? So gehe nun hin: Ich will mit deinem Munde sein und dich lehren, was du sagen sollst. Mose aber sprach: Mein Herr, sende, wen du senden willst. Da wurde der Herr sehr zornig über Mose und sprach: Weiß ich denn nicht, daß dein Bruder Aaron aus dem Stamme Levi beredt ist? Und siehe, er wird dir entgegenkommen; und wenn er dich sieht, wird er sich von Herzen freuen. Du sollst zu ihm reden und die Worte in seinen Mund legen. Und ich will mit deinem und seinem Munde sein und euch lehren, was ihr tun sollt. Und er soll für dich zum Volk reden; er soll dein Mund sein, und du sollst für ihn Gott sein. Und diesen Stab nimm in deine Hand, mit dem du die Zeichen tun sollst (2. Mose 4, 10–17).

So einfach kann ein Befehl Gottes nicht umgangen werden. Der Herr bestimmt den Frontabschnitt seiner Knechte und verfügt ihren Einsatz. Dabei irrt er sich nie. Nur wir meinen, für diesen bestimmten Dienst nicht brauchbar zu sein. Wir wollen uns ihm entziehen, weil wir vor der Einmaligkeit der Aufgabe, ihren Gefahren und ihren Folgen erschrecken. Das übrige tut der Satan. Er ist sofort dabei, uns mutlos zu machen. Dazu braucht er gar nicht viel. Wer wüßte das nicht aus seinem eigenen Dienstbereich! Hier gibt es keine Rekorde. Gott baut mit »Nieten«, mit Hilfsschülern an der Straße seines Heils. In seinem Reich wird nicht nach Leistungsprinzipien verfahren. Glaube ist kein Spitzenprodukt persönlicher Frömmigkeit, kein Erfolg eisernen Trainings, kein Ergebnis dienender Gesetzlichkeit, sondern Geschenk Gottes, die Annahme geschehener Vergebung für die summierte Schuld unseres Lebens. Das macht nicht groß, sondern klein, nicht selbstsicher, sondern abhängig, nicht vorlaut, sondern bescheiden.

Mose ist in der Werkstatt Gottes so arm geworden, daß er lieber unbekannt in der Wüste bleibt, als Botschafter des Höchsten zu sein. Nie wäre er auf den Gedanken gekommen, sich freiwillig zu melden, um sein Volk aus ägyptischer Gefangenschaft zu führen. Früher hätte er das gerne getan. Deshalb hat er den Ägypter erschlagen und ist zum Flüchtling geworden. Heute würde er das nicht wiederholen. Er hat gelernt! – Wirklich gelernt? – In Gottes Schule lernt niemand aus. Hier gibt es keine Meister, sondern nur Lehrlinge. Einer ist unser Meister: Christus. Wir aber bleiben seine Schüler, Brüder im Lehrlingsstand. Seine Kraft ist in den Schwachen mächtig. Das fällt uns schwer zu lernen. Damit hat ein Apostel Paulus seine Mühe gehabt, als er um Befreiung von seinem Pfahl im Fleisch mit dem Herrn gerungen hat.

Wir sind gewohnt, in anderen Maßstäben zu leben. Diese Maßstäbe sind Macht und Geld, Einfluß und Ehre. Sie sucht Mose nicht. Das liegt ihm völlig fern. Und doch versucht er, Gottes Auftrag für ihn zu umgehen. Dabei bleibt er nicht allein. Wir machen es ihm gleich. Jeder auf seine Art und in seiner Begrenzung.

1. Der Einwand persönlicher Untauglichkeit

Wie oft wird er von uns verwandt, um dem verbindlichen Auftrag Gottes auszuweichen! Da werden Mitarbeiter in der Jugendarbeit gesucht. Du wirst angesprochen! Deine Antwort lautet: »Ich tauge nicht . . .« Im Kindergottesdienst oder in der Sonntagsschule fehlen Helfer. Ich beruhige mich und sage: »Ich tauge nicht . . .« Die Diakonie weiß nicht ein noch aus, weil wir uns gegenseitig beteuern: »Ich tauge nicht . . .« So und ähnlich können wir fortfahren. Die Jungschar verwaist, der EC (Jugendbund für entschiedenes Christentum) oder der CVJM verwaist, die Diakonie erlahmt. Neue Formen allein bringen kein Leben, aber lebendiger Glaube wagt gehorsam jeden Dienst.

Mose versucht, Gott umzustimmen. Er hält ihm seine schwere Sprache und seine schwere Zunge vor. Daran kann der Herr nicht vorbeigehen. Seinen Sprachfehler muß er anerkennen. Ihm wäre es ein kleines gewesen, Mose bei der Auftragserteilung von dieser Behinderung zu befreien. Warum hat er es nicht getan? Mose hätte darin eine Bestätigung seines Auftrages gesehen.

Gott handelt nicht nach unserem Muster und unseren Vorlagen. Er hat seinen Weg mit uns. Sein Plan ist fertig schon und liegt bereit. Das gilt auch für Mose. Gott weiß um seinen Sprachfehler. Vielmehr hat er ihn bei seiner Berufung eingeplant. In der Personalwahl unterläuft ihm nie ein Fehlgriff.

Wir irren uns oft und werten nach Aussehen, Auftreten, flüssiger Rede und sicheren Umgangsformen. Reicht das nicht aus, werden psychologische Tests vorgenommen oder graphologische Gutachten angefordert. Dennoch ist es fraglich, ob der richtige Mann an den richtigen Platz kommt.

Gott beruft nicht ausschließlich nach Talent und Gaben, sondern in seiner Freiheit, wen er will. Er stellt immer den richtigen Mann an den richtigen Platz. Er ist ein weiser Erzieher. Mit unserer Berufung weckt er Gaben, die noch schlummern. Der Herr legt frei, was jeder seiner Knechte für den speziellen Tages- oder Lebensauftrag braucht.

Dadurch bleiben wir von ihm abhängig und sind auf seine Hilfe angewiesen. – Wie sollte ein Seelsorger helfen, wenn er nicht um seine ganze Hilfsbedürftigkeit wüßte! Das treibt ihn in das Gebet, weil er will, daß Jesus ihm die Hilfe für den notvoll Fragenden zuweisen soll. Er hat nichts zu bringen, sondern reicht weiter, was ihm gegeben wird. In dieser Abhängigkeit haben Propheten und Apostel ihre Mitte. Daraus werden Knechte und Mägde Jesu zum Segen für andere. Das ist das Geheimnis gesegneten Lebens und fruchtbaren Dienstes bei Männern Gottes wie Christoph Blumhardt, Alfred Christlieb, Elias Schrenk, Ernst Modersohn, Paul Humburg und bei Frauen wie Mathilde Wrede, Margot Wurmb v. Zink, Dora Rappard, Eva v. Tiele-Winckler. Sie alle haben sich ganz gegeben, um ganz Sein zu sein. Ungeteilte Nachfolge bringt ungeteilten Segen.

Der Fürstensohn Jesaja steht mit Mose in einer Reihe. Er hält am Tage seiner Berufung Gott seine Sünde und die Schuld seines Volkes vor. Er kann diesen Berg nicht selbst bezwingen. Deshalb nimmt ihm der Herr die eigene Schuld, daß er sagen kann: »Hier bin ich, sende mich!« – Jeremia meint, zum Dienst zu jung zu sein. Gott erkennt seinen Einwand nicht an. Er sagt nein dazu. – Sein Musterungsergebnis lautet anders: »Tauglich für den befohlenen Dienst!« Der Einberufungsbefehl bleibt gültig. Der Beschwerdeeinwand ist verworfen. – Gott steht zu seinem Auftrag und zu seinen Knechten.

2. Kritik am Schöpfer

Mose scheint sich gar nicht klar zu sein, was er mit seinem Einwand ausspricht. Er übt Kritik am Schöpfer, der ihn so geschaffen hat, wie er ist. Und das mit seinem Sprachfehler. Für ihn schließen sich Behinderung und Auftrag aus. Deshalb trägt er seine Mängelrüge vor.

Sind wir anders als er? – Unsere Beanstandungen mögen anderer Natur sein, aber sie treffen denselben Herrn, der unser aller Schöpfer ist.

Der eine möchte besser aussehen, der andere attraktiver erscheinen, der dritte hadert mit seiner Körperbehinderung oder Unfallfolge, und die vierte mault, weil sie allein zu bleiben droht. Sofort wird alles aufgewandt, um gegen dieses Geschehen anzugehen. Das Unglück wird dadurch nur noch größer und die Unzufriedenheit schmerzvoller, wenngleich sich eine ganze Industrie mit der Möglichkeit von Schönheitskorrekturen in begrenztem Ausmaß beschäftigt. Salben und Packungen werden angeboten, um Falten zu glätten und die Jahre zu verdecken. Kosmetik und Operationssaal schaffen in manchen Fällen überzeugende Abhilfe. Erstaunliche Ergebnisse werden erzielt. Mancher hängt ein ganzes Vermögen daran.

Vor Gott hat das alles kein Ansehen. Mose wird vom Herrn gefragt, wer den Mund geschaffen, Stumme, Taube und Blinde gemacht habe? Die Antwort liegt auf der Hand: Der beruft, ist auch der Schöpfer. In weiser Voraussicht hat er uns Grenzen gesetzt, damit wir an ihn gebunden bleiben. Es sind Gewichte, die uns halten. Denn wir haben zu lernen, daß wir ohne ihn nichts tun können. Zerrissene Fäden hat er in das Muster unseres Lebens mit einbezogen.

Er macht mit deiner Körperbehinderung und mit unseren Unglücksfolgen etwas zur Ehre seines Namens. Seine Meisterhand gestaltet und wirkt an unserem Leben. Sie wird nicht müde, uns zu halten und zu führen.

Mose bekommt die bedingungslose Zusage Gottes. Er will mit seinem Munde sein und ihn lehren, was er sagen soll. Mehr kann der Herr nicht tun. Er stellt sich vorbehaltlos vor seinen Knecht und hinter seinen Sprachfehler. Mose braucht nur weiterzugeben, was Gott ihm sagt.

Die Jünger bekommen von ihrem Herrn eine gleiche Zusage. Jesus will ihnen den Heiligen Geist senden, der sie in alle Wahrheit leiten wird. Er erinnert sie an alles, was sie sagen sollen. Damit wird ihre Angst gebannt. Sie gehen in alle Welt und verkündigen das Evangelium allen Menschen aller Rassen und Völker. Das Sprachwunder der Pfingsten bewegt die führenden Leute in Jerusalem. Sie haben keine Erklärung. Aber Tatsache ist, daß dreitausend Menschen zum Glauben gekommen sind und ein jeder in seiner Muttersprache die Botschaft vom Heiland der Welt gehört hat. Dieser Strom ist bis heute noch nicht abgerissen und wird nicht abreißen, bis daß der Herr kommt.

Knechte können nur Boten sein. – Botschafter müssen zurückfragen, sind Mitteilungsorgan ihrer Regierung im fremden Land. Ihren Weisungen sind sie verpflichtet. – Mose wird an den Herrn gebunden. Er soll sein Mundbote sein. Das sieht und hört er nicht. Er bleibt bei seiner Ablehnung. So töricht sind wir mitunter.

3. Berechtigter Zorn Gottes

Der Gott der Väter ist bei Mose bis an die Grenze des Möglichen gegangen. Er hat sich ihm barmherzig und geduldig gezeigt. Denn nur er weiß, wie zerschlagen sein Mann ist. Deshalb will er sein Vertrauen wecken, indem er sich mit ihm zusammenbindet. Ein besseres Bündnis gibt es nicht. Unser Risiko ist kein Risiko. Dem Herrn sind wir das Risiko. Er hat es riskiert, seinen einzigen Sohn für unsere Schuld zu opfern. Das ist sehr viel, mehr als wir begreifen können. Gott steht für uns und unseren Ungehorsam. Er hat Frieden mit uns gemacht. – Der Viehstall von Bethlehem ist die Frage Gottes an uns: Adam, wo bist du? Stellen wir uns diesem Herrn? – Er ist Hilfe und Schutz zugleich.

Weiß Mose nicht, daß ein Mann mit seiner Aufgabe wächst? Wenn der Herr ihm das zutraut, hat er zu gehen. Was wir uns selber zutrauen, ist völlig gleichgültig. Das interessiert nicht. Trotz allem lehnt Mose seine Berufung glatt ab. »Sende, wen du senden willst«, lautet seine Antwort. Über solchen Ungehorsam muß Gott zornig sein. Seine Liebe wird mißachtet, sein Befehl nicht befolgt und sein Versprechen nicht ernst genommen. Mose weiß nicht, was er tut. Er will nicht! Das ist alles! Gott aber läßt ihn nicht, sondern hält seine Berufung aufrecht. Schwaches Weichen gilt hier nicht!

4. Ertrotzter Weg – beschatteter Weg

Mose bekommt den zweiten Mann. Es ist sein sprachgewandter Bruder Aaron. Er wird ihm begegnen, und von ihm wird er freudig begrüßt werden. Wie anders ist es bei Jakob und Esau gewesen. Jakob hat die Begegnung mit Esau gefürchtet. Immerhin hat ein Kain den Abel erschlagen. Warum sollte sich das hier nicht wiederholen? Ein Joseph ist von seinen Brüdern nach Ägypten verkauft worden, nachdem ein Brudermord nur knapp verhindert werden konnte. Aaron wartet auf seinen Bruder. Mose braucht nichts zu fürchten. Der Herr hat alles vorbereitet. Die Stellung ist bereit. Wie dumm, daß er nicht geht.

Gott setzt Aaron nicht zu seinem Botschafter ein, obgleich er um seine Redegabe und levitische Herkunft weiß. Daran erinnert er Mose. Er will keinen anderen Mann als ihn. Ersatzmänner gibt es bei ihm nicht. Mose bleibt unter dem erteilten Auftrag.

Der Herr wiederholt seine Zusage. Er will mit beiden sein. Aber Mose bleibt sein unmittelbarer Botschafter, während Aaron nur Chefdolmetscher seines Bruders wird. Dadurch wird der Auftrag für Mose nicht kleiner und seine Last nicht leichter. Jetzt hat er es noch mit seinem Bruder zu tun. Die Last für ihn ist schwerer geworden. Wir brauchen nur an das goldene Kalb und seine Folgen zu denken. Aaron hat dem Volk nachgegeben und ihm die Sünde erlaubt.

Wo wir meinen, uns entlasten zu können, müssen wir erfahren, daß wir uns noch stärker belasten. Gottes Auftrag kann nie zurückgegeben werden. Er bleibt! Ein Zurück ist hier nicht möglich. Das muß Mose bitter lernen. – Wen Gott beruft, der hat gehorsam zu dienen!

Das Rüstzeug ist da! Den Stab hat er in die Hand zu nehmen. Was bleibt ihm anders, als zu gehen? – »Ein Christ ist immer im Dienst!« Das ist ein Wort des heimgegangenen Bischofs D. Otto Dibelius. Er hat es über sein Leben gesetzt. Es behält seine Bedeutung.

In gleicher Diensthingabe bekennt Eva v. Tiele-Winckler getrost:

Und wird die Nacht auch kommen,
da niemand wirken kann,
wird mir der Dienst genommen,
den ich so gern getan,
ja, ruhen auch die Hände,
mein Herr entläßt mich nie;
ich dien ihm ohne Ende:
Ancilla Domini (Magd des Herrn)!

Gehorsam ist besser denn Opfer. Darin liegt täglicher Segen!

Gott gibt den Weg frei für seinen Mann

Mose ging hin und kam wieder zu Jethro, seinem Schwiegervater, und sprach zu ihm: Laß mich doch gehen, daß ich doch wieder zu meinen Brüdern komme, die in Ägypten sind, und sehe, ob sie noch leben. Jethro sprach zu ihm: Gehe hin mit Frieden. Auch sprach der Herr zu Mose in Midian: Gehe hin und ziehe wieder nach Ägypten; denn die Leute sind tot, die dir nach dem Leben standen. So nahm denn Mose seine Frau und seine Söhne und setzte sie auf einen Esel und zog wieder nach Ägyptenland und nahm den Stab Gottes in seine Hand. Und der Herr sprach zu Mose: Siehe zu, wenn du wieder nach Ägypten kommst, daß du alle die Wunder tust vor dem Pharao, die ich dir in deine Hand gegeben habe; ich aber will sein Herz verstocken, daß er das Volk nicht ziehen lassen wird. Und du sollst zu ihm sagen: So spricht der Herr: Israel ist mein erstgeborener Sohn; und ich gebiete dir, daß du meinen Sohn ziehen läßt, daß er mir diene. Wirst du dich weigern, so will ich deinen erstgeborenen Sohn töten (2. Mose 4, 18–23).

Jetzt ist Mose bereit zu gehen. Gott hat ihn überwunden. Er ist ihm zu stark geworden. Für ihn gibt es kein Entweichen. Es bleibt nur eine Möglichkeit: zu gehorchen.

Das fällt uns nicht immer leicht. Es ist schneller festgestellt als getan. Besonders schwer wird es dann, wenn es gilt, Wege zu gehen, die wir nicht bejahen und vor denen wir zögern, sie mit allen Folgerungen unter die Füße zu nehmen. Wir schrecken vor Wagnissen zurück. – Jeder Glaubensgehorsam erfordert Wagemut. Die Treue Gottes ist unwandelbar. Darauf darf sich jeder verlassen. Die Zusagen Gottes gelten heute wie zu jeder anderen Zeit. Uns fehlt nur das grenzenlose Vertrauen, der keinesfalls berechnende, kindliche Glaube. Das Kind hält sich an den Vater und weiß sich vom Vater gehalten. Das will täglich geübt und bewährt werden. Zu einer Meisterschaft bringt es niemand. – Muß Jesus nicht auch uns mahnen: »Ihr Kleingläubigen, warum seid ihr so furchtsam?« (Matth. 8, 26). Denn Kleinglaube ist der Nährboden des Zweifels und führt zum Unglauben. In dieser Gefahr befinden wir uns alle, wenn wir uns nicht von Jesus mahnen lassen.

Was hat Mose vor dem Pharao zu bieten? Stellt er etwas dar? Ist es nicht geradezu vermessen, die Aufgabe anzugreifen und nach Ägypten zu gehen, um das Volk Gottes in die Heimat zu führen? – Wir würden sagen oder zumindest denken: »Mose, Mose, du gehst einen schweren Weg!« Und das wäre alles! So halten wir uns heraus. – Die Knechte Gottes bleiben allein. Wir freuen uns wohl der Siege, aber mitzukämpfen durch gezielte Fürbitte, wagen wir nicht. Sie ist so unerläßlich wie der Frontdienst selbst.

Mose hat nur den Herrn auf seiner Seite. Das genügt! Verstand und Familie haben ihn nicht veranlaßt, nach Ägypten zu reisen. Er ist kein Abenteurer!

Mose ist von Gott beschlagnahmt. Deshalb muß er gehen, wenngleich persönliche Nöte und Gefahren nicht auszuschalten sind.

Wo der Herr befiehlt, ist der Weg frei zu haltendem Vertrauen bei gesegnetem Dienst. Hier ist die Stunde der Entscheidung. Mose hat die Unmittelbarkeit Gottes erfahren. Er geht hin! In Gottes Augen ist sein Weg klar. Bei ihm liegt es, bedingungslos zu gehorchen.

1. Mit Billigung seines engsten Vertrauten

Der erste Weg führt Mose zu Jethro, seinem Schwiegervater. Ihm trägt er sein Vorhaben vor. Er sucht seine Bestätigung. Ohne seinen segnenden Zuspruch kann er nicht fröhlich ziehen.

Wir brauchen die Korrektur durch den Bruder. Den Rat der Alten kann niemand entbehren, der an die Front geht. Er ist auf Rückendeckung angewiesen. Eine offene Flanke kann sich niemand leisten. Dort bricht der Feind ein und rollt die Stellung auf. Hat unser Glaubensleben eine offene Flanke, von der aus der Satan unsere Glaubensstellung aufrollen kann? Könnte es womöglich unsere Stellung zu den ergrauten Brüdern sein, den Vätern in Christo? Oder ist es das vermessene Verhältnis zu unseren Eltern und Schwiegereltern?

Der Rat der Väter ist sehr schnell übergangen, und schon stehen wir mitten in der Generationenfrage. Sie liefert genügend Zündstoff. Wer die Jugend abkanzelt oder in ein frommes Schema zwingen will, hat sie immer gegen sich. Sie läßt sich nicht zwingen, wohl aber sucht sie Vorbilder. Sie fehlen heute. Originale Gottes sind selten geworden. Und doch sehnt sich der junge Mensch nach Verständnis, Liebe und Ehrlichkeit. Er will nichts Fertiges bei uns, sondern fragt, wie es bei uns geworden ist. Dabei müssen wir unsere Fehler aufdecken und unsere Abwege wie Irrtümer eingestehen. Wer täte das gerne! Um der Wahrhaftigkeit willen ist es nötig. Jugend schätzt schonungslose Ehrlichkeit gegenüber der eigenen Person. Das schafft Autorität.

Lassen wir unsere Kinder im Namen Jesu ziehen, oder binden wir sie einseitig an uns und unseren Weg? Das wäre gefährlich! Wir bringen uns dabei um segnende Freude.

Friedrich v. Bodelschwingh, der Vater von Bethel, schreibt, daß er keinen anderen Weg wüßte, der uns auch nur einen Fingerbreit vorwärts brächte, als den, daß wir uns als immer vollkommenere Sünder erkennen würden. Das gefalle freilich dem natürlichen Menschen nicht. Es sei ihm schmerzlich, denn er führe durch manche Demütigungen und lasse uns das eigene tiefe Elend schmerzlich erfahren. Was zu rühmen bleibe, sei unverdiente Gnade.

Wer von vornherein meint, er sei in seiner Jugend besser gewesen, verbaut sich selbst den Weg zur Jugend. Sie ist heute hilfsbedürftiger denn je. Die Gefahren sind größer geworden. Sie wird stärker von Reklame, Illustrationen, Fernsehen und Funk beeinflußt als jede Generation zuvor. Der Beruf mit steigenden Anforderungen und fortschreitenden wissenschaftlichen Erkenntnissen verpflichtet sie ganz. Unsere Jugend heute hat es schwer. Machen wir es ihr anziehender, an Jesus zu glauben, oder verschanzen wir uns hinter pharisäischer Härte? Nicht niederprügeln, sondern vorleben ist alles.

Jethro begreift die Stunde Gottes. Er stellt sich Mose nicht in den Weg. Im Gegenteil läßt er ihn im Frieden ziehen; denn er hat Verständnis, daß sein Schwiegersohn seine Brüder sehen möchte. Für Mose ist dieses Ja seines Schwiegervaters zu seinem Weg eine Bestätigung seines Auftrags. Gott hat den Weg für ihn nach Ägypten freigegeben. Das stärkt und macht gewiß.

Dabei sieht Mose die Selbstlosigkeit seines Schwiegervaters. Denn Jethro denkt nicht an sich und die billige Arbeitskraft, die er durch Mose gehabt hat. Er will Gott nicht im Wege stehen. Zeugt das nicht von geistlicher und menschlicher Reife? So etwas schlägt durch. Jethro darf Signal in der Hand Gottes sein. Mose reist mit seiner Frau und seinen Söhnen nach Ägypten, und das unter dem Segen des Vaters Jethro.

Gott schickt seine Leute an die Front und ordnet sie unter Zustimmung und Segensgruß der Brüder ab. Jethro steht mit seinem ganzen Hause hinter der Reise des Mose. Er gibt seinem Schwiegersohn Rückendeckung. Das macht froh und getrost.

2. Im Schutzbereich seines Gottes

Der Herr setzt die Rückkehr Moses zum rechten Zeitpunkt an. Er läßt seine Leute nicht in einem Hinterhalt umkommen. Die Feinde sind tot. Es ist keine Gefahr gegeben. Mose kann neu anfangen. Er braucht an das Vergangene nicht anzuknüpfen.

Das ist echte Vergebung. Gott wischt die Spuren verfehlter Vergangenheit aus. Es ist kein Zeuge mehr da. So etwas kann nur der Gott Abrahams, Isaaks und Jakobs.

In Jesus Christus ist uns ein volles, freies, ewiges Heil gegeben. Er ist für uns zur Sünde gemacht. Das ist mehr. Der eine heilige und gerechte Gott gibt sich für die Sünder. Damit wir leben, ist er am Galgen gestorben. Dahin hätten wir gemußt. Ob wir das am Anfang jedes Tages wie Jahres recht bedenken? Verstehen können wir es sowieso nicht. Das stellvertretende Leiden und Sterben des Sohnes Gottes läßt sich nur im Glauben annehmen. Jesus, mein Heiland, ist Sieger und lebt! Das ist der Jubelruf der Erlösten. Darauf gründet sich die Gemeinde Jesu: Er starb für mich! Darin liegt die Hoffnung mitten in allem Sterben unserer Welt.

Deshalb ist der Sohn Gottes zum Flüchtling geworden. Er hat kein Quartier außer dem Viehstall bekommen. Maria und Joseph sind gezwungen, nach Ägypten zu fliehen, damit der brutale Haß eines unmenschlichen Königs den Sohn, das Heil der Welt, nicht tötet. Die Mörder sterben, aber der Herr bleibt.

Joseph wird befohlen, in das Land Israels zu ziehen, denn sie seien gestorben, die dem Kinde nach dem Leben standen (Luk. 2, 20). Die Gefahr ist vorüber. Gott läßt sich den Heilsweg nicht verbauen. Er steht zu seinem Wort.

Der Herr ist gut, in dessen Dienst wir stehn:
Wir dürfen ihn in Demut Vater nennen;
wenn wir nur treu auf seinen Wegen gehn,
so sehn wir ihn vor zarter Liebe brennen.
Dies Wort gibt uns im Kampfe Kraft und Mut:
Der Herr ist gut.

Das ist mehr, als wir je erwarten können. Wir sind versöhnt durch seines Sohnes Blut – der Herr ist gut. Darum weiß Mose, und davon sind die Dienstwege aller Knechte und Mägde Gottes gezeichnet. Sie münden in den Lobpreis der bewahrenden Treue und durchtragenden Liebe Gottes. Der Herr bleibt gut!

3. Unter Verpflichtung ganzer Abhängigkeit

Mose nimmt den Stab Gottes in die Hand. Damit bindet er sich an den Willen Gottes. Er verzichtet von vornherein auf jedes eigenmächtige Handeln. Der Herr hat ihn für alle Fälle gerüstet. Bis in die Worte hinein ist er an den Gott seiner Väter gebunden. Er sagt ihm, was er zu sagen hat. Mose wird Organ Gottes. Was ist ein Knecht anderes, als daß er bescheiden hinter seinen Herrn tritt und sich an sein Wort bindet!

Das verlangt rechte Zurückhaltung, geduldige Treue und mutigen Einsatz. Denn es könnte sein, daß er sich vor der Welt mit dem Wort seines Herrn blamiert. Werden nicht auch heute die, die dem Worte Gottes vorbehaltlos vertrauen, als rückständig, konservativ und antiquiert angesehen? Das wollen wir getrost auf uns nehmen. Die Zukunft ist bei denen, die sich an das Wort Gottes binden und ihm vertrauen. Er hat noch immer recht behalten und wird auch weiter die Wahrheit seines Wortes unter Beweis stellen. Theorien und Hypothesen sagen nichts; sein Wort ist alles. Das schließt nicht ein, daß wir die theologische Wissenschaft verneinen. Durchaus nicht! Aber letzte Grenze darf nicht die Vernunft sein, sondern letzte Korrektur ist er. Ohne die Wirklichkeit des Heiligen Geistes ist alles wissenschaftliche Bemühen um das Wort der Wahrheit Betrug. Eines ist uns not! Nur er! Was wir in Theologie und Gemeinde brauchen, sind Bevollmächtigte des Christus. Darum haben wir betend zu ringen.

Mose hat den Auftrag, alle Wunder vor Pharao zu tun, die Gott in seine Hand gegeben hat. Aus Angst vor Eitelkeit darf er keines unterschlagen. Er würde sich um die Vollmacht bringen.

Wer unter dem Befehl Gottes steht, darf seinen Auftrag weder verkürzen noch erweitern. Er hat ihn wortgetreu und zur rechten Zeit auszuführen. Den Zeitpunkt bestimmt allein der Herr.

Wir sind in Gefahr, zu kneifen und zu verkürzen. Es geht um das Wort der Wahrheit. Ungeteilt muß es weitergegeben werden. Wer es wie die moderne, neurationalistische Theologie verkürzt, macht sich schuldig. Aber auch der, der wie die Sekten etwas hinzufügt, macht sich strafbar. Wir denken zum Beispiel an die Neuapostolen. Sie lehren, daß der Stammapostel Lehrautorität habe und Offenbarungsträger sei. Alles, was er von Amts wegen sage, sei Evangelium. Dagegen hätten die Briefe im Neuen Testament nur zeitbedingten Wert. Das ist vermessen. Gott hat sich zuallerletzt und endgültig in seinem Sohn offenbart. Über das Wort der Heiligen Schrift hinaus gibt es keine andere Offenbarungsquelle des Heilswillens Gottes. Das ist eindeutige Aussage der Propheten und Apostel. Er ist der Weg, die Wahrheit und das Leben, niemand kommt zum Vater denn durch ihn (Joh. 14, 6).

4. Vor der Tatsache ausbleibender Frucht

Gott läßt seinen Knecht nicht im Dunkeln. Er gibt ihm die Botschaft. Gleichzeitig unterrichtet er ihn über das Gericht, das er über Pharao hält. Der Ägypter hört und tut doch nicht. Sein Herz ist verstockt. Ihn schreckt auch nicht die Warnung, daß sein erstgeborener Sohn getötet würde. Das scheint ihn kalt zu lassen. Er sonnt sich in seiner Macht und Würde. Niemand kann ihn abhalten zu tun, was er will.

Wer verstockt ist, nimmt Gott nicht mehr ernst. Für den ist er nicht da, oder er wird zu einer Chiffre, zu einer Ziffer, einem Geheimzeichen, einem Kennwort für Mitmenschlichkeit. Diesen Gott kann jeder nach Belieben auswechseln. Er ist nicht existent, nicht vorhanden, nur ein Gedanke.

Verstockung ist Gottes Tat, Gericht über einen Menschen. Er hat ihn dahingegeben, seinem Irrtum überlassen. Wo er zuschließt, tut niemand mehr auf.

Das muß Mose hier lernen. Davon wird er schon jetzt unterrichtet. Er wird, menschlich gesprochen, beim Pharao keinen Erfolg haben. Der Pharao wird nicht hören, obgleich er immer mit demselben Befehl Gottes kommt.

Das macht müde! Wer hält das durch? Wird da nicht die Frage nach der Frucht kommen? Wo Verstockung auswächst, kann keine Frucht reifen, Und doch hat Mose zu gehen, zu reden und zu handeln. Steigende Verstockung ist bereits Frucht. Jeremia ist es nicht anders gegangen. Könige, Minister und Volksstämme haben nicht auf ihn gehört. Er ist ein Prediger in der Wüste gewesen. Eine heillose Zeit, in der der Prophet das Wort Gottes auszurichten hat.

Ob diese Zeit über uns anbricht? Wer vermag es zu sagen! Wir haben zu stehen, an der Front zu bleiben und das Wort der Wahrheit weiterzugeben. Dazu sind wir verpflichtet. Den Sieg gibt er allein!

Gott leitet seinen Mann

Und der Herr sprach zu Aaron: Gehe hin Mose entgegen in die Wüste. Und er ging hin und begegnete ihm am Berge Gottes und küßte ihn. Und Mose tat Aaron kund alle Worte des Herrn, der ihn gesandt hatte, und alle Zeichen, die er ihm befohlen hatte. Und sie gingen hin und versammelten alle Ältesten der Kinder Israel. Und Aaron sagte alle Worte, die der Herr mit Mose geredet hatte, und Mose tat die Zeichen vor dem Volk. Und das Volk glaubte. Und als sie hörten, daß der Herr sich der Kinder Israel angenommen und ihr Elend angesehen habe, neigten sie sich und beteten an (2. Mose 4, 27-31).

Ein Flüchtling macht sich auf den Weg. Mose will zu seinem Volk. Nicht als ägyptischer Prinz bricht er auf, sondern als namenloser Viehhirt ohne Vermögen. Das vermag Gottes grenzenlose Geduld an seinem Knecht.

Es bleibt ein Geheimnis göttlicher Wegführung, daß denen, die Gott lieben, alle Dinge zum Besten dienen. Nur der, der gehorcht, wird es erfahren. Der andere bringt sich um den Trost und die Freude solcher Glaubenserfahrung.

Mose ist auf dem Gehorsamsweg. Er hat mit dem Aufbruch nicht gezögert. Er ist unterwegs, weil der Herr es befohlen hat. Eine andere Begründung kann er nicht geben, weil es keine andere gibt. – Wir suchen nach Begründungen und versinken sehr bald in der Frage »Warum?« Uns fehlt im Grunde das bedingungslose »Ja!« zu Gottes Wegführung. Er braucht uns keine Begründung zu geben. Sein Handeln ist immer recht, sinnvoll und erzieherisch. Wir quälen uns mit dem »Warum?« und enden in dunkelster Verzweiflung, wenn wir diese Frage nicht auf Jesus werfen und ihn walten lassen.

»Auf dein Wort!« – So ist Simon Petrus ausgefahren und mit einem reichen Fang bester Fische zurückgekommen. Jesus hat ihm den Befehl gegeben. Er hat gehorcht. Das ist die Stunde seines Heils geworden. Er wurde zum Menschenfischer bestellt (Luk. 5, 1 ff.) und durfte Gesandter des ewigen Königs sein.

Nikolaus Ludwig Graf v. Zinzendorf hat seine Missionare nicht mit Überseekoffern und achtbaren Reiseschecks hinausgeschickt. Vielmehr hat er sie bis zur Landesgrenze begleitet und sie mit einem kleinen Zehrgeld unter dem Zuspruch entlassen: »Nun seid des Heilands fröhliche Leute!« Sie sind dann mit dem Evangelium in alle Welt gegangen. Davon zeugt die Herrnhuter Mission bis heute.

Mose ist auf dem Wege. Nichts kann ihn scheiden von der Liebe Gottes. Er weiß sich gesandt. Das ist mehr als alle Reichtümer der Welt. Mose wird Werkzeug in Gottes Hand. Er darf seinem Volke dienen.

1. An der Stätte glaubensstärkender Begegnung

Zu gerne hätten wir gewußt, was den Knecht Gottes auf dem Weg nach Ägypten bewegt hat. Wir können es nicht erraten, sollen es auch nicht. Das bleibt zwischen Gott und Mose geheim, das Schweigen seelsorgerlicher Tiefe. – Bewahren wir es immer? Zu schnell und leicht wird es durchbrochen. Und doch bleibt es der Grund zu fortlaufendem seelsorgerlichen Dienst.

Dabei ist es gar nicht entscheidend, was uns – den einzelnen – bewegt, *sondern von wem wir uns bewegen lassen*. – Mose läßt sich von Gott führen. In seinem Auftrag ist er unterwegs. Das macht ihn getrost. Er kann seinem Gott vertrauen. Der enttäuscht ihn nicht.

In der Zwischenzeit ist Aaron vom Herrn in Marsch gesetzt worden. Er geht seinem Bruder in der Wüste entgegen. Das ist für ihn ein Wagnis. Abgesehen von den bedrohlichen Gefahren der Reise kommt der unbekannte Weg noch dazu. Ihn hält der unbedingte Befehl seines Gottes. Er geht, weil er muß.

Ist es nicht der gleiche selige Zwang, von dem die Jünger sagen: »Wir können es nicht lassen, von dem zu reden, was wir gesehen und gehört haben« (Apg. 4, 20)? Sie sehen dabei nicht auf das, was kommen könnte an Kerkerhaft, Folterung und Verfolgung, sondern auf den, der Macht hat, zu verdammen und selig zu machen. Für sie ist Gehorsam alles. Aussteigen, fortlaufen, Befehlsverweigerung wirken tödlich.

Ananias bekommt den unausweichbaren Befehl, zu dem bekannten Jesushasser und Christenmörder Saulus von Tarsus zu gehen. Er zögert und fragt zurück, ob der Herr nicht wisse, was das für ein Mensch sei. Die Antwort muß ihn verwundern: Saulus – ein auserwähltes Rüstzeug, ein anderer! Das genügt dem Ananias. Er geht in das Haus des Judas und findet den Jesushasser im Gebet. Unerschrocken führt der Jünger aus, was der Herr ihm befohlen hat. Dadurch hilft er mit zum Sieg des Evangeliums und zur Rettung ungezählter Sünder. Ananias legt Saulus die Hände auf und führt ihn in die Gemeinde in Damaskus ein (Apg. 9, 10 ff.). Der Weg zum Heidenapostel ist beschritten.

Scheuen wir uns, dem Bruder in die Wüste entgegenzugehen? Hier gibt es nichts zu gewinnen noch zu verdienen. Aus der Wüste kommen arme Leute, Namenlose ohne festen Wohnsitz. In ihr hat Johannes der Täufer seine Zurüstung erfahren und ist zum Herold des Sohnes Gottes geworden. Mose ist ein Mann ohne Ansehen und ohne jegliches Vermögen. Er steht allein unter dem Befehl Gottes. Der führt die beiden Brüder zusammen.

Die Begegnung erfolgt auf heilsgeschichtlichem Boden. An jener Stelle hat Mose auf den Gott seiner Väter gehört. Hier ist er dem Herrn aller Herren begegnet. Und hier trifft er auch den Bruder. Der Herr knüpft dort an, wo er sich bereits offenbart hat. – Deshalb bezieht sich Jesus auf die Verheißungen des Alten Testamentes. Gott baut weiter! Er kennt keine Sackgasse. Seine Wege mit uns führen alle zu ihm. Nur wir gehen oft eigene Wege und verirren uns. Das ist tragisch und gefährlich. Denn unsere Wege enden alle vor dem Stoppschild des Todes. Er ist der Weg, der alleine darüber hinausführt. Wer an ihn glaubt, der hat das Leben! Deshalbt mahnt der Psalmist: »Befiehl dem Herrn deine Wege und hoffe auf ihn, er wird es wohl machen!« (Ps. 37, 5).

Mose hat seinen Bruder. Er braucht nicht mehr alleine zu sein. – Der Herr führt zusammmen, aber der Satan zerreißt. So wird es stets bleiben, bis der Herr kommt.

2. Mit dem Bruder unter einem Befehlshaber

Der Knecht Gottes legt seinem Bruder das Beglaubigungsschreiben Gottes vor. Er küßt ihn. Was der Herr ihm aufgetragen hat, gibt er an ihn weiter. Ihre Unterhaltung erstreckt sich nicht auf alltägliche Dinge. Sie reden weder vom Wetter noch von den Frauen noch vom Essen. – Das sind Dauerthemen unter uns. Sie beschäftigen uns am Arbeitsplatz, in der Freizeit und zu Hause. Mitunter widern sie uns an. Sie werden in Büchern, Illustrierten, Filmen und Wochenblättern nach allen Richtungen behandelt. Nach ihnen richten sich Betriebsklima und Arbeitsfriede. Sie verlocken zum Verbrechen wie zur Auflösung sittlich-moralischer Grenzen. Tabus, wie Reinheit und Ehrlichkeit, sind hier nicht gefragt. Gespräche über Frömmigkeit und Glaube haben bei Vertretern dieser Themenkreise keinen Kurswert.

Mose und Aaron reden über den Gott ihrer Väter. Sein Wort ist ihnen verbindlich. Sie haben ein Thema. Sie sprechen von dem, was Gott an ihnen getan hat. Wo immer Knechte Gottes beieinander sind, rühmen sie die Treue des großen Gottes. Was tun die Psalmisten anders! Ihnen schließen sich die Verfasser unseres vielseitigen Liedgutes an:

Gern in alles sich zu fügen,
mich der Stille still zu freun,
ohne Worte, mit Vergnügen
aller Knechte Knecht zu sein,
nie mit Gaben stolz zu prangen,
Menschenruhm nie zu verlangen:
Diese Weisheit fleh ich mir,
hocherhabner Gott, von dir.

Solche Bitte schafft die Voraussetzung zu gesegneten Begegnungen. Wie viele bleiben von uns ungenutzt, weil wir nicht über das Eigentliche sprechen, was not ist. Wir reden viel lieber über Preise, modische Neuheiten, Berufschancen, Krankheiten, Lebensmittelsorten und andere Dinge. In unseren Häusern ist das geistliche Lied ausgestorben und die Hausandacht für tot erklärt. Wir können kaum noch Bibelverse und Liedstrophen hersagen. Unser Denkspruch oder Trautext steht auf dem Papier, hat aber nichts mit unserem Leben zu tun. Geistlich befinden wir uns unter dem Strich. Wir verfügen noch nicht einmal über die eiserne Ration. Sollte es daran liegen, daß wir keine Beziehung zum Worte Gottes haben? Wo die Verbindung zum Sohne Gottes, Jesus Christus, unterbrochen ist, fehlt auch die Mitte für ein Gespräch aus dem Glauben.

Mose redet von den Zeichen, die ihm anbefohlen sind. Weil er sich seines Gottes nicht schämt, verheimlicht er vor seinem Bruder nichts, was er ihm aufgetragen hat. – Wir tun es aber mitunter. Denn wir schämen uns der Wunder des großen Gottes. Wir fürchten, wir könnten zu kindlich glauben. Deshalb richten wir Probleme auf, wo keine für den Glauben sind. Wir machen Gott zum Problem und wissen nicht, wie problematisch wir vor Gott sind. Denn um unserer Sünde und Schuld willen hat er seinen Sohn leiden, verbluten und sterben lassen. Nur weil er auferstanden ist, haben wir Zukunft.

Mose glaubt dem Wort des Herrn und gibt es ohne Scham und Scheu weiter. Er findet sich mit seinem Bruder unter dem gleichen Befehl an einer Front. Das tröstet und gibt Kraft.

3. Vor den Ältesten des Volkes mit dem *einen* Wort

Nicht anders geht es in Ägypten. Mose hält sich an seinen Auftrag wie an die Ordnung im Volk Israel. Deshalb lassen er und sein Bruder die Ältesten des Volkes zusammenkommen. Sie haben Glaubenserfahrung und Leitungsbefugnisse. Mose achtet sie als die rechtmäßigen Vertreter dieses Volkes. Aaron ist sein Dolmetscher und Wortführer. Er gibt weiter, was er von Mose gehört hat.

Was können wir weiterreichen? Doch nur das, was wir empfangen! Im Weitergeben und Weiterreichen segnet der Herr. Das ist eine durch Generationen gemachte Erfahrungstatsache. Männer Gottes haben sie praktiziert und sind zum Segen für viele geworden. Propheten und Apostel haben sich ganz eingesetzt und sind getrost in das Martyrium gegangen. Sie haben ihr Leben für den Herrn und sein Wort gegeben.

Was wäre Gemeinde Jesu ohne Diakonie? Ein Leib ohne Glieder! – Friedrich v. Bodelschwingh ist zum Vater der Kranken geworden, Eva v. Tiele-Winckler zur Mutter der Waisen und Mathilde Wrede zum Stern der Gefangenen. Wir könnten diese Reihe beliebig fortsetzen. Sie alle haben nur weitergegeben, was der Herr ihnen geschenkt hat. Sie haben ihre Begabungen, ihre Zeit und ihre Kraft vorbehaltlos für Jesus eingesetzt. Ihr Dienst ist Dank für Golgatha. Sie durften, und das ist ihre Freude und ihr Lohn gewesen. Davon zeugt das Gebet Dora Rappards, das sie aus dem Englischen ins Deutsche übersetzt hat:

Nimm mein Leben! Jesu, dir
übergeb ich's für und für.

Nimm Besitz von meiner Zeit;
jede Stund sei dir geweiht!
Nimm, Herr, meinen Willen du,
daß er still in deinem ruh;
nimm mein Herz, mach hier es schon
dir zum Tempel und zum Thron!

Wir beten es nach. Unser Dienst wird daran gemessen, was wir an empfangenem Segen weitergereicht haben. Es geht doch darum, daß wir den Dienst Jesu ganz an unserem Leben geschehen lassen.

Mose legitimiert sich selbst vor dem Volk durch Zeichen. Er hat Furcht gehabt, man würde ihm nicht glauben. Jetzt beglaubigt ihn Gott selber vor seinem leidenden Volk. Er bevollmächtigt ihn, in seinem Namen Wunder zu tun. Der Stab, der zur Schlange wird, ist sein Zeichen.

Wir haben das Kreuz! Das ist unser Zeichen, in dem wir Sieg über Tod und Teufel haben. Unterm Kreuz ist Friede, Heil und Geborgenheit. Hier ist Freispruch für alle Schuldigen und Kraft für alle Schwachen. Im Kreuz wird einer ganzen Welt die Retterliebe Gottes bekundet. Niemand kann sie bestreiten. Sie ist da! Wer sie leugnet, stellt sich gegen Gott. Das Kreuz wird zur Scheidelinie. Unter ihm entscheidet sich für uns Tod oder Leben, Hölle oder Heil, Verdammnis oder Seligkeit.

Und das Volk glaubt Mose und Aaron. – Echter Glaube kommt aus dem Hören auf das Wort. Deshalb haben wir es ohne Abstriche weiterzugeben. Es ist lebendiges Wort, das über Raum und Zeit geht. Damals wie heute redet es Menschen an, reißt sie aus ihren Zweifeln und trifft mich heute, hier und jetzt. Himmel und Erde werden vergehen, aber Gottes Wort bleibt in Ewigkeit. – Unter diesem Wort kommt Mose zu seinem Volk und nicht mit schwerem Diplomatengepäck. – Dieses Wort reicht im Leben und zum Sterben. Durch und in der Kraft dieses Wortes kann Paulus bekennen: »Ich habe Lust, abzuscheiden und bei Christo zu sein« (Phil. 2, 23). Dabei lebt er aus der Zusage, daß Jesus die Auferstehung und das Leben ist. Darin liegt seine Freude.

4. Vereinigt in dankbarer Anbetung des rettenden Herrn

Über der Nachricht, die Mose seinem Volk bringt, kann es nur danken. Israel soll frei werden. Die Knechtschaft wird zu Ende gehen. Das genügt, um in Israel einen Dankgottesdienst abzuhalten.

Demgegenüber wollen wir Tatsachen sehen, bevor wir danken. Wir finden uns zu einer Vorleistung des Dankes nicht bereit. – Israel dankt und tut so, als ob es schon befreit wäre. – In solcher Haltung zeigt sich gegründeter Glaube. Er dankt, noch ehe er empfangen hat. Hierin lernen wir nie aus, sondern bleiben Hilfsschüler und ganz elende Stümper. Wir lassen uns nicht beschenken, weil wir dem Herrn nicht vorbehaltlos vertrauen.

Israel wird von der Freude bewegt. Gott hat seine Gebete erhört und sein Elend angesehen. Er hat seinen Mann da! Jetzt kann dem leidenden Volk nichts geschehen. Es weiß, daß für sie der Herr streitet. Das genügt!

Auch unser Elend hat Gott angesehen. Jesus ist für unsere Schuld gestorben. Die Sünde ist bedeckt! Wir sind frei!

Da neigten sich die Israeliten und beteten den Herrn an. – Der Vater wartet auf unseren Dank für Golgatha. Es kann für uns nur heißen: Gehe hin und tue desgleichen, wie es seinerzeit Israel getan hat.

Mose sieht, daß noch Glaube im Volk Israel ist. Das stärkt ihn. – Wir sollten uns ebenfalls daran halten. Es ist noch Glaube da in unserem Volk. Gott hat uns noch nicht abgeschrieben. Das gibt uns Mut, seinen Namen zu bekennen und sein Wort zu bewahren.

Gott wagt es
mit seinem Mann

Danach gingen Mose und Aaron hin und sprachen zu Pharao: So spricht der Herr, der Gott Israels: Laß mein Volk ziehen, daß es mir ein Fest halte in der Wüste. Der Pharao antwortete: Wer ist der Herr, daß ich ihm gehorchen müsse und Israel ziehen lasse? Ich weiß nichts von dem Herrn, will auch Israel nicht ziehen lassen. Sie sprachen: Der Gott der Hebräer ist uns erschienen. So laß uns nun hinziehen drei Tagereisen weit in die Wüste und dem Herrn, unserm Gott, opfern, daß er uns nicht schlage mit Pest oder Schwert. Da sprach der König von Ägypten zu ihnen: Mose und Aaron, warum wollt ihr das Volk von seiner Arbeit freimachen? Gehet hin an eure Dienste! Weiter sprach der Pharao: Siehe, sie sind schon mehr als das Volk des Landes, und ihr wollt sie feiern lassen von ihrem Dienst! Darum befahl der Pharao am selben Tage den Vögten des Volks und Aufsehern und sprach: Ihr sollt dem Volk nicht mehr Häcksel geben, daß sie Ziegel machen, wie bisher; laßt sie selbst hingehen und Stroh dafür zusammenlesen. Aber die Zahl der Ziegel, die sie bisher gemacht haben, sollt ihr ihnen gleichwohl auferlegen und nichts davon ablassen, denn sie gehen müßig; darum schreien sie und sprechen: Wir wollen hinziehen und unserm Gott opfern. Man drücke die Leute mit Arbeit, daß sie zu schaffen haben und sich nicht um falsche Reden kümmern (2. Mose 5, 1-9).

Als neuer Mann kommt Mose in vertraute Verhältnisse. Er darf an den Anfang zurück. Jetzt steht er wieder dort, wo er seine besten Jahre verbracht hat. Alles ist ihm hier bekannt. Ist das nicht gefährlich? Mose könnte dabei stehenbleiben, was er verloren hat. Er tut es nicht. Sein Auftrag bewahrt ihn davor.

Dennoch sind ihm die Hofsitten geläufig. Er weiß, wie er sich zu verhalten hat und welche Formalitäten zu beachten sind. Als Botschafter des lebendigen Gottes hat er taktvoll, höflich und bestimmt zu sein. Er darf durch sein Benehmen keinen Anstoß geben. Denn der Pharao soll auf ihn hören und seinen Auftrag ernst nehmen.

Jünger Jesu haben gesellschaftliche Stilregeln nicht einfach niederzurennen. Sie haben die Freiheit, vor Kaisern und Bettlern, Staatsoberhäuptern und Angestellten, Akademikern und Handwerkern, Gelehrten und Facharbeitern den *einen Namen* zu bezeugen. Das ist ihre Aufgabe, den Griechen ein Grieche und den Juden ein Jude zu sein. Sie haben in der Sprache und Denkweise ihrer Zeit das eine Evangelium zu verkündigen.

Verlangen wir nicht zu oft, daß der andere sich auf uns einstellen soll! Genau das Umgekehrte ist richtig! Wir müssen uns, ohne das Evangelium zu verfälschen, auf den anderen einstellen. Er soll zu Jesus gerufen werden. Deshalb hat Luther recht, wenn er sich zur Regel gemacht hat, den Menschen auf das Maul zu schauen. Dadurch hat er die Bürger wie die Handwerker, die Bauern wie die Bergleute in seinen Predigten angeredet. Dabei konnte er derb wie höflich, verletzend deutlich wie liebevoll werbend sein. Er hat es sich schwer gemacht, im Gebet und mit der Sprache um den anderen zu ringen.

Machen wir es uns mitunter nicht zu leicht! Fromme Worte genügen nicht! Sie müssen den anderen in seiner Lebensmitte treffen. Das geschieht nur dann, wenn er sich vollmächtig angesprochen weiß. Dazu bedarf es zuchtvoller Sprache wie vollmächtigen Gebets. Wir haben Verantwortung.

Mose weiß darum. Er steht unter Gott. Das macht ihn furchtlos, frei und getrost.

1. Mit der Botschaft vor Pharao

Die erste Audienz beim Pharao ist angesetzt. Mose und Aaron werden empfangen. Zermürbt sie nicht die Spannung, unter der sie stehen? Was haben sie schon zu bieten? Kommen sie nicht wie Bettler? Sind sie nicht ungleiche Gesprächspartner? Pharao hat die Macht. Er ist der Herrscher über ein Weltreich. Sein Wort gilt. Mose und Aaron sind Angehörige eines Sklavenvolkes. Sie sind von der Gunst und Laune des Weltherrschers abhängig. Er hat sie in seiner Hand.

Dennoch gehen sie. Die Ältesten wie das Volk haben sie abgeordnet. Sie sehen sie als Beauftragte ihres Gottes. Denn er hat ihr Elend angesehen. Deshalb beten sie den Gott ihrer Väter an.

Mose und Aaron haben Rückendeckung. Sie stehen nicht allein. Gott hat sie hierher gestellt, und das Volk Gottes steht hinter ihnen. Das gibt ihnen Vollmacht und nimmt ihnen jeden Zweifel und jedes Mißtrauen. Deshalb berichten sie ohne Einleitung. Ihre Sprache wirkt kurz und prägnant. Sie kommen ausschließlich mit dem Worte Gottes. Das ist ihre Waffe und ihr Schutz. Sie schämen sich dieses Wortes nicht, sondern geben es weiter.

Hier gibt es keinen Anknüpfungspunkt. Mose sucht nicht nach einer Einstiegsmöglichkeit vor Pharao. Diplomatische Kniffe helfen nicht weiter. Die Zeit ist bemessen. Hier muß jede Minute genutzt werden.

Es kann zerredet werden, was Gott mir an Möglichkeiten gibt. Sind wir nicht schon unbefriedigt und zerschlagen von Hausbesuchen oder Krankenstuben gekommen, wo wir den Augenblick verpaßt haben, dem Betreffenden die Botschaft zu bringen? Wir haben vom Wetter geredet, von der Gesundheit gesprochen, die Anverwandten gelobt und die Nachbarn verurteilt. Dabei sind wir keinen Schritt weitergekommen. Im Gegenteil, wir haben die Zeit verspielt und die Möglichkeit, den Auftrag loszuwerden, zerredet. Das bleibt einwandfrei unser Versagen. An ihm haben wir zu tragen. Ob wir hier je auslernen?

Ich bin besorgt, wir schämen uns des Evangeliums und fürchten uns vor

Menschen. Wir haben Angst, uns um Jesu willen zu blamieren. Das ist gefährlich! Besonders gefährdend wird es dann, wenn wir unser Versagen, unseren verleumderischen Fall versuchen fromm abzudecken, anstatt zu bekennen. Wie soll uns dann noch ein Fragender ernst nehmen, wenn wir uns in unserem Versagen nicht mehr bitter ernst nehmen! Sollten wir in diesem Stück nicht wahrhaftiger werden? Wir laufen sonst doppelgleisig und brechen am Ende auseinander. Wir sind dann die, zu denen der Herr an seinem Tage sagen wird: »Gehet fort von mir, ihr Verfluchten, in das ewige Feuer, das bereitet ist dem Teufel und seinen Engeln« (Matth. 25, 41). So bitter ernst kann es werden, wenn wir fortlaufend in diesem Abschnitt unseres Dienstes rückfällig bleiben.

Mose und Aaron weichen von ihrem Auftrag nicht ab. Das hält sie, sich nicht von unsinnigem Prunk, der protzigen Macht wie dem selbstgefälligen Ehrgeiz des Herrschers blenden und täuschen zu lassen. Vielmehr gehen sie keinen Millimeter über ihren Auftrag hinaus, weil sie fürchten, sonst in die Schußlinie Satans zu kommen.

Wie mancher begibt sich an dieser Stelle in Gefahr und kommt darin um! Der König Saul ist dafür ein beredtes Beispiel. Er endet im Selbstmord. Selbst Simon, Jonas Sohn, ist in Gefahr. Er schleicht Jesus in den Hof des Hohenpriesters nach. Dazu hat er keinen ausdrücklichen Befehl. Er tut es aus eigenem Entschluß und kommt dabei zu Fall. Ihn rettet die Fürbitte Jesu, daß sein Glaube nicht aufhöre (Luk. 22, 32).

Mose und Aaron sagen nur das, was sie müssen. Sie verheimlichen als Knechte Gottes nichts von ihrem Auftrag vor Pharao.

2. Strikte Verweigerung aus Stolz und Angst

Pharao lehnt die Bitte des Mose schroff ab. Er will Israel nicht die Möglichkeit zum Gottesdienst geben. Wie käme er auch dazu! Das Volk hat ihm zu dienen und seinem Wort zu gehorchen. Er ist der Sieger. Was hat er schon mit dem Gott eines Sklavenvolkes zu tun! Wer könnte ihm einen Befehl erteilen! Haben Mose und Aaron vergessen, daß er der Pharao ist?

In jedem Fall will er der Herr alleine sein. Pharao hält es unter seiner Würde, sich unter den Befehl und das Wort des Hebräergottes zu stellen. Sein Pharaonenstolz und seine priesterliche Herkunft lassen das nicht zu.

Hier stoßen Weltmacht und Gottes Befehl aufeinander. Sie schließen sich wie Feuer und Wasser aus. Ein Zusammenspiel beider ist eine Unmöglichkeit.

Der Herr will sein Volk ganz. Er teilt es mit niemandem. Hier muß sich jeder entscheiden, wo er dienen will. Wir können niemals zwei Herren verpflichtet sein. Jesus warnt seine Jünger davor: »Ihr könnt nicht Gott dienen und dem Mammon« (Matth. 6, 24).

Nikolaus Ludwig Graf v. Zinzendorf weiß sich seinem Herrn zum Dienst verpflichtet, wenn er betet:

Zerbrich, verbrenne und zermalme,
was dir nicht völlig wohlgefällt!
Ob mich die Welt an einem Halme,
ob sie mich an der Kette hält,
ist alles eins in deinen Augen,
da nur ein ganz befreiter Geist
und nur die lautere Liebe taugen,
da alles Fremde Schaden heißt.

Die Weltmacht kann niemals Schutzmacht des Volkes Gottes sein. Sie duldet die Gemeinde nur insoweit, wie sie bereit ist, den Interessen der Weltmacht zu dienen. Das wird immer dort deutlich, wo Volk Gottes sich auf seinen Ursprung besinnt. Es ist Salz der Erde und Licht der Welt. Das kann es nur sein, wenn es sich unabhängig von allen Mächtigen der Welt macht. Wo es in ihre Abhängigkeit gerät, verliert es seinen Auftrag. Wenn es Menschen zu gefallen sucht, kann es nicht mehr dem lebendigen Gott dienen. Es gibt keinen national geprägten Gott, sondern den Glauben an den einen Herrn, der Himmel und Erde gemacht hat. Der Weg der sogenannten »Deutschen Christen« ist ein Irrweg gewesen. Ebenso ist ein entmythologisiertes Wort Gottes ein verkürztes Wort, der Versuch, Gott in Jesus Christus dieser Welt und unserer Vernunft anzupassen. Solches Vorhaben wird immer scheitern. Es verführt, aber es rettet nicht. Gegenüber der Wirklichkeit Gottes macht es uns blind. Wir verharmlosen den, der verdammen kann und Leib und Seele zu töten vermag. Sollte es am Ende keinen Himmel und keine Hölle, keine Auferstehung und keine Wiederkunft Jesu, keine Sünde und kein Gericht geben? Wozu dann noch Kirche? Sie hat ihren Auftrag an und in der Welt, aber sie ist nicht von der Welt.

Davon weiß Pharao nichts. Er hat Angst, daß die Hebräer zu mächtig werden. Dazu hat er allen Grund, denn Israel ist den Ägyptern zahlenmäßig überlegen. Das Sklavenvolk ist größer als das Herrenvolk. Er bangt um seine Macht.

Aus gleicher Furcht wird Herodes zum Kindermörder, weil er den neugeborenen König fürchtet und seinen Thron stürzen sieht. Die Mächtigen der Welt haben ihre Zeit, aber Gott bleibt in Ewigkeit. Das hält und stärkt uns. Denn wer beharrt bis an das Ende, der wird selig.

3. Härtere Unterdrückung als Antwort

Seine Macht läßt der Gottlose den Machtlosen spüren. Die Arbeitsbedingungen des Volkes Israel werden erschwert. Häcksel zur Ziegelfabrikation wird nicht mehr geliefert. Sie müssen es sich selber beschaffen. Darüber darf die Produktionsziffer nicht sinken. Die Arbeitsnorm bleibt die gleiche. Das kostet mehr Schweiß und mehr Tränen.

Der Passionsweg beginnt immer dort, wo einer es wagt, dem Herrn ganz zu dienen. Der Gehorsamsweg ist stets ein Leidensweg. Er führt direkt zum Kreuz. Das hat der Sohn Gottes in blutvollem Ernst erfahren. Sein Volk hat sich gegen ihn gestellt. Er ist als der Wehrlose verhöhnt, als der Geschändete bespeit, als der Dornengekrönte verlacht und als der Gekreuzigte verwünscht worden. Sein Blut sollte über sie und die Kinder kommen. Es ist wie ein Sturzbach über sie alle hereingebrochen und hat sie alle mit sich fortgerissen. An der Stelle des einen haben unzählige Kreuze gestanden. Ein Volk ist in alle Welt zerstreut worden und hat seinen Gerichtsweg bis heute noch nicht beendet. So hart kann Gott sein! Verkennen wir das nicht! Er selbst hat seinen einzigen Sohn für uns alle verbluten lassen, damit wir leben.

All Sünd hat er getragen,
sonst müßten wir verzagen,
erbarm dich unser, o Jesu!

Nicht nur er, sondern auch seine Gemeinde ist auf den Weg der Passion gewiesen. Sie hat Verfolgung erduldet, Unterdrückung erlitten – und ist dennoch geblieben. Das wird bis an das Ende so sein. Ihre Zeit ist seine Ewigkeit. Die Freude am Herrn ist ihre Stärke! Unsere Bitte kann nur lauten:

Du sollst es sein,
du ganz allein!
Hand, die nicht läßt,
halte mich fest!

Nichts kann uns scheiden von der Liebe Gottes, die in Christus Jesus ist. Das macht Gemeinde Jesu in der Trübsal der Verfolgung getrost. Was hat sie weiter, als sich der ewigen Verheißungen des treuen Gottes zu freuen? Der Herr selber steht ihr bei und hat ihr versprochen: »Niemand wird sie aus meiner Hand reißen.«

Wo Gemeinde im Leiden steht, bleibt für sie Passion nicht ein Teilabschnitt im Ablauf eines Kirchenjahres, sondern wird zum Glaubens- und Lebensinhalt ihres Weges. Wir sehen Passion heute immer noch als Sonderfall an. Wie schnell kann sie auch für uns zum Regelfall werden.

Passion gehört zum Volke Gottes in dieser Welt. Sie bestimmt seinen Weg und ist seine Daseinsform. – Ob Israel das versteht und sich vom Herrn an diesem Frontabschnitt seines Weges gestalten läßt?

Bewährung fängt dort an, wo wir bereit sind, uns in die Passion Jesu hineingestalten zu lassen. Davon weiß Karl Friedrich Hartmann, wenn er bekennt und betet:

Leiden stimmt des Herzens Saiten
für den Psalm der Ewigkeiten,
lehrt mit Sehnsucht dorthin sehn,
wo die selgen Palmenträger

mit dem Chor der Harfenschläger
preisend vor dem Throne stehn.

Jesu, laß zu jenen Höhen
heller stets hinauf uns sehen,
bis die letzte Stunde schlägt,
da auch uns nach treuem Ringen
heim zu dir auf lichten Schwingen
eine Schar der Engel trägt.

Darauf kommt alles an! Unser Ja zum Leiden um Jesu willen heute und
jetzt wandelt sich zur Freude. Die Bürde wird zur Würde. Vergessen wir
das nicht!

Gott erprobt seinen Mann

Da gingen die Vögte des Volkes und ihre Aufseher hinaus und sprachen zum Volk: So spricht der Pharao: Man wird euch kein Häcksel mehr geben. Geht ihr selbst hin und beschafft euch Häcksel, wo ihr es findet; aber von eurer Arbeit soll euch nichts erlassen werden. Da zerstreute sich das Volk ins ganze Land Ägypten, um Stroh zu sammeln, damit sie Häcksel hätten. Und die Vögte trieben sie an und sprachen: Erfüllt euer Tagewerk wie damals, als ihr Häcksel hattet. Und die Aufseher aus den Reihen der Kinder Israel, die die Vögte des Pharao über sie gesetzt hatten, wurden geschlagen, und es wurde zu ihnen gesagt: Warum habt ihr nicht auch heute euer festgesetztes Tagewerk getan wie bisher? Da gingen die Aufseher der Kinder Israel hin und schrien zu dem Pharao: Warum verfährst du so mit deinen Knechten? Man gibt deinen Knechten kein Häcksel, und wir sollen dennoch die Ziegel machen, die uns bestimmt sind; und siehe, deine Knechte werden geschlagen, und du versündigst dich an deinem Volke. Der Pharao sprach: Ihr seid müßig, müßig seid ihr; darum sprecht ihr: Wir wollen hinziehen und dem Herrn opfern. So geht nun hin und tut euren Frondienst! Häcksel soll man euch nicht geben, aber die Anzahl Ziegel sollt ihr schaffen. Da sahen die Aufseher der Kinder Israel, daß es mit ihnen übel stand, weil man sagte: Ihr sollt nichts ablassen von dem Tagewerk an Ziegeln. Und als sie von dem Pharao weggingen, begegneten sie Mose und Aaron, die dastanden und auf sie warteten, und sprachen zu ihnen: Der Herr richte seine Augen wider euch und strafe es, daß ihr uns in Verruf gebracht habt vor dem Pharao und seinen Großen und habt ihnen so das Schwert in ihre Hände gegeben, uns zu töten. Mose aber kam wieder zu dem Herrn und sprach: Herr, warum tust du so übel an diesem Volk? Warum hast du mich hergesandt? Denn seitdem ich hingegangen bin zum Pharao, um mit ihm zu reden in deinem Namen, hat er das Volk noch härter geplagt, und du hast dein Volk nicht errettet (2. Mose 5, 10–23).

Was ist erreicht? Hat sich die Last zermürbender Unterdrückung gewandt? Nichts ist leichter geworden im Leben des Volkes Gottes. Statt Befreiung von der Sklaverei sind seine Arbeitsbedingungen härter und schwerer als je zuvor. Das bringt sie in Anfechtung und Zweifel. Eben noch haben sie den Gott ihrer Väter angebetet, der ihr Elend angesehen hat. Sie haben sich dem Herrn anvertraut. Jetzt gilt es, dieses Bekenntnis auszuleben und im steigenden Leid der Unterdrückung standzuhalten.

Es ist leichter bekannt als danach gelebt:

Ja, Herr Jesu, bei dir bleib ich
so in Freude wie in Leid;
bei dir bleib ich, dir verschreib ich
mich für Zeit und Ewigkeit.

Das weiß jeder von uns. Niemand braucht sich an dieser Stelle etwas vorzumachen. Wenn es darauf ankommt, haben auch wir schon gekniffen. Die Hilfe Gottes kommt oftmals anders, als wir sie erhofft haben. Sie führt ab und an in die Krisis hinein.

Es ist kein schlechtes Zeichen, wenn durch die einsetzende Behandlung des Arztes sich das Krankenbild des Patienten zunächst zu verschlimmern scheint. Das Fieber steigt, die Schmerzen vermehren sich, die Schwäche nimmt zu. Den Patienten kann diese abfallende Tendenz seines Krankheitsbildes beunruhigen und mutlos machen. Aber den Arzt stimmt sie hoffnungsfroh. Er sieht bereits die Wendung. – Genauso ist es mit dem Volk Gottes. Der große Arzt hat seine Behandlung begonnen. Die Unterdrückung des Volkes durch den Pharao nimmt zu, aber die Befreiung beginnt.

1. In der Prüfung des Glaubens

Noch ist es nicht soweit. Die Israeliten haben mit den verschlechterten Arbeitsbedingungen fertig zu werden. Sie müssen sich selber Häcksel beschaffen. Die Tagesproduktion an Ziegeln hat trotzdem die gleiche zu bleiben.

Das läßt sich schwer verstehen. Für das Volk ist es bittere Medizin. Wer würde sie gern nehmen und sich nicht dagegen wehren? – Steigende Unterdrückung und vermehrtes Leid können Bitterkeit züchten. Sie wächst einfach mit und wuchert zeitweilig aus. Auf jeden Fall kommt sie unbemerkter, als wir ahnen. Wer ihr verfällt, schwebt in Gefahr und kann in ihr umkommen. Wie oft müssen wir uns der Härte der Tagesereignisse stellen! Sie überrollen uns, ob wir es wollen oder nicht. Wenn uns nicht Gottes Hand hält, sind wir tatsächlich verloren.

Wer wird durch eine Handbewegung mit dem Leid in seiner Familie fertig? Wer kann das Sterben seines Kindes im eigenen Herzen auslöschen? Wer erinnert sich nicht durchwachter Nächte und angsterfüllter Stunden? Wer weiß nicht um Sorgen und Zweifel, um die Not anklagender Versäumnisse und den Berg persönlicher Schuld? Wem ist Leid erspart und Ungerechtigkeit zu erdulden, vorenthalten? Wohl keinem! Ein jeder hat sein Päckchen zu tragen, das für ihn persönlich zugeschnitten ist.

Leidenszeiten sind Prüfungszeiten. Entweder lassen wir uns in ihnen vom Herrn halten, oder wir fallen durch. Er ist König und Priester zugleich. Wenn er uns prüft, dann gibt er uns nicht auf. Er hilft uns und läßt uns nicht hängen. Davon redet der Psalmsänger mit anbetender Gewißheit: »Und ob ich schon wanderte im finstern Tal, fürchte ich kein Unglück; denn du bist bei mir, dein Stecken und Stab trösten mich« (Ps. 23, 4). Darin bewährt sich lebendiger Glaube. Er erfährt, daß auch die Stunde des Leidens bereits Gottes Stunde ist. Seine Hand ist da, die da hält:

Mein Erbarmer läßt mich nicht;
das ist meine Zuversicht.

Nicht nur das Volk ist betroffen, sondern auch Mose selber. Er ist mit Aaron beim Pharao gewesen und hat den Befehl Gottes an ihn weitergeleitet. Jetzt muß er warten, was daraus wird. Er befindet sich auf dem Prüfstand des Glaubens. Der Herr führt niemand in eine Prüfung mit fraglichem Ausgang. Er erprobt seinen Mann, aber er hält ihn auch. Das ist Gottes Barmherzigkeit und seine Güte.

2. Vor der falschen Tür

Den ersten Schub brutaler Knechtung haben die Aufseher aus den Reihen der Kinder Israels auszustehen. Das Tagespensum wird nicht erfüllt. Es geht über die Kraft. Man bemüht sich im ganzen Land, Stroh zu bekommen. Dabei wird kostbare Zeit verspielt, die nicht einzuholen ist.

Verspielte Zeit bleibt verlorene Zeit. Das sehen wir nicht immer so recht ein, aber daran vorbei kommen wir auch nicht. Im Alter wird es einem bisweilen deutlich, daß in der Schulzeit oder im Beruf nie wiederkehrende Jahre vertrödelt oder vertan worden sind. Falsch angelegt! Wenn das von einem Leben gesagt werden muß, wäre es besser, es wäre nie gelebt. Ein Leben ohne Jesus ist stets falsch angelegt. Es ist ohne Farbe, ohne Inhalt, ohne Ziel, ohne Zukunft. Niemand will ziellos leben, und doch lassen sich viele nur vom Wind der Zeit treiben. Sie suchen Schutz, wo kein Schutz zu finden ist.

Die durchgepeitschten Aufseher suchen Schutz beim Pharao. Sie kommen in knechtischer Unterwürfigkeit mit einer Treuekundgebung und versuchen so, dem Leiden auszuweichen, es abzuschütteln. Sie schreien ihr Unrecht vor ihrem eigentlichen Peiniger heraus und meinen, bei ihm Verständnis und Hilfe zu finden. Seine Macht, sein Einfluß, seine Weltgeltung und sein Pharaonentum jagen ihnen Furcht ein. Sie zittern vor dem, der selber zittern müßte, denn hinter aller menschlichen Macht verbergen sich Ohnmacht, Angst, Verzweiflung und Tod.

Nur einer ist Herr: Gott selber! Das übersehen wir zu oft. Wir fürchten uns vor Menschen, die doch nur den Leib zu töten vermögen, aber nicht vor dem, der Leib und Seele verdammen kann. Es gibt keine andere Möglichkeit durchgreifender Hilfe als das persönliche Geständnis vor ihm:

Auf ihn will ich vertrauen
in meiner schweren Zeit;
es kann mich nicht gereuen,
er wendet alles Leid.

Die Aufseher stehen vor der falschen Tür. Sie erfahren strikte Ablehnung. Der Pharao hat kein Herz für sie. Daran hindern ihn sein Stolz und seine Stellung. Mit Sklaven kann sich ein Pharao nicht abgeben. Sie haben zu arbeiten und zu gehorchen. Freizeit gibt es keine. Für religiöse Bedürfnisse ist kein Raum, für Gottesdienste keine Zeit. Die Arbeit geht über alles. Deshalb wird ihnen Faulheit bescheinigt. Das macht das Volk der Hebräer noch ängstlicher. Es bleibt vor der falschen Tür. Welche Tragik!

3. Auf Abstand zu dem Bevollmächtigten

Nicht genug damit! Schuldige müssen her! Sie sind schnell gefunden: Mose und Aaron. Sie haben Israel vor Pharao in Verruf gebracht. Die Knechte Gottes sind an allem schuld. Das ist schon immer so gewesen.

Der Kaiser Nero macht die Christen für den Brand in Rom verantwortlich. In Wirklichkeit ist er es selber. Sein übersteigertes Geltungsbedürfnis und sein satanischer Machtrausch haben es soweit gebracht. Als brennende Fakkeln werden die Christen an seine Prachtstraßen gestellt. Brutaler und teuflischer geht es nicht. Und doch weiß niemand, was noch kommt.

Die israelitischen Aufseher lösen sich von den Bevollmächtigten Gottes. Der erst Schritt ist getan. Das Volk zieht nach. Eine alte Erfahrung! – Jeremia hat sie in ganzer Tiefe durchlebt. Er ist zum Staatsfeind erklärt worden. Die Zisterne sollte sein Grab werden. An allem wurde er für schuldig befunden. Das hat ihn bis an den Rand und den Abgrund der Verzweiflung gebracht. Hätte ihn der Herr nicht gehalten, er wäre darin umgekommen. – Mose muß diese Anschuldigungen über sich ergehen lassen.

Der erst Schritt von Gott fort ist der Schritt gegen den Bruder. Ihm folgt das Ausscheren aus der Gemeinde. Am Ende ist Gott an allem schuld. Wie kann er das alles zulassen? Indem man ihm die Schuld an aller Ungerechtigkeit in der Welt, im eigenen Volk, in der Firma, im Ehe- und Familienleben zuschiebt, meint man seine eigene Schuld bedeckt zu haben. Das ist dürftig genug! – Bedeckte Schuld ist noch keine bezahlte Schuld. Den Weg unter das Kreuz Jesu muß ich selber gehen. Er trägt meine Schuld! Sein Blut macht hell mich und rein.

4. Mit der gemeinsamen Not vor Gott

Während die Aufseher vor die falsche Tür gegangen sind, geht Mose zum Herrn, der ihn geschickt hat. Er ist einsam geworden. So schnell kann das kommen. Eben noch anerkannt – und schon verklagt.

Wer sich auf Menschen verläßt, bleibt verlassen! – Von den Jüngern heißt es, daß sie ihn alle verließen und flohen (Matth. 26, 56).

Drum hab ich's immer so gemeint:
Mein Jesus ist der beste Freund.

Zu ihm darf ich mit allen Fragen und mit jeder Not kommen.

Mose macht die Not des Volkes zu seiner eigenen. Er bündelt ihre Fragen mit den seinen. Ohne daß er es sucht, wird er zum Anwalt und Seelsorger seines Volkes. Es geht nicht um ihn, sondern um das Volk Gottes. Seine Errettung liegt ihm am Herzen.

Echte Treue erweist sich in der Bereitschaft zur Fürbitte. Sie schafft neues

Vertrauen und befreit von erstickender Einsamkeit. Das Gebet verändert die Lage, weil es Gott einschaltet.

Mose wendet sich an die richtige Adresse. Für ihn bleibt die einzige Zuflucht Gott allein. Er hört das Schreien der Dürftigen.

Ihm aber sei Dank, der uns den Sieg gegeben hat durch unsern Herrn Jesus Christus!

Gott stützt seinen Mann

Da sprach der Herr zu Mose: Nun sollst du sehen, was ich dem Pharao antun werde; denn durch eine starke Hand gezwungen muß er sie ziehen lassen, ja, er muß sie durch eine starke Hand gezwungen aus seinem Land treiben. Und Gott redete mit Mose und sprach zu ihm: Ich bin der Herr und bin erschienen Abraham, Isaak und Jakob als der allmächtige Gott, aber mit meinem Namen »Herr« habe ich mich ihnen nicht offenbart. Auch habe ich meinen Bund mit ihnen aufgerichtet, daß ich ihnen geben will das Land Kanaan, das Land, in dem sie Fremdlinge gewesen sind. Auch habe ich gehört die Wehklage der Kinder Israel, die die Ägypter mit Frondienst beschweren, und habe an meinen Bund gedacht. Darum sage ich den Kindern Israel: Ich bin der Herr und will euch wegführen von den Lasten, die euch die Ägypter auflegen, und will euch erretten von eurem Frondienst und will euch erlösen mit ausgerecktem Arm und durch große Gerichte; ich will euch annehmen zu meinem Volk und will euer Gott sein, daß ihr's erfahren sollt, daß ich der Herr bin, euer Gott, der euch wegführt von den Lasten, die euch die Ägypter auflegen, und euch bringt in das Land, um dessentwillen ich meine Hand erhoben habe, daß ich's geben will Abraham, Isaak und Jakob; das will ich euch zu eigen geben, ich, der Herr. Mose sagte das den Kindern Israel; aber sie hörten nicht auf ihn vor Kleinmut und harter Arbeit. Da redete der Herr mit Mose und sprach: Geh hin und rede mit dem Pharao, dem König von Ägypten, daß er Israel aus seinem Lande ziehen lasse. Mose aber redete vor dem Herrn und sprach: Siehe, die Kinder Israel hören nicht auf mich; wie sollte denn der Pharao auf mich hören? Dazu bin ich ungeschickt zum Reden. So redete der Herr mit Mose und Aaron und ordnete sie ab an die Kinder Israel und an den Pharao, den König von Ägypten, um Israel aus Ägypten zu führen (2. Mose 6, 1-13).

Mose ist beim Pharao nicht angekommen. Er hat kein Gehör gefunden. Das Sklavenvolk der Hebräer muß bleiben. Seine Arbeitskraft ist wirtschaftspolitisch unentbehrlich. Würde sie ausfallen, wäre eine Wirtschaftskrise perfekt. Das kann sich Ägypten nicht leisten. Deshalb läßt Pharao Mose abblitzen. Denn als verantwortlicher Staatsmann will er weder Macht einbüßen noch Ansehen verlieren. Beides braucht er wie die Butter aufs Brot.

Wer aus dem Becher der Macht getrunken hat, kommt von ihm nicht los, es sei denn, daß er in seiner Hand zerspringt. Vielmehr wirkt sie auf den Süchtigen wie ein Rauschgift. Er kann es nicht mehr lassen, und wenn er darunter elend zugrunde ginge. Die Weltgeschichte kennt solche Süchtigen und weiß um das Leid, das sie ausgestreut, und um die Tränen, die sie gesät haben, bis daß sie notvoll verendet sind. Einer von ihnen ist der Pharao, vor dem Mose steht und an den er von Gott gewiesen ist. Andere sind ihm vorangegangen und nachgefolgt. Weitere werden tätig und sind es noch.

Israel ist verzagt. Mose hat äußerlich eine Niederlage erlitten. Das Volk hat keine Erleichterung, sondern härtere Arbeitsbedingungen erhalten. Was wird noch alles kommen können? Das bleibt die quälende Frage. Erdrückend und niederschmetternd ist die Lage des Gottesvolkes. An Mose ist es enttäuscht. Er ist beim Volk unten durch. Von seiner Mission hatte Israel sich mehr, wenn nicht alles versprochen. Jetzt scheint alles verloren zu sein.

Gott handelt nicht nach unseren Vorstellungen.

Und wenn es währt bis in die Nacht
und wieder an den Morgen,
so soll mein Herz an Gottes Macht
verzweifeln nicht noch sorgen.

Das läßt sich leichter am Sonntagmorgen im Gottesdienst singen, als auf der Talsohle persönlicher Leiden und Anfechtungen im Alltag ausleben. Wer hätte das nicht schon erfahren!

Mose muß es mit seinem Volk durchstehen. Das wird beiden bitter schwer. Wenn der Herr sie nicht halten würde, kämen beide darin um.

1. Ein Herrscher unter Gottes Zwang

Enttäuscht durch die Niederlage – Gott hält seinen Mann! Er redet mit ihm ganz allein. Für ihn nimmt er sich Zeit. Das ist fast unglaublich! Er scheint alles stehen- und liegenzulassen, um für seinen Knecht dazusein. Mose ist nicht allein! Gott stellt sich zu ihm. Er redet mit ihm. Wie ein Vater seinen enttäuschten Sohn anspricht, so begegnet der Herr dem Mose. Er wird schon sehen, was mit dem Pharao geschieht. Es geht erst los! Der Kampf hat noch gar nicht begonnen. Die Ouvertüre ist noch nicht das ganze Werk. Wir urteilen meistens vom Anfang. Uns geht es nicht schnell genug. Die Hilfe bleibt zu lange aus. Wir können ganz schwer warten, weil unser Hilfsplan sich mit dem Gottes überhaupt nicht deckt. Wie sollte er es auch! Gottes Wege sind höher als unsere und sein Pläne anders als unsere kümmerlichen Vorstellungen von seinen Hilfsmöglichkeiten. Mitunter müssen wir erst völlig ausverkauft und leergeplündert dastehen, um zu erkennen, daß er erst am Anfang ist.

Mose hat vergessen und übersehen, daß er nur Werkzeug in Gottes Hand sein kann. Er ist nicht der Handelnde, sondern der Herr. Nicht er hat mit Pharao fertig zu werden, sondern der Gott seiner Väter.

Das ist schwer zu behalten. Uns geht es dabei wie Kindern, die einen schweren Liedvers lernen, den sie nicht begreifen. Dann wird er nie ganz fest sitzen und sich dauerhaft einprägen. Sie können ihn nie sicher und mit der rechten Betonung hersagen. Er wird leicht vergessen. So sieht es auch mit uns aus. Wir möchten gerne bestimmen, was Gott tun soll, und sind weniger bereit, uns von ihm bestimmen zu lassen. Damit bringen wir uns um manchen Segen. Gebeten haben wir: »Herr, führe du dein Kind!« – aber wenn es ernst wird, bleiben wir zurück.

Mose ist erschüttert, unter welcher Zwangsherrschaft sein Volk steht. Er muß mit ansehen, wie es geschlagen, getrieben und mißbraucht wird. Das quält ihn! Ihm sind die Hände gebunden. Da nimmt ihn Gott an die Hand und zeigt ihm, daß der Zwingherr unter göttlichem Zwang steht. Der Pharao muß das Volk Gottes ziehen lassen. Durch Gottes starke Hand gezwungen, muß er es aus seinem Lande treiben. Er ist kein Mächtiger mehr, sondern seine Macht ist bereits gebrochen. Das ist der Mensch, und das sind wir!

Du kannst Gott leugnen,
seiner Allmacht fluchen.
Doch hindern kannst du nicht,
daß Gott regiert.

Was können uns Menschen tun, wenn das wahr ist?

Mose wird von Gott ans Ende geführt. Die Befreiung des Sklavenvolkes steht unmittelbar vor der Tür. Das Ziel ist in Sicht! Und doch schlängelt sich die Straße serpentinenartig hinauf. Ein mühevoller Weg liegt vor beiden, seinem Knecht und dem Volk Israel.

Ihnen wie uns gilt die Mahnung: »Fürchte dich nicht, vertraue nur!«

2. Von Gott vorgezogen

Der Herr weiß über alles Bescheid. Mose braucht ihn nicht zu informieren. Bei ihm sind Vergangenheit, Gegenwart und Zukunft eins. Er braucht nicht lange zurückzublättern, sondern hat alles im Auge. Ihm entgeht nichts, und er vergißt auch nichts. Der Irrtum ist bei ihm ausgeschlossen. Er ist ein Gott, der keinen Fehler macht.

Abraham, Isaak und Jakob haben ihn als persönlichen Gott erfahren. Er ist ihnen erschienen und hat mit ihnen seinen Bund aufgerichtet. Von ihm ist ihr Wohngebiet abgesteckt. An alles hat er gedacht. Es fehlt an nichts! – Das ist heute noch so!

Der Vater des Glaubens bekommt den Sohn. Menschlich haben Sara und Abraham nicht mehr darauf hoffen können. Sie sind zu alt dafür, aber nicht für Gott. Seine Allmacht hat keine Grenzen. Auch wenn Sara darüber lachen muß, daß sie noch im Alter einen Sohn gebären soll, behält er doch recht. Abraham schaut, wie er müde wird, ins Sternenheer. Er kann weder seine Zahl bestimmen noch seine Vielfalt und packende Schönheit übersehen. Auf dem Weg nach Morija lernt er: Und Gott kann! Er hat Macht, aus toten Gebeinen Leben zu schaffen.

Mit verrenkter Hüfte endet der Kampf Jakobs am Pniel. Er hat mit Gott gerungen und wollte ihn nicht lassen, er würde ihn denn segnen. Sein neuer Name »Israel« gibt Zeugnis davon. Mit einem Wanderstab ist er geflohen, und als reicher Mann kommt er zurück. Das allein kennzeichnet ihn nicht, sondern die Tatsache, daß ihm der allmächtige Gott begegnet ist.

Mose hat den Namen Gottes erfahren. Das ist ein Vorzug! Wer den Namen weiß, hat den Zugang. Er kann mit Gott reden und ihn anrufen. Mit der

Kenntnis des Namens fällt der Schleier von dem Unbekannten. Er wird bekannt. Wir bekommen ein Verhältnis zu ihm. Der unbekannte Gott ist der bekannte Herr. Er herrscht über alle Völker und regiert im Himmel und auf Erden. Mose darf weiter sehen! Ihm offenbart sich der, der Anfang und Ende ist, Alpha und Omega, der Herr, der da bleibt.

Wir wissen um den Sohn. Das ist noch mehr! Er starb für uns. Unsere Schuld ist getilgt. Gnädig und barmherzig ist der Herr und von großer Güte. Wer das erkennt, der glaubt, daß der Sohn Gottes sein Heiland und Herr zugleich ist. Er kann nur staunend stille stehen. Der Weg zum Vater ist frei.

3. Tröstender Zuspruch

Gott denkt an seinen Bund. Er hat das Schreien der Kinder Israel gehört und weiß um den Sklavendienst des Volkes. Mose darf nicht allein behalten, was der Herr ihm offenbart hat. Er soll es weitersagen, damit Israel sich freuen kann. Schon die schnelle Folge der Tätigkeitsworte deutet die Aktivität Gottes an. Er selber wird handeln. Er wird wegführen, erretten, erlösen und sich seines Volkes annehmen.

Mit ausgestrecktem Arm und durch große Gerichte kämpft er sein Volk frei. So wertgeachtet ist es in seinen Augen.

Selbst seinen einzigen Sohn hat er nicht verschont, sondern hat ihn für uns alle dahingegeben. Die Deckung für unsere Schuld ist das Blut seines Sohnes. Was wertbeständig ist, muß gedeckt sein. Das gilt für die Währung wie für das Leben. Ungedecktes Leben verliert seinen Wert und Inhalt. Es endet im Tod. Erfülltes Leben ist ein Leben senkrecht unterm Kreuz des Sohnes Gottes. Darin liegt seine Stabilität. Es währt ewig!

Gott hat für sein Volk das große Geschenk bereit. Es ist das weite Land, das er Abraham unter Schwur versprochen hat. Das will er Israel zu eigen geben. Es soll merken und sehen, daß es sein Volk ist, das Volk seines Eigentums. Gott bietet sich seinem Volk an.

Das tut er heute noch. Er hat es aus zweitausendjähriger Zerstreuung gesammelt und zum Volk und Staat gemacht. Die Stunde der Staatswerdung Israels in unserer Zeit darf nicht nur als politischer Akt gewertet werden, sondern hat heilsgeschichtliche Bedeutung. So hat es Jung-Stilling, einer unserer pietistischen Väter, erkannt und gesehen, daß, wenn Gott mit seinem Volk Israel anfange, er mit den Völkern aufhöre. Diese Stunde ist da! Er steht zu seinem Volk, damals und heute. Er bleibt der Herr, der errettet, erlöst und befreit.

4. Im Kessel des Kleinmutes

Nur das Sklavenvolk hört nicht auf seinen Gott. Es hat keine Zeit für Gottes Wort. Die harte Arbeit nimmt es ganz in Anspruch. Es glaubt nicht mehr.

Wir sagen es ähnlich. Weil soviel Ungerechtigkeit unter uns, bei den Völkern und in der Welt geschieht, können wir an den Gott der Liebe nicht mehr glauben. Wir haben keinen Mut mehr, mit Gott zu rechnen. Das ist gefährlich! Kleinmut bremst das Glaubensleben und erstickt es. Satan tut ein übriges und sät Zweifel, wo er kann. Darin liegt seine Meisterschaft. Er hat Erfahrung, und wir hören auf seine Melodie. Wir merken kaum, daß es immer die gleiche ist, mit veränderten Texten.

Israel kann nicht mehr. Es hat losgelassen. Aber der Herr hält es weiter. Zu anderer Zeit hat er sein Volk damit getröstet: »Ich habe dich einen kleinen Augenblick verlassen, aber mit großer Barmherzigkeit will ich dich sammeln. Ich habe mein Angesicht im Augenblick des Zorns ein wenig verborgen, aber mit ewiger Gnade will ich mich deiner erbarmen« (Jes. 54, 7. 8). Daraus spricht die Vaterliebe Gottes. Das ist Frohe Botschaft für Leute auf der Talsohle persönlicher Leiden.

Kleinmut steckt an. Mose ist bereits von ihm befallen. Er wagt es nicht, zu Pharao zu gehen. Erst der dienstliche Befehl Gottes an beide, Mose und Aaron, läßt sie aufbrechen. Sie gehorchen und gehen zu den Kindern Israel wie zu Pharao. Ihr Dienst gilt beiden.

Mose versucht, seinen Ungehorsam mit seiner Unfähigkeit zu reden zu entschuldigen. Aber der Herr geht darauf nicht ein. Er schiebt seine Leute in die vorgesehene Bereitschaftsstellung. Wer wäre nicht schon geschoben worden! Der Herr ist treu! Er steht zu seinen Knechten und hält sie fest.

Das gilt für jede Zeit. Davon reden die Lebensberichte der Frauen und Männer im Reiche Gottes. Eine Aufgabe legt ihnen der Heiland aufs Herz und vor die Tür. Sie sind gewiesen, sie aufzugreifen. Das tun sie mit Zögern und vielfältigen Entschuldigungen. Dennoch bleiben sie. Erst später sehen sie den Segen, den der Herr für sie bereitet hat.

Hastige Flucht ist immer vom Teufel. Darin wird mancher mit mir einig gehen. Es ist mitunter leichter, die Flucht zu ergreifen als zu bleiben. Geschobene von Gottes Hand haben die Gewähr, nie zu früh gegangen zu sein. Sie haben das Warten gelernt.

Im Stellungskrieg Satans heißt es zu bleiben. Es gibt für den Betreffenden keinen besseren Abschnitt als in seinem Kampfloch. Da sucht uns der Herr und will uns segnen.

Mose bleibt in der Stellung und nimmt sein Loch ein. Er hält sich zu den Kindern Israel und geht wiederum zum verstockten Pharao. Er bleibt auch in der Nacht.

Der Kirchenvater Augustin sagte von sich: »Teneo quia teneor – ich halte, weil ich gehalten werde!« Wir aber bleiben, weil er bei uns bleibt, unser Heiland und Herr.

Gott reiht seinen Mann ein

Dies sind die Häupter ihrer Sippen: Die Söhne Rubens, des ersten Sohnes Israels, sind diese: Henoch, Pallu, Hezron, Charmi. Das sind die Geschlechter von Ruben. Die Söhne Simeons sind diese: Jemuel, Jamin, Ohad, Jachin, Zohar und Saul, der Sohn der Kanaaniterin. Das sind Simeons Geschlechter. Dies sind die Namen der Söhne Levis nach ihrem Stammesverzeichnis: Gerson, Kahath, Merari. Und Levi wurde 137 Jahre alt. Die Söhne Gersons sind diese: Libni und Simei nach ihren Geschlechtern. Die Söhne Kahats sind diese: Amram, Jizhar, Hebron, Usiel. Kahath aber wurde 133 Jahre alt. Die Söhne Meraris sind diese: Maheli und Musi. Das sind die Geschlechter Levis nach ihrem Stammesverzeichnis. Amram nahm Jochebed, die Schwester seines Vaters, zur Frau; die gebar ihm Aaron und Mose. Und Amram wurde 137 Jahre alt. Die Söhne Jizhars sind diese: Korah, Nepheg, Sichri. Die Söhne Usiels sind diese: Misael, Elzaphan, Sithri. Aaron nahm zur Frau Eliseba, die Tochter Amminadabs, Nahessons Schwester; die gebar ihm Nadab, Abihu, Eleasar, Ithamar. Die Söhne Korahs sind diese: Assir, Elkana, Abiasaph. Das sind die Geschlechter der Korahiter. Eleasar aber, Aarons Sohn, nahm eine Frau von den Töchtern Putiels; die gebar ihm den Pinehas. Das sind die Häupter der Leviten nach ihren Geschlechtern. Das sind Aaron und Mose, zu denen der Herr sprach: Führt die Kinder Israel nach ihren Scharen geordnet aus Ägyptenland. Sie sind es, die mit dem Pharao, dem König von Ägypten, redeten, um die Kinder Israel aus Ägypten zu führen. Das sind Mose und Aaron. Und als der Herr mit Mose in Ägyptenland redete, sprach er zu ihm: Ich bin der Herr; sage dem Pharao, dem König von Ägypten, alles, was ich mit dir rede. Und er antwortete vor dem Herrn: Siehe, ich bin ungeschickt zum Reden; wie wird denn der Pharao auf mich hören? (2. Mose 6, 14–30).

Gott handelt nie geschichtslos. Er gestaltet in unsere Geschichte hinein, weil er der Herr der Geschichte ist. Das gilt für die Welt- und Völkergeschichte wie für die Geschlechter und Stämme aller Zeiten. Selbst der einzelne Mensch lebt durch ihn und von seiner Gnade, ob er es will oder ob er sich seinem Wirken widersetzt. Ob der Mensch es will oder nicht: Er ist sein Geschöpf. Gott hat ihn ins Dasein gerufen. Er läßt die Sonne aufgehen über Gute und Böse. Von ihm kommen Sonnenschein und Regen. »Solange die Erde steht, soll nicht aufhören Saat und Ernte, Frost und Hitze, Sommer und Winter, Tag und Nacht« (1. Mose 8, 22). Das hat Gott dem Noah nach der Sintflut versprochen. Er will hinfort die Erde nicht mehr um des Menschen willen verfluchen; denn das Dichten und Trachten des menschlichen Herzens ist böse von Jugend auf. Es neigt dem Ungehorsam eher zu als dem Gehorsam. Wer wüßte das nicht von sich selber am besten?

Der Herr ist treu! Er wirkt in unser Leben hinein.

Den Noah rettet er mit seinem ganzen Hause und allen Tieren aus der Sintflut. Er gebietet ihm, und Noah gehorcht und baut die Arche. Gott handelt buchstäblich in sein Leben hinein. Es kommt darauf an, daß wir gehorchen und sein Handeln an uns geschehen lassen.

Ebenso ruft er Abraham aus Ur in Chaldäa und macht ihn zu seinem Mann.

Er gibt ihm die Verheißung, daß er ihn zu einem großen Volk machen werde. Abraham verläßt seine Heimat, seine Verwandten, seinen Besitz und vertraut dem Herrn. Er gibt seiner Frau und ihm noch im hohen Greisenalter den Sohn. Das Unmögliche ist bei ihm möglich. Das erfährt Abraham ein anderes Mal auf dem Weg nach Morija. Er ist bereit, den Isaak zu opfern. Gott hat den Widder schon zur Hand.

Gott läßt sich nicht unbezeugt! Er erwählt sich das kleinste unter den Völkern und macht mit ihm Geschichte. Dort eingebettet ist Mose. Er kommt aus seinem Volk, und Gott gebraucht ihn für sein Volk Israel.

1. Aus der Reihe der Berufenen

Durch die Geschichte der Väter geht der Strom der Treue Gottes. Er bahnt seinen Weg von Generation zu Generation. Denen, die seine Gebote halten, tut Gott wohl bis ins tausendste Glied. Das ist unübersehbarer Segen. Wir sinken darüber ins Grab, aber der Segen des Herrn geht weiter. Was ist demgegenüber das, was wir als Erbe weiterreichen? Das Haus verfällt, das Sparkonto wird verbraucht, Schmuckstücke verlieren ihren Wert, je öfter sie weitergereicht werden. Alles, was aus unserer Hand geht, hat seine Zeit, aber die Treue Gottes bleibt in Ewigkeit.

Der Stammbaum der Söhne Jakobs wird nur so weit ausgezogen, wie es unbedingt nötig ist, um bis Mose, Aaron und über sie bis Pinehas zu kommen. Sollte hier etwa ein Stammbaum der Retter des Volkes Gottes geschrieben werden? Diese Frage kann nur bejaht werden. Es hat gewiß einen tiefen Sinn, wenn neben Levi auch Ruben und Simeon genannt sind. Im Abschiedssegen des sterbenden Jakob sind sie eine zusammengehörige Gruppe (1. Mose 49, 3–7). Es handelt sich bei ihnen um die verworfenen, enterbten und verfluchten Söhne Jakobs. Aus dieser Gruppe der Enterbten und Verfluchten kommen die Retter des Volkes Gottes, der Gemeinde Jesu.

Mit diesen Rettern zieht sich eine neue Segenslinie durch das Geschlecht Levis. In der Stunde des Abfalls, beim Tanz um das goldene Kalb, hat es sich dem Herrn zur Verfügung gestellt. Es ist zum besonderen Dienst an seinem Zelt erwählt worden. Pinehas beschließt als Letzter den Stammbaum. Er hat Israel aus dem Abfall zu den Göttern der Midianiter gerettet (4. Mose 25, 1 ff.). Dadurch bekommt er für sich und seine Nachkommen das ewige Priestertum zugeteilt, weil er für seinen Gott geeifert und für die Kinder Israel Sühne geschafft hat (4. Mose 25, 13).

Neben der Segenslinie geht die Unheilslinie weiter. Sie wird durch die Namen Korah, Nadab und Abihu, der Empörer und Gefallenen (4. Mose 16, 1 ff.; 3. Mose 10, 1 f.) markiert. Das Alte Testament weiß selbst von Aarons Fall und Empörung zu berichten (2. Mose 32, 1 ff.; 4. Mose 12, 1 f.).

Segen und Unheil gehen nebeneinander. Sie trennen Geschwister, Ehe-leute, Familien und Völker. Aus der Gruppe der Enterbten kommen die Diener in der Gemeinde, die Boten des Evangeliums, die Herolde der Freu-denbotschaft Gottes. So weit holt der Herr seine Leute her. Aus Enterbten werden Erben und aus Rebellen Berufene. Einer von ihnen, Pastor Remmer Janßen, hat es so bekannt: »Ihr Strackholter, Ihr habt mich weit her geholt, aus Damsum, aus dem Harlingerland, Gott hat mich weiter her geholt, aus dem Abgrund der Hölle.« Mit ihm tun es viele andere und bekennen sich aufrichtig und von Herzen zu ihrem Heiland.

2. Auf dem Kampffeld der Väter

Hier wird ganzer Einsatz gefordert. Gerade wenn ich schwach bin, bin ich stark. Das haben die Väter im Glauben gemein. Abraham geht den schmerzvollen Weg nach Morija. Er ist bereit, seinen einzigen Sohn Isaak, der die Verheißung hat, dem Herrn zu opfern. Gerade so gefällt er Gott.

Mit letzter Kraft kämpft Jakob am Pniel. Er ringt mit Gott. Betend ruft er: »Ich lasse dich nicht, du segnest mich denn!« Von ihm bekommt Jakob den neuen Namen »Israel« (Gotteskämpfer). »Denn du hast mit Gott und Men-schen gerungen und hast obsiegt« (1. Mose 32, 28; Hosea 12, 4).

Als Letzter hat den Kampf um uns der Sohn Gottes im Garten Gethsemane mit der Höllenmacht Satans geführt. Auf Golgatha hat er hörbar den Sieg errungen. Es ist vollbracht! Das Grab ist leer! Christus ist auferstanden! Er ist wahrhaftig auferstanden! »Gott aber sei Dank, der uns den Sieg gegeben hat durch unseren Herrn Jesus Christus« (1. Kor. 15, 57).

Mose steht auf dem Kampffeld der Väter. Ihre Waffe ist seine Waffe: das Gebet. Wieviel Nächte mag sein Vater Amram mit seiner Mutter Jochebed im Gebet um ihn gerungen haben? Hinter ihnen die brutale Macht Ägyp-tens, vor ihnen der Gott, der alles kann. Das bleibt für Mose und uns ein-zige Möglichkeit.

Wir sollen nicht verloren werden,
Gott will, uns soll geholfen sein;
deswegen kam der Sohn auf Erden
und nahm hernach den Himmel ein,
deswegen klopft er für und für
so stark an unsers Herzens Tür.

3. Unter den Knechten des einen Gottes

Wir sind nicht im geschichtslosen Raum. Gott hat seine Geschichte mit uns. »Das Wort ward Fleisch und wohnte unter uns, und wir sahen seine Herrlichkeit, eine Herrlichkeit als des eingeborenen Sohnes vom Vater, voller Gnade und Wahrheit« (Joh. 1, 14). Mose geht mit seinem Bruder

Aaron. Er ist unter dem Volk Gottes und seinen Ältesten. Das ist Geschenk!

Wir wissen es nicht recht zu würdigen. Uns ist der Bruder Belastung und Ärgernis. Wieviel Streit ist oft unter Pfarrern, Predigern und Vorstandsbrüdern! Der eine sieht in dem anderen seinen Widersacher und Feind. Das hemmt den Bau der Gemeinde Jesu und des Reiches Gottes. Wie können wir zum Frieden rufen, wenn wir selbst im Unfrieden leben? Und doch tun wir so, als wäre das möglich. Wir sind die Feinde. Durch unsere Rechthaberei und Eigenwilligkeit wird unsere Verkündigung unglaubwürdig.

Vielmehr haben wir für den Bruder zu danken, der mit uns auf dem Wege ist. Wir brauchen nicht alleine zu stehen. Geteilte Last ist halbe Last, und gemeinsame Freude ist doppelte Freude. Der einzelne hat darauf zu achten, daß der andere mit Jesus vorankommt. Wer das versäumt, verliert den Bruder und mit ihm alles.

Geschichte erwächst aus der Wechselseitigkeit, dem Dienen und sich dienen lassen. Da hinein gehören die geistlichen Väter; Knechte, die im Dienst ergraut sind. Auf sie kann niemand verzichten. Sie sind ein Stück unserer Geschichte, haben uns Anstoß zum Glauben und Anweisung zum Dienst gegeben. Kinder haben ihre Väter, und sie alle stehen unter dem Vater unseres Herrn Jesus Christus.

Der Gott Abrahams, Isaaks und Jakobs ist auch der Gott Moses und Aarons. Sie sind Knechte eines Herrn.

Hier gilt weder hoch noch niedrig. Wir sind alle eins in Christus. Das verbindet uns über Rassen, Völker und Berufe hinweg.

4. An der Front der Bewährung

Mose steht im Einsatz. Mit Aaron hat er den unabtretbaren Auftrag, das Volk Israel aus Ägypten zu führen. Wie schwer dieser Auftrag und wie mühsam dieser Weg ist, ahnen sie kaum. Wer könnte das auch!

Hätte mir jemand früher Verantwortung, Freude und Last einer Gemeindearbeit hinreichend deutlich gemacht, ich wäre nie ein Verkündiger des Evangeliums geworden. Das hätte ich womöglich nicht so klar gesagt. Vielmehr wären mir Ausreden nicht schwer gefallen. Zu gut kann ich den Mose verstehen, wenn er dem Herrn vorhält, daß er ungeschickt zum Reden sei. Mose fehlt es an gestaltender, würziger und gewinnender Rede.

Es gibt kluge Leute, die ihre Gedanken nicht faßbar formulieren können. Sie leiden darunter. Gott hindert es nicht, sie zu berufen und zu beauftragen. Er baut mit Scherben sein Reich.

Mose hat sich zu bewähren. Solche Bewährung vollzieht sich im bindenden Gehorsam. Durch den Ungehorsam des einen Menschen Adam ist die

Sünde gekommen – und durch den Gehorsam des Sohnes Gottes die Erlösung. Deshalb gibt es für Mose nur eins: zu gehorchen.

Auf denn, Streitgenossen, geht
mutig durch die kurze Wüste;
seht auf Jesum, wacht und fleht,
daß Gott selbst zum Kampf euch rüste!
Der in Schwachen mächtig ist,
gibt uns Sieg durch Jesum Christ.

Das wissen wir alles. Daran fehlt es nicht! Jetzt gilt es zu gehorchen, widerspruchslos zu dienen und dorthin zu gehen, wohin wir nicht wollen. Der Herr geht mit! Alles ihm zur Ehre, auch wenn wir verhungern und verdursten müßten.

Einer ist weiter gegangen. Er war gehorsam bis zum Tode am Kreuz. Durch seine Wunden sind wir geheilt! Wenn auch als die Sterbenden; aber siehe, wir leben! Das ist uns Trost genug.

Gott verpflichtet seinen Mann

Und als der Herr mit Mose in Ägyptenland redete, sprach er zu ihm: Ich bin der Herr; sage dem König von Ägypten alles, was ich mit dir rede. Und er antwortete vor dem Herrn: Siehe, ich bin ungeschickt zum Reden; wie wird denn der Pharao auf mich hören? Der Herr sprach zu Mose: Siehe, ich habe dich zum Gott gesetzt für Pharao, und Aaron, dein Bruder, soll dein Prophet sein. Du sollst alles reden, was ich dir gebieten werde; aber Aaron, dein Bruder, soll es vor dem Pharao reden, damit er die Kinder Israel aus seinem Lande ziehen lasse. Aber ich will das Herz des Pharao verhärten und viele Zeichen und Wunder tun in Ägyptenland. Und der Pharao wird nicht auf euch hören. Dann werde ich meine Hand auf Ägyptenland legen und durch große Gerichte meine Heerscharen, mein Volk Israel, aus Ägyptenland führen. Und die Ägypter sollen innewerden, daß ich der Herr bin, wenn ich meine Hand über Ägypten ausstrecke und die Kinder Israel aus ihrer Mitte wegführen werde. Mose und Aaron taten, wie der Herr geboten hatte. Und Mose war achtzig Jahre und Aaron dreiundachtzig Jahre alt, als sie mit dem Pharao redeten (2. Mose 6, 28–7, 7).

Das Wort Gottes ist wie ein wertbeständiger Edelstein. Von welcher Seite und in welchem Blickwinkel wir ihn ansehen, er entfaltet seinen Glanz in immer neuer Schönheit. Ein Farbenspiel übertrifft das andere an strahlender Herrlichkeit und lockt den Beschauer zu immer anderen Blickwendungen. Und doch bleibt es ein und derselbe Edelstein.

Wenn eine solche Vielfältigkeit von einem einzigen Edelstein ausgehen kann, wieviel mehr Ströme des Segens, des Trostes, der Glaubenserkenntnis, der Kraft und der Liebe gehen vom Worte Gottes aus. Das weiß jeder, der vor dem Wort stille steht und auf das Wort hört. Es erweist sich wie ein Edelstein. Von welcher Seite das Licht des Heiligen Geistes einfällt und zum Hören und Sehen ruft, je nachdem strahlt es in immer neuer Herrlichkeit. Der Beschauer kommt nicht los! Er betet an!

Nicht anders geht es uns mit unseren ersten Versen. Wir wollen noch einmal vor ihnen stille stehen und auf sie hören. Diesmal von einem anderen Blickwinkel aus. Denn das Wort Gottes schöpft niemand aus. Es ist unerschöpflich und stets quellfrisch. Es stillt unseren Durst, richtet Müde auf und macht Arme reich. So wird es immer bleiben, bis daß der Herr kommt.

Mose liegt am Boden. Er ist ein Geschlagener. Pharao hat ihn kurz abgefertigt. Für ihn ist er ein Viehhirte – also nicht da. Das wirkt schmerzlich und macht mutlos. Damit ist der erste Versuch, Pharao zu bewegen, Israel freizulassen, endgültig gescheitert. Bitterer konnte es nicht beginnen.

Vergeblich wartet das Volk Israel auf leichtere Lebensbedingungen und verbesserte Arbeitsvoraussetzungen. Nichts regt sich! Im Gegenteil: Die Arbeit wird härter, der Druck wird stärker, die Vergünstigungen werden geringer. Dadurch wollen die Ägypter einen Aufstand der Israeliten verhindern. Er soll im Keime erstickt werden. Arbeitsniederlegungen und Protestkundgebungen dürfen gar nicht aufkommen. Die reine Angst treibt den mächtigen Pharao zu solchen Maßnahmen. Sie scheinen ihm heute notwendiger denn je. Das alles muß Mose tatenlos mitansehen. Er kann daran nichts ändern. Ihm sind die Hände gebunden. Er darf nur warten! Das will gelernt sein. Mose ist mitten darin.

1. In schmerzvoller Anfechtung

Der Mann Gottes muß zusehen, wie sein Volk im Leid brutaler Unterdrückung erstickt. Die Ungerechtigkeit steigt. Täglich wird mindestens einer zu Tode geprügelt. Und keiner straft die Täter. Sie können frei gehen und bekommen dafür noch Verdienstmedaillen und Tapferkeitsauszeichnungen sowie Treueprämien. Das ist heute genauso wie damals. Der Mensch ändert sich nicht. Er bleibt machthungrig und brutal. Wer meint, er könne ihn umerziehen, macht sich vergebliche Hoffnungen. Ein Raubtier verliert durch noch so gute Dressur seinen Raubtiercharakter nicht. Er kann in jedem Augenblick neu erwachen. So mancher Dompteur ist von seinen eigenen Tieren gerissen und getötet worden.

Ist der unerlöste Mensch anders? Gequält dringt sein Notschrei auf: Wer wird mich erlösen von dem Leibe dieses Todes? Dieser Ruf ist echt. Er entwindet sich notgepeitschten Herzen auf unserer blutgetränkten Erde.

Für Israel sind die Tore, aus der Gefangenschaft herauszukommen, fest verriegelt. Wer bricht sie auf? Das kann nur von oben geschehen. Wird der Herr sein Volk befreien? In dieser Frage bricht die ganze anschwellende Not des Gottesvolkes auf. Es muß neue Schikanen hinnehmen. Was es bucht, sind Striemen, Tränen und Tod. Eine niederdrückende Bilanz.

Vermehrtes Leid bricht nicht notwendig die Herzen für Jesus auf, sondern kann sie auch um so fester verschließen. Wer hätte das nicht bereits in der Seelsorge erfahren! Die Schlösser der Herzen rosten ein. Das kann geschehen!

Wieviel Leid ist in dieser Welt! Und doch nimmt die Gottlosigkeit in Ost und West zu. Sie erstreckt sich über alle Kontinente, zieht sich durch alle Rassen und Völker und legt sich wie Atomstaub über Stadt und Land. Unsichtbar und doch von tödlicher Gefahr. Der Abfall von Jesus Christus, dem Heiland und Erlöser, scheint prozentual dem Hunger, der Kriegsnot, dem Mangel, der Unsicherheit, dem Machtstreben, der Unterdrückung sowie der Ungerechtigkeit in der Welt zu steigen. Das nagt an der Glaubensfreude und dem Diensteifer der Knechte Gottes.

Davon wird auch Mose angefochten. Für ihn stellt sich die Wirklichkeit endloser Sklaverei seines Volkes zu hart. Letzten Endes sieht der Gesandte Gottes nicht mehr durch. In diesem Augenblick ernster Gefährdung fällt das Gespräch Gottes mit seinem Knecht. Der Herr redet seine verzagten

Leute persönlich an. Das hält sie, reißt sie aus aller Isolation und gibt ihnen Schutz.

Mose droht an seiner Kümmerlichkeit und Sünde zu zerbrechen. Gott kommt im rechten Augenblick. Er ist keine Minute zu spät.

Für ein Werbestück ist es wichtig, daß es im richtigen Augenblick ausgespannt wird. Sonst ist sein Verwendungszweck gefährdet. Dabei kommt es mitunter auf sekundenschnelles Handeln an. – Das tut unser Gott. Niemand bleibt länger unter dem Fräser geballter Anfechtung als für seinen augenblicklichen Verwendungszweck nötig. Gott strapaziert niemand. Er gestaltet den einzelnen.

Deshalb ist ein einzelner, der Gottes Wort und Ruf ernst nimmt, bedeutungsvoller und wichtiger für den Bau der Gemeinde Jesu als hundert erstklassige Predigten und tausend eindrucksvolle Gottesdienste.

In dieser Richtung brauchen wir nur an Martin Luther zu denken. Er hat Gott mehr gehorcht als Kaiser und Päpsten. Oder: Was wäre Gemeinde Jesu ohne den Grafen Zinzendorf, den General der Heilsarmee William Booth, die Blumhardts und die Bodelschwinghs? Und: Wie viele Unbekannte und Ungenannte mögen sich ihnen anreihen! Das weiß der Herr besser als wir.

An uns ist es, sein Wort und seinen Ruf ernst zu nehmen. Denn Gehorsam ist besser als Opfer. Das will nicht nur bedacht, sondern ausgelebt werden. Daran fehlt es bei uns.

2. Ein Mann ohne Gefolgschaft

Mose ist ein Geächteter. Der Glanz weltlicher Macht fehlt ihm.

Ein Befreier muß etwas darstellen, wenn er ein solcher sein will. Nach unserer Meinung muß er zumindest Ansehen haben. Danach wählen wir uns den Beruf und suchen uns den Ehepartner aus. Welche Maßstäbe! Dafür arbeiten wir und opfern uns auf. Zu diesem Zweck unternehmen wir weite Reisen und fahren in fremde Länder. Unsere vielbändigen Bilderalben und Farbdias sowie Filmkassetten müssen das bezeugen. Um Ansehen zu bekommen und zu behalten, tun wir alles. Da ist keine Zimmereinrichtung zu teuer, kein Teppich zu kostbar und kein Auto zu groß. Repräsentation gehört zum Leben.

Wir meinen, frei zu sein, und wissen nicht, wie geknechtet wir sind. Uns gilt jene Mahnung von Jacob Gabriel Wolf:

Seele, was ermüdst du dich
in den Dingen dieser Erden,
die doch bald verzehren sich
und zu Staub und Asche werden?
Suche Jesum und sein Licht,
alles andre hilft dir nicht!

Entscheidend bleibt, ob Israel zu dem geächteten Mose gehören will und sich bereitwillig ihm unterstellt. Das ist eine Lebensfrage für das Volk Gottes.

Auf Jesaja hat es nicht gehört. Jeremia ist zum Staatsfeind erklärt worden. Elia mußte sich am Bach Krit verbergen. Johannes der Täufer ist enthauptet worden. Und den Sohn Gottes haben Juden und Heiden ans Kreuz genagelt. Das ist die Wirklichkeit!

Als Jünger haben wir es mit dem geächteten und geschändeten Jesus von Nazareth zu wagen, um mit ihm den Kreuzweg durch die Welt anzutreten. Solange das nichts kostet, sind wir mit dabei. Sobald unser Ansehen gefährdet und unser Fortkommen gehindert wird, steigen wir aus. Wir schämen uns des blutenden Königs der Liebe und hängen uns an den zerbrechlichen Glanz der Welt. Soweit kommt es. Was Gott den Weisen und Klugen verborgen hat, gibt er den Unmündigen. Was töricht vor der Welt ist, das hat er erwählt.

Freiheit für uns Menschen gibt es nur senkrecht unterm Kreuz des dornengekrönten Sohnes Gottes, wie es sie für Israel in der Wüste am Dornenbusch gegeben hat. Entschiedene Christen haben eine Aufgabe in dieser Welt. Sie werden gesandt, auch wenn keine Gemeinde hinter ihnen steht.

Ob Israel hört oder nicht. Mose bleibt Generalbevollmächtigter ihres Gottes, ein Mann ohne Gefolgschaft. Er hat seinem Auftrag zu leben, indem er dem lebendigen Gott gehorcht. Wer die Stunde der Heimsuchung Gottes verpaßt, erntet Trümmer und Gerichte. Das sieht Ägypten im Rausch seiner Machtposition nicht. Mose kann es aus der Ankündigung Gottes hören, der das Herz des Pharao verstockt.

In gleicher Weise stellt Jesus unter Tränen über Jerusalem fest: »Wenn doch auch du erkenntest zu dieser Zeit, was zu deinem Frieden dient! Aber nun ist's vor deinen Augen verborgen« (Luk. 19, 42). Die Stunde der Entscheidung ist verpaßt. Sie läßt sich nie mehr zurückholen. Das bleibt folgenschwer.

Nicht nur von seiner Generation, sondern auch von den Letzten, die da kommen werden, sagt Jesus: »Wenn des Menschen Sohn kommen wird, meinst du, er werde den Glauben finden auf Erden?« (Luk. 18, 8). Dahinter verbirgt sich die Tatsache, daß sie nicht gewollt haben. Darin sind Juden und Heiden eins.

3. Ein Gesandter zum Zeugnis für die Welt

Der Herr hebt seinen Knecht heraus. Er, der gescheiterte alte Mann, dem das eigene Volk die Treue versagt, soll Gott sein.

Jesus bekennt von sich: »Wer mich sieht, der sieht den Vater« (Joh. 14, 9). Er tut recht daran. Von seinen Jüngern sagt er, was sie auf Erden binden werden, soll auch im Himmel gebunden sein, und was sie auf Erden lösen, soll auch im Himmel los sein (vgl. Matth. 16, 19 f.). Das ist Jüngervollmacht. Wir haben darum anzuhalten, wenn wir nicht vergeblich arbeiten wollen. Sie ist unter uns rar geworden. Routine und Geschäftigkeit sind noch kein bindender Beweis für Vollmacht. Sie kann durch beides nie ersetzt werden.

Mose ist für Pharao letzte Autorität. Darin liegt die Herrlichkeit des Hirtenamtes: Nicht nur Sünder und Gerechter zugleich, sondern Sünder und Gott. – Simul peccator et justus; simul peccator et deus. – So weit geht der Herr mit seinem Knecht!

Der Herr ist gut. Fallt nieder vor dem Thron!
Wir sind zum Segen herzlich eingeladen.
Lobt unsern Gott, lobt seinen lieben Sohn,
lobt seinen Heilgen Geist, den Geist der Gnaden!
Lobt ihn für alles, was er tut!
Der Herr ist gut.

Nicht die schwere Zunge, sondern die unbeschnittenen Lippen belasten Mose. Er ist noch nicht fertig. An ihm hat Gott bis zum letzten Atemzug zu gestalten. Er bleibt unter seinen formenden Händen, ein Armer, der viele reich macht. Hinter ihm steht kein mächtiger Staat und keine geschlossene Gemeinde, sondern der lebendige Herr. Das ist mehr als beides in eins. Es wirkt für uns paradox, wenn Gott ihm sagt: Schau, ich mache dich zum Gott! Und doch tut er es.

Gesandte Gottes sind nicht nur Hirten der Gemeinde, sondern gleichfalls Zeugen für die Welt. Das gilt auch für Mose.

Nach dem großen Fischzug bekennt Simon Petrus: »Gehe von mir hinaus, denn ich bin ein sündiger Mensch!« (Luk. 5, 8 ff.). Sogleich erhält er von Jesus die Zusage: »Ich will dich zum Menschenfischer machen!« – Durch das Erdbeben und die Reaktion der Gefangenen getroffen, schreit der Gefängnisdirektor in Philippi: »Liebe Herren, was soll ich tun, daß ich selig werde?« (Apg. 16, 30 f.). Paulus antwortet ihm: »Glaube an den Herrn Jesus Christus, so wirst du und dein Haus selig!«

Gott gebraucht beim Aufbau seines Reiches Sünder als seine Boten. Er schämt sich ihrer nicht. Sollten wir uns dann des Sohnes Gottes schämen? Mit Gustav Knak bekennen wir:

Du bist mein Erbarmer und mein bester Freund,
meines Lebens Sonne, die mir lacht und scheint,
auch in finstern Nächten und durchs Todestal
mir hinüberleuchtet zu des Lammes Mahl.

Das Herrenvolk und sein Pharao kommen an der Tatsache des Hebräergottes nicht vorbei, obgleich sie sich selbst und ihr Weltreich zum Gott setzen. Darin liegt ihr Irrtum.

Mose indessen bleibt Werkzeug aus Glaubensgehorsam. Er macht es, wie Gott ihm geboten hat.

Glaubensgehorsam lernen wir auf den Knien, niemals auf den Akademien.

Der reich gesegnete König Saul hat ihn nicht todernst genommen. Deshalb ist er zum Selbstmörder geworden. Anders verhält sich der außerordentlich begabte König Salomo. Wie er vor Gott einen Wunsch äußern darf, bittet er ohne Zögern um ein gehorsames Herz, weil er um die Gefahr tödlichen Ungehorsams weiß. Noch heute ist Glaubensgehorsam selten unter uns. Wo er gewagt wird, umschließt er Kreuz (Not) und Seligkeit. Darin besteht sein Segen. Wir aber bringen uns durch Leichtfertigkeit um den Lohn. Mein Lohn ist, daß ich darf. Und das bleibt: Gehorsam aus Glauben.

Gott bestätigt seinen Mann

Und der Herr sprach zu Mose und Aaron: Wenn der Pharao zu euch sagen wird: Weist euch aus durch ein Wunder!, so sollst du zu Aaron sagen: Nimm deinen Stab und wirf ihn hin vor dem Pharao, daß er zur Schlange werde! Da gingen Mose und Aaron hinein zum Pharao und taten, wie ihnen der Herr gesagt hatte. Und Aaron warf seinen Stab hin vor dem Pharao und vor seinen Großen, und er ward zur Schlange. Da ließ der Pharao die Weisen und Zauberer rufen, und die ägyptischen Zauberer taten ebenso mit ihren Künsten: Ein jeder warf seinen Stab hin, da wurden Schlangen daraus; aber Aarons Stab verschlang ihre Stäbe. Aber das Herz des Pharao wurde verstockt, und er hörte nicht auf sie, wie der Herr gesagt hatte (2. Mose 7, 8–13).

Echte Vollmacht hat ihren Grund im ganzen Gehorsam. Das verlangt vom einzelnen alles. Er muß völlig von sich fortsehen. Seine eigenen Wünsche fallen, seine Stellungnahmen zum Geschehen sind unerheblich. Gott handelt. Er hat das Steuer der Geschichte in der Hand. Was er sagt, das ist verbindlich. Sein Wort bleibt wahr. Es will gehört werden. Und das mit Herz und Leben.

Mose steht unter der Zusage Gottes. Er hat sein Wort. Das ist alles! Darin liegt seine Vollmacht. Jetzt geht es darum, sie zu gebrauchen. Zugeteilte Vollmacht wird wirksam durch gelebten Gehorsam. Der Herr legitimiert seine Knechte. Er weist sie als solche aus. Sie haben alles bei sich. Ihre Urkunden stimmen. Sie sind bevollmächtigt, im Namen des Herrn zu reden.

Was ist es anderes, wenn wir unsere Gottesdienste »im Namen des Vaters und des Sohnes und des Heiligen Geistes« beginnen! Das ist doch keine leere Formel! Wir haben sie mitunter dahin entleert. Rechnen wir mit der Wirklichkeit unseres Gottes?

Unsere Väter haben damit gerechnet, daß zumindest einer im Gottesdienst oder in einer biblisch-evangelistischen Verkündigung zum Glauben kommt. Dazu wußten sie sich gesandt. Gottes Wort kommt nie leer zurück. Dadurch unterscheidet sich der Prediger des Evangeliums vom eingeübten Funktionär, daß durch ihn der Herr handelt. Sünder werden gerettet, Leidgeprüfte durchtragend getröstet, Verzweifelte gehalten und Dämonen (böse Geister) ausgetrieben. Es geschieht Errettung, Bewahrung und Heiligung. Danach ruft die gläubige Gemeinde unserer Tage. Und sie tut gut daran!

Wie sollte sie sonst ein öffentlicher Brief der Liebe und Barmherzigkeit Jesu Christi sein? Er sollte wie eine Postwurfsendung in jedes Haus gebracht werden. Das könnte sein! Aber es fehlen die Briefe. Ist das nicht eine ernste Frage? Will ich Brief oder Schreiber sein? Was haben wir schon zu schreiben! Er meißelt seine Rettergnade und Heilandstreue in unser Leben ein. Wir dürfen sein Brief, des großen Königs Schreibpapier sein.

Darum sind unsere Aushänge, unsere Kirchen und Säle, leer, weil die Briefe fehlen. Die Postwurfsendung stockt! Der König kann unsere selbstverfaßten Briefe nicht unterschreiben. Deshalb ist unser Glaubensleben so abgestanden und wirkt so schal. Es mangelt der Würze des Heiligen Geistes.

Bald nach dem Zweiten Weltkrieg bereist die gesegnete Evangelistin Corrie ten Boom unser Land. Sie besucht Kirchen, Freikirchen, Verbände und Gemeinschaften. Am Ende ihres Besuches wird sie nach ihrem markantesten Eindruck gefragt. Sie antwortet, daß in Deutschland von allen Kirchen und Verbänden emsige Arbeit geleistet werde. Es werde auch brauchbar gepredigt. Aber es fehle die Vollmacht.

Diese letzte Feststellung Corrie ten Booms sollten wir nicht überhören. Uns geht sie an! Wir sind gemeint! Vollmacht vollzieht sich in der beglaubigten Weitergabe des Wortes Gottes.

Mose ist von Gott bestätigt. Als solcher läßt er sich bei Pharao zum Empfang anmelden. Vor ihm steht der Herr.

1. Im feindlichen Gebiet

Hier heißt es, vorsichtig zu gehen und zuchtvoll zu reden. Denn ein Fremder fällt in der Fremde stets auf. Er kann nicht untertauchen. Es sei denn, er gleicht sich dem Lande und seinen Sitten an. Dann kann er nicht mehr Botschafter sein.

Bei einem Empfang ausländischer Diplomaten fallen einige durch ihre Hautfarbe, Kleidung oder Gewohnheiten auf. Den Botschafter eines afrikanischen, asiatischen oder latein-amerikanischen Staates wird man immer erkennen. Seine Hautfarbe, seine Kleidung oder sein Verhalten kennzeichnen ihn.

Wird auch ein Knecht Gottes, ein Jünger Jesu, auf den ersten Blick erkannt? Simon Petrus konnte sich im Hofe des Hohenpriesters nicht verbergen. Die Masse neugieriger Zuschauer nahm ihn nicht auf, sondern stieß ihn ab. Schon an der Pforte fiel er auf und dann im Hof und wieder unter den Soldaten. Seine Sprache hat ihn verraten. Er hat sich von Jesus in allen drei Fällen losgesagt. Aus dem hitzigen Krieger ist ein beharrlicher Lügner geworden. Er hat Jesus verleugnet. So dicht kann beides zusammenliegen. Innerhalb von wenigen Stunden ist es passiert. Petrus hat das Wort Jesu nicht ernst genommen, daß sich alle seine Jünger an ihm ärgern und ihn verlassen würden. Deshalb kommt er in Gefahr.

Er hat, wie viele Parteileute nach dem Zusammenbruch in unserem Lande, seine Uniform ausgezogen und das Parteiabzeichen fortgeworfen. Und doch sind sie erkannt worden. Verhalten wir uns etwa genauso? Dann können wir keine Botschafter Jesu sein. Uns ist die Vollmacht entzogen. Wir wirken wie ein Vertreter, der keine Firma zu vertreten hat. Es steht nichts dahinter, und deshalb bleibt alles Reden leeres Gewäsch.

Wer Botschafter seines Landes ist, hat das Beglaubigungsschreiben vorzulegen. Die Papiere müssen stimmen, der Ausweis und Paß müssen gültig und das Visa erteilt sein. Der Herr nimmt alles sehr genau. Er läßt keinen durch.

Das Kreuz ist unser Zeichen,
den Sieg gibt er allein.
Hier gilt kein schwaches Weichen;
Herr, schließe fest die Reihn.
Wir wollen Königsboten sein
des Herren Jesu Christ,
der frohen Botschaft heller Schein
uns Weg und Auftrag ist.

So singen es unsere Jugendkreise, und wir stimmen darin ein, was Willy Reschke in Versform gefaßt hat. Wissen wir auch, was das heißt? Wir sind Dienstboten des Königs, Botschafter an Christi Statt. Das setzt Grenzen. Unser Leben muß geordnet sein. Die Berufungsurkunde hat vorzuliegen.

Mose wird danach gefragt. Er ist nicht unvorbereitet. Gott hat bereits alles geordnet und festgelegt. Mose und Aaron brauchen nur auf das Stichwort zu warten, um tätig zu werden.

2. Vor den Mächtigen der Welt

Die Knechte Gottes sind nie allein. Der, der sie sendet, ist stets bei ihnen. Das macht sie getrost. Deshalb bleiben sie gefaßt vor Kaisern und Königen, Präsidenten und Parteiführern, Diktatoren und Polizeifunktionären. Sie lassen sich nicht einschüchtern noch bange machen. Nichts kann sie scheiden von der Liebe Gottes, die in Christo Jesu ist. Sie sind geborgen. Selbst der Tod hat hier seine steigenden Schrecken und seine verschlingende Dunkelheit verloren. Angst und Leid ersticken sie nicht mehr. Verfolgung und Mangel können sie nicht zermürben. Sie werden gehalten.

Auf ihrer zweiten Missionsreise sind Paulus und Silas in Philippi. Hier wird durch sie eine Wahrsagerin im Namen Jesu frei. Das veranlaßt die Hintermänner, sie vor das Stadtgericht zu bringen. Sie werden geschlagen und in die sicherste Zelle der Strafanstalt eingewiesen. Außerdem legt man ihre Füße in den Stock. An Ausbruch ist nicht zu denken. Dennoch flüchten sie zum Herrn und loben um Mitternacht betend Gott. Das macht sie frei.

Vor ihnen hat Johannes der Täufer dem König Herodes und seiner Ehefrau den Ehebruch vorgehalten. Knechte Gottes reden nie verpackt und verschnürt. Sie sagen das, was not ist, und wenn sie darüber das Leben riskieren. Johannes wurde Festungshäftling. Am Ende ist er enthauptet worden.

Der Haß der Königin hat ihn verfolgt und den Henker gegen ihn in Bewegung gesetzt.

Petrus und Johannes lassen sich vom Hohen Rat in Jerusalem nicht einschüchtern. Das Redeverbot lehnen sie rundweg ab. Sie müssen reden von dem, was sie gesehen und gehört haben. Jesus ist ihnen ein und alles.

Solche mutigen Zeugen hat es zu allen Zeiten gegeben. Sie sind auch heute unter uns. In Fabriken oder Büros, in Läden oder Imbißstuben, an Postschaltern oder auf Bahnsteigen, in Kasernen oder auf Polizeirevieren bekennen sie den Herrn und bezeugen ihren Glauben.

Eine von ihnen ist ein junges Lehrmädchen im Büro einer Firma. Ein Kunde will den Chef sprechen. Der winkt ab und deutet ihr an, er sei nicht da. Das Mädchen bleibt wahrhaftig! Sie läßt sich in solche Geschäftslüge nicht ein. Lieber gibt sie ihre Lehrstelle auf, als sich einer Lüge mitschuldig zu machen.

Jesu, hilf siegen und laß mich nicht sinken,
wenn sich die Kräfte der Lüge aufblähn
und mit dem Scheine der Wahrheit sich schminken,
laß doch viel heller dann deine Kraft sehn.
Steh mir zur Rechten, o König und Meister,
lehre mich kämpfen und prüfen die Geister.

Wo so um Wahrheit gerungen wird, fehlt das Bekenntnis nicht. Hier geht es um Tod oder Leben, um Verdammnis oder Ewigkeit. Denn wer den Herrn Jesus Christus vor den Menschen bekennt, den will er auch bekennen vor seinem himmlischen Vater (Matth. 10, 32). Darum ist uns zu tun.

Mose legt dem Pharao sein Beglaubigungsschreiben vor. Dabei hält er sich haargenau an die Anweisung Gottes. Keinen Millimeter weicht er davon ab. Jeder Buchstabe wird beachtet.

Aaron wirft vor Pharao, seinen Ratgebern, den Ministern und Gelehrten, den Stab. Er wird zur großen Schlange. Gott steht zu seinen Knechten. Sie können sich auf ihn verlassen. Er hält, was er verspricht. Mose und Aaron sind als Gottes Knechte vor Ägyptens Herrscher ausgewiesen. Die Vollmacht ist da.

3. Die Macht der Ohnmächtigen

Da passiert das Unerwartete: Pharao nimmt den Kampf mit den Knechten Gottes auf. Er hält sie für Zauberer.

Haben nicht die Pharisäer ein Gleiches getan? Als Jesus einen Besessenen heilt, meinen sie selbstsicher, daß er die Teufel durch Beelzebub austreibe. Der Sohn Gottes wird auf eine Stufe mit den Dämonen gestellt (Matth. 9, 34; 12, 27).

Das ist die Taktik Satans. Er verschleiert, verführt und verfälscht. Hier stehen Glaubensgehorsam gegen Götzendienst, Wunder gegen Magie, Knechte Gottes gegen heidnische Zauberer. Pharao bietet alles auf, was er hat. Seine Leute sollen zeigen, was sie können. Er muß ungebrochen seine Macht präsentieren.

Der Stab ist das Zeichen seiner Macht. Mit ihm halten die Fronvögte Israel nieder. Sie peitschen es aus und schlagen es wund. Das Ansehen Pharaos steht auf dem Spiel. Seine Königswürde und sein Herrscherruhm sind gefährdet. Deshalb läßt er alle Zauberer auftreten, über die er verfügt.

Ein jeder von ihnen wirft den Stab. Schlangen züngeln auf und zischen gegen die große Schlange der Knechte Gottes. Zauberformeln werden laut, und Beschwörungen fehlen nicht. Die unerbittliche Härte dämonischen Gebundenseins wird unverlierbar deutlich.

Wer den Satan verharmlost, verfällt ihm ganz. Horoskope fehlen fast in keiner Zeitung oder Illustrierten. Danach richten sich ihre Leser. Wahrsager haben ihre große Stunde. Parteibosse wie Regierungschefs, Generäle wie Kaufleute, Angestellte wie Lehrjungen nehmen ihre Dienste gern in Anspruch. Spiritismus und Okkultismus sind im Vormarsch. Ganze Landstriche stehen unter ihrem Einfluß. Das sogenannte 6. und 7. Buch Mose wird gekauft. Es ist voller Magie und Zauberei.

Der Reformator Dr. Martin Luther hat den Durcheinanderwerfer erkannt, wenn er sagt:

Der alt böse Feind,
mit Ernst er's jetzt meint;
groß Macht und viel List
sein grausam Rüstung ist,
auf Erd ist nicht seinsgleichen.

Nur einer hat ihn entmachtet: der Sohn Gottes. Ein Name überwindet ihn: Jesus Christus. Er hat den Sieg errungen.

Der Stab Moses ist in keiner Gefahr. Er verschlingt die Stäbe der ägyptischen Zauberer. Mose behält das Feld. Der Herr der Hebräer erweist sich als der wahre Gott. Das steht vor aller Augen fest.

Dennoch geht dieser Kampf weiter. Er wird bis zum Ende der Welt geführt. Das Reich der Finsternis wird sich dem Reiche Gottes immer widersetzen. Dem Wort der Wahrheit wird die Lüge das Feld streitig machen. Gottes Wort bleibt ungefährdet. Es wird von keiner Philosophie noch Weltanschauung überwunden.

Deshalb können Petrus und Johannes vor der schönen Tür des Tempels den lebenslang Gelähmten heilen. Gold und Silber haben sie nicht, aber was sie haben, geben sie. Das Wort, das Fleisch geworden ist, hat solche Kraft. Die Majestät unseres Gottes ist hier offenbar.

Der Herr hat gesprochen. Das Feld wird er behalten.

4. Das Los der Verstockten

Pharao ist Zeuge des Wunders Gottes. Er müßte erkannt haben, daß Mose und Aaron Knechte Gottes sind. Doch das alles scheint für ihn unerheblich. Sein ungebrochener Stolz läßt das nicht zu. Er kann falsche Wunder von Gottes Wundern nicht unterscheiden. Der Unglaube hat bei ihm das Wort. Er ist ihm auf Gedeih und Verderb verfallen. Gott hat ihn verstockt. Er ist abgeschrieben, ausgebucht, abgehauen.

Das Wort »verstocken« kommt von »Stock«. Der Stock ist ein abgeschlagener Zweig oder Ast eines Baumes. Dadurch, daß er vom Stamm getrennt ist, hat er keinen Lebenssaft mehr. Er ist unfruchtbar, ausgetrocknet, ein unempfindlicher Zweig. Dieselbe Sonne, die die Zweige und Äste am Baum zum Grünen und Fruchttragen bringt, verhärtet und dörrt den abgehauenen Zweig aus. Am Ende wird er zu Brennholz und wartet, ins Feuer geworfen zu werden.

Das gleiche Wort Gottes ist dem einen ein Geruch des Lebens zum Leben und wird dem anderen ein Geruch des Todes zum Tode.

Beide hören es. – Der eine wird getröstet und gestärkt, im Glauben aufgerichtet und erfreut. Der andere fällt weiter ab. – Er haßt das Wort und verfolgt den Sohn Gottes, den Träger des Wortes und der Verheißung.

Warnende Beispiele haben wir genug! – Daran fehlt es uns nicht. Ein König Saul ist diesen Weg gegangen. Er endete im Feuer des Selbstmordes. Die Zahl der Gestrandeten ist nicht abzusehen. Sie reicht bis in unsere Tage und führt darüber hinaus, bis unser Herr kommt. Wir aber beten:

Jesu, stärke deine Kinder
und mach aus denen Überwinder,
die du erkauft mit deinem Blut.
Schaffe in uns neues Leben,
daß wir uns stets zu dir erheben,
wenn uns entfallen will der Mut.
Gieß aus auf uns den Geist,
dadurch die Liebe fleußt
in die Herzen, so halten wir
getreu an dir
im Tod und Leben für und für.

Der Herr ist treu! – Er wird es tun! –

Gott weist seinen Mann an

Und der Herr sprach zu Mose: Das Herz des Pharao ist hart; er weigert sich, das Volk ziehen zu lassen. Geh hin zum Pharao morgen früh. Siehe, er wird ans Wasser gehen; so tritt ihm entgegen am Ufer des Nils und nimm den Stab in deine Hand, der zur Schlange wurde, und sprich zu ihm: Der Herr, der Gott der Hebräer, hat mich zu dir gesandt und dir sagen lassen: Laß mein Volk ziehen, daß es mir diene in der Wüste. Aber du hast bisher nicht hören wollen. Darum spricht der Herr: Daran sollst du er-fahren, daß ich der Herr bin: Siehe, ich will mit dem Stabe, den ich in meiner Hand habe, auf das Wasser schlagen, das im Nil ist, und es soll in Blut verwandelt werden, daß die Fische im Strom sterben und der Strom stinkt. Und die Ägypter wird es ekeln, das Wasser aus dem Nil zu trinken. Und der Herr sprach zu Mose: Sage Aaron: Nimm deinen Stab und recke deine Hand aus über die Wasser in Ägypten, über ihre Ströme und Kanäle und Sümpfe und über alle Wasserstellen, daß sie zu Blut werden, und es sei Blut in ganz Ägyptenland, selbst in den hölzernen und steinernen Gefäßen. Mose und Aaron taten, wie ihnen der Herr geboten hatte, und Mose hob den Stab und schlug ins Wasser, das im Nil war, vor dem Pharao und seinen Großen. Und alles Wasser im Strom wurde in Blut verwandelt. Und die Fische im Strom starben, und der Strom wurde stinkend, so daß die Ägypter das Wasser aus dem Nil nicht trinken konnten; und es war Blut in ganz Ägyptenland. Und die ägyptischen Zauberer taten ebenso mit ihren Künsten. So wurde das Herz des Pharao verstockt, und er hörte nicht auf Mose und Aaron, wie der Herr gesagt hatte. Und der Pharao wandte sich und ging heim und nahm's nicht zu Herzen. Aber alle Ägypter gruben am Nil entlang nach Wasser zum Trinken, denn das Wasser aus dem Strom konnten sie nicht trinken. Und das währte sieben Tage lang, nachdem der Herr den Strom geschlagen hatte (2. Mose 7, 14–25).

Der Kampf hat begonnen. Die Stellungen sind bezogen. Gott ist am Werk. Er sieht nicht tatenlos zu, wie sein Volk leidet und ausgebeutet wird. Das Seufzen der Entrechteten hat er gehört und die Tränen der Geschundenen gesehen. Ihm entgeht nichts! Er ist der Herr!

Wenn die zurückliegende Begegnung, das Schlangenwunder, nur Vorspiel gewesen ist, geht es jetzt in die erste Runde. Der Gegner ist bereits geschla-gen, ehe er in den Ring kommt. Wie stolz, machtbewußt, unnahbar und ge-bieterisch er sich auch zeigt, seine Zeit ist bemessen und seine Kraft gebro-chen. Was er vorstellt, ist nur Hülle, bleibt Attrappe.

Wir fürchten uns vor der Macht der Mächtigen und übersehen, daß sie be-reits gebrochene Leute sind, die die starke Hand unseres Gottes im Griff hat. Sie können noch um sich schlagen, zerstören und verwüsten, aber sei-nem letzten tödlichen Schlag entgehen sie nicht. Spannungen sind ihr Werk, Tod und Tränen ihre Spur. Hoffnungslosigkeit, Mangel und Hun-ger ihre Begleiter. Wer sich in ihre Gefolgschaft begibt, wird mitgerissen und verendet im Trümmerfeld ihrer Ideen.

Die Ausgangspositionen in diesem äußerlich so ungleichen Kampf sind besetzt. Auf der einen Seite steht das ägyptische Großreich mit seinem mächtigen und ehrgeizigen Pharao. Auf der anderen Seite befinden sich der arme, mittellose Spätheimkehrer als namenloser Viehhirte und sein ebenfalls unbedeutender Bruder. Was können sie schon ausrichten gegenüber einem Herrscher mit Kampfwagen und Elitetruppen! – Hier spielen Zahlen keine Rolle. Heere und Macht schrecken den Herrn nicht. Er behält den Sieg! Das ist mehr! – Wir sind gerufen, uns von ihm gebrauchen zu lassen. Mose und Aaron sind uns darin Vorbilder.

1. In der Schule wachsender Geduld

Wieder der gleiche Befehl! Immer derselbe Gang! Am Ende ohne Ergebnis! Mose und Aaron holen sich einen Korb nach dem andern. Wie lange wird das gehen?

Wir werden schon ungeduldig, wenn der Freund auf unsere dritte Einladung nicht kommt. Dann sind wir bereit, ihn stehenzulassen. In der Jugend kommen wir auch ohne ihn aus. Die Bibelstunde wird nicht ärmer, wenn er nicht kommt. Schließlich muß er wissen, was er tut. Die Entscheidung liegt bei ihm! So und anders beruhigen wir unsere Ungeduld. Im Gegenteil meinen wir, etwas Besonderes geleistet zu haben, wenn wir mehrere Male hintereinander an derselben Tür geschellt und die gleiche Einladung abgegeben haben. Was ist das schon!

In meiner Studienzeit bin ich einem Bruder begegnet, der mich beschämt hat. Er selbst ist in jungen Jahren als Seekadett vom Mast eines Segelschiffes gestürzt und zum Krüppel geschlagen worden. Aber Gott hat sich seiner angenommen und ihn gebraucht. Eines Tages erzählte er, daß er bereits dreißig Jahre für sieben Menschen bete. Er lege sie dem Herrn vor, daß sie zum Glauben kommen. Vier hätten sich bereits von Jesus finden lassen. Drei ständen noch aus. Er aber bete weiter und traue seinem Herrn zu, daß auch sie zur Erkenntnis des Heils gelangen würden.

Welche Geduld spricht aus diesem Bekenntnis! Wie eilig haken wir Menschen ab und stellen die Fürbitte ein! Wir geben eher auf als durchzuhalten. Uns liegt das Streichen näher als das Unterstreichen. Wir geben schneller die Verschollenenmeldung ab, als daß wir mitsuchen. Doch: Wer glaubt, hat den längeren Atem. Wir aber sind und bleiben Asthmatiker im Glauben. Deshalb haben wir so wenig Freude. Es ist so vieles bei uns festgefahren. Uns fehlt Geduld. Wir selbst seufzen unter Lasten, halten die Tage steigender körperlicher Leiden mühsam und widerwillig durch. Von anderen erwarten wir Geduld. Uns fällt es schwer, wenn wir uns darin zu üben haben.

Wie gut ist es, daß der Herr nicht nachläßt, uns in diesem Stück zu üben. Er gibt uns immerfort die Aufgabe, geduldig zu sein. Bis ins Alter werden wir damit nicht fertig. Wir brauchen diesen Nachhilfeunterricht.

Mose und Aaron werden von Gott geschickt. Sie befinden sich in der Schule der Geduld. Sie gehen, weil der Herr befiehlt. Was dabei herauskommt, ist nicht ihre Sache. Sie gehorchen. Das ist alles! Einfach gesagt, aber schwer getan. Der Herr hilft ihnen nach, deshalb gehen sie. Das ist nicht beschämend.

Wer von uns käme ohne solche Nachhilfe Gottes aus? Niemand! Wir brauchen für jede Aufgabe seine Nachhilfe, sonst bleiben wir hilflos. Wo wir sie ausschlagen, fallen wir und gehen wir eigene Wege. Sie führen vom Ziel fort. Aber die Aufgabe bleibt. Wer nicht in der Übung bleibt, wird kampfunfähig. Das will niemand von uns! Darum sollten wir dankbarer werden für jeden Nachhilfeunterricht, den der Herr uns erteilt. Kaum ein Lehrer gibt sich mit seinen Schülern soviel Mühe wie der Herr mit seinen Kindern. Geduld ist uns not!

2. Mit derselben Aufforderung vor der Welt

Pharao hört nichts Neues. Das Wort des Hebräer-Gottes ist ihm bekannt. Er sträubt sich, der Aufforderung nachzukommen. Warum soll er auch? Israel muß gefangen bleiben und ihm dienen. Er wird seine Macht unter Beweis stellen.

Und doch wagen es Mose und Aaron, wieder vor den Pharao zu treten. Sie schämen sich ihrer Aufgabe nicht. Ihr Auftrag bleibt der gleiche. Sie stehen im Namen ihres Gottes. Zu fürchten brauchen sie sich nicht. Der Herr steht ihnen zur Seite. Er ist nicht weit fort, sondern handelt in ihrer Gegenwart. Seine Macht hat er stets offenbart. Immer im rechten Augenblick und am rechten Ort richtet er Zeichen seiner Herrlichkeit auf. Das erfahren die Knechte Gottes bei jeder neuen Begegnung. Pharao soll spüren, wer der Herr ist.

Und was tun wir? Jeden Sonntag verkündigen wir den gekreuzigten und auferstandenen Herrn. Wir rufen zu Jesus, dem Heiland der Welt. Anders haben unsere Väter es auch nicht getan. Sie haben für diesen Herrn ihr Leben auf den Missionsfeldern aufs Spiel gesetzt. Nach Ehre, Gunst und Reichtum sind sie nicht aus gewesen. Ihnen genügte es, für Jesus unterwegs zu sein. Die Geschichte der christlichen Verbände, Gemeinschaften und Werke ist voll von solchem aufopfernden, selbstlosen Dienst. Für sie ist es nichts Außergewöhnliches gewesen, als Bibelboten Woche um Woche Menschen zu Jesus zu führen. Sie haben es unermüdlich getan. Die wenigsten sind uns noch bekannt. Wir aber stehen still vor solcher Treue und solchem Eifer, die ihren Grund in der Bitte Gerhard Tersteegens haben:

Ach, nimm mich hir   du Langmut ohne Maße;
ergreif mich wohl, daß ich dich nie verlasse.
Herr, rede nur, ich geb begierig acht;
führ, wie du will   ich bin in deiner Macht.

Ist das unter uns noch gefragt? Wird dem Wort ganz vertraut? Oder erwarten wir alles von der Form und der Methode? Die Aufforderung an den Menschen unserer Tage bleibt die gleiche wie zu jeder Zeit: »Lasset euch versöhnen mit Gott!«

Das ist die Parole der Apostel gewesen. Damit hat Paulus seine Missionsreisen gewagt. Darum ging es den Vätern im Glauben. »Auch du brauchst Jesus!« Dafür ist kein Mensch zu modern, zu reich, zu genial. Er hat im Leben und im Sterben diesen Herrn nötig. An die Gemeinde in Rom schreibt der Apostel Paulus: »Ich schäme mich des Evangeliums von Christo nicht; denn es ist eine Kraft Gottes, die da selig macht alle, die daran glauben« (Röm. 1, 16). Das ist ein Bekenntnis, hinter dem das Leben eines Mannes steht, der mehr gearbeitet hat als alle. Seine Passion ist der Gekreuzigte. Um seinetwillen hat er Gefahren auf sich genommen, Gefangenschaft sowie schwere Kerkerhaft erduldet und ist dabei in Todesnöte gekommen. Sein Leidenskatalog im zweiten Korintherbrief redet davon (2. Kor. 11, 23–33). Und das alles, weil es ihm um die frohmachende Botschaft gegangen ist, das Evangelium allen Menschen zu sagen.

Die Parole bleibt damals wie heute die gleiche. Es geht um Jesus, den Retter aus Sünde und Tod. Schämen wir uns seiner? Oder wagen wir es, ganz für ihn da zu sein, auch wenn wir als Rückständige und Unterentwickelte überrundet werden sollten? Die letzte Runde bleibt stets unserem Herrn! Wer durchhält bis zum Ende, der wird selig. Das sind die, die sich der Retterbotschaft Jesu Christi nicht schämen. Wohl uns, der Herr ist treu!

3. Unter dem einen Gerichtsherrn dieser Welt

Wer die Machtprobe will, bekommt sie frei Haus. Pharao und sein großer Ratgeberstab sollen Augenzeugen eines Kampfes werden, in dem sie selber umkommen.

Mose bekommt von Gott bis in die kleinsten Einzelheiten angewiesen, was zu tun ist. Als Zeit wählt der Herr die Frühe des Morgens. Zum Ort der Handlung wird der Nil bestimmt. Aufgabe bleibt, dem Pharao zu zeigen, wer der Herr ist. Mittel des Geschehens ist der Stab. Gott hat ihn seinem Knecht in die Hand gegeben. Die Generalprobe ist bestanden. Der Stab, der zur Schlange geworden ist, hat die Stäbe der ägyptischen Zauberer verschlungen. Was wollen Mose und Aaron mehr! Der Beweis, daß der Gott Abrahams, Isaaks und Jakobs der Herr ist, ist erbracht und wird aufs neue geliefert. Damit spart Jahve, der Herr der Heerscharen, nicht.

Ägypten wird an seiner empfindlichsten Stelle getroffen. Der Nil genießt in Ägypten göttliche Verehrung wie der Ganges bei den Hindus. Er ist Sinnbild der Lebenskraft, des Reichtums, der Fruchtbarkeit und der Sicherheit des Landes. Durch seine Überschwemmungen wird das umliegende Land befruchtet. Die Vielfalt seines Fischreichtums sind Grundlage seiner Ernährung. Als Wasserstraße, von den Schiffen reicher Kaufleute benutzt, ist er Zeichen reger Handelstätigkeit. In manchen Teilen des Großreiches wird er in das Verteidigungssystem einbezogen. Vor allem liefert er das Trinkwasser für weite Gebiete des Landes. Kein Getränk kommt ihm nach Meinung der Ägypter gleich. Der Nil ist die Lebensader des Reiches.

Gerade hier setzt Gott an. Das Wasser des Nils wird zu Blut. Damit erstirbt alles Lebewesen. Ein Fischsterben tritt ein. Die Nahrungsquelle ist versiegt. Der Fluß göttlicher Verehrung wird dem Ägypter zum Ekel. Nicht nur der Nil allein, sondern auch seine Nebenflüsse, Kanäle, Sümpfe und Wasserstellen werden in Blut verwandelt. Selbst das Wasser in den hölzernen und steinernen Gefäßen der Ägypter wird zu Blut. Trotz seines Wasserreichtums leidet Ägypten Durst. Mit einer Handbewegung sind Reichtum und Sicherheit in Frage gestellt.

Mose hob seinen Stab und schlug ins Wasser, und es war geschehen. Ob Pharao und seine Minister es anerkennen oder nicht.

Gott straft den Sünder am nachhaltigsten mit dem, worauf er sein größtes Vertrauen setzt. Wenn der Herr uns das aus der Hand reißt, woran wir am meisten hängen, sind wir tödlich verwundet. Das kann der einzige Sohn, die letzte Tochter, das eisern ersparte Eigenheim, die stählerne Gesundheit, die zäh erworbene Stellung, das gutgehende Unternehmen, das langersehnte Auto und vieles andere mehr sein. Jeder frage sich selbst, wo sein Gott ist, die Herzenssache, die er anbetet.

Gleichzeitig wird die Schuld Ägyptens offenbar. Hatten die Ägypter nicht den Nil mit dem Blut israelitischer Kinder gerötet? Der Herr vergißt nichts. Wo er handelt, bricht Schuld der Menschen auf. Wer sich zu ihr bekennt, wird errettet, bekommt den Freispruch aus Gnaden. Wer sie dagegen leugnet und verdeckt, stirbt daran. Das wird Pharao erfahren und mit ihm jeder, der es ihm gleichtut.

4. Zu gleicher Verdammnis aus Unglauben

Die Zauberer vergrößern die Not der Ägypter. Das bißchen Wasser, das noch vorhanden ist, verwandeln sie in Blut. Das Gericht Gottes können sie nicht aufhalten. Sie können nur seine Gehilfen sein. Für Mose und Aaron sind sie keine Anfechtung. Der Satan ist und bleibt der Nachäffer Gottes. Er ist schon gerichtet.

Pharao und sein Hofstaat sind dahingegeben. Wer nicht hören will und sein Herz den Zeugnissen Gottes verschließt, dem schickt er kräftige Irrtümer, damit er den Lügen glaubt. Aus dem Kreis der Minister und Generäle des Pharao wagt niemand, dem Wahnsinn des Herrschers zu begegnen. Sie sind alle vom gleichen Stumpfsinn, derselben Trägheit und dem fortschreitenden Unglauben angesteckt. Gott hat die Weisheit der Welt zunichte gemacht.

Der Verstockte ist blind vor stahlharter Verstockung. Was kümmern ihn der Durst und die Wassernot des Volkes! Seinetwegen kann der kleine Mann verschmachten. Der Pharao hat noch Wein genug, um mit seinen Ratgebern den Durst zu löschen. Deshalb wird er Mose niemals bitten, das Unheil zu wenden und die Wassernot zu beheben. Gott aber ist gnädig. Er hat die Zeit des Gerichtes bemessen. Sieben Tage soll der Wassermangel anhalten.

Gott rufet noch. Sollt ich nicht endlich hören?
Wie laß ich mich bezaubern und betören!

Das gilt auch für uns! Ob wir den Ruf Gottes durch die Gerichte hindurch hören? Zwei Weltkriege liegen hinter uns. Unser Land und Volk ist geteilt. Und doch tun wir so, als wäre das nichts. Wir haben unsere eigenen Götter, Wohlstand und Reichtum. Wehe uns, wenn Gott ein weiteres Mal zuschlägt! Wir können nur bitten: Herr, sei uns Sündern gnädig! Uns wäre geholfen!

Gott geht
mit seinem Mann vor

Da sprach der Herr zu Mose: Gehe hin zum Pharao und sage zu ihm: So spricht der Herr: Laß mein Volk ziehen, daß es mir diene! Wenn du dich aber weigerst, siehe, so will ich dein ganzes Gebiet mit Fröschen plagen, daß der Nil von Fröschen wimmeln soll. Die sollen heraufkriechen und in dein Haus kommen, in deine Schlafkammer, auf dein Bett, auch in die Häuser deiner Großen und deines Volks, in deine Backöfen und in deine Backtröge; ja, die Frösche sollen auf dich selbst und dein Volk und auf alle deine Großen kriechen. Und der Herr sprach zu Mose: Sage Aaron: Recke deine Hand aus mit deinem Stabe über die Ströme, Kanäle und Sümpfe und laß Frösche aus Ägyptenland kommen. Und Aaron reckte seine Hand aus über die Wasser in Ägypten, und es kamen Frösche herauf, so daß Ägyptenland bedeckt wurde. Da taten die Zauberer ebenso mit ihren Künsten und ließen Frösche über Ägyptenland kommen. Da ließ der Pharao Mose und Aaron rufen und sprach: Bittet den Herrn für mich, daß er die Frösche von mir und meinem Volk nehme, so will ich das Volk ziehen lassen, daß es dem Herrn opfere. Mose sprach: Bestimme über mich in deiner Majestät, wann ich für dich, für deine Großen und für dein Volk bitten soll, daß bei dir und in deinem Hause die Frösche vertilgt werden und allein im Nil bleiben. Er sprach: Morgen. Mose antwortete: Ganz wie du gesagt hast; auf daß du erfahrest, daß niemand ist wie der Herr, unser Gott. Die Frösche sollen von dir, von deinem Haus, von deinen Großen und von deinem Volk weichen und allein im Nil übrigbleiben. So gingen Mose und Aaron von Pharao. Und Mose schrie zu dem Herrn wegen der Frösche, wie er dem Pharao gesagt hatte. Und der Herr tat, wie Mose gesagt hatte, und die Frösche starben in den Häusern, in den Höfen und auf dem Felde. Und man häufte sie zusammen, hier einen Haufen und da einen Haufen, und das Land stank davon. Als aber der Pharao merkte, daß er Luft gekriegt hatte, verhärtete er sein Herz und hörte nicht auf sie, wie der Herr gesagt hatte (2. Mose 7, 26-8, 11).

Die zweite Runde beginnt. Es ist ein gigantischer Kampf. Pharao will nicht wissen, wem er gegenübersteht. Er ist im Machtrausch verfangen und in der Lüge verstrickt. Was kümmert ihn das Sklavenvolk mit seinem Gott! Sklaven haben keine Rechte, sondern nur Pflichten. Sie haben zu arbeiten und sonst nichts. Er ist der Herr, ihm hat das Volk zu gehorchen.

Dennoch ist seine Zeit bemessen. Gott bleibt in Ewigkeit. Er ist der Schöpfer und Gebieter. Völker sind in seinen Augen wie ein Tropfen am Eimer und wie ein Sandkorn auf der Waage (Jes. 40, 15). Wer wollte ihm entgegentreten! Seine Macht ist Allmacht und seine Zeit Ewigkeit.

Er nimmt sich des gequälten Sklavenvolkes an. Den Kampf führt er selber. Dabei läßt er sich nicht von Hast und Eile bestimmen. Gott hat Zeit. Seine Gerichte sind gerecht und seine Befehle immer richtig. Das wissen Mose und Aaron genau.

Gott führt seinen Plan zu Ende. Widerstände sind für ihn keine Hindernisse. Der Herr ist König jetzt und alle Zeit.

1. Unter Dauerauftrag

Wieder wird Mose in Marsch gesetzt. Wie oft hat er diesen Weg noch zu machen? Wir würden einwenden, Pharao kümmere sich doch nicht um den Befehl Gottes. Er bleibe hart und unbeweglich. Warum dann den Einsatz und den Zeitverlust, wenn doch feststehe, daß Pharao nicht wolle?

Gott hat Zeit! Er geht Schritt für Schritt vor. Seine Augen sehen alles, und seinen Ohren entgeht nichts. Deshalb kann ihm niemals jemand etwas vormachen. Er erfaßt die Lage sofort. Wir sind auf Informationen angewiesen, um richtig entscheiden zu können. Der Herr übersieht im Augenblick, was zu tun ist. Er täuscht sich nie. Seine Knechte setzt er ein, wann und wie er will. Das ist seine Freiheit. Wer könnte sie ihm nehmen? Kein Pharao, kein Cäsar, kein Kaiser und kein Diktator ist in der Lage, sie ihm streitig zu machen. Sie sind alle in seiner Hand. Er gebraucht sie zum Segen und als Zuchtrute für die Völker. Jede Zeit hat dafür Beispiele genug. Wir brauchen nur an unsere jüngste Geschichte zu denken.

Gottes Strategie ist eine andere als die unsere. Er läßt nicht nach! Pharao wird am Ende Gottes Volk ziehen lassen müssen. Seiner starken Hand kann er sich nicht entwinden. Wenn es auch manchmal so aussieht, als gelänge es ihm. Wen der Herr im Griff hat, der gehorcht – oder er kommt um. Den langen Atem hat er allein. Geduld zeichnet sein Wesen.

Da hinein gestaltet er seine Knechte. Sie sollen seine Art annehmen. Mose lernt Geduld. Er stellt sich unter den Befehl seines Gottes. Sein Wille geschehe! Das beten wir jeden Sonntag im Gottesdienst. Entscheidend ist, daß wir dahinterstehen! Wir merken erst die ganze Tragweite solcher Bitte, wenn sie sich mit unserem Wollen und Wünschen nicht deckt. Dann erzittern und erschrecken wir! Unser Glaube und unser Vertrauen gehen so weit, wie wir bereit sind, Gottes Wort in den Niederungen des Alltags und unter den Enttäuschungen in Gemeinde, Familie und Beruf auszuleben. Geduld ist uns nicht mitgegeben. Sie will im Glauben geübt werden. Ihr Nährboden ist die Barmherzigkeit, die Gottes Erbarmen wirkt. Geprägte der Liebe Gottes strahlen Treue aus.

Der Gong zur zweiten Runde ist ertönt. Mose und Aaron sind nur Werkzeuge, sonst nichts. Der den Ring betritt, ist der Herr selbst. An dem Sohne Gottes wird uns das ganz deutlich. Er hat die Arena der Welt betreten, um uns aus den Fesseln Satans zu befreien. Sein Passionsweg zeichnet unsere Schuld. Nicht wir haben ihn erwählt, sondern er hat uns erwählt. Weil wir so verschuldet waren, ist er gekommen und hat uns freigekauft.

Ein Dauerauftrag wird bei einer bestimmten Bank auf unbestimmte Zeit in bestimmbarer Höhe gegeben. Der Empfänger ist immer der gleiche, wie auch sein Auftraggeber nie wechselt. Pharao und der Gott Abrahams, Isaaks und Jakobs stehen sich als Empfänger und Auftraggeber gegenüber. Mose ist nur ausführendes Organ seines Herrn. Er geht, weil er seinem Gott vertraut.

2. Im Planquadrat Gottes

Die Geschichte der Welt und der Völker setzt sich aus solchen Planquadraten zusammen. Mit ihnen und durch sie baut Gott am Heilsweg.

Er hat sich des kleinsten Volkes angenommen und es zu seinem Volk gemacht. An ihm erweist er seine Gnade und Treue. Deshalb läßt er es nicht aus seinen Augen, sondern gestaltet an ihm durch Propheten und Großkönige. Seine Geschichte ist ein einziger Beweis der Treue Gottes und der erbarmenden Liebe des Vaters. Er segnet, rettet und vergibt.

Ist das nicht auch unsere Erfahrung? Wir werden durch andere gesegnet und dürfen für andere ein Segen sein. Dadurch, daß Jesus Christus, der Sohn Gottes, Mensch geworden ist, befindet sich die ganze Welt unter dem Gnadenangebot Gottes. Er will, daß allen Menschen geholfen wird und daß sie zur Erkenntnis der Wahrheit kommen. Damit haben wir es in der Hand, ob wir den Segen und das Retterangebot Gottes in Jesus Christus annehmen oder nicht.

Ägypten hat an den Segnungen Gottes und den Wohltaten des Herrn für sein versklavtes Volk Anteil gehabt. Gott läßt die Sonne scheinen über Gute und Böse. Im Kriege fallen Gottesknechte und Gotteslästerer. Im Strudel der Katastrophen kommen Jesusjünger und Jesusfeinde um. Die Stillen im Lande halten mitunter die Gerichte Gottes über ihre Welt und Zeit auf. Davon lebt unsere Welt, von der Einflußgnade der Gemeinde Jesu. Sonst wäre sie bereits an der Zügellosigkeit und an ihrem Größenwahn zerbrochen.

Wir brauchen nur an Abrahams Ringen um Sodom und Gomorra zu denken (1. Mose 18, 20-33). Hier wird nicht gehandelt, sondern hier ist ein Seelsorger, der fürbittend vor Gott hintritt, um das gerechte Gericht Gottes aufzuhalten. Nur deshalb bleibt Abraham vor dem Herrn stehen und tritt zu ihm. Und wenn womöglich zwanzig Gerechte darin zu finden sind, will der Herr die beiden Städte nicht verderben. Von fünfzig geht er auf zwanzig! Das ist mehr! Darin spiegelt sich das tiefe Erbarmen des einen Gottes, der unser Schöpfer und Heiland ist. Gottes Erbarmen hat eine Grenze. – Jesus muß von Jerusalem sagen, daß es nicht gewollt hat. Deshalb das Gericht! – Wie wird unsere Zeit von Gottes Augen gesehen? Die Zügellosigkeit nimmt zu, die Gottlosigkeit gewinnt an Boden. Tritt Gemeinde Jesu auf den Plan oder läßt sie sich totschweigen? Sie ist nicht um ihrer selbst willen da, sondern hat zu rufen, zu bekennen und auszuleben. Sie soll Zeuge des einen Herrn sein. An ihr scheiden sich die Geister. Das Kreuz Jesu Christi ist Rettung und Gericht. Pharao entscheidet nicht nur für sich selbst, sondern für sein Volk und seine Zeit. Er hat es in der Hand: Gericht oder Gnade. Sind wir uns der Tragweite unserer Entscheidungen stets bewußt? Wir sollten es sein! Durch sie machen wir dem anderen Mut, es mit Jesus zu wagen, oder wir sind ihm Anstoß und Ärgernis. Glaubensgehorsam löst Segen aus. Ungehorsam endet im Gericht. Im Planquadrat Gottes stehen, das heißt, von ihm gerufen sein, ihn handeln zu lassen, der Macht hat, zu erretten und zu verdammen. Pharao, Israel, Mose und Aaron befinden sich unter der Hand Gottes. Er gestaltet an ihnen durch Gericht und Gnade.

3. Bis auf den Leib gerückt

Für Pharao rückt die Front näher. Die Einschläge erreichen nicht nur die Schloßgärten, sondern auch sein Schlafzimmer. Seine Ratgeber und Minister liegen ebenfalls unter Beschuß. Die Lage wird ernster! Es ist Nahkampfsituation!

Bisher haben die Ägypter mit Pharao von der Gnade gelebt. Gott hat ihnen wohlgetan und sie von Plagen verschont. Jetzt ist diese Zeit vorbei!

Wir wissen, daß die großen Sümpfe Ägyptens voller Frösche, Kröten und giftiger Tiere sind. Auch der langsam dahinfließende Nil ist voll von solchem Ungeziefer. So oft er über die Ufer tritt, ist die Gefahr solcher Plagen gegeben.

Jetzt bedecken Heere von Fröschen das Land, als hätten sie nur auf den Einsatzbefehl gewartet. Sie dringen in Häuser und Zimmer vor und machen vor dem Palast des Pharao sowie dem Villenviertel seiner Minister, Fürsten und Offiziere nicht halt.

Damit wird Ägypten nicht nur bestraft, sondern in Schimpf und Schande gelegt. Es wird dem Spott der Menschen, insbesondere seiner Sklaven, preisgegeben. Dieses sieggewohnte und selbstbewußte Herrenvolk sieht sich von faulen Tieren überlaufen.

Der, der dem Herrn die gebührende Ehre verweigert, ist in seiner eigenen Ehre bedroht. Selbst im Schlaf findet er keine Ruhe vor dem Ungeziefer. Es rückt ihm auf den Leib! – Gott läßt nicht nach! Pharao hat keine Hintertür mehr frei.

Die Zauberer Ägyptens vermehren die Not obendrein. – Satan schadet nur, helfen kann er nie. Das ist seine Grenze!

Mose hingegen braucht nicht einen Finger zu krümmen. Er sieht zu und wartet ab. – Gott beherrscht das Land. – Der Todeskreis um Pharao zieht sich zusammen. Er wird beängstigend klein.

Von wie vielen Gefahren sind wir umgeben? Die atomare Gefahr schwebt über uns wie ein Damoklesschwert. Jeden Augenblick kann es herniedersausen und unsere Welt zertrümmern. Die Technik fordert auf der Straße, in der Luft und in den Produktionsstätten ihre täglichen Opfer. Katastrophen tun ein Übriges. Krebs und Herzinfarkt bringen Leid, Trauer und Not in Familien und Häuser. Wer wollte sich vor allem schützen? Das bringt niemand fertig. Wir leben nur noch, weil Gottes gnädige Hand die täglichen Gefahren von uns abgewandt hat. Hier gibt es keinen Zufall, kein Schicksal und kein Glücksspiel. Wir sind nicht in der Hand blinder und brutaler Mächte, sondern leben, soweit der Herr uns in den täglichen Gefahren bewahrt. Das sollten wir dankbar sehen. Wer von Zufall redet, glaubt nicht, und wer von Schicksal spricht, weiß nichts von der bewahrenden Gegenwart des lebendigen Gottes.

Pharao ist in der Zange. Sein verzweifelter Ausbruch offenbart die Verlogenheit seines Herzens. Er tut so, als ob er bereit sei, das Volk ziehen zu lassen, damit es außerhalb Ägyptens frei von allem heidnischen Aberglauben und aller götzendienerischen Befleckung Gott dienen könne. Seine Kapitulation ist nur das Mittel, um Luft zu bekommen. Er redet freundlich und bleibt doch unwahr. Die Heuchelei des Gottlosen prägt sein Wesen.

4. Durch und durch verstockt

Aus Angst hält Pharao Mose an, für ihn zu beten und ihn mit Gott zu versöhnen. Erst soll die Gefahr genommen werden. Danach will er das Volk ziehen lassen. Schon hier bricht teuflische List und satanische Treulosigkeit durch.

Wenn jemand einen anderen um Gebetshilfe durch Fürbitte anhält, ist das noch kein Zeichen innerster Umkehr. Es kann der Aufbruch dahin sein. Wie schnell sind in der Todesangst Versprechungen gemacht worden, auf deren Einlösung der Herr noch heute wartet! Wenn Krankenzimmer reden könnten, müßten sie von solchen Eidbrüchen sprechen. Wir dürfen an dieser Stelle gar nicht auf den Pharao zeigen, weil wir nicht besser sind.

Mose nimmt Pharao ernst. Er tritt für ihn vor Gott ein, obgleich der Ägypter um eine Frist, das Volk ziehen zu lassen, gebeten hat. Der Knecht Gottes ringt mit seinem Herrn im Gebet. Ägypten wird von der Froschplage befreit. Gott hört auf seinen Mann und läßt sich bewegen.

Es wäre unverständlich und merkwürdig, wenn Pharao Mose gebeten hätte, erst am nächsten Tag zum Herrn zu beten, daß er das Ungeziefer wegnehme. Er will von der Gefahr sobald wie möglich befreit werden, das heißt bis morgen. Damit hat er die Entlassung des Gottesvolkes verschoben. Pharao hat die Möglichkeit, sein Versprechen zu umgehen. Jetzt, wo er von der Furcht befreit ist, bricht die Härte seiner Verstockung wieder durch. Pharao ist obenauf! – Die Berge stinkender Frösche im ganzen Land sind ein Zeichen der tödlichen Gefahr, in der sie alle gestanden haben.

Sind nicht 1945 unsere Kirchen voll gewesen? Die äußere Not, die tägliche Unsicherheit und der völlige Zusammenbruch unseres Volkes hatten uns für das Wort Gottes offener gemacht. Wie schnell ist diese Bereitschaft erstickt worden! Sobald sich die Normalisierung im Alltag abzeichnete, breiteten sich Gleichgültigkeit und Gottlosigkeit aus. Je höher der Lebensstandard steigt, desto leerer werden die Kirchen und Stadtmissionssäle. Gott ist abgeschrieben! Wir können leben! So meinen wir!

Pharao bleibt verstockt! Seine Untreue ist offenbar! – Sie wird unser aller Totengräber, wenn wir in ihr beharren. – Wir aber beten: Herr, mache uns treu und wahr!

Gott richtet
durch seinen Mann

Und der Herr sprach zu Mose: Sage Aaron: Strecke deinen Stab aus und schlage in den Staub der Erde, daß er zu Stechmücken werde in ganz Ägyptenland. Sie taten so, und Aaron reckte seine Hand aus mit seinem Stabe und schlug in den Staub auf der Erde. Und es kamen Mücken und setzten sich an die Menschen und an das Vieh; aller Staub der Erde ward zu Mücken in ganz Ägyptenland. Die Zauberer taten ebenso mit ihren Künsten, um Mücken hervorzubringen; aber sie konnten es nicht. Und die Mücken waren sowohl an den Menschen als am Vieh. Da sprachen die Zauberer zum Pharao: Das ist Gottes Finger. Aber das Herz des Pharao wurde verstockt, und er hörte nicht auf sie, wie der Herr gesagt hatte. Und der Herr sprach zu Mose: Mache dich morgen früh auf und tritt vor den Pharao, wenn er hinaus ans Wasser geht, und sage zu ihm: So spricht der Herr: Laß mein Volk ziehen, daß es mir diene; wenn nicht, siehe, so will ich Stechfliegen kommen lassen über dich, deine Großen, dein Volk und dein Haus, daß die Häuser der Ägypter und das Land, auf dem sie wohnen, voller Stechfliegen werden sollen. An dem Lande Gosen aber, wo sich mein Volk aufhält, will ich an dem Tage etwas Besonderes tun, daß dort keine Stechmücken seien, damit du innewerdest, daß ich der Herr bin inmitten dieses Landes, und ich will einen Unterschied machen zwischen meinem und deinem Volk. Morgen schon soll das Zeichen geschehen. Und der Herr tat so, und es kamen viele Stechfliegen in das Haus des Pharao, in die Häuser seiner Großen und über ganz Ägyptenland, und das Land wurde verheert von den Stechfliegen. Da ließ der Pharao Mose und Aaron rufen und sprach: Geht hin, opfert eurem Gott hier im Lande. Mose sprach: Das geht nicht an, denn was wir dem Herrn, unserm Gott, opfern, ist den Ägyptern ein Greuel. Siehe, wenn wir vor ihren Augen opfern, was ihnen ein Greuel ist, werden sie uns dann nicht steinigen? Drei Tagereisen weit wollen wir in die Wüste ziehen und dem Herrn, unserm Gott, opfern, wie er uns gesagt hat. Der Pharao sprach: Ich will euch ziehen lassen, daß ihr dem Herrn, eurem Gott, opfert in der Wüste. Nur zieht nicht zu weit, und bittet für mich! Mose sprach: Siehe, wenn ich jetzt von dir hinausgegangen bin, so will ich den Herrn bitten, daß die Stechfliegen morgen von Pharao und seinen Großen und seinem Volk weichen; nur täusche uns nicht abermals, daß du das Volk nicht ziehen läßt, dem Herrn zu opfern. Und Mose ging hinaus von Pharao und bat den Herrn. Und der Herr tat, wie Mose gesagt hatte, und schaffte die Stechfliegen weg von Pharao, von seinen Großen und von seinem Volk, so daß auch nicht eine übrigblieb. Aber der Pharao verhärtete sein Herz auch diesmal und ließ das Volk nicht ziehen (2. Mose 8, 12-28).

Die Lage wird für Pharao immer bedrängender. Er meint, sie zu meistern. Das Wort »Niederlage« kennt er in seinem Wortschatz nicht, und das Wort »Irrtum« wird gestrichen. Der selbstbewußte und ichbezogene Mensch ist blind und taub für das Heilshandeln Gottes. Er sieht nur sich und kennt nur eins, die Sicherung seiner Macht, seines Einflusses und seiner Selbstherrlichkeit. Andere Inhalte gibt es für ihn nicht. Pharao ist ein Sklave seines Größenwahns. Er tritt gegen den lebendigen Gott an und meint, ihn durch plumpe Unlauterkeit und raffinierte Klugheit zu überrunden. Dabei erkennt er gar nicht, daß Gott ihn bereits überrundet hat. Die Tage dieses Starken sind gezählt. Seine Herrschaft ist bemessen. Er verfängt sich in seiner eigenen Torheit und stirbt an seinem teuflischen Stolz.

Das gibt es bis in unsere Tage. Wir sind Zeitgenossen dessen gewesen, für den es das Wort »unmöglich« nicht geben durfte. Sein Führerstolz und sein Herrscherwahn ließen das nicht zu. Er meinte, Jahrtausende zu prägen, und ist in der Katastrophe umgekommen. Sein Name verbindet sich mit der dunkelsten Epoche unserer Geschichte. Er ist nicht der einzige. Es sind ihrer viele, seine Vorgänger und Nachfolger. Wer kann sie im Ablauf der Weltgeschichte übersehen? Sie sind versunken und vergessen. Es sei denn, daß ein Doktorand den einen oder anderen dem Meer der Vergessenheit durch die Themastellung seiner Arbeit für einige Augenblicke entreißt. Was ist das schon! Gott kennt sie. Er hat das letzte Wort über sie gesprochen. Deshalb haben wir nicht zu richten. Sie sind schon gerichtet. Das gilt auch für Pharao!

Wir sollten uns hüten, Gott selbstsicher gegenüberzutreten. Denken wir nicht auch, daß wir uns selbst vor dem Herrn verantworten könnten? Wir meinen, für uns vor Gott geradestehen zu können. Weit gefehlt! Ich möchte es auf keinen Versuch ankommen lassen. Mit meinen verarbeiteten Händen, meinem veröffentlichten Schrifttum, meiner Narrenliebe zu Auto, Haus oder Kindern, meiner gesteigerten Ehrsucht, meinen geleisteten Überstunden und meinem frommen Enthusiasmus komme ich bei ihm nicht an. Er sieht hinter meine Fassade, die ich mir aufgerichtet habe. Schutt und Trümmer werden frei. Ungehorsam und Aberglaube, Gleichgültigkeit und Schuld stehen auf. Ein zerbrochenes Leben verbirgt sich hinter der Dornenhecke selbstgerechter Bemühungen. Wo aber der Herr seinen Bauzaun aufrichtet, das Wort vom Kreuz, da entsteht neues Leben.

Pharao hat es in der Hand. Ob er noch wählen kann? Das ist die Frage. Er ist bereits von dem Herrn der Heerscharen überrundet. Wer nicht hören will, geht unweigerlich dem Tag entgegen, da er nicht mehr hören kann. Das ist Gericht! Wehe uns, wenn das über uns Wirklichkeit werden sollte!

1. Die Ohnmacht der Mächtigen

Ohne Vorwarnung fährt Gott fort. Mose bekommt den Befehl. Aaron reckt den Stab aus und schlägt in den Staub. Damit ist alles geschehen. Der Pharao wird nicht aufgesucht. Er ist von dem Herrn genug gewarnt worden. Jetzt geht es Schlag auf Schlag.

Der Gott Abrahams, Isaaks und Jakobs braucht keine Bombergeschwader, keine Raketenbasen, keine vollmotorisierten Divisionen, keine Eliteregimenter und Spezialbrigaden. Er macht das auf seine Art. Als Schöpfer hat er Möglichkeiten ohne Zahl. Dabei braucht er nicht einen Finger zu krümmen. Auf sein Wort ist alles da! Was er will, das geschieht. Wann werden wir das lernen?

Unsere Macht ist verborgene Ohnmacht, unsere Stärke versteckte Angst, unsere Freiheit verhüllte Sklaverei, unser Stolz verdeckte Hilflosigkeit und unser Lebensdurst ein Spiel mit dem Tode. Unsere Wahrheit von heute wird der Irrtum von morgen sein. Wir haben sie so lautstark und selbstsicher verkündet und wissen nicht, wie kurzlebig sie ist. Gott braucht uns nur unserem Irrtum und unseren Wahnvorstellungen hinzugeben, dann ist es um uns geschehen. Wir schaffen auf unserer Erde keinen Frieden. Er gibt Frieden! Damit sind wir beide gemeint, du an deinem bestimmten Werkstück und ich an meinem Schreibtisch. Wir wollen uns nicht narren lassen! Der Friede in dieser Welt wird weder durch Verträge gesichert noch durch gigantische Rüstungen gefestigt, auch nicht durch diplomatische Schachzüge verewigt. Er ist immer und stets in Frage gestellt. Wer wollte das in unserer Zeit bestreiten! Wir bekennen es mit der Gemeinde Jesu aller Zeiten, daß er unser Friede ist. Darin liegt der Grund unserer Freude.

Pharao steht im Gericht. Gott wählt zu seiner Zuchtrute verachtete, Ekel erregende Tiere. Sie sind mit einem Schlage da, und das in solcher Zahl wie Staub auf Erden. Nicht Löwen oder andere Raubtiere nimmt er in seinen Dienst. Er kann durch das Geringste Großes tun, um die stolzen Ägypter zu demütigen und seinen Namen zu verherrlichen. Diese Tiere sind für das hochmütige Ägypten eine Schande und Schmach. Ob Pharao es merkt, wie spielend Gott irdische Macht und Stärke vernichten kann? Er braucht nicht viel, um Ägypten schon jetzt spielend zugrunde zu richten. Das Herrenvolk und alles Vieh wird von einer kleinen, lästigen, schwarzen Mückenart überrannt. Niemand kann sich gegen sie wehren. Sie kriechen in Nase und Ohren. Dort verursachen sie nachhaltige Entzündungen und tödliche Schmerzen.

Wir könnten an Läuse denken. Bereits beim Hören der Worte überfällt uns ein Ekel. Wir fühlen uns zurückversetzt in Flüchtlingsquartiere und Gefangenenlager, wo sie als Haustiere weitergegeben wurden. Brüder der Landstraße, Menschen, die sich selten waschen oder waschen können, sind Freigehege dieser Tiere.

Wie mag es da dem stolzen, selbstbewußten Ägypter zumute gewesen sein, als er sich diesem kriechenden und stechenden Heer hilflos gegenübersah? Wie leicht kann Gott den Hochmütigen zum Schauplatz spottenden Elends machen! Öffentlich muß er seine Schande zur Schau tragen. Die Ägypter erkennnen die Gefahr nicht, in der sie sich befinden. Sie sind töricht und blind. Denn wenn sie es erkannt hätten, wäre ihnen aufgegangen, wie tödlich es sein muß, wenn der Schöpfer Himmels und der Erde seine uneingeschränkte Macht gegen sie konzentriert. Aber mit sehenden Augen sehen sie nicht, und mit hörenden Ohren hören sie nicht. Gott hat sie dahingegeben.

Deutlich wird das bei den Zauberern. Der Herr läßt den Dienern Satans auf begrenzte Zeit ein Stück Freiheit. Dann aber tritt er ihnen gegenüber. Er verwirrt sie und schlägt sie zu Boden, damit sie ihr zersetzendes Werk nicht weiter tun können. Die Zauberer Pharaos sind an der Grenze. Gott hat sie ausgespielt. Ihnen wird das Bekenntnis abgerungen: »Das ist Gottes Finger!« Sie gestehen wider Willen ein, daß Mose von Gott berufen ist. Blitzartig wird ihnen die Macht Gottes deutlich. Sie wissen Bescheid. – Dem Messias treten die Dämonen entgegen und reden ihn als »Heiliger Gottes« oder »Sohn Gottes« an (vgl. Mark. 1, 24; Luk. 4, 41). Sie kennen ihn, den Christus Gottes.

Nur wir gehen an ihm vorüber. Wir meinen, mehr zu wissen und klug genug zu sein, uns unseren Weg zu bahnen. Das Erwachen kommt! Hoffentlich nicht zu spät!

Das Neue Testament nennt den Geist Gottes den Finger Gottes (vgl. Luk. 11, 20; Matth. 12, 28). Es ist der Heilige Geist. Er öffnet uns das Auge für die Macht und Herrlichkeit Gottes, sein Erlösungswerk in Jesus Christus, die Wirklichkeit Satans sowie die abgrundtiefe Verlorenheit aller Menschen. Plötzlich sehe ich mich in seiner Schuld, so daß ich nur stammeln kann: »Herr, sei mir, dem Sünder, gnädig!« Das ist Aufbruch zu neuem Leben!

Pharao überhört das Wort seiner Freunde. Er beharrt im Widerstand gegen Gott. Für ihn gibt es kein Zurück. Der Grund seiner Auflehnung ist sein verkehrtes Herz. Der Unglaube hat es völlig in der Hand. Derjenige, der dem Herrn die Stirn bietet, bleibt Spielball Satans. Er wird von ihm zerrissen. Das ist sein Ende!

2. Der Angriff der Vorhuten des Herrn

Noch ist es nicht soweit! Pharao regiert sein Volk und Land. Er bestimmt, was gemacht wird. Offiziere und Minister beugen sich seinen Befehlen und zittern vor seinem Wort. Was er will, wird getan. Es gibt für ihn in der Ausführung seiner Befehle keine Abstriche. Und doch kann er nicht weiter, als Gott es will. Seine Hand liegt stark auf ihm. Er ist gezeichnet.

Was der Herr angefangen, das führt er auch durch. Er gibt nicht auf! Das liegt nicht in seinem Wesen. Er kommt stets zum Ziel. Das vergessen wir so oft. Pharao lernt es nie. Er erhält nur neue Wunden durch seinen zähen Widerstand. Das ist mehr als Unvernunft. Er martert sich zugrunde.

Kaum ist der eine Schlag vorüber, bahnt sich der neue an. Gott schickt seinen Mann vor. Auf einem Spaziergang soll er den Pharao ansprechen. Mose hat nichts zu verbergen. Vor den Ministern, Wissenschaftlern und Offizieren wird die Sache öffentlich verhandelt. Vor Beginn seines termingebundenen Tagewerks mit Besprechungen und Empfängen tritt Gott dem Pharao in den Weg. Womöglich hätte er den Mann Gottes im Fluß der Verpflichtungen und Repräsentationen nie empfangen. Jetzt kann er ihm nicht ausweichen, ohne vor seiner Begleitung das Gesicht zu verlieren.

Darauf geben wir alle acht. Nur nicht vor Arbeitern und Angestellten, Schülern und Studenten, Untergebenen und Vorgesetzten das Gesicht verlieren! Das wäre blamabel und unverzeihlich. Vor Gott darf es schon einmal passieren. Da nehmen wir es nicht so genau! Und doch hängt davon alles ab. Wer ihn nicht genau nimmt, erkennt sich selber nie!

Pharao ist auf dem Wege dahin. Mose kündigt nur an. Gott handelt ohne Hilfsmittel. Der Stab wird nicht erwähnt. Alle Kreatur ist in seiner Hand. Sie folgt auf seinen Wink. Wie die Mücken, so kommen jetzt ungezählte Riesenschwärme fliegenden Ungeziefers. Sie peinigen Menschen und Tiere durch ihren schmerzhaften Biß, verzehren Eßwaren, fressen Pflanzen aller Art und Bäume kahl und zernagen alles, was sich ihnen bietet. Der Schaden auf den Feldern wie in den Häusern ist unübersehbar. Das ganze Land ist von Ungeziefer übersät. Hunger und Krankheit kommen zu Wort.

Nur eine Ausnahme gibt es im Land der Pharaonen. Gott will zeigen, daß er inmitten des ägyptischen Großreiches der eigentliche Herr ist und nicht Pharao. Deshalb nimmt er das Land Gosen mit seinem Volk aus dem massierten Gericht heraus. Er richtet eine Scheidewand auf. Eine Schranke ist gezogen. Israel hat nichts gemeinsam mit Ägypten. Eine Mischung von Licht und Finsternis hat keinen Bestand. Deshalb darf Israel nicht in Ägypten dem Herrn opfern.

Das Kreuz scheidet. Gemeinde Jesu ist wohl in der Welt, aber nicht von der Welt. Eine Vermengung und Vermischung hat tödliche Folgen. Wer Gottes Freund ist, muß der Welt Feind sein. Haben sie Jesus verfolgt, werden sie auch seine Gemeinde verfolgen. Der schmale Weg ist Jesus selbst. Er führt auf rechter Straße um seines Namens willen.

Pharao scheint dem Druck nachzugeben. Wird Mose sich ganz an den Befehl Gottes binden? Das wäre zu hoffen!

3. Die Treue seiner Knechte zu seinem Wort

Über Gottes Befehle kann nicht verhandelt werden. Diskussionen sind nicht möglich. Deshalb hat Mose sich auf nichts eingelassen, es sei denn, Pharao gestattet dem Volk, in der Wüste zu opfern. Hier gibt es nur ein Entweder-Oder. Ein Sowohl-Als-auch ist nicht möglich. Wir möchten gerne solche Verbindung. Am Ende begegnen wir im Nächsten Gott, haben Sozialprogramme und geben Lebenshilfen in Form von ethischen Anweisungen, aber die Botschaft fehlt. Sein Wort ist unantastbar, Gott läßt sich nicht verändern. Er bleibt derselbe in alle Ewigkeit, und sein Wort ebenso. Wer es verändert, verliert alles. Ob er hinzufügt oder abnimmt, das bleibt sich gleich.

Mose weiß das. Deshalb hält er sich zum unverkürzten Wort Gottes. Ihm geht es um die Ehre Gottes. Deshalb läßt er sich auf keinen Handel mit Pharao ein. Standfestigkeit ist hier alles. Israel darf nichts anderes tun als das, was Gott befohlen hat. Wieder zeigt sich die List Pharaos. Indem er fromm tut, erkauft er sich die Fürbitte des Knechtes Gottes. Menschen lassen sich täuschen, Gott aber nicht. Wer ihn täuschen will, täuscht sich selbst.

Mose tritt für Pharao vor Gott ein. Der Herr hört das fürbittende Rufen seines Knechtes. Er wendet die Not und bestätigt seinen Mann erneut vor Pharao. Doch der Herrscher verhärtet in dem Augenblick sein Herz, wie die Gefahr gebrochen ist. Er steht unter dem Meister der Lüge und bleibt ein Kind der Lüge. Seine Schuld wächst. Er hört nicht auf, sich zu verstokken.

Philipp Friedrich Hiller redet in einem seiner Lieder von solcher Gefahr zunehmender Verstockung. Deshalb mahnt er jeden, der noch hören kann:

Tor, der kein Gericht will wissen!
Wird deswegen keines sein?
Wenn das Aug dir ausgerissen,
ist hernach kein Sonnenschein?
Flehe vielmehr noch bei Zeit,
weil dir dein Gewissen dräut,
mit beträntem Angesichte:
Ach, Herr, geh nicht ins Gerichte!

Schrecklich ist's, das Grab zu sehen
und hernach den Richterstuhl;
denn wer da nicht kann bestehen,
fället in den Schwefelpfuhl.
Selig, welchem nun kein Tod
und auch kein Gericht mehr droht,
weil er hier zum Kreuz gekrochen,
wo ihn Gott schon losgesprochen.

Wir haben allen Grund, das ernsthaft zu hören! Denn so verblendet und verhärtet können Menschen sein, daß sie den, der zu ihrem Heil gekommen ist, als Gotteslästerer an das Kreuz schlagen und meinen, Gottes Ehre hergestellt zu haben. Sie reißen viele mit sich hinab. Das ist ihr Gericht.

Gott hält durch in seinem Mann

Da sprach der Herr zu Mose: Geh hin zum Pharao und sage zu ihm: So spricht der Herr, der Gott der Hebräer: Laß mein Volk ziehen, daß sie mir dienen! Wenn du dich weigerst und sie weiter aufhältst, siehe, so wird die Hand des Herrn kommen über dein Vieh auf dem Felde, über die Pferde, Esel, Kamele, Rinder und Schafe, mit sehr schwerer Pest. Aber der Herr wird einen Unterschied machen zwischen dem Vieh der Israeliter und dem der Ägypter, daß nichts sterbe von allem, was die Kinder Israel haben. Und der Herr bestimmte eine Zeit und sprach: Morgen wird der Herr solches an dem Lande tun. Und der Herr tat es am andern Morgen; da starb alles Vieh der Ägypter, aber von dem Vieh der Kinder Israel starb nicht eins. Und der Pharao sandte hin, und siehe, es war von dem Vieh Israels nicht eins gestorben. Aber das Herz des Pharao wurde verstockt, und er ließ das Volk nicht ziehen. Da sprach der Herr zu Mose und Aaron: Füllt eure Hände mit Ruß aus dem Ofen, und Mose werfe ihn vor dem Pharao gen Himmel, daß er über ganz Ägyptenland staube und böse Blattern aufbrechen an den Menschen und am Vieh in ganz Ägyptenland. Und sie nahmen Ruß aus dem Ofen und traten vor den Pharao, und Mose warf den Ruß gen Himmel. Da brachen auf böse Blattern an den Menschen und am Vieh, so daß die Zauberer nicht vor Mose treten konnten wegen der bösen Blattern; denn es waren an den Zauberern ebenso böse Blattern wie an allen Ägyptern. Aber der Herr verstockte das Herz des Pharao, daß er nicht auf sie hörte, wie denn der Herr zu Mose gesagt hatte (2. Mose 9, 1-12).

Wieder hat Mose für Pharao gehofft, daß er es ehrlich meint. Aber er hat sich getäuscht. Recht hat Gottes Wort behalten. Pharao ist und bleibt verstockt. Er kann nicht mehr zurück. Seine Chancen sind verpaßt. Das geht Mose schwer ein. Zu gerne hätte er gesehen, daß der ägyptische Herrscher sich unter Gottes Befehl stellt. Vielmehr muß er erkennen, daß es das nie geben wird.

Gott zieht den Ring immer enger. Der Pharao wird persönlich härter betroffen und seine Ratgeber, Minister, Beamten und Offiziere mit ihm. Zielbewußt handelt der Herr, der Gott der Hebräer. Sein Plan wird ausgeführt. Er kennt keinen Materialmangel. Ihm stehen Stechmücken und Ungeziefer in beliebiger Zahl zur Verfügung. Krankheiten in epidemiehafter Breite halten sich abrufbereit. Ein Wort genügt!

Nur Israel hat still zu sein. Der Streit und Kampf ist Gottes! Das ruft das Volk zu disziplinierter Treue und gebundenem Gehorsam. Beides fällt ihm nicht zu, sondern will erbeten sein.

Warum haben sie das Angebot Pharaos nicht angenommen, in Ägypten Gott zu opfern? Wäre das nicht eine Begegnung auf halbem Wege gewesen? – Der Herr läßt keine Kompromisse zu. Es wäre zu keinem rechten Opfer gekommen. Es gibt keine Gemeinschaft mit Götzendienern. Das läßt Got tes Ehre nicht zu. Er ist kein Gott unter anderen, sondern der Herr der Heerscharen, der Ewige und Allmächtige, Schöpfer Himmels und der Erde. Pharao kann nicht so tun, als wenn er ihm gestatte, daß sein Volk ihn durch Opfer in Ägypten ehre. Er selbst aber bleibt Götzendiener. Nur der Reine kann den Reinen schauen!

Außerdem vertreten die Ägypter die Lehre, daß Gott in den Tieren lebe. Eine Tierseele sei ein Teil der Gottheit. Deshalb beten sie einen Ochsen zu Memphis an und halten Krokodile, Hunde und Katzen für heilige Tiere. Verschiedene Schriftsteller des Altertums berichten von blutigen Kriegen zwischen ägyptischen Landschaften, weil die Einwohner der einen die heiligen Tiere der anderen gegessen hätten. Deshalb besteht die Befürchtung des Mose zu Recht.

Wir denken an die heiligen Kühe in Indien und vergessen, daß wir ähnlichen Kulten verfallen sind. Die Tiere haben es bei uns oft besser als die Kinder. Der Hausdackel bekommt Brandts-Zwieback, weil er keinen anderen mag. Die Katze erhält erlesene Delikatessen vom Tisch. Der Pudel hat sein Luxuslager mit Zahnbürste, Puderdose und Rückenwärmer aus reiner, echter Schwan-Wolle. Ein Hundefriedhof birgt die sterblichen Überreste der treuen Vierbeiner.

Für die Mission ist kein Geld da. Der notleidende Nächste soll sehen, wie er zurechtkommt. Wir müssen schließlich mit unserer Pension auch durchkommen. Soll er arbeiten, hat er was! Das sind unsere Ausflüchte! Dieweil ist das Tier zum Gott geworden.

Inzwischen werden Kinder mißhandelt, geschändet, ausgesetzt und gemordet. Das 20. Jahrhundert ist zum Jahrhundert dämonischer Abgründe geworden. Die Götzen marschieren nach vorne. Aber Gott behält das letzte Wort.

1. Langmut ohne Maß

Der Herr hält es mit uns und unserem Volk aus. Er hat es gerufen, geweckt, gemahnt und gezogen. Seine Vergangenheit ist erfüllt von den Heimsuchungen und Segnungen Gottes. Reformation, Pietismus und Erweckungsbewegungen haben es offen gemacht für das Evangelium. Kriege sind Gerichtszeichen Gottes und mahnen zur Umkehr.

Und doch ist es wieder und wieder frommer Gewohnheit erlegen und dunkler Gottlosigkeit verfallen. Es hat weder gehört und sich von seinem Wort aufschrecken lassen, noch durfte seine Schuld enthüllt werden. Die Gewohnheit hat sich zur Erstarrung verfestigt.

Dennoch wirbt der Herr um uns und unser störrisches Volk. In Gottesdiensten, Jugendstunden, Zeltmission und Evangelisation bietet er sein Evangelium allen Schichten und jedem einzelnen an. Er wird bis zur Stunde nicht müde zu locken.

Genauso anhaltend und ausdauernd ringt Gott mit Pharao um die Freilassung seines Volkes. Er gibt nicht auf. Seine Macht ist unbegrenzt. In souveräner Ruhe und mit königlicher Sicherheit erteilt er seinem Knecht Mose seine Befehle. Er hat keine Eile, verpaßt niemals etwas. Das sollte Pharao mehr und mehr erkennen. Nicht ohne Grund wiederholt er vor dem ägyptischen Herrscher, der Herr, der Gott der Hebräer zu sein. Er soll wissen, daß der wahre, der lebendige, der einzige Gott der Gott Israels ist, den er stolz verachtet und zurückweist. Weil Pharao die Hebräer unterdrückt, begeht er an diesem Herrn ein Majestätsverbrechen. Er raubt ihm seine Ehre. Pharaos Schuld wächst, sie reift aus.

Entweder wird Schuld bekannt, oder sie rollt lawinenartig zu Tal und endet in der Katastrophe. Entweder nützen wir das Angebot der Gnade Gottes in Jesus Christus, oder wir sind ewig verloren. Der Herr will Freiwillige. Er zwingt niemand. Wer aber ständig sein Rettungsangebot ausschlägt, den läßt er schwimmen. Er geht in seiner Sünde unter. Israel lebt durch die Vatergüte Gottes. Der Herr streitet für sein Volk. Nichts kann ihn aufhalten, sein Volk zu befreien.

Wer ist diesem Gott gleich? In seinen Armen sind wir geborgen. Er breitet seinen Frieden aus wie einen Strom. Von ihm wird seine Gemeinde getragen. Sein Bett trocknet nie aus, wie hoch das Thermometer der Angst, der Verfolgung, der Ungerechtigkeit oder des Hasses in dieser Welt auch steigen mag. Seine Tiefe reicht aus, damit unser Lebensschiff durch die Fremde nach Hause kommt. Allerdings ist es bei dieser Fahrt entscheidend, daß wir in Kiellinie seines Heils fahren. Er vorauf, wir hinterher! Nichts wird uns scheiden von der Liebe Gottes, die in Christus Jesus ist. Das macht uns froh.

2. Tot in Sünden

Der Pharao bekommt vom Gott der Hebräer einen Tag Bedenkzeit. Gott setzt ihm eine Frist. Er kann sich beugen und umkehren. Wenn er es nicht tut, droht der Herr ihm die Strafe an. Pharao hat es in der Hand. Seine Entscheidung bringt das Gericht oder hält es fern. Seine Antwort bestimmt über das Wohl und Wehe seines Landes. Pharao hat Zeit zur Besinnung.

Dennoch verharrt der Tyrann bei seinem Eigensinn und verspottet Gottes Geduld. Er hat das Maß für Schuld und Ungehorsam verloren. Wie kann er eingestehen, daß der Gott der Hebräer auch für ihn einzige und letzte Autorität ist? Weil er das nicht will, stellt er sich gegen ihn. Durch das Wort »weiter« in Vers 2 wird ausgedrückt, daß Pharao mehr als genug Gottes Geduld herausgefordert hat. Er ist der Schuldige, wenn es weitergeht. Das Gericht ist die Hand des Herrn. Er fordert sie heraus. Deshalb kann sie nicht als Naturereignis oder Zufall abgetan werden. Sie ist gerechtes Urteil Gottes über Pharaos hartnäckige Sturheit.

Taub für Gottes Wort und seine Verheißungen führt zur Blindheit gegenüber seinem Handeln. Von dem Sohn Gottes heißt es: »Er kam in sein Eigentum, und die Seinen nahmen ihn nicht auf« (Joh. 1, 11). Außer einem Viehstall ist kein Raum für den Heiland der Welt.

Was sind unsere Weihnachtsfeiern gegenüber dieser Wirklichkeit? Ein Rausch, ein Duft von Tannengrün und gespielter Lieblichkeit oder ein Stück Tradition aus alter Zeit? Wir sind satt geworden. Unsere Christlichkeit ist billig und abgestanden. Weihnachten wirkt wie das Trinkgeld, das der Kellner bekommt, weil er uns alles gebracht hat, was wir wollten. Ein Geschenk an uns selbst!

Und doch geht es um Gerettetwerden und Verlorensein, um Leben und Tod, um Gnade und Gericht. Denn »wie viele ihn aufnahmen, denen gab er Macht, Gottes Kinder zu werden, die an seinen Namen glauben« (Joh. 1, 12). Die Geretteten reden nicht nur von der Verlorenheit, aus der sie kommen, sondern rühmen vielmehr den Retter, der sie herausgeholt hat.

3. Blind für Gottes Gerichte

Pharao geht seinen Weg. Er bleibt sich treu. Gefährlich ist es, in die Hand des lebendigen Gottes zu fallen. Das wird Pharao gewiß erfahren.

Schrecklich ist's, den Zorn sich häufen
auf das künftige Gericht
und den harten Nacken steifen,
bis ihn Gott im Tod zerbricht!

Erschrecken wir noch darüber, oder beeindrucken uns solcherlei Dinge nicht mehr? Es könnte sein, daß die Dunstglocke unserer persönlich gemachten Frömmigkeit uns den Blick für das Eigentliche verschließt. Wir wären dann Gefangene unserer selbst. Das würde einem Selbstmord gleichkommen. Davor möchte der Herr uns bewahren. Was wir brauchen, ist der Durchbruch zur Mitte, zum Wort der Wahrheit. Dieses Wort ist der gekreuzigte, auferstandene und wiederkommende Herr. »Denn von ihm und durch ihn und zu ihm sind alle Dinge« (Röm. 11, 36).

Der Unglaube weiß davon nichts. Er hat kein Auge für steigende Schuld und für wachsenden Ungehorsam. Den Gott der Gerichte nimmt er nicht ernst, und seinen Sohn macht er zur Legende. Für ihn ist Gott tot.

Selbst das Wunder, daß die Hebräer von der Viehpest ausgenommen sind, macht auf Pharao keinen Eindruck. Mose hat es ihm gesagt. Er weiß es und will es nicht wahrhaben, weil es in sein Konzept nicht paßt. Während in der ganzen Nachbarschaft die Viehpest ihre Opfer fordert, bleibt Gottes Volk verschont. Es erfährt die Vatergüte Gottes. Das Viehsterben macht vor den Wohnstätten der Hebräer halt. Unser Gott rettet durchs Feuer und beschützt im Gericht. Davon ist der Weg des Sklavenvolkes gekennzeichnet und seine Geschichte gefüllt. Das darf Gemeinde Jesu heute und jetzt erfahren: Er bewahrt sie im Feuer der Verfolgung und bringt sie durch die Flut endzeitlicher Anfechtung und Versuchungen.

4. Schlag auf Schlag

Im ersten Augenblick mag es so scheinen, als wäre das Gericht, das über Pharao und sein Volk dahinzieht, milder als die vorangegangenen. Das täuscht. Es ist härter und schwerer. Den Ägyptern wird für längere Zeit ein spürbarer Schaden zugefügt. Vorher hat Gottes Hand nur kurze Zeit auf dem Volk geruht. Mit dem einzelnen Gericht ist auch der Schmerz vorübergegangen. Jetzt wird den Ägyptern durch das Viehsterben ein sichtbarer Verlust für viele Jahre beigebracht. Denn alle Tiere, die sich gerade zur Stunde des Gerichtes auf dem Felde befunden haben, werden von der Pest befallen und sterben. Nur diejenigen, die in Ställen oder sonstwie untergebracht waren, bleiben leben. Kein Totalschaden und doch ein Aderlaß.

Pharao indessen verschließt sich diesem handgreiflichen Zeichen göttlichen Zorns, durch das viele arm geworden sind. Was kümmert ihn das Klagen der Betroffenen! Er verharrt in grauenhaftem Wahnsinn, indem er sich gegen den Gott der Hebräer sperrt. Lieber weiter bis zum bitteren Ende, als auf ihn zu hören!

Bei solcher Sachlage haben Ermahnungen keinen Zweck. Die heillose Gottlosigkeit Pharaos muß ans Licht. Ohne Aufschub folgt ein weiteres Gericht. Pharao wird nicht mehr gewarnt. Mensch und Vieh sind in gleicher Weise betroffen. Es scheint eine Art Aussatz zu sein, die beide befällt. Davon sind auch die ägyptischen Zauberer nicht befreit. Im Gegenteil! Sie können vor Aussatz nicht stehen. Ihre völlige Ohnmacht wird hier offenkundig. Muß noch deutlicher geredet werden?

Wer taub ist, hört selbst nicht das Krachen und Bersten der Granaten. Ihm kann nicht geholfen werden.

Indessen hat Gott seine Knechte Mose und Aaron mit Sondervollmacht ausgerüstet. Sie treten vor Pharao, und Mose wirft die Asche gen Himmel, so daß sie im Augenblick über Ägypten ausgestreut wird. Mit ihr bricht die Seuche aus. Das kann selbst Pharao nicht übersehen. Sie ist Gericht Gottes.

Bisher hat Pharao nicht glauben wollen. Jetzt darf und kann er nicht mehr glauben, weil der Herr sein Herz verstockt hat. Er ist abgestorben für die Befehle Gottes. Das ist furchtbares Gericht! Wir erschrecken vor solcher bitteren Wirklichkeit. Ewig verloren, das wäre das Ende. Keine Hoffnung auf Rettung, das ist der andere Tod.

Wir sollen nicht verloren werden,
Gott will, uns soll geholfen sein;
deswegen kam der Sohn auf Erden
und nahm hernach den Himmel ein,
deswegen klopft er für und für
so stark an unsres Herzens Tür.

Ob wir in unserem Leben die Klopfzeichen Gottes hören und die Tür auftun? Das wäre der Schritt ins Leben!

Gott fährt zu
mit seinem Mann

*Da sprach der Herr zu Mose: Mach dich morgen früh auf und tritt vor den Pharao
und sage ihm: So spricht der Herr, der Gott der Hebräer: Laß mein Volk ziehen, daß
es mir diene; sonst werde ich diesmal alle meine Plagen über dich selbst senden, über
deine Großen und über dein Volk, damit du innewirst, daß meinesgleichen nicht ist in
allen Landen. Denn ich hätte schon meine Hand ausrecken und dich und dein Volk
mit Pest schlagen können, daß du von der Erde vertilgt würdest; aber dazu habe ich
dich erhalten, daß meine Kraft an dir erscheine und mein Name verkündigt werde in
allen Landen. Du stellst dich noch immer wider mein Volk und willst es nicht ziehen
lassen. Siehe, ich will morgen um diese Zeit einen sehr großen Hagel fallen lassen, wie
er noch nie in Ägypten gewesen ist von der Zeit an, als es gegründet wurde, bis heute.
Und nun sende hin und verwahre dein Vieh und alles, was du auf dem Felde hast.
Denn alle Menschen und das Vieh, alles, was auf dem Felde gefunden und nicht in die
Häuser gebracht wird, muß sterben, wenn der Hagel auf sie fällt. Wer nun von den
Großen des Pharao das Wort des Herrn fürchtete, der ließ seine Knechte und sein
Vieh in die Häuser fliehen. Wessen Herz sich aber nicht an des Herrn Wort kehrte,
der ließ seine Knechte und sein Vieh auf dem Felde. Da sprach der Herr zu Mose:
Recke deine Hand aus gen Himmel, daß es hagelt über ganz Ägyptenland, über Men-
schen, über Vieh und über alles Gewächs auf dem Felde in Ägyptenland. Da streckte
Mose seinen Stab gen Himmel, und der Herr ließ donnern und hageln, und Feuer
schoß auf die Erde nieder. So ließ der Herr Hagel fallen über Ägyptenland, und Blitze
zuckten dazwischen, und der Hagel war so schwer, wie er noch nie in ganz Ägyptenland gewesen war, seitdem Leute dort wohnen. Und der Hagel erschlug in ganz
Ägyptenland alles, was auf dem Felde war, Menschen und Vieh, und zerschlug alles
Gewächs auf dem Felde und zerbrach alle Bäume auf dem Felde. Nur im Lande Gosen, wo die Kinder Israel waren, da hagelte es nicht. Da schickte der Pharao hin und
ließ Mose und Aaron rufen und sprach zu ihnen: Diesmal habe ich mich versündigt;
der Herr ist im Recht, ich aber und mein Volk sind schuldig. Bittet aber den Herrn,
daß er ein Ende mache mit diesem Donnern und Hageln, so will ich euch ziehen lassen, daß ihr nicht länger hier bleiben müßt. Mose sprach zu ihm: Wenn ich zur Stadt
hinauskomme, will ich meine Hände ausbreiten zum Herrn, so wird der Donner aufhören und kein Hagel mehr fallen, damit du innewirst, daß die Erde des Herrn ist.
Ich weiß aber: Du und deine Großen, ihr fürchtet euch nicht vor Gott dem Herrn. So
wurden zerschlagen der Flachs und die Gerste, denn die Gerste stand in Ähren und
der Flachs in Blüte. Aber der Weizen und das Korn wurden nicht zerschlagen, denn es
ist Spätgetreide. So ging nun Mose von dem Pharao zur Stadt hinaus und breitete sein
Hände aus zum Herrn, und Donner und Hagel hörten auf, und der Regen troff nicht
mehr auf die Erde. Als aber der Pharao sah, daß Regen, Donner und Hagel aufhör-
ten, versündigte er sich weiter und verhärtete sein Herz, er und seine Großen. So
wurde des Pharao Herz verstockt, daß er die Kinder Israel nicht ziehen ließ, wie der
Herr durch Mose gesagt hatte (2. Mose 9, 13-35).*

Es scheint so, als komme die Befreiung des Volkes Gottes nicht recht voran.
Alles ist am hartnäckigen Widerstand Pharaos zerbrochen. Er ist noch da
und regiert sein Land nach wie vor. Wenn es auch einige Wunden bekom-

men hat, sie werden wieder vernarben. Später redet sowieso niemand darüber. Jedenfalls haben die Ägypter einen Herrscher, der gewohnt ist, nicht nachzugeben; koste es, was es wolle.

Das ist der Mensch in seiner Blindheit und bitterer Armut. Für Ruhm, Ansehen und Einfluß gibt er alles her. Er spielt den starken Mann, indem er dem lebendigen Gott widersteht. Darin zeigt sich seine selbstmörderische Torheit, die an Wahnsinn grenzt. In Wirklichkeit hat er schon verloren, noch bevor er zum Kampf antritt. Seine gemachte Stärke ist verdeckte Schwäche. Was er darstellt, ist er nicht.

Deshalb kann das Volk Gottes ganz getrost sein. Es hat mitten in den Schlägen, den Seuchen und Plagen, die bewahrende und durchtragende Hand Gottes erfahren. Was will es noch mehr? Der Herr vergißt sein Volk nie. Darum vergißt er auch die nicht, die nach seinem Namen genannt sind. Wir meinen es manches Mal, daß Gott nicht an uns denke, weil wir so verlassen seien. Dennoch ist er bei uns. Seine Gemeinde steht unter seinem persönlichen Schutz. Sie ist nie vergessen, nicht einen Bruchteil einer Sekunde. Das macht froh!

Indessen geht der Kampf weiter. Pharao bekommt keine großen Atempausen. Er kann soeben nach Luft schnappen, und schon kommt der nächste Schlag. Das muß auch einen ägyptischen Herrscher in die Knie zwingen. Für Gott ist es eine Kleinigkeit, den Pharao auf beide Schultern zu legen, um ihn auszuzählen. Damit wäre der Ringkampf zu Ende. Darum aber geht es nicht! Wer sich verstockt, der ist schon ausgezählt und hat verloren. Der Herr hat sein Volk im Auge. Es soll erkennen, daß er Gott ist und bleibt.

Um nichts anderes geht es in unserem Leben. Deshalb handelt er durch Freude und Leid an uns. Er bewahrt und errettet, richtet und zerschlägt.

1. Vorwarnung zu bitterem Ernst

Der Knecht Gottes bleibt an der Front. Er behält Tuchfühlung mit seinem Herrn. Sein Auftrag ist immer der gleiche. Wie oft hat Pharao den Mose gesehen. Er kommt, sagt, was Gott ihm aufgetragen hat, und geht. Nie bleibt sein Fortgang ohne Folgen. Ob Pharao und seine Ratgeber es eingestehen oder nicht, es ist so. Der Knecht Gottes hat immer etwas zu sagen und auszurichten. Mose muß Pharao warnen. Gott läßt nicht mit sich spaßen. Er geht zum massierten Angriff über. Das Rollen und Dröhnen der Geschütze kommt näher. Pharao wird aufs Korn genommen. Wenn er bisher alles abschütteln konnte, was über sein Land und ihn gekommen ist, wird das Folgende ihn selber treffen und in seinem Inneren verwunden. Der Gott der Hebräer kommt näher, so nahe, daß Pharao es am eigenen Leibe spüren wird. Er ist gewarnt!

Wir denken mit Schrecken an jene Jahre, wo Tag und Nacht Sirenen ertönten, die den Anflug feindlicher Bomber ankündigten. Das war kein Manöver, kein häßlicher Spaß, sondern blutiger Ernst. Der Letzte hat das sehr schnell erkannt. Deshalb ist die Vorwarnung für jeden das Signal gewesen, Schutz zu suchen, bevor die Bomben fielen.

Gott bietet auch den Ägyptern Schutz. Mitten im Gericht zeigt er sein Erbarmen. Er will keine Vernichtung, sondern sucht Vertrauen und Glauben. Wer sich und seine Tiere in feste Unterkünfte bringt, wird das Unwetter überleben. Nur wenige Ägypter lassen sich auf dieses Angebot ein. Sie haben die Stärke und Wirklichkeit des Hebräergottes erkannt. Deshalb fürchten sie sich vor ihm und handeln nach seinem Wort.

Andere halten es unter ihrer nationalen Würde, sich mit dem Gott dieses Sklavenvolkes einzulassen. Wie können sie ägyptische Frömmigkeit aufgeben und ihr Volkstum verleugnen? Thron und Altar sind eine Einheit. Das ist von altersher so gewesen.

Das christliche Abendland, das Volk der Reformation, wir alle sind dem gleichen Irrtum erlegen. Der Herr läßt sich weder durch Religiosität einengen noch vor den Wagen der Volkstümer spannen. Er geht über sie alle hinweg und erweist seine Barmherzigkeit dem, der auf ihn hört. Wo dennoch eine Verbindung von Thron und Altar versucht worden ist, hat sie sich als Mischehe herausgestellt und ist zerbrochen. Wer sie sucht, stirbt daran. Wir sind solche Toten. Das ist unser Gericht. Unsere Stellung hat es nicht zugelassen, Ernst mit Jesus zu machen. Wir haben ein wenig Kirchlichkeit gehalten und sind doch draußen geblieben. Von Glauben kann nicht die Rede sein. Gläubig sind wir schon gar nicht gewesen. Uns genügen christliche Tradition und abendländische Kultur. Unsere Sattheit ist unser Tod. Wir sind reich, haben keinen Mangel und bedürfen auch nichts. Der Mensch unserer Tage verdient und stirbt. Mehr hat er nicht. Ein armer Reicher!

2. Gottes Langmut – keine Schwäche

Wenn es nach uns ginge, wäre Pharao erledigt. Wir hätten ihm keinen neuen Tag zugewiesen. Für ihn wäre die ewige Nacht der Vernichtung gekommen. Wer kann Gottes Langmut gestern und heute verstehen! Nur der, der um erstickende Schuld und belebende Vergebung weiß. Er hat erfahren, daß Langmut keine Schwäche ist. Strafen wir unsere Kinder sofort hart und vernichtend? Oder hoffen wir nicht, daß sie auf Grund unserer Mahnungen und Warnungen zur Einsicht kommen? Wir sind oft zu nachsichtig, wenn es um die eigenen Kinder geht. Handelt es sich aber um die des Nachbarn, kann die Strafe nicht hart genug ausfallen. Ist das gerecht? Wird hier nicht mit zweierlei Maß gemessen?

Der Herr tut das nie. Er ist gerecht in allen Stücken. Nie wird er vorschnell handeln. Er durchschaut den Menschen und stellt die richtige Diagnose. Dabei täuscht er sich nie.

Das soll unübersehbar für alle aufgedeckt werden. Deshalb handelt Gott in so großer Langmut an Pharao, der in beharrlichem Trotz sich fortlaufend gegen ihn empört. Das ist sein Verderben. Die Sünde soll bei ihm ausreifen. Alle sollen sehen, daß der Herr Gott ist. Pharao wird so zum Denkmal der unantastbaren Gerechtigkeit und unüberwindlichen Macht des Zornes Gottes. Je länger, je mehr stürzt er sich um so gewisser in das eigene Verderben.

Dadurch, daß er sich gegen Gottes Willen eigenmächtig und halsstarrig stemmt, hilft er wider Willen mit, Gottes Plan mit seinem Volk auszuführen.

Diejenigen, die den Sohn Gottes foltern, anspeien und kreuzigen, bauen wider besseres Wissen mit am Erlösungs- und Heilsweg Gottes. Sie sind auch heute noch da, die seine Gemeinde verfolgen und ausrotten wollen. Und doch helfen sie mit, daß sein großer Tag kommt, auf den wir alle warten und um den seine Gemeinde anhält: »Ja, komm, Herr Jesu, komme schnell!« Auch seine Feinde müssen ihm dienen. Darin verherrlicht er seinen Namen und beweist seine Herrlichkeit. Das wird so bleiben bis zum letzten Tag. Ihm gehört die Welt!

3. Wie er's gesagt, so geschieht's

Genau am nächsten Tag bricht das Unwetter los. Das Land wird davon betroffen. Katastrophenalarm zu geben, hat keinen Zweck. Ägypten ist ein einziges Katastrophengebiet. Mose hatte seinen Stab ausgestreckt, und schon setzte der Hagel mit anhaltendem Regen ein. Bäume wurden umgelegt, Getreidefelder verwüstet, Vieh und Menschen erschlagen. Es muß grauenvoll gewesen sein. Wenn Gott zuschlägt, wird es stets finster. Er kann es so tun, daß uns Hören und Sehen vergeht.

Für die Ägypter wird der Eindruck teuflischer Furchtbarkeit dadurch verstärkt, daß es sonst nur selten hagelt. Niemals ist ein Hagelschlag in solcher Massivität über dieses Land niedergegangen. Gott handelt stets einmalig. Wo er zugreift und zufährt, bleibt nicht ein Stein auf dem anderen. Seine Gerichte sind kein Schauspiel. Vor ihnen gibt es kein Ausweichen.

Nur wenige haben die Mahnung befolgt und sind mit allem, was sie haben, vom Felde in die Häuser gegangen. Sie haben sich die Augen für die Wirklichkeit des lebendigen Gottes öffnen lassen und sind errettet worden. Die meisten haben Gottes Wort verachtet und sind gestorben. Sie wollten vor Pharao und seinen Ministern, Generälen und Gelehrten als linientreue Leute erscheinen. Ihr Herz war verstockt. Weil sie nicht glauben wollten, deshalb gab es für sie auch keine Überzeugungsgründe. Sie haben nicht gewollt. Das gilt von Ägypten über Jerusalem bis zum heutigen Tag. Die Toren sterben nie aus. Sie zerpflücken und zerreißen Gottes Wort und vernichten sich selbst.

Nur in Gosen, wo die Kinder Israel sich aufhielten, hagelte es nicht. Gott schützte sein Volk. Er bewahrte es mitten im Sterben ringsum. Das sollte einem Pharao zu denken geben. Ob er wirklich umdenkt?

4. Angst allein schafft noch keine Umkehr

Sein Geständnis ist kein Sündenbekenntnis. Wenn er sich und sein Volk auch einschließt, heißt es für ihn doch: diesmal. So wird Vergangenheit weder aufgearbeitet noch bewältigt. Vor dem Herrn habe ich mit meinem ganzen Leben zu stehen. Das umschließt Vergangenheit, Gegenwart und Zukunft. Pharao kommt mit dem augenblicklichen Geschehen und erklärt sich und sein Volk für schuldig. Über die Vergangenheit schweigt er. Furcht ist noch keine Sündenerkenntnis. Dazu gehört mehr persönliche Tiefenerkenntnis.

Sünde ist der Fremdkörper, der sich zwischen Gott und uns geschoben hat. Die Richtung stimmt nicht mehr. Die Automatik spielt verrückt, sie schaltet verkehrt oder funktioniert überhaupt nicht mehr. Die Kontakte sind belegt. Es kommt zu keinem Empfang. Das Licht ist ausgegangen. Wir haben keine Verbindung mehr zum Worte Gottes. Es ist dunkel geworden.

Der Fremdkörper muß heraus, die Kontakte müssen gesäubert werden, sonst kommt es zu keinem Neuanfang. Solchen Eingriff haben wir nötig. Die durchbohrten Hände Jesu sind der Meistergriff Gottes in unser verkehrtes Leben. Er bringt es wieder in Ordnung. Die Sünde lastet auf ihm. Er ist das Lamm Gottes, welches der Welt Sünde trägt.

Die Bitte des Pharao um Fürbitte Moses ist hinterhältig. Der Knecht Gottes weiß darum. Trotzdem handelt er, damit der Name des Herrn groß werde. Durch Hagel und Donner schreitet er unbeschadet. Auf seine Bitte hört des Unwetter auf. Das ist Gebetsvollmacht! Dadurch bestätigt Gott seinen Mann erneut, den Pharao als Knecht Gottes anerkannt hat. Wie zu Elias Zeiten vollzieht es sich: Er betete, und es regnete nicht!

Pharao bleibt auf seinem Weg der Gottesfeindschaft. Seine Minister, Generäle und Gelehrten machen mit. Sie versündigen sich mit. Ihre Herzen werden härter. Die Verstockung reift aus. Sie läuft dem Gipfel zu. Das heißt: Es gibt keine Buße mehr. Der Weg zum Vater ist versperrt.

Gott bleibt vor seinem Mann

Da sprach der Herr zu Mose: Geh hin zum Pharao; denn ich habe sein und seiner Großen Herz verhärtet, auf daß ich diese meine Zeichen unter ihnen tue und auf daß du verkündigest vor den Ohren deiner Kinder und Kindeskinder, wie ich mit den Ägyptern verfahren bin und welche Zeichen ich unter ihnen getan habe, damit ihr wisset: Ich bin der Herr. So gingen Mose und Aaron hin zum Pharao und sprachen zu ihm: So spricht der Herr, der Gott der Hebräer: Wie lange weigerst du dich, dich vor mir zu demütigen? Laß mein Volk ziehen, daß es mir diene. Weigerst du dich aber, mein Volk ziehen zu lassen, siehe, so will ich morgen Heuschrecken kommen lassen über dein Gebiet, daß sie das Land so bedecken, daß man von ihm nichts mehr sehen kann. Und sie sollen fressen, was euch noch übrig und verschont geblieben ist vor dem Hagel, und sie sollen alle Bäume kahlfressen, die wieder sprossen auf dem Felde; und sie sollen füllen deine Häuser und die Häuser deiner Großen und aller Ägypter, wie es nicht gesehen haben deine Väter und deiner Väter Väter, seit sie auf Erden waren, bis auf diesen Tag. Und er wandte sich und ging von Pharao hinaus. Da sprachen die Großen des Pharao zu ihm: Wie lange soll dieser Mann uns Verderben bringen? Laß die Leute ziehen, daß sie dem Herrn, ihrem Gott, dienen. Willst du erst erfahren, daß Ägypten untergegangen ist? Da wurden Mose und Aaron vor den Pharao gebracht. Der sprach zu ihnen: Geht hin und dienet dem Herrn, eurem Gott. Wer von euch soll aber hinziehen? Mose sprach: Wir wollen ziehen mit jung und alt, mit Söhnen und Töchtern, mit Schafen und Rindern; denn wir haben ein Fest des Herrn. Er sprach zu ihnen: O ja, der Herr sei mit euch, so gewiß ich euch und eure Kinder ziehen lasse! Ihr seht doch selbst, daß ihr Böses vorhabt! Nein, nur ihr Männer zieht hin und dient dem Herrn! Denn das ist es doch, was ihr begehrt habt. Und man stieß sie hinaus von Pharao. Da sprach der Herr zu Mose: Recke deine Hand über Ägyptenland, daß Heuschrecken über Ägyptenland kommen und alles auffressen, was im Lande wächst, alles, was der Hagel übriggelassen hat. Mose reckte seinen Stab über Ägyptenland, und der Herr trieb einen Ostwind ins Land, den ganzen Tag und die ganze Nacht. Und am Morgen führte der Ostwind die Heuschrecken herbei. Und sie kamen über ganz Ägyptenland und ließen sich nieder überall in Ägypten, so viele wie nie zuvor gewesen sind und hinfort sein werden. Denn sie bedeckten den Erdboden so dicht, daß er ganz dunkel wurde. Und sie fraßen alles, was im Lande wuchs, und alle Früchte auf den Bäumen, die der Hagel übriggelassen hatte, und ließen nichts Grünes übrig an den Bäumen und auf dem Felde in ganz Ägyptenland. Da ließ der Pharao eilends Mose und Aaron rufen und sprach: Ich habe mich versündigt an dem Herrn, eurem Gott, und an euch. Vergebt mir meine Sünde nur noch diesmal und bittet den Herrn, euren Gott, daß er doch diesen Tod von mir wegnehme. Und Mose ging hinaus vom Pharao und betete zum Herrn. Da wendete der Herr den Wind, so daß er sehr stark aus Westen kam; der hob die Heuschrecken auf und warf sie ins Schilfmeer, daß nicht eine übrigblieb in ganz Ägypten. Aber der Herr verstockte das Herz des Pharao, daß er die Kinder Israel nicht ziehen ließ (2. Mose 10, 1–20).

Wo wir auf die Stunde der Befreiung warten müssen, verlieren wir leicht die Geduld. Da geht es uns nie schnell genug. Wir möchten aus Not und Bedrängnis heraus. Jeder Tag ist uns zuviel und jede Stunde zu schleppend, die uns nicht Hilfe bringt. Das wissen Kranke am besten. Sie möchten im

Augenblick gesund sein. Dennoch sind sie gezwungen, zu warten und still-zuhalten. Wer fortläuft, gefährdet sich selbst. Es kann nur ernster mit ihm werden. Hilfe kann er sich selbst kaum schaffen. Das hat das Volk Gottes in den Jahren der Gefangenschaft unter Pharao erfahren. Wo es selbst die Unterdrückung zersprengen wollte, ist sie nur um so härter geworden. Eigenmächtige Aktionen haben dem Volk nie geholfen, sondern es tiefer in Heillosigkeit, Knechtschaft und Ungehorsam gebracht. Wer sich selbst erlösen will, stirbt darüber. Er bringt es nie und nimmer zuwege. Das haben Menschen aus allen Generationen versucht. Sie sind nicht zum Ziel gekommen.

Nur einer ist unser Erlöser: Jesus Christus. Wen er frei macht, der ist recht frei. Das ist die Großtat des Vaters, der uns nicht aufgibt. Er handelt an seinem Volk. Mose hat den Befehl, die Machterweise seines Gottes an seinem Volk weiterzugeben. Sie sollen nicht vergessen werden. Denn Gott ist der Herr und nicht Pharao. Er kämpft um sein Volk. Deshalb gebietet er, und Mose gehorcht. Sein Bericht soll Generationen mahnen: Gott bleibt derselbe; er ist der Allmächtige.

Nichts anderes haben wir zu tun. Wir dürfen Berichterstatter der Großtaten Gottes sein, Journalisten besonderer Art. Uns ist es nicht um Sensation zu tun. Wir berichten nicht über Sternstunden der Menschheit. Uns wird es nicht gewährt, dramatische Augenblicke der Weltpolitik festzuhalten. Unsere Leute sitzen nicht in den Übertragungsstudios von »Kap Kennedy«, nicht in den Zentren der Macht. Wir haben nur eine Passion, den Namen des lebendigen Gottes groß zu machen. Das ist unser Auftrag und unsere Sendung.

Wir berichten von dem einen Stern, der über Bethlehem gestanden hat, und finden uns unter dem einen Kreuz, das auf Golgatha um unserer Sünde und Schuld willen errichtet worden ist. Dieser blutgekrönte Herr ist unser Leben und das Licht der Welt. An seinem Namen haben wir ein Leben lang zu buchstabieren. Am Ende muß er uns halten, damit wir bei ihm bleiben. Er richtet müde Knechte auf und gibt ihnen neue Kraft. Er geht vor ihnen her. Sie stehen unter seinem Schutz. Das ist das Geheimnis ihrer Vollmacht bis ins Sterben hinein. Bewahrt zu dienen! – Mose geht, weil der Herr ihn schickt. Er tut es mit Freuden.

1. Der Eingeschlossene ohne Ausweg

Dennoch bleibt es ein schwerer und mühevoller Dienst. Die Knechte Gottes kommen zu einem Herrscher, den der Herr verstockt hat. Er hat kein Auge mehr für die Wege Gottes und kein Ohr mehr für die Sprache seiner Gerichte. Für ihn gibt es nur einen, der bestimmt; und das ist er selbst. Wer sich ihm widersetzt, der wird bekämpft, und wenn er selbst dabei zugrunde geht.

Zuerst hat Pharao den Befehlen Gottes widerstanden. Dann hat er sich vor Gott systematisch verschlossen. Jetzt schließt Gott vor ihm zu. Pharao ist vom Herrn eingeschlossen. Wie in einer Dunkelkammer oder einem Bombenkeller muß er auf das warten, was geschieht. Er kann sich nicht mehr für Gott entscheiden. Sein Herz und das seiner Generäle, Minister und Gelehrten sind verhärtet. Es ist hart geworden wie feucht gelagertes Salz. Der Panzer des Unglaubens drückt ihm das Leben ab. Leute mit einem Panzerherzen sind keine Seltenheit. Bei ihnen bildet sich durch besondere Ablagerungen ein Kalkpanzer um das Herz. Hier kann nur ein operativer Eingriff helfen, wenn es nicht schon zu spät ist. Pharao kann nicht mehr geholfen werden. Wo der Herr zuschließt, tut niemand mehr auf.

Das ist hart, aber wahr. Wir haben keinen Generalschlüssel. Den hat Gott allein. Er tut die Herzen auf, aber nie mit Gewalt. Wir können ihm wehren. Das kann böse Folgen haben. An Pharao werden wir es eindeutig erfahren. Er hat den Schlüssel zur rechten Erkenntnis weggeworfen. Für ihn gibt es keine Möglichkeit mehr zur Umkehr. Er ist ein Mensch, der die Richtung und damit den Weg verloren hat. Deshalb dreht er sich im Kreise. Er kommt immer wieder beim Ausgangspunkt an.

Mitunter verstehen wir die Langmut Gottes nicht. Wir beklagen uns über den Wohlstand und den sonnigen Alltag der Gottlosen. Mit dem Psalmisten möchten wir es halten, der sah, daß es den Gottlosen zu wohl ging (Ps. 73, 3). Das ist nur Täuschung. Ihre Sonne verbreitet Kälte und tötet Leben. Sie sind nicht zu beneiden, sondern zu bedauern. Ihr Weg vergeht, und der Wind zerstreut sie wie Spreu. Sie haben keine Hoffnung. Der Herr verschont sie nicht. Seine Langmut ist ihr Verderben. Sie haben gehört und sind doch nicht gekommen. Jetzt brauchen sie es nicht mehr zu tun. Das ist mehr als der Tod, eingeschlossen ohne Ausweg, eingefroren im ewigen Eis persönlicher Schuld. »Und er hat nicht gewollt.« Darin liegen zugleich Gericht und Verdammnis. Ausgeschlossen vom ewigen Leben, nur allein mit sich selbst und seinem Ungehorsam. Das wird zur Hölle und ist die Hölle.

2. Die Einsicht der Gottlosen

Für Mose muß der Einspruch der Berater Pharaos wie der märchenhafte Zauber des Nordlichtes in eiskalter Polarnacht gewirkt haben. Denn sie nehmen das Wort der Knechte Gottes nicht als leere Drohung, sondern als harte Wirklichkeit. Deshalb raten sie, die Leute ziehen zu lassen. Sie fürchten den Untergang Ägyptens.

Sollten wir hier nicht voll dankbarer Erregung sein? Der Anfang einer Erweckung am Hofe Pharaos scheint Wirklichkeit zu werden. Dennoch ist alles Täuschung. Hier kommt es zu keinem Aufbruch. Der Widerspruch der Berater um den ägyptischen Herrscher wird nicht zum Beginn eines geistlichen Frühlings. Sie raten aus kalter Berechnung. Tiefer geht ihre Einsicht nicht.

Die Minister und Gelehrten wissen, was Heuschrecken für das Land bedeuten. Sie können den Tod der Wirtschaft herbeiführen. Ägypten ist, wie jedes andere Land, auf die Erträge seiner Landwirtschaft angewiesen. Wenn sie am Boden zerstört wird, ist die Lebensader eines Volkes zerschnitten. Es verblutet früher oder später.

Unser Text nennt die handlangen Zugheuschrecken. Sie vermehren sich sehr stark und treten in unübersehbaren Mengen auf. Sie kommen mit fürchterlichem Getöse und haben fast die Gestalt eines Pferdes. In Ägypten scheinen sie selten zu sein oder gar nicht vorzukommen. Deshalb ist das von Mose und Aaron angedrohte Gericht mehr denn außergewöhnlich.

Kaum haben sich das Land und seine Pflanzenwelt vom Hagelschlag erholt, da bahnt sich eine neue Katastrophe an. Die Bäume, die bereits neu ausgeschlagen sind, stehen jetzt in Gefahr, kahlgefressen zu werden. Denn diese Heuschrecken dringen in Städte und Häuser. Ägypten kommt an den Abgrund einer Katastrophe. Was soll werden?

Dennoch ist die Einsicht der Berater ohne Tiefgang. Sie sind denen gleich, die nur zur Taufe, Konfirmation und Trauung ihrer Kinder in die Kirche kommen. Mit dieser gesellschaftlichen Pflichtübung meinen sie bewiesen zu haben, daß sie nicht dagegen sind. Von Glauben finden wir bei ihnen keine Spur. Ihr Verhalten gründet sich auf Zweckmäßigkeit. Um ihrer Stellung oder ihres Geschäftes willen können sie heute lutherisch, morgen katholisch und übermorgen Freidenker sein. Der Zweck heiligt bei ihnen die Mittel.

Doch der Rat der Gottlosen geht stets an Gott vorbei. Das ist und bleibt ihre Torheit.

3. Das falsche Spiel der Verstockten

Den Generälen, Ministern und Gelehrten wie ihrem Herrscher fehlt die Buße. Einsicht ohne Buße führt zu Fehlentscheidungen. Sie läßt den Einen außer acht, der verdammen kann in alle Ewigkeit.

Pharao versucht, mit dem Gott Abrahams und Isaaks durch Politik auf Raten zurechtzukommen. Seine Klugheit bewegt ihn, teilweise nachzugeben. Dabei bedient er sich lügnerischer Unterstellung. Er schreckt vor selbstsicherem Spott nicht zurück. Er spielt mit dem Volk der Hebräer und erkennt nicht, daß es Gottes Augapfel ist. Wer ihn antastet, tastet den Herrn an.

Das ist in jüngster Zeit an Hitler und seinem sogenannten Tausendjährigen Reich deutlich geworden. Er ist an der Endlösung der Judenfrage zerbrochen. Mit ihr hat er sich und sein Volk zerschnitten und aufgeteilt. Zwölf Jahre hat sein Reich bestanden, und noch heute ist dieses Stück nationaler Vergangenheit nicht bewältigt. Nur wenige haben damals durchgesehen und das Teufelsspiel erkannt. Viele sind ihm erlegen.

Pharao treibt ein Spiel mit dem Feuer. Er setzt auf Lüge und Betrug. Doch:

»Gott läßt sich nicht spotten, was der Mensch sät, das wird er ernten.« Das ist Pharaos Grenze. Nicht das Volk als Ganzes will er ziehen lassen, sondern nur die Männer. Zu gewiß weiß er, daß sie ihre Familien nicht im Stich lassen. Sie werden wiederkommen. Frauen und Kinder der Hebräer dienen ihm als Pfand. Hier wird eine Art Sippenhaft praktiziert. Sie ist das Mittel aller Diktatoren und Gewaltherrscher in Vergangenheit und Gegenwart.

Vor Gott geht das nicht auf. Er bewahrt sein Volk. Niemand kann es aus seiner Hand reißen. Die konzentrierte Macht der Hölle wird seine Gemeinde nicht zerschlagen noch aufreiben. Sie bleibt, bis der Herr kommt. Er führt sie durch alle Gefahren endzeitlicher Machtverhältnisse hindurch. Ihr gilt die Zusage: »Fürchte dich nicht, du kleine Herde! Denn es ist eures Vaters Wohlgefallen, euch das Reich zu geben« (Luk. 12, 32).

Pharao kann den Ring nicht sprengen, den Gott um ihn gelegt hat; schon gar nicht durch falsches Spiel. Er ist ausbruchsicher eingeschlossen, auch wenn er die Knechte Gottes kurzerhand aus seinem Palast stoßen läßt.

4. Der tödliche Ernst vernichtender Wirklichkeit Gottes

Die Strafe folgt auf dem Fuße. Mose erhebt auf Befehl Gottes den Stab, und schon beginnt die Katastrophe. Hier gibt es kein Entrinnen. Der Herr macht bitteren Ernst. Wo der Hungertod herrscht, zieht er Epidemien und Seuchen nach sich. Eins löst das andere aus.

Pharao läßt den rufen, den er gerade herausgeworfen hat. Er kommt an den Knechten Gottes nicht vorbei. Das Messer sitzt ihm an der Kehle. Mose soll für ihn vor Gott eintreten. Er wagt es nicht, selbst auf die Knie zu gehen und zu schreien.

Der Seelsorger ist keine Feuerwehr, die bei Lebensgefahr an Ort und Stelle zu helfen vermag. Der Kranke muß zum Arzt. Hier kann ihm geholfen werden. Die Aufgabe echter Seelsorge besteht darin, den Sünder zu Jesus zu bringen. Dadurch wird sie zum Krankentransporter ewigen Heils.

Wer nur solange fromm ist, wie die Gefahr anhält, betrügt sich selbst. Er will keine Vergebung. Schuld ist für ihn auswechselbar. Mose kommt und geht, ohne von Pharao ein Versprechen zu fordern. Er betet zur Verherrlichung Gottes. Da liegt die Quelle seiner Kraft und der Grund zu geduldigem Ausharren. So schnell, wie die Heuschreckenschwärme gekommen sind, so schnell verschwinden sie auch. Das kann unser Herr. Ihm ist nichts unmöglich. Beter behalten das Wort.

Gott mahnt durch seinen Mann

Da sprach der Herr zu Mose: Recke deine Hand gen Himmel, daß eine solche Finsternis werde in Ägyptenland, daß man sie greifen kann. Und Mose reckte seine Hand gen Himmel. Da ward eine so dicke Finsternis in ganz Ägyptenland drei Tage lang, daß niemand den anderen sah noch weggehen konnte von dem Ort, wo er gerade war, drei Tage lang. Aber bei allen Kindern Israel war es licht in ihren Wohnungen. Da rief der Pharao nach Mose und sprach: Zieht hin und dienet dem Herrn! Nur eure Schafe und Rinder laßt hier; aber eure Frauen und Kinder dürfen mit euch ziehen. Mose sprach: Willst du uns denn Schlachtopfer und Brandopfer mitgeben, die wir unserm Gott, dem Herrn, darbringen? Auch unser Vieh soll mit uns gehen – nicht eine Klaue darf dahintenbleiben –; denn davon müssen wir nehmen zum Dienst unseres Gottes, des Herrn. Wir wissen nicht, womit wir dem Herrn dienen sollen, bis wir dorthin kommen. Aber der Herr verstockte das Herz des Pharao, daß er sie nicht ziehen lassen wollte. Und der Pharao sprach zu ihm: Geh von mir und hüte dich, daß du mir nicht mehr vor die Augen kommst; denn an dem Tage, da du mir vor die Augen kommst, sollst du sterben. Mose antwortete: Wie du gesagt hast; ich werde dir nicht mehr vor die Augen kommen. Und der Herr sprach zu Mose: Eine Plage noch will ich über den Pharao und Ägypten kommen lassen. Dann wird er euch von hier wegziehen lassen, und nicht nur das, sondern er wird euch von hier sogar vertreiben. So sage nun zu dem Volk, daß ein jeder sich von seinem Nachbarn und eine jede von ihrer Nachbarin silbernes und goldenes Geschmeide geben lasse. Und der Herr verschaffte dem Volk Gunst bei den Ägyptern, und Mose war ein sehr angesehener Mann in Ägyptenland vor den Großen des Pharao und vor dem Volk. Und Mose sprach: So spricht der Herr: Um Mitternacht will ich durch Ägyptenland gehen, und alle Erstgeburt in Ägyptenland soll sterben, vom ersten Sohn des Pharao an, der auf seinem Thron sitzt, bis zum ersten Sohn der Magd, die hinter ihrer Mühle hockt, und alle Erstgeburt unter dem Vieh. Und es wird ein großes Geschrei sein in ganz Ägyptenland, wie nie zuvor gewesen ist noch werden wird; aber gegen ganz Israel soll nicht ein Hund mucken, weder gegen Mensch noch Vieh, auf daß ihr erkennt, daß der Herr einen Unterschied macht zwischen Ägypten und Israel. Dann werden zu mir herabkommen alle diese deine Großen und mir zu Füßen fallen und sagen: Zieh aus, du und alles Volk, das dir nachgeht. Und daraufhin werde ich ausziehen. Und Mose ging vom Pharao mit grimmigem Zorn. Der Herr aber sprach zu Mose: Der Pharao wird nicht auf euch hören, auf daß meiner Wunder noch mehr werden in Ägyptenland. Und Mose und Aaron haben diese Wunder alle getan vor dem Pharao; aber der Herr verstockte ihm das Herz, so daß er die Kinder Israel nicht ziehen ließ aus seinem Lande (2. Mose 10, 21–11, 10).

Gemahnte können sich nicht entschuldigen. Sie sind gewarnt. Nehmen sie die Warnung nicht ernst, bleibt ihnen nur das Geständnis persönlicher Schuld. Dazu kommt es beim Pharao nicht mehr. Er hat die Möglichkeiten der Umkehr verpaßt. Jetzt kann er nicht mehr wenden. Er muß auf seiner Bahn bleiben. Hier gibt es keinen Rückwärtsgang. Wer die Abfahrt, auf die Gegenbahn zu kommen, verpaßt, fährt in verkehrter Richtung weiter.

Dabei ist sie klar beschildert: mit dem Namen Jesus, dem Wort vom Kreuz.

Wer ihm nachfährt, der ist im Leben. An ihm scheiden sich Völker und Menschen.

Wie auf der Autobahn die Verkehrskreuze, z. B. das Oberhausener Kreuz im Ruhrgebiet, dem Autofahrer die Möglichkeit geben, auf die richtige Bahn zu kommen, so ist das Kreuz Jesu in dieser Welt, um uns auf den Weg des Lebens zu bringen. Eine andere Möglichkeit gibt es nicht, die Bahn zu verlassen. An diesem Kreuz hat nur Gott selbst gearbeitet. Er hat es in Gestalt seines einzigen Sohnes in unsere todverfallene Welt eingebaut. Wer dieses Kreuz nicht ganz persönlich für sich nimmt und befährt, bleibt auf der schillernden Prachtstraße, der Straße des Todes. Er hat die schmale Abfahrt zur Einbahnstraße des Lebens bewußt und gewollt überfahren.

Er kann sich nicht entschuldigen. Gott hat ihn mehrmals angesprochen. Aber er hat nicht gehört. Sein Wort ist vor ihm als Hinweisschild hergegangen, aber er wollte es nicht sehen. Die gleiche Situation – heute wie damals. Denn als der Herr in sein Eigentum gekommen ist, haben ihn die Seinen nicht aufgenommen. Sie haben ihn verhöhnt und verspottet, gegeißelt und geschlagen, angespuckt und gelästert, gefangen gehalten und verurteilt, gekreuzigt und getötet. Jesus von Nazareth ist für sie der Gotteslästerer und für unsere Zeit der Sozialreformer sowie der religiöse Revolutionär. Er ist Mensch und weiter nichts.

Wir aber halten uns zu dem, der von allen verachtet wird, an dem keine Gestalt noch Schöne ist: zu Jesus, dem Gekreuzigten. Er ist unser Heiland und Herr, der Fürst des Lebens.

1. Im Nachtdunkel lähmender Schuld

Über Ägypten breitet sich im Handumdrehen erstarrende Finsternis. Gott spricht, seine Knechte handeln, und es geschieht. Für den Pharao und seine Ratgeber sowie für das ganze Volk muß sie überraschend gekommen sein. Anhaltende Nacht – können wir uns das denken? Der Abenddämmerung folgt kein Morgenrot. Das ist der Tod für alles Leben. Pflanze, Tier und Mensch brauchen Sonne und Licht wie das tägliche Brot. Wo sie fehlen, verkümmern und verkommen sie am Ende.

Von Judas heißt es: »Da er den Bissen genommen hatte, ging er alsbald hinaus. Und es war Nacht« (Joh. 13, 30). Das war mehr als Dunkelheit, denn der Satan war in ihn gefahren. Judas war unter den Jüngern und doch keiner von ihnen. Er hatte gehört und doch nichts behalten, gesehen und doch nichts aufgenommen, geschmeckt und doch nichts gegessen.

In der Todesstunde Jesu legte sich eine Finsternis über das ganze Land, so daß die Sonne ihren Schein verlor (Luk. 23, 44 ff.). Das Licht war fortgenommen!

»Über Europa gehen die Lichter aus!« So hat es zu Beginn des Zweiten

Weltkrieges geheißen. Sie sind noch nicht wieder angegangen. Wenn die Waffen auch schweigen, Vollbeschäftigung und Wohlstand unübersehbar sind, so ist der Mensch dem Herrn aller Herren, Jesus Christus, nicht nähergekommen. Im Gegenteil! Die Gottesfrage ist für ihn überholt. Sie ist für unsere Zeit nicht aktuell. An ihre Stelle sind Sozialprobleme und gesellschaftliche Strukturfragen getreten. Der barmherzige Nächste steht im Vordergrund. Gott ist tot!

Und doch redet der Herr! Pharao sollte erkennen, wie verfinstert sein Tun und Treiben und wie sinnlos sein Trotz sind, dem Gott der Hebräer zu widerstehen. Das Gericht hält an. Ob noch einmal die Stunde der Buße für Ägypten schlägt? Pharao ruft nach den Knechten Gottes. Sie sollen kommen, weil er Hilfe braucht. Denn in Ägypten droht die Finsternis, alles Leben zu ersticken. Die Geschäfte bleiben geschlossen. Die Arbeit ruht. Das kann sich auf die Dauer kein Staat leisten, wenn er nicht zerbrechen will. Das Großreich am Nil ist in höchster Gefahr. Deshalb lenkt sein Herrscher ein.

2. Die Flucht in den Kompromiß

Die Hebräer sollen mit Frauen und Kindern ziehen, um dem Herrn zu dienen. Aber Schafe und Rinder dürfen nicht mitgenommen werden. Pharao will sich nur halb vor Gott beugen. Er sucht den Kompromiß. Die Arbeitskräfte kann er noch verschmerzen, wenn dadurch die Verluste in seinem Viehbestand und dem seiner Untertanen aufgefüllt werden, die die Gerichte Gottes gebracht haben. Das ist der Mensch! Er will von den Wohltaten leben, die Gott seinem Volk gegeben hat, und meint sogar, ein Recht daran zu haben. Doch im Grunde genommen widersteht er ihm. Das ist seine Grundhaltung.

Pharao spielt den Gütigen und will Mose und Aaron schmeicheln, indem er ihnen gestattet, Frauen und Kinder mitzunehmen. Jetzt hätten sie doch, was sie wollten. Der Gottlose kennt keine Aufrichtigkeit. Er wechselt Pläne und Gedanken wie die Kleidung. Für ihn ist jedes Mittel recht, um zum Ziel zu kommen. Er scheut vor Betrug und Lüge nicht zurück, weil er unter dem Meister der Lüge steht.

Mose weist alle Forderungen Pharaos bestimmt und scharf zurück. Er läßt sich auf keine Bedingungen ein. Keine Klaue soll dahinten bleiben. Das Vieh braucht er, um zu opfern. Damit reizt er den Pharao erneut.

Wenn Mose auch weiß, daß Gott mehr mit seinem Volk vorhat, als daß es ihm in der Wüste opfere, so braucht er das dem Pharao jedoch nicht haarklein aufzutischen. Er hat nur soviel zu sagen, wie der Herr ihm gestattet.

Während sich über Ägypten undurchdringliches Dunkel breitete, hatte das Volk Gottes Licht. »Das Licht scheint in der Finsternis, und die Finsternis hat's nicht begriffen« (Joh. 1, 5). »Das Volk, das im Finstern wandelt, sieht ein helles Licht, und über denen, die da wohnen im finstern Lande, scheint es hell« (Jes. 9, 1). Das Volk Gottes erfährt, daß Gott Licht ist, das Licht in der Welt. Mitten in der Finsternis hat es Licht.

Sollte uns das nicht Mut machen, es ganz, gern und gleich mit Jesus zu wagen? Gemeinde Jesu weiß um das Licht für die Welt. Deshalb ist es auch ihr Auftrag, Licht zu sein. So sind Jünger Jesu Positionslampen auf dem Weg ins Leben. Ihre Aufgabe ist es, zu leuchten, Menschen für das Lamm zu werben.

Pharao liebt die Finsternis mehr als das Licht. Er trennt sich vom Knechte Gottes und haßt ihn bis aufs Blut. Er versinkt immer tiefer im moorigen Boden wachsender Verstockung. Mit Gott kann niemand feilschen; er läßt nicht mit sich handeln. Vor ihm gilt nur gehorchen.

3. Gehalten durch Gottes Verheißung

Der Knecht Gottes scheut alle Schmeichelei. Mose hat sich dagegen zu wehren. Er löst sich von Pharao, dessen Unaufrichtigkeit er in immer neuen Formen begegnet ist.

Unter uns geht es nicht anders. Predigern und Pastoren wird in unserem Lande höflich begegnet. So wird man sie mitunter am schnellsten los. Intellektuelle Redlichkeit ist zum Zauberwort unserer Tage geworden. Damit decken wir unsere Gottlosigkeit und hängen ihr den Mantel glitzernder Frömmigkeit um.

Kein Wunder, wenn unter uns nichts passiert. Mose löst sich von dem scheinheiligen Pharao. Und schon redet der Herr. Er tröstet seinen Knecht und gibt ihm neue Einblicke und Anweisungen.

Mose und Aaron sollen es wissen: Gott geht mit Pharao in die letzte Runde. Das Ende des Kampfes steht unmittelbar bevor. Sein Ergebnis liegt schon jetzt fest.

Nach geltendem Kriegsrecht dürfen die Sieger Beute von den Feinden nehmen. Israel bekommt keinen Ausgleich, keine Wiedergutmachung, sondern wird reichlich beschenkt. Der Lohn des Sieges wird ihm übergeben. Mit besonderem Glanz soll es ausziehen und herrlich geschmückt sein, mit kostbaren Geräten beladen. Das tröstet den Knecht Gottes.

Der Herr ist am Werke. Er streitet für sein Volk und läßt es nicht aus den Augen. Es hätte die Dunkelheit benutzen können, um zu fliehen. Aber es blieb und war stille. Die Stunde Gottes kam.

Das erfährt die Gemeinde Jesu millionenfach. In den Stürmen der Zeiten wird sie bewahrt bis an das Ende der Tage. Männer und Frauen, Kinder und Greise, Arme und Reiche haben es erlebt: Die Gnade reicht aus! Sie sind zu Zeugen gesetzt. Ihre Arbeit ist nicht vergeblich vor dem Herrn.

Mose sieht, wie Gott die Herzen der Menschen lenken kann. Niemals hätten die Hebräer sich solche Freundlichkeit und Güte der Ägypter erträumt. Sie bekommen die Geräte und den Schmuck ohne Zögern und ohne Schelten. Solche Verwandlung wirkt allein der Herr. Er kann aus grimmigen Feinden wohlgesinnte Freunde machen.

Das sollte uns lehren, Geduld zu üben, wenn uns andere hart behandeln und gar beschimpfen und verstoßen. Nur gut, wenn sie es zu Unrecht tun.

Vor den Knechten Pharaos und dem ganzen Volk der Ägypter hat Mose großes Ansehen, aber dem Worte Gottes vertraut man nicht. Genauso geht es den Jüngern Jesu heute. Sie werden mitunter geachtet und geehrt, aber ihrer Predigt wird nicht geglaubt. Schließlich soll auch heute auf den Pastor nicht verzichtet werden. Aber der Glaube fehlt. Dem Nazarener weicht man aus.

4. Vor dem tödlichen Schlag

Als Sonderbotschafter Gottes verläßt Mose nicht eher den Palast des Pharao, bis er diesem unmißverständlich die blutige Härte der letzten Runde aufgedeckt hat: Alle Erstgeburt unter Menschen und Vieh, bei arm und reich, in Palästen und Hütten soll getötet werden. Pharao wird nicht ausgenommen. Sein Sohn, der Thronfolger, wird auch sterben.

Israel kann unbesorgt sein. Ihm wird nichts passieren. Nicht die geringste Unruhe soll es befallen, denn in jener Nacht wird sich bei ihm kein Hund mucken. Das ist mehr als Trost.

Der Herr verwandelt unser Elend, an dem wir mitunter so zögernd und ungeduldig tragen, in lauter Freude, sobald er uns seine Gnade geschenkt hat.

Die Ruhe vor dem Sturm ist bereits durchbrochen. Mose wendet sich zornig vom Pharao. Er ist über das hartnäckige Widerstreben sowie die verletzende Selbstherrlichkeit des Ägypters bestürzt und ergrimmt. Doch sein Zorn bleibt in Grenzen. Wir überschreiten zu leicht und schnell in solchen Situationen unsere Grenzen und werden dadurch unglaubwürdig. Mose läßt sich leiten. Er bleibt in der Hand Gottes und ist geborgen.

Gott informiert seinen Mann

Der Herr aber sprach zu Mose und Aaron in Ägyptenland: Dieser Monat soll bei euch der erste Monat sein, und von ihm an sollt ihr die Monate des Jahres zählen. Sagt der ganzen Gemeinde Israel: Am zehnten Tag dieses Monats nehme jeder Hausvater ein Lamm, je ein Lamm für ein Haus. Wenn aber in einem Hause für ein Lamm zuwenig sind, so nehme er's mit seinem Nachbarn, der seinem Hause am nächsten wohnt, bis es so viele sind, daß sie das Lamm aufessen können. Ihr sollt aber ein solches Lamm nehmen, an dem kein Fehler ist, ein männliches Tier, ein Jahr alt. Von den Schafen und Ziegen sollt ihr's nehmen und sollt es verwahren bis zum vierzehnten Tag des Monats. Da soll es die ganze Gemeinde Israel schlachten gegen Abend. Und sie sollen von seinem Blut nehmen und beide Pfosten an der Tür und die obere Schwelle damit bestreichen an den Häusern, in denen sie's essen, und sollen das Fleisch essen in derselben Nacht, am Feuer gebraten, und ungesäuertes Brot dazu und sollen es mit bitteren Kräutern essen. Ihr sollt es weder roh essen noch mit Wasser gekocht, sondern am Feuer gebraten mit Kopf, Schenkeln und inneren Teilen. Und ihr sollt nichts davon übriglassen bis zum Morgen; wenn aber etwas übrigbleibt bis zum Morgen, sollt ihr's mit Feuer verbrennen. So sollt ihr's aber essen: Um eure Lenden sollt ihr gegürtet sein und eure Schuhe an euren Füßen haben und den Stab in der Hand und sollt es essen als die, die hinwegeilen; es ist des Herrn Passah. Denn ich will in derselben Nacht durch Ägyptenland gehen und alle Erstgeburt schlagen in Ägyptenland unter Mensch und Vieh und will Strafgericht halten über alle Götter der Ägypter, ich, der Herr. Dann aber soll das Blut euer Zeichen sein an den Häusern, in denen ihr seid: Wo ich das Blut sehe, will ich an euch vorübergehen, und die Plage soll euch nicht widerfahren, die das Verderben bringt, wenn ich Ägyptenland schlage (2. Mose 12, 1–3).

Der Herr geht seinen Weg. Er läßt sich von niemandem aufhalten. Wer könnte schon dem lebendigen Gott in den Weg treten? Selbst der Satan hat von ihm sein Feld gesteckt bekommen. Ohne seinen Willen geschieht nichts, was geschieht. Er handelt durch Gericht und Gnade. Seine Fußspuren sind unaustilgbar. Kein Wetter kann sie verwischen, keine Flut fortspülen, und kein Orkan wird sie je verwehen. Jeder Generation bleibt er der gleiche, der handelt und ruft, richtet und begnadigt, verdammt und errettet. Immer aber steht er zu seinem Wort und baut an seinem Heilsweg. Seine Zusagen hält er haargenau ein. Dennoch ist er von unergründlicher Langmut und liebevoller Geduld. Manches Mal geht sie ans Rätselhafte und bleibt für uns unverständlich.

Pharao hat Gottes Geduld endgültig verspielt. Mehr noch, er hat sie verachtet und mit Füßen getreten. Verspieltes kommt nie zurück. Es ist endgültig. So mancher hat das erfahren. Die Spielhöllen in den Vergnügungszentren der Welt liefern dafür reiches Material. Aber auch der Alltag weiß davon zu berichten. Verspielte Berufschancen, ungenutzte Gaben und Fähigkeiten, verachtete Hilfeleistungen können ein ganzes Leben beschatten, knicken und zerbrechen.

Wer Gottes Geduld verachtet, seine gnädige Heimsuchung ungenutzt läßt, verspielt restlos alles. Er hat Gott endgültig hinter sich. Das aber ist die Hölle. Pharao hat sich in dieses Risiko eingelassen. Er hat den lebendigen Herrn endgültig hinter sich. Gott redet nicht mehr zu ihm. Wo er aufhört zu reden, sind die Beziehungen abgebrochen. Geflickt und repariert werden kann da nichts mehr. Pharao ist von einem Außenseiter zu einem Ausgestoßenen geworden. Wer immer nur außen, d. h. außerhalb der Rufweite Gottes bleiben will, wird am Ende ewig draußen bleiben müssen. Er hat sich selber ausgeschlossen. Welche Torheit spricht aus solchem Verhalten! – Mit Pharao ist der Herr fertig. Pharao weiß es nur noch nicht. Aber für ihn hat Gott kein Wort mehr, während er mit seinem Volk redet.

1. Ein neuer Anfang

Die Knechte Gottes werden ins Bild gesetzt. Sie bekommen die Lage erklärt. Mose und Aaron werden informiert. Für Israel kommt die Stunde eines Neuanfangs. Der Auftrag der Knechte geht direkt an das Volk. Die ganze Gemeinde Israel ist gemeint. Ihr wird die Grundlage zu allen levitischen Opfern und theokratischen Veranstaltungen gegeben. Das Sakrament des Osterlammes wird eingesetzt. Das geschieht noch vor dem zehnten Tag des Nisan. Israels Auszug aus Ägypten steht unmittelbar bevor. Deshalb wird dieser Monat das Haupt aller Monate, die Grundlage zur Berechnung der heiligen Zeiten. Die Israeliten sollen diese Großtat des Gottes ihrer Väter nie vergessen. Deshalb werden sie auf den Auszug aus Ägypten immer neu verwiesen. Der Herr erlöst sie aus ägyptischer Sklaverei. Sie dürfen ganz neu anfangen.

Was würde ein Neuanfang für einen Menschen und ein Volk bedeuten! Die Fehler und Folgen der Vergangenheit belasteten und beschatteten nicht mehr. Wir würden auf unsere Vergangenheit nicht mehr angesehen. Das Schlimmste sind ja nicht die Gefängnismauer und der Zuchthausaufenthalt, sondern das, was danach kommt. Niemand will einen ehemaligen Zuchthäusler einstellen noch mit einem mehrmals Vorbestraften oder häufig Rückfälligen zu tun haben. Sie kommen aus dem Spiegel der Vergangenheit nicht heraus. Überall taucht sie auf und verbaut ihnen den Weg ins Leben und damit die Zukunft. So mancher würde alles darum geben, wenn er ohne die Schatten der Vergangenheit neu anfangen könnte. Dieser heimliche Wunsch bewegt wohl jeden, der um steigendes Versagen, persönliche Fehlerhaftigkeit und ständig wachsende Lebensschuld weiß. Er würde anders mit seinen Kindern reden, sie besser zu verstehen suchen und ihnen nachhaltiger helfen. Sein Lebensgefährte sollte es merken, daß er weiß, was er ihm schuldig ist. Der Beruf wäre ein anderer und noch manches mehr.

Doch Christus ist gekommen und hat eine völlige Erlösung gebracht! Er ist zum wahren Osterlamm geworden und hat am zehnten Tage des gleichen Monats Nisan seinen Einzug in Jerusalem zu seinem Tode gehalten (Joh. 12, 1. 11). Im Passah ist bereits die völlige Erlösung durch Jesus Christus vorgebildet. Er ist das rechte Opferlamm, das zu seiner Zeit in eben diesem Monat leiden sollte. Noch heute warten orthodoxe Juden darauf, daß sie in diesem Monat durch den Messias erlöst werden. Sie warten vergeblich! Gott hat bereits durch seinen Sohn eingegriffen. Der neue Anfang, die neue Zeitrechnung liegt in Jesus Christus vor!

2. Zur Mahlgemeinschaft verbunden

Je ein Lamm für ein Haus! Es muß ein männliches, fehlerfreies und einjähriges Tier sein. Unter keinen Umständen darf es einen von den zwölf Fehlern oder Gebrechen haben, die in 3. Mose 22, 21–24 aufgezählt sind. Dazu gehören u. a. Blindheit, gebrochene, zu kurze oder zu lange Glieder, Wunden, Geschwüre, Flechten oder ähnliches. Was dem Herrn geopfert wird, hat einwandfrei zu sein. Das Lamm muß aus der Herde kommen. Es darf keines sein, das zu Hause aufgezogen worden ist.

Der Vater hat sich daran gehalten. Sein Sohn, das Lamm Gottes, ist aus der Herde. Denn er achtet sein Volk Israel als seine Herde und als Schafe seiner Weide (Ps. 100, 3).

Wir aber meinen, ohne das Lamm Gottes auszukommen: Was brauchen wir Jesus! Wenn wir nur ein bißchen fromm sind und ein wenig kirchentreu uns verhalten, reicht es doch! Wozu noch Kirche, Gottesdient und Volksmission!

Doch der Herr spannt uns ein in den Raum der Gemeinde. Dort können wir ihm begegnen. Dort fallen Entscheidungen. Wo zwei oder drei in Jesu Namen versammelt sind, ist er mitten unter ihnen. Unter dieser Zusage werden Ehe und Familie, Bruderschaft und Jugendkreis zur Stätte der Begegnung, zu seiner Gemeinde. Deshalb mahnt der Hebräerbrief, nicht die Versammlungen zu verlassen (Hebr. 10, 25).

Welche Verheißungen haben von daher die kleinen Hausversammlungen! Wir achten sie oft gering und sehen auf die Zahl, und doch sind sie mitunter zu Quellstuben taufrischer Erweckung für ganze Landstriche geworden. Im Hause, in der eigenen Familie fängt Mission an. Dort hat sie ihren Ausgangspunkt. Stützpunkte und Brückenköpfe des Evangeliums bleiben die Versammlungen hin und her in den Häusern.

Dem Volk Israel werden solche Kleinkreise verordnet. Das Osterlamm soll in der Familie gegessen werden. Auf keinen Fall dürfen es zuwenig sein. Später haben zu solcher Hausversammlung wenigstens 10 und höchstens 20 Personen gehört. Deshalb hat Jesus mit seinen zwölf Jüngern das Osterlamm gegessen und danach das neutestamentliche Opfermahl als Sakrament eingesetzt.

Das alttestamentliche Gottesvolk hat leiblich von dem Lamm gegessen, aber die neutestamentliche Gemeinde glaubt, daß Christi Leib und Blut für sie gegeben ist, damit sie lebe. Das kann sie nur in der Vollmacht des Heiligen Geistes.

Wer von den Teilnehmern denkt da nicht an die vollmächtigen Abend-
mahlsfeiern bei den Tersteegensruh-Konferenzen in Essen, die unser heim-
gegangener Bruder Pastor D. Paul Tegtmeyer geistesmächtig geleitet hat!
Sie sind in ihrer personellen Zusammensetzung wie geistlichen Aktualität
einmalig.

Es kommt entscheidend darauf an, daß das Lamm ins Haus aufgenommen
wird. Jesus muß einziger Inhalt unseres Lebens sein. Seinen Leib essen und
sein Blut trinken heißt, nichts anderes suchen als ihn allein.

3. Im Gehorsam geborgen

Nachdem die israelitischen Mahlgemeinschaften das Opferlamm vier Tage
im Hause behalten haben, wird es von dem Hausvater mit seinen Tischge-
nossen und Nachbarn um 3 Uhr nachmittags geschlachtet. Das ist die
neunte Stunde, in der Jesus, das Lamm Gottes, am Kreuz auf Golgatha gestorben ist.

Der eine Gerechte, dem nicht eine Sünde noch ein Bruchteil von Ungehorsam nachgewiesen werden kann, verblutet für die Sünder. Das ist mehr, als
wir je verstehen werden. Aber es gilt: Wir sind frei! Im Vertrauen auf seinen
Opfertod werden wir bewahrt vor dem gerechten Zorn Gottes. Begnadigte
Sünder haben das Gericht hinter sich. Für sie hat die Zukunft begonnen.

Das israelitische Opferlamm ist stellvertretend und anstelle seiner Erstgeborenen geschlachtet worden. Denn sie waren nicht weniger schuldig als
die Ägypter. Aber das Blut des Lammes an den beiden Seitenpfosten und
der obersten Schwelle ist Schutz genug. Wer sich nicht unter den Schutz des
Blutes stellt, stirbt, auch wenn er Israelite ist. Das Blut soll ihr Zeichen sein.

Das Blut des Lammes Gottes ist auch das Zeichen der Gemeinde Jesu. Und
doch scheuen wir das Kreuz. Es ist uns Ärgernis und Anstoß. Wir weichen
ihm aus, ohne zu ahnen, daß es einzige Rettung und letzte Geborgenheit
nur in dem Heiland am Kreuz gibt.

Selbst der Bratspieß, an dem das Passah-Lamm über der offenen Feuerstelle
gebraten wurde, hatte Kreuzform. Die Vorderfüße wurden am Querholz
festgemacht. Bis in diese Dinge hinein ist der gekreuzigte Gottessohn in Israel bereits vorgebildet.

Mit ungesäuertem Brot und bitteren Kräutern ist am 15. Tag im Monat
Nisan das Fleisch des geschlachteten Lammes gegessen worden. Nichts
darf übrigbleiben. Was nicht gegessen wird, muß verbrannt werden. Bei
der Zubereitung wird nicht einmal Wasser genommen. Jegliche Zutaten
sind verboten. – Wie schnell sind wir dabei, das Wort vom Kreuz zu ver-
wässern, an unserer Vernunft zu messen und durch unsere Meinungen zu
entkräften! Wer vorbehaltlos dem ganzen Wort der Heiligen Schrift vertraut, wird als rückständig und wissenschaftslos abgetan.

Im Grunde genommen will man um die Bitterkeit der Buße herum. Das Brot des Elends kann man nicht ausstehen, weil man von Sünde nichts hält. Ägypten wird zur Heimat, das Blut des Lammes zum Ekel. So bleibt man ein Feind des Kreuzes.

4. Zum Abmarsch bereit

Das Volk Gottes muß reisefertig sein. Es darf sich durch nichts aufhalten lassen. Gestiefelt und gespornt soll es sein.

Leben wir auch in dieser inneren geistlichen Bereitschaft? Sind unsere Sachen geordnet? Jeder Tag kann der letzte sein. Um uns herum geschieht es immer wieder, daß jemand plötzlich und unerwartet abberufen wird.

Christi Blut und Gerechtigkeit,
das ist mein Schmuck und Ehrenkleid,
damit will ich vor Gott bestehn,
wenn ich zum Himmel werd eingehn.

So bekannte Nikolaus Ludwig Graf v. Zinzendorf in getroster Zuversicht. Viele haben es ihm nachgesprochen und nachgelebt. Wir können nicht anders die rettende Barmherzigkeit Jesu erfahren, als daß wir ihm ganz und ungeteilt gehören.

Wer die Welt liebhat, ist kein Hinwegeilender. Ihm fehlt das Durchzugsbewußtsein, die Aufbruchsbereitschaft. Zur Reise fertig ist nur der, der weiß, daß es nach Hause geht, vom Glauben zum Schauen. Sind wir so unterwegs als die Hinwegeilenden?

5. Frei durch des Lammes Blut

Das Blut des Lammes wird das Zeichen für Israels Errettung. Es macht sie unantastbar für den Würgeengel. Verschonendes Vorübergehen, das ist Passah. Gott verschont um des Lammes Blutes willen sein sündiges Volk. Der gewaltsame Tod eines Lammes ist seine Rettung.

Wie muß demgegenüber bei den Ägyptern der Tod ihrer Tiergötter eingeschlagen haben, die aller Wahrscheinlichkeit nach aus erstgeborenen Tieren bestanden haben! Ihre angebliche Macht ist zerstört. Sie haben sich als nichtssagende tote Götzen erwiesen.

Das wird ein Erwachen geben, wenn der Herr an seinem Tage erscheint. Götter werden stumm, und Throne fallen. Nur einer bleibt: Jesus Christus, das Lamm Gottes, und mit ihm seine Bluterkauften. Sie kennen nur ein Lied und haben mit Engeln und Ältesten nur einen Ruhm: »Das Lamm, das erwürgt ist, ist würdig, zu nehmen Kraft und Reichtum und Weisheit und Stärke und Ehre und Preis und Lob!« (Offb. 5, 12). Solch anbetender Dank geht nie zu Ende. Dazu sind wir berufen. So singt die Kreuzgemeinde am Auferstehungsmorgen.

Gott befiehlt
durch seinen Mann

Ihr sollt diesen Tag als Gedenktag haben und sollt ihn feiern als ein Fest für den
Herrn, ihr und alle eure Nachkommen, als ewige Ordnung. Sieben Tage sollt ihr un-
gesäuertes Brot essen. Schon am ersten Tag sollt ihr den Sauerteig aus euren Häusern
tun. Wer gesäuertes Brot ißt, vom ersten Tag an bis zum siebenten, der soll ausgerot-
tet werden aus Israel. Am ersten Tag soll heilige Versammlung sein. Keine Arbeit sollt
ihr dann tun; nur was jeder zur Speise braucht, das allein dürft ihr euch zubereiten.
Haltet das Gebot der ungesäuerten Brote. Denn eben an diesem Tage habe ich eure
Scharen aus Ägypten geführt; darum sollt ihr diesen Tag halten, ihr und alle eure
Nachkommen, als ewige Ordnung. Am vierzehnten Tag des ersten Monats am
Abend sollt ihr ungesäuertes Brot essen bis zum Abend des einundzwanzigsten Tages
des Monats, so daß man sieben Tage keinen Sauerteig finde in euren Häusern. Denn
wer gesäuertes Brot ißt, der soll ausgerottet werden aus der Gemeinde Israel, auch ein
Fremdling oder ein Einheimischer des Landes. Keinerlei gesäuertes Brot sollt ihr es-
sen, sondern nur ungesäuertes Brot, wo immer ihr wohnt. Und Mose berief alle Älte-
sten Israels und sprach zu ihnen: Leset Schafe aus und nehmet sie für euch nach euren
Geschlechtern und schlachtet das Passah. Und nehmt einen Büschel Isop und taucht es
in das Blut in dem Becken und bestreicht damit die Oberschwelle und die beiden Pfo-
sten. Und kein Mensch gehe zu seiner Haustür hinaus bis zum Morgen. Denn der
Herr wird umhergehen und die Ägypter schlagen. Wenn er aber das Blut sehen wird
an der Oberschwelle und an den beiden Pfosten, wird er an der Tür vorübergehen
und den Verderber nicht in eure Häuser kommen lassen, um euch zu schlagen.
Darum so halte diese Ordnung für dich und deine Nachkommen ewiglich. Und wenn
ihr in das Land kommt, das der Herr euch geben wird, wie er gesagt hat, so haltet die-
sen Brauch. Und wenn eure Kinder zu euch sagen werden: Was habt ihr da für einen
Brauch?, sollt ihr sagen: Es ist das Passahopfer des Herrn, der an den Kindern Israel
vorüberging in Ägypten, als er die Ägypter schlug und unsere Häuser errettete. Da
neigte sich das Volk und betete an. Und die Kinder Israel gingen hin und taten, wie
der Herr es Mose und Aaron geboten hatte (2. Mose 12, 14–28).

Der Herr nimmt sein Volk an die Hand. Er bestimmt seinen Weg in Arbeit
und Feier. Seinen Befehlen hat es zu gehorchen. Ohne ihn können wir
nichts tun. Er nimmt uns an die Hand. Und wir gehen, weil er uns führt.

Glaubensführungen sind Vertrauensbekenntnisse. Sie schließen das Wagnis mit ein. Ohne dieses sind sie nie erfahrbar. Wer aber glaubt und wagt,
nach Gottes Wort zu tun, der wird überreich gesegnet, erfreut und gehalten.

Das hat ein Noah erfahren. Unter dem Gelächter seiner Mitbürger hat er
sich, trotz klaren Himmels und Sonnenscheins, nicht ablenken lassen, an
der Arche zu bauen. Auf sein Wort hin hat er es getan. Abraham ist auf dieses Wort hin zum »Ausländer auf Befehl« geworden. Er hat Heimat und
Verwandtschaft verlassen. Menschlich gesehen, ist er ins Ungewisse gegan-

gen. Aber er hat Gott vertraut. Sein Weg ist ein einziges Buchstabieren der Treue und Gnade dieses Herrn. Nicht anders war es bei den Propheten. Er hat sie überredet, und sie haben sich überreden lassen. Das Geheimnis ihrer Kraft ist das Eingeständnis ihrer Ohnmacht. Sie müssen, weil er befiehlt. Ein Ausweichen ist nicht mehr möglich.

Knechte Gottes stehen unter höherem Befehl. Sie haben weiterzugeben, was sie empfangen. Sie leben von der Vergebung. Sie bleiben, weil er sie hält. Das ist mehr, als wir verstehen. Israel befindet sich auf diesem Weg. Das Passah ist eingesetzt. Es gilt für Generationen und verpflichtet sie.

1. Ohne Verdienst und Würdigkeit

Gunst will erworben werden, und Geschenke zeugen von besonderer Zuneigung. In der Schule sind zu meiner Zeit die Besten durch Buchgeschenke ausgezeichnet worden. Sie haben in Spezialfächern besondere Leistungen erbracht. Durch Begabung, Eifer und Fleiß haben sie es geschafft. Selbst im Abitur, der Reifeprüfung, hat es solche Auszeichnungen gegeben. Die Wirtschaft kennt Prämien in Form von Sonderzuwendungen, und der Sport redet von Meisterschaften. Die Vereine veranstalten Wettstreite. Immer geht es um Preise. Der Würdige soll ermittelt werden. Ihm gebührt der erste Platz.

Ist es beim Volke Gottes genauso? Nein! Der Herr hat sich gerade das Unscheinbare ausgesucht. Das kleinste unter den Völkern hat er zu seinem Volk gemacht. Es hat sich nicht durch Treue, Gehorsam und Eifer ausgezeichnet. Sein Weg ist ein einziger Weg der gebrochenen Treue, des belasteten Vertrauens und der zerschlagenen Vaterliebe Gottes. Es ist nie verschont, vom Gericht Gottes ausgenommen worden, weil es so würdig ist. Das Gegenteil ist richtig. Der Herr muß von seinem Volk feststellen: »Ja, mir hast du Arbeit gemacht mit deinen Sünden und hast mir Mühe gemacht mit deinen Missetaten. Ich, ich tilge deine Übertretungen um meinetwillen und gedenke deiner Sünden nicht« (Jes. 43, 24 f.). Sünde, Missetat und Übertretung sind Worte aus der Rechtssprache, Ausdrücke nachfolgenden Gerichtes. Das wäre angemessen für Israel. Und doch bewahrt es der Herr im Gericht. Es ist keineswegs besser als die Ägypter. In seinem Wesen ist es genauso verdorben. Nach dem »guten Kern« sucht man vergeblich. Wenn er trotzdem bewahrt, ist es seine Barmherzigkeit, die ihn bewegt. »Es sollen wohl Berge weichen und Hügel hinfallen; aber meine Gnade soll nicht von dir weichen, und der Bund meines Friedens soll nicht hinfallen, spricht der Herr, dein Erbarmer« (Jes. 54, 10). An dieses Versprechen hält er sich.

Wir leben durch seine Barmherzigkeit. Das Kreuz seines Sohnes bleibt das Zeichen unserer abgrundtiefen Schuld. Er ist für uns gestorben. Das ist das Lob der Väter, der Inhalt ihrer preisenden Anbetung. Deshalb kann Ernst Gottlieb Woltersdorf gestehen und bekennen:

Wer bin ich, wenn es mich betrifft?
Ein Abgrund voller Sündengift.
Wer bin ich, Lamm, in deiner Pracht?
Ein Mensch, der Engel weichen macht.

Andere reihen sich ein; ein Lob, das niemals endet. Es geht von Generation zu Generation. Die Söhne übernehmen es von den Vätern und geben es weiter an die Kinder. Solche Anbetung ist Werk des Heiligen Geistes. Israel soll es nicht vergessen, daß es seine Rettung allein der Barmherzigkeit Gottes zu danken hat. Deshalb folgt der Einsetzung des Passah die Verfügung zum Mazzenessen.

2. Zum Gedächtnis seiner Gnadentat

Der Herr hat sein Ziel mit seinem Volk. Es soll nie vergessen, was er getan hat und was er noch heute tut. Seine Gnade ist alle Morgen neu. Wie schnell vergessen wir, daß es seine Güte ist, die uns ruft, hält und bewahrt. Wir nehmen es als selbstverständlich hin, daß wir Gottes Wort haben, daß wir seinen Namen in der gottesdienstlichen Gemeinde anbeten und ihn preisen dürfen. Uns ist es nichts Besonderes, daß Kirchen gebaut werden und Versammlungshäuser uns zum Singen, Hören, Beten und Opfern einladen. Muß das erst alles wieder in Frage gestellt werden, damit wir aufmerksam und wach werden?

Israel wird an die Großtaten des lebendigen Gottes gebunden. Es wird aus der Knechtschaft in die Freiheit geführt. Das hat der Herr getan. Mit der Befreiung aus ägyptischer Sklaverei bricht für das Volk Gottes ein neuer Zeitabschnitt an. Mit Jesus Christus, dem Sohne Gottes, hat der Tod den Stachel verloren und die Hölle den Sieg verspielt. Wer an ihn glaubt, der hat das Leben und kommt nicht in das Gericht. Er ist vom Tode zum Leben hindurchgedrungen. Es ist alles neu geworden. Wen der Sohn frei macht, der ist recht frei.

Entscheidung bewirkt Scheidung. Israel soll den Sauerteig aus seinen Häusern fortschaffen. Mit der Vernichtung des Sauerteigs wird die Woche des Mazzenessens eingeleitet. Damit scheidet sich die Gemeinde völlig, äußerlich und innerlich, von dieser Welt, die Gottes Anspruch verneint. Bezeichnend ist, daß an dieser Stelle zum erstenmal von »Gemeinde« gesprochen wird. Sie ist die Schar der Bluterkauften, die um ihre Verlorenheit weiß und die Erlösung durch des Lammes Blut bekennt. Das Blut Jesu Christi macht rein von aller Sünde (1. Joh.1, 7b). Alle dürfen kommen ohne Außnahme. Niemand ist von vornherein ausgeschlossen. Wer das Gnadenangebot in Jesus Christus für sich persönlich annimmt, gehört dazu. Gott hat sich nun einmal auf seinen einzigen Sohn, Jesus Christus, festgelegt. Niemand kommt zum Vater denn durch ihn.

Israel kennt diese Weite auch. Seine Nachbarvölker haben freien Zugang zum Gnadenbunde Gottes mit seinem Volk. Sie müssen sich, um an den

Gnadenschätzen Anteil zu haben, beschneiden lassen. Damit fügen sie sich der Gnadenordnung Gottes. Selbst der unbeschnittene Fremde, der mit Israeliten unter einem Dach wohnt, muß vom ungesäuerten Brot essen, damit Israel nicht versucht wird, gesäuertes Brot zu essen. Der Fremde hat sich der Ordnung des lebendigen Gottes zu unterstellen. Vom Osterlamm darf der Unbeschnittene nichts nehmen.

So klar und eindeutig sind die Anweisungen. Wir sind aus lauter Rücksichtnahme auf den Andersdenkenden zusammengesetzt. Das religiöse Empfinden des Gastes darf nicht verletzt werden. Deshalb beten wir nicht mehr und halten keine Andacht. Der Familiengesang wird durch die Schallplatte ersetzt. Bei uns hat die Unverbindlichkeit das Wort. Wir fahren auf Mitmenschlichkeit und reden vom Wetter, von der Politik und von anderen Tagesfragen, aber das Entscheidende verschweigen wir. Die letzte Frage wird nicht gestellt. Unsere Väter haben sich dieser Frage nicht geschämt. Ohne Schminke haben sie nach der Heilsaneignung gefragt. Der Heiland ist ihnen ein und alles gewesen. So fragt ein kerniger Sauerländer seinen Freund um die Jahrhundertwende: »Wilhelm, hast du die Fahrkarte zum Himmelreich?« Er belehrt ihn, daß er wissen müsse, wohin die Reise gehe. Die Karten müssen stimmen. Es kommt Kontrolle! Wie viele in Kirchen, Gemeinschaften, christlichen Vereinen und Freikirchen mögen ohne Fahrschein sein? Sie hält Tradition und dürre Familienfrömmigkeit. Irgendwie muß jemand kirchlich verankert sein. Das gehört heute noch zum guten Ton. Auf keinen Fall darf jemand auffallen. Nichts wäre schrecklicher als das! – Und doch muß Gemeinde Jesu, Volk Gottes, sich scheiden und von der Welt unterscheiden. Sie ist nicht von der Welt, aber in der Welt. Sie hat Licht und Salz zu sein für die Welt.

Wer gesäuertes Brot ißt, entscheidet sich für das Gericht und fällt darunter. Das läßt der Herr seinem Volk in ganzem Ernst sagen. Wir können nicht Weltkind und Gotteskind zugleich sein. Eines geht nur! Wer die Welt liebhat, kann nicht den Vater lieben. Geteilte Liebe ist keine Liebe. Bedenken wir das!

3. Ungeteilter Glaubensgehorsam

Und doch suchen wir den Mittelweg. Aber ihn gibt es nicht. Wer ihn dennoch geht, verläuft sich. Er kommt nicht ans Ziel. Der Mittelweg ist nie Heilsweg.

Deshalb ißt der unwürdig, der nicht glaubt. Er ißt sich zum Gericht. Mahlgemeinschaft ist Heilsgemeinschaft. Sie steht unter dem Schutz des Blutes. Das Lamm wird ausgelesen und geschlachtet. Die Ältesten werden beteiligt. Mose hat den Befehl. Er gibt ihn weiter, und die Ältesten führen ihn aus. *Darauf kommt alles an, daß die gepredigte und gehörte Botschaft getan wird. Glaube verwirklicht sich in wortgebundenem Leben des Alltags.* Im ungeteilten Weiterreichen der Befehle Gottes wie im ausgelebten Gehorsam des Glaubens liegt die Tiefenwirkung gesegneter Treue. Deshalb sollen sie mit einem in das Blut des Lammes getauchten Isopbüschel die Oberschwelle und die beiden Seitenpfosten bestreichen. Der Herr nimmt es mit seinem Wort sehr genau. Da gibt es keine Halbheiten. Das Volk Gottes hat seine Errettung allein dem beschirmenden Blute des Lammes zu verdanken. Unter diesem Schutz ist der Israelite geborgen. Geht er hinaus, verfällt er dem Gericht. Der Würgengel sieht nur auf das Blut.

Genauso hat der Jünger Jesu unter der Besprengung des Blutes Christi zu bleiben. Er befindet sich in der Festung. Wer sie mutwillig verläßt, ist ungeschützt. Das gilt besonders für den Bereich der okkulten Seelsorge. Nur dort hat der Satan seine Macht verloren, wo wir uns unter das Blut des Lammes bergen. Er flieht, sobald er uns unter dem Kreuze sieht.

Durch das Gebot, die Häuser in der Mordnacht nicht zu verlassen, wird der ungeheure Ernst des unabwendbaren Gerichtes Gottes unterstrichen und erhärtet. Es schließt die bittere Notwendigkeit mit ein, sich dem Gebot Gottes vorbehaltlos zu unterwerfen. Nur der Gehorsam wird bewahrt. Wer beim Anblick der Gerichte Gottes zurückschaut, wird, wie Lots Frau, in sie hineingerissen und kommt in ihrem Todesstrahl um. Vom Hören zum Ergreifen ist manches Mal ein langer Weg. *Bewähren kann sich nur der, der sich bewahren läßt.* Das aber bedeutet, in der Abhängigkeit zum lebendigen Gott zu bleiben.

Gottes Gericht enthüllt sich als Freigabe an die satanischen Heere. Sie dürfen plündern, aber nicht die Gezeichneten der Gnade Gottes. Der Herr bestimmt den Ort und erläßt die Bedingungen. Gemeinde Jesu bleibt unter seinem Schutz, auch wenn es stürmt, blitzt und kracht. Die Söhne fragen die Väter. Die Botschaft des Passah wird weitergegeben. Die Bezeugung der bewahrenden Gnade Gottes verbindet die Generationen. Wo dieses Zeugnis unterbrochen, menschlich verkürzt oder schwärmerisch erweitert wird, hört der Segen auf. Ob das bei uns das Problem der Generationenfrage ist? Haben wir Väter versagt und sind den Söhnen die Antwort schuldig geblieben? Das wäre hart, aber es entbindet uns nicht. Üben wir unsere Kinder im Glauben ein? Bezeugen wir ihnen das Evangelium? Oder überlassen wir sie in falsch verstandener Freiheit sich selbst? Nichts wäre folgenschwerer als das.

Israel wird an das Passah gewiesen. Es stellt sich darunter in Ägypten, in der Wüste, beim Einzug nach Kanaan, unter Hiskia und Josia sowie nach der Rückkehr aus Babel. Zuletzt nimmt es Jesus mit seinen Jüngern vor der Einsetzung des heiligen Abendmahls. Er knüpft dort an. Vom Passah bis zum großen Abendmahl in der Herrlichkeit ist eine Linie.

Das Volk Gottes fällt nieder und verneigt sich. Es betet an! Damit kehrt es als eben noch hadernde Gemeinde zum bindenden Glaubensgehorsam zurück. Gott sucht sein Volk heim. Es hört und gehorcht, weil es glaubt. Daran kommen auch wir nicht vorbei. Das Blut soll unser Zeichen sein.

Gott schafft Bahn
vor seinem Mann

Und zur Mitternacht schlug der Herr alle Erstgeburt in Ägyptenland vom ersten Sohn des Pharao an, der auf seinem Thron saß, bis zum ersten Sohn des Gefangenen im Gefängnis und alle Erstgeburt des Viehs. Da stand der Pharao auf in derselben Nacht und alle seine Großen und alle Ägypter, und es ward ein großes Geschrei in Ägypten; denn es war kein Haus, in dem nicht ein Toter war. Und er ließ Mose und Aaron rufen in der Nacht und sprach: Macht euch auf und ziehet weg aus meinem Volk, ihr und die Kinder Israel. Geht hin und dienet dem Herrn, wie ihr gesagt habt. Nehmt auch mit euch eure Schafe und Rinder, wie ihr gesagt habt. Geht hin und bittet auch um Segen für mich. Und die Ägypter drängten das Volk und trieben es eilends aus dem Lande; denn sie sprachen: Wir sind alle des Todes. Und das Volk trug den rohen Teig, ehe er durchsäuert war, ihre Backschüsseln in ihre Mäntel gewickelt, auf ihren Schultern. Und die Kinder Israel hatten getan, wie Mose gesagt hatte, und hatten sich von den Ägyptern silbernes und goldenes Geschmeide und Kleider geben lassen. Dazu hatte der Herr dem Volk Gunst verschafft bei den Ägyptern, daß sie ihnen willfährig waren, und so nahmen sie es von den Ägyptern zur Beute. Also zogen die Kinder Israel aus von Ramses nach Sukkoth, sechshunderttausend Mann zu Fuß ohne die Frauen und Kinder. Und es zog auch mit ihnen viel fremdes Volk, dazu Schafe und Rinder, sehr viel Vieh. Und sie backten aus dem rohen Teig, den sie aus Ägypten mitbrachten, ungesäuerte Brote; denn er war nicht gesäuert, weil sie aus Ägypten weggetrieben wurden und sich nicht länger aufhalten konnten und keine Wegzehrung zubereitet hatten. Die Zeit aber, die die Kinder Israel in Ägypten gewohnt haben, ist vierhundertunddreißig Jahre. Als diese um waren, an eben diesem Tage zog das ganze Heer des Herrn aus Ägyptenland. Eine Nacht des Wachens war dies für den Herrn, um sie aus Ägyptenland zu führen; darum sollten die Kinder Israel diese Nacht dem Herrn zu Ehren wachen, sie und ihre Nachkommen. Und der Herr sprach zu Mose und Aaron: Dies ist die Ordnung für das Passah: Kein Ausländer soll davon essen. Ist er ein gekaufter Sklave, so beschneide man ihn; dann darf er davon essen. Ist er aber ein Beisasse oder Tagelöhner, so darf er nicht davon essen. In einem Hause soll man es verzehren; ihr sollt nichts von seinem Fleisch hinaus vor das Haus tragen und sollt keinen Knochen an ihm zerbrechen. Die ganze Gemeinde Israel soll das tun. Wenn ein Fremdling bei dir wohnt und dem Herrn das Passah halten will, der beschneide alles, was männlich ist; alsdann trete er herzu, daß er es halte, und er sei wie ein Einheimischer des Landes. Aber ein Unbeschnittener darf nicht davon essen. Ein und dasselbe Gesetz gelte für die Einheimischen und den Fremdling, der unter euch wohnt. Und alle Kinder Israel taten, wie der Herr es Mose und Aaron geboten hatte. An eben diesem Tage führte der Herr die Kinder Israel aus Ägyptenland, Schar um Schar (2. Mose 12, 29–51).

Nichts ist so gewiß wie das, daß der Herr sein Wort wahr macht. Seine Drohungen sind nicht auf die leichte Schulter zu nehmen noch zu verharmlosen. Er bricht den Widerstand und schlägt den Verstockten spürbar. Mit Gott läßt sich nicht spielen. Wer ihn herausfordert, wird am Herzstück seines Lebens getroffen. Das ist schmerzhaft und hinterläßt Wunden. Wann lernen wir nur, daß mit diesem Herrn nicht zu spaßen ist? – Darin gleichen wir den Ägyptern. Wir reden über Gott und diskutieren, wer er sein könne und was er unterlassen habe. Dabei merken wir kaum, daß wir ihn schon längst verloren haben. Wir sind *gottlos* geworden.

Über Nacht kommen seine Gerichte. Wenn alles schläft und lacht, sich amüsiert und freut, schlägt er zu. Warnungen sind vorausgegangen. Daran hat es beim Pharao nicht gefehlt. Er hat sie alle übersprungen und unbeachtet abgeheftet.

Heute ist es noch genauso. Katastrophen erschüttern nur für einen Augenblick, und schon geht der Alltag weiter. Härten werden hingenommen und sind bald vergessen. Geschlagen kommen wir aus manchen Ereignissen heraus. Wir sind gerührt und getroffen zugleich. Aber sofort stellt sich die Frage ein, wie Gott das zulassen konnte. Damit haben wir bereits verloren, was der Herr wirken wollte. Nur wer den Dienst Gottes an seinem Leben durch Gericht und Gnade geschehen läßt, wird bewahrt und kommt ans Ziel. – Pharao hat das nie getan. Er zieht sich und sein Volk in das Gericht. – Wer den Herrn nicht ernst nimmt, erfährt, daß es ernst wird. Dann ist es zu spät. Das Gewitter zieht auf. Wer sieht schon darauf! Blitzschnell kommt die Entladung. Das Gericht beginnt.

1. Unerwartet getroffen

Zur Mitternacht schlägt der Herr zu. Niemand in Ägypten ahnt etwas von der Katastrophe. Am wenigsten sieht sie Pharao voraus. Er ist seiner Sache völlig sicher. Ihm vertraut das Volk, und er hat die Macht. Die Hebräer sind Sklaven und haben zu gehorchen. Daran haben Heuschreckenschwärme und Epidemien nichts geändert. Er bleibt, der er ist: ein Mensch im Übermut, der blind in sein eigenes Unglück läuft. Unbelehrbar geht er den Weg bis zum bitteren Ende.

Wie oft mag der Herr bei uns angefragt haben? Die Einsegnung mit dem Denkspruch ist uns nachgegangen. Das Wort des Trostes bei fiebernder Erkrankung hat uns nicht losgelassen. Die priesterliche Ermahnung aus echter geistlicher Vollmacht läßt sich nicht fortwischen. Der Zuspruch des heimgegangenen Vaters beschwert den Sohn. Wir wissen um solche Bremsklötze auf der schiefen Ebene ins Dunkel schreiender Verlorenheit. Warnschilder sind aufgestellt! Wer beachtet sie? Und schon ist das Unglück da. Schuld häuft sich auf Schuld. Nur wir bestreiten sie und meinen, Ruhe zu haben. Gottes Gerichte kommen zum Zeitpunkt größter menschlicher Sicherheit. Sie kommen, wenn kein Mensch von ihnen spricht und sie niemand für möglich hält. Sie brechen zu einer Stunde herein, in der sie niemand vermutet.

Zu solcher Stunde wird auch der Herr wiederkommen. Das ist dann für die einen die Stunde des Gerichtes. Sie kommt wie ein Dieb in der Nacht.

2. Ausnahmslos gerichtet

Das Sterben geht durch alle Familien Ägyptens. Mitten im Schlaf werden sie überrascht. Der einzige Sohn der Witwe liegt genauso tot wie der älteste Sohn einer geehrten und geschätzten Feldherrnfamilie. Den Arbeitern geht es nicht anders wie den Ministern. Der Zuchthäusler verliert den ersten Sohn ebenso wie der Kanzler. Selbst der Herrscher ist davon betroffen. Der Thronfolger liegt auf der Bahre. Im ganzen Lande ist kein Haus ohne einen Toten. Das bringt selbst der härteste Krieg nicht fertig. Im Zweiten Weltkrieg hat es Familien und Häuser gegeben, die keine Gefallenen- oder Vermißtenmeldung erhalten haben. In Ägypten gibt es in dieser Nacht so etwas nicht. Hinzu kommen die Verluste unter den Tieren der eigenen Herden. Der Aufschrei tiefen Schmerzes bewegt das Volk. Nach alten Berichten bestreichen die Ägypter am Passahtage ihre Schafe und andere Dinge mit roter Farbe, weil eine große Verwüstung an diesem Tage stattgefunden habe. Sie erinnern sich ihrer Niederlage. Das Volk ist an seinem Nerv getroffen. Wie viele gute Söhne und wie viele begabte Kinder mögen die Augen für immer geschlossen haben? – Warum müssen die braven, redlichen und geschätzten Kinder mit den Taugenichtsen sterben? »Denn es ist hier kein Unterschied; sie sind allzumal Sünder und mangeln des Ruhmes, den sie bei Gott haben sollten . . .« (Röm. 3, 23). Einziger Maßstab bleibt der Glaube an Jesus Christus, den Sohn Gottes. Wer an ihn glaubt, der hat das Leben. Dennoch wird mit dieser Frage niemand so leicht fertig. Sie quält uns immer wieder neu. Und doch bleibt es so!

Pharao läßt die Knechte Gottes rufen. Denen er noch eben verboten hat, niemals vor seine Tür und unter seine Augen zu kommen, die werden geholt. Die Verachteten müssen kommen. – Der Sterbende will gebrochenen Auges noch schnell den Pastor oder Prediger. Vorher hat er ihn abgewiesen. Jetzt soll er dabei sein. Ob es noch reicht? Oder ob die Stunde des Heils bereits vorbei ist?

Pharao ist hart gedemütigt, aber er wird dadurch nicht demütig. Er hält zwar um Fürbitte an, lehnt aber den Heiland und das Heil ab. Aus Furcht vor neuen Schlägen und Gerichten gibt der Ägypter Israel frei. Das befreit ihn nicht.

3. Treu bewahrt

Mitten in diesem Sterben vertraut Israel seinem Gott. Es weiß um das Gericht und wartet auf seine Stunde. Von den Hebräern schläft niemand. Die Türpfosten sind mit dem Blut des Passahlammes besprengt. Alles ist in den Häusern in gespannter Erwartung. Hier hat nur der Glaube das Wort. Die Stille vor dem Sturm hat eingesetzt.

Mitten in der Geborgenheit gläubigen Vertrauens wirkt sie unheimlich. Und schon bricht das Geschrei in den Häusern der Ägypter orkanartig auf.

Der Herr hat zugeschlagen. Israel ist bewahrt! Verstehen läßt sich das nicht. Gott klammert sein Volk aus. – In den Spannungen der Welt und unter den Schlägen der Diktatoren überlebt die Gemeinde Jesu. Sie bleibt bis an das Ende der Welt. Hier glaubt ihr niemand, aber er rechtfertigt sie an seinem Tag.

Es muß unnennbar schmerzlich und herzbewegend sein, die Nächsten, und seien es die Bedrücker, vor der Katastrophe zu sehen. Wer kann es mit ansehen, wenn jemand ins Feuer läuft, ohne ihn anzurufen, daß er umkehre. Gott hat das mehrmals bei Pharao und den Ägyptern getan. Sie haben nicht gehört. Jetzt muß Israel mit ansehen, wie der Herr straft. – Hier ist religiöse Romantik am Ende. Laufen wir nicht Gefahr, über allem Reden von der Barmherzigkeit und Liebe Gottes seine Heiligkeit und seine zürnende Gerechtigkeit zu verbergen? Wer nimmt ihn in seinem Zorngericht noch ernst? Wer sieht im Geschehen des Alltags und in den Spannungszentren der Welt den zürnenden Gott? Es braucht nur in Asien oder Afrika der Funke ans Pulverfaß gelegt zu werden, und ein neuer Weltbrand ist unvermeidlich. In den Gebieten des Rassenhasses braucht nur die Glut geschürt zu werden, und ein Brand bricht aus, dessen Ausmaße wir nicht übersehen. Dazu kommen soziale Unterschiede, Hungergebiete und Massenbewegungen, die die Völker in Atem halten. Die Unzulänglichkeit menschlichen Machtstrebens wird unübersehbar deutlich. Wir mühen uns ab mit sozialen Fragen und bekämpfen den Hunger sowie das sinnlose Töten in Vietnam, Biafra und anderswo. Das ist der Mühe und des Einsatzes wert. Das Eigentliche aber bleibt die Glaubensfrage, an der unsere Welt genesen wird oder stirbt. So sehen es hohe Beamte der Weltwirtschaftsorganisation in den Vereinten Nationen.

Wir haben uns daran gewöhnt, unter Spannungen zu leben. Nehmen wir den Herrn in seinem Zorn ernst? Bereits der Psalmist muß traurig und bedrückend über seine Zeitgenossen sagen: »Wer aber glaubt, daß du so sehr zürnest, und wer fürchtet sich vor dir in deinem Grimm?« (Ps. 90, 11). Wer denkt daran, daß er sterben muß, damit er klug wird! Das sind die wenigsten. Und doch können wir diesem Gott nicht ausweichen. Der Gott der Gnade ist auch der Gott des Gerichts.

4. Reich beschenkt

Den Ägyptern werden die Hebräer unheimlich. Sie beschenken sie mit Kostbarkeiten. Einige tun es aus Furcht, um sie loszuwerden. Sie haben Angst vor noch Schlimmerem. Wer kann es wissen! Um jeden Preis sollen sie gehen. Andere Ägypter sind von Gott in ihrem Herzen gelenkt worden, die Hebräer willig und ohne Vorbehalte zu beschenken.

Für die Israeliten läuft alles genau nach Gottes Verheißung und Befehl. Das macht sie getrost. Sie dürfen ins Land der Väter. Ihre Zeit in Ägypten ist abgelaufen. Sie werden abgeschoben. Von den Ägyptern werden sie förmlich genötigt, viel zu bitten und reichlich mitzunehmen. Mit großem Gut ziehen sie wie die Träumenden von Ramses in Gosen aus. Hier hat sich das Volk in der letzten schweren Zeit zum Abzug versammelt. Gosen hat Geschichte. Hier haben Jakobs Söhne mit ihren Herden die Dürre und Teuerung überlebt. Ihr Vater ist hier gestorben und von Joseph im Hain Mamre an der Seite der Väter beigesetzt worden.

5. Zum Auszug gedrängt

Wenn Gott den Weg freigibt, ist Verweilen nicht am Platze. Der Abzug der Hebräer vollzieht sich in aller Eile. Der rohe Teig wird in Mäntel gewickelt. Schafe und Rinder gehen mit. Pharao macht keine Vorbehalte mehr. Israel ist frei.

Wir können den Ägypter verstehen, daß er vor der Zahl besorgt war. Sechshunderttausend Hebräer ohne Frauen und Kinder machen bedenklich, eine Streitmacht, die Beachtung verdient. Unterwegs leben sie von dem ungesäuerten Brot, das sie in aller Eile mitgenommen haben. Mit den 430 Jahren ist angedeutet, daß die Zeit der Fremde zu Ende ist und die Verheißung sich zu erfüllen beginnt. Andere weisen darauf hin, daß bei dieser Angabe nur die Kinder Israel genannt seien, aber die Väter mit eingeschlossen werden müßten. Denn sie hätten sich von Abraham bis Mose in Ägypten öfter und länger als Fremdlinge aufgehalten. Von daher könnte gesagt werden, daß Israel 430 Jahre in Ägypten gewohnt habe. Das ist auch die Meinung des Galaterbriefes (vgl. Gal. 3, 17). Mit dieser Deutung stehen wir auf biblischem Grund. Darüber hinaus gibt es noch andere Auslegungsversuche. Beachtenswert ist, daß Israel auf einen Tag auszieht. Zur Erinnerung daran soll es alljährlich das Passah halten.

Mit ihm reist viel fremdes Volk, ein vermischter Haufe. Der Judas geht mit. Das bleibt so, wo Volk Gottes auf dem Wege nach Hause ist. Diese Tatsache darf uns nicht aufhalten und abhalten noch gefährden. Sie bewahrt uns vor Schwärmerei. In dieser Welt und unter uns gibt es nicht *reine, wahre Gemeinde* Jesu. Sie verkörpert sich weder in einer Institution oder Kirche noch in einem freien Verband oder einer einzelnen örtlichen Gemeinschaft. Wahre Gemeinde ist in der Vollendung erst bei ihm.

6. Im Passah verbunden

Während die Ägypter schwer leiden, ist es für den Herrn ein geringes gewesen, Israel aus den Händen der Bedrücker herauszubrechen. Eine Nacht hat er dazu gebraucht. So groß ist unser Gott! Für den weiteren Weg gibt er seinem Volk ganz konkrete Anweisungen zur Teilnahme am Passahmahl. Danach darf kein Unbeschnittener noch Angehöriger einer fremden Religion am Passah teilnehmen. Freiwillig muß er Zugang zum Gnadenbund als ein Beschnittener suchen. Das Mahl wird in einem Hause genossen und ist eine sakramentale Vereinigung. Israelitische Frauen sind den beschnittenen Männern gleich.

Im Passah ist der gekreuzigte Christus vorgebildet. Wenn es stimmt, was einzelne Ausleger annehmen, daß der Auszug an einem Freitag erfolgte, ist dort der Karfreitag, die wahre Erlösung, bereits abgeschattet.

Das Passahmahl des Volkes Gottes sowie das Abendmahl der Gemeinde Jesu haben zur Mitte den einen Herrn, der erlöst. So werden auch im heiligen Abendmahl Mann und Frau gleichgeachtet. Sie sind gerufen, würdig zu essen und zu trinken von dem Brot und aus dem Kelch, damit sie nicht schuldig werden am Leib und Blut des Herrn. Darum prüfe sich jeder selbst. Der Herr ist nahe!

In dieser letzten Verantwortung steht das Volk Gottes. Es geht um seine Missionsaufgabe. Deshalb darf am Passahmahl ein Fremder, ein Angehöriger eines anderen Volkes, nur teilnehmen, wenn er beschnitten ist. Israel ist missionsoffen. Es gehört dem Herrn, der als Schöpfergott alle Völker meint und mit seinem Wort das ganze Universum umschließt.

Abraham soll ein Segen sein für alle Völker. Gottes Verheißungen gehen über den engen Rahmen Israels hinaus. Die Propheten haben diese Weite stets gehabt. Elisa heilt den Feldhauptmann Naeman. Selbst das verschleppte hebräische Mädchen im Hause dieses höchsten syrischen Offiziers bekennt sich zu dem Herrn, dem die ganze Welt gehört. Es hat erfahren, daß Jahwe, der Gott ihrer Väter, kein Stammes- oder Volksgott ist, sondern ein Gott, der da lebt. Volksgrenzen und Sprachgebiete halten ihn nicht ab, sein Werk zu tun und an seinem Heilsweg zu bauen.

Es lohnt sich, den Missionsgedanken im Alten Testament aufzuzeigen. Das wäre eine Arbeit für sich, die uns neue Horizonte biblischen Denkens eröffnete.

Bedenken wir nur, daß mit den Hebräern viel fremdes Volk aus Ägypten zieht. Das ist ein Beweis dafür, daß dem Volk Gottes selbst in ägyptischer Gefangenschaft das Missionsbewußtsein nicht verlorengegangen ist. Es hat Ägypter aufgenommen, die durch die Strafgerichte Gottes wachgeworden sind. Aus Bedrückern sind Weggenossen und Glaubensgefährten geworden. – Sind das nicht neutestamentliche Tatbestände? Griechen haben den Wunsch, Jesus zu sehen. Ein Philippus hilft dem Finanzminister von Äthiopien zurecht. Paulus bekommt seinen Peiniger, den Gefängnisdirektor von Philippi, zum Bruder. Diese Reihe ließe sich fortsetzen.

Wenngleich diese mitziehenden Ägypter den Israeliten in der Wüste zur Gefahr geworden sind, bleibt doch bestehen, daß Mission der Urauftrag des Volkes Gottes ist und bleibt. Wo dieses Bewußtsein verlorengeht, herrscht der Tod. Das ist eine harte Konsequenz. Die Gemeinde Jesu hat sich ihr zu stellen.

Gott steckt den Weg ab
mit seinem Mann

Und der Herr redete mit Mose und sprach: Heilige mir alle Erstgeburt bei den Kindern Israel; alles, was zuerst den Mutterschoß durchbricht bei Mensch und Vieh, das ist mein. Da sprach Mose zum Volk: Gedenket an diesen Tag, an dem ihr aus Ägypten, aus der Knechtschaft, gezogen seid, denn der Herr hat euch mit mächtiger Hand von dort herausgeführt; darum sollst du nicht gesäuertes Brot essen. Heute zieht ihr aus, im Monat Abib. Wenn dich nun der Herr bringen wird in das Land der Kanaaniter, Hethiter, Amoriter, Hewiter und Jebusiter, das er dir geben wird, wie er deinen Vätern geschworen hat, ein Land, darin Milch und Honig fließt, so sollst du diesen Brauch halten in diesem Monat. Sieben Tage sollst du ungesäuertes Brot essen, und am siebenten Tage ist des Herrn Fest. Du sollst sieben Tage ungesäuertes Brot essen, daß bei dir weder Sauerteig noch gesäuertes Brot gesehen werde an allen deinen Orten. Ihr sollt euren Söhnen sagen an demselben Tage: Das halten wir um dessentwillen, was uns der Herr getan hat, als wir aus Ägypten zogen. Darum soll es dir wie ein Zeichen sein auf deiner Hand und wie ein Merkzeichen zwischen deinen Augen, damit des Herrn Gesetz in deinem Munde sei; denn der Herr hat dich mit mächtiger Hand aus Ägypten geführt. Darum halte diese Ordnung Jahr für Jahr zu ihrer Zeit. Wenn dich nun der Herr ins Land der Kanaaniter gebracht hat, wie er dir und deinen Vätern geschworen hat, und es dir gegeben hat, so sollst du dem Herrn alles aussondern, was zuerst den Mutterschoß durchbricht. Alle männliche Erstgeburt unter dem Vieh gehört dem Herrn. Die Erstgeburt vom Esel sollst du auslösen mit einem Schaf; wenn du sie aber nicht auslöst, so brich ihr das Genick. Beim Menschen aber sollst du alle Erstgeburt unter deinen Söhnen auslösen. Und wenn dich heute und morgen dein Sohn fragen wird: Was bedeutet das?, sollst du ihm sagen: Der Herr hat uns mit mächtiger Hand aus Ägypten, aus der Knechtschaft, geführt. Denn als Pharao hartnäckig war und uns nicht ziehen ließ, erschlug der Herr alle Erstgeburt in Ägyptenland, von der Erstgeburt des Menschen bis zur Erstgeburt des Viehs. Darum opfere ich dem Herrn alles Männliche, das zuerst den Mutterschoß durchbricht, aber die Erstgeburt meiner Söhne löse ich aus. Und das soll dir wie ein Zeichen auf deiner Hand sein und wie ein Merkzeichen zwischen deinen Augen; denn der Herr hat uns mit mächtiger Hand aus Ägypten geführt. Als nun der Pharao das Volk hatte ziehen lassen, führte sie Gott nicht den Weg durch das Land der Philister, der am nächsten war; denn Gott dachte, es könnte das Volk gereuen, wenn sie Kämpfe vor sich sähen, und sie könnten wieder nach Ägypten umkehren. Darum ließ er das Volk einen Umweg machen und führte es durch die Wüste zum Schilfmeer. Und Israel zog wohlgeordnet aus Ägyptenland. Und Mose nahm mit sich die Gebeine Josephs; denn dieser hatte den Kindern Israel einen Eid abgenommen und gesprochen: Gott wird sich gewiß euer annehmen; dann führt meine Gebeine von hier mit euch fort. So zogen sie aus von Sukkoth und lagerten sich in Etham am Rande der Wüste. Und der Herr zog vor ihnen her, am Tage in einer Wolkensäule, um sie den rechten Weg zu führen, und bei Nacht in einer Feuersäule, um ihnen zu leuchten, damit sie Tag und Nacht wandern konnten. Niemals wich die Wolkensäule von dem Volk bei Tag noch die Feuersäule bei Nacht (2. Mose 13, 1-22).

Gott weist sein Volk ein. Das gilt nicht nur für den Augenblick, sondern ist für Generationen bestimmt. Der Herr hat ein Recht an diesem Volk. Was wäre Israel ohne den Gott seiner Väter? Hat er seinem Volk nicht die Treue gehalten? Ohne Zweifel! Das bestätigt jedes Blatt seiner Geschichte. Abraham, Isaak und Jakob sind Urkunden der Treue des lebendigen Gottes. Morija und Pniel sind herausragende Marksteine in der Geschichte der Erzväter.

Abraham wird zum Gehorsam aus Glauben gerufen. Er bindet sich allein an die Verheißung und vertraut, daß Gott aus toten Gebeinen Leben erschaffen kann. Das rechnet ihm Gott zur Gerechtigkeit. Jakob, als Heimkehrer mit bösem Gewissen, ringt um den Segen Gottes, ohne den er nicht weiterleben kann. Als Betrüger mußte er vor seinem Bruder Esau fliehen. Als Betrogener kommt er zurück. Nichts ist bei ihm anders geworden. Die Zeit deckt begangene Schuld nie zu. Dennoch tun wir, als wäre es so. In diesen Trugschluß lassen sich Menschen immer neu verfangen. In dem Augenblick, wo sie sich unter den Röntgenaugen Gottes wissen, bricht sie wieder tödlich auf. Deshalb schreit Jakob: »Ich lasse dich nicht, du segnest mich denn!« (vgl. 1. Mose 32, 27). Ohne Vergebung kann er nicht mehr sein. Erst jetzt bekommt er den neuen Namen Israel (vgl. 1. Mose 32, 29). Aus dem, der mit Gott kämpft, wird einer, für den Gott streitet. Der Eine wird zum Volk, durch das und an dem der Herr handelt. Das weist die Geschichte Israels aus. Besonders sichtbar wird es durch die Befreiung aus ägyptischer Knechtschaft. Das soll unvergessen bleiben.

1. Zum Merkzeichen für Generationen

Das Gebot der Heiligung aller Erstgeburt unter Menschen und Vieh steht in innigster Verbindung zum Passah. Es wird am Erlösungstage dem Volk Israel mitgeteilt. Gott ordnet es an. Mose gibt das Gebot weiter. Beides, die Heiligung der Erstgeburt und das Passah, soll erst im Lande Kanaan befolgt werden. Dadurch wird aufs neue verbürgt, daß der Herr sein Volk ins verheißene Land bringt. Er gibt ihm sein Wort. Darauf kann Israel bauen und vertrauen.

Wir brauchen solche Tröstungen auf dem Wege, Leitplanken der vorauseilenden Liebe Gottes. Wie oft erfriert unser Glaubensmut in den Polarnächten menschlicher Selbstsucht. Oder aber unsere Retterliebe vertrocknet unter der grellen Wüstensonne alltäglicher Einöde. Entweder unterkühlt oder ausgetrocknet, so ziehen wir unseres Weges. Da bedarf es der auftauenden Wärme göttlicher Verheißungen und der labenden Frische erbarmender Tröstungen. Wer hätte das nicht schon in Notsituationen des eigenen Lebens erfahren!

Der Herr bindet uns an sein Wort. Mit ihm seilt er uns an, damit wir nicht abrutschen und stürzen, nicht abspringen und umkommen. Dieses Seil des Wortes reißt nie. Das Seil der Retterliebe Gottes liegt vor uns. Es ist zum Greifen nahe. Entscheidend bleibt, daß wir uns anbinden lassen. Angebundene kommen nach Hause.

Nichts anderes will der Herr hier. Er richtet Zeichen seiner unbegrenzten Macht und seiner unergründlichen Gnade auf. Das Passahfest erinnert Israel an die machtvolle Erlösung aus ägyptischer Unterdrückung. Es soll einmal im Jahr begangen werden. Dabei hat das Volk sich genau an die Vorschriften zu halten. Gottes Gebote sind verbindlich.

Durch die Heiligung aller männlichen Erstgeburt unter Menschen und Vieh soll das Volk nicht vergessen, wie der Herr die Ägypter unüberhörbar gestraft hat. Die gellenden Schreie der Betroffenen verhallen so schnell nicht. Israel ist bewahrt worden. Das darf es durch ein ganzes Jahr nicht vergessen. Deshalb soll es alle männliche Erstgeburt zum Gottesdienst aussondern. Sie gehört dem Herrn! Er hat sie wunderbar erhalten. Nur der Esel soll gegen ein Schaf losgekauft werden. Er ist unrein und damit ein Haustier, das Gott nicht geheiligt werden kann.

Wie schnell vergessen wir die bewahrenden Eingriffe Gottes in unseren Alltag! Er wartet auf unseren Dank oft vergeblich. Der Psalmist weiß davon, wenn er schreibt: »Das ist ein köstlich Ding, dem Herrn danken und lobsingen deinem Namen, du Höchster, des Morgens deine Gnade und des Nachts deine Wahrheit verkündigen« (Ps. 92, 2 f.). – »Denn unseren Gott loben, das ist ein köstlich Ding« (Ps. 147, 1). Sollten wir es hiermit nicht genauer nehmen? Der Segen bliebe nicht aus!

2. Den Kindern ein Zeugnis

Gottes Gebot will ernst genommen werden. Deshalb ist es für Israel lebenswichtig, daß es sich sehr genau daran hält. Besonders herausgestellt wird der siebente und letzte Tag. Er ist des Herrn Fest.

Die Kinder sollen mit dem Heilshandeln Gottes vertraut gemacht werden. Sie brauchen dazu die elterliche Belehrung und väterliche Handreichung. Woher sollen sie wissen, was der Herr an ihren Vätern getan hat? – Entscheidend wirkt das Vorbild der Eltern. Stehen sie gleichgültig und kritisch dem Wort und Handeln Gottes gegenüber, werden es die Kinder genauso halten.

In den eigentlichen Fragen lassen viele Eltern ihre Kinder weithin allein. Sie geben ihnen die Möglichkeit einer guten Schulbildung. Eisern sparen sie zum Studium ihrer Söhne und Töchter. Aus ihnen sollen tüchtige Leute werden. Das ist rühmlich und nicht zu verachten. Aber in der Heiligen Schrift wissen sie nicht Bescheid. Sie gehört wohl zum häuslichen Inventar, doch gebraucht wird sie nicht. Bibelworte und Liederverse sind nicht mehr gefragt. Was die Großmutter noch kann und weiß, hat die Tochter längst vergessen, und der Enkel gibt sich schon gar keine Mühe, es zu behalten.

Noch Martin Luther hat den Vätern im Katechismus eine Handreichung für ihre Kinder gegeben. Wenn der Sohn oder die Tochter fragt, was das sei, wenn Gott gebietet, daß wir nicht töten, ehebrechen oder stehlen sollen, legt Luther durch seine Erklärung dem Vater die Antwort in den Mund. Unsere Väter haben sich daran gehalten. Sie wußten um diese Verpflichtung und Verantwortung.

In schlichter und vollmächtiger Weise sollen bereits die Kleinsten in den größten göttlichen Geheimnissen unterwiesen werden. Die rechte Würdigung der Gnade Gottes ist Grund und Mitte aller häuslichen Unterweisung. Es geht um den Gehorsam der Eltern gegenüber Gottes Wort und Gebot. Vorbilder werden noch beachtet und ziehen an. Ein Kind redet dankbar von dem Glaubensklima seines Elternhauses. Niemand von uns kann gesegnete Vergangenheit im Elternhaus abstreifen. Wir leben mehr daraus, als wir es uns eingestehen.

Die Väter in Israel haben ihren Kindern die Befreiung aus ägyptischer Sklaverei weiterzugeben. Der Herr hat es getan. Ihm kommt Dank und Anbetung zu. Das hat ihr Zeugnis zu sein. – Wir haben nur einen Namen zu bekennen: Jesus Christus. Seine Erlösung sollen wir unseren Kindern bezeugen und glaubhaft vorleben. Dazu bedürfen wir des Heiligen Geistes. Der Apostel Paulus mahnt seinen geistlichen Sohn Timotheus: »Halt im Gedächtnis Jesum Christum!« (2. Tim. 2, 8). *Nur geistliche Väter können ihren Kindern geistlich vollmächtig begegnen.*

Der Herr hat das Passah und die Heiligung der Erstgeburt dem Volk Israel befohlen, weil er es zum Dank für die Erlösung aus ägyptischer Unterdrückung anhalten will. Sie soll einen so tiefen und nachhaltigen Eindruck auf den einzelnen des Gottesvolkes machen, daß er in allen Werken seiner Hände und in allen Absichten seiner Gedanken und Gespräche das Lob Gottes stets vor Augen hat. Ob die Bewahrung der israelitischen Erstgeburt in Ägypten nicht eine Abschattung der Gemeinde der Erstgeborenen (nach Hebräer 12, 23 und Offenbarung 14) ist?

Auf einen Mißbrauch der Denkzettel macht Jesus aufmerksam und tadelt ihn bei den Juden (Matth. 23, 5). Denn die Morgenländer pflegen die verschiedensten Erinnerungsstücke und Denkzettel an Hand und Stirn zu tragen. Sie sind teils eingebeizt oder eingebrannt, teils sind sie in Leinen- oder Papierstreifen eingeprägt. Das alles hat nichts mehr mit diesem Gebot zu tun. Es ist zum frommen Rummel geworden. Den verabscheut der Herr. Deshalb tritt der Sohn Gottes dagegen so energisch und bestimmt auf. Zeugnis den Söhnen zu sein, das heißt: Gehorsam zum Worte Gottes stehen und danach sein Leben einrichten und seinen Alltag ausrichten lassen. Das ist mehr als alles fromme Gehabe.

3. Umweg aus Erbarmen

Wen der Herr führt, den führt er ganz. – Israel ist aufgebrochen und auf dem Marsch nach Kanaan. Der nächste Weg geht über die Philisterstraße.

Auf ihr sind es nur einige Tagereisen, und das Volk ist am Ziel. Doch Gott wählt einen anderen Weg. Er führt es nach dem Roten Meer und von dort dem Sinai zu. Er hat dafür seine Gründe. Seine Umwege sind immer richtig, und er verfolgt damit eine bestimmte Absicht.

Israel soll geläutert und geprüft und Pharao mit seinem Heer gestraft werden. Darüber hinaus hat Mose für die Richtigkeit seines Weges und zur Stärkung seines Glaubens vom Herrn ein Zeichen bekommen. Danach soll das befreite Israel am Sinai opfern. Das steht noch aus (2. Mose 3, 12).

Zum anderen ist das Volk Gottes noch nicht kampftüchtig und kriegserfahren. Auch deshalb macht der Herr mit ihm einen Umweg. *Er fordert nie zu früh zuviel.*

Für uns scheinen Umwege verlorene Zeit. Aber Gott verliert durch seine Umwege mit uns keine Zeit. Im Gegenteil: Wir können nur gewinnen. Deshalb sollten wir den Führungen des Herrn mehr vertrauen und weniger fragen. Er übersieht den Weg und kennt uns. Er weiß, was wir tragen können und was er uns zumuten kann.

Gott bleibt bei seinem Volk. Er weicht nicht. – Geordnet, und nicht wie ein wilder Haufe zieht es seinen Weg. Bei ihm hat es anständig und zuchtvoll zuzugehen. Das erwartet der Herr von seinen Leuten. Wolken- und Feuersäule zeichnen seine Nähe. Er schützt sein Volk in Gefahren und leitet es Tag und Nacht. Darüber können die Gottlosen erschrecken, aber sein Volk wird getröstet. Ist es nicht dasselbe, wie wenn Jesus seiner Gemeinde verheißt, bei ihr zu sein alle Tage bis an der Welt Ende? Das macht sie getrost und läßt sie in den Stürmen der Zeiten aushalten. Der Herr ist gegenwärtig! Darin liegt alles: Weg und Ziel, Trost und Hilfe, Auftrag und Bewahrung.

Mit dem Volk Israel zieht seine Geschichte. Außer den Gebeinen Josephs werden auch die der anderen Patriarchen mitgenommen (Apg. 7, 16). Ohne sie ist Israel undenkbar. Deshalb steht es zu den Vätern und löst ihr Vertrauen ein. Wer mit ihnen bricht, zerbricht an ihnen. Er löst sich vom Segen Gottes. Das sollten wir gerade heute nicht übersehen. – Gottes Segen geht weiter auch ohne uns. Wer sich ihm überläßt, bleibt niemals allein! Das erfährt Israel. Und daran kommen auch wir nicht vorbei.

Gott steht fest
zu seinem Mann

Und der Herr redete mit Mose und sprach: Rede zu den Kindern Israel und sprich,
daß sie umkehren und sich lagern bei Pihachiroth zwischen Migdol und dem Meer,
vor Baal-Zephon; diesem gegenüber sollt ihr euch lagern. Der Pharao aber wird sa-
gen von den Kindern Israel: Sie haben sich verirrt im Lande; die Wüste hat sie einge-
schlossen. Und ich will sein Herz verstocken, daß er ihnen nachjage, und will meine
Herrlichkeit erweisen an dem Pharao und aller seiner Macht, und die Ägypter sollen
innewerden, daß ich der Herr bin. – Und sie taten so. Als es dem König von Ägypten
angesagt wurde, daß das Volk geflohen war, wurde sein Herz verwandelt und das
Herz seiner Großen gegen das Volk, und sie sprachen: Warum haben wir das getan
und haben Israel ziehen lassen, so daß sie uns nicht mehr dienen? Und er spannte sei-
nen Wagen an und nahm sein Volk mit sich und nahm sechshundert auserlesene Wa-
gen und was sonst an Wagen in Ägypten war mit Kämpfern auf jedem Wagen. Und
der Herr verstockte das Herz des Pharao, des Königs von Ägypten, daß er den Kin-
dern Israel nachjagte. Aber die Kinder Israel waren unter der Macht einer starken
Hand ausgezogen. Und die Ägypter jagten ihnen nach mit Rossen, Wagen und ihren
Männern und mit dem ganzen Heer des Pharao und holten sie ein, als sie sich gelagert
hatten am Meer bei Pihachiroth vor Baal-Zephon. Und als der Pharao nahe heran-
kam, hoben die Kinder Israel ihre Augen auf, und siehe, die Ägypter zogen hinter ih-
nen her. Und sie fürchteten sich sehr und schrien zu dem Herrn und sprachen zu
Mose: Waren nicht Gräber in Ägypten, daß du uns wegführen mußtest, damit wir in
der Wüste sterben? Warum hast du uns das angetan, daß du uns aus Ägypten geführt
hast? Haben wir's dir nicht schon in Ägypten gesagt: Laß uns in Ruhe, wir wollen den
Ägyptern dienen? Es wäre besser für uns, den Ägyptern zu dienen, als in der Wüste zu
sterben. Da sprach Mose zum Volk: Fürchtet euch nicht, stehet fest und sehet zu, was
für ein Heil der Herr heute an euch tun wird. Denn wie ihr die Ägypter heute sehet,
werdet ihr sie niemals wieder sehen. Der Herr wird für euch streiten, und ihr werdet
stille sein. Und der Herr sprach zu Mose: Was schreist du zu mir? Sage den Kindern
Israel, daß sie weiterziehen. Du aber hebe deinen Stab auf und recke deine Hand
über das Meer und teile es mitten durch, so daß die Kinder Israel auf dem Trockenen
mitten durch das Meer gehen. Siehe, ich will das Herz der Ägypter verstocken, daß sie
hinter euch herziehen, und will meine Herrlichkeit erweisen an dem Pharao und aller
seiner Macht, an seinen Wagen und Männern. Und die Ägypter sollen innewerden,
daß ich der Herr bin, wenn ich meine Herrlichkeit erweise an dem Pharao und an sei-
nen Wagen und Männern (2. Mose 14, 1-18).

Ein Volk im Aufbruch zu neuen Ufern – das ist Israel. Die Knechtschaft in
Ägypten ist vorbei. Was die Hebräer bisher bedrückt und belastet hat, gehört der Vergangenheit an. Ägyptische Oberaufseher und Arbeitsnormen
gibt es für das Volk Gottes nicht mehr. Angst vor unmenschlichen Quäle-
reien und Unterwürfigkeit aus steigender Furcht verdunkeln fortan keinen
Tag. Pharao hat keine Macht mehr über Israel. Es ist frei! Wird es seine
Freiheit recht nützen? Wie leicht kann sie mißbraucht werden? – Diese Gefahr läßt sich von vornherein nicht ausklammern, sondern bietet sich jeder-

zeit als Möglichkeit an. Ihr kann ein Volk nur entgehen, wenn es gehorsam bleibt. Israel leidet durch seinen Ungehorsam oder wird durch das vorbehaltlose Vertrauen zum Gott der Väter gesegnet.

Deshalb hält der spätere König Salomo um ein gehorsames Herz an. Darin liegt für ihn die Mitte seines Königtums. Uns fehlt der Wertmaßstab. Wir suchen Macht, Einfluß und Ehre. Weltgeltung ist das Zauberwort unter alten und jungen Völkern. Sie setzen sich selbst zum Maßstab und übersehen, daß der Herr die Maßstäbe setzt. Gott will Maßstab unseres Lebens sein. Deshalb hat er seinen Sohn, den einzigen Gehorsamen, für uns Rebellen und Umstürzler verbluten lassen. Das Kreuz ist das Zeichen unserer sinnlosen Empörung und unseres selbstmörderischen Protestes gegenüber dem berechtigten Eigentumsanspruch Gottes. Es ist aber auch das Zeichen rettender Barmherzigkeit aus flutartig steigender Schuld. Unsere Jahreskonten sind im Haushaltsplan unseres Lebens in jeder Sparte billionenfach überzogen. Die Verlustrechnung läßt sich zahlenmäßig nicht mehr erfassen. Der Tod ist der Sünde Sold. Eine erschreckende Bilanz. Deshalb gibt es nur einen Weg. Alle unsre überzogenen Lebenskonten dürfen wir Jesus Christus übergeben. Fortan leben wir auf Kosten seines Kontos, das nie überzogen wird. Sein Blut macht hell uns und rein. Wir sind erlöst, versetzt aus dem Reich der Finsternis in das Reich seines lieben Sohnes. Durch seinen Gehorsam haben wir das Leben.

Israel ist soweit frei, wie es dem lebendigen Gott gehorcht. Darin hat es sich zu üben und zu bewähren.

1. Unter weiser Führung

Das Volk Gottes ist auf dem Vormarsch. Es steht unter dem persönlichen Kommando Gottes. Er hat seinen Plan mit Israel.

Wir werden nach Plan geführt. Das ist oft nicht durchsichtig. Uns fehlt die Übersicht. Manches Mal überschlagen sich verwirrend die Ereignisse. Das Siechtum der Mutter paßt nach unseren Vorstellungen nicht in die Planquadrate göttlicher Führung. Ebenso verstehen wir den tödlichen Herzinfarkt eines kinderreichen Vaters nicht. Verschleiert bleibt uns die fortschreitende Geisteskrankheit eines hochbegabten, hoffnungsvollen Sohnes. Wir stehen fragend vor den Folgen eines unverschuldeten Verkehrsunfalles. Selbst ein längeres Krankenlager überschattet unser Vertrauen, daß Gott keine Fehler mache. – Und doch führt der Herr.

Er hat seinen Plan mit uns. Wer würde nicht an jenes Lied erinnert, das mit dem Leben Marion von Klots bis in ihre frühe Todesstunde aufs engste verflochten bleibt:

Du weißt den Weg ja doch, du weißt die Zeit,
dein Plan ist fertig schon und liegt bereit.
Ich preise dich für deiner Liebe Macht,
ich rühm die Gnade, die mir Heil gebracht.

Sie hat mit diesen Versen von Hedwig von Redern ein ungeteiltes Ja zur Wegführung Gottes in ihrem Leben gesagt. Andere durfte sie mit diesen Versen auf ihrer letzten Wegstrecke im Zentralgefängnis in Riga trösten. Am 22. Mai 1919 wurde sie zum letzten Gang aufgerufen. Mitgefangene hörten sie flüstern: »Jetzt nur nicht schwach werden!« Dann fiel der Schuß. Wenige Minuten später kamen die Befreier. Unter ihnen befanden sich Marions Brüder. Sie standen vor dem Leichnam der Schwester.

Du weißt, woher der Wind so stürmisch weht,
und du gebietest ihm, kommst nie zu spät;
drum wart ich still, dein Wort ist ohne Trug,
du weißt den Weg für mich – das ist genug.

Darin lernt niemand aus. Gottes Führung? Wer versteht sie? Dem Geführten enthüllt sie sich Schritt für Schritt. Sie ist Geschenk der Treue Gottes. Niemand hat sie auf Vorrat. Gottes Führungen in unserem Leben lassen sich nur erglauben. Er weiß den Weg für uns; das ist genug! – Israel wird es auch erfahren.

2. Mit Blindheit geschlagen

Gott gebietet und weist den Weg. Nachdem sich das Volk bereits südöstlich gewandt hat, soll es jetzt in östlicher Richtung weitermarschieren. Mit diesem Kurswechsel hat der Herr etwas ganz Bestimmtes vor. Vorerst scheint es ein Umweg. Warum nicht gerade auf das Ziel zugehen? – Das wäre unsere Meinung. Gott ist weder mit Israel noch mit Pharao fertig. Beide sind in seiner Hand. Obgleich sich der ägyptische Herrscher gegen solche Feststellung energisch zur Wehr setzen würde, bleibt es dennoch so. Pharao ist ein Mächtiger ohne letzte Macht, ein Mann ohne Vertrauen. Hinterlistigkeit und Lüge sind seine ständigen Partner. Er sieht in dem befohlenen Täuschungsmanöver der Hebräer den willkommenen Anlaß einzugreifen. Dazu mobilisiert er seine Elitetruppen sowie sämtliche kampffähigen Männer Ägyptens mit ihren Streitwagen. Er mißtraut jedem, weil er dem Herrn nicht vertraut.

Arme Leute, denen Mißtrauen einzige Speise ist! Sie verbittern und säen Verbitterung. Jede echte Freude ist bei ihnen eingefroren. In ihrer Nähe bekommt jeder das Frieren. Fortwährend fürchten sie, überspielt zu werden. Sie gehen zugrunde an ihrem Mißtrauen. Ihre Zahl ist größer, als wir meinen. Womöglich gehören wir selber dazu.

Warum treten wir in unserer Jugendarbeit auf der Stelle? Warum drehen wir uns in unseren Gemeinschaften und Stadtmissionen dauernd im Kreise? Warum geschehen keine Bekehrungen unter uns? Warum passiert so wenig in der Seelsorge? Im Grunde genommen ist es unser Mißtrauen gegenüber dem Wort Gottes, unsere Kritik an den Brüdern, unser frommes Geltungsbedürfnis. Wir sind die Bremser! Wann lassen wir uns endlich umschulen?

Jesus braucht keine notorischen Bremser, sondern Läufer, die auf der Aschenbahn des Glaubens in der Zielgeraden alle Kräfte einsetzen.

Pharao ist blind für solche Sicht. Er bleibt verstockt. Der Herr vollstreckt, wonach er gelebt hat. Wer ohne Gott lebt, stirbt auch ohne ihn. Für ihn wird Zukunft zum Gericht.

3. Auf alte Wege einschwenken

Nachdem Israel seinen befohlenen Standort bezogen hat, ist Pharao bereits mit seinem Heer unterwegs. Das Volk Gottes ahnt noch nichts. Es wähnt sich geborgen. Denn zu beiden Seiten ragen unüberwindliche Bergketten auf. Und vor dem Volk das Meer.

Doch Israel befindet sich in der Falle. Pharao kann es gar nicht günstiger treffen. Er denkt, die Hebräer hätten sich von den Philistern erschrecken lassen. Darauf wären sie auf einen verkehrten Weg geraten. Womöglich hat der Gott der Väter sie verlassen. Was er auch denken mag, jedenfalls hält Pharao die Gunst der Stunde für gekommen. Er will die Arbeitskräfte zurückhaben. Dazu ermutigen ihn auch seine Minister.

Gemeinde Jesu steht fortwährend unter Beobachtung ihrer Gegner. Sie stellen ihre Horchposten auf und lassen ihre Beobachtungsstände besetzen. Jedes Stäubchen sehen sie, und jedes leise Murren wird von ihnen wahrgenommen. Wie oft haben sie zum letzten Sturm geblasen und der Gemeinde Jesu die Todesurkunde bereits ausgestellt! Aber sie hat jeden Sturm überdauert. Ihre Gegner sind gefallen. Das wird so bleiben bis an das Ende der Welt. Was auch kommen mag, Gemeinde Jesu ist geborgen.

Diese Gewißheit hatte Israel nicht. Als dem Volk Gottes die Gefahr deutlich wird, klagt es Mose an. Sie murren und schimpfen lautstark. Ihr Blick geht zurück. Wären wir doch . . .! Hätten wir nur nicht . . .!

So und ähnlich beginnen auch bei uns Anklage und Kritik. Wir klagen über den Pastor und beschimpfen den Stadtmissionar. Es ist so leicht und tut gar nicht weh, den anderen zu beschimpfen. Ein Sündenbock muß her! Hier ist es Mose. Weil er dem Herrn gehorsam ist, wird er beschimpft. Um der Fetttöpfe in Ägypten willen würde Israel in der Stunde der Gefahr die Sklaverei der Freiheit vorziehen.

Wir sind nicht anders. Das Gesangbuch oder die Weltanschauung wechseln wir wie das Hemd, wenn davon Beförderung im Beruf, Umsatzsteigerung im Geschäft und Sicherheit fürs Alter abhängen. Im Grunde genommen bleiben wir arme Leute. Wir verkommen im Wohlstand.

Israel will zurück, aber der Herr hält es. Der Weg zurück ist ihm durch Pharaos Heer abgeschnitten. Die Gebirgszüge verhindern ein Ausweichen zur Seite. Es kann nur bestehen, wenn es dem Herrn vorbehaltlos vertraut. Der Aufblick nach oben ist der Ausbruch nach vorne.

4. Die Gefahr bewußt vor Augen

Wird Israel auf das vollmächtige und tröstende Wort des Beauftragten Gottes hören? Mose stellt sich der Anklage in den Weg. Er rechtfertigt sich nicht, sondern tröstet und mahnt. Er ist ganz Knecht, Priester und Hirte zugleich. Das Volk ist verwirrt. Es sieht nur die Gefahr. Das ist ein teuflischer Trick.

Wir können auf Gottes Wegen in Not kommen, aber uns wird geholfen. Dabei erfahren wir, daß er der Herr ist, dem kein Ding unmöglich bleibt. Er führt in keine Prüfung mit fraglichem Ausgang, sondern bewahrt in allen Gefahren. Seine Umwege mit uns sind stets Schulungswege.

Mose kann seinem Volk sagen: Seid ihr nur still, Gott macht schon alles! Das ist keine stumme Ergebenheit in ein vorgefundenes Geschehen, sondern verstärktes Vertrauen in die grenzenlosen Möglichkeiten der Retterliebe Gottes.

Fürchtet euch nicht, stehet fest und sehet zu! Ein seelsorgerlicher Aufruf! Die Angst ist unter uns noch nicht ausgestorben. Sie bricht ein wie ein Dieb in der Nacht. In verstärktem Maße tritt sie dort auf, wo der Glaube schwindet.

Israel ist in der Angst. Alles Gute hat es aus der Hand Gottes gegen seinen Willen bekommen. Es soll die Augen offenhalten. Der Herr tut Großes! Wo er handelt, haben wir zu schweigen und auf seine Befehle zu hören. Er ist am Werk.

5. Der Zusage gewiß

Mose steht in innerem Gebetskampf. Er schreit zu Gott, während er das Volk tröstet. Ihm bleibt in solcher Stunde nichts, als daß er den gegebenen Verheißungen vertraut. Nur so überwindet er. Luther meint, hier ein Beispiel zu haben, wie der Glaube kämpft, zappelt und schreit in gefahrvollen Nöten.

Der Herr weist seinem Knecht den Weg. Mitten im Gebet wird er zur Tat gerufen. Die Hilfe ist da! Mose hat zu stehen, weil Gott zu ihm steht. Er ist der Fels in der Brandung. An ihm brechen sich die Wogen der Anklage und der Klage. Durch ihn will der Herr erretten und vernichten.

Vor den Augen des Volkes soll sich am Weg Pharaos die Herrlichkeit Gottes erweisen. Herr ist nur einer, der Gott Abrahams, Isaaks und Jakobs, der Heiland der Welt.

Mose weiß mehr! Er ist gewiß, daß der Herr recht behält. Das allein tröstet – auch heute noch!

Gott errettet
durch seinen Mann

Da erhob sich der Engel Gottes, der vor dem Heer Israels herzog, und stellte sich hinter sie. Und die Wolkensäule vor ihnen erhob sich und trat hinter sie und kam zwischen das Heer der Ägypter und das Heer Israels. Und dort war die Wolke finster, und hier erleuchtete sie die Nacht, und so kamen die Heere die ganze Nacht einander nicht näher. Als nun Mose seine Hand über das Meer reckte, ließ es der Herr zurückweichen durch einen starken Ostwind die ganze Nacht und machte das Meer trocken, und die Wasser teilten sich. Und die Kinder Israel gingen hinein mitten ins Meer auf dem Trockenen, und das Wasser war ihnen eine Mauer zur Rechten und zur Linken. Und die Ägypter folgten und zogen hinein ihnen nach, alle Rosse des Pharao, seine Wagen und Männer, mitten ins Meer. Als nun die Zeit der Morgenwache kam, schaute der Herr auf das Heer der Ägypter aus der Feuersäule und der Wolke und brachte einen Schrecken über ihr Heer und hemmte die Räder ihrer Wagen und machte, daß sie nur schwer vorwärts kamen. Da sprachen die Ägypter: Laßt uns fliehen vor Israel; der Herr streitet für sie gegen Ägypten. Aber der Herr sprach zu Mose: Recke deine Hand aus über das Meer, daß das Wasser wiederkomme und herfalle über die Ägypter, über ihre Wagen und Männer. Da reckte Mose seine Hand aus über das Meer, und das Meer kam gegen Morgen wieder in sein Bett, und die Ägypter flohen ihm entgegen. So stürzte der Herr sie mitten ins Meer. Und das Wasser kam wieder und bedeckte Wagen und Männer, das ganze Heer des Pharao, das ihnen nachgefolgt war ins Meer, so daß nicht einer von ihnen übrigblieb. Aber die Kinder Israel gingen trocken mitten durchs Meer, und das Wasser war ihnen eine Mauer zur Rechten und zur Linken. So errettete der Herr an jenem Tage Israel aus der Ägypter Hand. Und sie sahen die Ägypter tot am Ufer des Meeres liegen. So sah Israel die mächtige Hand, mit der der Herr an den Ägyptern gehandelt hatte. Und das Volk fürchtete den Herrn, und sie glaubten ihm und seinem Knecht Mose (2. Mose 14, 19–31).

Die Hebräer sind in der Zange. Der Ägypter hat offenbar seine große Stunde. Der Angriff ist so angelegt, daß es kein Entweichen gibt. Äußerlich spricht alles für ihn. Das Volk Gottes hat Grund, sich zu ängstigen. Mose wird es in dieser Stunde schwer gehabt haben, mit seinen Landsleuten zu reden. Er kann nur weitersagen, was der Herr ihm gesagt hat. Wird das reichen?

Wer dem Wort Gottes nichts mehr zutraut, kann kein Bote sein. Er sieht nur das Vordergründige, die Stunde der Gefährdung, das Durchbrechen der Angst. Ihm entgeht die Tiefenperspektive des Gnadenhandelns Gottes. Die Verheißungen sind ihm verdunkelt, gesegnete Vergangenheit ist ihm verschüttet, und der tröstende Blick in die Zukunft wird ihm verwehrt. Was soll er tun? Es gibt nur eine Möglichkeit: sich neu den Gnadenverheißungen Gottes anzuvertrauen.

Israel muß sich in dieser Stunde seinem Herrn stellen. Er legt Kurzprüfungen ein, so wie Schüler urplötzlich vor die Tatsache einer Klassenarbeit gestellt werden. Hier muß sich beweisen, ob man den Stoff beherrscht. Israel hat in diesem Augenblick zu zeigen, ob es sich vorbehaltlos der Herrschaft Gottes unterstellt und ihm bedingungslos vertraut. Es muß den Blick von der Gefahr fort zum Herrn richten. Wer die Gefährdung im Straßenverkehr, im hochtechnisierten Industriebetrieb, im elektrifizierten Haushalt dauernd vor Augen hat, sieht leicht nur die Gefährdung und nicht den Schützer. In dieser Welt der Raketen, Weltraumstationen und Mondflüge sind wir solange unsterblich, wie Gott es will. Nicht weniger und nicht länger! Unsere Zeit steht in seiner Hand.

Israel ist dabei, vorwärts zu schreiten. Mose steckt den Weg ab. Der Herr aber handelt.

1. Höhere Strategie

Mit königlicher Gelassenheit befiehlt und wirkt der Herr. Für ihn gibt es keine unlösbaren Situationen. Seine Pläne sind fertig und liegen zur Ausführung bereit. Er braucht für seine Schutzmaßnahmen keine bestimmte Mobilmachungszeit, kein großes Aufmarschgelände, keine schweren Waffen, keine Panzerspitzen, keine Bomberflotte und keine psychologische Kriegsführung. Bei ihm genügt eine Handbewegung, und schon ist es passiert.

Der Engel Gottes wird von vorne nach hinten beordert. Die Wolkensäule legt sich zwischen das Heer der Ägypter und den Heerbann Israels. Auf der Seite der Ägypter ist sie finster, den Israeliten leuchtet sie. Dadurch kommen die Ägypter nicht näher an die Hebräer heran.

Ist so etwas möglich? Für die »aufgeklärten Leute« gibt es keine Engel. Sie sind Fabelgestalten. Im Märchen haben sie ihre Heimat. In Kinderstuben werden sie angeboten. Dort finden sie auch ihre Abnehmer. Wer glaubt im Zeitalter der Weltraumfahrt noch an solche Wesen? Wir sind so hochgradig intellektualisiert und so stark rational orientiert, daß wir die Verbindung zur Welt Gottes anscheinend völlig verloren haben. Nein, für göttliche Wirklichkeiten ist bei uns kein Raum. Glaube spielt sich unter uns weithin in der Sphäre des Intellekts und in rationaler Begrenzung ab. Dabei wird er zum sozialen Werk und zur revolutionären Idee, mehr nicht.

Das aber ist totaler Ausverkauf der ganzen Wirklichkeit. Für den, der dem Wort Gottes vorbehaltlos vertraut, ist die Engelwelt Gottes keine Frage.

Dem Erzvater Jakob begegneten die Engel Gottes. Er sah sie auf der Himmelsleiter auf und nieder steigen (1. Mose 28, 12; 32, 2). Ähnliches sagt Jesus über sich selbst (Joh. 1, 51). Von ihnen ist in der Berufungsgeschichte des Propheten Jesaja die Rede (Jes. 6, 2 ff.). Die Psalmen bestätigen es (Ps. 103, 20; 104, 4 u. a.). In der Versuchungsgeschichte (Matth. 4, 6) anerkennt der Satan das Engelheer Gottes. Er verweist den Sohn Gottes auf Psalm 9, 11, 12, daß die Engel Befehl hätten, ihn zu schützen und zu bewahren. Dem ist so! Denn am Ende der satanischen Versuchung in der Wüste treten die Engel zu Jesus und dienen ihm (Matth. 4, 11). Von ihnen redet der Sohn Gottes selber. Wer ihn vor Menschen bekenne, den werde er vor den Engeln Gottes bekennen (Luk. 12, 8). Es werde Freude vor den Engeln Gottes sein über einen Sünder, der Buße tue (Luk. 15, 10). Überdies bekennt Paulus, daß ihm in der Nacht ein Engel Gottes begegnet sei und ihn gewiß gemacht habe, daß sie auf dem Schiff beim Sturm im Mittelmeer nicht umkämen (Apg. 27, 23). Ebenso erhält der römische Hauptmann Kornelius durch einen Engel Gottes eine Anweisung (Apg. 10, 3 ff.).

In diesem Zusammenhang könnten noch viele Stellen aus dem Alten und Neuen Testament angeführt werden. Dieses Thema ist einer exakten biblischen Untersuchung wert. Der Leser möge sich selber an Hand der Heiligen Schrift darin vertiefen. Er wird staunend und anbetend vor dieser Wirklichkeit stehen.

Gott handelt, obgleich Israel davon zunächst noch nicht viel merkt. Er ist der Herr, dem die Engel dienen und die Elemente gehorchen. Das Volk Gottes braucht sich nicht zu fürchten. Mit einem Engel und einer Wolkensäule hält der Herr den Pharao mit seinen sieggewohnten und kampferprobten Kriegern auf. Mit einer Handbewegung hält er sie in Schach. Wie klein wirkt die aufgeblasene Macht des Menschen!

Deshalb brauchen wir uns im Kleinkrieg des Alltags nicht zu fürchten. Der Herr ist unser Gott.

2. Gelenkte Flucht

Neben den Engeln bedient er sich seiner Knechte. Durch sie gestaltet er zum Schutz und Heil seines Volkes. Ihnen erweist er seine Vatertreue. Er steht zu ihnen, und sie dürfen dienen.

Israel hat so einen Knecht. Mose ist ein Mann nach dem Herzen Gottes. Mit ihm redet der Herr. Ihm gibt er genaue Anweisung, was zu tun ist. Er verpflichtet ihn auf seine Zusagen. Mose handelt unter Gottes Rückendeckung.

Anders ist das Handeln seiner Kinder nicht möglich. Wir können nur unter dem Schutz Jesu dienen. Sein Blut deckt uns ab gegenüber den Todespfeilen und Giftwolken des Satans. Seelsorge ohne den Schutzschild der Heilszusagen Jesu wird zum medizinischen Experiment und ist im besten Sinne eine psychotherapeutische Übung oder ein psychologischer Versuch. Seelsorge hat immer unter dem Kreuz zu geschehen, der Retterwirklichkeit des gekreuzigten Sohnes Gottes.

Unterm Kreuz ist Friede,
da floß Jesu Blut;
seine Sünderliebe
kommt auch mir zugut.

Will der Feind mich schrecken,
macht die Sünd mir Not:
Jesus wird mich decken;
mir bringt Sieg sein Tod.

Die ausgestreckte Hand des Mose über dem Meer ist mehr als ein Symbol. Sie ist verwirklichter Glaubensgehorsam des Knechtes Gottes, verleiblichte Inanspruchnahme zugesagter Rettung. Die Hand über dem Meer schlägt den Weg zur Flucht frei, sprengt den Kessel tödlicher satanischer Umklammerung. Die Stunde vernichtender Gefährdung wird zum Augenblick machtvoller Errettung.

Da die Zeit erfüllt war, sandte Gott seinen Sohn, um uns aus der erstickenden und mörderischen Umarmung der Sünde zu befreien (Gal. 4, 4; Eph. 1, 10). Er hat uns erlöst, damit wir im Glauben die Kindschaft empfangen. Er ist für uns zum Fluch geworden. Wir sind frei vom Gesetz. Denn er ist des Gesetzes Erfüllung. Das ist verbindliche Nachricht, gute Botschaft, rettendes Evangelium.

Das Meer der Sünde ist geteilt. Es darf die nicht verschlingen, die unter dem Lichtschatten des Kreuzes Jesu gehen. Sie stehen dem Vaterherzen Gottes nahe. Sie haben den Anziehungsbereich ihres eigenen Ichs verlassen, sind aus der sich verdichtenden Atmosphäre der Selbstsucht durch die Schubkraft der Erlösungstat Jesu herausgeschossen worden in eine sich stets verkürzende Umlaufbahn um den Erlöser, die heilige Dreieinigkeit, den Vater und den Sohn und den Heiligen Geist. Am Ende werden sie bei ihm sein allezeit.

Das Meer der Angst, der Verzweiflung, des Leides und des Todes ist geteilt. Hinter Jesus her dürfen wir trockenen Fußes hindurchgehen. Nur: Wir müssen es wagen! Wie oft bleiben wir zagend stehen, anstatt glaubensgetrost zu gehen. Dabei darf es auch uns gelten: Nichts kann uns scheiden von der Liebe Gottes, nicht Angst noch Leid, nicht Verfolgung noch Hunger, nicht Ungerechtigkeit noch Armut.

Wie eine Mauer steht das Meer zu beiden Seiten. Israel zieht hindurch, während der Herr das Heer der Ägypter im Auge behält. Unsere Feinde stehen unter strenger Bewachung. Sie dürfen keinen Schritt weiter, als Gott es zuläßt. Genügt uns das nicht? Der Herr sieht auf das Heer unserer Feinde. Wir bleiben geborgen unter seiner Hand und kommen gewiß ans andere Ufer.

3. Vernichtendes Gericht –
durchbrechender Glaube

Bei den Ägyptern setzt sich verspätete Einsicht durch. Am liebsten würden sie fliehen, als sie merken, daß der Herr gegen sie steht. Ihre Wagen klemmen, so daß sie nur schwer vorankommen. Die Zügigkeit der Verfolgung des Sklavenvolkes ist gestoppt.

Aufgeben wäre Rettung für die Ägypter. Aber der Weg zurück ist ihnen verriegelt. Und vor ihnen wartet das Gericht. Pharao hat bis zum bitteren Ende zu gehen. Persönliche Eitelkeit, steigender Machtrausch und wachsende Gottlosigkeit haben ihn blind gemacht für die Wirklichkeit. Er ist verstockt. Und Gott überläßt ihn seiner eigenen Torheit und seinem selbstmörderischen Wahn. Die Mauern der Vernichtung sind bereits aufgerichtet. Was für den einen Rettung aus tödlicher Gefahr ist, wird dem anderen zum Gericht. Schrecklich ist es, in die Hände des lebendigen Gottes zu fallen (Hebr. 10, 31). Hieraus gibt es kein Entweichen.

Wir meinen uns versetzt in die Nächte der Bombardements des Zweiten Weltkrieges. Was konnten wir tun? Nichts als abwarten. Das ist ein unheimlicher Zustand. Auf die Dauer kann niemand ihn ertragen, ohne daran zu Grunde zu gehen. Deshalb können wir nur aufrichtig mit Philipp Friedrich Hiller beten:

Laß mir keinen Tag vergehen,
daß ich jenen Tag vergiß,
wo man vor Gericht soll stehen;
er kommt eilend und gewiß.
Weh da, wen du wirst verfluchen!
Die Verfluchten leiden Pein.
Wohl den Seelen, die dich suchen;
denn du willst Vergelter sein!

Als der letzte Israelit seinen Fuß aufs andere Ufer setzt, befindet sich auch der letzte Ägypter zwischen den Gerichtsmauern. Mose reckt seine Hand aus über das Meer. Wie ein Fallbeil rasen und stürzen die Wassermassen auf die Ägypter, so daß sie alle ertrinken. Für sie gibt es keine Flucht. Im Gegenteil: Sie laufen den Wassermassen entgegen. Das ist ihr sicherer Tod.

Auch Judas konnte nicht mehr zurück. Für ihn war die Stunde der Umkehr verpaßt.

Demgegenüber bricht bei dem Volk Gottes der Glaube durch. Es fängt an, den Herrn zu fürchten. Er ist wahrhaftig der Mächtige! Eben noch haben sie gebebt und gezittert vor der Kriegsmacht Ägyptens, und jetzt ist sie durch die Hand Gottes vom Tisch gefegt.

Messen wir den Machthabern dieser Welt nicht zuviel Bedeutung zu? Wir haben Angst vor ihren Möglichkeiten und vergessen, daß Gott stärker ist als alle Mächtigen der Erde zu allen Zeiten. Er bedient sich ihrer und verwirft sie. Sie sind wie Wassertropfen am Eimer, wie Sandkörner in seiner hohlen Hand. Wenn der Wind darüber weht, sind sie nicht mehr da, die kleinen Gernegroße und die armen Gewaltigen.

Volk Gottes kann ganz getrost sein. Er ist da, der gerecht macht. Es darf ihm und seinem Knecht vertrauen. Gemeinde Jesu steht unter dem großen Hirten der Schafe, Jesus. Sie geht seinem Tag entgegen. Das ist das andere Ufer.

Gott reizt zum Lob
über seinen Mann

Da sangen Mose und die Kinder Israel dies Lied dem Herrn und sprachen: Ich will dem Herrn singen, denn er hat eine herrliche Tat getan, Roß und Mann hat er ins Meer gestürzt. Der Herr ist meine Stärke und mein Lobgesang und ist mein Heil. Das ist mein Gott, ich will ihn preisen, er ist meines Vaters Gott, ich will ihn erheben. Der Herr ist der rechte Kriegsmann, Herr ist sein Name. Des Pharao Wagen und seine Macht warf er ins Meer, seine auserwählten Streiter versanken im Schilfmeer. Die Tiefe hat sie bedeckt, sie sanken auf den Grund wie die Steine. Herr, deine rechte Hand tut große Wunder, Herr deine rechte Hand hat die Feinde zerschlagen. Und mit deiner großen Herrlichkeit hast du deine Widersacher gestürzt; denn als du deinen Grimm ausließest, verzehrte er sie wie Stoppeln. Durch dein Schnauben türmten die Wasser sich auf, die Fluten standen wie ein Wall; die Tiefen erstarrten mitten im Meer. Der Feind gedachte: Ich will nachjagen und ergreifen und den Raub austeilen und meinen Mut an ihnen kühlen. Ich will mein Schwert ausziehen, und meine Hand soll sie verderben. Da ließest du deinen Wind blasen, und das Meer bedeckte sie, und sie sanken unter wie Blei im mächtigen Wasser. Herr, wer ist dir gleich unter den Göttern? Wer ist dir gleich, der so mächtig, heilig, schrecklich, löblich und wundertätig ist? Als du deine rechte Hand ausrecktest, verschlang sie die Erde. Du hast geleitet durch deine Barmherzigkeit dein Volk, das du erlöst hast, und hast sie geführt durch deine Stärke zu deiner heiligen Wohnung. Als das die Völker hörten, erbebten sie; Angst kam die Philister an. Da erschraken die Fürsten Edoms, Zittern kam die Gewaltigen Moabs an, alle Bewohner Kanaans wurden feig. Es fiel auf sie Erschrecken und Furcht: vor deinem mächtigen Arm erstarrten sie wie die Steine, bis dein Volk, Herr, hindurchzog, bis das Volk hindurchzog, das du erworben hast. Du brachtest sie hinein und pflanztest sie ein auf dem Berge deines Erbteils, den du, Herr, dir zur Wohnung gemacht hast, zu deinem Heiligtum, Herr, das deine Hand bereitet hat. Der Herr wird König sein immer und ewig. Denn der Pharao zog hinein ins Meer mit Rossen und Wagen und Männern. Und der Herr ließ das Meer wieder über sie kommen. Aber die Kinder Israel gingen trocken mitten durchs Meer. Da nahm Mirjam, die Prophetin, Aarons Schwester, eine Pauke in ihre Hand, und alle Frauen folgten ihr nach mit Pauken im Reigen. Und Mirjam sang ihnen vor: Laßt uns dem Herrn singen, denn er hat eine herrliche Tat getan, Roß und Mann hat er ins Meer gestürzt (2. Mose 15, 1–21).

Noch hat das Volk Gottes den Schrecken nicht ganz überwunden, und schon ist der Feind erledigt. Der, dessen Wort so viel gegolten hatte, ist nicht mehr. Den, vor dem sie zeitweise gezittert, dessen Machthunger sie in vielerlei Gestalt erfahren hatten, hat das Meer verschlungen. Seine eiskalte Verschlagenheit kann ihnen nichts mehr anhaben. Seine zunehmende Hinterlist brauchen sie nicht mehr zu fürchten. Pharao ist seinem Herrscherwahn erlegen. Er wollte mehr sein, als er durfte. Deshalb hatte er Gottes Befehle mißachtet. Aber er ist an dem Stärkeren zerbrochen.

Wollen nicht auch wir oft mehr sein, als wir dürfen? Brechen nicht auch wir mitunter aus der Segensbestimmung göttlicher Wegführung aus? Wer möchte nicht mehr Einfluß in seiner Jugendarbeit, seinem Bibelstundenkreis, seiner Gemeinde und Gemeinschaft haben, um mehr zu gelten? Seien wir doch ehrlich: Dienen wir stets so selbstlos, wie wir es vorgeben? Oder ist nicht doch ein wenig Jagen nach Ruhm dabei?

Wer sich bewundern läßt oder Bewunderung haben möchte, verliert das anbetende Staunen vor der rettenden Wirklichkeit des barmherzigen Gottes. Wer eigenen Ruhm sucht, kann den Herrn nicht rühmen. Wer sich selber im Blickfang hat, zerbricht an seiner eigenen Torheit. Er sieht den nicht, der alles in allem ist. Das ist mehr als gefährlich, der Krebsschaden unserer Seele. Wird er nicht abgestellt, führt er unweigerlich zum Tode. Früherkennung ist wichtig! Im Anfangsstadium muß ihm begegnet werden. Dazu ist es nötig, daß uns die Augen Jesu durchleuchten.

Es kommt darauf an, daß wir den rettenden Eingriff Jesu an uns geschehen lassen. Er ereignet sich dort, wo wir der brüderlichen Mahnung folgen:

Laß dir Gottes Majestät
immerdar vor Augen schweben,
laß mit brünstigem Gebet
sich dein Herz zu ihm erheben.
Suche Jesum und sein Licht,
alles andre hilft dir nicht!

Das ist es, was uns fehlt: Wir brauchen Jesum und sein Licht, sonst verlaufen wir uns in dem Irrgarten menschlicher Selbstsucht.

Machen wir uns nichts vor! Es geschieht häufiger, als wir uns eingestehen, und ist leichter, als wir wahrhaben wollen. Deshalb ist hier ganze Ehrlichkeit geboten. Wer nur ein wenig mit sich selbst buhlt, hat bereits verloren. So ernst ist es damit!

1. Jubelnde Anbetung

Das weiß auch der Knecht Gottes. Er hat selber darin gestanden. Sein ägyptisches Tagebuch aus der Prinzenzeit am Pharaonenhof ist voll davon. Da ist er *der* Mann gewesen. Seine reichen Gaben haben für ihn gesprochen. Er hat Bewunderer und Verehrer gehabt. Seine Taten sind gefeiert worden. Selbst seine Neider kamen an ihn nicht heran. Er thronte in begehrter Höhe und ist doch nie frei gewesen. Erst in der Wüste konnte der Herr an ihm gestalten. Wo er zu nichts geworden war, aus schwindelnder Höhe herabgestürzt, da wurde er Werkzeug in Gottes Hand. Der ehemalige ägyptische Prinz und mittellose Viehhirte kennt die Gefahr, sich selbst zu dienen. Die Wüste ist ihm zum Segen geworden. Er ist dem Gott seiner Väter begegnet. Aus dem angesehenen Fürsten und dem unbedeutenden Nomaden hat der Herr seinen Knecht geformt.

Fortan geht es Mose um den einen Namen, der über alle Namen ist; um einen Ruhm, den des ewigen Gottes. Er kennt nur eine Ehre, die des Herrn Zebaoth. Darum ist ihm zu tun. Deshalb bricht es jubelnd aus ihm heraus: »Der Herr ist meine Stärke und mein Lobgesang und ist mein Heil!« Damit wehrt er den Anfängen. Das Volk Gottes stimmt mit ein. Es hat keine Zeit, sich zu besinnen und nach ein wenig Eigenruhm zu suchen, und sei es nur der Gehorsam, den es aufgebracht hat.

Wir sehen zu gerne in den Spiegel persönlicher Frömmigkeit, und wenn es nur das eigene Bekehrungserlebnis ist, das wir immer neu zu Gehör bringen. Wenn auch in verschiedener Verpackung, so doch mit dem Unterton frommer Selbstgefälligkeit. Der Herr möge uns davon freimachen, uns läutern und heiligen. Wir haben es nötig! Damit ist nicht gesagt, daß wir nicht davon reden sollten, was der Herr auch an uns getan hat. Nur müssen wir die Gefahr sehen und uns im Gebet reinigen, damit unser Zeugnis echt und unanstößig wirkt. In allem hat es uns allein um die Ehre Gottes zu gehen. Davon ist das Leben eines Mannes wie Johannes Calvin gezeichnet. Martin Luther wie Paul Gerhardt ist es nicht anders ergangen. Sie alle haben nur eine Passion gehabt: Gottes Ehre zu suchen und aufzurichten.

Darin übt sich Mose mit seinem Volk. Er als Vorsänger reizt mitzusingen. Dabei geht er bewußt von den Segnungen aus, die sein Vater erfahren hat. Er weiß sich in einem Segensstrom mit seinen Vätern und Vorvätern. Der eine Herr ist und bleibt derselbe, zum Retten und Segnen bereit. Wer diesen Namen rühmt, kommt davon nicht mehr los.

Der Apostel Paulus tut es in seinem Christuspsalm (Phil. 2, 5–11). Darin rühmt er den Sohn Gottes, der Knechtsgestalt angenommen hat und gehorsam gewesen ist bis zum Tode am Kreuz. Sein Name übersteigt alle Namen. In ihm werden sich beugen Lebende und Tote, Freunde und Gegner. Am Ende bleibt nur dieser eine Name, von dem die Gemeinde Jesu bewegt und getragen wird. In ihm allein weiß sie sich in Zeit und Ewigkeit gegründet. Das ist und bleibt der Tenor ihres Lobes.

Echtes Lob geht zeitweilig über unser Verstehen hinaus, wird zu anbetendem Glauben. Das Letzte kann nicht bewiesen werden, sondern wird lobpreisend bekannt, ist Werk des Heiligen Geistes. Möchten wir uns in solches Lob gestalten lassen, damit andere fröhlicher glauben! Der Christusverächter und Philosoph Friedrich Nietzsche klagt in seinem Zarathustra, daß die Christen erlöster aussehen und singen müßten, wenn er an ihren Erlöser glauben sollte. Was sind wir eigentlich? Singende oder klagende Gemeinde? Je nachdem hängt davon unsere Missionsvollmacht ab. So ernst nimmt der Herr unser Lob.

2. Steigendes Erschrecken

Es ist schrecklich, in die Hände des lebendigen Gottes zu fallen. Das zeigt das Gericht über das Eliteheer der Ägypter und seinen überklugen Pharao.

Wie Steine sind sie auf den Grund gesunken, und die Tiefe hat sie bedeckt. Sie gedachten, den Hebräern nachzujagen und sie zu ergreifen. Die Beute hatten sie bereits aufgeteilt. Es galt jetzt nur noch, den Mut an dem Volke Gottes zu kühlen. Doch sie haben zu früh verteilt und vergeben, was ihnen gar nicht gehört. Der Herr hingegen setzt Wind und Meer ein, und sie versinken, als wären sie nie gewesen.

Das ist aufschreckendes Gericht! Es ist mehr als Sensation, eine Katastrophe ohnegleichen. Ein kampferprobtes und kriegserfahrenes Heer verschwindet vom Erdboden! Man bedenke nur! Das hätte auch unserer sensationslüsternen Presse die Sprache verschlagen. Aber hätte es ausgereicht zu erkennen, daß dem Herrn Himmels und der Erde, dem Gott der Bibel niemand gleich sei? Für ihn gibt es in der Tat keine vergleichbare Größe.

Mitunter hätte solches Ereignis in unseren Tagen eine Schockwirkung ausgelöst. Aber wir wären auch sehr schnell wieder zur Tagesordnung übergegangen. Das zeigen Katastrophen wie Erdbeben, Überschwemmungen und die verheerende Wirkung der Taifune. Wir brauchen nur an den letzten zu denken, der Amerika heimsuchte, ganze Ortschaften zerstörte und eine Vielzahl von Toten zur Folge hatte. Nur wenige Tage haben Presse, Rundfunk und Fernsehen sich mit diesem Thema beschäftigt, um es dann zugunsten anderer schnell wieder beiseite legen zu können. Unsere weithin gottlose Gesellschaft hat dafür kein Ohr. Hier wird nicht tiefer gefragt. Es bleibt an der Oberfläche, denn heute ist heute . . .! Der religionslose Mensch wird zum Roboter, der sich speisen läßt, aber nichts mehr von Anfang bis Ende selbst verarbeitet. Er nimmt vorgefertigte Speisen und verschlingt sie, ohne nachzudenken. Die Hauptsache ist, er wird im Augenblick satt. Was später kommt, interessiert ihn nicht. Gott ist zur blassen Vokabel geworden. Über ihn wird diskutiert, geistreich geschrieben. Aber kindlich geglaubt wird nicht mehr. Das ist unser Niveau! Nur wenige lassen sich von ihm noch in Frage stellen und glauben, wie die Schrift es sagt. Hingegen löst das Ereignis vom Schilfmeer unter den Völkern ringsum Schrecken und Furcht aus. Sie erbeben vor der Wirklichkeit des lebendigen Gottes, der so schrecklich, so mächtig, so heilig und so wundertätig ist. Die Philister sind vor Angst erstarrt. Die Fürsten Edoms und die Gewaltigen Moabs zittern. Eine Erschütterung ohne Maßen erfaßt die Bewohner Kanaans. Sie wagen nicht zu kämpfen. Denn wer kann vor solchem mächtigen Gott bestehen, der das kampfstarke Heer einer Großmacht im Augenblick vernichtet? Es gibt nur eine Antwort: Das kann niemand. Deshalb überfällt die Kanaaniter Feigheit von der ersten Stunde an.

Hier beginnt, was der Herr seinem Volk wenig später versprochen hat. Er wolle vor Israel seinen Schrecken her senden und alle Völker verzagt machen, wohin sein Volk komme und gehe, daß alle seine Feinde vor ihm fliehen (2. Mose 23, 27). Seine Geschichte ist voll davon. Es wäre heute nicht mehr, wenn Gott den Feinden Israels nicht immer neu Angst eingejagt hätte. Mose kann mahnend sagen, wie es kommt, daß einer tausend und zwei sogar zehntausend verjagt hatten (5. Mose 32, 30; 2. Mose 26, 8). Es ist der Herr, der Gott Zebaoth. Das wird gerade für das heutige Israel Wirklichkeit. Wie könnte sich sonst dieser kleine Staat gegenüber dem glutroten Haß der Araber behaupten! Hier wird Gottes Wort neu aktuell. Das darf Gemeinde Jesu dankbar sehen und sich dessen trostvoll im Glauben erfreuen.

3. Mitreißender Dank

Immer wieder klingt es auf. Es wird zum Bekenntnis eines Volkes, das unterwegs ist: »Der Herr wird König sein immer und ewig!« Darin liegt das Geheimnis dankbarer Freude. Deshalb stimmen die Söhne Israels mit Mose in den Lobgesang zur Ehre Gottes ein. Hier singt das Herz mit. Der Glaube verleiblicht sich und rühmt die Heilstaten des ewigen Herrn, der da richtet und rettet.

In diesem Chor dankender Anbetung wollen die Frauen nicht fehlen. Sie haben die Gnade der Errettung erfahren. Sie stehen unter demselben Gott und Herrn. Ihnen wie den Kindern gilt der Segen. Vor Gott sind sie gleichbegnadigt und gleichgeheiligt. Vor ihm gibt es keinen Unterschied.

Wieviel Segen ist durch gläubige Mütter betend weitergereicht worden! Was wäre aus manchen Söhnen und Töchtern geworden, wenn sie nicht geheiligte Mütter gehabt hätten! Sie sind Werkzeuge in Gottes Hand gewesen. Es ist nicht von ungefähr, daß der Herr auf europäischem Boden mit einer Frau, der Modesaloninhaberin Lydia, anfängt. Paulus weist Timotheus auf seine gläubige Mutter hin. Augustin wird von den Gebeten seiner glaubenden Mutter Monika umstellt. Das sind nur einige unter vielen. Womöglich gehören unsere Mütter auch in diese Reihe. Warum sollen sie nicht mit singen und mit loben?

Das ist mehr als alles Gerede über die Gleichberechtigung der Frau in der modernen pluralistischen Gesellschaft. Da geht es vielleicht um Machtpositionen, hier um Segensvertiefung.

Mirjam, die Schwester Aarons, stimmt an, und alle Frauen fallen mit ein. Hier ist Einheit im Geist! Das vermag allein der Herr. Auch bei uns.

Gott hält die Treue
seinem Mann

Mose ließ Israel ziehen vom Schilfmeer hinaus zur Wüste Schur. Und sie wanderten drei Tage in der Wüste und fanden kein Wasser. Da kamen sie nach Mara; aber sie konnten das Wasser von Mara nicht trinken, denn es war sehr bitter. Daher nannte man den Ort Mara. Da murrte das Volk wider Mose und sprach: Was sollen wir trinken? Er schrie zu dem Herrn, und der Herr zeigte ihm ein Holz; das warf er ins Wasser, da wurde es süß. Dort gab er ihnen Gesetz und Recht und versuchte sie und sprach: Wirst du der Stimme des Herrn, deines Gottes, gehorchen und tun, was recht ist vor ihm, und merken auf seine Gebote und halten alle seine Gesetze, so will ich dir keine der Krankheiten auferlegen, die ich den Ägyptern auferlegt habe; denn ich bin der Herr, dein Arzt. Und sie kamen nach Elim; da waren zwölf Wasserquellen und siebzig Palmbäume. Und sie lagerten sich dort am Wasser. Von Elim zogen sie aus, und die ganze Gemeinde der Kinder Israel kam in die Wüste Sin, die zwischen Elim und Sinai liegt, am fünfzehnten Tage des zweiten Monats, nachdem sie von Ägypten ausgezogen waren. Und es murrte die ganze Gemeinde der Kinder Israel wider Mose und Aaron in der Wüste. Und sie sprachen: Wollte Gott, wir wären in Ägypten gestorben durch des Herrn Hand, als wir bei den Fleischtöpfen saßen und hatten Brot die Fülle zu essen. Denn ihr habt uns dazu herausgeführt in diese Wüste, daß ihr diese ganze Gemeinde an Hunger sterben laßt. Da sprach der Herr zu Mose: Siehe, ich will euch Brot vom Himmel regnen lassen, und das Volk soll hinausgehen und täglich sammeln, was es für den Tag bedarf, daß ich's prüfe, ob es in meinem Gesetz wandle oder nicht. Am sechsten Tage aber wird's geschehen, wenn sie zubereiten, was sie einbringen, daß es doppelt soviel sein wird, wie sie sonst täglich sammeln. Mose und Aaron sprachen zu ganz Israel: Am Abend sollt ihr innewerden, daß euch der Herr aus Ägyptenland geführt hat, und am Morgen werdet ihr des Herrn Herrlichkeit sehen, denn er hat euer Murren wider den Herrn gehört. Was sind wir, daß ihr wider uns murret? Weiter sprach Mose: Der Herr wird euch am Abend Fleisch zu essen geben und am Morgen Brot die Fülle, weil der Herr euer Murren gehört hat, womit ihr wider ihn gemurrt habt. Denn was sind wir? Euer Murren ist nicht wider uns, sondern wider den Herrn. Und Mose sprach zu Aaron: Sage der ganzen Gemeinde der Kinder Israel: Kommt herbei vor den Herrn, denn er hat euer Murren gehört. Und als Aaron noch redete zu der ganzen Gemeinde der Kinder Israel, wandten sie sich zur Wüste hin, und siehe, die Herrlichkeit des Herrn erschien in der Wolke. Und der Herr sprach zu Mose: Ich habe das Murren der Kinder Israel gehört. Sage ihnen: Gegen Abend sollt ihr Fleisch zu essen haben und am Morgen vom Brot satt werden und sollt innewerden, daß ich, der Herr, euer Gott bin. Und am Abend kamen Wachteln herauf und bedeckten das Lager. Und am Morgen lag Tau rings um das Lager. Und als der Tau weg war, siehe, da lag's in der Wüste rund und klein wie Reif auf der Erde. Und als die Kinder Israel sahen, sprachen sie untereinander: Man hu? (d.h. was ist das?). Denn sie wußten nicht, was es war. Mose aber sprach zu ihnen: Es ist das Brot, das euch der Herr zu essen gegeben hat (2. Mose 15, 22–16, 15).

Was ist das für eine Aufgabe, ein ganzes Volk durch die Wüste zu führen! Kein Staatsmann würde sich zu diesem Auftrag drängen.

Der Dankgottesdienst ist gehalten, die Loblieder sind verklungen. Männer und Söhne, Frauen und Töchter haben den Namen des Herrn gerühmt und seine Rettungstat gepriesen. Er hat Mann und Roß ins Meer gestürzt. Der Herr ist König jetzt und immerdar! Was sind das für mächtige Klänge und für herzerfrischende Dankadressen an den lebendigen Gott! Ein ganzes Volk reiht sich ein und lobt den einen Namen, durch den Heil und Frieden kommen.

Wäre diese Spontanität des Dankes unter uns auch noch möglich? Als Volk in seiner Geschlossenheit gewiß nicht. Aber solange Gemeinde Jesu in dieser Welt ist, und solange es Jesusleute in unserem Volk gibt, wird auch gedankt. Womöglich in Stuben und Kammern, in Sälen und auf Tennen – und viel weniger in Kirchen und sakralen Räumen.

1. Der Schritt in die Wüste

Wie schnell verrauschen solche Höhenflüge anbetenden Dankes! Schon hat der Alltag uns wieder, und vorbei ist es mit Stille, Anbetung und Lob. Die kleinen Dinge wie die Ungereimtheiten des Tages fesseln uns mehr als die täglichen Gnadengaben des großen Gottes. Wir ziehen uns hoch an den Tagesereignissen unserer Nachbarschaft oder Wohngemeinschaft und verlieren den Blick für die durchtragende Treue Jesu. Am Sonntagvormittag im Gottesdienst bewegen uns noch die Gegenstände hingebenden Dankes. Am Nachmittag haben wir sie bereits verloren.

Der Schritt von der Anbetung in die Wüste ist der Schritt von der Gebetsstille, der Geschlossenheit des Lobpreises Gottes in die Eintönigkeit des Alltags. Dort aber breitet sich das Bewährungsfeld bekennenden Glaubens, ansteckender Freude und dienender Liebe aus. Die Wüste ist das Missionsfeld der Gemeinde Jesu und der Übungsplatz wachsender Nachfolge. Sie ist zur Arena und zum Frontgebiet der Retterliebe Gottes geworden. Die Wüste bleibt Hauptkampflinie für die Gemeinde Jesu. Wir haben an die Hekken und Zäune zu gehen. Auch solche haben wir in die Nachfolge Jesu zu rufen: Gammler und Wirtschaftsbosse, Hippies und Lebedamen, Hochstapler und Zuhälter, Trunkenbolde und Hausierer, Betrüger und Mörder.

Was mag jene 33jährige Frau und Mutter bewegt haben, die in einer Nacht ihren Mann, ihre Mutter, ihre vier Kinder und sich selbst erschoß? Sie schreibt, daß sie wieder ins Krankenhaus müsse, deshalb tue sie das. Sie hoffe, daß niemand überlebe. Schulden hätten sie keine. Die Kriminalpolizei steht vor einem Rätsel. Die Angst vor einem unheilbaren Leberleiden soll sie dazu getrieben haben. Hier ist Wüstensituation, Frontgebiet der Gemeinde Jesu. Ist die Hauptkampflinie so dünn besetzt, daß solche Dinge passieren können? Das müßte uns anklagen! Haben unsere Städte keine Seelsorger mehr, die Vollmacht haben; keine Beter, die dem Satan die Beute aus den Händen reißen? Sind wir so lau geworden, daß wir nicht mehr auffallen? Sind wir noch Werbeplakate für Jesus, Anhänger seiner Retterliebe?

Diese Fragen sollten uns nicht zur Ruhe kommen lassen. Es sind Fragen nach unserer Missionsvollmacht in dem Bereich, in dem wir leben, in unserer Straße, unserem Wohnblock, unserem Betrieb und unserer Verwandtschaft.

Das Volk Gottes zieht vom Schilfmeer hinaus in die Wüste Schur. Drei Tage genügen, daß aus dem Danklied ein Klagegesang wird. Israel murrt! Es hat bitteres Wasser. Mose muß herhalten. Er wird angeklagt. Das Volk braucht einen Schuldigen. Was läge näher, als den Knecht Gottes mit Vorwürfen zu überschütten! Er ist das Ziel ihrer Angriffe. Frontlinie ist Schußlinie! Aber was macht es! Mose schlägt nicht zurück. Er rechtfertigt sich auch nicht, sondern er schreit zum Herrn.

2. Das Fenster nach oben

Wer in der Wüste wandert, kommt ohne Kompaß nicht aus. Er braucht das Wort Gottes. Seine Befehle sind ihm tägliche Speise, seine Tröstungen netzender Tau. Er ist kein Wüstensohn, sondern Botschafter Christi, Gottes Knecht. Das legt Verpflichtungen auf. Ohne Orientierung verlaufen wir uns in der Wüste. Wir verbrauchen uns und werden verweht.

Mose ist für diesen Weg vorbereitet. Als Hirte weiß er um die Tücken, Gefahren und Versuchungen der Wüste. Der Herr hat ihn unterwiesen und geschult. Das ist sein vorlaufendes Erbarmen. Israel sieht das nicht. Es ist blind für solche göttlichen Wegführungen, sonst hätte es Mose nicht zur Zielscheibe seines Unmutes gemacht.

Der Sohn Gottes hat das gleiche erfahren. Er kam in sein Eigentum, aber das Volk Gottes nahm ihn nicht auf. Wie viele ihn aber aufnahmen, denen gab er Macht, Gottes Kinder zu werden, die an seinen Namen glauben (Joh. 1, 12).

Die Wüste ist Bewährungsfeld des Glaubens. Die Leiden sind bitter. Sie werden erst genießbar durch das Kreuz Jesu.

Eine Mutter von zehn Kindern verliert ihren Mann. Jetzt steht sie ganz allein mit ihnen. Keines hat eine Ausbildung. Aber die junge Witwe vertraut sich ganz dem Heiland an. Sie nimmt sein Wort und seine Zusagen ernst. Rückblickend bekennt sie: »Als ich erfahren habe, daß der Heilige Geist mein Helfer sein wollte, wurde ich mit allem fertig.«

Ein älteres Pfarrerehepaar verliert durch einen Verkehrsunfall den einzigen Sohn, der selber Pfarrer ist, und dessen Frau. Zurück bleiben drei elternlose Enkel. Auf dem Grabstein steht der Satz: »Du brauchst keine Angst zu haben; Gottes Rat und Wille geht über die ganze Welt.«

Das sind Menschen, die das Fenster nach oben offen haben!

Mose schreit zum Herrn. Die Bitterkeit des Durstes ist ihm bekannt. Leiden sind bitter, wenn sie nicht ihre Mitte im Kreuz Jesu haben. Der Psalmist klagt: »Sie geben mir Essig in meinem großen Durst« (Ps. 69, 22).

Die Welt kann das Leiden nicht wandeln. Freude in allem Leide hat nur der, dem das Wort vom Kreuz Gotteskraft ist und bleibt!

Nebensächlich erscheint es für uns, welches Holz Mose wohl für diese Wandlung verwandt hat. Entscheidend ist, daß der Herr Zeichen aufrichtet, um seine Hilfe durch jenes Holz, ein Teilstück seiner Schöpfung, zu offenbaren. Er brauchte es nicht. Dennoch gibt er sie uns als Signale seines Erbarmens.

3. Die Abschirmung nach unten

Israel bekommt in dieser Stunde Gesetz und Recht. Wird es auf die Stimme des Herrn, seines Gottes hören? Das ist eine bewegende Frage!

Sie stellt sich uns in gleicher Schärfe. Tun wir, was vor Gott recht ist? Beachten wir seine Gebote, und halten wir seine Gesetze?

Gehorsam ist wichtiger als Opfer. Gehorsame Kinder verlieren nie das Vaterhaus. Sie sind geborgen.

Geborgenheit durch Gehorsam, das ist die Verheißung für Israel, der Kompaß des Volkes Gottes. Es soll nicht mit Krankheiten, wie sie die Ägypter zu spüren bekommen haben, belegt werden. Der Herr will ihr Arzt sein. Was ist das für eine Zusage!

Unsere Ärzte kurieren, aber Gott heilt. Damit soll kein Nein zur Medizin gesagt sein. Das wäre Schwärmerei. Aber auch der Mediziner, der Arzt, ist in Gottes Hand.

Hier liegt die Sache tiefer. Israel soll wissen, woran es ist. Ägypten stand unter Gottes Gericht. Es wollte nicht hören. Das war sein Verhängnis. Deshalb kamen Krankheit und Tod über die Ägypter. Noch jetzt müßte den Israeliten ein kalter Schauer über den Rücken laufen, wenn sie nur an jene Tage und Nächte denken. Sie hatten einen Anschauungsunterricht, wie er einprägsamer kaum sein konnte. Das alleine sollte sie bereits zu bindendem Gehorsam rufen. Denn Ungehorsam ist Sünde, die in jedem Fall zum Tode führt.

Der Herr bedenkt sein Volk mit einer Vorleistung seiner Treue. Elim ist der Ort der Wasserquellen und Palmbäume. Hierher kommt Israel. Es soll zum Gehorsam gereizt und ermutigt werden.

Ob Israel es wagt? Es täte gut daran! Denn Abschirmung nach unten, gegenüber der Sünde, ist nur möglich, wenn Israel bedingungslos auf das Wort seines Gottes hört und danach tut.

Für uns heißt das bedingungslose Kapitulation unter dem Kreuz Jesu. Er ist der Weg, die Wahrheit und das Leben. Mehr brauchen wir nicht!

4. Der Stunde nicht gewachsen

Die Oase Elim liegt hinter dem Volk Gottes. Es befindet sich in der Wüste Sin. Ihrem Namen nach ist sie eine Dornwüste unweit des Toten Meeres. Das besagt alles. Aus der Fülle in die Dürre, ein Weg, den nicht jeder gerne mitgeht! Die Vorräte gehen zur Neige. Das aus Ägypten mitgenommene Brot und Mehl sind verbraucht. Immerhin sind nahezu vier Wochen seit dem Auszug vergangen. Und wieder befällt die Israeliten der Murrgeist. Sie wollen zurück zu den Fleischtöpfen Ägyptens. Vergessen sind die Tagesnormen, der Schweiß, die Tränen und die Schläge. Vergessen ist das angstvolle Schreien, Stöhnen und Seufzen zum Herrn. Jetzt lautet ihre Devise vielmehr: »Wollte Gott, wir wären in Ägypten gestorben durch des Herrn Hand!«

Reicht unser Glaube etwa nur soweit, wie unsere Vorräte reichen? Diese ernste Frage könnte auch uns gelten, wenn wir sie nur für unseren ganz persönlichen Bereich stehen lassen. Zu leicht gehen wir an ihr vorbei und sind dann der Stunde nicht gewachsen.

Männer wie Elia, Hiob, Jona und andere haben sich den Tod gewünscht, anstatt zu vertrauen. Von Verzagtheit gequält, meinte Elia, es sei genug, der Herr solle seine Seele von ihm nehmen (1. Kön. 19, 4). Hiob wünschte sich, im Mutterleib gestorben zu sein (Hiob 3, 11). Und Jona wäre am liebsten vor Zorn gestorben (Jona 4, 3).

Der Stunde nicht gewachsen! Die Prüfung nicht bestanden! Der Versuchung erlegen!

Israel murrt weiter! Inzwischen gibt Gott seine Befehle. Er redet mit seinem Knecht. Die Hilfe kommt zur rechten Zeit. Das Volk in der Wüste darf die Herrlichkeit des Herrn sehen. Gegen Abend soll jeder Fleisch zu essen bekommen, und am Morgen wird jeder vom Brot satt werden. So geschieht es! Wachteln bedecken am Abend das Lager und Manna am Morgen. Israel hat Brot genug. Es bekommt für jeden Tag, was es braucht!

Welch ein großer Gott! Ob wir der Stunde gewachsen sind? Murren ist auch bei uns zu Hause. Der Unglaube murrt, aber der Glaube vertraut und dankt. Lassen wir uns nur umschulen! Der Herr macht aus Klagemäulern Lobsänger. Sind wir dabei? Mit Jesus in der Wüste – und wir haben noch übrig. Das macht uns froh! –

Gott wacht mit seinem Mann

Das ist's aber, was der Herr geboten hat: Ein jeder sammle, soviel er zum Essen braucht, einen Krug voll für jeden nach der Zahl der Leute in seinem Zelte. Und die Kinder Israels taten's und sammelten einer viel, der andere wenig. Aber als man's nachmaß, hatte der nicht darüber, der viel gesammelt hatte, und der nicht darunter, der wenig gesammelt hatte. Jeder hatte gesammelt, soviel er zum Essen brauchte. Und Mose sprach zu ihnen: Niemand lasse etwas davon übrig bis zum nächsten Morgen. Aber sie gehorchten Mose nicht. Und etliche ließen davon übrig bis zum nächsten Morgen; da wurde es voller Würmer und stinkend. Und Mose wurde zornig auf sie. Sie sammelten aber alle Morgen, soviel ein jeder zum Essen brauchte. Wenn aber die Sonne heiß schien, zerschmolz es. Und am sechsten Tage sammelten sie doppelt soviel Brot, je zwei Krüge voll für einen. Und alle Vorsteher der Gemeinde kamen hin und verkündeten's Mose. Und er sprach zu ihnen: Das ist's was der Herr gesagt hat: Morgen ist Ruhetag, heiliger Sabbat für den Herrn. Was ihr backen wollt, das backt, und was ihr kochen wollt, das kocht; was aber übrig ist, das legt beiseite, daß es aufgehoben werde bis zum nächsten Morgen. Und sie legten's beiseite bis zum nächsten Morgen, wie Mose geboten hatte, da wurde es nicht stinkend und war auch kein Wurm darin. Da sprach Mose: Eßt dies heute, denn heute ist der Sabbat des Herrn; ihr werdet heute nichts finden auf dem Felde. Sechs Tage sollt ihr sammeln; aber der siebente Tag ist der Sabbat, an dem wird nichts da sein. Aber am siebenten Tage gingen etliche vom Volk hinaus, um zu sammeln, und fanden nichts. Da sprach der Herr zu Mose: Wie lange weigert ihr euch, meine Gebote und Weisungen zu halten? Sehet, der Herr hat euch den Sabbat gegeben; darum gibt er euch am sechsten Tage für zwei Tage Brot. So bleibe nun ein jeder, wo er ist, und niemand verlasse seinen Wohnplatz am siebenten Tage. Also ruhte das Volk am siebenten Tage. – Und das Haus Israel nannte es Manna. Und es war wie weißer Koriandersamen und hatte einen Geschmack wie Semmel mit Honig. Und Mose sprach: Das ist's, was der Herr geboten hat: Fülle einen Krug davon, um es aufzubewahren für eure Nachkommen, auf daß man sehe das Brot, mit dem ich euch gespeist habe in der Wüste, als ich euch aus Ägyptenland führte. Und Mose sprach zu Aaron: Nimm ein Gefäß und tue Manna hinein, den zehnten Teil eines Scheffels und stelle es hin vor den Herrn, daß es aufbewahrt werde für eure Nachkommen. Wie der Herr es Mose geboten hatte, so stellte Aaron das Gefäß vor die Lade mit dem Gesetz, damit es aufbewahrt werde. Und die Kinder Israels aßen Manna vierzig Jahre lang, bis sie in bewohntes Land kamen; bis an die Grenze des Landes Kanaan aßen sie Manna. Ein Krug aber ist der zehnte Teil eines Scheffels (2. Mose 16, 16–36).

Der Weg in die Wüste ist begonnen. Israel befindet sich in Marschrichtung auf das verheißene Land. Der Herr hat es ihm abgesteckt und aufbewahrt. Er steht zu seinem Versprechen. Darauf kann das Volk sich felsenfest verlassen. An der Treue und Wahrhaftigkeit Gottes ändert sich nichts. Es hat keinen Grund zur Klage und zum Murren. Der Herr fängt nichts an, was er nicht zu Ende bringt.

Das Volk Gottes läßt sich dafür so selten die Augen öffnen. Im Augenblick jubelt es und betet dankend den Namen Gottes an. Wenig später beginnt es zu murren, weil es dem Herrn nicht ganz vertraut. So schnell kann es die Richtung verlieren, wenn die rechte Sicht fehlt. Sie will erbeten sein. Der Glaube, das Wagnis auf Gottes Befehl, erhält sie ihm.

Wer fortwährend die Richtung wechselt, kommt ins Schleudern. Er bleibt nicht in der vorgezeichneten Bahn. Seine Fahrweise ist undurchsichtig. Niemand kann sich nach ihm ausrichten. Das wird gefährlich! – In solcher Gefahr befindet sich auch Israel. Es schwankt und wechselt von einer Fahrbahn auf die andere. Die Eindeutigkeit der Fahrweise fehlt ihm. Singen und Klagen, Loben und Murren passen nicht zueinander. Sie schließen sich gegenseitig aus. So taumelt das Volk von der einen Seite auf die andere.

Haben wir noch Richtung, ist unsere Fahrweise eindeutig, zieht unser Glaube noch? Das sind Fragen, die wir gerne überspielen, um uns in fromme Beschaulichkeit zu flüchten. Es hilft aber nichts. Wir verlieren mehr, als uns lieb ist. Im Grunde genommen verspielen wir alles.

Kleinglaube ist kein Glaube. Mißtrauen ist niemand trauen. Wer kann dabei froh werden? Der Herr überprüft uns! Nehmen wir seinen Prüfungsbericht ernst?

1. In der Fürsorge des Vaters

Der Herr hält sich zu seinem Volk. Das ist gewiß! Er kennt es besser, als es sich selber kennt. Stets sieht es auf sich, die Gefahren und Nöte und vergißt, daß es unter der Treue Gottes steht. Sein Vertrauen ist abhängig von vollen Taschen, Sicherheit und Gesundheit. Es kann nur glauben, wenn es alles hat. Geht der Lebensmittelvorrat zur Neige, fängt es an zu murren. Das Vertrauen ist dahin.

Echter Glaube lebt aus dem Wagnis auf die Zusagen Gottes. Er bindet sich an sein Wort, auch bei leeren Töpfen. Er wagt zu hoffen, wo menschlich nichts zu hoffen ist. Das verlangt ganze Hingabe, letzte Offenheit vor dem, der alles sieht und weiß.

Israel steht unter der Vorsorge des Gottes seiner Väter. Sie wird erst dort sichtbar, wo sämtliche menschlichen Möglichkeiten erschöpft sind. Er gibt nichts im voraus, sondern alles zu der Stunde und in der Lage, in der wir es brauchen. Er bereichert sein wanderndes Volk, damit es weiterreichen kann. Er schenkt Erfahrungen durchbrechender Hilfe, damit andere sich helfen lassen. Er enthüllt seine rettende Geduld, damit andere geduldig hoffen. Er gibt sich selber zum Opfer, damit allen vergeben werden kann.

Die Vorsorge Gottes fängt viel früher an, als sie bei uns sichtbar wird. Jesus Christus, der Sohn Gottes vor Grundlegung der Welt, enthüllt sich als unser aller Heiland. Wie sollte uns der Herr dann in unseren augenblicklichen Schwierigkeiten und Nöten umkommen lassen?

Wirf Sorgen und Schmerz
ins liebende Herz
des mächtig dir helfenden Jesus.
Wenn Kummer dich quält,
wenn alles dir fehlt,
so flehe zu deinem Erbarmer.
Er leichtert die Last
voll Mitleid und faßt
und hebt sie mit mächtigen Händen.

Das erfährt Israel mitten in seinem Murren. In der Stunde, in der die Vorräte an Mehl und Brot verbraucht sind, fängt er zu geben an. Das ist sein Erbarmen. Er überfordert niemand, sondern gibt, damit wir vertrauen. Für uns hat er sich zu Tode geliebt, damit wir leben. Wie sollte er uns mit ihm nicht alles schenken? (Röm. 8, 32). So jubelt Paulus und weiß sich in den Händen seines Herrn geborgen. Er ist gewiß, daß ihn nichts von der Liebe Gottes in Christus Jesus scheiden kann. Deshalb müssen uns alle Dinge zum Besten dienen – Mangel und Krankheit, Leiden und Verfolgung, Sattsein und Hungern.

Für jeden Tag bekommt das Volk so viel, wie es braucht. Gott gibt Tagesrationen, niemals mehr. »Unser täglich Brot gib uns heute.« Das lehrt Jesus seine Jünger. Wir aber sorgen uns und müssen Abwechslung in unserem Speisezettel haben. – Israel lebt von der Speisekarte Gottes und ißt sich in vierzig Jahren Wüstenwanderung das gleiche Gericht nicht über. Wenn es bei uns an zwei Tagen dasselbe Gericht gäbe, verzögen wir die Mundwinkel. Stände am dritten kein anderes auf dem Tisch, murrten und meckerten wir, während in anderen Teilen der Welt Menschen verhungern. Wie undankbar sind wir doch und leben doch ständig von Gottes gebender Treue!

Jesus speist mit fünf Gerstenbroten und zwei Fischen fünftausend Mann (Joh. 6, 1 ff.). Er gibt ihnen erst zu essen, damit sie danach recht hören können. Sie aber wollen ihn zu ihrem Brot-König machen. Er entweicht ihnen. Dazu ist er nicht gekommen. Vielmehr ist er das Brot des Lebens. Wer an ihn glaubt, den wird es weder hungern noch dürsten (vgl. Joh. 6, 35). Göttliches Manna, Speise zum ewigen Leben, wer hätte sie nicht nötig? Niemand ißt sie sich über. Israel wird beschenkt, und es läßt sich beschenken. Es lebt von der gütigen Fürsorge des Vaters. Dadurch übersteht es die Wüstenzeit. Und wir?

2. Vor der Einübung zum Gehorsam

Der Herr hat seinem Volk genaue Anweisungen gegeben. Bis ins kleinste ist alles geordnet. Jeden Tag haben sie zu sammeln. Vorräte sind verboten. Es darf nicht einer viel und der andere wenig haben, sondern alle bekommen die gleiche Ration. Ein innerfamiliärer wie innervölkischer Ausgleich wird geboten. Die, die auf dem gleichen Wege sind, bleiben füreinander verantwortlich. Deshalb mahnt Paulus die Galater, daß sie Gutes tun an jedermann, allermeist aber an des Glaubens Genossen (Gal. 6, 10). Volk Gottes, Gemeinde Jesu soll ein Beispiel geben. Von den ersten Christen wird durch heidnische Schriftsteller bezeugt: »Wie haben sie einander so lieb!« Nicht in gegenseitiger, zersetzender Kritik, sondern in liebevoller, beschenkender Hilfe bekennen sie ihren Herrn.

Wo ist unser Bruder? Haben wir ihn bei unserer frommen Überbeanspruchung und meditativen Vertiefung liegen lassen? Das könnte doch sein! Ihm sollten wir abgeben, was der Herr uns in betender Meditation geschenkt hat. Wir haben es nicht getan. – Israel lernt es Tag um Tag. Es sammelt nicht jeder für sich persönlich, sondern stets für den anderen mit. Wenn wir das doch auch in unseren Gemeinden lernen würden. Nicht nur der Prediger und Pastor hat zu sammeln, sondern die ganze Gemeinde. Sie lebt vom gegenseitigen Beschenken und wird missionarisch glaubwürdiger. Ihr Zeugnis hat Tiefgang, und ihre Liebe bleibt echt.

Es kommt auf die Eindeutigkeit der Fahrweise an. Volk Gottes hat den Namen seines Herrn stets groß zu machen. Dennoch gibt es Ungehorsame. Das Gebot reizt zur Übertretung. Die Kinder probieren, wie weit sie in ihrem Ungehorsam gehen können, bis der Vater zuschlägt. Darin sind sie unbelehrbar.

Das gilt auch von den Israeliten. Etliche gehorchen Mose nicht. Sie lassen von dem gesammelten Manna etwas bis zum nächsten Morgen übrig. Aber sie haben nichts davon; denn es ist voller Würmer und stinkt. Der Herr hat bereits geredet. So etwas läßt er nicht zu. – Wer sein Wort und Gebot verachtet, hat nichts davon. Mose wird über solcher Unbelehrbarkeit und solchem Ungehorsam zornig. Er kann es nicht begreifen, daß immer noch etliche da sind, die nicht gehorchen, weil sie dem Herrn nicht vollends vertrauen.

Es wird noch ernster! Am sechsten Tage dürfen sie doppelt so viel sammeln wie am Tage zuvor. Der siebente Tag ist Ruhetag, heiliger Sabbat für den Herrn. An ihm soll nicht gesammelt werden. Der Herr gibt für zwei Tage, und es verdirbt nichts. Dennoch sind etliche da, die am Sabbat ausziehen, um zu sammeln, aber sie finden nichts. Der Herr ist entrüstet. Denn sie sind nicht aus Mangel ausgezogen, Manna zu suchen, sondern um zu raffen, sich nicht genügen zu lassen mit dem, was aus Gottes Hand gekommen ist. Sie sind hartnäckig und neugierig, wie wohl der Herr reagieren werde. Wer Gott versucht, zieht immer den kürzeren. Das Volk fängt an, sich zu verhärten. Es sind dieselben Anzeichen wie bei Pharao. Die Gefahr der Verstockung ist groß. Deshalb fährt der Herr mit denselben Worten sofort dazwischen wie beim Pharao: »Wie lange weigert ihr euch, meine Gebote und Weisungen zu halten?« In dieser Frage liegt der bittere Ernst der augenblicklichen Situation.

Israel bekommt neben dem Sammelverbot das Ausgehverbot. Denn wie schnell ist Ungehorsam eingeübt und eingefahren! Wir wissen es selber. Die Ausgangssperre ist begründet.

Wir hängen selber fest. Der Sonntag wird zum Autoputzen benutzt, obgleich der arbeitsfreie Samstag dafür verwandt werden kann. Im Keller wird gehämmert, in der Wohnung geht der Staubsauger, oder es wird geschlafen. Für das Wort Gottes ist keine Zeit. Der Fernseher hat bis Sendeschluß gelaufen, die Skatrunde mußte bis zum Morgen ausgetragen werden, und der Alkohol floß in Strömen. Zeichen ernster Erkrankung, die unweigerlich zur Verstockung führen. Kirchliche Leute sind davon nicht ausgenommen.

Der Herr hat Besatzungsrecht über sein Volk. Er verfügt wie der Kommandant einer besetzten Stadt oder eines besetzten Volkes die Ausgangssperre, weil er Unheil verhindern will. Dem Ungehorsam muß der Eingang versperrt werden. Deshalb ist Jesus Mensch geworden und als Sohn Gottes am Kreuz für uns gestorben, damit unser Ungehorsam nicht mehr vor dem Vater gegen uns steht. Machen wir von dem Sühneopfer Christi Gebrauch? Es wäre nötig!

3. Mit den Zeugen vor den Nachkommen

Die Durchhilfe Gottes soll nicht nur empfangen, sondern sie soll auch von Generation zu Generation bezeugt werden. Zu diesem Zweck hat Israel einen Krug mit Manna zu füllen und ihn mit dem Gesetz vor der Lade aufzubewahren. Sein Leben verdankt es dem Herrn. Er hat es durch die Wüste geführt und gespeist, sonst wäre es umgekommen. Das müssen seine Nachkommen wissen, um dankbar zu werden. Sie sollen sehen, daß Gott seine Geschichte mit ihnen und ihren Vätern hat. Er ist und bleibt der gleiche, gestern, heute und in Ewigkeit.

Die neutestamentliche Gemeinde hat das Wort vom Kreuz. Daran hat es sich zu halten. Hier redet und handelt derselbe Herr, der Israel aus ägyptischer Knechtschaft befreit und uns vom Tode der Sünde erkauft hat. Sein Sohn starb für uns, damit wir leben. Krippe, Kreuz und leeres Grab gehören zusammen. Wer sie teilt und zerreißt, ist zum Toren geworden.

Darum haben wir nichts anderes zu verkündigen als den Gekreuzigten. Dieses Zeugnis zu bewahren, ist unsere Aufgabe, es weiterzugeben, ist unser Auftrag. Wir haben Verantwortung vor dem Herrn Jesus Christus und vor unseren Kindern und Kindeskindern. Ganzer Gehorsam ist gelebter Glaube. – Er allein zieht auch heute noch.

Gott gibt Sieg
durch seinen Mann

Und die ganze Gemeinde der Kinder Israel zog aus der Wüste Sin weiter ihre Tagereisen, wie ihnen der Herr befahl, und sie lagerten sich in Raphidim. Da hatte das Volk kein Wasser zu trinken. Und sie haderten mit Mose und sprachen: Gib uns Wasser, daß wir trinken. Mose sprach zu ihnen: Was hadert ihr mit mir? Warum versucht ihr den Herrn? Als aber dort das Volk nach Wasser dürstete, murrten sie wider Mose und sprachen: Warum hast du uns aus Ägypten ziehen lassen, daß du uns, unsere Kinder und unser Vieh vor Durst sterben läßt? Mose schrie zum Herrn und sprach: Was soll ich mit dem Volk tun? Es fehlt nicht viel, so werden sie mich noch steinigen. Der Herr sprach zu ihm: Tritt hin vor das Volk und nimm einige von den Ältesten Israels mit dir und nimm deinen Stab in deine Hand, mit dem du den Nil schlugst, und gehe hin. Siehe, ich will dort vor dir stehen auf dem Fels am Horeb. Da sollst du an den Fels schlagen, so wird Wasser herauslaufen, daß das Volk trinke. Und Mose tat so vor den Augen der Ältesten von Israel. Da nannte er den Ort Massa und Meriba, weil die Kinder Israel dort gehadert und gesagt hatten: Ist der Herr unter uns oder nicht? Da kam Amalek und kämpfte gegen Israel in Raphidim. Da sprach Mose zu Josua: Erwähle uns Männer, zieh aus und kämpfe gegen Amalek. Morgen will ich oben auf dem Hügel stehen mit dem Stab Gottes in meiner Hand. Und Josua tat, wie Mose ihm sagte, und kämpfte gegen Amalek. Mose aber und Aaron und Hur gingen auf die Höhe des Hügels. Und wenn Mose seine Hand emporhielt, siegte Israel; wenn er aber seine Hand sinken ließ, siegte Amalek. Aber Mose wurden die Hände schwer; darum nahmen die beiden einen Stein und legten ihn hin, daß er sich daraufsetzte. Aaron aber und Hur stützten ihm die Hände auf jeder Seite einer. So blieben seine Hände erhoben, bis die Sonne unterging. Und Josua überwältigte Amalek und sein Volk durch des Schwertes Schärfe. Und der Herr sprach zu Mose: Schreibe dies zum Gedächtnis in ein Buch und präge es Josua ein; denn ich will Amalek unter dem Himmel austilgen, daß man seiner nicht mehr gedenke. Und Mose baute einen Altar und nannte ihn: Der Herr mein Feldzeichen. Und er sprach: Die Hand an den Thron des Herrn! Der Herr führt Krieg gegen Amalek von Kind zu Kindeskind (2. Mose 17, 1–16).

Der Herr versorgt sein Volk. Das ist die tägliche Erfahrung, die die Israeliten auf ihrem Weg durch die Wüste machen. Sie brauchen sich nicht zu sorgen. Gott sorgt für sie. Was ist das für ein Vorrecht, alle Sorgen auf ihn zu werfen! Niemand kann das recht ermessen. Jeder bleibt dafür dem Herrn den Dank schuldig. Wir wollen uns aus dieser Feststellung um keinen Millimeter ausnehmen. Besser sind wir auf keinen Fall, auch wenn mir mit Gerhard Tersteegen singen:

Gott ist gegenwärtig. Lasset uns anbeten
und in Ehrfurcht vor ihn treten.
Gott ist in der Mitten. Alles in uns schweige
und sich innigst vor ihm beuge.

Israel mag nach der Vernichtung des ägyptischen Eliteheeres ähnlich gesungen haben. Die Wolke am Tage und die Feuersäule des Nachts zeigten: Der Herr führt sein Volk. Und doch kamen der Klagegeist, das ansteckende Murren und die seuchenähnliche Unzufriedenheit über Israel. Es taumelte von einer Krisis in die andere. Das Fieber des Undankes stieg hoch. Aber zunächst merkte es niemand. Man fühlte sich sogar noch wohl dabei.

Wer eine Klinik für Lungenkranke besucht, sieht mitunter Menschen mit roten Wangen und einem frischen Aussehen, und doch zersetzen die Tuberkeln ihre Lungen. Manche von ihnen sind viele Jahre dort. An Wiederaufnahme der Arbeit ist nicht zu denken. Sie sind Menschen, die kurzatmig werden, und nach jeder Operation verkleinert sich ihr Atmungsvolumen.

Genauso ist es mit der Unzufriedenheit. Sie führt zur Kurzatmigkeit im Glauben. Das Atmungsvolumen wird immer kleiner. Das Beten setzt zeitweise aus. Die Beschäftigung mit dem Wort Gottes wird zu einer beschwerlichen Pflichtübung. Das Zeugnis ist mager, Heiligung gibt es nicht. Wer klarsieht, muß erkennen, daß hier höchste Gefahrenstufe ist. Eine Operation läßt sich nicht umgehen. Mit Blaulicht und Martinshorn muß der Betreffende ins Krankenhaus. Nur dort kann der rettende Eingriff vorgenommen werden.

Wenn unser Glaubensleben an der Unzufriedenheit des einzelnen leidet, führt das zur Infektion im Gesamtbereich der Gemeinde. Müdigkeit, Trägheit und laues Wesen sind untrügliche Anzeichen solcher mörderischen Epidemien. Sie wachsen zum Massensterben aus.

Hier kann nur die völlige Hingabe an Jesus retten. Der seelsorgerliche Eingriff muß erfolgen. Wir gehören in das Untersuchungszimmer Jesu und bleiben doch zu gerne im Warteraum des Arztes. Das stille Gespräch unter vier Augen mit dem Herrn aber ist nötig, damit der Streuherd der Unzufriedenheit lokalisiert und herausoperiert wird.

Ob wir diesem Eingriff Jesu willig standhalten? Es wäre gut! Wir könnten ansteckender glauben, fröhlicher hoffen und gewisser bekennen. Israel leidet noch unter der Unzufriedenheit.

1. Dem Murren verschrieben

Es hat wenig gelernt. Immer wieder ist es vom Operationstisch Gottes gesprungen und hat sich im Wartezimmer verschanzt. Welche Torheit! Aber so unvernünftig sind wir überklugen Leute, daß wir unsere Torheit für überdurchschnittliche Klugheit ausgeben. Wir verkennen uns selbst.

Die Gemeinde in Laodizäa sagte von sich, daß sie reich sei und satt. Deshalb bedürfe sie nichts. In Wirklichkeit aber war sie unglücklich (mühselig), bemitleidenswert (jämmerlich), bettelarm, blind und leicht bekleidet (nackt). Der Herr sieht durch. Seine Diagnose (Offb. 3, 17) stimmt immer. Er behält am Ende ganz recht. Das hat Laodizäa unmißverständlich erfahren müssen. Die Gemeinde hat aufgehört zu existieren. Das Kreuz ist dem Halbmond gewichen. Der Islam hat den Platz eingenommen.

Wie schwer ist es doch, seine Fehler zu erkennen! Die der anderen sehen wir lupenscharf, aber unsere eigenen übersehen wir großzügig. Israel geht es nicht anders. Der kleinste Anlaß bringt es zum Murren. Es hat kein Trinkwasser. Der Lagerplatz ist eingenommen, und schon bricht er auf – der heimliche Hader gegen Gott. Vergessen sind die mächtige Errettung aus dem Würgegriff der Ägypter und die wunderbare Versorgung in der Wüste Tag um Tag. Das Vertrauen ist erstorben. Die Unzufriedenheit triumphiert. Warum sind wir aus Ägypten gezogen? Um mit unseren Kindern und Viehherden zu sterben? Hier ist es – das satanische Warum, dieses Teufelsstück auslösender Unzufriedenheit!

Warum? So fragt die Mutter, die ihren einzigen Sohn verloren hat. Warum? So fragt selbstsicher der Mann am Biertisch. Warum gibt es so viel Blut, Tränen, Ungerechtigkeit, Krieg und Hunger in der Welt? Er tut es, um Gott anzuklagen. Und er übersieht, daß es ihn anklagt! Warum der Autounfall, bei dem die Ehefrau tödlich verletzt wurde? Warum der komplizierte Bruch, so daß das Bein amputiert werden mußte? Warum der finanzielle Verlust, der die Existenz bedrohte? So und anders könnte fortgefahren werden. Immer aber wird die Frage bohrender, und eine Antwort gibt es nicht.

Wir müssen umlernen. Aus der Frage »Warum?« muß die Frage »Wozu?« werden. Und schon ändert sich die Lage. Der Herr ist nicht mehr Angeklagter, sondern der große Erzieher, der das Beste mit uns vorhat. Dann kommen wir nicht weiter von ihm fort, sondern bewegen uns auf ihn zu. Näher zum Herrn, das ist der Weg echter Heiligung. Davon aber ist Israel noch weit entfernt.

2. Der Gnade entgegen

Es nähert sich dem ersten großen Ziel seiner Wanderung, dem Berge Sinai. Wenngleich er noch eine Tagesreise von Raphidim entfernt liegt, so befindet sich das Volk doch schon unmittelbar am Vorgebirge dieses Berges. Mose ist Angriffspunkt. An ihm entlädt sich der Groll. Die Israeliten wären fähig, ihn zu steinigen, wie sie es weit später mit dem Sohne Gottes gern getan hätten. Doch dieser entzog sich ihnen im rechten Augenblick. So tief kann die Unzufriedenheit wurzeln, daß sie bereit ist, Gott zu versuchen. Israel stellt trotz aller bisherigen Erfahrungen den Herrn auf die Probe, ob er wirklich in ihrer Mitte sei. Das ist vom Gefühl gesteuerter Glaube. Er sucht nach immer neuer Bestätigung.

Mose ist ratlos. Er schreit zu Gott. Was soll er auch anderes tun? An ihn ist er gebunden. Von ihm ist er beauftragt. In seinem Namen tritt er vor das Volk, erwählt einige Älteste, nimmt seinen Stab und weiß: Der Herr steht vor mir. Das ist Trost und Hilfe zugleich. Er steht vor ihm, wahrscheinlich in einer Wolke, auf dem Fels am Horeb. Ist es nicht das gleiche, was der Sohn Gottes seinen Jüngern, der kämpfenden Gemeinde, verspricht: »Siehe, ich bin bei euch alle Tage bis an der Welt Ende« (Matth. 28, 20)? Er steht vor uns! Genügt uns das nicht? Diese Frage erschließt uns den Bergpfad zur Dankbarkeit.

Gott läßt sich herab. Er gibt Wasser aus dem Felsen. Wer dieses Wunder am Fuße der Bergwelt Horeb, denn so heißt das ganze Gebirge, in das sich der Sinai als einzelner Berg einfügt, nur rational zu deuten versucht, geht am Eigentlichen vorbei. Er übersieht, daß hier nicht nur der natürliche Felsen das Wasser gibt, sondern der geistliche, der mit dem Volke Gottes zieht. Dieser geistliche Fels, der mitfolgte, ist Christus (vgl. 1. Kor. 10, 4). Damit ist dies Wasser zum Träger der Gnade Gottes geworden. Es wird zum Unterpfand seiner Gegenwart in Israel. Hier bricht Evangelium auf: Wen da dürstet, der komme zu Jesus und trinke. Wer an ihn glaubt, wie die Schrift sagt, von dessen Leibe werden Ströme des lebendigen Wassers fließen (Joh. 7, 37 f.).

3. Zur Fürbitte gesetzt

Mit Staunen haben die Edomiter und Philister von den großen Taten Gottes in Ägypten gehört. Deshalb sind sie mit den anderen Völkern nicht auf den Gedanken gekommen, das Volk Israel anzugreifen. Sie hatte der Schrecken gepackt. Das sollte nun anders werden. Die Amalekiter, ein edomitischer Nomadenstamm, gehen zum Angriff über. Sie vertrauen ihrer Kraft und wollen der Unterjochung durch Israel entgehen, was ihre geheime Sorge gewesen sein mag. Dadurch ändert sich das Verhältnis des Gottesvolkes zu seinen Nachbarn.

Bisher hatte der Herr für sein Volk gestritten. Die Israeliten durften stille sein. Jetzt sollten sie selber kämpfen und siegen. Das konnten sie nur im Vertrauen auf Gottes Macht und Gegenwart. Es gilt zu lernen, daß Gott wirklich unter seinem Volk ist. Wer lernt da schon aus! Niemand! In dieser Schule bleibt jeder sitzen. Hier kann nur die Fürbitte halten. Das mußte auch Simon Petrus unmißverständlich von seinem Herrn hören. Er hatte für ihn gebeten, daß sein Glaube nicht aufhörte (Luk. 22, 43).

Jeder Dienst im Reiche Gottes ist auf solche Fürbitte angewiesen. Ohne sie gibt es keinen Sieg. Die Beter sind genauso wichtig wie die Kämpfer. Ein Josua kann nur kämpfen und siegen, wenn er die erhobenen Hände Moses sieht. Den Kampf entscheiden die Beter. Hier ist die eigentliche Front. Wir übersehen das zu oft, und dadurch erliegen wir. Was kann schon ein Verkündiger ohne die Fürbitte seiner Glaubensgeschwister ausrichten?

Der vorher von seinem Volk angeklagte und verschmähte Mose leistet ihm diesen Dienst. Er betet auf der Höhe des Hügels, während Josua mit seinen Leuten kämpft. Ein anderer hat auf dem Kreuzeshügel Golgatha für sein Volk und uns alle gebetet, damit sein Sieg unser Sieg werde: »Vater, vergib ihnen; denn sie wissen nicht, was sie tun« (Luk. 23, 34). Aus dieser Kraft konnte ein Stephanus für seine Mörder einstehen: »Herr, behalte ihnen diese Sünde nicht« (Apg. 7, 59). Knechte Gottes sind der Welt solchen Dienst schuldig. Er führt in die Hauptkampflinie. Gethsemane liegt vor Golgatha. Den Kampf entscheidet das Gebet.

O so betet alle drauf,
betet immer wieder;
heilige Hände hebet auf,
heilget eure Glieder!
Heiliget – das Gebet,
das zu Gott sich schwinget;
betet, daß es dringet!

Hat die Kirche unserer Tage noch solche Sprengtrupps? Wird in den Gemeinschaften, freien Verbänden und Freikirchen noch betend gekämpft? Davon hängt die Glaubwürdigkeit unseres Bekenntnisses zu Jesus Christus ab. Beter sind Wundervollbringer.

4. Durch Brüder gestützt

Mose ist auf den Beistand Aarons und Hurs angewiesen. Ohne sie hält er nicht durch. Je geistlicher der Kampf, um so leichter die Ermüdung. Hätten wir im ringenden Gebet bis zum Abend durchgehalten? Als einzelne bestimmt nicht. Wir wären ermüdet. Mose läßt sich von seinem Schwager Hur und seinem Bruder Aaron die Hände stützen. Er verschmäht ihre Hilfe nicht. Der Herr hat keine Superknechte, sondern beruft Menschen wie uns, die aufeinander angewiesen sind, um gemeinsam in der Fürbitte vor ihm zu stehen. Nur Jesus hat in Gethsemane um uns im Gebet allein ringen müssen, weil die Jünger eingeschlafen waren. So ein Mittler ist Mose nicht. Er bleibt Knecht.

Ohne den Herrn vermag Israel nichts. Im Kampf ist es auf die ständige Fürbitte des Knechtes Gottes angewiesen. Über Amalek ergeht das Todesurteil. Es soll ausgetilgt werden, weil es Israel hinterrücks angegriffen hat, statt ihm zu helfen. Mit der Vollstreckung dieses Urteils werden Generationen zu tun haben.

Der Herr hat das Wort. Das ist wichtig! Ihm ist Josua als Nachfolger Moses vorbehaltlos unterstellt. Dieses Wort soll für alle Zeiten aufbewahrt werden. Deshalb ist es in ein Buch zu schreiben.

Indem Mose einen Altar baut, weist er alle Ehre von sich auf den Herrn. Er weiß, daß seinen emporgehaltenen Händen die erhobene Hand Gottes gegenübersteht. Sie gibt den Sieg über alle antichristlichen Feinde. Darauf kommt alles an: Ihm allein die Ehre! Der Herr mein Panier! Den Sieg gibt er allein!

Gott bringt zu Ansehen seinen Mann

Und Jethro, der Priester in Midian, Moses Schwiegervater, hörte alles, was Gott an Mose und seinem Volk Israel getan hatte, daß der Herr Israel aus Ägypten geführt hatte. Da nahm er mit sich Zippora, die Frau des Mose, die er zurückgesandt hatte, samt ihren beiden Söhnen; von denen hieß einer Gerschom, denn Mose sprach: Ich bin ein Gast geworden in fremdem Lande, und der andere Elieser, denn er sprach: Der Gott meines Vaters ist meine Hilfe gewesen und hat mich errettet vor dem Schwert des Pharao. Als nun Jethro, Moses Schwiegervater, und seine Söhne und seine Frau zu ihm in die Wüste kamen, an den Berg Gottes, wo er sich gelagert hatte, ließ er Mose sagen: Ich, Jethro, dein Schwiegervater, bin zu dir gekommen und deine Frau und ihre beiden Söhne mit dir. Da ging Mose hinaus ihm entgegen und neigte sich vor ihm und küßte ihn. Und als sie sich untereinander gegrüßt hatten, gingen sie in das Zelt. Da erzählte Mose seinem Schwiegervater alles, was der Herr um Israels willen dem Pharao und den Ägyptern angetan hatte, und alle die Mühsal, die ihnen auf dem Wege begegnet war, und wie sie der Herr errettet hatte. Jethro aber freute sich über all das Gute, das der Herr an Israel getan hatte, wie er sie errettet hatte aus der Ägypter Hand. Und Jethro sprach: Gelobt sei der Herr, der euch errettet hat aus der Ägypter und des Pharao Hand. Nun weiß ich, daß der Herr größer ist als alle Götter; denn er hat das Volk aus der Ägypter Hand errettet, weil sie vermessen an Israel gehandelt haben. Und Jethro, Moses Schwiegervater, brachte Gott ein Brandopfer und Schlachtopfer dar. Da kamen Aaron und alle Ältesten von Israel, um mit Moses Schwiegervater das Mahl zu halten vor Gott (2. Mose 18, 1-12).

Israel erfährt: Wer sich ihm entgegenstellt, hat den Herrn zum Gegner. Das ist mit dem mächtigen Pharao ebenso gewesen wie mit dem einzelnen ägyptischen Oberaufseher. Ja, ganz Ägypten hat das schmerzvoll spüren müssen. Wer das Volk Gottes widerrechtlich festhalten will, zerbricht an dem kraftvollen Arm Gottes. Schon der Versuch hat unübersehbare Folgen.

Die Amalekiter haben es probiert. Sie sind gegen Israel angetreten und haben seinen Vormarsch nicht aufhalten können. Gott führt Krieg gegen Amalek von Kind zu Kindeskind. Das Ende ist nicht abzusehen. Und das alles aus Fehleinschätzung. Indem wir den Herrn verharmlosen, überschätzen wir unsere Möglichkeiten. Daran krankt jede Generation. Keine lernt von der anderen. Selbst Zeitgenossen nicht. So blind kann ein Volk sein, daß es den Herrn zum Gegner wählt. Es klingt unglaublich, und doch ist es wahr: Der Mensch läßt sich leichter verführen als von Gott führen. Er bezweifelt schneller Gottes Zusagen, als daß er ihnen vertraut. Es wäre nicht auszudenken, wenn wir solcher Fehleinschätzung korrekturlos folgen müßten.

Dem ist nicht so, seitdem Jesus, der Sohn Gottes, den Kampf in Gethsemane bestanden hat. Dort hat er um uns gerungen. Seine Passion ist Rettungsmission für Sünder. Wer als bewußter Schuldner unter sein Kreuz kommt, wird frei von aller Schuld. Er ist geborgen. Aus dem Vermißten und für tot Erklärten wird ein Kind Gottes. Das ist der Anfang zu neuem Leben.

Einer vor Gott bewirkt die Wende. Er steht für alle. Deshalb ist sein Name über alle Namen: Jesus Christus, der Herr. Wer sich zu diesem Namen bekennt, bleibt nicht unbekannt. Genauso wie Mose mit den Taten Gottes bekannt wird. Er wird beachtet! Wer sich von Gott ansehen läßt, der bekommt Ansehen.

1. Bekannt über den Alltag hinaus

Unser Ansehen ist uns alles. Dafür arbeiten wir und legen uns Dinge zu, die oft gar nicht zu uns passen. Marke und Größe des Autos sollen zeigen, wer wir sind. Ein Vertreter, der in einem kümmerlichen Volkswagen vorfährt, macht weniger aus als einer, der in einem Mercedes 250 SE angefahren kommt. Der Mensch urteilt nach dem Äußeren. Deshalb geben wir soviel ums Äußere. Das fängt mit der Kleidung an und hört mit der Traumvilla auf.

Mose hat nichts dergleichen. Im Gegenteil! Als mittelloser Viehhirt ist er nach Ägypten gekommen. Niemand hat von ihm gesprochen. Nur einer hat ihm befohlen. Diesem Befehl ist er treu geblieben. Er hat sich ihm vorbehaltlos unterstellt, indem er sich von Gott gebrauchen ließ. Gott hat durch ihn und über ihm gehandelt. Er ist sein Knecht geworden. Der Herr hat ihn bevollmächtigt und zum Führer, Priester und Propheten seines Volkes gesetzt. Er ist zum Psalmsänger der großen Taten Gottes geworden. Das hat den Namen Gottes unter den Völkern groß gemacht. Gottes Heilshandeln bleibt nie verborgen. In Midian hat der Priester Jethro davon gehört, daß Pharao ein Opfer seines Machtrausches und seines Unglaubens geworden sei und der Herr Israel freigekämpft habe. Es befinde sich auf dem Wege in das ihm von Gott abgesteckte Land.

Mit diesem Auszug ist der Name des Knechtes Mose verbunden. Darum ist es entscheidend, wem wir dienen: Menschen oder Gott? Wer nur Menschen und dadurch sich selbst dient, kommt über das Grau des Alltags nicht hinaus. Für ihn gibt es keinen Sonntag, weil er Gott aus dem Wege geht. Er läßt sich nicht vom Herrn ansehen. Darin besteht seine Torheit. Denn wen er ansieht, der hat Ansehen.

Niemand kann sich selber einen Namen geben, der bleibt, wenn er sich nicht unter den einen Namen stellt, der ewig ist. Unsere Väter im Glauben haben Ansehen und werden beachtet, weil sie unter dem einen Namen stehen. Was hat August Hermann Francke, Wilhelm Löhe, Mathilde Wrede, Wilhelm Busch, Paul Gerhardt, Philipp Friedrich Hiller, Dora Rappard, Fritz Woike so bekannt gemacht? Sie alle haben sich zu Jesus bekannt, dem

Sohne Gottes. Das hebt sie über den Alltag hinaus. Sie bleiben bekannt, weil sie sich zu ihm bekannt haben.

So hält der Glaube sich an den,
den er nicht sieht und nicht kann sehn.
Unsichtbarer, erhalte mich,
so glaub ich auch, als säh ich dich.

Diese Bitte Philipp Friedrich Hillers ist zum Gebet vieler geworden, die auf dem Wege sind. Sie sind in der Wüste aufgebrochen und haben das Ziel vor sich. Der Arbeiterdichter Fritz Woike redet von diesem Aufbruch und bekennt:

Größer ist kein Glück auf Erden
als vor deinen Augen stehn,
Künder deiner Kraft zu werden
allen, die vorübergehn.

Darin besteht unser Auftrag. Das macht unser Ansehen aus.

2. Tröstungen in schwerer Zeit

Mose ist so ein Künder der gestaltenden Liebe Gottes. In die Namen seiner Söhne legt er ein Stück Verkündigung. Es sind Einschnitte Gottes in sein Leben. Sie sollen nicht vergessen werden. Deshalb hat er seinen Ältesten »Gerschom« genannt. Damit meint er: Ich bin ein Gast geworden in fremdem Lande. Hier gibt es keine festen Plätze. Gäste reisen ab. Für sie kommt der Aufbruch. Vergessen wir das nicht zu leicht? Wer lebt schon vom Ende her? Überrascht uns nicht weitgehend das Sterben? Um Trost ist uns oft sehr bange! Er ist in der modernen Industriegesellschaft zur Mangelware geworden. Wir haben uns zu fest eingerichtet. An Aufbruch denken wir kaum. Und doch ist unsere Welt Durchgangsstation. Wieviel Generationen haben sie schon passiert? Ankunft und Aufbruch, unsere Erde bleibt Fremde.

Das hat Mose nie übersehen. Er ist zeitlebens in der Fremde gewesen. Das verheißene Land durfte er nur von ferne sehen. Dafür hat Gott mit ihm geredet wie mit einem Freunde.

Der zweite Sohn Moses trägt den Namen »Elieser«. Er wird uns hier zum erstenmal genannt. Durch ihn will er bekennen: Der Gott meines Vaters ist meine Hilfe gewesen und hat mich errettet vor dem Schwert des Pharao. Hier weiß Mose sich eingeordnet. Er ist Glied in der Kette. Die Klammer ist der Gott der Väter. Er verbindet die Söhne mit den Vorvätern. Sein Handeln zeigt sich in bewahrender Errettung. Das soll sein Sohn Elieser niemals vergessen. In den Namen seiner Söhne schreibt Mose ein Stück seiner eigenen Geschichte. Mittelpunkt dieser Geschichte ist allein der Herr.

Wie farblos sind dagegen die Namen unserer Kinder! Sie lehnen sich an

Zeitbilder an. Namen werden zur Modeerscheinung und haben damit ihre Sinngebung verloren. Für manche sagen biblische Namen heute nichts mehr aus. Sie werden vergeben wie andere auch. Unsere Väter haben sich noch etwas dabei gedacht. Ob wir wieder zu solcher Sinnvertiefung zurückfinden?

Mose verkündigt durch die Namen seiner Söhne. Sie sind Mahnung und Wegweisung zugleich, Bekenntnis und Trost.

3. Hinter dem Auftrag zurück

In der Wüste schafft Gott Stätten brüderlicher Begegnung. Sie sind Orte hilfreichen Austausches von Glaubenserfahrungen, frohmachender Bewahrung und dankbaren Zuhörens. Jethro bricht mit seiner Tochter Zippora, der Ehefrau des Mose, und deren beiden Söhnen auf. Sie haben Heimweh nach stärkender Glaubensgemeinschaft. Was ist ihnen nicht alles von den Taten Gottes an Mose und seinem Volk berichtet worden! Jetzt wollen sie hören und sehen. Das läßt sie frohgemut voranschreiten.

Wie lange mag Zippora ihren Mann nicht gesehen haben? Noch bevor die Gerichte über Ägypten hereinbrachen, hat Mose seine Frau und die beiden Söhne nach Midian zurückgeschickt. Aus welchem Grunde er das tat, wird nicht gesagt. Einige Ausleger nehmen an, daß Zippora als einer Fremden die Festigkeit in der Gemeinschaft mit dem Volke Gottes gefehlt habe, die zur Teilnahme am Auszug notwendig gewesen sei. Was auch immer der Grund gewesen sein mag, jedenfalls hat Mose es für besser gehalten, seine Frau mit den Söhnen vorauszuschicken. Er wollte ganz für seine Aufgabe da sein. Für Mose wird es kein leichter Entschluß gewesen sein, auf Häuslichkeit und Familie zu verzichten. Andererseits wird sich Zippora nicht gern von ihrem Mann getrennt haben.

Was müssen Frauen von Verkündigern auf sich nehmen! Das ist nicht immer leicht. Manche Frau steht ihrem Mann im Wege, weil sie ihn nicht ganz für den Dienst im Reiche Gottes freigibt. Wir verstehen das gut, daß sie ihn auch für sich haben möchte. Der Herr schenkt auch solche Stunden. Nur dürfen wir sie nicht ertrotzen. Manche Frau zerstört, was ihr Mann wirken darf. So weit kann fromme Selbstsucht gehen, daß sie nur sich und nicht den Auftrag sieht.

Frauen, die ihre Männer zum Dienst für Jesus freigeben, werden tausendfach gesegnet. Sie werden in den Dienst mit einbezogen und reifen mit dem Auftrag, der ihnen gemeinsam ist. Liebe wächst am Opfer, das man zu bringen bereit ist. Das gilt für beide, Frau und Mann.

Ludwig Nommensen, der Apostel der Batak, läßt nach seinem Heimaturlaub seine Frau mit den Kindern in der Heimat zurück. Er will den Kindern die Mutter erhalten. Allein reist er nach Sumatra zurück. Bewegt steht er vor leeren Kinderbetten. Das Heimweh nach seiner Familie packt ihn. Davon reden die Briefe an seine Frau. Wir stehen ehrerbietig vor dem Opfer solcher Knechte. Nach einigen Jahren der Trennung erreicht ihn die Todesnachricht. Seine Frau ist in der Heimat gestorben. Er kann noch nicht einmal bei ihrer Beerdigung sein. Die Reise würde zu lange gedauert haben. Was legt der Herr dem einzelnen auf! Und doch: Er macht keine Fehler.

Mose darf Frau und Kinder wiedersehen. Die Stunde der Begegnung kommt.

4. Beschenkte beschenken einander

Außerhalb Israels gibt es ganz wenige Diener des wahren Gottes. Jethro ist einer von ihnen. Seit der Patriarchenzeit nimmt ihre Zahl laufend ab. Für sie wird es immer schwerer, ihren Glauben vor heidnischen Beimengungen zu bewahren. Deshalb sind für sie die großen Taten Gottes an seinem Volk Israel Stärkung im Glauben. Als solche hat auch Jethro die Berichte über die Befreiung Israels aus ägyptischer Gefangenschaft gerne gehört. Jetzt will er den Zeugen selber befragen.

Mose war bereits dem Volk voraufgezogen. Er befand sich am Berge Gottes, dem Sinai. Das Volk ist wenig später nachgereist. Hier, am Berge Sinai, liegt der Schnittpunkt echter Bruderschaft. In der Welt ist sie selten. Dort gibt es Freundschaft. Die Interessen, gleiche Not und gemeinsame Herkunft verbinden. Aus der Wüste zum Berge Gottes ist der kürzeste Weg zur Auferbauung im Glauben. Das erfahren Mose und Jethro.

Als ihm Jethro gemeldet wird, geht Mose hinaus und verneigt sich vor ihm. Mose bleibt in der Demut. Wenn Gott ihn auch durch herrliche Gnadenerfahrungen ausgezeichnet und herausgehoben hat, so bleibt Mose bescheiden und ehrerbietig. Immerhin steht der Vater seiner Frau vor ihm. Wahre Gnade macht demütig und nicht unbeugsam.

Das geht uns heute immer mehr verloren. Die Ehrfurcht vor dem Alter schwindet in dem Maße, wie die Gottlosigkeit unter uns zunimmt. Sie ist nicht nur ein Erziehungsproblem, sondern auch eine Glaubensfrage. Wie leer, fade und kalt ist unsere Zeit trotz ihrer wachsenden Bequemlichkeiten geworden! Hier ist keine anziehende Wärme mehr. Hier gibt es keine tragende Geborgenheit. Hier haben Machtkampf, Wirtschaftserfolg und Vergnügen ohne Grenzen das bestimmende Wort. Danach richten sich die Gesprächsthemen an Arbeitsplätzen, in Gaststätten, auf Besuchsreisen. Davon sind die Nächte gefüllt und die Menschen vergiftet.

Mose und Jethro sprechen über die großen Heilstaten Gottes. Der Knecht bezeugt den Herrn. Ist das auch unser Thema? Wovon reden wir mit unserem Besuch? Wird die ganze Verwandtschaft durchkämmt, der Freundeskreis gesichtet oder die Liebe lächerlich gemacht? Reden wir von den Bewahrungen und Tröstungen im Alltag, von dem Herrn, der unsere Stärke ist? – Mose tut es, und Jethro gibt Gott darüber die Ehre. Der Apostel Paulus rühmt gegenüber seinem geistlichen Sohn Timotheus die freundlichen Bewahrungen im Kampf für das Evangelium zur Rettung des Sünders. Er habe in Antiochien, in Lystra und Ikonion Verfolgungen und Leiden um des Evangeliums willen erduldet. Aber der Herr habe ihn aus allem erlöst. Die Väter haben es genauso gehalten. Ihnen ging es darum, daß in allem Jesus groß gemacht werde. Deshalb sollte ihr Denken, Handeln und Reden, kurzum ihr ganzes Wesen auf Jesus gerichtet, von ihm durchdrungen sein. Das nennen wir Heiligung. Sie zeigt sich im Umgang mit dem Nächsten. An ihrer bereichernden Demut sollt ihr sie erkennen!

Jethro dankt und betet an. Er opfert dem Herrn Brand- und Schlachtopfer. Mit ihm verbinden sich Aaron und die Ältesten in Israel. Sie halten vor Gott mit ihm das Mahl. Der Gottesdienst umschließt sie alle, den Fremdling und die Ältesten.

Aus allen Völkern und Rassen kommen sie und beten ihn an, der ihre Schulden bezahlt hat. Sie verbindet der eine Name zu weltweiter Bruderschaft. Wo gibt es das noch? Nirgends! Nur unter ihm, dem Sohne Gottes, dem Heiland der Welt.

Gott ruft in die Mitverantwortung durch seinen Mann

Am andern Morgen setzte sich Mose, um dem Volk Recht zu sprechen. Und das Volk stand um Mose her vom Morgen bis zum Abend. Als aber sein Schwiegervater alles sah, was er mit dem Volk tat, sprach er: Was tust du denn mit dem Volk? Warum mußt du ganz allein da sitzen, und alles Volk steht um dich her vom Morgen bis zum Abend? Mose antwortete ihm: Das Volk kommt zu mir, um Gott zu befragen. Denn wenn sie einen Streitfall haben, kommen sie zu mir, damit ich richte zwischen dem einen und dem andern und tue ihnen kund die Satzungen Gottes und seine Weisungen. Sein Schwiegervater sprach zu ihm: Es ist nicht gut, wie du das tust. Du machst dich zu müde, dazu auch das Volk, das mit dir ist. Das Geschäft ist dir zu schwer; du kannst es allein nicht ausrichten. Aber gehorche meiner Stimme; ich will dir raten und Gott wird mit dir sein. Vertritt du das Volk vor Gott und bringe ihre Anliegen vor Gott und tue ihnen die Satzungen und Weisungen kund, daß du sie lehrest den Weg, auf dem sie wandeln, und die Werke, die sie tun sollen. Sieh dich aber unter dem ganzen Volk um nach redlichen Leuten, die Gott fürchten, wahrhaftig sind und dem ungerechten Gewinn feind. Die setze über sie als Oberste über tausend, über hundert, über fünfzig und über zehn, daß sie das Volk allezeit richten. Nur wenn es eine größere Sache ist, sollen sie diese vor dich bringen, alle geringeren Sachen aber sollen sie selber richten. So mach dir's leichter und laß sie mit dir tragen. Wirst du das tun, so kannst du ausrichten, was dir Gott gebietet, und dies ganze Volk kann mit Frieden an seinen Ort kommen. Mose gehorchte dem Wort seines Schwiegervaters und tat alles, was er sagte, und erwählte redliche Leute aus ganz Israel und machte sie zu Häuptern über das Volk, zu Obersten über tausend, über hundert, über fünfzig und über zehn, daß sie das Volk allezeit richteten, die schweren Sachen vor Mose brächten und die kleineren Sachen selber richteten. Und Mose ließ seinen Schwiegervater wieder in sein Land ziehen (2. Mose 18, 13-27).

Noch eben haben Jethro und Mose mit den Ältesten in Israel und Aaron Mahlgemeinschaft gehabt, sie verbindet der eine Herr, der die Sünden vergibt und dem allein Dank und Anbetung gebührt.

Mit Jethro weitet sich die Schar der Anbeter über Israel hinaus aus. Die Grenzen sind für einen Augenblick offen. Hier ist weltweite Bruderschaft, die weder befohlen noch organisiert wird. Das staunende Stillestehn über die Großtaten Gottes verbindet sie. Sie heben ihre Augen auf zu dem einen Herrn und rühmen seinen ewigen Namen: Jethro und die Ältesten in Israel, Mose und Aaron. Es ist eine Gemeinde aus Juden und Heiden. Mitten in der Wüste wird sie für einen Augenblick verwirklicht.

Erst im Neuen Testament zeichnet sie sich klarer ab. Immer aber geht es um die eine Gemeinde aus Juden und Heiden. Sie ist kein Problem und kann nicht gemacht werden, sondern bleibt Geschenk.

Welche der Geist Gottes treibt, die sind Gottes Kinder. Einheit schafft nur der Heilige Geist. Deshalb ist Einheit Gegenstand des Gebetes und Wagnis aus Glauben. Dabei darf es keinen Abbruch der Mitte geben. Einheit kann nie auf Kosten des Evangeliums geschehen. Sie hat stets ihren unaufgebbaren Grund im Wort der Wahrheit, dem einen Herrn Jesus Christus, der da bleibt.

Wir gehen nicht fehl, wenn wir sagen, daß sich vor den Augen der Israeliten eine neutestamentliche Vorschau auf die eine Gemeinde aus Juden und Heiden vollzieht. Der Horizont weitet sich für Augenblicke in der Wüste, bis der Alltag wieder sein Recht fordert. Von der Höhe geht es hinab in die Enge der Niederungen gemeindlichen Lebens. Doch dort gilt es, sich zurechtzufinden.

1. Der Eine für alle

Schon beginnt der Alltag. Mose wird gefragt. Jeder hat sein besonderes Anliegen. Der eine macht seinem Ärger Luft über das, was ihm nicht gefällt. Ein anderer kommt mit anderen Dingen aus Sippe und Familie. Wieder ein anderer führt Beschwerde über den Nachbarn und was es dergleichen alles geben mag. Wir können uns die Vielfalt kleiner und großer Kümmernisse denken, mit denen Mose überschüttet und belastet wird.

Überdies werden sie ihn mit Kritik nicht verschont haben. Wie manches Mal wird von dem Murren der Israeliten berichtet! Es macht vor Mose nicht halt. Die Wüstenwanderung ist kein Spaziergang, sondern ein Wagnis aus dem Glauben. Es fällt dem Volk so schwer, das einzusehen. Es bleibt bei seinen Alltäglichkeiten hängen.

Wie kann durch ein kleines Ereignis ein großer Brand entstehen! Der Alltag lehrt es uns immerfort. Da zanken sich zwei Kinder gläubiger Familien. Jede Mutter steht für ihren Jungen ein, und schon werden starke, massive Vorwürfe gegeneinander erhoben, so daß sie einander nicht mehr grüßen. Oder gläubige Geschäftsleute verzanken sich um einer Rechnung willen oder wegen eines vorgenommenen Kaufes. Solche Dinge sind weit gefächert und viel gegliedert.

Es ist schwierig, verzankte Brüder wieder zueinanderzubringen. Leichter ist es, einen Gottlosen zu Jesus zu beten, als daß zerstrittene Brüder wieder zueinanderfinden. Diese Tatsache wird jeder Seelsorger bestätigen. Dadurch wird der Name Jesu beschmutzt, und die Gemeinde belastet sich in ihrer Glaubwürdigkeit. Auf wie manchen Kreis mag das zutreffen!

Jesus mahnt seine Leute in der Bergpredigt: Wenn jemand weiß, daß ein Bruder etwas gegen ihn habe, der unterbreche den Gottesdienst und versöhne sich mit seinem Bruder. Erst dann könne er Gott würdig opfern (Matth. 5, 23 f.). So genau nimmt es der Herr. Wie lasch und lau geht es bei uns oft zu! Wenn jeder das ernsthaft bedenkt, ob dann auch noch so leichtfertig gestritten und auf das wohlfeile Recht gepocht würde?

Mose muß sich jedenfalls alles anhören. Vom Morgen bis zum Abend hält die Fragerei vermengt mit persönlichen Vorwürfen an. Das ist zuviel! Es geht über die Spannkraft eines Menschen. Wenn auch echte Seelsorge dem Knecht Gottes begegnet, so ist es dennoch nicht recht, auf diese Weise seine Kraft zu verschleudern.

Sind wir nicht in der gleichen Gefahr? Dem einen Mann wird alles aufgebürdet. Er tut es ja! Zum Presbyteramt kommt das des Jugendgruppenleiters. Dirigent und Kassierer ist er auch. Dazu hilft er mit in Bibelstunden und Sonntagsvorträgen. Seien wir doch ehrlich: Das Ein-Mann-System ist der Ruin jeder Gemeinde, Gemeinschaft oder Stadtmission. In der Kirche wie in unseren christlichen Vereinigungen ist dieser Mörder am Werke und sucht seine Opfer. Ihm laufen Pastoren und Prediger, Vorsitzende und Jugendgruppenleiter ins Netz, während die anderen gemächlich zusehen, ohne etwas Entscheidendes zu tun. Im Gegenteil: Der eine bekommt obendrein noch den Vorwurf, warum er denn das alles getan habe! Er sei an seinem erlittenen zweiten Herzinfarkt wie an seiner schweren Kreislaufstörung selber schuld. Und doch ändert sich nichts. Niemand springt dem einen bei.

Um Mitarbeiter muß gerungen werden. Da wird in einer Gemeinde die Jungschararbeit eingestellt, weil sich keiner für sie verantwortlich weiß. Kindergottesdienst und Sonntagsschule haben ihre Schwierigkeiten, Helfer zu bekommen. Wer verpflichtet sich schon jeden Sonntag! Das Auto verführt manchen zur Flucht vor echter Mitarbeit. Unsere mobile Gesellschaft tötet den Willen zur bewußten Mitarbeit in der Gemeinde und fördert die Kritik an der Gemeindearbeit. Nicht »Einer für alle« sollte die Parole sein, sondern »Alle im Dienst für den einen Herrn«. Das wäre der Weg gesegneter Mitarbeit. Darin zeigte sich Gemeinde. Darin bliebe sie glaubwürdig vor der Welt.

2. Der brüderliche Rat

Außenstehende sehen mehr. Wir selber sind in unseren Denksystemen und Ordnungen verfangen. Das gilt auch für Mose.

Es ehrt einen Mann, wenn er um Rat gefragt wird. Er weiß sich unentbehrlich. Es schmeichelt ihn, wenn er gebraucht wird. Für alles ist nur er da, er allein. Sein Wort wird zum Maß aller Dinge. Seine Entscheidungen sind unanfechtbar. Wo er auftritt, versammeln sich die Massen. Seine Seelsorge wird gesucht und begehrt. Von allen Seiten wird er angehimmelt. Ein neuer Stern zieht am frommen Horizont auf.

Starallüren sind auch im Raum der Christenheit nicht unbekannt. Der alte Adam läßt sich gerne streicheln. Selbst in christlichen Kreisen ist er nicht ausgestorben.

Als der Berliner Pastor Gustav Knak zu einem auswärtigen Dienst fuhr, begrüßte er auf einem kleinen pommerschen Bahnhof einige Brüder. Er erkundigte sich nach einzelnen Personen und fragte, ob der alte Adam, ein pommerscher Altbauer, noch lebe. Ihm wurde geantwortet: »Der alte Adam lebt noch!« Diese Antwort beschäftigte ihn weiter und wurde das Thema für seinen Dienst auf dem Missionsfest.

Entscheidend ist, daß wir uns unter diesem Thema dienen lassen. Wer hätte solchen Dienst nicht nötig! Wir alle sind geneigter, unserem alten Adam zu leben als Christus ganz zu gehören und für ihn allein dazusein. Der Wesensart des alten Adam verfallen wir häufiger, als wir es selber zugeben. Unsere Frauen, Kinder und Mitarbeiter können das gewiß bezeugen. Wie schnell ist der Boden werbender Liebe verlassen, und schon hat die Selbstsucht wieder das Wort. Bis ins hohe Alter hinein haben wir damit zu tun. Unsere Eitelkeit macht uns zu Päpsten im Raum unserer Arbeitsgebiete. Dadurch verlieren wir die Vollmacht. Wer sich selber nichts mehr sagen läßt, hat selbst nichts mehr zu sagen. Originale prägt der Herr. Sie tragen sein Siegel und seine Aufschrift. Gültig und vollmächtig bleiben sie, wenn ihre Prägung auf beiden Seiten deutlich sichtbar und für jedermann gut zu lesen ist.

Jesus prägt seine Leute durch das Wort und durch den Dienst der Brüder. Wer den letzteren ablehnt, ist einseitig geprägt. Deshalb haben wir den Rat, das Wort und die Fürbitte der Brüder nötig. Sie helfen uns, auf dem Wege zu bleiben. Ihre Korrektur können wir nicht entbehren. Wer Bruderschaft und Bruderrat meidet, siecht dahin. Er pflegt seinen Stolz und speist seinen Hochmut. Mose weiß um diese Gefahr. Er hat die Demut, sich raten zu lassen. Die Erfolge haben ihn für den brüderlichen Rat nicht unempfänglich gemacht. Er kennt sich und sieht, wie unfertig er ist. Das bewahrt ihn vor Hochmut. Wie schnell kann er uns befallen! Wir merken es kaum! Nur der Bruder nimmt es schmerzvoll wahr. Dann kann es aber schon zu spät sein. Manche Knechte Gottes haben gut angefangen und sind durch die Erfolge und den Zuspruch gestrandet. Der Hochmut hat sie eingefangen. Dadurch sind sie vom Eigentlichen abgekommen.

Mose hört auf seinen Schwiegervater Jethro. Er läßt sich von einem Bruder außerhalb seines Volkes raten. Wo uns Brüder zugeführt werden, kommen sie nie, ohne uns nicht auch zu dienen. Das sollten wir nicht vergessen. Wir würden dankbarer für solche Begegnungen und Gespräche sein. Wenn wir vertrauter miteinander umgingen, würden wir bereicherter auseinandergehen, um fröhlicher zu dienen. Was haben uns die Brüder aus Afrika, Asien und Amerika nicht alles zu raten! Hören wir auf ihren Rat und lassen wir uns ihren Dienst dankbar gefallen! Oder meinen wir, als Land der Reformation solchen Dienst nicht nötig zu haben?

Deshalb wollen wir dankbar sein für jede brüderliche Begegnung aus der Nachbargemeinde, aus Siebenbürgen, aus Ghana oder Indonesien. Wir können den Bruder nicht entbehren, ganz gleich von wo er uns zugeführt wird. Gemeinde festigt sich darin, daß sie Bruderschaft übt.

3. Dem Auftrag gemäß

Jethro zwingt Mose seinen Rat nicht auf. Er weist ihn an Gott, von dem er selber die Genehmigung einholen soll. Denn in Vers 23 heißt es: »So du das tust und Gott es dir gebietet (d. h. genehmigt, befiehlt, was ich dir rate), so wirst du bestehen können, und dies Volk wird mit Frieden an seinen Ort kommen (d. h. sein Ziel, Kanaan, im Wohlstand erreichen, wenn es sich an Gottes Anordnungen vorbehaltlos hält).«

Mose hat bisher im Namen Gottes auf dem Richterstuhl gesessen. Denn das Gerichtsamt ist Gottes. Deshalb begehrt Israel Recht, indem es nach dem Willen Gottes fragt. Bedeutende und langwierige Streitfälle hat es in der Wüste nicht gegeben, weil das Volk weder Grundeigentum hatte noch Handel treiben konnte. Dennoch sind die Streitigkeiten und Fragen so zahlreich gewesen, daß Mose überlastet wurde. Sie hätten auch von anderen geschlichtet werden können. Mose droht sich an der falschen Stelle aufzureiben. Das ist nicht der Wille Gottes. Das Amt des Gesetzgebers ist von dem Amt des Richters zu scheiden. Der Knecht Gottes hat Mittler zu sein. Fortan soll er dem Volk alle Satzungen und Weisungen kundtun, damit es auf dem Wege bleibt und Gottes Willen erfüllt. Dieses hartherzige und streitsüchtige Israel bekommt im Gesetz einen so strengen Zuchtmeister auf Christus hin, damit es durch Glauben gerecht würde (Gal. 3, 24). Der Herr weiß, was er tut. Denn das Gesetz ist um der Sünden willen hinzugekommen. Es ist von Engeln durch die Hand eines Mittlers, und zwar Mose (5. Mose 5, 5), verordnet. Das ist nicht unsere Auslegung, sondern die des Paulus. Er sieht in der Vollmacht des Heiligen Geistes tiefer (Gal. 3, 19).

Mose gehorcht dem Rat seines Schwiegervaters, weil Gott es so will. Deshalb setzt er Richter über das Volk. Sie sollen dem Mose die Regierungslast erleichtern. Ihre Zuständigkeit ist genau abgegrenzt. Mose steht weiter als des Volkes Mittler vor Gott. Schwere, wichtige Rechtsfälle und entscheidende Fragen vertritt er selbst. Richter, Oberste des Volkes, können nur charaktervolle Männer sein. Redlichkeit, Gottesfurcht, Wahrheitsliebe und Unbestechlichkeit gehören zu den unabdingbaren Eigenschaften der Leute, die in solche Verantwortung gerufen werden. Das sind hohe Anforderungen.

Stellen wir sie heute auch noch an unsere Mitarbeiterschaft, oder ist Spezialwissen einziger Grund für ihre Berufung? Beten wir vor allem darum, daß der Herr uns die rechten Leute zeige? Mit der linken Hand kann diese Frage nicht erledigt werden. Eine in Schrift und Glauben gegründete Mitarbeiterschaft ist das Gold einer Gemeinde. Sie ist durch nichts zu ersetzen. Ihre Schulung kann schrittweise geschehen, das andere bleibt unabänderliche Vorbedingung.

Der Zahleneinteilung liegt die Militärverfassung der Wüstenzeit zugrunde. Israels Familienverfassung wird dabei nicht ohne Einfluß gewesen sein. Vorzugsweise werden die Häupter der Stämme solche Mitverantwortung übernommen haben. Es kann aber auch sein, daß neben den Stammesältesten der Volksälteste steht. In jedem Fall führt sie Mose in ihr neues Amt ein.

Durch diese Maßnahme wird deutlich, wie angetan jene Zeit dafür ist, daß der Herr dem Volk seine theokratischen Gesetze gibt. Die Zeit ist erfüllt wie damals, als der Sohn Gottes im Viehstall zu Bethlehem geboren wurde. Erfüllte Zeit ist unter Gottes gestaltenden Händen gereifte Zeit. Seine Stunde, zu handeln, fortzuschlagen und zu beschenken, ist da! Ob wir sie stets ergreifen? Mose nimmt sie wahr. Jethro zieht indessen getrost, innerlich bereichert und im Glauben gestärkt in sein Land. Der Segen bleibt bei allen. Wie reich macht der Herr seine Leute in der Wüste!

Gott will die Entscheidung vor seinem Mann

Am ersten Tag des dritten Monats nach dem Auszug der Kinder Israel aus Ägyptenland, genau auf den Tag, kamen sie in die Wüste Sinai. Denn sie waren ausgezogen von Raphidim und kamen in die Wüste Sinai und lagerten sich dort in der Wüste gegenüber dem Berge. Und Mose stieg hinauf zu Gott. Und der Herr rief ihm vom Berge zu und sprach: So sollst du sagen zu dem Hause Jakob und verkündigen den Kindern Israel: Ihr habt gesehen, was ich mit den Ägyptern getan habe und wie ich euch getragen habe auf Adlersflügeln und euch zu mir gebracht. Werdet ihr nun meiner Stimme gehorchen und meinen Bund halten, so sollt ihr mein Eigentum sein vor allen Völkern; denn die ganze Erde ist mein. Und ihr sollt mir ein Königreich von Priestern und ein heiliges Volk sein. Das sind die Worte, die du den Kindern Israel sagen sollst. Mose kam und berief die Ältesten des Volks und legte ihnen alle diese Worte vor, die ihm der Herr geboten hatte. Und alles Volk antwortete einmütig und sprach: Alles, was der Herr geredet hat, wollen wir tun. Und Mose sagte die Worte des Volks dem Herrn wieder. Und der Herr sprach zu Mose: Siehe, ich will zu dir kommen in einer dichten Wolke, auf daß dies Volk es höre, wenn ich mit dir rede, und dir für immer glaube. Und Mose verkündete dem Herrn die Worte des Volks (2. Mose 19, 1–9).

Mose ist nicht nur der Führer seines Volkes, sondern auch der Prophet, Priester, Psalmsänger und Richter. Denn es stand hinfort kein Prophet in Israel auf wie Mose (5. Mose 34, 10). Er hat Autorität. Das wiegt mehr als erzwungener Gehorsam und geforderte Einsicht. Mose hat Ansehen, sein Wort wird gehört. Deshalb kann er in prophetischer Vollmacht seinem Volk sagen, daß der Herr sich am Ende der Tage einen Propheten wie ihn erwecken und Israel geben werde (5. Mose 18, 15).

Selbst in der Zeit Johannes des Täufers ist die Verheißung Moses nicht vergessen. Die hochoffizielle Abordnung aus Priestern und Leviten von Jerusalem fragt Johannes den Täufer, ob er der Prophet sei. Er muß es verneinen. Er ist auch nicht Christus oder Elia (Joh. 1, 21). Er hat ausschließlich und allein der Herold und Bahnbrecher des Messias zu sein. Aber die Frage beweist doch, wie tief Mose und sein Wirken im Volke verwurzelt sind. Sein Name kann nicht mehr vergessen werden. Er ist den Vätern und den Kindern und Kindeskindern vertraut. Keine Generation sinkt ins Grab, ohne ihn genannt zu haben.

Unter seiner Führung befindet sich das Volk Gottes zur Stunde in der Wüste Sinai. Fast sechs Wochen sind seit dem Passah in Ägypten vergangen. Ein Fülle von Ereignissen liegt hinter den Israeliten. Sie haben die Wirklichkeit des lebendigen Gottes erfahren. Genau auf den Tag nach dem Auszug des Volkes aus Ägypten – nämlich am ersten Tag des dritten Monats – sind sie an den Berg Gottes gekommen. Die breiten, ausgedehnten Täler in seiner Nähe bieten willkommene Lagerplätze. Ihre Augen richten sich auf den Berg Horeb. – Ob sie erahnen, was er ihnen noch bedeuten wird? Er ist für sie zur Gottesoffenbarung geworden. Die Vorbereitungen für diese Stunde laufen schon.

Der Herr hat bereits im verborgenen gehandelt, bevor wir sein Handeln wahrnehmen. Er ist uns auf seinen Gnadenwegen wie in seinen Gerichten stets voraus. Wir können ihm nur nachsehen. Das ist auch genug! Gott läßt sich nicht in Formen pressen, aber er formt uns. Wir aber lernen darin nie aus. – Indessen geht Israel der Stunde seiner Berufung ohne Aufenthalt entgegen.

1. Gesetzt zum Mittler

Mose darf dem Volk auf diesem Weg helfen, die rechte Antwort zu geben. Er ist Bevollmächtigter Gottes. Dadurch hat er eine unermeßliche Verantwortung. Sie kann er nur wahrnehmen und tragen, wenn er unablässig mit dem Herrn redet. Er braucht Orientierung. Wie soll er das Volk leiten, wenn er sich nicht selber leiten läßt? Wie soll er führen, wenn er nicht selber ein Geführter bleibt? Wie soll er zur Entscheidung rufen, wenn er nicht selber ein Entschiedener ist? Wie kann er zum Gehorsam mahnen, wenn er selber nicht gehorcht?

Noch während die Israeliten sich lagern, steigt Mose hinauf zu Gott. Er braucht solche Stunden stiller Begegnung mit ihm. Sie sind ihm lebensnotwendig. Ohne sie kann er seine Aufgaben nicht erledigen und seine Verantwortung nicht tragen. Die freie Aussprache mit seinem Herrn hat der Knecht Gottes immer nötig.

Hinauf zu Gott steigen heißt doch, sich von ihm befreien lassen. Da ist anderer Leid, das abgelegt werden muß. Da ist erdrückende Not, die niemand alleine mittragen kann. Vor ihm darf sie abgeworfen werden. Er hat die Tragkraft, die durchhält. Da sind Schuldbekenntnisse, belastende Beichten, okkulte Tiefen, vor denen wir zurückschrecken. Sie dürfen an ihn abgegeben werden. Er wird mit allem fertig. Es gibt so manches, an dem wir uns reiben und wund tragen. Wir hätten es nicht nötig und tun es immer wieder, weil wir nicht zu ihm gehen.

Als ein Evangelist am Morgen einen gläubigen Fabrikanten in seinem Büro aufsuchen will, wird er nicht vorgelassen. Er muß warten. Das fällt ihm nicht ganz leicht. Endlich wird er von der Sekretärin in das Chefzimmer geführt. Der gläubige Fabrikant begrüßt den Evangelisten freundlich. Er entschuldigt sich bei ihm, daß er ihn habe warten lassen. Er sei dringend beschäftigt gewesen. Um diese Zeit pflege er abzuwerfen, was ihn an Sorgen, Fragen und persönlichen Problemen belaste. Solche Stunde könne er nicht versäumen. Sie sei für den ganzen Tag entscheidend.

Das tut ein Geschäftsmann. Und wir? Sind wir Verkündiger nicht oft so vollkommen selbständig? Wir tun jedenfalls so! Und doch versäumen wir das Eigentliche. Wäre das schade, wenn ein Gemeindeglied frühmorgens auf den Pastor warten müßte, weil der betet? Ein besseres Zeugnis könnte dem Wartenden nicht gegeben werden. Denn hier vollzieht der Pastor das Eigentliche. Er wird zum Hirten und nimmt seine Aufgaben nicht nur ernst, sondern auch buchstäblich wahr.

Uns sollte nicht so sehr um weitreichende Aktionen zu tun sein, wohl aber um Hirten, die ihr Amt betend ausführen. Wenn in der Gemeinde von Alfred Christlieb in Heidberg eine alle mehr oder weniger bewegende Angelegenheit erneut in Ordnung gekommen war, sagten die Leute, das habe ihr Pastor wieder zurechtgebetet. Solche Beter sind uns not, die zum Herrn hinaufsteigen!

Mose tut es. Er braucht die Gegenwart des lebendigen Gottes. Er hat das Gespräch mit ihm nötig. Ohne solche Aussprache würde er vereinsamen. – Sind wir es etwa schon? Wer den Herrn Jesus Christus nicht aufsucht, wer nicht betend auf sein Wort hört, ist nicht im Gespräch mit ihm. Was hat er dann noch andern zu sagen?

Deshalb sind unsere ausgefeilten Sätze, unsere wohlgegliederten Ansprachen und unsere rhetorisch vorzüglich vorgetragenen Predigten so flach und vollmachtsarm, weil sie nicht von ihm kommen, sondern von uns. Wir haben nichts weitergeben können, weil wir nichts empfangen wollten. Es hat das Hören auf ihn gefehlt. Wir sind nicht hinaufgestiegen. – Vom Sohne Gottes lesen wir, daß er allein auf den Berg gegangen sei, um zu beten. Und das lesen wir des öfteren (Matth. 14, 23; Mark. 6, 46; Luk. 6, 12; 9, 28; Joh. 6, 15 u. a.). Sollten wir es da nicht auch nötig haben!

Ohne daß Mose es erstrebt oder sucht, wird er zum Mittler. Der Herr redet mit ihm und gibt ihm Aufträge an sein Volk. Er ist zum Dolmetscher, zum Sonderbotschafter Gottes geworden. Niemand darf Gott so nahe kommen wie er. Der Herr redet freundlich mit ihm. Er ruft ihm sein Wort vom Berge zu. Mose braucht nur zu hören. – Und was tun wir? Wir reden, ohne zu hören – und bleiben deshalb ohne Antwort. Wir sterben an unseren Problemen, die wir selbst bewältigen wollen, und ersticken unter unseren Fragen, auf die wir keine Antwort wissen.

Mose weiß mehr. Er hat sich von Gott in den Dienst nehmen lassen. Sein Tag ist gefüllt.

2. Errettet zum Heil

Noch einmal erinnert der Herr sein Volk an den Aufbruch aus ägyptischer Gefangenschaft. Er verpflichtet zu tiefer Dankbarkeit. – Wie schnell sind die Stunden der Befreiung aus würgender Not und tödlicher Angst vergessen! Sobald wir aus der Umklammerung heraus sind, ist alles völlig anders. Wir fallen zu eilig in die vergangenen Torheiten zurück. Die alten Wege verlocken uns, sie vorbehaltlos zu befahren. Und schon ist nichts mehr vom Aufbruch zu sehen.

Diese Gefahr besteht auch beim Volke Gottes. Denn das Haus Jakob hat seine schuldhafte Vergangenheit. Der Betrug mit dem Linsengericht und die Flucht zu Laban sind aufgerichtete Zeichen der Sündhaftigkeit. Am Ende wird der Betrüger selber betrogen. Selbst die Söhne belügen Jakob mit der Nachricht des angeblich tödlich verunglückten Joseph, seines Lieblingssohns. In Wirklichkeit haben sie ihn aus Neid an eine Händler-Karawane verkauft. Wie muß der Herr an diesem Mann handeln, bis er im Kampf am Pniel den neuen Namen bekommt! Dennoch wird er bis in die letzte Stunde aus der Werkstatt Gottes nicht entlassen.

Wir können alleine nicht gehen, wenn uns nicht die starke Vaterhand Gottes hält. Sie darf uns nicht loslassen, sonst fallen wir. Deshalb wird Israel erinnert, wer sein Befreier sei. Es hätte sich selbst nie befreien können. Wie einwöchige junge Adler, die noch nicht flugfähig sind, hat sie das Vater- oder Muttertier auf die starken Schwingen genommen, um sie aus der Gefahrenzone sicher herauszufliegen. Der Herr hat sein Volk zu sich gebracht. Freilich nicht ohne Grund, sondern um es zum Heil für alle Völker zu setzen. Aus ihm wird am Ende der Messias kommen. Er wird der Heiland der Welt sein.

Diese Erlösung ist am Kreuz auf Golgatha geschehen. Dort will uns der Herr an seine Gnade anbinden. Solche Angebundenen dürfen andere rufen, daß sie sich vom Sohne Gottes gleichfalls zu einer Gemeinde aus allen Völkern, Rassen und Ständen anbinden lassen. Nichts unterscheidet die Glieder voneinander. Sie sind alle eins in Christus. Das macht ihren Adel aus. Darin liegt ihre Würde. Der eine Herr hat sie alle durch sein Blut von Sünde und Schuld freigekauft. Sie sind die Befreiten, die andere zur Freiheit rufen.

Israel lebt nicht für sich, sondern darf Träger des Heils sein. Dazu bedarf es der Heiligung, des bindenden Gehorsams, der verpflichtenden Treue. Ob es dazu bereit ist? Auf den Gott der Väter kann es sich zweifelsfrei verlassen. Es muß nur von sich und seinen Möglichkeiten fortsehen, um sich dem Herrn und seinen Möglichkeiten ungeteilt anzuvertrauen. Das allerdings will ein ganzes Leben lang geübt sein. Hier wird es keine Generation zu einer befriedigenden Fertigkeit bringen. Eine jede ist auf die persönlich gestaltende Gnade Jesu angewiesen. Er macht uns frei, ganz frei zum Dienst. »Ihm zu dienen, welch ein Stand!«

3. Gerufen zur völligen Übergabe

Dazu soll es im Volke Gottes kommen. Eine Diakonisse bezeugt das Handeln Jesu in ihrem Leben. Sie redet von dem Dienst, der ihr aufgetragen ist. Er erschließt sich in missionarischer Diakonie. Neben der reinen Krankenpflege ist sie mit dem Wort Jesu unterwegs, um Menschen zu ihm zu bringen. Schlicht, aber glaubensfroh schließt sie ihr Zeugnis, daß der Herr gut für sie gewählt habe. Sie habe diesen Beruf einer Diakonisse nicht selbst gewählt, sondern Jesus habe ihn für sie gewählt. Darin liegt ein Stück selbstloser Übergabe, die zu echter, dankbarer Freude führt.

Das Haus Jakob, die Kinder Israel sollen Gottes Eigentumsvolk sein. Bereits in der Anrede liegt ein Stück Feierlichkeit. Die schuldhafte Vergangenheit ist von ihm bewältigt. Vor allen Völkern sollen sie sein Eigentum sein, wenn sie seiner Stimme gehorchen und seinen Bund halten. Denn der, der hier redet, ist der Herr der ganzen Erde, dem Fürsten und Gewaltige untergeordnet sind. Weil er sich als König seines Volkes weiß, stiftet er die Israel eigentümliche Gottesherrschaft. Er macht es zu einem Königreich von Priestern. Damit hat er es zu besonderem Dienst gerufen. Israel soll das Heil allen vermitteln. Das ist der besondere Zweck seines völkischen Daseins.

Deshalb ist es vor zweitausend Jahren unter alle Völker zerstreut worden, weil es durch die Kreuzigung Jesu diesem Sonderauftrag nicht nachgekommen ist. Erst in unseren Tagen erfährt es seine erneute Sammlung und Volkwerdung, um auf die großen Aufgaben der Letztzeit zubereitet zu werden. Es wird wieder zu dem Eigentlichen kommen und das Missionsvolk unter den Völkern werden. Wir leben heute in heilsgeschichtlicher Stunde, von der Jung-Stilling in prophetischer Schau gesagt hat: »Wenn Gott mit Israel anfängt, geht die Zeit der Nationen zu Ende.«

Übersehen werden darf es nicht, daß Petrus von der Gemeinde Jesu als dem königlichen Priestertum redet, dem heiligen Volk, dem Volk des Eigentums (1. Petr. 2, 9). Sie hat die Aufgabe, die Großtaten Gottes zu verkündigen. In dem Augenblick, in dem Israel versagt und rebellisch wird, hat der Herr seine Gemeinde aus allen Rassen unter allen Völkern. Die Offenbarung sieht es genauso. Sie redet von den Erlösten durch Jesu Blut, das sie vor Gott, dem Vater, zu Königen und Priestern gemacht habe (Offb. 1, 6). Solches Priestertum ist zu heiligem Dienst gerufen.

Heilig umfaßt nach dem Zeugnis der Bibel stets den Begriff der Aussonderung vom Gemeinen und Unreinen. Dabei schließt es die Übergabe zu selbstlosem Dienst mit ein. Weil Gott, der Herr, heilig ist, ist auch sein Volk heilig (3. Mose 11, 44). Es darf nur die lebendige Verbindung zu ihm nicht verlieren.

Jesus mahnt seine Jünger, wie Reben am Weinstock zu bleiben, um Frucht zu bringen. Ohne ihn können sie nichts tun. Wer aber in ihm bleibt und er in ihnen, der ist im ungestörten, fruchtbringenden Zusammenhang, der kann die Zusage Jesu in Anspruch nehmen, die besagt: »Ihr seid schon rein um des Wortes willen, das ich zu euch geredet habe« (Joh. 15, 3). Gerade hier wird deutlich, daß »heilig« die Heiligung jedes einzelnen umschließt. »Heilig« hat eine äußere und innere Komponente. Heilig und Heiligung haben mit Weihe zu tun. Sie sind der unversöhnliche Gegensatz zu allem Bösen (Ps. 5, 5). Erst dadurch bekommen sie die eindeutige Fülle und den kristallklaren Grund.

Was wird Israel mit diesem Angebot seines Gottes machen? Es entscheidet sich einmütig für den Herrn. In dieser Stunde gibt es keine Zweifel. Das Volk Gottes will alles tun, was der Herr geredet hat. Die Tatsache des ungeahnten Angebotes hat die Ältesten in Israel überwältigt. Mose kann ihre einhellige Antwort weitergeben. Darauf kündigt Gott an, seinen Knecht vor allem Volk noch deutlicher zu beglaubigen. Es soll aus nächster Nähe den gewaltig redenden Herrn erfahren. Die Entscheidung wird festgemacht. Es bleibt kein anderer Weg. – Entschieden für ihn! Etwas anderes gibt es auch für uns nicht, wenn wir vom Heilshandeln Gottes überwältigt werden.

Gott heiligt das Volk vor seinem Mann

Und der Herr sprach zu Mose: Geh hin zum Volk und heilige sie heute und morgen, daß sie ihre Kleider waschen und bereit seien für den dritten Tag; denn am dritten Tag wird der Herr vor allem Volk herabfahren auf den Berg Sinai. Und zieh eine Grenze um das Volk und sprich zu ihnen: Hütet euch, auf den Berg zu steigen oder seinen Fuß anzurühren; denn wer den Berg anrührt, der soll des Todes sterben. Keine Hand soll ihn anrühren, sondern er soll gesteinigt oder erschossen werden; es sei Tier oder Mensch, sie sollen nicht leben bleiben. Wenn aber das Widderhorn lange tönen wird, dann soll man auf den Berg steigen. Mose stieg vom Berge zum Volk herab und heiligte sie, und sie wuschen ihre Kleider. Und er sprach zu ihnen: Seid bereit für den dritten Tag, und keiner rühre eine Frau an. Als nun der dritte Tag kam und es Morgen ward, da erhob sich ein Donnern und Blitzen und eine dichte Wolke auf dem Berge und der Ton einer sehr starken Posaune. Das ganze Volk aber, das im Lager war, erschrak. Und Mose führte das Volk aus dem Lager Gott entgegen, und es trat unten an den Berg. Der ganze Berg Sinai aber rauchte, weil der Herr auf den Berg herabfuhr im Feuer; und der Rauch stieg auf wie der Rauch von einem Schmelzofen, und der ganze Berg bebte sehr. Und der Posaune Ton ward immer stärker. Und Mose redete, und Gott antwortete ihm laut. Als nun der Herr herniedergekommen war auf den Berg Sinai, oben auf seinen Gipfel, berief er Mose hinauf auf den Gipfel des Berges, und Mose stieg hinauf. Da sprach der Herr zu ihm: Steig hinab und verwarne das Volk, daß sie nicht durchbrechen zum Herrn, ihn zu sehen, und viele von ihnen fallen. Auch die Priester, die sonst zum Herrn nahen dürfen, sollen sich heiligen, daß sie der Herr nicht zerschmettere. Mose aber sprach zum Herrn: Das Volk kann nicht auf den Berg Sinai steigen, denn du hast uns verwarnt und gesagt: Zieh eine Grenze um den Berg und heilige ihn. Und der Herr sprach zu ihm: Geh hin, steig hinab und komm wieder herauf, du und Aaron mit dir; aber die Priester und das Volk sollen nicht durchbrechen, daß sie hinaufsteigen zu dem Herrn, damit er sie nicht zerschmettere. Und Mose stieg hinunter zum Volk und sagte es ihm (2. Mose 19, 10–25).

Das Volk Israel steht unter Gott. Es ist an ihn gewiesen. Ohne ihn verkommt es in der Wüste. Es bedarf der führenden und bewahrenden Hand des gnädigen Herrn. Was wäre es sonst um den Auszug aus Ägypten und die Befreiung aus der Zwangsherrschaft des Pharao, wenn das Volk nicht unter der tragenden Barmherzigkeit Gottes bliebe! Der Anfang vom Ende wäre gekommen. Deshalb erfährt Israel auf seiner Wanderung den gegenwärtigen Herrn, der errettet.

Es ist zum Staunen, mit welcher Geduld der Herr um sein Volk besorgt ist. Er erfüllt die Verheißungen, die er Abraham gegeben hat, weil er zu seinem Wort steht. Die Veröffentlichung der Gesetzgebung vom Sinai steht als die göttliche Reichsverfassung Israels unmittelbar bevor. Auf diese Stunde wird das Volk zugestaltet und ausgerichtet. Die Ausgangsstellung ist bezogen. Mose hat die Befehle und Zusagen Gottes weitergegeben. Das Volk war die Antwort nicht schuldig geblieben. Es ist bereit, alles zu tun, was der Herr gebietet. Dabei hat es auf seine eigene Kraft vertraut und leichtsinnig versprochen, was es nicht halten kann. Gott sieht hindurch. Er prüft die Herzen und Nieren. Ihm bleibt nichts verborgen. Deshalb schmerzt es ihn, wenn er zu Mose sagt: »Es ist alles gut, was sie geredet haben. Ach, daß sie ein solches Herz hätten, mich zu fürchten und zu halten alle meine Gebote ihr Leben lang, auf daß es ihnen und ihren Kindern wohlginge ewiglich« (5. Mose 5, 28. 29).

Bis heute hat sich daran nichts geändert. Wir sind großzügig in unseren Versprechungen und spärlich im Gehorchen. Dennoch handelt der Herr an seinem Volk.

1. Die Schranke verbindlichen Gehorsams

Wie sich ein Schüler mit wachsender Verantwortung auf sein Spezialfach vorbereitet und alle Kräfte dafür einsetzt, so soll auch das Volk Gottes bereit sein, wenn der Herr redet.

Bevor er ihm sein Gesetz gibt, soll es sich heiligen. Er will die Perlen nicht vor die Säue werfen und das Heilige nicht den Hunden geben (Matth. 7, 6). Denn draußen sind die Hunde, die Zauberer und die Hurer (Offb. 22, 15). Deshalb gebietet er, die Kleider zu waschen und eine Grenze um das Volk zu ziehen. Es wird von Gott eingefriedet. Damit befindet es sich nicht nur in seinem Eigentum, sondern steht auch zu seiner unbegrenzten Verfügung. Gott hat es vor allen anderen Völkern abgegrenzt. Es soll eine geheiligte Opposition gegenüber dem gesamten Weltheidentum bilden. Opponieren kann jeder. Gott in Frage zu stellen, das hört nie auf. Ehrfurchtslos sein Wort zu bekritteln, ist fester Bestand intellektueller Redlichkeit. Sie wird heute geradezu angebetet und hat nichts mit göttlicher Weisheit zu tun. Die Welt und der Mensch werden durch sie nicht verändert, wohl aber wird das Wort Gottes verkürzt.

Israel soll vielmehr im Namen des heiligen und wahren Gottes konstruktive Opposition betreiben. Dieser Auftrag ist bis zur Stunde nicht von der Gemeinde Jesu genommen worden. Oppositionsführer ist der Herr selber. Seine Fraktion ist die Schar der Geheiligten, der Bluterkauften des Lammes. Sie haben das Wort an die Welt und für die Zeit. Ihnen ist das Auge für die Heilsnotwendigkeit persönlicher Errettung geschärft. Auf keinen Fall dürfen sie sich mit anderen kritischen Gruppen vermischen. Sie haben ausschließlich und allein die Sache Gottes zu vertreten. Das fordert sie ganz.

Deshalb umgrenzt Gott sein Volk, wie er Adam die Schranke des Gebotes gegeben hat. Wer sie niederreißt und überschreitet, zerbricht am eigenen Ungehorsam. Er schließt sich aus der Fraktion der Geheiligten aus und wird untauglich für eine konstruktive Opposition unter den Völkern.

2. Der Berg gottgewollter Offenbarung

In freier Wahl bestimmt der Herr den Ort der Begegnung mit seinem Volk. Er ist abgesteckt. Niemand darf den Berg besteigen noch seinen Fuß anrühren. Wer es dennoch wagt, soll gesteinigt oder erschossen werden. Auf keinen Fall wird er mit dem Schwert getötet. Die leiseste Berührung mit ihm ist nicht gestattet. Wagt es dennoch einer, muß er wie ein Ansteckender gemieden werden. Er hat das Stoppschild Gottes überfahren und die Heiligung nicht beachtet. Deshalb stirbt er. Denn ohne Heiligung kann niemand den Herrn sehen (Hebr. 12, 14). Um dem stärkeren Nachdruck zu verleihen, werden selbst die Tiere getötet, die diese Grenze überschreiten. So genau nimmt es der Herr. Seitdem Jesus Christus, der Sohn Gottes, sich für uns geheiligt hat, haben wir Zugang zum Vater. Der Vorhang ist zerrissen, die Sperre ist durchbrochen. Seinen Jüngern kann Jesus sagen: »Ihr seid schon rein um des Wortes willen, das ich zu euch geredet habe« (Joh. 15, 3). Wer in ihm bleibt, der ist geheiligt.

Israel ist in seiner Gesamtheit unrein und darum zur Gemeinschaft mit dem heiligen Gott untauglich. Deshalb muß es sich heiligen. Dazu gehören das Kleiderwaschen und die bedingte Enthaltsamkeit in der Ehe. Keine irdische Sorge noch fleischliche Begierde soll den einzelnen von Gottes Wort ablenken. Deshalb rät der Apostel Paulus, daß eins sich dem andern eine Zeitlang entziehe, um zum Fasten und Beten Muße zu haben (1. Kor. 7, 5). Hier wird kein dauerndes Zölibat, wie es die römisch-katholische Kirche den Priestern auferlegt, befohlen, sondern nur eine Zeiteinteilung geschaffen, die es dem einzelnen ermöglichen soll, Gottes Wort in ungeteilter Aufmerksamkeit und ganzer Hingabe zu empfangen.

Gewiß wünschen wir mit Gott zu reden wie Mose. Aber er hat uns in die Schranken gewiesen, indem er uns das Wort der Propheten und Apostel gegeben hat. Damit sollen wir uns begnügen und nicht mehr begehren, als uns gewährt wird. Wer diese Grenze geheiligter Bescheidenheit und geschenkter Sanftmut überschreitet, befindet sich im Irrgarten der Schwärmerei. Wir sind mit dem zufrieden, was uns Gott offenbart. Es verdrießt uns nicht, wenn er aus der Ferne mit uns redet.

Wir haben an seiner Offenbarung in seinem Sohne genug. Niemand von uns hätte die Spitze des Hügels Golgatha, das Kreuz, besteigen können. Deshalb stellen wir uns dankbar darunter und freuen uns der Tröstungen in seinem Wort.

Israel wartet auf den Tag, an dem Gott mit ihm redet. Auf diesen dritten Tag rüstet es sich mit Würde und der gebührenden Ehrfurcht.

Am dritten Tag erscheint Jesus seinen angsterfüllten Jüngern als der Auferstandene (Joh. 20, 19 ff.). Der dritte Tag hat für die Gemeinde grundlegende Bedeutung (Luk. 24, 18 ff.). Er ist zum ersten Tag der Woche, dem Tag hellster Freude, tiefsten Dankes und tröstender Hoffnung geworden, an dem sie bekennt: »Christus ist auferstanden! Er ist wahrhaftig auferstanden!« In Kreuz und Auferstehung hat er den Grund zu unserer Erlösung gelegt. Das Gesetz ist erfüllt.

Der Fürst des Lebens offenbart sich als der Herr Himmels und der Erde. Auf wen warten wir noch? Unser Erlöser ist da!

3. Der Knecht göttlichen Vertrauens

Mose darf zu Gott hinaufsteigen. Er hat als einziger Zugang zu ihm. Mit ihm redet der Herr. Seine Aufgabe ist es zu vermitteln. Wie ein königlicher Kurier hält Mose die Verbindung zwischen Gott und seinem Volk aufrecht. Sein Amt ist einmalig. Es gründet sich auf das Vertrauen Gottes. Er hat ihn herausgerufen und herausgestellt. Er beglaubigt ihn vor dem Volk, indem er mit ihm redet. Welchen genauen Wortlaut dieses Gespräch gehabt hat, wird nicht berichtet. Das ist auch nicht wichtig. Denn es hat nur das eine Ziel, vor dem ganzen Volk erneut zu bestätigen, daß Mose der bevollmächtigte Knecht Gottes sei. Deshalb wird es laut übertragen, so daß jeder mithören kann. Gleichzeitig weiß von nun an das Volk, daß Mose Zutritt zu Gott hat. Alles, was er sagt, ist mit Gott abgestimmt. Durch ihn bleibt es in heilsamer Verbindung mit dem Herrn.

Demgegenüber dürfen die Priester sich nicht dem Berg nahen. Für sie gilt die gleiche Grenze wie für das Volk. Sie sind genauso unrein und befleckt wie alle anderen. Ihnen wird keine Vorzugsstellung eingeräumt. Suchen wir sie ab und an nicht als Prediger und Pastoren? Es stände uns gut an, wenn wir bescheidener würden, um vollmächtiger zu sein!

Auffallend ist, daß hier schon Priester erwähnt werden. Denn die Leviten haben das Priesteramt noch nicht übertragen bekommen. Aaron ist erst später zum Priester bestimmt worden (2. Mose 28, 1 ff.). Dennoch scheint er schon vor der Stiftung des in seinen Nachkommen erblichen Priestertums unter den hier erwähnten Priestern eine wichtige Person gewesen zu sein. Ihm wird befohlen, mit Mose auf den Berg Gottes zu steigen. Das darf nicht übersehen werden. Die erwähnten Priester sind nach vieler Ansicht erstgeborene junge Männer, die nach patriarchalischem Recht das Priesteramt bekleideten (2. Mose 24, 5). Zwischen ihnen und dem Volk ist kein Unterschied. Sie sind allzumal Sünder, Unheilige und mangeln des Ruhmes, den sie bei Gott haben sollten (Röm. 3, 23). Deshalb durfte keiner von ihnen hinzutreten.

Durch den Opfertod Jesu Christi und seine todbezwingende Auferstehung ist es umgekehrt. Wer jetzt nicht zum Gnadenthron treten will, muß sterben. Wer dieses Opfer ablehnt, verfällt dem unausweichbaren Urteil Gottes. Das aber ist stets ein Todesurteil, denn der Tod ist der Sünde Sold (Röm. 6, 23). Wir aber haben nicht einen Hohenpriester, der nicht könnte mitleiden mit unserer Schwachheit, sondern der vielmehr versucht ist, allenthalben gleichwie wir, doch ohne Sünde (Hebr. 4, 15). Darum vertrauen wir dem Sohne Gottes als dem rechtmäßigen Hohenpriester und kommen freudig |zum Thron der Gnade, um Barmherzigkeit zu empfangen und Gnade zu finden, auch auf die Zeit, wenn uns Hilfe not sein wird (Hebr. 4, 16). Für uns gibt es nur diesen einen Weg. Wer ihn verschmäht, bleibt ohne Heil.

4. Das Wort haltender Barmherzigkeit

Als das Volk zum Gehorsam bereitsteht, naht Gott, und seine Herrlichkeit erscheint auf der Spitze des Berges Sinai. Donner, Blitze und Posaunentöne erfüllen die Luft. Der Berg ist in Rauch und Nebel gehüllt. Israel soll sich im Gebet vor Gott beugen und den ihm angebotenen Bund ehrfürchtig annehmen. Die Majestät Gottes treibt das Volk in heilsamen Schrecken. Es kann nur bestehen, wenn es in der Umgrenzung und unter dem Wort bleibt. Mose führt das Volk aus dem Lager Gott entgegen. Bis unten an den Berg darf es kommen. Das beweist, daß Mose vorab ebenfalls wie das Volk hinter der Schranke steht. Erst als er gerufen wird, steigt er allein hinauf zu Gott auf den Berg. Dadurch wird seine Mittlerstellung erneut bestätigt.

Am liebsten wäre Mose wohl in der Gegenwart Gottes geblieben. Wer könnte das nicht verstehen! Den Jüngern geht es auf dem Berg der Verklärung genauso. Sie sind sich darin einig, hier zu bleiben (Matth. 17, 4). Erst als aus einer lichten Wolke Gottes Stimme ertönte, erschraken sie und fielen auf ihr Angesicht (Matth. 17, 5). Unter dem tröstenden Zuspruch des verklärten Sohnes Gottes sehen sie dann niemand als Jesus allein.

Der Herr muß Mose förmlich herunterbefehlen, um das Volk zu warnen, damit es nicht in vorwitziger Neugier die Schranke durchbricht. Es vergißt zu leicht und schnell, was Gott gebietet. Niemand könnte sagen, daß ihm das nicht passiere. Wir alle wandern auf dem schmalen Gradweg des Glaubens und sind mit unserer Wißbegier schwer in den Schranken bewahrender Nüchternheit zu halten. Mose kennt das menschliche Herz nicht so gut wie der Herr. Er allein weiß, was alles an vorwitziger Empörung in uns steckt.

In der Schilderung dieser majestätischen Offenbarung Gottes begegnen wir dem alttestamentlichen Pfingsttag (vgl. auch 5. Mose 4, 11; 33, 2; Ps. 18, 8 ff.; 68, 9; Neh. 9, 13 u. a.). Auf keinen Fall darf bei den Rauchschwaden an vulkanische Ausbrüche gedacht werden. Wer sie trotzdem behauptet, geht an der vernichtenden Heiligkeit Gottes vorbei. Zittern und Zagen erfüllt die Bergwelt. – Welches Zittern muß erst die Gottlosen überkommen, die einmal vor der zerschmetternden Allmacht Gottes zu stehen haben!

Im Gegensatz dazu steht das neutestamentliche Pfingsten mit den Feuerflammen des Heiligen Geistes (Apg. 2, 1 ff.). Das Evangelium zieht seine Bahn. Die Gnade bricht durch! So handelt der Herr. Er bewahrt, die ihm vertrauen. Und das bis zum letzten Tag.

Gott offenbart seinen Willen seinem Volk und Mann

Und Gott redete alle diese Worte: Ich bin der Herr, dein Gott, der ich dich aus Ägyptenland, aus der Knechtschaft geführt habe. Du sollst keine anderen Götter haben neben mir. Du sollst dir kein Bildnis noch irgendein Gleichnis machen, weder von dem, was oben im Himmel, noch von dem, was unten auf Erden, noch von dem, was im Wasser unter der Erde ist: Bete sie nicht an und diene ihnen nicht! Denn ich, der Herr, dein Gott, bin ein eifernder Gott, der die Missetat der Väter heimsucht bis ins dritte und vierte Glied an den Kindern derer, die mich hassen, aber Barmherzigkeit erweist an vielen Tausenden, die mich lieben und meine Gebote halten. Du sollst den Namen des Herrn, deines Gottes, nicht mißbrauchen; denn der Herr wird den nicht ungestraft lassen, der seinen Namen mißbraucht. Gedenke des Sabbattages, daß du ihn heiligst. Sechs Tage sollst du arbeiten und alle deine Werke tun. Aber am siebenten Tage ist der Sabbat des Herrn, deines Gottes. Da sollst du keine Arbeit tun, auch nicht dein Sohn, deine Tochter, dein Knecht, deine Magd, dein Vieh, auch nicht dein Fremdling, der in deiner Stadt lebt. Denn in sechs Tagen hat der Herr Himmel und Erde gemacht und das Meer und alles, was darinnen ist, und ruhte am siebenten Tage. Darum segnete der Herr den Sabbattag und heiligte ihn. Du sollst deinen Vater und deine Mutter ehren, auf daß du lange lebest in dem Lande, das dir der Herr, dein Gott, geben wird. Du sollst nicht töten. Du sollst nicht ehebrechen. Du sollst nicht stehlen. Du sollst nicht falsch Zeugnis reden wider deinen Nächsten. Du sollst nicht begehren deines Nächsten Haus. Du sollst nicht begehren deines Nächsten Weib, Knecht, Magd, Rind, Esel noch alles, was dein Nächster hat. Und alles Volk wurde Zeuge von dem Donner und Blitz und dem Ton der Posaune und dem Rauchen des Berges. Als sie aber solches sahen, flohen sie und blieben in der Ferne stehen und sprachen zu Mose: Rede du mit uns, wir wollen hören; aber laß Gott nicht mit uns reden, wir könnten sonst sterben. Mose aber sprach zum Volk: Fürchtet euch nicht, denn Gott ist gekommen, euch zu versuchen, damit ihr's vor Augen habt, wie er zu fürchten sei, und ihr nicht sündigt. So stand das Volk von ferne, aber Mose nahte sich dem Dunkel, darinnen Gott war. Und der Herr sprach zu ihm: So sollst du den Kindern Israel sagen: Ihr habt gesehen, daß ich mit euch vom Himmel geredet habe. Darum sollt ihr euch keine anderen Götter neben mir machen, weder silberne noch goldene sollt ihr euch machen. Einen Altar von Erde mache mir, auf dem du dein Brandopfer und Dankopfer, deine Schafe und Rinder, opferst. An jedem Ort, wo ich meines Namens gedenken lasse, da will ich zu dir kommen und dich segnen. Und wenn du mir einen steinernen Altar machen willst, sollst du ihn nicht von behauenen Steinen bauen; denn wenn du mit deinem Eisen darüber kommst, so wirst du ihn entweihen. Du sollst auch nicht auf Stufen zu meinem Altar hinaufsteigen, daß nicht deine Blöße aufgedeckt werde vor ihm (2. Mose 20, 1–26).

Das Volk steht in gespannter Erwartung. Es ist von Gott angewiesen und an diesen Ort befohlen worden. Am Berg Sinai erlebt es die Gegenwart des lebendigen Gottes. In Donner und Blitz sowie in einer dichten Wolke und im Posaunenton kommt er hernieder. Gott ist gegenwärtig! Er ist da! Das bleibt unabwendbare Tatsache für das wandernde Gottesvolk. Aber es kann auch in heilsame Unruhe münden.

Israel ist bewegt von dem Gespräch Gottes mit seinem Knecht. Es hat gesehen und gehört, wer der eigentliche Herr und König ist. Mose empfängt seine Befehle und geht, wohin er befohlen wird. Darin liegt seine Vollmacht. Simon Petrus muß sich vom Auferstandenen sagen lassen, daß ihn im Alter ein anderer gürten und ihn führen werde, wohin er nicht wolle. Damit wird auf seinen Märtyrertod hingewiesen (Joh. 21, 18 f.). Vollmacht ist an Gehorsam gebunden. Gehorsam wird sichtbar in einem Leben aus Glauben. Glauben fragt nicht: Wohin?, sondern bindet sich an den Herrn und sein Wort. Glaube verwirklicht sich im durchdringenden Gebet. Darin liegt seine Tiefe. Bevollmächtigte Diener Gottes sind immer zugleich durchdringende Beter gewesen. Mose ist einer von ihnen. Wir bekommen soviel Vollmacht, wie wir Tiefgang im Gebet haben.

Israel steht vor dem Herrn. Es hat nichts zu sagen, sondern nur zu hören. Das ist auch genug! Denn wer mit dem Einsatz seiner ganzen Person hört, ist bereit, bedingungslos zu gehorchen.

1. Unter Gottes Wort

Wir kennen Massenaufmärsche und Massenversammlungen. Das ist nichts Besonderes. In der Vergangenheit hat es Reichsparteitage gegeben, an denen einer sprach, und alle mußten ihn hören. Ein Mensch machte sich zum Maßstab aller Dinge und verbreitete Zerstörung, Blut und Tränen. Er beschwor den Frieden und brachte den Krieg; er pries den Wohlstand als Aufbau und verwirklichte das Chaos.

Ganz anders ist es hier. Nicht ein Mensch hat das Wort, sondern Gott selber. Er ist das Wort des Lebens. Darauf kommt alles an, daß er in unserem Leben zu Wort kommt. Wir lassen das mitunter nicht zu, weil wir den Ort meiden, wo er redet. Israel steht an der Stelle, am Berg Sinai. Es kann sein Reden nicht überhören.

»Und Gott redete alle diese Worte.« Was liegt allein in dieser Aussage für ein Schwergewicht! Da wird angewiesen, der Weg abgesteckt, Bahn gemacht und die Richtung angegeben. Gott setzt als König seines Volkes Recht. Das ist die Einmaligkeit dieser Stunde, die in zunehmender Gewalt Israel beschlagnahmt und seinen Weg ausmacht. Ihre bezwingende Größe liegt in ihrer heilsgeschichtlichen Tiefe.

Israel steht förmlich unter Gottes Wort. Mose ist mit eingereiht. Er wird nicht herausgenommen, sondern befindet sich in einer Reihe mit dem Volk vor dem Gott der Väter. Der Herr hat ihn heruntergeschickt. Sein Platz ist jetzt nicht auf dem Berg, sondern vor dem Berg. Er ist eingeordnet in die hörende Gemeinde. Wer sie meidet und an ihr kritisiert, bringt sich um den Segen. Es gibt keine Schranke zwischen dem Knecht Gottes und dem Volk, wohl aber zwischen Gott und Volk.

Was haben wir für Schranken der Unnahbarkeit zwischen Verkündigern, Predigern und Pastoren sowie dem hörenden Volk aufgerichtet! Wir nehmen ihm den Mut, zu uns zu kommen. Das fängt bei der Sprache an und geht bis zur Wohnungseinrichtung. Dadurch verwehren wir dem einfachen schlichten Mann den Zugang. Wir haben uns nicht nach oben zu orientieren, sondern nach unten. Beim Gebrauch der Fremdworte fängt es an. Meinem Lehrer in der praktischen Theologie, Professor Heinrich Rendtorff, bin ich noch heute dankbar, daß er den Grundsatz aufstellte, jede Predigt sei daneben, in der ein Fremdwort vorkomme. Wir hätten so einfach und gezielt zu predigen, daß es jeder verstehen könne, und so interessant, daß es den Gebildeten fessele.

Die hörende Gemeinde ist für mich als Prediger nicht mein Gegenüber. Mit ihr stehe ich vor Gott und bin sein Dolmetscher. Mehr will und darf ich nicht sein. Wie soll ich es anders sonst griffig machen, an Jesus zu glauben, wenn ich zwischen ihr und mir Schranken errichte? Ich kann es nur, wenn ich unter seinem Wort bleibe, und das als Hörer unter Hörern. Sonst verliere ich Vollmacht, Glaubwürdigkeit und Segen.

Mose weiß sich unter Gott. Deshalb läßt er sich ohne Widerspruch in die hörende Gemeinde einordnen. Denn wer hört, wird gesegnet.

2. In Gottes Eigentum

Israel sieht sich dem verhüllten Gott gegenüber. Wie könnte es ihm von Angesicht zu Angesicht gegenübertreten? Die Sünde trennt es von dem dreimal heiligen Herrn. Seine Verhüllung ist ein Stück rettender Barmherzigkeit. »Das Wort ward Fleisch und wohnte unter uns« (Joh. 1, 14). Paulus umschreibt das Geheimnis der Gestalt des Sohnes Gottes ähnlich wie Johannes: ». . . sondern entäußerte sich selbst und nahm Knechtsgestalt an . . .« (Phil. 2, 7 ff.). Sein Christuspsalm ist die Anbetung der offenbarenden und scheidenden Barmherzigkeit Gottes in seinem Sohne. Nichts anderes als Christus allein weiß und rühmt er.

Wir sind Gerufene seiner Barmherzigkeit. Das gilt ausschließlich für das Volk Gottes. Es ist sein Volk und befindet sich in seinem Eigentum. Diese Tatsache kann und darf es nicht außer acht lassen. Deshalb wird dies Eine vorangestellt: »Ich bin der Herr, dein Gott.« Darin liegt die Berufung Israels. Es ist Gottes Eigentumsvolk. Das verpflichtet!

Wir sind durch das Blut des Sohnes Gottes teuer erkauft. Wie Israel sich unter ägyptischer Gefangenschaft befunden hat, so stehen wir unter der Zwangsherrschaft Satans und damit der Sünde. Wir können sie nicht selber abwerfen. Dazu haben wir weder Macht noch Mittel. Allein der Sohn Gottes hat uns freigekauft. Fortan stehen wir in seinem Eigentum. Er ist unser Herr und Heiland.

Neben sich erkennt Gott niemand an, weil es neben ihm keinen wahren

Gott gibt. Er ist der Weg, die Wahrheit und das Leben (Joh. 14, 6). Darum wird Israel verboten, ihn bildhaft darzustellen. Er ist weder Statue noch Legende, sondern ein eifernder Gott. Der Götzendienst fängt stets mit der Verehrung von Bildern an. Dem Stierdienst in der Wüste folgt die Anbetung Baals und anderer Götter in der Folgezeit. Sie sind dem Volk Israel stets zum Verhängnis geworden.

Woran unser Herz hängt, darauf verlassen wir uns. Das ist unser Gott. Wir nennen ihn Wohlstand, Verdienst, Bequemlichkeiten des Lebens, Vergnügungen aller Art, Mitmenschlichkeit, Humanität, Entwicklungshilfe. Und doch ist das alles ein hauchdünner Zuckerguß, der unter der drückenden Härte persönlicher Lebensereignisse zerrinnt. Sie versagen auf dem Prüfstand des Lebens. Den letzten Belastungen halten sie nicht stand. Das weiß jeder, der die rettende Wirklichkeit des Sohnes Gottes persönlich erfahren hat.

Der Herr gibt immer, bevor er fordert. Er erntet nie, wo er nicht reichlich gesät hat. Davon sind die Geschichte Israels und der Siegeslauf des Evangeliums randvoll. Wir selber haben dadurch das Leben. Durch seine Barmherzigkeit sind wir gerettet, Glieder in der Kette, die ihn lieben und seine Gebote halten. Deshalb sind wir Erkaufte, weil er seinen Sohn zur Bezahlung unserer Schuld geopfert hat. Darum kann er fordern, daß wir ihm allein dienen und seinen Namen ehren. Er allein ist würdig, zu nehmen Preis und Ehre, Dank und Anbetung (vgl. Offb. 4, 11; 5, 12 f.; 1. Chron. 20, 11; Phil. 2, 9 ff.).

3. Auf Gottes Weg

In den Zehn Geboten gibt Gott seinem Volk die Marschrichtung. Er offenbart seinen Willen. Israel ist nicht mehr unwissend. Es weiß, was es dem Herrn schuldet, und erkennt, wie es dem Nächsten verpflichtet ist. Es soll Gott, seinen Herrn, von ganzem Herzen lieben und seinen Nächsten wie sich selbst.

Um das zu vollziehen, wird dem reichen jungen Mann von Jesus gesagt, daß er alles verkaufen solle, was er habe, um es den Armen zu geben. Er aber ist traurig fortgegangen, weil er viele Güter hatte (Mark. 10, 21 f.). Seine wunde Stelle ist offenbar.

Nichts anderes wollen die Gebote. Sie wollen uns zur Erkenntnis der Sünde führen. Israel soll am Gesetz seine maßlose Verschuldung erkennen. Je ernster es die Gebote nimmt, um so unübersehbarer wird sein Schuldkonto. Es hat steigende Tendenz. Daran ändert sich nichts. Selbst Jesus löst das Gesetz nicht auf, sondern erfüllt es. Vielmehr versichert er, daß das erste Gebot das vornehmste und größte sei. Aus ihm folge das der Nächstenliebe. In beiden hängen das ganze Gesetz und die Propheten (Matth. 22, 37 ff.). Das eine läßt sich vom anderen nicht trennen. Sie bedingen einander. Die anderen Gebote bekommen allein durch das erste ihren tragenden Grund und ihre durchschaubare Mitte.

Beides hat Jesus seinen Jüngern in der Bergrede entfaltet. Es lohnt sich, sie daraufhin anzusehen (Matth. 5, 1 ff.). Die Erschütterung und das Entsetzen im Volk über diese Rede sind begreiflich. Denn Jesus lehrt mit Vollmacht und nicht wie die Schriftgelehrten (Matth. 7, 28 f.).

Die Gebote sind Leitplanken. Sie begrenzen unser Handeln und Denken. Im Dunkel der Versuchung geben sie uns die Richtung an. Sie sind Laufstege zu Jesus hin. Wer sollte das verkennen! Doch nur der, der unverbindlich auf sie hört. Abgötterei und Götzendienst sind ein Majestätsverbrechen und werden wie Gotteslästerung, falsches Prophetentum, Sabbatschändung und Zauberei mit Steinigung bestraft (5. Mose 17, 2).

Die Eltern schlagen, ihnen fluchen und sich ihnen widersetzen, sind todwürdige Verbrechen. Wie weit sind wir heute gekommen! Wer das Elterngebot auflöst, löst sich aus der Segenslinie Gottes. Es steht bei der späteren schriftlichen Festlegung an fünfter Stelle und gehört auf die erste Tafel.

Mit dem Verbot des Mordes soll keine Abschreckung erzielt, sondern die Antastung des Ebenbildes Gottes untersagt werden. Wer das Leben eines Menschen antastet, tastet Gott selber an.

Ebenso wird die Ehe geschützt und geheiligt (vgl. Eph. 5, 22 ff.). Ehebruch und Ehescheidung werden verworfen.

Bei den Geboten geht es nicht um kalte Bestimmungen und drückende Ordnungen, sondern um Glaubensinhalt. Christus ist des Gesetzes Ende (Röm. 10, 4). Er hat das Gesetz erfüllt; denn die Liebe ist des Gesetzes Erfüllung (Röm. 10). Wer anders ist diese Liebe als Jesus allein? Deshalb ist er der Weg, die Wahrheit und das Leben (Joh. 14, 6). Er ist die Tür zum Vater. Gesetz und Evangelium – beide bedingen einander. Das eine löst das andere nicht auf, sondern vertieft es. Der eine Herr setzt Recht und erlöst.

4. Mit Gottes Knecht

Es kann nicht Aufgabe dieser Arbeit sein, die Zehn Gebote auszulegen. Das mag zu anderer Zeit geschehen. Hier sollen lediglich ihre Grundlinien aufgezeigt werden. Deshalb ist nur auf einiges, was uns besonders bewegt, aufmerksam gemacht worden.

Das Gesetz ist gegeben. Die Angst bemächtigt sich Israels. Es fürchtet sich vor der Unmittelbarkeit der Rede Gottes. Sünde bricht auf. Das Volk wird sich seiner Schuld bewußt. Es erbittet den Mittler. Mose, der Knecht Gottes, soll der ständige Botschafter Gottes in seiner Mitte sein.

Unerschrocken nimmt Mose diesen Auftrag wahr. Er tritt in das Dunkel hinein, in dem sich der Herr befindet. Seine Kühnheit ist sein Glaube. Die

Angst ist von ihm gefallen und jede Furcht gewichen. Später kann er Gott sogar bitten, ihm zu gestatten, seine Herrlichkeit zu sehen (2. Mose 33, 18). Das ist mehr als Mut!

Wir haben einen Hohenpriester, Jesus Christus. Er vertritt uns vor dem Vater. Hier ist mehr als Mose. Das sollte uns zu dankbarer Anbetung rufen.

Mose nimmt einige gottesdienstliche Anweisungen entgegen. Altäre sind Opferstätten. Sie bestimmt der Herr. Ihm geht es um den Gehorsam des Glaubens und nicht um den Baustoff der Altäre. Wer den Baustoff über den Gehorsam setzt, betet das Bild an und nicht den Herrn. In dieser Gefahr stehen wir heute noch. Dessen müssen wir uns in Kirche und Freikirche ganz neu bewußt werden. Das Bild verführt, aber der Herr errettet.

Mit Gottes Knecht zu Gottes Lob! Einen anderen Weg gibt es nicht! – Solches Lob dringt durch. –

Gott wirbt und warnt über seinen Mann

Siehe, ich sende einen Engel vor dir her, der dich behüte auf dem Wege und dich bringe an den Ort, den ich bestimmt habe. Hüte dich vor ihm und gehorche seiner Stimme und sei nicht widerspenstig gegen ihn; denn er wird euer Übertreten nicht vergeben, weil mein Name in ihm ist. Wirst du aber auf seine Stimme hören und alles tun, was ich dir sage, so will ich deiner Feinde Feind und deiner Widersacher Widersacher sein. Ja, mein Engel wird vor dir hergehen und dich bringen zu den Amoritern, Hethitern, Perisitern, Kanaanitern, Hewitern und Jebusitern, und ich will sie vertilgen. Du sollst ihre Götter nicht anbeten noch ihnen dienen noch tun, wie sie tun, sondern du sollst ihre Steinmale umreißen und zerbrechen. Aber dem Herrn, eurem Gott, sollt ihr dienen, so wird er dein Brot und dein Wasser segnen, und ich will alle Krankheit von dir wenden. Es soll keine Frau in deinem Lande eine Fehlgeburt haben oder unfruchtbar sein, und ich will dich lassen alt werden. Ich will meinen Schrecken vor dir her senden und alle Völker verzagt machen, wohin du kommst, und will geben, daß alle deine Feinde vor dir fliehen. Ich will Angst und Schrecken vor dir her senden, die vor dir her vertreiben die Hewiter, Kanaaniter und Hethiter. Aber ich will sie nicht in einem Jahr ausstoßen vor dir, auf daß nicht das Land wüst werde und sich die wilden Tiere wider dich mehren. Einzeln nacheinander will ich sie vor dir her ausstoßen, bis du zahlreich bist und das Land besitzt. Und ich will deine Grenze festsetzen von dem Schilfmeer bis an das Philistermeer und von der Wüste bis an den Euphratstrom. Denn ich will dir in deine Hand geben die Bewohner des Landes, daß du sie ausstoßen sollst vor dir her. Du sollst mit ihnen und mit ihren Göttern keinen Bund schließen. Laß sie nicht wohnen in deinem Lande, daß sie dich nicht verführen zur Sünde wider mich; denn wenn du ihren Göttern dienst, wird dir das zum Fallstrick werden (2. Mose 23, 20-33).

Das Volk hat Rechtsordnungen bekommen. Mose legt sie ihm vor. Bis ins einzelne wird hier das Leben des Gottesvolkes geregelt. In kasuistischer Weise ist Recht gesetzt. An Beispielen wird gesagt, was im Einzelfall zu geschehen habe. Es werden die Rechte hebräischer Sklaven festgelegt. Dabei ist es entscheidend, ob sie mit Frau und Familie oder ohne sie den Sklavendienst aufgenommen haben. Auf schwere Körperverletzung mit Todesfolge steht die Todesstrafe. Wer seine Eltern schlägt oder sie verflucht, muß sterben. Bei Menschenraub gibt es keine mildernden Umstände. Wer einen Menschen raubt oder verkauft, hat das Leben verwirkt. Zauberinnen dürfen nicht weiterleben. Sobald ihr Vergehen offenbar ist, haben sie ihr Leben verwirkt. Okkultismus in jeder Form ist strafbar. Unzucht mit Tieren wird mit dem Tode geahndet.

Das sind harte Gesetze. Jeder weiß, woran er ist. Niemand kann sich entschuldigen. Wer mit dem Leben des Mitmenschen spielt, riskiert das eigene Leben. Wie lasch und lau sind wir heute geworden! Einer schägt dem andern den Schädel ein, um zehn Mark zu bekommen. Brutalität und rigorose, unerbittliche Gewalt zeichnen unsere Zeit. Kriminalfilme sind gefragt und dienen als Vorlage zu neuen Straftaten. Unsere Welt ist nicht besser geworden. Im Gegenteil! Wir sind tiefer in Sittenlosigkeit und Verbrechertum versunken. Der Mensch entwickelt sich nach unten, sobald er seine Mitte, den Glauben an Gott, verliert. Er wird zum Tier und sinkt noch darunter. Das Gerede von Humanität ist Deckmantel unserer Zuchtlosigkeit. Die Abschaffung der Todesstrafe wird zum Eingeständnis unserer Unverbindlichkeit und Ohnmacht.

Gott handelt anders. Er greift mit starker Hand durch. Gerecht ist er und heilig. Während er die Mörder straft, schützt er die Witwen und Waisen. Nichts bleibt ihm verborgen. Israel hat einen Richter, der alles sieht. Keine Tat und kein Gedanke lassen sich vor ihm verheimlichen. Er braucht keine Voruntersuchung, keine Spürhunde und Spurensicherung. Auf die Erstellung einer lückenlosen Beweiskette ist er nicht angewiesen. Gott sieht alles, Gott hört alles, Gott weiß alles und Gott behält alles. Er vergißt nichts. An ihn ist Israel gebunden, und unter ihm steht der Knecht Gottes. Seine Befehle führt er aus. Er ist Schaltstelle. Der Herr gebraucht ihn. Lassen wir uns so einspannen? Gott bedient sich unser. Wir aber dürfen ihm allein dienen.

Israel weiß alles. Vom Sabbatjahr über Ersatzleistungen bis zu den Opfervorschriften kennt es sich aus. Das Entscheidende bleibt, ob es auch danach lebt! Auf die Stetigkeit im Glaubensleben kommt es an. Es wäre gut, die Kapitel 21 bis 23 des 2. Buches Mose genau zu lesen und darüber in Meditation und Gebet still zu werden.

Die ersten Christen sind beständig unter dem Wort Gottes geblieben und haben Gemeinschaft untereinander gehalten. Sie sind zum Tisch des Herrn gekommen und haben miteinander die Fragen der Gemeinde durchbetet (Apg. 2, 42). Und wir? Wir haben uns womöglich an den Leerlauf gewöhnt. Es geht nicht anders und wird nicht anders, weil wir uns nicht heiligen lassen. Die Stetigkeit im Wandel aus Glauben ist uns verlorengegangen.

1. In Treue

Darauf muß unser Augenmerk gerichtet sein. Gott sucht die Treue seines Volkes. Noch eben hat dieses Volk ohne Ausnahme erklärt, daß es dem Herrn in allen Stücken gehorchen wolle. Dazu hat es sich vor den Augen und Ohren des Knechtes Gottes verpflichtet. In Sichtweite des Berges Sinai bekannte es einmütig: »Alles, was der Herr geredet hat, wollen wir tun« (2. Mose 19, 8). Bedingungsloser Gehorsam ist leichter ausgesprochen als ausgelebt. Das weiß jeder von uns. Wir reden schneller, als daß wir handeln. Dazu bedarf es der Stetigkeit des Gebetes. Hier lernen wir, Gottes Verheißungen, Zusagen und Mahnungen ernst zu nehmen. Denn wer Gottes Wort nicht mehr ernst nimmt, kann sich selber nicht mehr ernst nehmen.

Ein guter Freund erzählt aus seiner Kindheit. Das zweite Kriegsjahr des Ersten Weltkrieges hatte begonnen. Sein Vater beschäftigte in seiner Produktion Frauen und Mädchen, die aus sozial armen Verhältnissen kamen. Sie selber hatten zu Hause einen Hund, an dem sich die ganze Fabrikantenfamilie freute. Eines Tages hörte der Vater eines der Mädchen dem Sinne nach sagen: Ich werde zu Hause nicht satt, während bei unserem Chef der Hund noch genug zu fressen hat. Am gleichen Tag ordnete der Fabrikant an, daß der Hund totgeschossen werde. Dafür komme dieses Mädchen an den Tisch. Gesagt, getan! Am nächsten Tag ging man zum Förster. Der Hund wurde erschossen, und Lene kam an den Tisch. Sie ist bis zu ihrem Tode in dem Hause geblieben. Durch sie ist der Weg der Kinder mitbestimmt worden. Sie war ein uneheliches Kind, hatte aber den Heiland lieb.

Hier wird gelebter Glaube deutlich. Der Vater hat aus dem Glauben gehandelt. Ob das heute in solcher Bestimmtheit noch geschieht? Verzichten wir auf den Hund, um einem anderen Menschen zu helfen? Es gibt tausend Möglichkeiten für den, der helfen will. Dazu bedarf es keiner großartigen Aufforderung zum Handeln, sondern der Freiheit zu tun, was wir glauben. Wir sind dem Herrn verpflichtet und haben ein Brief Christi zu sein.

Manche unter uns schließen ihre Briefe mit den Worten: »In Treue dein . . .« Damit wollen sie sagen, daß man unverändert im Glauben verbunden ist. Für sie ist es eine Glaubensaussage, für andere ein Briefschluß. Ist damit für uns Schluß oder fängt es erst an? In Treue! Das sucht Gott bei seinem Volk und uns. Wir werden gewarnt, es nicht nur bei einer Aussage zu lassen, sondern danach zu tun. Das verlangt ganzen Einsatz. Das Herz muß mit dabeisein!

Was wäre aus manchem führenden Afrikaner, Inder oder Chinesen geworden, wenn er bei seinem Studium unter uns solche überwindende Treue aus Glauben erfahren hätte? Es sähe womöglich in der Welt und ihren Erdteilen anders aus. Jeder mag sich das selber verdeutlichen. Wir haben versagt und auf uns gesehen, anstatt dem Nächsten in Treue zu dienen, damit auch er zu Jesus kommt. Bergende Treue in werbender Liebe – darin beseht unser Christsein.

Israel hat die Ordnung Gottes. Ob es sich einordnet? Daran hängt Gnade und Gericht. Wer nicht bereit ist, im flutenden Straßenverkehr sich einzuordnen, riskiert sein und der anderen Leben. Er mordet sich nicht nur selbst, sondern auch die anderen. So ernst ist es um die Befolgung der Gebote und Verordnungen Gottes. Durch unsere Lauheit und verkehrswidrige Fahrweise sterben andere ohne Jesus.

Pastor Wilhelm Busch erzählt von einem jungen Mann, der seinen Glauben nicht bezeugte. Er wohnt mit einem anderen zusammen auf einem Zimmer. Dieser andere wird sterbenskrank. Da packt den jungen Mann die Angst. Er bekennt dem Sterbenden, wer er sei. Der sieht ihn mit großen Augen an und sagt: »Ach, so einer bist du!« Darauf schließt er die Augen für immer. Was wäre aus dem Sterbenden geworden, wenn er sich ihm von der ersten Stunde an als Jünger Jesu gestellt hätte! Einordnen heißt, sich unter die Führung Jesu stellen.

2. Lotse an Bord

»Lotse an Bord« signalisieren Schiffe, wenn sie durch unbekannte Wasserstraßen müssen. Sie sind dazu verpflichtet, weil sie selber nicht durchkommen.

Gott gibt seinem Volk den Lotsen. Er tut es ohne Aufforderung, weil er die Schwierigkeiten und die Gefahren des Weges kennt und übersieht. Er sendet seinen Engel vor den Israeliten her. Seine Aufgabe ist es, sie auf dem Wege zu behüten und wohlbehalten an den vorbestimmten Ort zu bringen. Israel steht unter göttlicher Führung.

Was liegt in dieser Zusage für ein Trost! Das Volk braucht nicht selber den Weg zu erkunden, sondern ein sach- und ortskundiger Bote führt und geht vorauf. Er steigt zu und setzt sich an die Spitze.

Nichts anderes will Jesus in unserem Leben sein. Alles kommt darauf an, daß wir ihm die Führung überlassen. Er muß das Steuer unseres Lebens in seine Hand bekommen.

Bei Trauungen wird oft das Lied »Jesu, geh voran auf der Lebensbahn« gesungen. Darin heißt es:

Ordne unsern Gang,
Jesu, lebenslang.
Führst du uns durch rauhe Wege,
gib uns auch die nöt'ge Pflege;
tu uns nach dem Lauf
deine Türe auf.

Für Graf von Zinzendorf ist dieses Lied ein Gebet. Er kommt ohne Jesus nicht mehr aus. Deshalb vertraut er sich ihm ganz an. Seine Bitte ist der Ruf nach dem Lotsen.

Ein Gleiches bewegt Hedwig von Redern, wenn sie im Glauben bekennt:

Du weißt den Weg ja doch, du weißt die Zeit,
dein Plan ist fertig schon und liegt bereit.
Ich preise dich für deiner Liebe Macht,
ich rühm die Gnade, die mir Heil gebracht.

Was ist es anderes, wenn der Psalmsänger sich zum »Dennoch des Glaubens« stellt. Er sieht die Gottlosigkeit um sich her, das Geltungsbedürfnis dieser Menschen und ihr Machtstreben. Ihre sorgenlosen Tage werden ihm zur Anfechtung. Deshalb ruft er nach dem Lotsen: »Wenn ich nur dich habe, so frage ich nichts nach Himmel und Erde. Wenn mir gleich Leib und Seele verschmachtet, so bist du doch, Gott, allezeit meines Herzens Trost und mein Teil« (Ps. 73, 25. 26).

Israel weiß sich geführt. Es ist zum Gehorsam verpflichtet. Gott identifiziert sich mit seinem Boten. Sein Name ist in ihm, dem gesandten Engel.

Wer auf ihn hört, hört auf den Herrn. In ihm ist er gegenwärtig. Wenn Gott selber mit dem Volke gezogen wäre, müßte er es plötzlich vertilgen um seiner Schuld willen. Deshalb sendet er seinen Engel.

Alte jüdische Lehrer sehen in ihm den Metatron, den Mitthroner Gottes, den Messias, das selbständige Wort (nach Joh. 1, 1), den Mittler und Bundesengel, den Israel noch unwissend in einem seiner Hauptgebete anruft. Es ist der Engel, der das Volk aus Ägypten geführt hat (4. Mose 20, 16), der dem Josua als Fürst über das Heer des Herrn erschienen ist (Jos. 6, 2). Er wird das »Angesicht« des Herrn (2. Mose 33, 14; Jes. 63, 9) genannt. Wir begegnen ihm in dem »Engel seines Bundes« (Mal. 3, 1, vgl. auch 1. Mose 16, 7). Bei Übertretungen und Ungehorsam zürnt er. Die Vergebung liegt in seiner Hand. Er ist kein erschaffener Engel. Das Volk Gottes hat auf ihn zu hören. Damit hat es alles – Weg, Wahrheit und Leben. Es kann getrost durch die Wüste gehen.

3. Geebnete Bahn

Sie schafft der Herr. Er ebnet! Das beginnt damit, daß er ein Schrecken für alle heidnischen Völker wird. Die Amalekiter haben die Stärke Gottes erfahren (2. Mose 17, 8 ff.). Ägypten und sein Herrscherhaus sind von ihr erschüttert worden. Genauso wird es den Amoritern und ihren Nachbarn gehen. Der Herr will den Feinden des Volkes Gottes ein Feind und den Widersachern ein Widersacher sein. Er streitet für sein Volk. Es braucht sich nicht zu fürchten. Die heidnische Übermacht wird zerbrochen.

Das geschieht nicht in einem Jahr, sondern nacheinander, damit das Land nicht verwüstet. Hierin beweist sich Gottes treusorgende Liebe. Er sorgt vor. Bei uns kann es nicht schnell genug gehen. Wir meinen, keine Zeit zu haben. Hetze und Unrast zeichnen unseren Tag. Gott wartet, bis Israels Bevölkerung so gewachsen ist, daß sie das Land auch besetzen und bestellen kann. Dazu verspricht er, die Voraussetzungen zu geben. Keine Frau wird unfruchtbar sein noch eine Fehlgeburt haben. Krankheit soll von dem Volk ferngehalten werden.

Wenn Gott uns warten läßt, hat er seine Gründe. Wir brauchen sie nicht immer zu erfahren. Aber vertrauen dürfen wir, daß er das Beste mit uns vorhat. Er meint es gut mit uns.

Voraussetzung ist, daß wir dem Herrn dienen. Darum soll Israel im eroberten Gebiet die heidnischen Altäre, Götzenbilder und Steinmale umwerfen und zerbrechen. Es soll die Bewohner des Landes ausstoßen und kein Bündnis mit ihnen schließen, damit es nicht in Versuchung kommt, ihre Götter anzubeten.

Eine scharfe Trennung zwischen Welt und Gemeinde Jesu ist nötig. Es darf keine Vermischung zwischen beiden geben. Wo Gemeinde zur Welt wird, ist sie tot. Das ist die Not von Kirche, Gemeinschaft und Freikirche. Die

Trennung ist nicht scharf genug. Deshalb ist die Verführung zur Sünde gegeben. Lassen wir uns warnen? In der Welt, aber nicht von der Welt – das ist der Weg der Gemeinde Jesu hier und jetzt. Nur so wird sie gesegnet sein und Frucht bringen.

Die Grenzen des verheißenen Landes liegen fest. Es sind die Grenzen zur Zeit Davids und Salomos. Daß sie es nicht zu allen Zeiten waren, liegt in der Schuld Israels. Es hat nicht gewollt. Darin besteht seine wie unsere Tragik. Jesus nennt das Sünde (Joh. 16, 9). Wir aber sterben daran. Das ist dann der ewige Tod. Muß es dabei bleiben? Nein! Denn wer an den Sohn Gottes glaubt, der hat das ewige Leben und kommt nicht in das Gericht (Joh. 3, 18 und 36; 11, 25 u.a.). Jesus ist unsere Erlösung. Dabei wird es bleiben bis auf seinen Tag. Und das auch für Israel.

Gott schließt den Bund mit seinem Mann

Und zu Mose sprach er: Steig herauf zum Herrn, du und Aaron, Nadab und Abihu und siebzig von den Ältesten Israels, und betet an von ferne. Aber Mose allein nahe sich zum Herrn und lasse jene sich nicht nahen, und das Volk komme auch nicht mit ihm herauf. Mose kam und sagte dem Volk alle Worte des Herrn und alle Rechtsordnungen. Da antwortete alles Volk wie aus einem Munde: Alle Worte, die der Herr gesagt hat, wollen wir tun. Da schrieb Mose alle Worte des Herrn nieder und machte sich früh am Morgen auf und baute einen Altar unten am Berge und zwölf Steinmale nach den zwölf Stämmen Israels und sandte junge Männer aus den Kindern Israel hin, daß sie darauf dem Herrn Brandopfer opferten und Dankopfer von jungen Stieren. Und Mose nahm die Hälfte des Blutes und goß es in die Becken, die andere Hälfte aber sprengte er an den Altar. Und er nahm das Buch des Bundes und las es vor den Ohren des Volks. Und sie sprachen: Alles, was der Herr gesagt hat, wollen wir tun und darauf hören. Da nahm Mose das Blut und besprengte das Volk damit und sprach: Seht, das ist das Blut des Bundes, den der Herr mit euch geschlossen hat auf Grund aller dieser Worte. Da stiegen Mose und Aaron, Nadab und Abihu und siebzig von den Ältesten Israels hinauf und sahen den Gott Israels. Unter seinen Füßen war es wie eine Fläche von Saphir und wie der Himmel, wenn er klar ist. Und er reckte seine Hand nicht aus wider die Edlen Israels. Und als sie Gott geschaut hatten, aßen und tranken sie. Und der Herr sprach zu Mose: Komm herauf zu mir auf den Berg und bleib daselbst, daß ich dir gebe die steinernen Tafeln, Gesetz und Gebot, die ich geschrieben habe, um sie zu unterweisen. Da machte sich Mose auf mit seinem Diener Josua und stieg auf den Berg Gottes. Aber zu den Ältesten sprach er: Bleibt hier, bis wir zu euch zurückkommen. Siehe, Aaron und Hur sind bei euch; hat jemand eine Rechtssache, der wende sich an sie. Als nun Mose auf den Berg kam, bedeckte die Wolke den Berg, und die Herrlichkeit des Herrn ließ sich nieder auf dem Berg Sinai, und die Wolke bedeckte ihn sechs Tage; und am siebenten Tage erging der Ruf des Herrn an Mose aus der Wolke. Und die Herrlichkeit des Herrn war anzusehen wie ein verzehrendes Feuer auf dem Gipfel des Berges vor den Kindern Israel. Und Mose ging mitten in die Wolke hinein und stieg auf den Berg und blieb auf dem Berge vierzig Tage und vierzig Nächte (2. Mose 24, 1-18).

Der Weg für das Volk Gottes ist frei. Mehr kann es nicht erwarten. Der Herr hat alles geordnet und gibt seinem Volk die Marschrichtung. Er geht selber voraus und ebnet die Bahn. Wo er führt, gibt es keine Niederlage. Er ist der Sieger.

Um das zu erfahren, bedarf es ganzer Treue. Ob Israel sie aufbringt? Das ist eine berechtigte Frage. Wer sich selber immer besser kennenlernt, wird sie sich aus innerer Notwendigkeit stellen. Er weiß um seine eigene Treulosigkeit, seinen Ungehorsam, seine aufflammende Selbstsucht und seinen tödlichen Trotz. Jeder prüfe sich in diesem Stück selbst. Er wird mehr finden, als er ahnt. Nur muß er offen sein für die Druckstellen seines Alltags. Sie lassen uns über Halbheiten im Glauben nicht hinauskommen. Deshalb geschieht so wenig, weil wir auf eigene Faust handeln. Der Herr soll sich unseren Unternehmungen anschließen, unsere Methoden übernehmen und in unsere Pläne sich einordnen. Tut er es nicht, sind wir enttäuscht und verstehen ihn nicht.

Israel ist solche Wege unablässig gegangen. Aus seinen Niederlagen hat es nichts gelernt. Im Gegenteil! Sein Trotz hat sich gesteigert und seine Eigenmächtigkeit verfestigt. Die Propheten haben darunter gelitten und sind deshalb verfolgt worden. Dennoch sind sie nicht müde geworden, das Volk Gottes zur Umkehr zu rufen. Aber es hat nicht gewollt. Der Teufelskreis tödlicher Halbheiten war ihm lieber als die ganze Wahrheit.

Wir sind nicht anders. Ganze Hingabe hat nichts mit Halbheiten zu tun. Wer dem Herrn ganz gehört, läßt ihn ausschließlich und allein handeln. Darin besteht seine Vollmacht, daß der Herr ihn ohne Widerspruch führt und gebraucht. Völliger Glaube führt zu steigender Abhängigkeit. Solche Abhängigkeit ist keine Verarmung oder Verkümmerung der Persönlichkeit, sondern bereichert unseren Alltag und läßt uns die Wirklichkeit Gottes ursprünglich erfahren. Die Persönlichkeit reift aus.

Er schafft sie und nicht wir! Je abhängiger wir von ihm werden, um so näher kommen wir unserer eigentlichen menschlichen Bestimmung. Das wird von uns oft nicht eingesehen. – Israel lernt heute noch daran. Das hätte es nicht nötig gehabt.

1. Zu Zeugen gesetzt

Der Herr ist barmherzig. Er unterweist sein Volk wie einen Förderschüler. In unsagbarer Geduld übt er mit ihm. Nach allen Seiten erklärt er ihm die Aufgabe. Dabei geht er Schritt für Schritt vor. Wie kein anderer bemüht er sich um dieses sein zurückgebliebenes Kind. Das ist mehr als Barmherzigkeit.

Hier zeigt sich quellfrische Liebe. Sie sucht den besten Weg und weiß um stärkende Hilfe.

Deshalb ruft der Herr Mose und Aaron mit Nadab und Abihu in Begleitung der siebzig Ältesten zu sich, nachdem sie sich gereinigt haben und mit dem Opferblut der Jungstiere besprengt worden sind.

Von ferne dürfen sie ihn sehen und anbeten. Das Volk muß zurückbleiben! Es darf sich nicht in die Nähe Gottes wagen. Seine Schuld und Sünde lassen das nicht zu. Sie würden sterben, wenn sie es täten. Aber Aaron und seine Begleitung dürfen Augenzeugen sein, wie der Herr in Privataudienz mit Mose verkehrt. Ob Israel weiß, wie reich es dadurch ist, daß einer seiner Söhne Zugang zu Gott hat?

Der Knecht ist im Gespräch mit dem Herrn, während die Ältesten mit Aaron und seinen beiden Söhnen ihn von ferne anbeten. Das müßte den Söhnen Aarons eindrücklich für das ganze Leben gewesen sein. Nicht so! Obgleich sie als Erstgeborene in diesem Augenblick Gott so nahe gekommen sind, gehen sie dennoch in seinem Strafgericht zu Grunde (vgl. 3. Mose 10, 1-7). Ernüchternd und erschütternd zugleich ist ihr Ende. Ohne Befehl treten sie mit Feuer und Räuchwerk vor den Herrn. Das ist eine Herausforderung. In seiner Gegenwart duldet Gott kein fremdes Feuer. Sein Feuer verzehrt allen Ungehorsam. Er ist ein verzehrend Feuer (vgl. 5. Mose 4, 24; Ps. 18, 9; Jes. 33, 14; Hebr. 12, 29). Deshalb werden sie von seinem Feuer verzehrt und sterben vor dem Herrn. Ihr Dienst der Anbetung und ihr Vorrecht, sich Gott zu nähern, bewahrt sie nicht vor Ungehorsam. In dreister Sicherheit wagen sie es, vor Gott hinzutreten, und kommen darin um.

Wie nötig haben wir es, um Bewahrung anzuhalten, damit uns die Stunde des Ungehorsams nicht zur tödlichen Versuchung wird!

Nadab und Abihu sollten mit den Ältesten die Gegenwart Gottes und seinen Umgang mit Mose bezeugen. Als Volksvertreter durften sie dem Gott ihrer Väter huldigen und ihm für den geschlossenen Bund danken. Sie haben Priesterstellen übertragen bekommen. Dennoch sind sie dem Strafgericht Gottes verfallen.

Deshalb ermahnt der Apostel Paulus seine Brüder und Schwestern in Philippi, mit Furcht und Zittern zu schaffen, daß sie selig würden (Phil. 2, 12).

Sicherheit ist stets ein schlechter Berater. Wir dürfen mit allem Versagen zu Jesus kommen. Vor ihm sollen wir ganz offen und ehrlich sein. Wer von einer Sünde überfahren worden ist, bekenne sie ihm. Er lasse die Schuld nur nicht anstehen. Jeder Tag, der darüber hingeht, macht das Schuldbekenntnis um so schwerer. Am besten lassen wir über einer verletzenden Tat *die Sonne nicht untergehen*, ohne die Sache vor Gott und Menschen bereinigt zu haben. Das gilt auch von *einem unbedachten Wort*. Niemand von uns weiß, ob er den neuen Morgen lebend erblickt.

Wir können nur Zeugen des Sohnes Gottes sein, wenn wir sein Wort ganz ernst nehmen und es im Alltag letztverbindlich praktizieren. Wahrhaftige Zeugen haben *durchsichtig für Gott und Menschen zu bleiben*. Darin liegen ihr Segen und ihre *Zeugenkraft für andere*.

2. Durch das Blut verbunden

Mose behält nichts für sich. Alles, was der Herr ihm gesagt hat, gibt er weiter. Gottes Wort ist ihm verbindlich. Er ändert es nicht ab, sondern legt es dem Volk bis in die Rechtsordnungen vor. Nachdem die Israeliten sich dazu bekannt haben, schreibt er es nieder. Das ist priesterliche Fürsorge. Nichts darf von diesem Wort vergessen werden. Es wird zum Bundesbuch des Volkes Gottes und bereitet den Bundesschluß am Sinai vor.

Mose hat die Stellung des Bevollmächtigten. Als solcher baut er am frühen

Morgen unten am Berge einen Altar. Um diesen Erdaltar stehen die zwölf Steinmale als Säulen. Sie symbolisieren die zwölf Stämme Israels. Der Altar zeichnet die Stelle der Gegenwart Gottes. Ihm gebühren das Opfer und der Dank.

Im Gesetz wird die Trennung zwischen Gott und Sündern unmißverständlich ausgesprochen. Deshalb muß das Volk durch die Erstgeborenen, die Priester, entsündigt werden (vgl. 2. Mose 19, 22). Ihnen ist geboten, sich zu heiligen, wenngleich sie sonst sich dem Herrn nahen durften. Erst danach kann Gott mit dem Volk seinen Bund schließen.

Solcher Entsündigung dient das Brandopfer. Als Noah festen Boden betritt, geht jedes Tier zu seinesgleichen. Noah aber geht zum Herrn. Wir können uns denken, welch ein erschütternder Eindruck es für Noah gewesen sein muß, als er die zerstörte und verderbte Erde nach der Sintflut betrat. Die tödliche Macht der Sünde wird ihm dabei ebenso aufgegangen sein wie der heilige Ernst Gottes. Darum baute er zuerst einen Altar und opferte Brandopfer und nicht Dankopfer (1. Mose 20 f.). Er brauchte Versöhnung und suchte bußfertig Gnade aus Glauben. Wenn Gott Sünde zurechnet, wer kann vor diesem Herrn bestehen! Es müßte eine neue Flut kommen. Deshalb bitten und flehen wir: Gehe nicht mit uns ins Gericht! Grund genug hätte er dazu! Gotteslästerung ist genug unter uns. Fernsehen, Filme, Zeitschriften und Tagesgespräche geben ein gebündeltes Maß. Das Denken und Trachten des menschlichen Herzens ist böse von Jugend auf (1. Mose 6, 5; 8, 21).

Bei allen Sühneopfern vor dem mosaischen Gesetz ist das Blut vergossen und das Fleisch verbrannt worden. Darin ist auf einfachste Weise der Opfertod Christi vorgebildet. Mit der einen Hälfte des Blutes der geschlachteten jungen Stiere besprengt Mose das Volk und das Buch der Bundesbedingungen. Er hat es im Becken. Die andere Hälfte des Blutes gießt er vor Gott am Altar aus. Die Teilung schließt beide Bundesparteien mit ein. Das Blut reinigt und bewahrt. Israel hat es in Ägypten erfahren. Die bewahrende Kraft des Blutes ist der Gemeinde Jesu nicht unbekannt. Dies Blut ist ein Vorbild vom Blut des Neuen Testamentes, das durch den Opfertod des Menschensohnes vergossen wurde (vgl. Hebr. 9, 15 ff.). Mit dem Tode tritt jedes Testament in Kraft. Das gilt auch von diesem.

Wir sind Bluterkaufte des Sohnes Gottes und empfangen das verheißene ewige Erbe. Unsere Erlösung ist durch den Opfertod Christi rechtskräftig und ewig gültig. Nichts kann uns scheiden, und kein Tod wird uns trennen von dem, der unser Heiland ist. Die Vergebung der Sünden empfangen wir allein durch das Blut des Neuen Testamentes (Matth. 26, 28). Wer an Jesus als seinen persönlichen Erlöser glaubt, ist errettet. Daran gibt es keine Abstriche.

Mose besiegelt und befestigt mit Blut die Handschrift, die wider Israel zeugt. Zu ihr bekennt sich Israel in geschlossener Einmütigkeit gleich zweimal. Es will alle Worte, die der Herr gesagt hat, tun. Doch: Gehorsam ist schneller versprochen als getan. Das sollten auch wir nicht vergessen.

Gleichzeitig erfüllt sich für Mose in diesem Opfer die Verheißung, die ihm der Herr in Ägypten gegeben hat (2. Mose 3, 12 und 18). So treu ist Gott und hält, was er verspricht. Für Mose mag es eine ungeahnte Stärkung im Glauben gewesen sein.

Nicht zu verwechseln ist dieser Gesetzesbund am Horeb mit dem Huldigungs- und Eidesbund, den Gott mit Israel am Jordan, im Gefilde der Moabiter, geschlossen hat (vgl. 5. Mose 29).

Erlöst durch das Blut des Lammes! Darauf können wir gewiß sterben. Als die Sterbenden und siehe, wir leben! Deshalb hat der Apostel Paulus Lust abzuscheiden, um bei Christo zu sein (vgl. 2. Kor. 6, 9; Röm. 14, 8; Phil. 1, 23). Solchem Bekenntnis haben wir nichts hinzuzusetzen. Wir sollten ihm aber nachleben.

3. Von Gottes Gegenwart erfüllt

Nach dem Bundesschluß steigen Mose, Aaron, Nadab, Abihu und die siebzig Ältesten hinauf, um den Gott Israels zu sehen. Das ist Gnade. Der Herr gewährt ihnen Zutritt. Gewaschen am Leibe und besprengt mit dem Blut kommen sie herzu, um ihn zu sehen. Um solche Offenbarungen weiß das Alte Testament (vgl. 1. Mose 1, 26; 3, 9; 18, 2; Jes. 61 ff.; Hes. 1, 26). Dennoch haben sie nicht viel von ihm gesehen, wenngleich er ihnen auch besonders herrlich erschienen ist. Mose hat später mehr gesehen (2. Mose 34), aber dort auch nicht das Angesicht Gottes. Jünger Jesu werden ihn einst sehen, wie er ist (1. Joh. 3, 2; Ps. 17, 15). Darum werden wir aufgerufen, mit Freudigkeit hinzuzutreten (Hebr. 10, 22; Röm. 5, 1 f.; Eph. 2, 18; 3, 12). Und das nicht nur einmal, sondern fortlaufend in völligem Glauben. »Das Wort ist Fleisch geworden und wohnt unter uns; und wir sahen seine Herrlichkeit, eine Herrlichkeit als des eingeborenen Sohnes vom Vater, voller Gnade und Wahrheit« (Joh. 1, 14). Wir kommen aus dem Staunen nicht heraus. Die siebzig Ältesten mit Aaron, seinen Söhnen und Mose auch nicht.

Das Erhabenste der Schöpfung, der gestirnte Himmel, liegt zu Gottes Füßen wie ein Saphir im blauen, durchsichtigen Edelsteinglanz. Hätten sie eine Gestalt gesehen, würden sie vor Mose den Vorzug gehabt haben (2. Mose 33, 18 ff.). Deshalb überträgt die Septuaginta, die griechische Übersetzung des Alten Testaments, diese Stelle so: »Sie sahen den Ort, wo Gott stand.«

Für sie mag es ähnlich gewesen sein wie für die Jünger auf dem Berg der Verklärung (Matth. 17, 3 ff.; Mark. 9, 2 ff.; Luk. 9, 28 ff.). Sie halten ein Freudenmahl, indem sie vor Gott vom Bundesopfer, als Zeichen ihrer Zusammengehörigkeit mit ihm, essen. An seinem Bild satt sehen haben sie sich nicht können. Das ist Mose wenig später vorbehalten (2. Mose 24, 18). Vorab kehren sie alle, auch Mose, vom Berge zurück. Der Herr hat ihnen kein Leid getan. Die Nähe Gottes hat sie nicht verletzt, weil sie auf seinen Befehl gekommen sind. Sie haben den präexistenten Christus in ihrer Mitte gehabt. Weil dieser sie bewahrt hat, sind sie nicht von der Herrlichkeit Gottes vernichtet worden. Sie haben den Sohn Gottes gesehen. Ihm ist auch Mose begegnet. Denn niemand hat Gott je gesehen (Joh. 1, 18). Wer ihn sieht, der sieht den Vater. Er und der Vater sind eins (Joh. 14, 9; 10, 30).

Noch einmal geht Mose auf den Berg. Dieses Mal mit seinem Diener Josua. Er allein bleibt vor Gott. Vierzig Tage und vierzig Nächte darf er den Herrn ansehen und mit ihm reden.

Wir aber werden bei ihm sein in Ewigkeit. Das wird allein Herrlichkeit sein, wenn frei von Weh ich sein Angesicht seh!

Gott läßt den Abfall zu
vor seinem Mann

Und der Herr redete mit Mose und sprach: Sage den Kindern Israel: Haltet meinen Sabbat; denn er ist ein Zeichen zwischen mir und euch von Geschlecht zu Geschlecht, damit ihr erkennt, daß ich der Herr bin, der euch heiligt. Darum haltet meinen Sabbat, denn er soll euch heilig sein. Wer ihn entheiligt, der soll des Todes sterben. Denn wer eine Arbeit am Sabbat tut, der soll ausgerottet werden aus seinem Volk. Sechs Tage soll man arbeiten, aber am siebenten Tag ist Sabbat, völlige Ruhe, heilig dem Herrn. Wer eine Arbeit tut am Sabbattag, soll des Todes sterben. Darum sollen die Kinder Israel den Sabbat halten, daß sie ihn auch bei ihren Nachkommen halten als ewigen Bund. Er ist ein ewiges Zeichen zwischen mir und den Kindern Israel. Denn in sechs Tagen machte der Herr Himmel und Erde, aber am siebenten Tage ruhte er und erquickte sich. Und als der Herr mit Mose zu Ende geredet hatte auf dem Berge Sinai, gab er ihm die beiden Tafeln des Gesetzes; die waren aus Stein und beschrieben von dem Finger Gottes. Als aber das Volk sah, daß Mose ausblieb und nicht wieder von dem Berge zurückkam, sammelte es sich gegen Aaron und sprach zu ihm: Auf, mach uns einen Gott, der vor uns hergehe! Denn wir wissen nicht, was diesem Mann Mose widerfahren ist, der uns aus Ägyptenland geführt hat. Aaron sprach zu ihnen: Reißet ab die goldenen Ohrringe an den Ohren eurer Frauen, eurer Söhne und eurer Töchter und bringt sie zu mir. Da riß alles Volk sich die goldenen Ohrringe von den Ohren und brachte sie zu Aaron. Und er nahm sie von ihren Händen und bildete das Gold in einer Form und machte ein gegossenes Kalb. Und sie sprachen: Das ist dein Gott, Israel, der dich aus Ägyptenland geführt hat! Als das Aaron sah, baute er einen Altar vor ihm und ließ ausrufen und sprach: Morgen ist des Herrn Fest. Und sie standen früh am Morgen auf und opferten Brandopfer und brachten dazu Dankopfer dar. Danach setzte sich das Volk, um zu essen und zu trinken, und sie standen auf, um ihre Lust zu treiben (2. Mose 31, 12-32, 6).

Mose hat Zutritt zu dem lebendigen Gott. Befehlsgemäß steigt er auf den Berg und geht in die Wolke hinein, die den Sinai umgibt. Dort bleibt er vierzig Tage und vierzig Nächte.

Der Mann Gottes verhandelt nicht. Er ringt nicht um unaufgebbare völkerrechtliche Positionen, zwischenstaatliche Beziehungen und weltanschauliche Einflußgebiete, wie Politiker es zu tun pflegen, sondern hier redet Gott mit seinem Knecht. Er gibt Anweisungen, und Mose hört. Es ist ein fortlaufendes Gespräch, in das der Herr seinen Knecht hineinnimmt. Sein Thema reißt nicht ab. Es geht um priesterlichen Dienst, bereites Opfer, persönliche Heiligung und verwurzelten Glauben. Noch heute kommen wir ohne dieses Gespräch nicht aus. Wir haben die Stärkungen und Tröstungen aus reinem Wort nötig. Ohne sie versanden wir im Wüstensturm der Zweifel, versinken im Sog der Versuchungen und sterben an der Bitterkeit unserer eigenen Gottlosigkeit. Davor will der Herr sein Volk bewahren. Deshalb redet er mit seinem Knecht.

1. Von Gott geschrieben

Bundeslade, Schaubrote, Leuchter, Stiftshütte, Brandopferaltar, Priesterkleidung sind nur einige Teilabschnitte dieses weitgespannten Themas der fortschreitenden Heiligung. Zeitlebens wird niemand damit fertig. Er bleibt Anfänger von der ersten bis zur letzten Stunde. Nur einer ist mit ihm fertig geworden: Jesus Christus, der Sohn Gottes. Er hat sich für uns geheiligt. Dem nachzugehen, bietet Stoff für eine besondere Reihe von Bibelarbeiten. Deshalb überspringen wir die Kapitel des Zeremonialgesetzes (2. Mose 25, 1-31, 11). Dennoch bleibt die Linie klar.

Der Herr setzt im Sabbatgebot ein Zeichen. Er ist der, der da heiligt. Für sein Volk ist es absolut verbindlich. Gott gebietet:»Meine Sabbate sollt ihr dennoch oder gleichwohl halten!« Das gilt auch für den Bau am Heiligtum. Am Sabbat hat die Arbeit zu ruhen. Israel soll ganz für den Herrn da sein. Wer dennoch arbeitet, wird des Todes sterben. So ernst nimmt es Gott mit seinem Gebot. Er sucht das öffentliche Bekenntnis seines Volkes zu ihm. Vor allen Völkern muß es offenkundig sein: Hier ist des Herren Eigentumsvolk.

Das gilt für Israel. Und wir? Wir hängen hier weithin fest. Von Sonntagsheiligung ist in unseren Breiten wenig zu sehen. Im Gegenteil! Wir sind mehr beansprucht als an anderen Tagen. Uns imponieren das Gigantische, das Einmalige und das Besondere. Sportveranstaltungen, Weltmeisterschaften, Schützenfeste und Karnevalssitzungen ziehen uns mehr an als Gottesdienste, Bibelstunden, Gebetsgemeinschaften und Choräle. Wir sind stumm geworden gegenüber den Heilstatsachen Gottes.

Uns interessieren menschliche Leistungen und geniale Ideen, aber nicht der Mann am Kreuz. Zum Tatsachenevangelium hat der Mensch unserer Tage kaum noch eine Beziehung.

Der moderne Arbeitsrhythmus einer zunehmenden Technisierung und Industrialisierung unseres Lebens bringt die Sieben-Tage-Woche in Gefahr. Die Bestrebungen einer verkürzten Arbeitszeit tragen erheblich dazu bei. Der Sonntag ist dann nicht mehr als ausschließlicher Ruhetag zu halten. Die übliche Gottesdienstzeit wird bereits heute fragwürdig.

Der Generalangriff Satans hat begonnen. Er hält den Menschen in Atem, reizt durch höhere Verdienstquoten, schnellere Bewegungsmittel, größere Bequemlichkeiten und Auflösung bestehender Moralbegriffe. Er gewährt ihm Freiheiten, die keine mehr sind, sondern die den Menschen zugrunde richten.

Wer den lebendigen Gott abschreibt, schreibt sich selber ab. Wer für ihn ausgebucht ist, trägt sich selber in die Totenliste ein. Wer für Jesus kein Ohr und kein Herz mehr hat, der ist bereits gestorben.

Was wir brauchen, sind Männer und Frauen, Jungen und Mädchen, die ganz neu mit Jesus anfangen, ihr Leben ihm übergeben und sich von ihm heiligen lassen. Seine Gemeinde stirbt nicht aus. Nur wir sterben darüber, wenn wir ihn nicht wollen.

Gott hat das Gesetz, die Zehn Gebote, selbst geschrieben. Es trägt unverkennbar seine Handschrift. Sie ist unnachahmlich und unauflösbar. Himmel und Erde werden vergehen, aber sein Wort wird nicht vergehen (Matth. 24, 35; Mark. 13, 31; Luk. 21, 33). Es bleibt ewig, wie er ewig ist.

Die Zehn Gebote sind in Stein gehauen und eingemeißelt, weil sie der Inbegriff aller anderen Gesetze, die eigentliche Bundesurkunde, darstellen. Sie bezeugen dem Menschen gegenüber unablässig Gottes Willen. Als verdammendes Gesetz stehen sie solange vor ihm, bis die Zeit kommt, wo sie ins Herz geschrieben werden (Hes. 36, 26 f.; Jer. 31, 31 ff.; Ps. 40, 9; 2. Kor. 3, 7; Hebr. 10, 16).

Der Gott, der Bezalel Weisheit gegeben hat, in Stein zu schneiden (2. Mose 31, 5), wird der es nicht selber können (vgl. Ps. 94, 9 analog)? Für uns gibt es da keinen Zweifel.

Die Härte des menschlichen Herzens kann nur er wandeln. Er gibt das neue Herz. Um dieses reine Herz anzuhalten, ist nicht nur das Anliegen der Psalmisten (Ps. 51, 12), sondern die Bitte jedes Gläubigen, der es mit Jesus Christus ausschließlich und allein wagt.

2. Auf Menschen gesehen

Dabei darf er sich nicht an Menschen hängen. Das hat Israel getan. Es sieht auf Mose. Was aber sind Menschen? Sie kommen und gehen, irren und fehlen. Aber der Herr bleibt. Er ist der unfehlbare, wahrhaftige und lebendige Gott. Das sollte Israel bereits begriffen haben.

Hat der Herr nicht durch die Wolkensäule sein Volk geleitet und geführt? Sind alle Wunder der Gnade und rettenden Bewahrung nicht geschehen? So unvernünftig kann der Mensch, ja ein ganzes Volk, werden, daß er sich von dem wahren Gott lossagt und seinen Göttern folgt. Er weist das Unterpfand der bewahrenden Gegenwart Gottes von sich, indem er die Heilige Schrift entmythologisiert, d. h. wesentlich verkürzt; Jesus zum Revolutionär, Sozialreformer und gescheiterten Idealisten degradiert. Wir suchen einen Gott nach unseren Vorstellungen. Damit sehen wir auf Menschen.

Israel wird ebenfalls so auf die Probe gestellt. Mose kommt nicht vom Berg zurück. Über einen Monat bleibt er oben. Die Verzögerung kann sich das wartende Volk nicht erklären. Womöglich ist er gestorben. Die Heiligkeit Gottes mag ihn verzehrt haben. Mit Entsetzen hat es gerade vorher die Herrlichkeit seines Gottes wie ein verzehrendes Feuer ansehen müssen (2. Mose 24, 17). Was auch immer der Grund gewesen sein mag, es schreitet zur Selbsthilfe, weil es dem Herrn nicht mehr vertraut.

Die Sache wird dadurch noch schwerwiegender, daß Israel mit Nachdruck das Gebot der Sabbatheiligung erhalten hat und im Begriff steht, die Gebote auf steinernen Tafeln in Empfang zu nehmen.

Schon der Ausdruck, daß das Volk sich »gegen« Aaron versammelt, läßt den Unwillen der Israeliten ahnen. Selbst Mose ist keine Autorität mehr für sie. Geradezu verächtlich reden sie von »diesem« Mann Mose, der sie aus Ägyptenland geführt habe. Sie haben kein Vertrauen mehr zu ihm. So schnell verliert der Mensch an Wert, wenn er außer Sichtweite ist. Er kann sein Bestes gegeben haben, und doch ist er nichts gewesen.

Überdenken wir das einmal bei allen Ehrungen, die manchem zuteil werden. Im Grunde genommen sind sie leeres Geschwätz und billiges Gepränge. Sie klingen auf und verhallen in der Zeit. Letzten Endes haben wir niemanden zu verehren als ihn allein. Denn er, der Sohn Gottes, ist für unsere Sünde in den Tod gegangen, damit wir leben. Auf seinen Tag gehen wir zu. Wenn er auch verzieht, wir halten fest daran!

Dennoch sind lähmende Gleichgültigkeit und sterbender Glaube unter uns. Die Wiederkunft wird bestritten, eine Zukunftshoffnung abgelehnt. Weil Jesus, der Sohn Gottes, bisher nicht wiedergekommen sei, komme er überhaupt nicht wieder. Solche und ähnliche Stimmen sind jedem unter uns bekannt. Sie sind in vielerlei Abwandlungen zu hören. Gerade deswegen zweifelt Gemeinde Jesu nicht an seiner Wiederkunft. Denn er kommt erst dann, wenn der antichristliche Aufruhr aufs höchste gestiegen sein wird und das Bild des Tieres Gestalt angenommen hat (Offb. 13, 14).

Darum ist es unerläßlich, auf Jesus zu sehen und seinem Wort uneingeschränkt zu vertrauen. Wir wollen auf die Zeichen der Zeit achten und das prophetische Wort ernst nehmen. Auf keinen Fall dürfen wir dabei Menschenmeinungen folgen und ihren Vorstellungen uns ausliefern. Wir gehören dem Herrn, der da kommt, und das genügt.

3. In Sünde gefallen

Wir haben einen Gott, der da lebt, und einen Herrn, der vom Tode errettet. Was wollen wir mehr! Israel sucht dieses Mehr und verliert alles. Es hat bei heidnischen Völkern beobachtet, wie sie ihre Gottheiten dem Zuge vorantragen. Israel darf es nicht. Bilderdienst ist dem Volk Gottes untersagt. Er steht im Gegensatz zum ersten Gebot. Und doch ist Israel während seiner vierzigjährigen Wüstenwanderung trotz harter Gerichte Gottes vom Götzendienst nie losgekommen.

Die Aufforderung des Volkes an Aaron, daß er ihnen einen Gott machen solle, der vor ihnen hergehe, bleibt ein Widerspruch in sich. Denn gehen kann das Bild nicht, es muß vor ihnen hergetragen werden. Für solchen Widerspruch hat der abfallende Mensch kein Verständnis mehr. Statt dessen spürt er mit verderbender Klugheit und menschlicher Raffinesse sowie Geistesakrobatik angebliche Widersprüche im Worte Gottes auf. Daran weidet er sich und kommt zu teuflischen Schlußfolgerungen, die dem Wesen Gottes zuwider sind. Ich meine damit den weitgespannten Rahmen von der Gott-ist-tot-Theologie über gemäßigte Bibelkritik bis hin zum verkrampften Schwärmertum. Pluralismus ist nie Sache Gottes gewesen. Er hat schon immer den Menschen in die persönliche Entscheidung hineingestellt. Der Mensch kann nicht nach seinen Vorstellungen, seiner »Facon« selig werden, sondern allein durch den Glauben an den Sohn Gottes. Hier bleibt nur heilige Einseitigkeit möglich. Wer es anders sagt und hält, der verführt und lügt.

Aaron will Psychologe sein. Er meint den Abfall aufhalten zu können, indem er den Schmuck der Israeliten fordert. Die Liebe zu den Erbstücken der Väter wie den Geschenken aus Ägypten werde größer sein als die Neigung zum Bilderdienst. Aaron hat sich verrechnet. Für sein eigenes Werk opfert der Mensch bereitwillig alles. Das ist eine alte Tatsache.

Hier ist Psychologie fehl am Platze. Im Grunde genommen kneift Aaron. Er fürchtet sich vor Menschen, anstatt zu bekennen. Durch lavierende Klugheit reißt er sich und Israel tiefer ins Verderben.

Das Volk fällt, weil der Priester Aaron versagt. Der Abfall beginnt stets mit der Lauheit der Priester. Das ist zur Zeit Jesu so gewesen und bis heute so geblieben. Unsere sogenannte moderne Theologie beweist es. Die Jungfrauengeburt wird geleugnet, die Auferstehung Jesu von den Toten ist nie geschehen, Himmelfahrt wird zur Legende, und die Wiederkunft des Auferstandenen hat keine Verheißung. Die Spannung zwischen der zur Zeit herrschenden wissenschaftlichen Theologie und der bestehenden Gemeindefrömmigkeit ist Werk der Priester (Theologen). Das darf nicht übersehen werden. Wir sind mitverantwortlich! Uns liegt es fern, uns herauszunehmen. Deshalb reden wir!

Aaron nimmt das Gold aus den Händen der Israeliten. Er gießt ihnen wunschgemäß ein Stierbild und bildet es mit dem Grabstichel aus. Das Volk hat seinen Götzen. Im Stierbild hurt es den ägyptischen Stiergötzen Apis und Mnevis nach. Das kann dem Herrn nicht gefallen.

Sind wir nicht auch auf dem besten Weg, das zu tun, was die Gesellschaft für richtig hält? Nimmt unsere Kirche nicht Rücksicht auf die Meinungen und Vorstellungen des heutigen Menschen? Heißt es nicht fortlaufend, das könnten wir dem Menschen im Zeitalter der Atomkernspaltung und des Weltraumfluges nicht zumuten? Deshalb sind die Wunder nie geschehen. Darum ist Jesus außerehelich gezeugt und nicht durch den Heiligen Geist von der Jungfrau Maria empfangen worden. Deswegen gibt es keine Auferstehung, weil der gekreuzigte Jesus nie auferstanden sei. So könnten wir beliebig fortfahren.

Dem Götzen wird am Ende geopfert. Er erhält göttliche Anbetung. Zugleich gestattet er dem Volk alles. Zügellosigkeit, Ehebruch, Trunksucht, Lüge und Habgier sind nicht aufzuhalten.

Wo der Glaube an den Retterheiland Jesus Christus stirbt, zieht der Aberglaube ein. Er ist der Tod des Menschen. Unsere Zeit wird von ihm geprägt. Ob das ihr Ende ist?

Gott hört auf das Einstehen
seines Mannes

Der Herr sprach aber zu Mose: Geh, steig hinab; denn dein Volk, das du aus Ägyptenland geführt hast, hat schändlich gehandelt. Sie sind schnell von dem Wege gewichen, den ich ihnen geboten habe. Sie haben sich ein gegossenes Kalb gemacht und haben's angebetet und ihm geopfert und gesagt: Das ist dein Gott, Israel, der dich aus Ägyptenland geführt hat. Und der Herr sprach zu Mose: Ich sehe, daß es ein halsstarriges Volk ist. Und nun laß mich, daß mein Zorn über sie entbrenne und sie vertilge; dafür will ich dich zum großen Volk machen. Mose aber flehte vor dem Herrn, seinem Gott, und sprach: Ach, Herr, warum will dein Zorn entbrennen über dein Volk, das du mit großer Kraft und starker Hand aus Ägyptenland geführt hast? Warum sollen die Ägypter sagen: Er hat sie zu ihrem Unglück herausgeführt, daß er sie umbrächte im Gebirge und vertilgte sie von dem Erdboden? Kehre dich ab von deinem grimmigen Zorn und laß dich des Unheils gereuen, das du über dein Volk bringen willst. Gedenke an deine Knechte Abraham, Isaak und Israel, denen du bei dir selber geschworen und verheißen hast: Ich will eure Nachkommen mehren wie die Sterne am Himmel, und dies ganze Land, das ich verheißen habe, will ich euren Nachkommen geben, und sie sollen es besitzen für ewig. Da gereute den Herrn das Unheil, das er seinem Volk zugedacht hatte. Mose wandte sich und stieg vom Berge und hatte die zwei Tafeln des Gesetzes in seiner Hand; die waren beschrieben auf beiden Seiten. Und Gott hatte sie selbst gemacht und selber die Schrift eingegraben. Als nun Josua das Geschrei des Volks hörte, sprach er zu Mose: Es ist ein Kriegsgeschrei im Lager. Er antwortete: Es ist kein Geschrei wie bei einem Sieg, und es ist kein Geschrei wie bei einer Niederlage, ich höre Geschrei wie beim Tanz. Als Mose aber nahe zum Lager kam und das Kalb und das Tanzen sah, entbrannte sein Zorn, und er warf die Tafeln aus der Hand und zerbrach sie unten am Berge und nahm das Kalb, das sie gemacht hatten, und ließ es im Feuer zerschmelzen und zermalmte es zu Pulver und streute es aufs Wasser und gab's den Kindern Israel zu trinken. Und er sprach zu Aaron: Was hat dir das Volk getan, daß du eine so große Sünde über sie gebracht hast? Aaron sprach: Mein Herr lasse seinen Zorn nicht entbrennen. Du weißt, daß dies Volk böse ist. Sie sprachen zu mir: Mache uns einen Gott, der vor uns hergehe; denn wir wissen nicht, was mit diesem Mann Mose geschehen ist, der uns aus Ägyptenland geführt hat. Ich sprach zu ihnen: Wer Gold hat, der reiße es ab und gebe es mir. Und ich warf es ins Feuer; daraus ist das Kalb geworden. Als nun Mose sah, daß das Volk zuchtlos geworden war – denn Aaron hatte sie zuchtlos werden lassen zum Gespött ihrer Widersacher –, trat er in das Tor des Lagers und rief: Her zu mir, wer dem Herrn angehört! Da sammelten sich zu ihm alle Söhne Levi. Und er sprach zu ihnen: So spricht der Herr, der Gott Israels: Ein jeder gürte sein Schwert um die Lenden und gehe durch das Lager hin und her von einem Tor zum andern und erschlage seinen Bruder, Freund und Nächsten. Die Söhne Levi taten, wie ihnen Mose gesagt hatte; und es fielen an dem Tage vom Volk dreitausend Mann. Da sprach Mose: Füllet heute eure Hände zum Dienst für den Herrn – denn ein jeder ist wider seinen Sohn und Bruder gewesen –, damit euch heute Segen gegeben werde (2. Mose 32, 7-29).

Noch weiß Mose nicht, was sein Volk treibt. Er ist in Sonderaudienz vor Gott. Um so unmittelbarer trifft den Knecht Gottes die Nachricht von dem

Abfall seines Volkes. Es hat den Herrn abgesetzt. Während er auf Gott hört, ist sein Volk von Gott fortgegangen. Mose bleibt nicht bei Erwägungen über die Gründe dieser belastenden Untreue stehen. Er sucht auch nicht nach den Ursachen solch tödlichen Ungehorsams. Ihn trifft es selbst, wenn sein Volk straffällig wird. Er kann sich aus seinem Volk nicht herauslösen, sondern bleibt ein Teil von ihm.

Gott fordert ihn geradezu zur Stellungnahme heraus. Der Befehl, zu gehen und herabzusteigen, kann von Mose nicht überhört werden. Er soll sich das ansehen, was sein Volk, das er aus Ägypten geführt hat, anrichtet. Es betet Götzenbilder an und nicht den Herrn. Hier kann er nichts beschönigen, sondern muß der Tatsache des Abfalls standhalten. Er erleidet den Ungehorsam seines Volkes. Das muß ihn zu Boden schlagen. Die harte Wirklichkeit mörderischer Untreue unterbricht sein Gespräch mit dem König aller Könige. Plötzlich steht er unter einem Volk von Abgefallenen und Rückfälligen. Das ist seine wie unsere Welt, in der wir leben und der wir den Dienst Jesu schulden.

1. Anwalt für Sünder

Wir wüßten schon, was wir in solcher Lage täten. Wir würden unser Ansehen aufpolieren und uns bei Gott ins rechte Licht setzen. Darin haben wir Erfahrung. Wenn einer fällt, können wir nur steigen. Das geschieht in den Wirtschaftskonzernen, bei den Verwaltungsbehörden und auf den Arbeitsplätzen. Hier wird von Glück und Unglück gesprochen. In Wirklichkeit versuchen wir, aus dem Versagen des anderen für uns Vorteile zu gewinnen. Das ist gerade nicht freundlich, gehört aber zu den ungeschriebenen Spielregeln unseres Alltags.

Priesterliches Eintreten für Versager wird unter uns immer seltener. Dabei vergessen wir, daß wir selber solche Versager sind. Mit welchem Maß wir messen, werden wir von Gott gemessen. Das aber kann für uns sehr hart werden und uns um Leben und Seligkeit bringen.

Mose erweist sich demgegenüber als Priester. Er befindet sich auf dem Übungsplatz priesterlichen Einstehens. Er nutzt keine Gelegenheit, um für sich Gewinne und Ansehen zu buchen. Gott wollte ihn zu einem großen Volk machen und die Israeliten vernichten. Wäre das nichts für den Knecht Gottes gewesen? So ein unvorstellbares Angebot kommt nie wieder. Hat Mose die Sternstunde seines Lebens vertan? Wir würden es meinen. Das wäre aber menschlich gedacht. Dadurch wird die Möglichkeit eines erneuten Abfalls nicht gebannt noch ausgeschlossen.

Mose weiß um seine eigene Sündhaftigkeit. Gott hat lange an ihm schlagen und meißeln müssen, bis er sich ihm unterstellte. Dem Propheten Jesaja geht bei seiner Berufung zum Prophetenamt unter der Heiligkeit Gottes seine persönliche Schuld auf. Er sieht sich als Sünder und in einem Volk von Sündern. Vor Gott erkennt er sich als Versager und lebt unter Versagern.

Dennoch stellt er sich am Ende dem Herrn freiwillig zur Verfügung, nachdem der Engel mit der feurigen Kohle vom Altar seine Schuld verbrannt und ihn zum Dienst geheiligt hat (Jes. 6, 5 ff.).

Was mag Mose in dem Gespräch mit Gott unter dem Anruf der Zehn Gebote für sich und seinen Dienst erkannt haben? Wir wissen es nicht. Das eine ist uns klar: Ein Gespräch mit dem Herrn des Lebens bleibt nie ohne Nachhall, sondern hat für den Beteiligten seine Nachwirkungen und Folgerungen. In jedem Fall kommt er aus einem solchen Gespräch anders heraus, als er hineingegangen ist.

Mose spricht für sein Volk. Er wird zum Anwalt der Sünder. Dem berechtigten Zorn Gottes stellt er sich in den Weg. Dabei muß er die Feststellung Gottes anerkennen, daß Israel ein halsstarriges Volk ist. Durch ihn sei es mit großer Kraft und starker Hand aus Ägypten geführt worden. Er könne es nicht vernichten; denn dann würden die Ägypter frohlocken. Sie könnten annehmen, daß ihre Götter an dem Volk Gottes, den Hebräern, Rache genommen hätten.

Erst danach hält Mose dem Herrn die Väter vor. Abraham habe seine Verheißung, daß er ihn zu einem großen Volk machen wolle (1. Mose 15, 5 f.; 22, 16 f.; 26, 4 f.). Isaak sei der Sohn der Verheißung (1. Mose 18, 10 ff.), und Jakob habe von ihm den neuen Namen bekommen (1. Mose 32, 29). Ihnen und ihren Nachkommen habe er dies Land versprochen, daß sie es besitzen sollten. Sie alle hat Gott als Sünder begnadigt, sie gesegnet und zum Segen gesetzt. Bei Jakob liegt es auf der Hand. Er hat betrogen und ist selber von Laban betrogen worden. Erst am Pniel hat der Herr ihn gestellt (1. Mose 32, 23 ff.; 27, 18 ff.; 29, 24 ff.). Die Geschichte der Väter ist ein Weg von Schuld und vergebender Gnade. Gerade deshalb stehen über ihrem Leben und dem ihrer Nachkommen die Verheißungen Gottes. Er hat sie gegeben und ihnen selbst zugeschworen. Mose nimmt den Herrn bei seinem Wort und erwirkt Gnade.

Durch die Fürsprache des einen läßt Gott vom Gericht ab. Der Knecht Gottes tritt selbstlos für die Sünder ein. Was aber ist es erst um den Sohn Gottes, den Mann am Kreuz! Unsere berechtigte Strafe wie unser gerechtes Todesurteil hat er übernommen, damit wir Frieden bekämen. Durch seine Wunden sind wir heil geworden (Jes. 53, 5 ff.). Er ist das Lamm Gottes, welches der Welt Sünde trägt (Joh. 1, 29), der eine Hohepriester über das Haus Gottes (Hebr. 10, 21). Wer den Sohn Gottes hat, der hat das Leben (1. Joh. 5, 12). Er ist gerettet für Zeit und Ewigkeit. Mehr kann er nicht bekommen. Das ist alles.

2. Vor dem Ausmaß der Sünde

Noch hat Mose die Abgrundtiefe der Schuld seines Volkes nicht gesehen. Josua ist zwar in seiner Nähe gewesen, hat aber nicht die Offenbarungen empfangen und Gott nicht reden gehört. Sonst wüßte er Bescheid und brauchte Mose nicht nach dem Grund des lüsternen Geschreis zu fragen.

Denn ein Siegesgesang hört sich anders an, und eine Besiegtenklage ist herzbewegender. Hier werden Orgien gefeiert. Weib, Wein und Gesang sind führende und bestimmende Größen. Schlemmereien tun ein übriges.

Der Mensch hat seine Mitte verloren. Er lebt nur noch seinen Gefühlen. Rauschmittel und Drogen sollen ihm ein Land durchdringender Freuden erschließen. Er möchte sich Seligkeiten erreisen und versinkt im Sumpf untergründiger Tiefen. Entstellt, ausgemergelt an Leib, Seele und Geist, ist er nur noch ein vegetierender Leichnam. Nirgends gewinnt er, was er sucht, sondern verliert, was er noch hat. Abgestumpft und ausgebrannt erwartet er den letzten Tag. Als Außenseiter der Gesellschaft tritt er ab, als hätte er nie gelebt. Seine Daten sind verwischt, und seinen Namen weiß niemand. Das wird der Mensch unter dem Ausmaß der Sünde.

Wir wissen um die Folgen ausbrechender Leidenschaften. Unsere Welt treibt ständig von Gott ab. Bindungen werden gelöst, weil die eine Bindung aufgegeben ist. Gott darf nicht mehr Gott sein. Das führt zu freier Liebe und Abartigkeiten auf allen Lebensgebieten. Partnertausch und antiautoritäre Erziehung sind Begleiterscheinungen. Jeder nimmt sich, was er braucht. Er mordet aus Lust und betrügt aus Leidenschaft. Um Geld zu bekommen, ist ihm jedes Mittel recht. Was macht es, wenn er dabei den anderen über den Haufen schießt. Alte Tabus werden gestürzt. Das ist zur modernen Spielregel geworden. Nichts ist sicher, und niemand ist sicher. Okkultismus und Spiritismus, kurzum die Dämonen gewinnen an Einfluß. Wahrsager und Hellseher werden von Staatsmännern, Sportlern, Parteiführern, Konzerndirektoren wie Prokuristen, Verkäuferinnen, Künstlern, Facharbeitern und Hausfrauen befragt. Sie sind zu Ersatzgöttern geworden. Ihr Wort gilt als nahezu unfehlbar. Ihm wird gehorcht, als gäbe es sonst nichts Gleichrangiges. Einer zieht den andern mit. Fäulnis steckt an. Wer in den Sog satanischer Abgründe gerät, kommt durch eigene Kraft nicht mehr heraus.

Israel ist auf dem besten Wege dahin. Aaron hat versagt. Er hat die Schleusen zum Götzendienst bereitwillig geöffnet. Er hat das Volk entzügelt. Dennoch stellt er sich dieser Schuld nicht, sondern verweist auf die Boshaftigkeit des Volkes. Wir suchen den Fehler stets bei anderen, aber selten bei uns. Darin sind wir nicht anders als Aaron auch. Er gibt sich als den Verführten und hat im Grunde genommen das Volk zur Gottlosigkeit verführt. Hätte Aaron widerstanden, wäre das Volk womöglich nicht abgefallen. Unsere Unentschiedenheit verführt manchen zur Sünde. Wir sind kompromißbereit, aber weniger bekenntnisstark. Uns liegt es näher, bei aufbegehrender Gottlosigkeit zu schweigen, als unseren Glauben mutig und bestimmt zu bekennen. Wir versagen öfter, als wir es uns eingestehen.

Mose ist betroffen über das Ausmaß des Abfalls seines Volkes. Er wirft die Gesetzestafeln aus der Hand und zerbricht sie. Das goldene Kalb läßt er im Feuer zerschmelzen und zu Pulver zermalmen. Statt die Gebote Gottes zu hören, müssen die Israeliten ihren selbstgemachten Götzen pulverisiert in Wasser trinken. Aus Ägypten kannte Mose die chemischen Mittel, die notwendig sind, um Gold zu verbrennen und zu Pulver zu zermahlen. Er beherrschte als ehemaliger ägyptischer Prinz das Wissen seiner Zeit. Das kommt ihm hier zugute. Gott hat ihn für sein Amt erstklassig vorgeschult.

Mose unterläßt nichts, um die Vernichtung götzendienerischen Abfalls unverkennbar zu machen. Die Hauptsache ist für ihn, daß er den Staub des verkalkten Goldes über einem Gießbach ausstreut und dem Volk daraus zu trinken gibt. Denn dadurch wird die vollständige Lossagung vom Götzendienst sichtbar bekundet. Wer das Bild, in dem die Gottheit wohnen soll, verzehrt, sagt sich von ihr endgültig los. Damit sind nach Ägypten letzte Brücken abgebrochen. Denn wer den Ägyptern schon ein Greuel ist, wenn er ihre heiligen Tiere verspeist, muß für sie völlig untragbar werden, sobald er Götzenbilder zerstäubt und das Pulver trinkt. Jetzt hat Israel nichts mehr mit Ägypten gemeinsam. Mose hat vollmächtig gehandelt. Sein Zorn ist heiliger Zorn gewesen. Das muß das Volk erkennen.

3. Der Ruf in die Entscheidung

Während Aaron dem Volk die Tür zur Sünde geöffnet hat, ist durch das priesterliche Einstehen Moses die begründete Vernichtung Israels abgewandt. Gott sieht von ihr ab. Das bedeutet Neuanfang. Deshalb ruft Mose das Volk in die Entscheidung.

Aaron hatte sich von der Menge fortreißen lassen. Er hatte ihr keinen Widerstand entgegengesetzt, so daß er kaum wußte, was er tat. Jedenfalls wird es von ihm so dargestellt. Das entschuldigt ihn keinesfalls. Denn er hat sie von ihren Zügeln losgemacht und dem Spott der Heidenvölker ausgesetzt. Deshalb übergeht der jüdische Historiker Flavius Josephus (gest. 100 n. Chr.) dies schmähliche Ereignis vom Stierdienst seines Volkes in seinem mehrbändigen Geschichtswerk. Er berichtet es deshalb nicht, weil er sich dieses Abfalls einfach schämt.

Auf den Ruf Moses, zu ihm zu kommen, wer dem Herrn angehöre, sammeln sich um ihn sämtliche Söhne Levis. Auch unter ihnen haben sich etliche durch den Götzendienst befleckt. Der Dienst am Heiligtum und die Verwandtschaft mit Mose haben sie davon nicht zurückgehalten. Jetzt werden sie zu Richtern gemacht. Sie dürfen sich nicht scheuen, selbst ihren nächsten Verwandten zu erschlagen. Denn keiner ist schuldlos. Alle haben mitgemacht. Niemand hat sich widersetzt. An diesem Tag fallen auf Befehl Gottes durch das Schwert der Leviten dreitausend Mann. So teuer kann begangener Ungehorsam werden.

Jetzt gilt es, die Hände dem Herrn zu füllen, ihm ein wohlgefälliges Opfer zu bringen. Durch diese Tat des rücksichtslosen, selbstverleugnenden Gehorsams, indem sie Sohn und Bruder nicht schonen, sollen sie vor Gott würdig werden, seinen Segen für sich und das Volk zu empfangen.

Von ihnen hängt Fluch und Segen ab. So entscheidend kommt es auf unsere Treue und unseren Glaubensgehorsam an. Bleiben wir uns dessen stets bewußt?

Gott läßt sich versöhnen durch seinen Mann

Am nächsten Morgen sprach Mose zum Volk: Ihr habt eine große Sünde getan; nun will ich hinaufsteigen zu dem Herrn, ob ich vielleicht Vergebung erwirken kann für eure Sünde. Als nun Mose wieder zu dem Herrn kam, sprach er: Ach, das Volk hat eine große Sünde getan, und sie haben sich einen Gott von Gold gemacht. Vergib ihnen doch ihre Sünde; wenn nicht, dann tilge mich aus deinem Buch, das du geschrieben hast. Der Herr sprach zu Mose: Ich will den aus meinem Buch tilgen, der an mir sündigt. So geh nun hin und führe das Volk, wohin ich dir gesagt habe. Siehe, mein Engel soll vor dir hergehen. Ich werde aber ihre Sünde heimsuchen, wenn meine Zeit kommt. Und der Herr schlug das Volk, weil sie sich das Kalb gemacht hatten, das Aaron angefertigt hatte. Der Herr sprach zu Mose: Geh, zieh von dannen, du und das Volk, das du aus Ägyptenland geführt hast, in das Land, von dem ich Abraham, Isaak und Jakob geschworen habe: Deinen Nachkommen will ich's geben. Und ich will vor dir her senden einen Engel und ausstoßen die Kanaaniter, Amoriter, Hethiter, Perisiter, Hewiter und Jebusiter und will dich bringen in das Land, darin Milch und Honig fließt. Ich selbst will nicht mit dir hinaufziehen, denn du bist ein halsstarriges Volk; ich würde dich unterwegs vertilgen. Als das Volk diese harte Rede hörte, trugen sie Leid, und niemand tat seinen Schmuck an. Und der Herr sprach zu Mose: Sage zu den Kindern Israel: Ihr seid ein halsstarriges Volk. Wenn ich nur einen Augenblick mit dir hinaufzöge, würde ich dich vertilgen. Und nun lege deinen Schmuck ab, dann will ich sehen, was ich dir tue. Und die Kinder Israel taten ihren Schmuck von sich an dem Berge Horeb. Mose aber nahm das Zelt und schlug es draußen auf, fern von dem Lager, und nannte es Stiftshütte. Und wer den Herrn befragen wollte, mußte herausgehen zur Stiftshütte vor das Lager. Und wenn Mose hinausging zur Stiftshütte, so stand alles Volk auf, und jeder trat in seines Zeltes Tür und sah ihm nach, bis er zur Stiftshütte kam. Und wenn Mose zur Stiftshütte kam, so kam die Wolkensäule hernieder und stand in der Tür der Stiftshütte, und der Herr redete mit Mose. Und alles Volk sah die Wolkensäule in der Tür der Stiftshütte stehen, und sie standen auf und neigten sich, ein jeder in seines Zeltes Tür. Der Herr aber redete mit Mose von Angesicht zu Angesicht, wie ein Mann mit seinem Freunde redet. Dann kehrte er zum Lager zurück; aber sein Diener und Jünger Josua, der Sohn Nuns, wich nicht aus der Stiftshütte (2. Mose 32, 30–33, 11).

Noch ehe Israel darum weiß, hat Mose sich für sein Volk vor Gott eingesetzt und um Gnade angehalten. Dadurch bestätigt er sich als Priester, der Sünder nicht aufgibt, sondern für sie eintritt. Das ist nicht selbstverständlich. Wer wird sich für einen hoffnungslos Verschuldeten einsetzen?

Eher flüchten wir in die kalte Sachlichkeit, als daß wir für Hoffnungslose eintreten. Wir errechnen die Möglichkeiten der Hilfe, überdenken die Höhe des jeweiligen Einsatzes und gehen von der vermutbaren Gewinnspanne aus. Solches Denken hat nicht nur in der Wirtschaft seinen unverrückbaren Platz, sondern auf seiner Linie werden Freundschaften angebahnt, gesellschaftliche Verpflichtungen überdacht und familiäre Vorausschau geübt. Da wird gefragt, was ich durch jenen Freund erreichen kann, welche Vorteile diese bestimmte gesellschaftliche Zuordnung für uns erbringt und durch welche Berufslaufbahn unsere Kinder unser eigenes Ansehen erheblich verbessern können. Damit kommen wir in den Bereich einer Wellenlänge und eines Breitengrades, wo das Herz aussetzt und die Liebe vereist. Die Seelsorge ist ausgestorben. Jeder sorgt nur für sich und orientiert sich anhand der Verdienstquoten, der sicher angelegten Wertpapiere, des wachsenden politischen Einflusses und des stets steigenden persönlichen Lebensbedarfes. Letzten Endes macht sich solch ein Mensch zum Maßstab des Lebens.

Mose sorgt sich um das Heil seines Volkes. Deshalb hat er Gott um Gnade angehalten und nicht aufgehört, seinen Zorn abzuwenden.

1. Zum Letzten bereit

Daran ändert sich nichts, daß der Herr in seinen Gerichten gerecht bleibt. Seine Heiligkeit läßt nichts anderes zu. Als der Unwandelbare kann er sich nicht selbst aufgeben.

Darum weiß Mose. Oft genug hat Gott mit ihm gesprochen. Er kennt seine Stimme und kennt einen Teil seines Wesens. Völlig wird ihn niemand von uns sterblichen Menschen erkennen, geschweige denn verstehen. Wie sollte er das auch können? Vor ihm sind wir Staub und Asche, ein unscheinbarer Tropfen am Eimer, ein winziges Sandkorn in der Wüste. Was können wir vor Gott ausbreiten? Nichts, auch gar nichts als Versagen, Ungehorsam und Untreue!

Mutet sich Mose nicht zuviel zu, wenn er den unsichtbaren Gott um Vergebung für den erfolgten Götzendienst seines Volkes bittet? Kann der Herr so tun, als sei nichts geschehen? Verlangt nicht seine Gerechtigkeit das Gericht und die Strafe? Mose mag sich diese Fragen und weitere selber vorgelegt haben. Aber die Sorge um sein Volk läßt ihn nicht zur Ruhe kommen. Davon ist er ganz erfüllt. Er weiß sich für dieses Volk verantwortlich. Gott hat es ihm anvertraut. Deshalb redet er!

Seine Bitte mögen wir merkwürdig finden. Mose will aus dem Buch Gottes getilgt werden, wenn die Sünde der Israeliten von Gott nicht vergeben werde. Er bietet sich selber zum Opfer an. Eine unglaubliche Liebe spricht aus diesem Angebot des Knechtes Gottes. Es wäre schon etwas Unerhörtes, den anderen wie sich selbst zu lieben. Sich aufzuopfern, zeugt von noch größerer Liebe. Sie vergißt sich selbst. Seine Ursache hat sie in dem Schmerz, daß Israel den verheißenen Segen Gottes verspielt habe. Dieser Gedanke läßt Mose nicht zur Ruhe kommen. Von ihm wird er verfolgt.

Deshalb darf seine Bitte wie seine Vorstellung nicht auf die Waage gelegt werden. Was aus solcher brennenden Retterliebe hervorgeht, ist geheiligt. Wer wollte hier bei einer Grenzüberschreitung stehenbleiben? Wagen wir es, unsere brüchige Liebe, unseren schwankenden Glauben und unsere winzige Heilserfahrung für andere zur unüberschreitbaren Grenze zu machen? Das wäre vermessen. Wer wollte Mose tadeln? Hat nicht Paulus ein Gleiches erbeten? Er wollte sich für sein Volk opfern, wenn es dadurch zum Glauben an Jesus käme (Röm. 9, 3). Verbannung und Fluch wäre er bereit auf sich zu nehmen, wenn dadurch die Decke von Israel wiche. Ihn hat ebenfalls die Liebe getrieben (vgl. 2. Kor. 5, 13 f.). Mose steht nicht allein. Er hat Paulus neben sich.

Gott tadelt seinen Knecht nicht. Er zeigt auch keine Freude über diese Bitte, sondern wie ein weiser Erzieher, der die Einfalt des Kindes nicht verletzen will, kommt der Herr zur Sache. Er weist Mose an, das Volk zu führen. Aus dem Buch des Lebendigen (vgl. Ps. 69, 29) oder dem des Lebens (Offb. 3, 5; 22, 19) will er nur diejenigen ausbuchen, die an ihm sündigen. Damit ist ihr Opfer abgelehnt. Sie können nicht Bürge sein. Das gültige Opfer ist einem anderen vorbehalten zu bringen: Jesus Christus, dem Sohne Gottes.

Denn kein Mensch kann letztgültig sein Volk durch sein Opfer von begangener Schuld freikaufen noch erlösen. Da irren Mose und Paulus. Aber ihre Liebe zur Rettung Verlorener bleibt untadelig. Das wahre Erlösungsopfer bringt der eine Gehorsame: Jesus Christus. Er ist unser Leben. Die Sünde des Volkes wird zu gegebener Zeit heimgesucht. Sie muß ausreifen, bis das Maß voll ist. Den tödlichen Ernst dieser Worte belegt die Geschichte Israels bis in die jüngste Zeit. Der Herr läßt nicht mit sich handeln. Seine Gnade teilt er zu, wem er will. Darüber ist er niemandem Rechenschaft schuldig. Er braucht sein Handeln nicht zu begründen.

2. Vergebung durch Buße

Ein Volk unter Völkern sind die Hebräer geworden. Das hat ihnen der Götzendienst, das goldene Kalb, eingebracht. Gott ist seinem Volk fremd geworden. Das ist bittere Wirklichkeit.

Sie hat auch in unserem Alltag ihren Platz. Wer sich von dem Wort der Wahrheit löst, dem wird der Herr fremd. Wo er nicht ein und alles sein kann, zieht er sich zurück. Wo ihm nicht Herz und Leben übergeben werden, bleibt er fern. Es können unter seinem Namen diakonische Dienste getan, sogar Gebetsversammlungen abgehalten und Gottesdienste gestaltet worden sein, und doch heißt es: Ich kenne euch nicht (Matth. 25, 12); gehet fort von mir in das ewige Feuer, das bereitet ist dem Teufel und seinen Engeln (Matth. 25, 41).

Fromme Tradition und Scheingläubigkeit bewahren niemanden vor der Verdammnis. Unser Glaube muß für jeden durchsichtig, klar und offen sein. In dieser Hinsicht haben wir nichts zu verbergen. Wir fangen an, echt zu werden, sobald wir uns unserer persönlichen Schuld ohne Abstriche stellen. Der dem Ehebruch verfallene König David bekennt, daß seine Gebeine durch sein tägliches Heulen verschmachtet wären, weil er seine Schuld verschweigen wollte. Aber die Hand Gottes lag Tag und Nacht schwer auf ihm. Er bekam keine Ruhe. Wie ein ausgemergelter Körper verdorrte er zusehends (vgl. Ps. 32, 3 f.). Ihm konnte erst in dem Augenblick geholfen werden, wo er seine Schuld beschönigungslos vor dem Herrn ausbreitete. Das war die Stunde des Heils. Ihm war vergeben. Er konnte getrost sein. Nur so kann ich selig werden. Eine andere Möglichkeit gibt es nicht. Petrus ging nach seiner Verleugnung des Sohnes Gottes hinaus in die Nacht und weinte bitterlich (Matth. 26, 75). Die Tränen der Buße sind der Beginn des neuen Lebens. Ohne das persönliche Bekenntnis konkreter Schuld vor Gott gibt es keine Vergebung. Wer um dieses Geständnis des Totalausverkaufs seines Lebens vor Jesus herumkommen will, ertrinkt in der Schuld.

Ein mahnendes Beispiel bleibt hierfür der König Saul. Er hat zeitlebens kein Verhältnis zu seiner Schuld gefunden. Vielmehr hat er ohne Aussicht auf Erfolg bis zum Selbstmord um seinen Herrscherthron gekämpft. Er ist an seiner Schuld erstickt und am Ende verstockt. Saul hat die Stunde der Heimsuchung Gottes in seinem Leben verpaßt. Statt auf Gottes Mann, Samuel, zu hören, hat er sich einer Wahrsagerin anvertraut. Ihm ist zuletzt nur noch der Sturz in das eigene Schwert geblieben (vgl. 1. Sam. 15, 1 ff., 28, 10–12, 18–20; 31, 1–6 u. a.). So ausweglos kann unvergebene Schuld machen.

Simon Wiesenthal erzählt als ehemaliger KZ-Häftling und Jude von einem jungen tödlich verwundeten SS-Mann, der nicht selig sterben konnte, weil seine Schuld nicht vergeben war. Die gemordeten Juden klagten ihn an. Unvergebene Schuld läßt sich nicht totschweigen. Eine dem Ehebruch erlegene Frau verbrennt sich im Morgengrauen vor den Augen ihres ahnungslosen Mannes, weil sie mit der Schuld nicht fertig wird. So tödlich hart und ausweglos kann sie gegen uns stehen. Denn jeder einzelne wird offenbar werden müssen vor dem Richterstuhl Christi (2. Kor. 5, 10).

Der Herr unterscheidet die Sünden des einzelnen von denen des Volkes. Israel will er auch weiterhin um der Verheißungen willen, die er den Vätern gegeben hat, gnädig sein. Aber von dem einzelnen erwartet er Buße, das Eingeständnis der Schuld. Daran kommen die Kinder Israel auch nicht vorbei. Sie haben es in der Hand. Von ihrem eigenen Schuldbekenntnis hängt für sie persönlich Gericht oder Gnade ab.

Offenbarte, restlos vor Jesus aufgedeckte Schuld rettet, aber versteckte, vor Gott verheimlichte Schuld tötet. Daran sterben manche, ohne es wahrhaben zu wollen.

Die Frucht erster Buße wird sichtbar. Die Israeliten verzichten auf die Anlegung ihres Schmucks. Vor dem Berg Horeb legen sie ihn ab. Ob die Gnade zum Durchbruch kommt, weil die Buße das Wort hat? Es wäre zu wünschen und zu erflehen – auch für uns.

3. Draußen vor dem Lager

Die Trennung Gottes von seinem Volk ist unübersehbar. Es hat aufgehört, ein besonderes Eigentum des Herrn zu sein. Wie alle anderen Völker ist es in ein lockeres Verhältnis zu ihm getreten. Dadurch wird es bei Übertretungen nicht solchen vernichtenden, tödlichen Gefahren ausgesetzt, als wenn es Gottes Eigentumsvolk wäre. Mitten im Gericht bricht Gnade durch. Das ist Gottes unübertreffbare Weisheit seiner gestaltenden Führung und seiner unwandelbaren Liebe. Er hat sein Angesicht im Augenblick des Zorns ein wenig verborgen, aber mit ewiger Gnade will er sich seines Volkes erbarmen (vgl. Jes. 54, 7. 8). Seine Gnadentreue und die Bestätigung der Erfüllung seiner Verheißungen bleibt auf dem tief gefallenen Volk. Er erneuert sein Versprechen, Israel in das gelobte, eidlich verheißene Land Kanaan ziehen zu lassen. Der Engel soll vor ihm hergehen und die Kanaaniter, Amoriter, Hethiter, Perisiter, Hewiter und Jebusiter ausstoßen. Es ist Gottes haltende Barmherzigkeit. Wenn es sich auch hier nicht um den gottgleichen Bundesengel handelt, so ist dennoch eindeutig, daß der Herr das Volk nicht läßt. Mose wird ermutigt, um Gnade für Israel nachzusuchen.

Das Volk hingegen muß erkennen, daß es seine eigentliche Zierde verloren hat. Die Stiftshütte schlägt Mose draußen vor dem Lager auf. Sie ist der Ort der Offenbarung Gottes und der Raum der gottesdienstlichen Zusammenkunft des Volkes mit seinem Herrn. Luther erklärt das Wort »Stiftshütte« in einer Randglosse zu dieser Stelle: »Das hebräische Wort moëd haben wir nicht anders wissen noch wollen deutschen. Es soll aber so viel heißen als ein gewisser Ort oder Stätte, wie eine Pfarrkirche oder Stift, dahin das Volk Israel kommen und Gottes Wort hören sollte, damit sie nicht ihrer eigenen Andacht nach hin und wieder liefen, auf Bergen, in Gründen und anderen Orten, Gott zu opfern.«

Während das Lager gesetzlich unrein war, stand die Amtshütte Mose unter Gottes Gnade. Denn wenn er kam, war die Wolkensäule da und stand in der Tür der Stiftshütte. Das Volk durfte nur nachsehen als Zeichen seiner Demütigung, Ehrerbietung und Wehmut. Es sollte um Gnade flehen, wo das Gesetz die Sünde so überaus tödlich gemacht hatte. Israel sah auf die Folge seines Ungehorsams. Der Herr war draußen vor dem Lager, und niemand durfte zu ihm außer Mose und Josua, der den Ort bewachte. Selbst Aaron blieb ausgeschlossen. Dennoch dürfen er und das Volk aus der Ferne Zeugen der Gegenwart Gottes im Gespräch mit Mose sein. Das ist mehr, als sie erwarten können. Der Herr hat sich von ihnen entfernt, sie aber nicht aufgegeben.

Hat nicht auch Jesus draußen vor dem Tor gelitten (Hebr. 13, 12)? Der eine Gehorsame ist für uns zur Sünde gemacht. In ihm haben wir Erlösung. Niemand kommt zum Vater, denn durch ihn (Joh. 14, 6). Hier ist mehr als Mose. Wenn der Herr auch mit ihm wie einem Freunde redet, sind die Erlösten durch Christus Gottes Kinder. Das ist mehr! Versöhnt zur Kindschaft. – Darauf wartet auch Mose. – Uns wird sie im Sohne Gottes angeboten. – Ob wir sie dankbar annehmen? – Es wäre uns zu wünschen. –

Gott ist barmherzig seinem Mann

Und Mose sprach zu dem Herrn: Siehe, du sprichst zu mir: Führe das Volk hinauf!
und läßt mich nicht wissen, wen du mit mir senden willst, wo du doch gesagt hast: Ich
kenne dich mit Namen, und du hast Gnade vor meinen Augen gefunden. Habe ich
denn Gnade vor deinen Augen gefunden, so laß mich deinen Weg wissen, damit ich
dich erkenne und Gnade vor deinen Augen finde. Und sieh doch, daß dies Volk dein
Volk ist. Er sprach: Mein Angesicht soll vorangehen; ich will dich zur Ruhe leiten.
Mose aber sprach zu ihm: Wenn nicht dein Angesicht vorangeht, so führe uns nicht
von hier hinauf. Denn woran soll erkannt werden, daß ich und dein Volk vor deinen
Augen Gnade gefunden haben, wenn nicht daran, daß du mit uns gehst, so daß ich
und dein Volk erhoben werden vor allen Völkern, die auf dem Erdboden sind? Der
Herr sprach zu Mose: Auch das, was du jetzt gesagt hast, will ich tun; denn du hast
Gnade vor meinen Augen gefunden, und ich kenne dich mit Namen. Und Mose
sprach: Laß mich deine Herrlichkeit sehen! Und er sprach: Ich will vor deinem Ange-
sicht alle meine Güte vorübergehen lassen und will vor dir kundtun den Namen des
Herrn: Wem ich gnädig bin, dem bin ich gnädig, und wessen ich mich erbarme, des-
sen erbarme ich mich. Und er sprach weiter: Mein Angesicht kannst du nicht sehen;
denn kein Mensch wird leben, der mich sieht. Und der Herr sprach weiter: Siehe, es
ist ein Raum bei mir, da sollst du auf dem Fels stehen. Wenn dann meine Herrlichkeit
vorübergeht, will ich dich in die Felskluft stellen und meine Hand über dir halten, bis
ich vorübergegangen bin. Dann will ich meine Hand von dir tun, und du darfst hin-
ter mir her sehen; aber mein Angesicht kann man nicht sehen (2. Mose 33, 12–23).

Der Herr redet mit seinem Knecht. Das ist ein Zeichen weiterlaufenden
Vertrauens. Durch den begangenen Ungehorsam des Volkes stockt das Gespräch zwischen Gott und seinem Mann nicht. Im Gegenteil! Es wird verstärkt und ohne Unterbrechung geführt. Der Krisenherd des Ungehorsams
muß beseitigt werden.

Wir kennen das, wenn Gefahr im Verzuge ist. Dann ticken die Fernschrei-
ber und reisen Sonderbeauftragte des Weltsicherheitsrates in die Span-
nungszonen. Die Außenminister und ihre Berater konferieren pausenlos.
Zusammenkünfte werden vereinbart und Friedenspläne ausgearbeitet. Die
Regierungschefs der Weltmächte bekommen keine Ruhe. Es geht um die
Beseitigung der Spannungen. Solange sie da sind, gibt es keine Ruhe. Der
Friede bleibt gefährdet. Jeden Augenblick kann es zu einem Krieg kom-
men, der einen Weltbrand entzündet.

Mose steht vor seinem Gott. Mit ihm spricht er über sein Volk. Israel darf
nicht in der Krise bleiben. Es muß aus dem Ungehorsam heraus. Hier darf
es keinen Stau geben. Es wäre nicht zu übersehen, was daraus würde. Ein
neues Unglück muß unbedingt verhindert werden. Darum geht es dem
Knecht Gottes. Das ist sein seelsorgerliches Anliegen. Deshalb hat er mit
Gott um Gnade für sein Volk gerungen. Gottes Gericht hätte die Vernichtung Israels unabwendbar ausgelöst, wenn nicht der Anwalt sofort seinen
Einspruch geltend gemacht und wie ein Bettler am Wege unverdrossen um

Erbarmen angehalten hätte. Er hat es mit Gott versöhnt. Doch dabei bleibt der Knecht Gottes nicht stehen. Er ringt weiter!

Gleichzeitig läßt sich aus einem Gespräch das Verhältnis ablesen, in dem beide Gesprächspartner zueinander stehen. Es umreißt die Basis, auf der sie sich bewegen. Sie kann von gegenseitigem Vertrauen getragen, aber auch von scharfem Mißtrauen zerrissen werden.

Mose vertraut seinem Herrn. Deshalb redet er mit ihm und schüttet vor ihm sein Herz aus. Nichts behält er für sich. Ihm sagt er alles. Darum spricht auch Gott mit ihm, wie sich ein Freund mit seinem Freunde unterhält. Der Knecht Gottes ist ganz dabei. Das zeichnet seinen Glauben aus. Er kann nicht anders! Wem das Herz voll ist, dem geht der Mund über.

1. Versessen auf überfließende Gnade

Mose bittet den Herrn, die ganze Gnade dem Volke erneut zuzuwenden. Denn das israelitische Lager liegt noch unter dem Banne Gottes. Nur er selbst hat Gnade vor ihm gefunden und darf in der Stiftshütte das Angesicht seines Herrn suchen. Das genügt ihm nicht, obwohl er die Zusage hat, daß ein erhabener Engel mitziehen werde (vgl. 2. Mose 32, 34). Dieser soll ihnen den Weg bahnen und sie leiten. Das Land, in dem Milch und Honig fließt, bleibt ihnen. Kanaan ist das Ziel des wandernden Gottesvolkes. Daran ändert sich nichts. Soweit hat Mose Gnade vor dem Herrn erwirkt (2. Mose 33, 2. 3). Das ist viel! Wer hätte das nach dem Abfall für möglich gehalten? Wohl kaum jemand!

Nur Gott will nicht weiter in der Wolkensäule mitziehen. Er tut es um des Volkes willen. Für Unbußfertige hat er keine besonders große Gnade bereit, weil er am Ende um so schärfer strafen müßte. Darin sind sich der Herr und Mose einig. Denn Israel ist ein halsstarriges Volk, das mehr zum Ungehorsam neigt, als daß es gehorcht. Sollte diese Gnadenmitteilung dem Knecht Gottes nicht genügen? Doch er wagt mehr.

Nachdem das Volk seinen Abfall bereut hat, sieht Mose die Möglichkeit für gekommen, weiterzugreifen. Ihm genügt die allgemeine Zusage des Engels nicht. Er übergeht sie förmlich. Was er erbittet, ist die persönliche Gegenwart Gottes. Er will sich und sein Volk vom Angesicht Gottes führen lassen. Das drückt er nicht deutlich aus, sondern bringt es schüchtern vor. Der Herr wird ihn ohnehin verstehen. Darin täuscht er sich nicht! Er wird verstanden. Die Gnadenzusage, auf die er sich beruft, wird ihm ohne Einschränkung bestätigt. Das geht aus den Versen 12 und 17 unseres Abschnittes hervor.

Wie kann sich Mose, der die Gnadengegenwart Gottes in solcher Vielfalt erfahren hat, mit einem der Engel Gottes begnügen! Wir hätten es getan. Für uns hätte es gereicht, wenn wir uns von einem Engel geführt wüßten. Immerhin blieben wir mit Gott verbunden. Wie manche begnügen sich mit ihrem Glaubensstand und ruhen sich auf ihrer traditionellen Kirchlichkeit, ihrer geschehenen Bekehrung und ihren erlebten Bewahrungen aus. Sie lieben den Bereich ihrer frommen Beschaulichkeit und verkümmern, ohne es zu merken. Die Gleichförmigkeit und Trägheit der zweiten Generation hat sie schnell überrundet. Der Eifer, die Freude und der Einsatz der ersten Stunde sind verflogen. Ihre Kümmerlichkeit wird als Glaubensgelassenheit ausgezeichnet und ist doch nichts als abgestandene Frömmigkeit. Wo kein Fluß ist, setzt Vermoderung ein. Das ist ein Gesetz der Natur, das auch auf unser Glaubensleben zutrifft. Wo wir nicht im Quellgebiet des Evangeliums wie im Strombett seines Friedens bleiben, vermodern wir im abgestandenen Teich stinkender Werkgerechtigkeit. Wir ziehen niemand an, sondern stoßen viele ab. Der Modergeruch des Todes umgibt uns. Wir wollen es nicht wahrhaben. Deshalb kann uns nicht geholfen werden. Aus festgefahrener Frömmigkeit ist Aufbruch schwerer als aus tätigem Unglauben. Unsere Selbstgerechtigkeit steht uns im Wege. Wir denken zu gut über uns. Es fehlt das echte Eingeständnis persönlicher Schuld. Dazu muß es in jedem Fall kommen. Sonst wird Gnade zur Illusion. Das wäre dann der Anfang vom Ende.

Mose ist aus anderem Holz. Er gibt sich nicht mit Anfängen zufrieden, sondern erbittet mehr. Dabei denkt er nicht an sich, sondern an sein Volk. Er sucht es enger und fester an den Herrn zu binden. Er sorgt sich um das Heil Israels.

2. Unersättlich nach der Heilsgegenwart Gottes

Wer wollte ihm das verwehren! So wie der alte Mensch nicht genug von der Welt bekommt, sondern ihre bitter gewürzten Freuden, ihre schillernde Vergänglichkeit und ihre Scheinangebote an tödlicher Lust und schmerzendem Reichtum bis zur Unkenntlichkeit auskostet, so kann sich der neue, wiedergeborene Mensch nicht satt sehen am Bilde Gottes. Er ist unersättlich.

Würde sich ein Todkranker vom Assistenzarzt operieren lassen, wenn er den anerkannten Professor haben kann? Die Antwort ist leicht! In jedem Fall würde er stets die Hilfe des Professors der des Assistenzarztes vorziehen. Wir begnügen uns mit Spritzen, anstatt den Eingriff unverzüglich und radikal vornehmen zu lassen. Hierbei geht es nicht um eine harmlose Reparatur, sondern um eine Neuschöpfung. Ohne den radikalen Eingriff wäre der Tod gewiß. Jetzt ist die Chance zu leben gegeben. Der Gerettete muß unter der ständigen Aufsicht des Retters bleiben, sonst könnte ein Rückfall eintreten.

Darum ist es dem Mose zu tun. Deshalb hält er um die führende und bewahrende Gegenwart des Herrn an. Dabei geht es ihm um den Engel des Herrn, den Bundesmittler. Er wird im Alten Testament »Engel des Angesichts« (Jes. 63, 9) und »Engel des Bundes« (Mal. 3, 1) genannt. Im Neuen Testament finden wir ihn wieder als »das Ebenbild des unsichtbaren Gottes« (Kol. 1, 15), »der Glanz seiner Herrlichkeit, das Ebenbild seines Wesens« (Hebr. 1, 3), »das Wort, das bei Gott und Gott selbst war« (Joh.

1, 1). Im Grunde genommen ist es der, der gesagt hat: »Ich bin der gute Hirte und kenne die Meinen und bin bekannt den Meinen« (Joh. 10, 14). Von ihm redet der Apostel Paulus, wenn er an Timotheus schreibt: »Aber der feste Grund Gottes besteht und hat dieses Siegel: Der Herr kennt die Seinen; und: Es trete ab von Ungerechtigkeit, wer den Namen des Herrn nennt« (2. Tim. 2, 19).

Damit ist umrissen, unter wessen Gegenwart sich Mose mit seinem Volk gestellt wissen will. Es ist der Herr, der mitgehen soll. Er weiß, daß ihm Gott diese Bitte nicht verwehren wird, weil seine Gnade überschwenglich ist. Ihm geht es wie dem Apostel Paulus, der seinen Philippern bekennt: »Nicht, daß ich's schon ergriffen habe oder schon vollkommen sei; ich jage ihm aber nach, ob ich's wohl ergreifen möchte, nachdem ich von Christus Jesus ergriffen bin« (Phil. 3, 12). Er will, daß Gott seine Gnade an seinem Volk recht verherrlicht. Mose nutzt die Zeit der Gnadenheimsuchung Gottes reichlich aus.

Wir sind mitunter vorsichtig und zurückhaltend. Es würde sonst anders in unseren Gemeinden und Gemeinschaften aussehen. Ohne ihn können wir nichts tun (Joh. 15, 5). Das bedenken wir zu wenig. Deshalb sieht es so leer in unseren Kirchen und Sälen aus und geht es so unverbindlich in ihnen zu. Die Heilstatsachen werden zu billigen Lehrsätzen, hinter denen sich jeder verbergen kann. Der Rechtfertigung aus Glauben hat die Heiligung im Glauben zu folgen.

Darum möchte Mose den Weg wissen. Wenn nicht Gottes Angesicht vorangehe, solle er das Volk nicht von diesem Ort führen. Der Weg ist Christus, der Sohn Gottes (Joh. 14, 6). Die in ihm bleiben und in denen er bleibt, die haben den Weg. Sie sind den Spannungen und Belastungen gewachsen, weil sie sich ganz von ihm ausfüllen lassen und zudem noch von ihm völlig umgeben sind (Joh. 15, 1 ff.). In die gleiche Richtung zielt die Bitte unserer Glaubensväter. Sie wollten nicht dorthin gehen, wohin Jesus nicht käme. Deshalb sollte er ihnen zeigen, was sie im einzelnen zu tun hätten. Das ist glaubensgeprägte Abhängigkeit, die sich im Retterdienst für Verlorene aufopfert. Hier wird kindlicher Gehorsam missionarisches Bekenntnis. Hier werden bittende Liebe und überspringender Glaube deutlich.

Israel soll ein unübersehbarer Beweis der Gegenwart des lebendigen Gottes sein. Es ist wundersam ausgezeichnet, erhoben vor allen Völkern (5. Mose 4, 6 ff.; 2. Mose 33, 29; Ps. 147, 19 f. u. a.). Das beweist seine Geschichte in vergangener und jüngster Zeit. Wer so etwas übersieht, geht an den Verheißungen Gottes, die er seinem Volk gegeben hat, unentschuldbar vorbei.

Mose bekommt, was er erbittet, weil er Gottes Knecht ist. Nicht jeder darf so vor den Herrn hintreten. Das ist nur seinen Kindern vorbehalten. Ob sie von dieser Möglichkeit hinreichend Gebrauch machen? Mose tut es und erfährt, daß Gottes Gnade überströmend ist. Unser stolzes Herz kommt nicht darauf. Ohne Verdienst und Würdigkeit fällt sie dem zu, der sie glaubend erbetet.

3. Gehalten von seiner bewahrenden Güte

Nachdem das Volk durch Fürbitte wieder in die Bundesgnade eingesetzt worden ist, wird Mose kühner in seinem Anliegen. Er hält um letzte Erfüllung an. Der Herr soll ihm gestatten, seine Herrlichkeit zu sehen. Ist es nicht schon etwas Besonderes, wenn Gott seinem Volk auf Grund des Bundesverhältnisses erneut seine Gnadengegenwart verspricht? Dennoch weiß Mose, daß Gott sich nicht unverhüllt offenbaren werde. Seine unmittelbare Leitung wird weiterhin in der Wolke und in der Feuersäule ihren Ausdruck finden. Seine Befehle und Anordnungen wird er auch in Zukunft als unsichtbarer Herr in der Stiftshütte geben. Wenn diese sichtbaren Zeichen auch Unterpfand seiner Nähe sind, so muß der Glaube doch die Kluft überspringen, die zu völliger Gemeinschaft mit ihm noch bleibt. Als Mittler des Bundes meint Mose, daß ihm diese letzte Erfüllung des Glaubens nicht versagt würde. Denn wer wollte nicht vom Glauben zum Schauen gelangen! Das ist aber erst möglich, nachdem Jesu Bitte aus Johannes 17, 24 erfüllt und unser Leib verklärt worden ist (vgl. Hiob 19, 27; 1. Kor. 13, 12; 15, 50; 1. Joh. 3, 2). Deshalb hat Paulus Lust, abzuscheiden und bei Christo zu sein (Phil. 1, 23). Darum loben die Märtyrer die Stunde, in der sie ihn von Angesicht zu Angesicht sehen werden. Aus dem gleichen Grunde sind unsere Väter in dieser getrosten Hoffnung heimgegangen. Genauso erbitten wir sie für uns, daß wir die Stunde einlösenden Glaubens nicht versäumen. Gemeinde Jesu geht diesem Offenbarungstag unaufhaltsam entgegen. Das macht sie zum Rettungsdienst in der Welt frei und getrost.

Mit seiner mutigen Bitte hat der Knecht Gottes die Grenze überschritten. Er hat vergessen, daß er noch in dieser Welt des Abfalls und der Gottlosigkeit sich befindet. Der Herr will ihm seine Güte zeigen. Sie besteht darin, daß er ihm seine Gnade offenbart (vgl. 2. Mose 34, 6).

Dahin gehört auch der Sohn Gottes, in dem für uns aller Reichtum göttlichen Erbarmens zusammengefaßt ist. In ihm ist die Gnade leibhaftig geworden, weil in ihm die ganze Fülle der Gottheit leibhaftig wohnt (Kol. 2, 9). Um das hoffnungsfroh zu ergreifen, wird horchender Glaube mehr beansprucht als vorwitziges Sehen. Mose darf Gott predigen und ihn seinen Retter-Namen ausrufen hören. Gottes Wesen, so wie er als wahrer Gott vor den Menschen erkannt sein will, wird von ihm kundgemacht. Niemand kann ihn dazu zwingen. Wenn er es dennoch tut, bleibt es seine freie Gnade (2. Mose 33, 19). Darüber hinaus kann kein sterblicher Mensch unverhüllt Gottes Herrlichkeit sehen und leben. Er müßte sterben. Deshalb darf Mose der vorübergehenden Herrlichkeit Gottes nur nachschauen.

Auch wir können die Spuren des ewigen Herrn in seiner schenkenden Treue, seiner liebenden Bewahrung wie seiner durchtragenden Barmherzigkeit lediglich hintennach erkennen. Darin liegt stärkender Trost. Mehr brauchen wir nicht, weil Jesus uns alles ist.

Gott offenbart die Heilsgnade seinem Mann

Und der Herr sprach zu Mose: Haue dir zwei steinerne Tafeln zu, wie die ersten waren, daß ich die Worte darauf schreibe, die auf den ersten Tafeln standen, welche du zerbrochen hast. Und sei morgen bereit, daß du früh auf den Berg Sinai steigest und dort zu mir tretest auf dem Gipfel des Berges. Und laß niemand mit dir hinaufsteigen; es soll auch niemand gesehen werden auf dem ganzen Berge. Auch kein Schaf und Rind laß weiden gegen diesen Berg hin. Und Mose hieb zwei steinerne Tafeln zu, wie die ersten waren, und stand am Morgen früh auf und stieg auf den Berg Sinai, wie ihm der Herr geboten hatte, und nahm die zwei steinernen Tafeln in seine Hand. Da kam der Herr hernieder in einer Wolke, und Mose trat daselbst zu ihm und rief den Namen des Herrn an. Und der Herr ging vor seinem Angesicht vorüber, und er rief aus: Herr, Herr, Gott, barmherzig und gnädig und geduldig und von großer Gnade und Treue, der da Tausenden Gnade bewahrt und vergibt Missetat, Übertretung und Sünde, aber ungestraft läßt er niemand, sondern sucht die Missetat der Väter heim an Kindern und Kindeskindern bis ins dritte und vierte Glied! Und Mose neigte sich eilends zur Erde und betete an und sprach: Hab ich, Herr, Gnade vor deinen Augen gefunden, so gehe der Herr in unserer Mitte, denn es ist ein halsstarriges Volk; und vergib uns unsere Missetat und Sünde und laß uns dein Erbbesitz sein (2. Mose 34, 1-9).

Das Gespräch geht weiter. Mose ist und bleibt der Hörende. Dazu bedarf es ganzer Anspannung und völliger Konzentration. Wie schnell ist ein Wort überhört oder ein Satz falsch verstanden! Das braucht durchaus nicht böswillig zu sein. Es kann jedem passieren. Niemand wird sich davon freisprechen können.

Unseren Kindern sagen wir bei gegebenem Anlaß, daß sie nur mit dem halben Ohr bei dem seien, was gesprochen werde. Sie lassen sich gehen oder wollen einiges gar nicht hören. Denn was sie nicht hören, wissen sie nicht. Was sie aber nicht wissen, darauf können sie nicht festgelegt werden. Sie gehen nach dem Sprichwort: »Was ich nicht weiß, macht mich nicht heiß.« Das ist zwar ein Erfahrungsgrundsatz, den der Volksmund aufgestellt hat, der jedoch nicht kommentarlos stimmt. Gewiß nicht dann, wenn jemand angeblich unwissend schuldig geworden ist. Niemand kann seinen Diebstahl entschuldigen, indem er einwendet, daß er nicht gewußt habe, daß solche Handlung strafbar sei.

Es ist zeitweilig schwerer, einem anderen zuzuhören, als selber zu sprechen. Die Mitteilung schwer verständlicher Gedankengänge verlangt von dem Hörer aufmerksames Mitgehen durch angespannte Konzentration. Hier kann der Hörer auf kein Wort verzichten. Dadurch könnte sonst der Gedankengang zerrissen werden. Eine Stationsschwester muß bei der Visite des Chefarztes ganz dabeisein. Sie darf nichts überhören, was der Arzt für den betreffenden Kranken verordnet. Im Gegenteil! Sie hat sich aber auch nicht zu verhören. Das gilt besonders bei der Verordnung der einzelnen Medikamente. Es könnte dem Patienten den Tod bringen, wenn ihm eine falsche Medizin verabreicht würde. Ein Verhören oder Versehen kann tödliche Folgen haben.

Was für den Bereich der Krankenpflege gilt, ist in anderen Bereichen der Industrie mit ihren technisch komplizierten Produktionsmethoden genauso erforderlich wie notwendig. Von der exakten Ausführung vorgegebener Betriebsvorschriften können Tod und Leben anderer Betriebsangehöriger abhängen. Es ist nicht gleichgültig, wie ich höre, sondern entscheidend, daß ich recht höre.

Das weiß auch Mose. Deshalb hört er genau zu. Denn von der unverfälschten Weitergabe der Befehle und Gebote Gottes hängen Gericht und Gnade ab. Deshalb kommt es auf jedes Wort an. Mose hat eine große Verantwortung. Er kann sich ihr nur stellen, weil der Herr mit ihm ist. Darin liegt der Schlüssel zu seiner Einmaligkeit. Er gehorcht seinem Gott und darf Gesprächspartner sein. Das hebt ihn heraus und läßt ihn ganz Knecht Gottes sein. Als solcher dient er seinem Volk und gehorcht er dem Gott seiner Väter.

1. Zerbrochene Tafeln

Ein Gleiches ist uns aufgetragen. Wir sind zum Gehorsam gerufen. Gottes Wort verpflichtet uns. Es ist uns heilsnotwendig. Wer sein Wort ablehnt, lehnt ihn ab. Er ist das Wort des Lebens. In seinem Wort begegnen wir ihm. Durch sein Wort werden wir von ihm gehalten.

Das muß Israel immer neu lernen. Es hat sich von dem Gott seiner Väter gelöst und verwundet sich durch sein selbstgemachtes Götzenbild tödlich. Den Fall in die Tiefe vernichtender Schuld kann nur der Herr aufhalten. Kein Mensch wird seinen eigenen Fall selbst auffangen können. Im Gegenteil! Überlebenschancen gibt es keine. Es sei denn, daß wir uns von Gottes Retterhand ergreifen lassen. Wer sich selber retten will, geht zugrunde. Das sind nüchterne Feststellungen und Tatsachen. Sie werden Tag für Tag tausendfach bestätigt. Wer sie bestreitet, lebt in Illusionen, hängt einer Traumwelt an. Echte Realisten können nur Gottes Knechte sein. Denn wer den Herrn in Gericht und Gnade ernst nimmt, lebt wirklichkeitsbezogen. Alle anderen machen sich etwas vor. Sie flüchten in eine Welt, die es nicht gibt.

Solche Flucht in den Götzendienst hat Aaron nicht aufgehalten. Die zerbrochenen Tafeln reden von der unübersehbaren Schuld jener Stunde. Gottes Gesetz ist bereits vom Volk in dem Augenblick gebrochen, wo es ihm gegeben werden soll. Dennoch hat dieses gleiche Volk in brennender Bereitschaft dem Herrn versprochen, alles zu tun, was er sage (2. Mose 19, 8). Das steigert seine Schuld.

So schnell sind wir mit Versprechungen bereit, die wir ebenso unerwartet brechen können. Was wir heute noch geloben, treten wir morgen mit Füßen. Was uns heute noch heilig ist, wird morgen Gegenstand unseres Spottes. Was wir heute noch preisen, können wir morgen bereits verfluchen. Das ist der Mensch. Aus seinem Munde kommen Lob und Fluch. Unsere Zunge ist ein unruhiges Übel voll tödlichen Giftes. Durch sie loben wir Gott, den Vater. Gleichzeitig aber verfluchen wir den Menschen, der nach Gottes Bild gemacht ist (Jak. 3, 8 f.). Unsere Gespaltenheit gleicht den zerbrochenen Tafeln.

Dieser Bruch geht tiefer, als wir uns eingestehen. Wir sind Leute, die eine gebrochene Stellung zu Gott haben. Das läßt sich nicht bestreiten. Wir bezweifeln Gottes Wort schneller, als daß wir ihm vertrauen. Uns liegt die zersetzende Kritik an Gottes Handeln in der Welt näher, als daß wir seinen Spuren vorbehaltlos nachgehen. Gott ist für uns zu einem kalten Begriff geworden, zu einem Wort ohne Leben. Wir setzen ihn nach Belieben ein und entthronen ihn, wo wir herrschen wollen.

Die zerbrochenen Tafeln sind noch heute aktuell. Hier und da haben wir versucht, sie zu kitten, sind aber im Vorfeld mitmenschlicher Bemühungen hängengeblieben. Der Neuhumanismus ist uns lieber als der neue Mensch, durch Gottes Geist geboren (Joh. 3, 5). Ein blasser Neurationalismus wird als Ersatzglaube dem Menschen unserer Zeit angeboten. Dennoch steigt die Kriminalität unter uns. Es wird gemordet, gestohlen, gehurt. Der Drogenverbrauch steigt ständig. Die Rauschgiftsucht wächst und greift um sich. In den Vereinigten Staaten von Amerika macht diese Sucht bereits unter Volksschülern von sich reden. Sie sucht ihre Opfer und findet sie. Mit Haschisch beginnt die Tragödie. Sie hat ihren zerstörenden Höhepunkt im Heroinverbrauch. Wer ihm verfällt, zerstört sich selbst. Er begeht Selbstmord in Raten.

Zerbrochene Tafeln lassen sich nicht nahtfrei zusammenfügen. Es gibt keinen Klebstoff, der sie verbindet. Sie bleiben zerbrochen, weil unsere Sünde sie zerschlagen hat. Hier hilft nur Neuanfertigung.

Zerbrochene Tafeln sind die Folge eines gebrochenen Verhältnisses zu Gott. Sie leiten ein zerrissenes Leben ein, das in der Gottlosigkeit endet, wenn es sich nicht durch Jesus Christus, den Sohn Gottes, befreien und erlösen läßt. Zerbrochene Hoffnungen, enttäuschende Freundschaften, zerstrittene Nachbarn kommen aus der einen Wurzel der zerschlagenen Tafeln. Unsere Konflikte haben hier ihre Ursache.

Unsere Zeit und Welt sind so zerschlagen, weil sie die Vaterhand Gottes in Kreuz und Auferstehung Jesu ausschlagen. Sie wollen nicht, daß dieser über sie herrsche. Nichts ist so folgenschwer wie die zerbrochenen Tafeln.

2. Ausstrahlende Gnade

Der Herr läßt es nicht dabei. Er weist Mose an, sich zwei steinerne Tafeln zuzuhauen. Sie sollen wie die ersten sein.

Mose hatte die ersten beim Anblick des Götzendienstes seines Volkes zerbrochen. Jetzt muß er sie selber neu aushauen, während die ersten ihm von Gott beschrieben übergeben worden waren. Damit wird das Volk an seine Schuld erinnert. Es darf seine Sünde nicht vergessen noch überspielen, sondern muß zu ihr stehen. Anders geht es nicht.

Wir haben tatsächlich keine Möglichkeit, ein Neues zu schaffen. Was wir an Geboten und Verboten herausgeben, ist an den Tafeln orientiert oder zerstört sie. Über sie hinaus kommt niemand.

Wer nach Israel fährt, wird mit der Schuld unseres Volkes konfrontiert. Wir haben in den Konzentrationslagern sechs Millionen Juden gemordet. Immer wieder heißt es in den Gesprächen mit Israelis, daß er oder sie die einzigen seien, die überlebt haben, während Eltern und Geschwister im Konzentrationslager umgebracht worden sind. Solche Schuld läßt sich nicht aufarbeiten. Sie muß bekannt werden. Bezeichnend ist der Ausspruch eines Israeli, der von dieser unserer Schuld redet. Er sagt: »Wenn ihr sie nicht vergeßt, wollen wir sie vergessen; vergeßt ihr sie aber, dürfen wir sie nicht vergessen.« Nun, wir wollen sie nicht vergessen. Wir dürfen aber zu dem gehen, der den Neuanfang schafft.

Mose hat um Gnade für sein Volk betend angehalten. Sie wird ihm nicht versagt. Wir dürfen mit der Schuld unseres Volkes zu Jesus kommen und um Vergebung anhaltend bitten. Das ist die einzige Möglichkeit, die uns offensteht. Alles andere entlastet nicht.

Mose wird zum Gott seiner Väter befohlen. Termin und Ort sind ihm angegeben. In der Morgenfrühe hat er auf dem Berg Sinai zu sein. Niemand soll ihn begleiten. Kein Tier darf in der Nähe des Berges weiden. Jeder müßte sterben, der die Bannmeile überschreitet, ob Mensch oder Tier. »Gott will nicht, daß der Sünder sterbe, sondern daß er sich bekehre und lebe« (Hes. 33, 11). Er hat keinen Gefallen am Tode des Gottlosen. Deshalb gibt er Israel die Gelegenheit, neu anzufangen.

Das ist Barmherzigkeit, ausstrahlende Gnade. Indem Mose aufs Wort gehorcht, pünktlich zum angegebenen Ort geht, begegnet er dem Herrn in einer Wolke. Er darf die vorübergehende Herrlichkeit Gottes schauen. Erst von hinten her sieht er ein Bruchstück seines Glanzes. Er bekommt aber mehr zu hören als zu sehen.

Der Herr, der redet, ist niemand anders als der Sohn Gottes (vgl. 2. Mose 34, 8). Der Vater verklärt den Sohn, wenn er des Herrn Namen predigt (2. Mose 34, 5; dazu Matth. 3, 17; 17, 5). Luther sagt, hier werde das Geheimnis beschrieben, daß Christus der Herr sei. Vor ihm ist alle Welt sündig und kann nur aus Gnaden selig werden. Gnadenoffenbarung erreicht in Christus ihren Höhepunkt. Einst schreckendes Gesetz, hier herrliches Evangelium. Der Sohn verklärt auch den Vater (2. Mose 34, 6; dazu Joh. 17, 4 u. a.). Er preist seine Barmherzigkeit und Gnade und rühmt seine Geduld und Treue. Der Herr ist langsam zum Zorn, aber reich an Erbarmen. Er hat ein Auge für Arme und Elende und läßt sich deren Not zu Herzen gehen. Der Herr vergibt Sünden. Das ist neutestamentliche Weite.

Nichts anderes redet Paulus im Epheserbrief. Er preist die Gnade, während er in anderen Briefen stärker die Treue Gottes besingt (Eph. 1; 2, 7-10; 1. Kor. 1, 8 f.; Phil. 1, 6; 2. Thess. 3, 3). Von der Geduld spricht der zweite Petrusbrief (2. Petr. 3, 9 und 15 u. a.). Umrahmt wird dieser Lobpreis vor den Ohren Moses von der Feststellung, daß Gott Tausenden Gnade bewahrt (2. Mose 34, 7; 5. Mose 7, 9; Ps. 103, 17).

So groß ist der Herr! Er will, daß der Gottlose lebe! Das darf ihn nicht gleichgültig und oberflächlich stimmen, sondern muß ihn hellwach machen. Denn es könnte sein, daß die ausstrahlende Gnade sehr schnell vorübergeht, so wie der Sommer dem Herbst und dem Winter weicht.

Wäre Mose nicht gehorsam gegangen, hätte er solche Botschaft nie vernommen. Wer die Stunde Gottes nützt, der bleibt, und dem wird mehr gegeben, als er bereits hat. Wer sie aber versäumt, von dem wird auch das noch genommen, was er besitzt.

3. Völlige Vergebung

Mose ist reich beschenkt. Er hat den Herzschlag Gottes gehört und die Botschaft vernommen: Der Herr vergibt Missetat, Übertretung und Sünde. Ungestraft läßt er niemand. Ihm entgeht kein Übeltäter. Sein Feuerauge übersieht keine Sünde. Wir sind allesamt Sünder. Hier ist auch nicht einer, der gerecht ist. Dennoch setzt er Grenzen. Die Verachtung seiner Gnade duldet er nur bis ins dritte und vierte Glied. So will er die Missetat der Väter an Kindern und Kindeskindern heimsuchen. Dem Bußfertigen und Geängsteten vergibt er alle Schuld, wie groß sie auch sei!

Das ist uneingeschränktes biblisches Evangelium. Es klingt in vielen Stellen des Alten Testamentes als Echo wider (z. B. Ps. 86, 15; 103, 8. 17; 145, 8; Joel 2, 13; Jona 4, 2; Neh. 9, 17; Micha 7, 18 u.a.). Seinen vollen Klang bekommt es erst durch das Erlösungswerk Jesu Christi. Denn durch ihn versöhnte Gott die Welt mit ihm selber und rechnete ihnen ihre Sünden nicht zu, sondern er hat unter uns aufgerichtet das Wort von der Versöhnung (2. Kor. 5, 19 ff.). Dieses Wort will gehört und geglaubt werden. Es entfaltet seine Gotteskraft, wo es zum Thema und Inhalt eines Lebens wird. Wer aber nicht bereit ist, es auszuleben, erfährt nie seine befreiende Tiefe.

Solche Gnade beugt und demütigt. Sie wirft uns in den Staub. Mose fällt nieder und betet an. Er rühmt die Gnade, die seinem Volk und ihm zuteil geworden ist. Wenn Gott gerade vorher gesagt hat, daß Israel ein halsstarriges Volk sei, mit dem er nicht gehen könne (2. Mose 32, 9 ff.), so wagt Mose diese Aussage umzukehren. Gerade weil es ein so halsstarriges Volk ist, hat es einen solchen gnadenreichen Gott nötig, der es führt und leitet. Es kann nur aus seiner Vergebung leben. Wenn er es nicht in Geduld trägt, und wenn er nicht Sünde vergibt, dann ist es verloren.

Der Knecht Gottes nimmt die volle Vergebung aus Gnaden für Israel in Anspruch. Er wird erhört. Alles ist vergeben. Niemand wird bestraft. Selbst Aaron nicht.

Der Herr macht von nun an sein Volk zum Wundervolk. Denn Gnade richtet am schärfsten alle Sünde (Hebr. 2, 3). Das wird bis zur letzten Stunde so bleiben und sich am Staat Israel fortlaufend offenbaren.

Wir aber sollen wissen, daß der Herr auf unsere Umkehr wartet. Ohne sie wird niemand selig!

Gott erneuert den Bund
mit seinem Mann und Volk

Und vergib uns unsere Missetat und Sünde und laß uns dein Erbbesitz sein. Und der Herr sprach: Siehe, ich will einen Bund schließen: Vor deinem ganzen Volk will ich Wunder tun, wie sie nicht geschehen sind in allen Landen und unter allen Völkern, und das ganze Volk, in dessen Mitte du bist, soll des Herrn Werk sehen; denn wunderbar wird sein, was ich an dir tun werde. Halte, was ich dir heute gebiete. Siehe, ich will vor dir her ausstoßen die Amoriter, Kanaaniter, Hethiter, Perisiter, Hewiter und Jebusiter. Hüte dich, einen Bund zu schließen mit den Bewohnern des Landes, in das du kommst, damit sie dir nicht zum Fallstrick werden in deiner Mitte; sondern ihre Altäre sollst du umstürzen und ihre Steinmale zerbrechen und ihre heiligen Pfähle umhauen; denn du sollst keinen anderen Gott anbeten. Denn der Herr heißt ein Eiferer; ein eifernder Gott ist er. Hüte dich, einen Bund zu schließen mit den Bewohnern des Landes, damit sie, wenn sie ihren Göttern nachlaufen und ihnen opfern, dich nicht einladen und du von ihrem Opfer essest und damit du für deine Söhne ihre Töchter nicht zu Frauen nehmest und diese dann ihren Göttern nachlaufen und machen, daß deine Söhne auch ihren Göttern nachlaufen! Du sollst dir keine gegossenen Götterbilder machen. Das Fest der ungesäuerten Brote sollst du halten. Sieben Tage sollst du ungesäuertes Brot essen, wie ich dir geboten habe, zur Zeit des Monats Abib; denn im Monat Abib bist du aus Ägypten gezogen. Alle Erstgeburt ist mein, alle männliche Erstgeburt von deinem Vieh, es sei Stier oder Schaf. Aber den Erstling des Esels sollst du mit einem Schaf auslösen. Wenn du ihn aber nicht auslöst, so brich ihm das Genick. Alle Erstgeburt unter deinen Söhnen sollst du auslösen. Und daß niemand vor mir mit leeren Händen erscheine! Sechs Tage sollst du arbeiten; am siebten Tage sollst du ruhen, auch in der Zeit des Pflügens und des Erntens. Das Wochenfest sollst du halten mit den Erstlingen der Weizenernte, und das Fest der Lese, wenn das Jahr um ist. Dreimal im Jahr soll alles, was männlich ist, erscheinen vor dem Herrscher, dem Herrn, dem Gott Israel. Denn ich werde die Heiden vor dir ausstoßen und dein Gebiet weit machen; und niemand soll dein Land begehren, während du dreimal im Jahr hinaufgehst, um vor dem Herrn, deinem Gott, zu erscheinen. Du sollst das Blut meines Opfers nicht darbringen zugleich mit dem Sauerteig, und das Opfer des Passahfestes soll nicht über Nacht bleiben bis zum Morgen. Das Beste von den ersten Früchten deines Ackers sollst du in das Haus des Herrn, deines Gottes, bringen. Du sollst das Böcklein nicht kochen in seiner Mutter Milch. Und der Herr sprach zu Mose: Schreib dir diese Worte auf; denn auf Grund dieser Worte habe ich mit dir und mit Israel einen Bund geschlossen. Und er war allda bei dem Herrn vierzig Tage und vierzig Nächte und aß kein Brot und trank kein Wasser. Und er schrieb auf die Tafeln die Worte des Bundes, die Zehn Gebote (2. Mose 34, 9 b–28).

Noch ist die Bitte des Knechtes Gottes nicht verklungen. Er betet den Herrn an, wirft sich vor ihm nieder und ringt um seine Gnadengegenwart. Mose weiß, daß das Volk ohne die vergebende Treue Gottes in neue Katastrophen hineinwankt. Es ist ein halsstarriges Volk, das stets seinen Kopf durchsetzen und seinen Weg marschieren will. Trotz kräftiger Hilfen und unbestreitbarer Wunder Gottes schielt es zwischendurch zu den farbenreichen, geräuschvollen und in Verzückung endenden Götzenfesten der Heidenvölker. Mitunter läßt es sich von dem Strom der Verzückung mitreißen und endet im Abfall. Israel wäre schon längst nicht mehr, wenn Gottes Hand es nicht gehalten und Gottes Liebe nicht den Neuanfang geschenkt hätte.

Wir sind in keinem Punkt anders. Unser Weg zeichnet sich ähnlich ab. Wir leben durch die bewahrende Treue Jesu. Sein Blut macht hell uns und rein. Er hat unsere Schuld bezahlt. Wir sind frei, ihm vorbehaltlos zu folgen. Solche Worte hören wir gewiß nicht zum erstenmal. Erschrecken wir vor ihnen noch? Wir könnten echter beten: »Herr, bewahre uns, daß wir anderen predigen und selbst verwerflich werden!«

1. Die weitgespannte Bitte

Das Gefälle ist damals wie heute das gleiche geblieben. Dennoch hat Gott an seinem Heilsweg unaufhaltsam weitergebaut. Seine Liebe hat sich nicht verbraucht, sondern ist alle Morgen neu. In Jesus Christus strahlt sie am hellsten.

Auf ihn sieht Mose zu, wenn er um Vergebung von Missetat und Sünde anhält und sich wie sein Volk unter die Besitzhoheit Gottes befiehlt. Der Herr möchte sie zu seinem Erbbesitz machen. Israel soll in Gottes Erbvermögen eingetragen werden. Damit wird es unveräußerlich, auch wenn es verschuldet ist. Denn der Erbe übernimmt mit der Erbschaft auch die Schuldenlast. Mose weiß, was er erbittet. Wie der Grundbesitz in seinem Volk, so soll auch das Volk Gottes gegenüber dem Herrn erblich und damit unveräußerlich sein und bleiben.

Gott kann sich diesen Besitz nicht anders erhalten als durch Vergebung der Sünden. Die Gebrechlichkeit der Menschen ist so groß, daß sie stets aufs neue der Versöhnung bedürfen. Ohne Vergebung ist kein Glaubensleben möglich.

Die Annahme an Kindes Statt, das Vorrecht, Gottes Kind zu sein, ist unübersehbare Gnade. Solche Gnade errettet und bewahrt zugleich. Sie bewirkt, daß das Kindesverhältnis fortschreitet und sich bewährt bis ans Ende. Das allein vermag Gottes bewahrende Treue und seine versöhnende Barmherzigkeit.

Der Knecht Gottes wird erneut zum Mittler. Durch seine wagemutige Bitte und sein grenzenloses Vertrauen, ein schuldig gewordenes Volk dem Herrn zum Erbe anzubieten, wird Israel wiederum an das Kraftfeld der Liebe Gottes und an den Stromkreis seiner bewahrenden Gnade angeschlossen.

Der Herr möge seine Hand nicht fortziehen. Darum geht es Mose. Er will nicht mehr, als daß Gott handelt.

2. Der berufene Mittler

Der Herr läßt nicht auf sich warten. Er schließt den Bund aufs neue. Seine

Barmherzigkeit setzt ihm dabei keine Grenzen. Dieser Bundesschluß geschieht nicht mit, sondern vor dem Volk. Der die Linien absteckt und die Richtung angibt, ist Gott, der Herr. Das Volk empfängt, was er für jeden bereit hat. Wie könnte es auch anders sein! Wir haben nichts zu fordern! Wer mit Schulden kommt, wird nicht erwarten, daß er mitsprechen kann. Die Gläubiger haben das Wort. Sie bestimmen, was der Schuldner zu tun und zu lassen hat. Seine Verfügungsgewalt als Schuldner ist dahin. Was kann er schon anbieten! Nichts als überzogene Konten!

Israel befindet sich in gleicher Lage. Sein Bundesbruch liegt vor der Erneuerung. Durch ihn sind die Wunder verwischt, die Gott beim Auszug des Volkes aus Ägypten getan hat. Sie sind so, als wären sie nicht geschehen. Durch Ungehorsam werden die Gnadenerweise Gottes in unserem Leben zugeschüttet. Es muß neu begonnen werden. Durch den Abfall in den Götzendienst ist Israel unwürdig, mit dem Herrn einen neuen Bund zu schließen. Deshalb muß es noch einmal ganz von vorne anfangen. So schnell gerät ein Volk aus der Bahn der Heilsgnade Gottes und zerstört hinter sich alles, was der Herr in seiner Treue ihm gewesen ist. Es bleiben nichts als Blut und Tränen, Scherben und Sand, Dornen und Disteln zurück. Deshalb ist es verständlich, daß Gott mit Mose den Bund vor dem Volk schließt.

Es ist sein Knecht, mit dem der Herr redet. Er hat sein Vertrauen. Als Mittler seines Volkes tritt er vor Gott hin. Wer sollte es auch anders tun! Für den Herrn ist Mose in diesem Volk das Unterpfand seiner Bundesgnade. Der bewährte Knecht wird zum berufenen Mittler. Jeder kann nur soviel zur Ehre Gottes sein, wie er sich von ihm bewahren läßt. Mose steht völlig unter Gott. Das macht ihn zu seinem Mann. Er will seinem Volk helfen, daß es unter Gott bleibt. Weil er für Israel sonst keine Überlebenschance sieht. Die einzige ist und bleibt die Bindung an den Herrn.

Aus überströmender Fülle überschüttet Gott seinen Knecht mit seinen Zusagen und Verheißungen. Er will seinen Namen herrlich offenbaren und Wunder tun, wie sie unter den Völkern bisher noch nicht geschehen sind. – Wer denkt hier nicht an das Wunder der Menschwerdung des Sohnes Gottes! Damit hat er sein Volk herausgestellt und gewürdigt. Aber es hat nicht gewollt! Dennoch bleibt sein Bund bestehen. Er ist heute noch gültig. Wer durch das winzige Land Israel fährt, wird es auf Schritt und Tritt erfahren.

3. Die eine Bindung

Gott tut seine Wunder und setzt Zeichen seines Erbarmens und seiner Durchhilfe. Er verspricht erneut seinem Volk, daß er die Heidenvölker ausstoßen werde, damit Israel das Land bekommt. Hier gibt es kein Wenn und Aber. Es wird so geschehen, weil der Herr es sagt.

Nur darf das Volk sich in keine anderen Bindungen einlassen. Mit keinem der heidnischen Stämme hat es ein Bündnis zu schließen. Menschlich liegt es so nahe, den Weg der Diplomatie zu beschreiten. Er ist in jeder Weise vor Gott ein gefährlicher Weg. Meistenteils führt es zum Kompromiß und damit in die Lauheit. Deshalb wird Israel heilige Einseitigkeit geboten. Nur eine Bindung darf das Volk Gottes bestimmen, die voraussetzungslose Hingabe an den Herrn.

Darum hat es die Altäre der Heidenstämme umzustürzen, ihre Steinmale zu zerbrechen und ihre heiligen Pfähle umzuhauen. Jeder Anlaß zur Verführung muß von vornherein beseitigt werden. So anfällig sind wir für solche Dinge, daß uns jede Unklarheit auf diesem Gebiet zur Gefahr werden kann und wird. Denken wir etwa an das Treiben der Karnevalszeit! Ist hier nicht schon mancher gestrauchelt, der nur einmal sehen wollte, was sich da tut? Er ist hängengeblieben und hat ernsten Schaden an Leib und Seele genommen. Toleranz meinte er üben zu müssen und ist am Ende abgestürzt, weil er an nichts mehr gebunden war.

Israel hat keine Wahl. Es wird aufgefordert zu halten, was der Herr ihm gebietet. Denn je mehr ein Volk von Gott und seinem Wort abfällt, um so tiefer verfällt es der Zügellosigkeit, dem Laster und der Sucht. Unsere Zeit liefert dafür vielschichtige Beispiele. Wo ein Mensch nicht mehr an Gott gebunden ist, verliert er die Maßstäbe. Darum kann hier nicht einseitig genug gegangen und entschieden genug bekannt werden.

4. Der unteilbare Bund

Sein Wort bewahrt. Es bleibt dasselbe. Der Herr erneuert es gegenüber seinem Volk. Hier wird Mose eine Auslegung der »Zehn Worte« oder Gebote gegeben. Er soll sie dem Bundesbuch einverleiben. Den größten Raum nimmt dabei das erste Gebot ein. Israel soll sich keine anderen Götter machen. Der Herr ist ein eifernder Gott. Niemand kann ihm widerstehen. Er duldet keinen Nebenbuhler. Deshalb vergleicht er seine Stellung zu seinem Volk mit einem ehelichen Verhältnis (2. Mose 34, 14). Die Liebe seines Volkes will er ungeteilt besitzen. Denn er ist ihm mit voller Bräutigamsliebe zuvorgekommen. Deshalb ist Vielgötterei mit einer Frau zu vergleichen, die zu vielen Männern Verbindung unterhält.

So ernst und unteilbar ist sein Verhältnis zu uns. Jesus will uns ganz. Er ist der Bräutigam, auf den die Braut, seine Gemeinde, wartet. Die Hochzeit des Lammes wird kommen, so wie sie die Schrift vorverheißt (Offb. 19, 7; Matth. 22, 2 ff.; Luk. 12, 36).

Das ist dann letzte Vollendung. Diesem Tag geht seine Gemeinde gewiß entgegen. Nichts hält ihn auf! Er kommt, auch wenn wir drüber sterben.

Was für das Verhältnis Gottes zu seinem Volk gilt, hat auch das Zusammenleben untereinander zu bestimmen. Auf keinen Fall darf ein junger Israelit eine Heidin zur Frau nehmen. Durch sie kommt Heidentum in das Volk. Die Glaubenseinheit ist zerstört. In der Ehe mit einem Ungläubigen gibt es für den gläubigen Teil nur wenig Chancen, seinem Glauben zu leben. Dennoch überspringen wir diese Schranke oft lächelnd, ohne zu ahnen, was sie bedeutet. – Jesus weiß darum, wenn er von dem Dritten berichtet, der zum großen Abendmahl geladen ist. Dieser Mann meldet sich kurzerhand mit der Bemerkung ab, er habe eine Frau genommen und könne nicht kommen (Luk. 14, 20; Matth. 22, 5). Der König Ahab und seine heidnische Ehefrau Isebel mit ihren Baal- und Ascherapriestern haben das Volk Gottes bis an den Rand des Abgrundes gebracht. Klare Trennung, offenes Bekenntnis und getroste Nachfolge halten uns auf dem Weg, unter dem einen Wort.

5. Das schützende Gesetz

Wir bedürfen der Schranken. Gott gibt sie seinem Volk im Gesetz. Er kann nicht anders, als daß er ihm seinen Willen offenbart. Darum ist das Gesetz für Israel die Übungsstätte im Glauben. Sie fängt beim ersten Gebot an und hört beim letzten Wort auf. Unser Abschnitt enthält in den einzelnen Versen den Inhalt der Bundesgesetzgebung. Manches wiederholt sich aus früheren Kapiteln (z. B. entspricht Vers 17 2. Mose 20, 23; Vers 18 Kapitel 23, 15; Verse 29 und 20 Kapitel 13, 12; Vers 21 Kapitel 23, 12 und Vers 22 Kapitel 31, 4). Israel wird daher nichts gesagt, was es nicht schon wissen müßte. Im Grunde genommen wiederholt der Herr und faßt zusammen, was dem Volk schon lange bekannt ist.

Neben dem völligen Verbot jeglichen Götzendienstes sowie der Teilnahme am Götzenopfermahl (vgl. 1. Kor. 10, 19 ff.) tritt als zweiter Schwerpunkt das Sabbatgebot. Immer, wenn es erwähnt wird, erscheint es mit einem neuen bestimmenden Zusatz. Hier mit dem, daß an diesem Tage alle Feldarbeiten zu ruhen haben. Noch heute hält sich das Judentum an dieses Gebot. In Tel Aviv und Jerusalem wie in anderen Städten und Dörfern Israels ruht an diesem Tage jeder öffentliche Verkehr.

Seine Feste soll das Volk ungestört durch seine Feinde feiern können. Hier wird jeder Gang zur Glaubensübung. Kein Fest ist bis auf nunmehr zwei Ausnahmen von den Feinden Israels benutzt worden, um in das Land einzufallen. Zuerst waren es die Römer, die dieses Gebot Gottes für sein Volk mißachteten. Nachdem sie den größten Teil des Landes bereits besetzt hatten, mußte eine Passahfeier dazu dienen, die Not der in Jerusalem Belagerten zu steigern. Neuerdings wagten es Ägypter und Syrer, die Israeliten am Versöhnungstag, Jom Kippurim (vgl. 3. Mose 16, 1 ff.; 23, 26 ff.), anzugreifen, um sie zu bedrängen und ihnen das Land streitig zu machen. In dieser Situation hat sich das Oberrabbinat schweren Herzens entschlossen, den Militärs den Rat zu geben, in Notwehr zu handeln, weil ein heimtückischer Überfall vorlag.

Die Erstlinge der Früchte gehören, wie alle Erstgeburt, dem Herrn. Noch heute wird von der jüdischen Küche zum Fleischgericht keine Milchspeise aus tierischen Produkten gereicht. Das geht auf die Bestimmung in Vers 26 b zurück.

Wiederum bleibt Mose vierzig Tage und vierzig Nächte beim Herrn. Das Volk hat Glauben zu üben. Es muß die Aufgabe noch einmal zur Hand nehmen, an der es gescheitert ist, um sie bis zum Schluß durchzustehen. Wer früher abspringt, verliert den Anschluß. Er fällt ab! Ob uns das auch passieren könnte? Nur wer sich an ihn hält, ist gehalten.

Gott durchheiligt seinen Mann

Und er war allda bei dem Herrn vierzig Tage und vierzig Nächte und aß kein Brot und trank kein Wasser. Und er schrieb auf die Tafeln die Worte des Bundes, die Zehn Worte. Als nun Mose vom Berge Sinai herabstieg, hatte er die zwei Tafeln des Gesetzes in seiner Hand und wußte nicht, daß die Haut seines Angesichts glänzte, weil er mit Gott geredet hatte. Als aber Aaron und ganz Israel sahen, daß die Haut seines Angesichts glänzte, fürchteten sie sich, ihm zu nahen. Da rief sie Mose, und sie wandten sich wieder zu ihm, Aaron und alle Obersten der Gemeinde, und er redete mit ihnen. Danach nahten sich ihm auch alle Kinder Israel. Und er gebot ihnen alles, was der Herr mit ihm geredet hatte auf dem Berge Sinai. Und als er dies alles mit ihnen geredet hatte, legte er eine Decke auf sein Angesicht. Und wenn er hineinging vor den Herrn, mit ihm zu reden, tat er die Decke ab, bis er wieder herausging. Und wenn er herauskam und zu den Kindern Israel redete was ihm geboten war, sahen die Kinder Israel, wie die Haut seines Angesichts glänzte. Dann tat er die Decke auf sein Angesicht, bis er wieder hineinging, mit ihm zu reden. Und Mose versammelte die ganze Gemeinde der Kinder Israel und sprach zu ihnen: Dies ist's, was der Herr geboten hat, daß ihr es tun sollt: Sechs Tage sollt ihr arbeiten, den siebenten Tag aber sollt ihr heilig halten als einen Sabbat völliger Ruhe, heilig dem Herrn. Wer an diesem Tag arbeitet, soll sterben. Ihr sollt kein Feuer anzünden am Sabbattag in allen euren Wohnungen (2. Mose 34, 28–35, 3).

Wiederholung ist die Mutter der Weisheit. Ohne sie kommt kein Mensch aus, selbst das Volk Gottes nicht. Es muß wiederholen, weil es die ihm gestellte Aufgabe nicht gelöst hat. Sein Versagen ist offenkundig. Der Tanz um das goldene Kalb läßt sich nicht verharmlosen. Er wird auch dadurch nicht ungeschehen gemacht, daß Israel ihn verschweigt. Der einzige Fluchtweg aus dem Ungehorsam bleibt das Bekenntnis begangener Schuld. Dazu hat sich das Volk rufen lassen.

Der Knecht Gottes ist in den Riß getreten. Ungeachtet solcher priesterlich erwirkten Vergebung muß Israel noch einmal von vorne anfangen. Wenn der Herr ihm auch seine ungeteilte Gnade zuwendet, so ist es dennoch nicht davon entbunden, zu üben und mit Fleiß sein Wort und seine Gebote zu beachten. Solches Beachten des Wortes Gottes verlangt tägliches Training.

Was würde aus einem Schüler werden, der nicht von der ersten Stunde an übt und übt! Das fängt beim Schreiben und Lesen an. Es geht bis ins Alter hinein. Wer nicht Tag für Tag rechnet, wird nie ein guter Kaufmann noch ein begehrter Mathematiker.

Deutlicher noch wird es bei Künstlern, Schauspielern und Sportlern. Ein Sportler, der nicht trainiert, wird nie ein Meister werden. Das fortwährende Üben gehört unbedingt dazu. Er hat ein Ziel: Den Sieg zu erringen. Darauf arbeitet er mit seinem Trainer hin. Er verzichtet auf breit angelegte

Geselligkeit, gelegentlichen Alkoholgenuß und tägliches Rauchen. Keine Übung darf ihm zuviel werden. Opfer an Zeit, Bereitschaft zu bedingungslosem Einsatz und Hergabe aller aufzubringenden Energien sind für ihn nichts Außergewöhnliches. Die Meisterschaft will erkämpft sein. Im Schlaf fällt sie niemandem zu.

Wie steht es mit unserer Übungsbereitschaft? Mitunter treten wir zurück, wenn wir eine Übung mehrmals wiederholen sollen. Wie ist das, wenn es gilt, persönliche Schuld zu bekennen, dem Nachbarn zu vergeben, der Kollegin Jesus zu bezeugen, dem Bruder Geduld zu beweisen, den Kindern Schreibvorlagen der Liebe zu sein und den Altgewordenen die nötige Hilfe nicht zu versagen? Was für Künstler und Sportler unerläßlich ist, hat auch für jeden Gläubigen zu gelten. Er muß im Training bleiben. Wiederholen ist alles.

Das Volk Gottes muß noch einmal vierzig Tage auf Mose warten. Ob es wieder abfällt, sich Götzenbilder gießt und heidnischer Ausgelassenheit nachläuft?

Niemand weise auf den andern, der mehrere Male fällt. Er denke daran, daß es bei ihm genauso wäre, wenn der Herr ihn nicht gehalten und bewahrt hätte. Wer vorschnell urteilt, richtet sich selbst. Er wird zum eigenen Henker, wenn er nicht unter das Kreuz zurückfindet und Jesus als seinen Heiland anruft. »Wer stehe, der sehe zu, daß er nicht falle« (1. Kor. 10, 12). Diese Mahnung richtet Paulus an seine Brüder in Korinth. Er hat Anlaß dazu, weil einer sich besser einstuft als der andere. Das fromme Ich ist nicht kleinzubekommen. Es schießt zu leicht ins Kraut und nimmt den Segen, der uns zugedacht war. Deshalb muß es mit allen Wurzeln, auch den feinsten Verästelungen, entfernt werden. Das kann nur der Herr. Wo er es ausreißt, da ist es beseitigt. Vorsorgeuntersuchungen sind aber weiterhin nötig. Es könnten Gewebeteile zurückgeblieben sein, die wie krebsartige Rückstände neu anfangen zu wuchern. Wer ist von seinem Ich so frei, daß er der reinigenden Kraft des Blutes Jesu Christi nicht lebenslänglich bedürfe? Es gibt keinen – damals und heute nicht!

1. Erneut vom Spitzengespräch gänzlich ausgefüllt

Während Israel auf die Rückkehr Moses vom Sinai wartet, hört er auf den Gott seiner Väter und redet mit ihm. Das geht ununterbrochen vierzig Tage und vierzig Nächte. In dieser Zeit ist der Knecht Gottes an leibliche Erfordernisse nicht gebunden. Er braucht weder zu essen noch zu schlafen. Hier sind Gesetze durchbrochen, an die unser menschlicher Organismus heute wie damals gebunden ist. Wir können nicht beliebig, und seien es vierzig Tage, auf jegliche Nahrungsaufnahme und jeden Schlaf verzichten. Es wäre nahezu gewiß, daß wir nicht mehr als einundzwanzig Tage lebend überständen. Dann würde auch der letzte unter uns gestorben sein.

Nur Schwärmer lassen sich bewegen, zweifelhaften Botschaften zu folgen. Sie vergessen, daß solche Gemeinschaft, wie sie Mose auf dem Sinai erfahren und wie sie Jesus in der Wüste erlebt (Matth. 4, 2) hat, die Ausnahme bleiben und nie zur Regel wird. Wer meint, den Befehl zu haben, wie Jesus vierzig Tage zu fasten, sollte bedenken, daß er weder Mose noch Jesus ist. Nüchternheit bleibt hier geboten, und zwar Nüchternheit aus der Demut des Glaubens.

Es ist etwas Besonderes um die Zahl »vierzig« in der Bibel.

Es regnet vierzig Tage und vierzig Nächte, genau wie der Herr es angekündigt hat. Für die einen ist es hartes, tödliches Gericht, während Noah mit den Seinen die bewahrende Barmherzigkeit Gottes in der Arche erfährt. Vierzig Tage in der Flut und doch hindurchgerettet (1. Mose 7, 4. 17 ff.). In der Wüste wird der Sohn Gottes nach vierzigtägigem Fasten vom Teufel hart und listenreich bedrängt. Jesus widersteht dieser Versuchung. Da treten die Engel zu ihm und dienen ihm (Matth. 4, 2. 11; Mark. 1. 12 f.; Luk. 4, 2 ff.). Er hat sich auf dem Prüfstand der Versuchung bewährt. Der Satan weicht eine Zeitlang von ihm (Luk. 4, 13). Er kommt wieder. – Der Kampf geht weiter, bis die Siegesmeldung des Gekreuzigten die Finsternis begangener Schuld durchdringt: »Es ist vollbracht!« (Joh. 19, 30).

Als Elia nach dem Gottessieg auf dem Karmel und der Ermordung der Baals- und Ascherapriester vor den Drohungen der Heidin Isebel flieht, kommt er nach Beerseba in Juda. Hier verbirgt er sich in der Wüste. Am liebsten wäre er gestorben. Nachdem er vom Engel des Herrn zu essen bekommen hat, wandert er, ohne etwas Weiteres zu sich zu nehmen, vierzig Tage und vierzig Nächte zum Horeb, dem Berge Gottes (1. Kön. 19, 8 ff.). Dort erhält er weitere Befehle.

Jesus bleibt als der Auferstandene vierzig Tage bei den Jüngern (Apg. 1, 3). Er hilft einem Thomas (Joh. 20, 24 ff.), setzt den gefallenen Simon als Jünger wieder ein (Joh. 21, 15 ff.; Luk. 22, 32) und begegnet den beiden Spaziergängern auf dem Wege nach Emmaus (Luk. 24, 29. 31) und vielen anderen (Mark. 16, 14 ff.; Luk. 24, 36 ff.; Joh. 20, 19 ff.; Apg. 1, 4 ff.; 1. Kor. 15, 5).

Israel lebt vierzig Jahre in der Wüste durch die Gnade Gottes, indem es Tag für Tag so viel »Manna« bekommt, wie es braucht (2. Mose 16, 35). Von Gott erhalten, beweist es Gottes stärkende Gegenwart. Er ist bei seinem Volk (5. Mose 2, 7). Seine Treue bleibt lückenlos.

Die Gegenwart des Herrn macht froh und satt. Hier hören Raum und Zeit auf. Mose erlebt ein Stück Ewigkeit in der Zeit. Für die Wartenden ist es eine Prüfung, etwa sechs Wochen auf den ersten Mann zu warten, während dem Knecht Gottes der Zeitraum gar nicht spürbar wird.

Der Mensch lebt nicht vom Brot allein, sondern von einem jeglichen Wort Gottes (5. Mose 8, 3; Matth. 4, 4; Luk. 4, 4). Mit diesem Satz hat Jesus den Satan in der Wüste abgewehrt. Es geht um mehr als um Sozialreformen, Altenfürsorge, Krankenbehandlung, Kinderbetreuung, Vollbeschäftigung, Sicherung des Arbeitsplatzes, Steigerung des Lebensstandards. Nicht das Auto, die häusliche Wohnkultur machen das Leben aus und bestimmen das familiäre Klima, sondern die Stellung des einzelnen zu Jesus und seinem Wort.

Die Zukunft wird nicht durch Versicherungspolicen gesichert, sondern durch die persönliche Gewißheit, daß meine Schuld vergeben ist. Zukunft ist bei dieser Sicht kein absteckbarer Versicherungsbegriff, sondern unumgängliche Heilsnotwendigkeit. Indem ich meine Vergangenheit durch Jesu Blut von aller Schuld reinigen lasse, habe ich Zukunft, weil ich dem Tag seiner Wiederkunft entgegengehe. So notwendig das tägliche Brot zur Erhaltung des Menschenlebens ist, so entscheidend ist das Wort Gottes für des Menschen Seelenheil. Je mehr wir von Gott abrücken, um so entbehrlicher wird uns sein Wort. Wir versinken in Gefräßigkeit und Alkohol, in zweifelhafte Liebeleien und gierendes Raffen. Am Ende leben wir, um zu essen. Das ist dann der andere oder zweite Tod (Offb. 20, 14; 21, 8). Nicht, daß Gott tot wäre, sondern wir sind für Gott tot. Elender kann kein Leben enden.

Das Volk hält durch. Es besteht die Probe. In bußfertiger Demut und Stille hat es auf Mose gewartet, bis er mit den Bundestafeln vom Berg Sinai zurück ist. Die »Zehn Worte« hat nicht Mose, sondern Gott auf sie geschrieben (vgl. zu Vers 28 2. Mose 34, 1 und 5. Mose 10, 4). Der Herr ist der Gesetzgeber. Ihm ist Israel verantwortlich. Mose bleibt der Überbringer, der Priester und Prophet, der Knecht seines Gottes. Das zeichnet ihn aus.

2. Ungewollt zum Spiegel der Nähe Gottes gesetzt

Gezeichnete des lebendigen Gottes sollen wir sein, Botschafter an Christi Statt. Nichts entbindet uns von diesem Auftrag. Dennoch versuchen wir, ihm zu entfliehen. Dadurch werden wir zu Karikaturen der Retterliebe Gottes. Niemand nimmt uns ernst. Nur wenige hören auf uns. Die meisten lassen uns gewähren und werden nicht weiter durch uns beunruhigt. Und doch sollte prägende Jesusjüngerschaft sich im Alltagsverhalten des einzelnen abzeichnen. Das leuchtende Gesicht, der ansteckende Glaube, die tatvolle Liebe und das herausfordernde Bekenntnis sind nur einige solcher Wesenszüge echter Christusnachfolge.

Heiligung des Herzens heiligt den ganzen Leib des Menschen. Das geschieht bis in das Unterbewußtsein hinein. Dadurch wird ein Stück Gotteswirklichkeit im Leben derer sichtbar, die dem Wort vom Kreuz völlig vertrauen. Verherrlichung des Herrn geschieht durch tiefergehende Heiligung im Alltag des Lebens.

Mose wird zum Spiegel. Sein Angesicht strahlt solchen Glanz aus, daß Aaron, die Obersten und das ganze Volk zurückschrecken und sich vor ihm fürchten. Das hebräische Wort »karan«, welches an dieser Stelle steht, heißt »Strahlen werfen«, »strahlen« oder auch »Hörner haben«. Deshalb übersetzt die Vulgata, die lateinische Ausgabe des Alten Testamentes, »karan« mit »cornuta«, welches soviel wie »gehörnt« bedeutet. Von daher kommt es, daß Mose von einigen Malern und Bildhauern mit Hörnern dargestellt wird. Das ist natürlich falsch. Er hat sie nicht gehabt, wenn sie auch in Genua gezeigt werden sollten. Der Umgang mit dem Herrn spiegelt sich nur für das Volk und die Ältesten einschließlich Aaron wider. Ihr Ungehorsam und ihre wachsende Schuld sind der Grund für ihr erschrecktes Weichen. Wenn schon die widerstrahlende Herrlichkeit des Knechtes Gottes den schuldbeladenen Israeliten unerträglich wird, wieviel mehr muß es erst die direkte Wirkung der Heiligkeit Gottes sein! Mose ruft Aaron und die Obersten sowie das Volk zu sich, um ihnen Gottes Gebote weiterzugeben. Darin zeigt sich zurückrufende Barmherzigkeit und mitteilende Gnade sowie Treue Gottes an seinem Knecht. Erst danach legt Mose die Decke auf sein Angesicht.

Ist das Ganze nicht ein Bild für die Herzenshärte und den Starrsinn des Volkes Israel? Der Herr muß ihnen das harte Joch des levitischen Gesetzes mit seinen drückenden Satzungen, seinen zahlreichen Opferarten und seinen lästigen Gebräuchen auferlegen, damit es gezüchtigt, gedemütigt und zu seinem und aller Völker Heil erzogen wird. Die Decke, mit der Mose sich vor dem Volk bedeckt, offenbart die Unwürde und die Blindheit Israels. Sein begangener Ungehorsam durch die Verehrung des goldenen Kalbes erhöht sein Schuldkonto beträchtlich. Es wird unempfänglich für tiefere Offenbarungen Gottes.

Darüber hinaus ist die widerspiegelnde Gottesnähe im Gesicht Moses Barmherzigkeit. Der Herr will mit ihr seinem Volk zeigen und bestätigen, daß Mose sein Mann ist, der aus seiner Nähe kommt. Das Gesetz, das er verkündigt, und die Steintafeln, die er bringt, sind Gottes Gebot, nicht menschliche Satzung. Gott hat durch das Strahlen des Angesichtes Mose unübersehbar mit seiner Wirklichkeit gestempelt. Er hat ihn durchheiligt.

Genauso soll durch uns das Evangelium ausstrahlen. Im privaten Umgang muß unsere Berufung sichtbar werden (2. Kor. 3, 12 f.). Wir dürfen Rettungsbojen für Verirrte, Gestrandete und Verlorene sein. Von alledem weiß der Jünger Jesu nichts, weil er nur das tut, was er zu tun schuldig ist. Und doch gibt er einem anderen ein Beispiel, weil er das bezeugt, was er gehört und gesehen hat von der Retterliebe Gottes in Jesus Christus. Vertiefende Gnade und durchstrahlende Heiligung erhalten uns in der Demut, auch wenn wir anderen Väter in Christo geworden sind. Solches Strahlen ist zunehmend innerlicher Natur, nicht unerträglich, sondern anziehend (2. Kor. 3, 7–18). Es macht anderen leichter, an Jesus zu glauben.

Johannes, Jakobus und Petrus haben auf dem Berg der Verklärung den erhöhten Herrn, von Mose und Elia umgeben, sehen dürfen. Von der offenbarenden Wirklichkeit des Redens Gottes sind sie zu Boden geworfen worden (Matth. 17, 6). Erst durch das Anrühren und den trostreichen Zuspruch Jesu wagen sie aufzusehen. Mose und Elia sind fort, Jesus aber bleibt (Matth. 17, 1 ff.). Wenn wir nur ihn sehen, haben wir alles.

Dem Volk Gottes wird Stille geboten. Der Sabbat ist ihm gegeben, um ganz Ohr für den Herrn zu sein. Nur wer hört, kann sich korrigieren lassen. Dazu bedarf es der offenbarenden Stille. Wer sie durchbricht, gefährdet sich selbst. Das ist mehr als Sabbatschändung. Hier wird Gott ganz einfach ausgewichen. Wo die Stille fehlt, verkümmert der Glaube und erstirbt das Zeugnis. Es bleibt dann unheimlich still. Und das ist der letzte Tod.

Gott testet das Volk
über seinen Mann

Und Mose sprach zu der ganzen Gemeinde der Kinder Israel: Dies ist's, was der Herr geboten hat: Erhebt von eurem Besitz eine Opfergabe für den Herrn, so daß ein jeder die Opfergabe für den Herrn freiwillig bringe: Gold, Silber, Kupfer, blauen und roten Purpur, Scharlach, feine Leinwand und Ziegenhaar, rotgefärbte Widderfelle, Dachsfelle und Akazienholz, Öl für die Lampen und Spezerei zum Salböl und zu wohlriechendem Räucherwerk, Onyxsteine und eingefaßte Steine zum Priesterschurz und zum Brustschild. Und wer unter euch kunstverständig ist, der komme und mache, was der Herr geboten hat, nämlich die Wohnung mit ihrem Zelt und ihrer Decke, ihren Haken, Brettern, Riegeln, Säulen und Füßen, die Lade mit ihren Stangen, den Gnadenthron und Vorhang, den Tisch mit seinen Stangen und all seinem Gerät und seine Lampen und das Öl zum Licht, den Räucheraltar mit seinen Stangen, das Salböl und das wohlriechende Räucherwerk, die Decke vor der Tür der Wohnung, den Brandopferaltar mit seinem Gitter aus Kupfer, seinen Stangen und all seinem Gerät, das Becken mit seinem Gestell; den Behang des Vorhofs, seine Säulen und Füße und die Decke des Tors am Vorhof, die Zeltpflöcke der Wohnung und des Vorhofs mit ihren Seilen, die Amtskleider zum Dienst im Heiligtum, die heiligen Kleider Aarons, des Priesters, samt den Kleidern seiner Söhne für den priesterlichen Dienst. Da ging die ganze Gemeinde der Kinder Israel von Mose weg. Und alle, die es gern und freiwillig gaben, kamen und brachten dem Herrn die Opfergabe zur Errichtung der Stiftshütte und für allen Dienst darin und für die heiligen Kleider. Es brachten aber Männer und Frauen freiwillig Spangen, Ohrringe, Ringe und Geschmeide und allerlei goldenes Gerät, ein jeder das Gold, das er zur Gabe für den Herrn bestimmt hatte. Und wer bei sich blauen und roten Purpur fand, Scharlach, feine Leinwand, Ziegenhaar, rotgefärbte Widderfelle und Dachsfelle, der brachte sie. Und wer eine Opfergabe von Silber und Kupfer geben wollte, der brachte es dem Herrn als Opfergabe. Und wer Akazienholz hatte, der brachte es zu allerlei Verwendung für den Dienst. Und alle Frauen, die diese Kunst verstanden, spannen mit ihren Händen und brachten ihr Gespinst, blauen und roten Purpur, Scharlach und feine Leinwand. Und alle Frauen, die solche Arbeit verstanden und willig dazu waren, spannen Ziegenhaare. Die Stammesfürsten aber brachten Onyxsteine und eingefaßte Steine für den Priesterschurz und die Brusttasche und Spezerei und Öl für den Leuchter und für das Salböl und für das wohlriechende Räucherwerk. So brachten die Kinder Israel, Männer und Frauen, die ihr Herz dazu trieb, freiwillige Gaben zu allem Werk, das der Herr durch Mose geboten hatte. Und Mose sprach zu den Kindern Israel: Sehet, der Herr hat mit Namen berufen Bezalel, den Sohn Uris, des Sohnes Hurs, vom Stamm Juda, und hat ihn erfüllt mit dem Geist Gottes, daß er weise, verständig und geschickt sei zu jedem Werk, kunstreich zu arbeiten in Gold, Silber und Kupfer, Edelsteine zu schneiden und einzusetzen, Holz zu schnitzen, um jede kunstreiche Arbeit zu vollbringen. Und er hat ihm auch die Gabe zu unterweisen ins Herz gegeben, ihm und Oholiab, dem Sohn Ahisamachs, vom Stamm Dan. Er hat ihr Herz mit Weisheit erfüllt, zu machen alle Arbeiten des Goldschmieds und des Kunstwirkers und des Buntwirkers mit blauem und rotem Purpur, Scharlach und feiner Leinwand und des Webers, daß sie jedes Werk ausführen und kunstreiche Entwürfe ersinnen können (2. Mose 35, 4–35).

Unseren Lieblingsideen bringen wir Opfer an Kraft, Zeit und Geld. Wir empfinden sie gar nicht als solche. Sie erfüllen uns ganz und nehmen uns gefangen. Der Blick für das Eigentliche und Dauerhafte geht uns verloren. Wir haben das Ziel nicht mehr vor Augen. Es ist überdeckt, verhüllt und verpackt. Unsere Vorstellungen sind uns wertvoller. Sie zu verwirklichen, setzen wir alles ein, was wir besitzen. Nichts ist uns für solchen Dienst zu wertvoll. Und doch bleiben wir am Ende enttäuscht. Wir leben unseren Ideen und leben, ohne es zu wissen, an uns selbst vorbei.

Die Strapazen und Opfer des Hausbaues haben unserem Nachbarn das Leben gekostet. Vom eigenen Heim hat er so gut wie gar nichts mehr gehabt. Die Vorliebe für schnelle Wagen ist dem Sohn von nebenan zum Verhängnis geworden. Seine Freundin liegt mit inneren Verletzungen im Krankenhaus. Er hat den schweren Verkehrsunfall nicht überlebt. Und doch sollte es nur ein gewöhnlicher Wochenendausflug werden, eine Art üblicher Freizeitgestaltung. Für Gott haben sie alle keine Zeit gefunden. Von allen ist er bewußt ausgeklammert worden.

Nichts anderes hat das Volk Gottes veranlaßt, ägyptische Frömmigkeit zu probieren. Die Gelegenheit ergab sich, und schon konnte es passieren. Niemand von ihnen hat gedacht, was man damit aufs Spiel setzen würde. Ein jeder meinte, Besseres zu gewinnen und Unbekanntes zu erforschen. Deshalb wurde das goldene Kalb gegossen und in zügelloser Freiheit gefeiert, die sich im Grunde genommen als tödliche Gebundenheit darstellte. Denn wer die eigentliche Verankerung seines Lebens löst, treibt unberechenbaren Klippen zu und begibt sich in unübersehbare Gefahren. Deshalb bindet Gott das Volk Israel an sich und gibt ihm die Gebote. Der Herr seilt sein Volk an und legt es durch sein Wort fest.

1. Schrittweise Einführung

Mose allein weiß, was Israel durch anhaltenden Götzendienst verloren hätte. Darum hat er um Gottes Barmherzigkeit priesterlich gerungen. Das Volk durfte nicht vernichtet werden. Es sollte wissen, welchem unbegrenzten Reichtum es entgegensieht. Gott will unter ihnen wohnen! Das ist mehr als aller Reichtum, den Erde, Welt und Zeit uns bieten können. Niemand kann sich das annähernd vorstellen. Davor verblassen alle Möglichkeiten künstlerischer Gestaltungskraft des Menschen. Er wird vor dieser Tatsache ganz klein, völlig arm und erschreckend hilflos. Es geht ihm auf, daß dieser Herr mehr ist als irgendein anderer, nämlich Schöpfer und Heiland, Gott und Retter zugleich.

Nicht anders sehen es die Jünger. »Das Wort ward Fleisch und wohnte unter uns, und wir sahen seine Herrlichkeit, eine Herrlichkeit als des eingeborenen Sohnes vom Vater, voller Gnade und Wahrheit« (Joh. 1, 14). Sie haben den Durchblick und stehen staunend voller Anbetung vor der Heilswirklichkeit des dreieinigen Gottes. Nichts vermögen sie zu bringen. Alles ist nur er! – Was ist dagegen unser kurzes Leben! Alle Probleme, die es aufwirft, allen Einsatz, den es uns abfordert, alle Stürme, die es mit einbezieht, und alle Freude, die es tropfenweise über lange Durststrecken liefert, sind nichts gegenüber der Hirtenliebe Jesu. Sie wird auf Golgatha unverkennbar deutlich. Nur Blinde haben kein Auge für sie. Dennoch bleibt sie einziges Hilfsmittel und letzte Hilfe für jeden. In Jesus Christus ist die Fülle Gottes leibhaftig (Kol. 2, 9).

Was Gott mit seinem Volk anfängt, bringt er zur Vollendung in seinem Sohne. Dafür müssen uns die Augen geöffnet werden. Aus einem rechtgläubigen, selbstsicheren, einsatzfreudigen Saulus mußte ein zu Boden geworfener Paulus werden. Alles besaß er an Bildung, Schriftkenntnis und Ansehen, nur eines fehlte ihm: Die Richtung stimmte nicht. Er meinte, Gottes Sache zu vertreten, und zerschlug sie. Er suchte, Gottes Ehre zu verteidigen, und verletzte sie. Er wollte Gottes Volk auferbauen und belastete es. Um recht zu dienen, bedarf es einer völligen Kursänderung, einer radikalen Umkehr. Erst dann wird alles neu.

Gott weitet seinem Volk den Blick. Er will es schrittweise in den Reichtum seiner Heilsoffenbarung einführen. Dabei beginnt er mit der Enthüllung seiner Barmherzigkeit, Gnade und Treue. Wie sich ein Lehrer um das Vertrauen des kleinen Schulanfängers bemüht, so ringt der Herr um das Vertrauen seines Volkes. Er möchte es über die Anfängerklasse hinausführen. Ob es mitgeht und seinem Gott vorbehaltlos vertraut? Das ist die Frage! Der Testfall tritt ein. Wird es bestehen? Gott prüft, aber nicht pauschal, sondern jeden persönlich. Niemand kann sich hinter einem anderen verbergen. Er ruft mit Namen und hat jeden einzelnen im Auge. Ihm entgeht niemand. Jeder wird getestet.

2. Freiwilliges Opfer

Deshalb ruft Mose das Volk zur Spende auf. Die Stiftshütte soll errichtet werden. Sie ist für Israel Anbetungsstätte. Für sie kann keine Gabe wertvoll genug sein. Wenn die heidnischen Völker ihre Naturheiligtümer haben, bekommt das Volk Gottes sein Heiligtum. Daran darf es mitbauen, indem es mitopfert.

Die Israeliten kommen aus einem reichen Land. Die Ägypter haben sie beschenkt, wie sie ausgezogen sind. Das Eliteheer Pharaos ist geschlagen, die Amalekiter sind besiegt. Gott erwartet jetzt die Steuer, eine Gabe, das persönliche Opfer. Eine Fülle von Geschenken kommt zusammen. Israel ist dankbar, daß es erneut in den Gesetzesbund eintreten darf. Das sieht es als unerwartete Würdigung an. Immerhin hat es den Bund gebrochen, die Treue Gottes mit Füßen getreten. Seine Schuld ist nicht zu leugnen. Dennoch läßt der Herr sein Volk mitopfern und teilhaben am Bau des Heiligtums.

Alles, was der Knecht Gottes fordert, wird bereitwillig und ohne Murren gebracht. Opferfreude und Diensteifer zur Errichtung des Heiligtums haben das Volk Gottes ergriffen. Jeder gibt und tut, was er kann. Wie sollte es dem Herrn auch anders seinen Dank bezeugen?

Sind wir nicht auch zu solchen Dankopfern aufgerufen und verpflichtet? Jesus hat alles für uns getan. Er hat den ewigen Gnadenbund durch sein Leiden, Sterben und Auferstehen unverlierbar aufgerichtet. Unser uneigennütziger Einsatz kann nur Dank für Golgatha sein. Ein jeder von uns hat seine Gabe empfangen, der eine als Verkündiger, der andere als Chorsänger, der dritte als Blätterverteiler. Sie alle treiben Mission. In der Gemeinde ist der treue Beter genauso wichtig wie der begabte Evangelist. Es kommt auf den Besuchsdienst ebenso an wie auf die Übungsstunde im Chor. Das freundliche Wort beim Betreten des Saales hilft einem Fremden, die Vorurteile und Hemmungen loszuwerden. Er beginnt, sich heimisch zu fühlen. Das alles kostet Opfer an Zeit und Kraft. Wer sollte sie nicht getrost einsetzen, damit ein anderer zu Jesus findet! Zu solchem Dienst sind wir gewiesen. Gemeinde Jesu ist ein große Einheit des Dienstes. Jedes Glied tut dem anderen kräftig Handreichung, damit der ganze Leib wächst und sich auferbaut in der Liebe (Eph. 4, 16; 1. Petr. 4, 10 f.; 2. Kor. 8, 2 ff.; 9, 1 ff.).

Lassen wir uns von solcher Liebe Christi durchdringen, die erfinderisch macht und gerne Opfer bringt? Unsere Welt wartet darauf, und unsere Zeit fragt danach. Es sind so manche, die mit ihrem Leben nicht fertig werden, aber für ein echtes Gespräch offen sind, das aus dem Glauben geführt wird. Hohle Reden werden genug gehalten, schale Freuden sind in vielen Angebotskatalogen enthalten, knetbare Wahrheiten hält jeder lautstark feil, aber keiner kann davon leben. In Grenzsituationen bleibt er bitter einsam und enttäuscht. Er braucht Jesus. Da setzt unser Dienst vorbehaltlos und vollmächtig ein. Das ist Dank für Golgatha, Einbringen der Ernte. Unsere Väter haben darin gelebt und ihre Aufgabe darin gesehen, Seelen für das Lamm zu werben. Das hat ihr Leben froh gemacht und ihren Tag gefüllt.

3. Übersehbare Mitläufer

Nicht alle Israeliten haben ihre Gaben fröhlich zum Bau der Stiftshütte gebracht. Andere sind gezwungenermaßen gekommen und haben ihre Steuer entrichtet. Sie wollten nicht ausscheren, weil sie scheuten aufzufallen. Deshalb haben sie zögernd mitgemacht und so getan, als ob sie ganz dabei wären. Im Grunde genommen standen sie in geheimer innerer Ablehnung.

Wir kennen das! Es ist heute noch nicht anders geworden. Die Gruppe der Mitläufer stirbt nie aus. Keine Gemeinde kann sie je ausklammern. Überall haben sie Sitz und Stimme. Sie verweisen auf ihre ungebrochene christliche Familientradition, sind stolz auf ihre Väter und geistlichen Vorväter, rühmen sich bewußt erfolgreicher Einsätze und sind innerlich nirgends ganz zu Hause.

Wo sie auftreten, bremsen sie, und wo sie mitdienen, täuschen sie. Auf den ersten Blick sind sie nie klar auszumachen. Ihre Meinung passen sie der jeweiligen Lage an, damit sie nicht auffallen. Deshalb sind sie nicht leicht zu fassen. Bestens getarnt und gut maskiert, suchen sie sich ihren Weg.

Aber der Herr stellt sie. Für ihn sind sie durchsichtig wie Glas. Er sieht ihr Herz an. Das sagt ihm alles. Hier hört ihre Schauspielkunst auf. Mit ihren Talenten sind sie am Ende. Der Herr hat das letzte Wort. Wir haben treu zu dienen, fest und gewiß seinen Namen zu bezeugen, fröhlich und getrost unsere Straße zu ziehen. Die Halben, Lauen und Mitläufer wird er ausspeien aus seinem Munde (Offb. 3, 16). Sie sind gewarnt! Achten wir nur auf uns, daß wir ihnen nicht verfallen. Denn wer meint, er stehe, der sehe zu, daß er nicht falle (1. Kor. 10, 12). Solche Mahnung besteht nur zu Recht. Zu leicht passiert es, daß wir die erste Liebe verlassen (Offb. 2, 4). Es ist ernst; niemand überspiele die Gefahren. Er täuscht sich selber und bereitet dem Herrn Jesus Christus Schande.

Beides wollen wir nicht. Deshalb machen wir uns nichts vor! Es gibt keine vollkommene Gemeinde in dieser Zeit. Keine Gemeinschaft, Kirche oder Freikirche ist frei von Mitläufern. Selbst die kleinste Ortsgemeinde kann sie nicht aussondern. Das gehört zu ihrer irdischen Gestalt. Erst an seinem Tag wird sie sich als seine Gemeinde ohne Flecken und Runzeln, heilig, unsträflich und herrlich darstellen (Eph. 5, 27). Lassen wir uns in diesem Stück nicht blenden! In dem undurchdringlichen Dickicht endzeitlicher Schwärmerei brauchen wir eine klare Fahrweise im Glauben und vollmächtige Nüchternheit verbunden mit der Gabe der Geistesunterscheidung.

4. Ausgesuchte Arbeiter

An seinem Heiligtum läßt der Herr nicht jeden arbeiten. Er sucht sich seine Leute selber aus. Mose hat Namen von ihm mitbekommen. An sie muß er sich halten. Das weiß er. Deshalb setzt er sie als Werkmeister ein. Sie sollen die Kostbarkeiten, die Männer und Frauen aus ihrem Familienbesitz frohen Herzens gegeben haben, verarbeiten. Wir können nur ahnen, was jeder dankbar geopfert hat. Ägyptische Kleinodien, überlieferte Erbstücke von Patriarchen, etwa von Joseph. Edelsteine, in die der Name des jeweiligen Stammes geschnitten war. Beute vom Schilfmeer und aus der Hand der Amalekiter, Purpur, Felle und Hölzer werden darunter gewesen sein.

Wem der Herr ein Amt anvertraut, dem gibt er auch die Gaben und den Verstand. In seinen Berufungen irrt er sich nicht. Nur wir bleiben nicht immer auf dem Gehorsamsweg. Den Werkmeistern und Vorarbeitern hat Gott die Gabe, andere zu unterweisen, mitgegeben. Sie sind von ihm ausgerüstet, um anhand seiner Planvorlage zu wirken. Dazu bedarf es ernster Arbeit und völliger Hingabe an den gegebenen Auftrag. Das erfordert fortlaufende Zurüstung. Sind wir dazu stets bereit? Der Herr bevollmächtigt zum Dienst. Alles ihm zur Ehre! Darin liegt ungeteilter Segen. Auch für uns!

Gott dienstverpflichtet das Volk mit seinem Mann

Und Mose sprach zu den Kindern Israel: Sehet, der Herr hat mit Namen berufen den Bezalel, den Sohn Uris, des Sohnes Hurs, vom Stamm Juda, und hat ihn erfüllt mit dem Geist Gottes, daß er weise, verständig und geschickt sei zu jedem Werk, kunstreich zu arbeiten in Gold, Silber und Kupfer, Edelsteine zu schneiden und einzusetzen, Holz zu schnitzen, um jede kunstreiche Arbeit zu vollbringen. Und er hat ihm auch die Gabe zu unterweisen ins Herz gegeben, ihm und Oholiab, dem Sohn Ahisamachs, vom Stamm Dan. Er hat ihr Herz mit Weisheit erfüllt, zu machen alle Arbeiten des Goldschmieds und des Kunstwirkers und des Buntwirkers mit blauem und rotem Purpur, Scharlach und feiner Leindwand und des Webers, daß sie jedes Werk ausführen und kunstreiche Entwürfe ersinnen können. So sollen denn arbeiten Bezalel und Oholiab und alle Künstler, denen der Herr Weisheit und Verstand gegeben hat zu wissen, wie sie alle Arbeit ausführen sollen zum Dienst des Heiligtums, ganz nach dem Gebot des Herrn. Und Mose berief Bezalel und Oholiab und alle Künstler, denen der Herr Weisheit ins Herz gegeben hatte, alle, die sich freiwillig erboten, ans Werk zu gehen und es auszurichten. Und sie empfingen von Mose alle Opfer, die die Kinder Israel gebracht hatten, um die Arbeiten zum Dienst des Heiligtums auszuführen. Und man brachte auch weiterhin alle Morgen freiwillige Gaben zu ihm. Da kamen alle Künstler, die am Werk des Heiligtums arbeiteten, ein jeder von der Arbeit, die er machte, und sprachen zu Mose: Das Volk bringt zu viel, mehr als zum Dienst dieses Werkes nötig ist, das der Herr zu machen geboten hat. Da gebot Mose, daß man durchs Lager rufen ließe: Niemand, weder Mann noch Frau, soll hinfort noch etwas bringen als Opfergabe für das Heiligtum. Da brachte das Volk nichts mehr. Denn es war genug gebracht worden zu allen Arbeiten, die zu machen waren, und es war noch übrig geblieben (2. Mose 35, 30–36, 7).

Das Volk ist nicht zufrieden mit den Führungen Gottes. Es hat in der Wüste selber versucht, dem Gott seiner Väter davonzulaufen oder ihm auszuweichen. Der Götze sollte Sinnbild solcher Absage sein. Der Herr hat sie angenommen. Von Israel wäre nicht einer geblieben, wenn sich nicht Mose für sein Volk verwandt hätte. Die Väter jener Stunde wären an ihrem Abfall gestorben. Der Wüstensand hätte sie aufgenommen. Ihre Namen wären vergessen, und die Weltgeschichte hätte von einer Katastrophe mehr zu berichten gewußt. Womöglich wäre ihr jener Untergang auch entgangen, und niemand könnte sagen, was geschehen ist. So schnell können Namen verfallen, wenn sie von dem einen abfallen, der der Name über allen Namen ist.

Das vergessen wir zu gerne! Unser Leben hat nur soviel Inhalt und Form, wie es aus der Gewißheit des Glaubens gelebt wird. Es verliert sich, sobald es sich anderen Einflüssen aussetzt. Sie mögen noch so anziehend, noch so strahlend und noch so begehrenswert sein. Dennoch sind ihr Wert abzumessen und ihre Zeit begrenzt. Im Grunde genommen führen sie über den menschlichen Alltag nicht hinaus. Was ist schon ein Augenblick erhaschter

Freude, wenn sich danach die Dunkelheit nicht verliert, die Angst nicht weicht und die Einsamkeit um so drückender wird? Genügt es, für Sekunden zu vergessen, was ein Leben belastet und über Jahre notvoll beschwert? Machen wir uns selber nicht etwas vor?

Tragende Elemente eines Lebens sind nicht Kurzweil und Vergnügen, nicht vielschichtiger Überfluß und Welterfahrung, sondern Glaubensgewißheit und Gottesdienst. Solcher Dienst hat Vielseitigkeit. Es gilt, am Arbeitsplatz den Herrn nicht zu verleugnen, in der Familie ihn auszuleben, unter Freunden seinen Namen zu bekennen, im Kreis Gleichgesinnter ihn anzubeten und zu loben. Die Fülle der Aufgaben in solchem Dienst weckt die Vielseitigkeit der Gaben bei den einzelnen. Das wird nur der erfahren, der den Schritt wagt und sich von Jesus dienstverpflichten läßt. Er kommt zu vollem Einsatz. Sein Leben ist gefüllt, weil er es ausfüllen läßt von dem, der da bleibt.

Israel suchte das Heiligtum, und es bekommt die Stätte der Anbetung, der Begegnung mit dem lebendigen Gott. Es soll nicht erneut in die Versuchung kommen, Götzenbilder in bewegten Kultfeiern zu verehren. Deshalb gestaltet ihm Gott das Heiligtum. Er hat den Bauplan selbst entworfen, die Bauweise eindeutig festgelegt und die Materialien unverwechselbar bestimmt.

1. Bewegte Spender

Jetzt ist das Volk gefragt, ob es sich ohne Vorbehalt dieser Aufgabe stellt. Denn das Heiligtum ist zugleich Mahnung. Es erinnert an den Abfall in der Wüste. Aber gleichzeitig wird diese dunkle Stunde seiner jüngsten Geschichte überstrahlt von der vergebenden Gnade Gottes. Der Herr hat sich bewegen lassen, seinem Volk gnädig zu sein. Gerade deshalb darf es nicht mit der Gnade spielen. Es könnte gefährlich werden! Wer wüßte nicht darum! Gottes Wort ist voll davon. Wer mit dem Herrn spielt, wird von ihm kurzerhand ausgespielt. Er hat nichts mehr anzubieten. Obgleich er lebt, ist er bereits gestorben. Er hat sich wahllos verkauft und in der eigenen Schlinge verfangen. Der Ausverkauf seines Lebens ist nicht mehr aufzuhalten. Der Weg eines Demas sollte uns Mahnung genug sein. Ebenso das tödliche Geschehen um Ananias und Saphira (2. Tim. 4, 10; Apg. 5, 1 ff.). Lassen wir es nicht darauf ankommen! Gehorsam ist besser denn Opfer (1. Sam. 15, 22). Wenn das Israel nur vorher bedacht hätte! Rechte Einsicht kommt bei uns meistens zu spät, erst dann, wenn der Ungehorsam schon passiert ist. Was kann da noch geändert werden? Es bleibt nur eins: Er wird eingestanden. Der Ungehorsame stellt sich ohne Abstriche zu ihm.

Das Volk Gottes will durch eine bewegende Opferfreude seine Bereitwilligkeit, für Gott dazusein, unter Beweis stellen. Wie ein ungehorsames Kind will es durch augenblicklichen Gehorsam sich wieder die Zuneigung des Vaters erwerben. Es mag nicht unter der Trennschärfe des Ungehorsams bleiben, sondern möchte in die bergende Liebe seines Vaters zurück. Wie sollte es in der eisigen Kälte des Abfalls auch weiterleben können! Es braucht die bergende Nestwärme bewahrender Vaterliebe. Wir sehen es Kindern an, die sie entbehren. Sie haben einen anderen Blick. Ihre Augen sind traurig und leer. Ihr Mund, in dem jede Freude ausgetrocknet ist, bleibt stumm. Abgestanden, schal und alt wirken deshalb ihre Züge.

Israel ist in Bewegung. Jeder bringt seine Kostbarkeiten. Nur wenige stellen sich heraus. Haben sie zur Fertigung des Götzen Goldwerte zusammengetragen, wie sollten sie jetzt nicht das Letzte geben, um Anteil zu bekommen am Bau des Heiligtums! Damals haben sie versagt. In der Prüfung sind sie auf Grund eigener Schuld durchgefallen. Sie haben nicht warten können. Jetzt möchten sie bestehen. Deshalb bringen sie freudig und ohne Murren alles, was der Herr von ihnen fordert. Sie wollen zeigen, daß sie alles für Gott übrighaben und darüber frohbewegt sind, daß er ihre Opfer will. Das reizt ihre Gebebereitschaft und vermehrt ihre Opferfreude. Von ihnen wird bei weitem mehr zusammengetragen, als gebraucht wird.

Gottes Sache leidet nie Not, wenn wir uns rufen lassen. Die Geber bekommen es vielfältig wieder. Der Segen, den sie empfangen, ist unberechenbar. Manches Mal will es uns scheinen, als müßten wir Gottes Sache treiben, um sie vorwärtszubringen. Greifen wir sie in selbstherrlicher Weise an, enden wir im Irrtum und stiften Verwirrung. Geben wir aber ihm die Ehre und bauen nach seinem Plan unter seiner Dienstverpflichtung, dann werden wir zu Beschenkten. Wir geben uns nie aus, sondern dürfen aus seiner Fülle immer neu nehmen. Das Geheimnis ergreifender Vollmacht vollzieht sich in vorbehaltlosem Dienst für ihn. Niemand wird ärmer durch solchen Dienst. Im Gegenteil, sein Leben gewinnt an Tiefe, Ausstrahlungskraft und Halt. Er gehört zu den Armen, die viele reich machen (2. Kor. 6, 10). Damit steht er in der Schar der Zeugen, deren Zahl niemand kennt. Er ist eingereiht, gewürdigt zu dienen.

2. Geprägte Werkzeuge

Nicht jeder darf mitarbeiten am Bau des Heiligtums. Der Herr beruft die Handwerker, die Meister und die Vorarbeiter. Er trifft die Auswahl. Mose hat sich genau an Gottes Anweisungen gehalten. Als Schöpfer weiß er am besten, wer sich zu der jeweiligen Aufgabe eignet. Er kennt die bestimmenden Gaben des einzelnen. Deshalb gibt es bei seinen Berufungen keine Fehlentscheidungen. Ein Jeremia muß kommen, obgleich er meint, für seine Aufgabe zu jung zu sein (Jer. 1, 4 ff.). Für Jesaja gibt es kein Ausweichen. Seine Ausrede schlägt nicht durch, weil der Herr ihr die Begründung nimmt (Jes. 6, 7 f.). Bauleute sind Menschen, die seine Prägung tragen. Gottes Hand liegt auf ihnen. Noch ehe sie es wissen, hat er sie schon beschlagnahmt. Das ist seine Treue, die sie nicht läßt noch aufgibt. Darin liegt der Anfang mitnehmender Gnade Gottes.

Nicht anders ist es in der Gemeinde Jesu. Sie erbaut sich aus aus lebendigen Bausteinen. Wer dort zum Mitarbeiter berufen wird, hat seinen bestimmten Arbeitsplatz mit einer ganz genauen Dienstanweisung. Er ist auf das Baugerüst Gottes gestellt. Die Jünger Jesu erhalten eine klare Wegführung. Sie sollen seine Zeugen zu Jerusalem, in ganz Judäa und Samarien sein. Erst dann dürfen sie bis an die Enden der Erde mit dem Evangelium gehen (Apg. 1, 8). Aus der Enge in die Weite! Wir machen es mitunter umgekehrt. Wir übersehen den Hilfsbedürftigen und Heilshungrigen vor unserer Tür, in unserem Ort, auf unserem Arbeitsplatz, meinen aber, den Indianern in Peru oder Brasilien das Evangelium verkündigen zu müssen. Das kann unser Auftrag sein. Dennoch beginnt unsere Mission bei uns zu Hause, im eigenen Ort wie im weiteren Umkreis. Uns ist verlorengegangen, daß wir Missionsfeld geworden sind. Unsere Christlichkeit erweist sich als Tünche und wird von den Sturmböen unserer Tage aufgeweicht und fortgeschwemmt. Unser Abendland hat das Licht des Evangeliums verloren. Es ist dunkel und finster in ihm geworden. Was wir waren, sind wir nicht mehr!

Alkohol, Rauschgiftsucht und Zügellosigkeit wollen die beherrschenden Mächte werden. Ihr Vormarsch geht weiter. Immer neue Opfer fallen ihnen zu. Ratlosigkeit kennzeichnet die Szenerie. Wir haben ihnen nichts entgegenzusetzen als das Wort vom Kreuz. Es löst von Ketten und macht Gebundene frei. Darum bleibt der Missionsbefehl Jesu damals wie heute uneingeschränkt gültig. Denn er, der Herr, ist bei seinen Botschaftern und Mitarbeitern alle Tage bis an der Welt Ende (Matth. 28, 18 ff.). Das läßt sie froh und getrost an der Arbeit bleiben, bis er sie abberuft.

Solcher Dienst kann nur unter dem Wirken des Heiligen Geistes geschehen. Er ist keine eingebildete Größe noch ein starrer, theologischer Begriff, sondern erfahrbare Wirklichkeit. Ohne ihn gäbe es keine Propheten, keine Apostel, keine Prediger und Gottesmänner durch die Jahrtausende bis in unsere Stunde hinein. Die bewegende und gestaltende Kraft der Gemeinde ist er. Er lehrt und erinnert die Jünger Jesu, indem er sie in alle Wahrheit leitet (Joh. 14, 17; 16, 13). Zu Philippus redet er und befiehlt, daß er die Prachtkutsche auf der Straße von Jerusalem nach Gaza besteige, um dem Finanzminister aus Äthiopien ein Gehilfe zum Glauben zu werden (Apg. 8, 29). Von ihm werden Arbeiter ausgesandt und zum Dienst gerufen (Apg. 13, 2. 4). Er vertritt uns mit unaussprechlichem Seufzen (Röm. 8, 26). Niemand kann Jesus den Herrn heißen ohne durch den Heiligen Geist (1. Kor. 12, 3). Stephanus wird uns als ein Mann voll Glaubens und Heiligen Geistes vorgestellt (Apg. 6, 5; 7, 55). Er ist in der Kraft des Heiligen Geistes zum Märtyrer geheiligt.

Ohne Jüngerschaft gibt es keine Wirklichkeitserfahrung des Heiligen Geistes. Deshalb hat die Frage des Apostels Paulus an die Johannesjünger in Ephesus ihre tiefe und unbestreitbare Berechtigung, ob sie den Heiligen Geist empfangen hätten, da sie gläubig geworden seien (Apg. 19, 2). In Wirklichkeit ist es die Frage nach dem rechten Glauben. Denn der Glaube an den Herrn Jesus Christus bleibt bei jedem einzelnen das Werk des Heiligen Geistes. Pfingsten ereignet sich dort, wo ein Sünder Buße tut und einverleibt wird als Botschafter des Sohnes Gottes. Gemeinde Jesu ist damit eine Schar von Mitarbeitern, gesetzt zu wirken, solange es Tag ist. Als Vorarbeiter im Reiche Gottes stehen sie in einer Front mit den Vätern und Vorvätern und sind berufen zu dienen.

3. Geheiligtes Werk

Solcher Dienst hinterläßt seine Spuren. Die gesegneten Erweckungsprediger haben ganze Landstriche geprägt. Ohm Michel, Tillmann Siebel stehen für das Siegerland. Johann Heinrich Volkening hat im Ravensberger Land mit dem Evangelium gewuchert. Württemberg kennt seine gediegenen Originale. Ludwig Hofacker, Michael Hahn, Rektor Dietrich sind nur einige von ihnen. Ihre Zahl könnten wir beliebig für jede Zeit vermehren. Jedes Land hat seine Gottesstunde. Keines wird übergangen. Entscheidend ist nur, daß diese Stunde genützt wird. Der kleine Ort Heidberg im Oberbergischen hat seine Stunde durch Alfred Christlieb gehabt. Was ist geblieben? Der Segen läßt sich nicht vererben. Die Stunde der Heimsuchung muß von jeder Generation neu erkannt und ergriffen werden.

Israel hat seine Stunde erkannt. Es ist an der Arbeit. Seine berufenen Diener tun, jeder an seinem Platz, das ihnen aufgetragene Werk. Sie dürfen am Heiligtum mitbauen. Ihre Gaben und Fähigkeiten setzen sie für diesen Auftrag ganz ein. Damit unter ihnen kein Rangstreit entsteht, hat sie der Herr in eine wohldurchdachte Ordnung eingewiesen. Das Werk, an dem sie stehen, leidet, wenn sie Zank und Streit scheiden. Spannungen in der Gemeinde sind stets von Nachteil. Sie vermindern ihre Zeugniskraft und machen ihr Bekenntnis unglaubwürdig.

Jeder kann nur das geben, was er empfangen hat. Deshalb muß er sich von Gott zurüsten lassen, um weiterzureichen, was ihm geworden ist. Tut er das nicht, wird Eigenes, Menschliches daraus, das nicht mehr den Stempel des Heiligen trägt. Davor sollten wir uns hüten. Dennoch geschieht es öfter unter uns, als wir es bereit sind einzugestehen.

Ungetrübte Gemeinschaft ist Voraussetzung für das aufgetragene geheiligte Werk. Israel soll ein sichtbares Heiligtum haben. Das verbindet sie zu lükkenloser Arbeitsbereitschaft.

Die Künstler haben das Wort. Es könnte scheinen, als wäre Kunst im Volke Gottes verpönt. Dem ist nicht so! Im Dienste des Heiligen bekommt sie ihren besonderen Rang. Wer dächte nicht an die Vielzahl ausdrucksmächtiger Werke der einzelnen Jahrhunderte christlich-darstellender Kunst. Sie haben an Tiefe und Bekenntnis nicht ihresgleichen. Die Altarbilder von Matthias Grünewald sind und bleiben unübertroffen. Ebenso die Passionen und Kantaten des fünften Evangelisten Johann Sebastian Bach. So hat ihn die Gemeinde benannt. Anders kann er nicht gehört und bewertet werden. Die schlichte Gläubigkeit eines Matthias Claudius steht neben der geistlichen Tiefe Paul Gerhardts. Seine Verse und Lieder atmen die unergründliche Spannkraft und Weite biblischer Aussage. Überdies tragen sie unübersehbare Züge erfahrener Glaubenswirklichkeit. Nicht zu vergessen sind die Dome und Kathedralen mit ihren Statuen und Holzschnitzereien eines Tilman Riemenschneider. Himmelanstrebend und fest gegründet geben sie sich dem Beschauer. Sie wollen mithelfen und anbeten den, der alles in allem ist.

Wir aber bleiben stehen und loben ihn, der als das Lamm Gottes der Welt Sünde trägt und auch unsere bekannte Schuld vergibt. Er macht alles neu! Das ist mehr, als jede Kunst vermag. Darin liegt seine Einmaligkeit. Machen wir von ihr Gebrauch? Dann würde auch für uns das Leben beginnen. Und das ganz neu!

Gott setzt zum Bischof seinen Mann

Und der Herr redete mit Mose und sprach: Du sollst die Wohnung der Stiftshütte aufrichten am ersten Tage des ersten Monats. Und du sollst die Lade mit dem Gesetz hineinstellen und vor die Lade den Vorhang hängen; und du sollst den Tisch hineinbringen und die Schaubrote auflegen und den Leuchter hineinstellen und die Lampen daraufsetzen; und du sollst den goldenen Räucheraltar vor die Lade mit dem Gesetz stellen und die Decke in der Tür der Wohnung aufhängen. Den Brandopferaltar aber sollst du außen vor die Tür der Wohnung der Stiftshütte setzen und das Becken zwischen die Stiftshütte und den Altar und Wasser hineintun und den Vorhof ringsherum herstellen und die Decke in der Tür des Vorhofs aufhängen. Und du sollst das Salböl nehmen und die Wohnung und alles, was darin ist, salben und sollst sie weihen mit ihrem ganzen Gerät, daß sie heilig sei. Und du sollst den Brandopferaltar salben mit seinem ganzen Gerät und weihen, daß er hochheilig sei. Und du sollst auch das Becken und sein Gestell salben und weihen. Und du sollst Aaron und seine Söhne vor die Tür der Stiftshütte treten lassen und sie mit Wasser waschen und Aaron die heiligen Kleider anziehen und ihn salben und weihen, daß er mein Priester sei; und du sollst seine Söhne auch herzuführen und ihnen die Untergewänder anziehen und sie salben, wie du ihren Vater gesalbt hast, daß sie meine Priester seien. Und diese Salbung sollen sie haben zum ewigen Priestertum von Geschlecht zu Geschlecht. Und Mose tat alles, wie ihm der Herr geboten hatte. Also wurde die Wohnung aufgerichtet im zweiten Jahr am ersten Tage des ersten Monats. Und Mose richtete die Wohnung auf und setzte ihre Füße hin und stellte die Bretter darauf und brachte die Riegel an und richtete die Säulen auf und breitete das Zeltdach aus über der Wohnung und legte die Decke des Zeltes oben darauf, wie der Herr ihm geboten hatte. Und er nahm das Gesetz und legte es in die Lade und tat die Stangen an die Lade und setzte den Gnadenthron oben auf die Lade und brachte die Lade in die Wohnung und hängte den Vorhang auf und verhüllte so die Lade des Gesetzes, wie ihm der Herr geboten hatte, und setzte den Tisch in die Stiftshütte an die Seite der Wohnung nach Norden, außen vor dem Vorhang, und legte die Schaubrote auf vor dem Herrn, wie ihm der Herr geboten hatte, und setzte den Leuchter auch hinein gegenüber dem Tisch an die Seite der Wohnung nach Süden und setzte die Lampen auf vor dem Herrn, wie ihm der Herr geboten hatte. Und er setzte den goldenen Altar hinein vor den Vorhang und räucherte darauf mit wohlriechendem Räucherwerk, wie ihm der Herr geboten hatte, und hängte die Decke in die Tür der Wohnung. Und den Brandopferaltar setzte er vor die Tür der Wohnung der Stiftshütte und opferte darauf Brandopfer und Speiseopfer, wie ihm der Herr geboten hatte. Und das Becken setzte er zwischen die Stiftshütte und den Altar und tat Wasser hinein zum Waschen. Und Mose, Aaron und seine Söhne wuschen ihre Hände und Füße darin. Denn sie müssen sich waschen, wenn sie in die Stiftshütte gehen oder hinzutreten zum Altar, wie der Herr es Mose geboten hatte. Und er richtete den Vorhof auf rings um die Wohnung und um den Altar und hängte die Decke in das Tor des Vorhofs. Also vollendete Mose das ganze Werk. Da bedeckte die Wolke die Stiftshütte, und die Herrlichkeit des Herrn erfüllte die Wohnung. Und Mose konnte nicht in die Stiftshütte hineingehen, weil die Wolke darauf ruhte und die Herrlichkeit des Herrn die Wohnung erfüllte. Und immer, wenn die Wolke sich erhob von der Wohnung, brachen die Kinder Israel auf, solange *ihre Wanderung währte. Wenn sich aber die Wolke nicht erhob, so zogen sie nicht weiter bis zu dem Tag, an dem sie sich erhob. Denn die Wolke des Herrn war bei Tage über der Wohnung, und bei Nacht ward sie voll Feuers vor den Augen des ganzen Hauses Israel, solange die Wanderung währte (2. Mose 40, 1–38).*

Mit allem Fleiß ist an der Stiftshütte gearbeitet worden. Die Geräte sind kunstvoll gefertigt. Ein jeder hat sein Bestes gegeben. Die Freude, am Hause des Herrn mitarbeiten zu dürfen, beflügelte den Eifer des einzelnen. Werkmeister und Gehilfen wußten sich am Auftrag ihres Lebens.

Dieser Auftrag hat sie zu einer sich auferbauenden Gemeinschaft des Dienstes geformt. Der Herr bleibt seinem Volk ganz nahe. Es hat Gnade vor dem Gott seiner Väter gefunden. Ob Israel das zu würdigen weiß?

Uns kommt Gott in seinem Sohne noch näher. Er will in uns Wohnung machen, unser Leben und Herz besitzen. Deshalb ist er Mensch geworden und hat unsere Schuld getragen. Für uns gibt es keine andere Möglichkeit, entschuldet zu werden, als durch ihn, den gekreuzigten, auferstandenen und wiederkommenden Herrn.

Israel hat alles! Der Herr ist mit ihm. Es weiß sich geführt. Der Mann Gottes behält das Wort. Er ist zum Bischof bestellt. Das soll vor aller Augen deutlich werden. Der Herr stellt Mose vor seinen Kindern unübersehbar heraus. Er macht ihn zum Mann seines Vertrauens.

1. Vom Herrn geordnet

Alles ist angefertigt worden, wie es Gott geboten hat. Der Segen hat auf den Arbeitern und der Arbeit gelegen. Und Mose segnete sie. Mit dieser dankbaren Feststellung schließt das vorige Kapitel. Der Knecht Gottes hat jedes gefertigte Stück abgenommen, verglichen und geprüft. Alles erweist sich als plangerecht. Nun gilt es, die Stiftshütte einzurichten und sie einzuweihen.

Das geht nicht nach menschlichen Plänen und Vorstellungen. Der Herr gibt die Anweisungen. Mose hat sehr genau hinzuhören. Er darf nichts vergessen. Gottes Wort will sehr ernstgenommen werden. Jeder Buchstabe ist wichtig. Keiner erweist sich als überflüssig. Wenn der Herr redet, redet er stets druckreif. Er braucht keinen Satz zu verändern, keine Anweisung zurückzunehmen und kein Wort zu berichtigen. Seine Rede ist klar, verständlich und eindeutig. Sie läßt keine Rückfragen zu. Bleibt sie uns dunkel, liegt es an unserem Unverstand, der durch die Sünde vernebelt ist. Darum dürfen wir den Herrn bitten, uns sein Wort aufzutun. Er läßt uns nicht im unklaren, sondern gibt uns so viel Licht, wie wir brauchen, um dem Auftrag gerecht zu werden, an den er uns gewiesen hat. Es kommt eben alles auf die ganz genaue Befolgung des Willens Gottes an. Sein Wort hat uns in allem Richtschnur zu sein und zu bleiben.

In sieben Abschnitten soll die Zusammenstellung des Heiligtums erfolgen.

Sie geschieht termingerecht. Das Datum steht fest. Es ist der erste Tag des ersten Monats im zweiten Jahr des Auszugs aus Ägypten (2. Mose 40, 2 u. 17). Somit wird das Zelt im Monat des Auszugs aufgeschlagen. Denn am 14. Tage des ersten Monats hat Gott die Erstgeburt Ägyptens geschlagen und Israel durch das Blut des Passahlammes gerettet. Er hat es als seinen erstgeborenen Sohn aus allen Völkern ausgeführt (2. Mose 4, 22 u. 23; 11, 5; 12, 29; 12, 6; 12, 12). Im dritten Monat nach dem Auszug ist das Volk Gottes bereits am Sinai, der Stätte der Thronbesteigung, der Gesetzesverkündigung und des Bundesschlusses Gottes. Es wird zum Königreich von Priestern erklärt (2. Mose 19, 1 ff.; 24, 1 ff.). Für das angebrochene Jahr bleiben somit noch neun bis zehn Monate. Davon hat sich Mose zweimal 40 Tage zum Empfang des Stiftshüttengesetzes, der ersten Tafeln und nach dem Abfall zur Entgegennahme des zweiten Bundesbuches sowie der neuen Tafeln auf dem Berg aufgehalten. Das sind nahezu drei Monate. Daraus ergibt sich, daß rund sieben Monate zur Herstellung der Gerätschaften, Kleider, Vorhänge, Gewänder und anderer Gegenstände zur Verfügung standen. Danach hat der Bau der Stiftshütte sieben Monate gedauert (so auch Josephus), während für die Fertigstellung des Tempels sieben Jahre benötigt worden sind.

Mit seiner Heiligung ist weit später unter Hiskia am gleichen Tag begonnen worden, wie seinerzeit mit der Stiftshütte (2. Chron. 29, 17). Der Zusammenhang ist klar. Hier handelt der eine Herr, der errettet, beruft und heiligt. Er hat seine Gemeinde, die er heiligt, bewahrt und zubereitet, damit sie besteht bis auf seinen großen Tag.

Offen bleibt, ob Teile der Stiftshütte bereits vor dem zweiten Aufstieg Moses auf den Berg gefertigt wurden. Diese Meinung vertritt Calvin in seinem Kommentar (III. Band, 2. Hälfte, S. 136) und sieht sie vorwiegend in 2. Mose 33, 7 bestätigt. Hier ist von dem Amtszelt Moses die Rede, dem er den Namen »Hütte der Zukunft« gegeben hat.

Wie dem auch sei, es ändert sich nichts, daß hier in knapper Darstellung letzte Anweisungen zur Vorbereitung auf den Empfang des Königs gegeben werden.

Die Aufstellung der Geräte wird bis ins einzelne geordnet. Die Lade des Zeugnisses gehört in das Allerheiligste und wird durch einen Vorhang abgeriegelt. Das vordere Heiligtum beherbergt den Tisch, die Schaubrote, Leuchter, Lampen und den goldenen Räucheraltar. Es wird ebenfalls durch einen Vorhang abgeschlossen.

Im Vorhof befindet sich der Brandopferaltar mit dem Wasserbecken und dem Wasser, der wiederum mit einem Vorhang abgegrenzt ist. Danach gliedert sich die Sitftshütte in drei Teile, die alle heilig gehalten werden müssen.

Gilt das nicht entsprechend von uns? Wir müssen durchheiligt werden nach Leib, Seele und Geist, wenn wir ein Tempel zur Ehre Gottes sein wollen. Paulus weiß das (1. Thess. 5, 23). Bedenken wir das nicht zuwenig? Wie können wir Priesterdienste tun, ohne bis auf den Grund geheiligt zu sein (2. Tim. 2, 21)?

2. Für Gott bereitet

Der Ernst der Ereignisse, in den Mose und sein Volk hineingenommen werden, ist unübersehbar. »Salben« und »heiligen« sind die beiden Worte, die sich durch das ganze Kapitel hindurchziehen. In siebenfacher Verbindung kehren sie wieder. Sie sind der rote Faden, der den Weg des Volkes Gottes und der Gemeinde Jesu bestimmt; die geschlossene Linie, die nicht ohne Folgen überschritten werden darf.

Der »Heilige« verbindet sich mit der unheiligen Welt und will in ihr Wohnung nehmen. Seinen stärksten Ausdruck findet diese Verbindung in der Menschwerdung des Sohnes Gottes. Dem Vater ist diese Welt nicht zu verloren, schamlos, aufsässig und schmutzig, als daß er nicht das Liebste, seinen Sohn, für sie verbluten ließ, damit der einzelne unter seinem Kreuz Gnade findet. Einer der beiden Mörder ist der erste, der das auf Golgatha ganz persönlich erfährt (Luk. 23, 40 ff.). Er darf bei Jesus sein. Durch sein Blut ist er rein geworden. An dem Eingeständnis persönlicher Schuld unter dem Kreuz des Gekreuzigten kommt niemand vorbei, der frei werden will. Das Schuldbekenntnis aber löst den unbegrenzten Heilszuspruch des Sohnes Gottes aus. Das Blut Christi macht uns rein von aller Sünde (1. Joh. 1, 7).

Mose steht in bindendem Gehorsam zu Gott. Schon bei der Fertigung duldet er nicht die geringste Abweichung von der vorgesehenen Form. Er handelt haargenau nach den Anweisungen Gottes. Immer wieder heißt es in unserem Abschnitt: Und Mose tat, wie der Herr ihm befohlen hatte. Israel soll wissen, daß bei dem ganzen Gottesdienst keine Spur von Menschenwerk ist. Es würde ihn nur entheiligen.

Wie frei und in welcher unerlaubten Anmaßung gestalten wir heute Gottesdienst! Unser eigenes Gutdünken und unser sündhafter Übermut sind die prägenden Teile. Wir wollen gestalten, Formen erfinden, Richtlinien geben und bleiben auf der Straße des Todes. Unsere Formen tragen den Stempel der Unterhaltung, des Gesprächs, der Diskussion, des Argumentierens. Sie können nicht Anbetung sein. Formen allein bringen nicht neues Leben. Sie führen aus dem alten ausgefahrenen Weg der Sünde nie heraus, sondern machen ihn nur noch befahrbarer. Allein der durch Jesu Blut errettete Sünder hat neues Leben und wirkt neues Leben. Was wir brauchen, sind geheiligte Leute, die sich haben befreien lassen, um ihm, dem Lamm Gottes, ungeteilt zu dienen. Unser Denken muß vom Worte Gottes durch die Kraft des Heiligen Geistes gereinigt werden. Nur so kommen wir zu geheiligtem Denken.

Die Stiftshütte wird durch die Hilfe vieler Hände an einem Tag zusammengesetzt, während die Salbung viele Tage in Anspruch nimmt (2. Mose

29, 37). Genauso schnell ist im Verhältnis hierzu der Salomonische Tempel errichtet worden (1. Kön. 8, 1 ff.). Erst durch das Anbringen der Pläne und Vorhänge wird die Hütte zur Wohnung. Danach geschehen die Weihe der Geräte und die Waschung der Priester sowie ihre Einkleidung und Salbung nach Vorschrift. Es wird nichts vergessen. Mose vollendet das ganze Werk. Er handelt wie ein Bischof zur Ehre Gottes.

3. Durch ihn geheiligt

Was wäre das alles, wenn Gott nicht selber von dem Heiligtum Besitz nehmen würde! Er tut es vor aller Augen. In der Wolke und in der Feuersäule erweist er sich als der Gott der Väter. Zuvor hat die Wolke die Amtshütte des Mose bedeckt (2. Mose 33, 7), jetzt bedeckt sie die Stiftshütte und erfüllt sie mit Herrlichkeit, so wie später der Tempel Salomos von solcher Herrlichkeit erfüllt wurde (1. Kön. 1, 8 u. 10). Hier bleibt sie noch schattenhaft, aber in Christus ist die Herrlichkeit Gottes leibhaftig geworden (Joh. 1, 14; Kol. 2, 9). Für uns ist es unvorstellbar, daß der, den die Himmel nicht fassen können, in der Hütte Israels wohnt und sich offenbart (3. Mose 1, 1) und in denen, die gedemütigten Herzens sind (Jes. 57, 15). Er hält sich herunter zu den Niedrigen, daß er sich ihrer erbarme (Ps. 113, 6; Luk. 1, 52. 1a). Deshalb ermahnt Paulus seine Brüder, daß sie sich herunterhalten zu den Niedrigen (Röm. 12, 16).

Gemeinde Jesu braucht nicht nach der Wolke zu sehen. Sie hat die Verheißung, daß er bei ihr ist alle Tage bis an der Welt Ende (Matth. 28, 20). Denn er ist derselbe gestern, heute und in Ewigkeit (Hebr. 13, 8). Das macht sie froh und gewiß. Im endzeitlichen Kampf unserer Tage wird das deutlicher denn je. Er bewahrt sie in der Verfolgung, schützt sie vor Verführung und gibt ihr Erweckungszeiten. Seine Augen leiten sie durch alle Stürme, sein Wort stärkt sie in allen Anfechtungen, und seine Hand hält sie in allen Gefahren. Niemand wird sie aus des Vaters Hand reißen (Joh. 10, 28 ff.).

Geräte, Hütte und Priester sind geheiligt durch die Gegenwart Gottes. Das Öl und das Opfer machen es nicht, sondern der Gehorsam. Darum ist Jesus zum eigentlichen Hohenpriester geworden und durch sein eigen Blut ein für allemal eingegangen in das Heilige und hat eine ewige Erlösung erworben (Hebr. 9, 12 b). Der Hebräerbrief zeigt das auf. Er zieht die Linien durch und weiß um die reinigende Kraft des Blutes Jesu (u. a. Hebr. 9, 15 ff.; 7, 26 ff.; 8, 6; 9, 1 ff.). Durch Christi Gehorsam bis zum Tode am Kreuz sind wir gerecht und haben teil an seiner Auferstehung.

Leben ist dort, wo Gehorsam ist, und Gehorsam wirkt dort, wo das Wort Gottes im Namen Jesu ausgelebt wird. Der Vorhang zum Allerheiligsten ist zerrissen. Der Zugang ist frei. Gott ist durch das Wirken seines Heiligen Geistes in der Gemeinde Jesu gegenwärtig. Was hindert uns, ihm ganz zu gehören?

Gott verteidigt
seinen Mann

Da redeten Mirjam und Aaron gegen Mose um seiner Frau willen, der Kuschiterin, die er genommen hatte. Er hatte sich nämlich eine kuschitische Frau genommen. Und sie sprachen: Redet denn der Herr allein durch Mose? Redet er nicht auch durch uns? Und der Herr hörte es. Aber Mose war ein sehr demütiger Mensch, mehr als alle Menschen auf Erden. Und sogleich sprach der Herr zu Mose und zu Aaron und zu Mirjam: Geht hinaus, ihr drei, zu der Stiftshütte! Und sie gingen alle drei hinaus. Da kam der Herr hernieder in der Wolkensäule und trat in die Tür der Stiftshütte und rief Aaron und Mirjam, und die gingen beide hin. Und er sprach: Hört meine Worte: Ist jemand unter euch ein Prophet des Herrn, dem will ich mich kundmachen in Gesichten oder will mit ihm reden in Träumen. Aber so steht es nicht mit meinem Knecht Mose; ihm ist mein ganzes Haus anvertraut. Von Mund zu Mund rede ich mit ihm, nicht durch dunkle Worte oder Gleichnisse, und er sieht den Herrn in seiner Gestalt. Warum habt ihr euch denn nicht gefürchtet, gegen meinen Knecht Mose zu reden? Und der Zorn des Herrn entbrannte gegen sie, und er wandte sich weg; auch wich die Wolke von der Stiftshütte. Und siehe, da war Mirjam aussätzig wie Schnee. Und Aaron wandte sich zu Mirjam und wird gewahr, daß sie aussätzig ist, und sprach zu Mose: Ach, mein Herr, laß die Sünde nicht auf uns bleiben, mit der wir töricht getan und uns versündigt haben. Laß Mirjam nicht sein wie ein Totgeborenes, das von seiner Mutter Leibe kommt und von dem schon die Hälfte seines Fleisches geschwunden ist. Mose aber schrie zu dem Herrn: Ach Gott, heile sie! Der Herr sprach zu Mose: Wenn ihr Vater ihr ins Gesicht gespien hätte, würde sie nicht sieben Tage sich schämen? Laß sie abgesondert sein sieben Tage außerhalb des Lagers; danach soll sie wieder aufgenommen werden. So wurde Mirjam sieben Tage abgesondert außerhalb des Lagers. Und das Volk zog nicht weiter, bis Mirjam wieder aufgenommen wurde. Danach brach das Volk von Hazeroth auf und lagerte sich in der Wüste Paran (4. Mose 12, 1–16).

Israel hat das Gesetz und die Anbetungsstätte Gottes. Der Herr hat sich seines Volkes angenommen. Das ist unbestreitbar. Dennoch hat es das Klagen nie verlernt.

In Ägypten konnte das Volk Israel seine Heimkehr nicht erwarten. Es hat den Herrn unentwegt angerufen, ihm die Freiheit zu erwirken. Jetzt, wo es frei ist, merken die Hebräer, daß der Weg in die Freiheit auch Mühsal und Beschwerden, Kraft und Geduld fordert. Angesichts dieser Wirklichkeit sind die Nöte und Ängste der Gefangenschaft vergessen. Ägypten wird verklärt gesehen. Die schmerzvollen Peitschenhiebe und das zentnerschwere Normensystem belasten nicht mehr. Jetzt drückt die Wüste mit ihrer nackten Härte und mit ihren verborgenen Gefahren. Das Land der Gefangenschaft mit seinen reizenden Erzeugnissen wird wieder begehrenswert. Fische, Kürbisse, Melonen, Zwiebeln und Knoblauch beflügeln die Phantasie der Wüstenwanderer.

Bei den Fremdstämmigen hat es angefangen. Das Murren setzt sich unter den Israeliten fort und lähmt ein ganzes Volk. Sie essen und weinen, indem sie nach Fleisch verlangen. Die geduldeten Mitziehenden, der Mischmasch, wird dem Volk Gottes zur Gefahr wie der Gemeinde Jesu die Mitläufer.

Israel klagt, anstatt zu danken. Das ist der erste Schritt in den Abfall. Gott aber läßt sich nicht anklagen. Er antwortet unmißverständlich.

1. In schweigender Demut erfahren

Darum weiß Mose. Das klagende Weinen des Volkes belastet ihn. Er kann sich nicht durchsetzen. Seine Worte gehen im Geheul der Israeliten unter. Noch eben ist durch seine Fürbitte ein Lagerbrand (4. Mose 11, 2) eingedämmt worden. Aber alles das beeindruckt die Klagenden nicht. Mose schüttet deshalb sein Herz vor Gott aus. Wenn das Volk nicht mehr hört, muß er schweigen. Für ihn bleibt nur noch die Tür zum Herrn offen. Darin zeigt sich das Vertrauensverhältnis, das er zum Gott seiner Väter hat. Er kann stille sein. Sein Dienst ist nicht leicht, und seine Verantwortung wächst täglich. Er hat zu tragen.

Jeder, der in der Arbeit des Reiches Gottes steht, trägt an der Schmach Christi und hat sich in schweigender Liebe zu üben. Er rückt ins Schußfeld giftiger Pfeile, die die Feinde des Wortes Gottes auf jeden abfeuern, den sie ins Visier bekommen. Dabei verhalten sie sich nicht zimperlich. Sie bedienen sich der Unwahrheit, setzen Gerüchte in Umlauf und bleiben in ihren geschickt getarnten Verstecken. Ihre Angriffe führen sie aus dem Hinterhalt. Rufmord ist ihnen jederzeit willkommen. Was kann das arme Opfer schon tun? Es muß schweigen! Gegen tödliche Gerüchte gibt es keine Verteidigung, weil die Hintermänner nicht zu fassen sind.

Dem Knecht Gottes und dem Jünger Jesu werden finanzielle Unlauterkeiten, ehewidrige Verhältnisse, unsoziales Verhalten, geistliches Machtstreben und vieles andere angehängt. Es ließe sich ein ganzer Katalog solcher Vorwürfe aufstellen. Der Mann auf der Straße nimmt sie als bare Münze und sorgt für ihre kostenlose Verbreitung. Sie laufen durch Büros und Gaststätten, setzen sich unausrottbar in Herzen und Hirnen fest und bestimmen das Klima in Betrieben und Vereinen. Ihren Niederschlag finden sie in zynischen Witzen und zweideutigen Redensarten.

Noch schmerzvoller wird es, wenn der Widerstand, die üble Nachrede, aus dem engsten Familienkreis kommt. Mose muß das erfahren. Seine Ehe mit einer Kuschiterin liefert Mirjam und Aaron den Stoff. Beide machen ihrem Bruder Mose den Vorrang seiner besonderen Sendung streitig. Sie wollen aus dem zweiten ins erste Glied. Fromme Selbstgefälligkeit bestimmt ihre Redeweise.

Das ist ungeistlich und teuflisch. Mirjam und Aaron verlassen die Umzäunung des Gebotes: »Du sollst nicht falsch Zeugnis reden wider deinen

Nächsten.« Ihr Neid verführt sie dazu. Neid gehört wie Zorn und Zank zu den Werken des Fleisches (Gal. 5, 20). Pilatus hat den richtigen Durchblick, wenn er meint, daß die führende Geistlichkeit in Jerusalem neidisch auf Jesus sei und deshalb seinen Tod wolle (Matth. 27, 18; Joh. 11, 46 f.). Kein anderer als der Sohn Gottes hat das in letzter Schärfe zu spüren bekommen. Vor seinen Anklägern und Richtern schwieg er still und sagte kein Wort zu seiner Verteidigung (Matth. 26, 62 f.). Vielmehr bat er am Kreuz für seine Feinde: »Vater, vergib ihnen, denn sie wissen nicht, was sie tun!« (Luk. 23, 34). Ein gleiches hat Stephanus für seine fanatisch-frommen Steiniger erbeten (Apg. 7, 59). Er hat sich nicht vor denen gefürchtet, die den Leib töten können, nicht aber die Seele.

Wahrhaftig, das Leben aus Gott ist unzerstörbar. Kein Feuer und kein Tod können es denen nehmen, die in Christus Jesus sind (Röm. 8, 1 f.; 1. Kor. 15, 55; 1. Joh. 3, 5; Offb. 20, 6 u. a.). Das läßt uns unerschrocken den Namen Jesus Christus bekennen.

Die Prophetin Mirjam und der Priester Aaron streuen Zweifel in die Herzen der Israeliten und untergraben die Vertrauensstellung ihres Bruders im Volk. Sie sind Amtsträger und sollten geistliche Persönlichkeiten sein. Ihr Gerede paßt deshalb nicht zu ihrem göttlichen Dienstauftrag.

Von den Alten werden die südlichen und östlichen Grenzländer Ägyptens »Kusch« oder »Mohrenland« genannt. Zu ihnen gehört auch das Land der Midianiter. Das Wort »Kusch« bezeichnet also eine Landschaft. Die Kuschiterin in unserem Text könnte demnach mit der Midianiterin Zippora identisch sein. Die Midianiter führen sich auf Abraham zurück. Sie entstammen seiner zweiten Ehe mit Ketura (1. Mose 25, 1 ff.). Zippora kommt aus geistlichem Hause. Ihr Vater Jethro war Priester in Midian. Ist sie zwischenzeitlich gestorben? Viele Ausleger neigen zu dieser Annahme. Sie sehen in der ausdrücklichen Wiederholung am Anfang unseres Textes (4. Mose 12, 1), daß Mose eine kuschitische Frau genommen habe, die Bestätigung für eine zweite Ehe mit einer Ausländerin. Sie wäre vom Gesetz nicht verboten (2. Mose 34, 16). In ihr wäre die Vereinigung Israels mit den fernsten Heiden vorgebildet. Eine solche in die Zukunft weisende Freiheit hätten Mirjam und Aaron aber offensichtlich nicht verstanden.

Wir geben zu bedenken, daß in der Heiligen Schrift an keiner Stelle der Tod Zipporas gemeldet wird, während sie von Saras und Rahels Sterben berichtet (1. Mose 23, 1; 35, 19). Über ihr Schweigen haben wir nicht hinauszugehen. Es gibt auch sonst keinen biblischen Grund, von einer zweiten Ehe Moses zu sprechen. Nach unserem Verständnis dürfte deshalb mit der Kuschiterin Zippora gemeint sein. Von Mirjam wird sie vermutlich wegen ihrer braunen Hautfarbe geschmäht. Mose trägt das still. Er schweigt zu allem und rechtfertigt sich nicht. Von ihm können wir nur lernen!

2. Vor dem Anwalt seiner Knechte

Während Mirjam und Aaron ihren Bruder dem Spott der Menge preisgeben, ahnen sie nicht, welche Folgen solches Fehlverhalten für sie haben kann. Der Herr läßt solche Handlungsweise nicht ungestraft zu. Er schützt seine Leute und übernimmt ihre Verteidigung selbst.

Mose nahm die persönlichen Beleidigungen hin, ohne sich zu rechtfertigen. Die Bibel sagt, daß er der demütigste aller Menschen auf Erden sei. Das klingt für unsere Ohren ein wenig übertrieben, ist es aber nicht. Schließlich hat Paulus von sich geschrieben, daß er mehr gearbeitet habe, als sie alle (1. Kor. 15, 10). Damit will er sich nicht rühmen und herausstellen. Im Gegenteil preist er Gottes Gnade, die in ihm sei. Sie habe ihn zu solchem Dienst geschickt gemacht und ausgesondert.

Nichts anderes will unser Text sagen. Jenes Wort braucht nicht immer mit »der Demütige« übersetzt zu werden, sondern hat gewöhnlich die Bedeutung »der Leidende«, »der Gebeugte«. Das entspricht der Aussage mehr und stellt sie ins rechte Licht.

Der Demütige ist gleichzeitig der Leidende. Er wird gebeugt. Das macht ihn nicht groß und selbstsicher, sondern klein und abhängig. Nichts hat er zu bringen. Sein Ruhm bleibt das Bekenntnis seiner Armut. Nicht anders will Mose gesehen werden.

Zu solchen sagt Jesus: »Kommet her zu mir alle, die ihr mühselig und beladen seid; ich will euch erquicken« (Matth. 11, 28). Das ist Speise für Hungrige, Lebenswasser für Ausgedörrte und Labsal für Wüstenwanderer. Hier werden ihnen Schutz und Hilfe, Geborgenheit und Heimat angeboten. Darum kann der Hebräerbrief mit solcher Freude und Gewißheit von dem wahren Hohenpriester Jesus Christus reden, der mitleidet mit unserer Schwachheit und allenthalben versucht ist gleich wie wir, doch ohne Sünde (Hebr. 4, 14f.).

Wer wollte da noch von Hochmut reden? Wohl keiner! Denn vor ihm zeichnen sich die Fußspuren der Passion Jesu ab und mit ihr die der leidenden und verfolgten Gemeinde aller Zeiten. Das eine Gottesvolk des Alten Bundes ist hier mit eingeschlossen. Es kann nicht ausgeklammert werden.

Mirjam und Aaron werden von Gott allein verhört. Sie müssen die Stiftshütte verlassen. Der Herr stellt sich in die Tür und redet. Jetzt haben sie zu schweigen. Sie wollten Mose im geistlichen Führungsamt gleich sein. Das läßt Gott nicht zu. Er gibt seinem Knecht eine unvermutete Beurteilung und stellt ihn gegenüber Mirjam und Aaron weit heraus. Ihm ist das ganze Haus Gottes anvertraut. Von Mund zu Mund redet der Herr mit ihm und nicht durch dunkle Worte und Gleichnisse. Sein Knecht darf ihn in seiner Gestalt sehen (4. Mose 12, 7f.). Damit ist der Abstand zwischen Mose und seinen Geschwistern beachtlich. Gott zieht seinen Mann weit vor. Das wird selbst ein Blinder abtasten können.

Reden wir nicht zu vorschnell über Gottes Bevollmächtigte, auf daß wir nicht durch unsere eigenen Worte gestraft werden! Schnell ist der einzelne verurteilt und in seiner Ehre beschnitten. Was wollen wir sagen, wenn uns Jesus in diesem Punkt zur Rede stellt? Den einen haben wir als gefährlichen Schwärmer verworfen, den anderen als unbelehrbaren Pharisäer gebrandmarkt und einen dritten als widerwärtigen Heilsfanatiker und Bekehrungsenthusiasten abgetan. Wir können nur schweigen! Deshalb sollten wir mehr denn je um die Gabe der Geisterunterscheidung bitten. Sie kann nur in Vollmacht geschehen und ausgeübt werden. Der Gemeinde ist sie versprochen. Sie darf darum anhalten.

Zwischen Mose und den Israeliten bestehen Unterschiede in dem Prophetentum. Die Offenbarung Gottes ist ein Reden von Mund zu Mund, ein Schauen des göttlichen Angesichts (2. Mose 33, 11). Diese vorläufig vollkommene Offenbarung (2. Mose 33) führt zu der absoluten in Jesus Christus. Statt dessen stellt sich die Prophetie der israelitischen Propheten in Gesichten und Träumen dar. Das finden wir bei Jeremia, Hesekiel, Daniel und vielen anderen.

Für Mirjam und Aaron bleibt nichts als das Urteil Gottes über sie. Denn wer als unschuldig Leidender still duldet und sich persönlich nicht rechtfertigt, für den tritt der Herr um so kräftiger ein. Das erfährt Mose.

3. Durch die Fürbitte des Geschmähten gerettet

In der ganzen Schärfe des Gerichtes schlägt Gott zu. Mirjam bekommt die schmerzende Härte am deutlichsten zu spüren. Sie wird aussätzig. Der Zorn Jahwes des Herrn liegt sichtbar auf ihr. Sie hat ihren Bruder Aaron verleitet und ihn mit zu solchem Gerede verführt. Als er das Ausmaß der Strafe sieht, kehrt er in sich, erkennt seine Schuld und bittet Mose um Fürbitte. Das ist seine Rettung.

Gott verschont Aaron, weil er auf der Stelle Buße getan hat. Ihm entgeht nichts, weder die Unlauterkeit und der Ungehorsam noch das Sündenbekenntnis.

Bei seinen Kindern sieht Gott besonders scharf. Hier läßt er nichts durchgehen. Seine Strafe ist zugleich Erziehung. Als weiser Pädagoge kommt er nie zu spät. Seine Methode zieht immer. Sieben Tage muß Mirjam das Zeichen göttlicher Abscheu, den Aussatz, an sich tragen. Sie wird der Öffentlichkeit zur Schau gestellt. Das ist beschämend für sie. Eine zu schnell zurückgenommene Züchtigung würde ihren Zweck verfehlen. Deshalb läßt sie Gott eine Woche in der Schmach.

Wie Schnee zieht sich der Aussatz über ihren ganzen Körper. Von Gehasi, dem unlauteren Diener Elisas, wird ein gleiches berichtet (2. Kön. 5, 27).

Ihn überfällt plötzlich der Aussatz. Usia bekommt ihn an der Stirn, weil er sich am Amt der Priester vergriffen hat (2. Chron. 26, 18 ff.). Gestrafte Elende, das sind Aussätzige. Sie haben über sich den Zorn Gottes, an sich den Ekel, um sich die Schande und in sich die Gewissensbisse.

Mirjam hat nur die Fürbitte durch den Geschmähten. Er erweist sich als Bevollmächtigter des Herrn. Durch sein priesterliches Eintreten wird die Strafe von ihr genommen. Sie ist geheilt. Das Volk zieht mit ihr weiter. Wir aber danken dem Herrn, der so völlig vergibt.

Gott öffnet das Land
seinem Mann

Und der Herr redete mit Mose und sprach: Sende Männer aus, die das Land Kanaan erkunden, das ich den Kindern Israel geben will, aus jedem Stamm ihrer Väter je einen Mann, lauter Älteste. Da entsandte Mose aus der Wüste Paran nach dem Wort des Herrn lauter Männer, die Häupter waren unter den Kindern Israel. Und sie hießen: Schammua, der Sohn Sakkurs, vom Stamme Ruben; Schaphat, der Sohn Horis, vom Stamme Simeon; Kaleb, der Sohn Jephunnes, vom Stamme Juda; Jigal, der Sohn Josephs, vom Stamme Isaschar; Hosea, der Sohn Nuns, vom Stamme Ephraim; Palti, der Sohn Raphus, vom Stamme Benjamin; Gaddiël, der Sohn Sodis, vom Stamme Sebulon; Gaddi, der Sohn Susis, vom Stamme Joseph, von Manasse; Ammiël, der Sohn Gemallis, vom Stamme Dan; Sethur, der Sohn Michaels, vom Stamme Asser; Nachbi, der Sohn Wophsis, vom Stamme Naphthali; Guël, der Sohn Machis, vom Stamme Gad. Das sind die Namen der Männer, die Mose aussandte, um das Land zu erkunden. Aber Hosea, den Sohn Nuns, nannte Mose Josua. Als sie nun Mose aussandte, das Land Kanaan zu erkunden, sprach er zu ihnen: Zieht da hinauf ins Südland und geht auf das Gebirge und seht euch das Land an, wie es ist, und das Volk, das darin wohnt, ob's stark oder schwach, wenig oder viel ist; und was es für ein Land ist, darin sie wohnen, ob's gut oder schlecht ist; und was es für Städte sind, in denen sie wohnen, ob sie in Zeltdörfern oder festen Städten wohnen; und wie der Boden ist, ob fett oder mager und ob Bäume da sind oder nicht. Seid mutig und bringt mit von den Früchten des Landes. Es war aber eben um die Zeit der ersten Weintrauben. Und sie gingen hinauf und erkundeten das Land von der Wüste Zin bis nach Rehob, von wo man nach Hamath geht. Sie gingen hinauf ins Südland und kamen bis nach Hebron; da lebte Ahiman, Scheschai und Talmai, die Söhne Enaks. Hebron aber war erbaut worden sieben Jahre vor Zoan in Ägypten. Und sie kamen bis an den Bach Eschkol (d. h. Traubenbach) und schnitten dort eine Rebe ab mit einer Weintraube und trugen sie zu zweien auf einer Stange, dazu auch Granatäpfel und Feigen. Der Ort heißt Bach Eschkol nach der Traube, die die Kinder Israel dort abgeschnitten hatten. Und nach vierzig Tagen, als sie das Land erkundet hatten, kehrten sie um und gingen hin und kamen zu Mose und Aaron und zu der ganzen Gemeinde der Kinder Israel in die Wüste Paran nach Kadesch und brachten ihnen und der ganzen Gemeinde Kunde, wie es stand, und ließen sie die Früchte des Landes sehen. Und sie erzählten ihnen und sprachen: Wir sind in das Land gekommen, in das ihr uns sandtet; es fließt wirklich Milch und Honig darin, und dies sind seine Früchte. Aber stark ist das Volk, das darin wohnt, und die Städte sind befestigt und sehr groß; und wir sahen dort auch Enaks Söhne. Es wohnen die Amalekiter im Südland, die Hethiter und Jebusiter und Amoriter wohnen auf dem Gebirge, die Kanaaniter aber wohnen am Meer und am Jordan. Kaleb aber beschwichtigte das Volk, das gegen Mose murrte, und sprach: Laßt uns hinaufziehen und das Land einnehmen, denn wir können es überwältigen. Aber die Männer, die mit ihm hinaufgezogen waren, sprachen: Wir vermögen nicht hinaufzuziehen gegen dies Volk, denn sie sind uns zu stark. Und sie brachten über das Land, das sie erkundet hatten, ein böses Gerücht auf unter den Kindern Israel und sprachen: Das Land, durch das wir gegangen sind, um es zu erkunden, frißt seine Bewohner, und alles Volk, das wir darin sahen, sind Leute von großer Länge. Wir sahen dort auch Riesen, Enaks Söhne aus dem Geschlecht der Riesen, und wir waren in unsern Augen wie Heuschrecken und waren es auch in ihren Augen (4. Mose 13, 1–33).

Ein Volk auf der Durchreise ist Israel. Noch befindet es sich auf dem Weg durch die Wüste. In das Land seiner Väter hat es noch keinen Einblick. Jede Verunsicherung im Alltag seiner Wanderschaft beantwortet es mit Murren und Klagen. Es sucht Sicherheit und will gefahrlos leben.

Wer wollte das nicht? Jeder will Geborgenheit und scheut das Risiko, den Einsatz auf Leben und Tod. Er möchte lieber in die Höhe als in die Tiefe wachsen. Das ist angenehmer! Auf den Höhen des Erfolges läßt's sich ungehinderter marschieren als durch die Niederungen ständiger Glaubensprüfungen. Belastungen sind schwerer zu tragen als bewunderndes Staunen. Gewichte möchten wir abwerfen, anstatt sie uns anhängen zu lassen. Sonnenschein ist uns lieber als Sturm und Hagel, Blitz und Donner. Dennoch kann beides nicht entbehrt werden, damit die Bäume verwurzeln und in die Tiefe gehen. Belastungen sind notwendig und stärken das Wurzelwerk des Glaubens.

Welche Druckverhältnisse zu solchem Wachsen in die Tiefe nötig sind, bestimmt allein der Herr. Wir möchten sie mindern, aber Gott weiß es besser. Deshalb ist es an uns stillzuhalten, wenn er am Reglerhahn den Druck ordnet. Das geschieht völlig individuell. Er stellt ihn auf jeden einzelnen persönlich ab. Welche Sorgfalt steht dahinter! Und welche Liebe verbirgt sich darin!

Israel hat sie erfahren. Die Befreiung aus ägyptischer Gefangenschaft ist ein neuer Beweis solcher Liebe. Deshalb könnte das Volk Gottes ganz getrost sein. Es brauchte sich nicht zu fürchten noch zu ängstigen; denn der Herr hat die Verantwortung übernommen, daß es nach Hause kommt. Wird es sich in solchem Vertrauen bewähren? Es wäre gut und heilsam, wenn das so geschehen würde. Aber?!

1. In Mißtrauen verfangen

Dieses »Aber« bringt jeden von uns um den bereitgehaltenen Segen Gottes. Hinter ihm steht hochgeschossenes Mißtrauen. Es verbrüdert sich nicht selten mit neugieriger Ungeduld.

Warum wandert das Volk Gottes nicht weiter? Es befindet sich bereits an der Südgrenze des verheißenen Landes. Kanaan steht offen. Zu diesem Zweck ist es von einem Weideplatz und einem Quellgebiet zum anderen durch die Wüste gezogen. Es hat Gefahren überstanden und ist Versuchungen erlegen. Wäre Gottes barmherzige Vergebung nicht Wirklichkeit, es müßte sterben. Israel hat nicht nur die unüberwindliche Kraft des Herrn erfahren, sondern auch seine unergründliche Gnade. Der Untergang des ägyptischen Eliteheeres und das eigenwillige Götzenbild des goldenen Kalbes sind mehr als Beweise. Hier sprechen Tatsachen, die nur den Rahmen abgeben für die Vielfalt dessen, was Gott an seinem Volk täglich bis zur Stunde getan hat. Denn nur mit seiner Hilfe sind sie bis zur Wüste Zin gekommen, die ein Teilstück der Wüste Paran und Kanaan vorgelagert ist.

Es hätte nahegelegen, im Vertrauen weiterzuziehen und das Land der Väter zu betreten. Stattdessen werden Beobachter vorgeschickt, die erkunden sollen, ob Gottes Versprechungen wahr sind. Sie sollen sich das Geschenk ansehen. Erst danach will das Volk sich entscheiden.

Den Anstoß zu diesem Erkundungstrupp hat Israel selber gegeben. Es hat Mose gebeten, solchen Spähtrupp vorauszuschicken (5. Mose 1, 22). Er sollte an Ort und Stelle die Aussagen und Verheißungen Gottes prüfen, ob sie der Wirklichkeit entsprächen. Darin liegt keimhaftes Mißtrauen.

Israel wagt nicht den Absprung im Glauben. Es verlangt nach Sicherheit. Deshalb stoppt es den Vormarsch. Mose selber ist beruhigt. Solches Unternehmen kann nur den Glauben seines Volkes stärken und das Vertrauen in Gottes Zusagen festigen (5. Mose 1, 23 ff.).

Überdies gibt der Herr selber den Befehl, eine Vorausabteilung zusammenzustellen, damit sie das Land in Augenschein nehme. Die Prüfung beginnt. Es wird ernst! Das Glaubenswagnis ist nur aufgeschoben. Die Wüstenwanderer kommen darum nicht herum. Im Grunde genommen schieben sie es vor sich her.

Jede selbst eingelegte Pause bringt uns nur in Gefahr. Ein Thomas ist nicht bei den Betroffenen. Als sie ihm die Auferstehung Jesu mitteilen, vertraut er dem Zeugnis der Jünger nicht. Er will sehen und betasten. Erst dann meint er, glauben zu können. Jesus mahnt ihn: »Selig sind, die nicht sehen und doch glauben!« (Joh. 20, 29). Zu beneiden sind alle, die das Glaubenswagnis auf sich nehmen und dem Worte Gottes vorbehaltlos vertrauen. Mißtrauen bringt Furcht mit sich und löst Angst aus. Dafür gibt es viele Beispiele. Jeder von uns weiß, um was es hier geht. Er findet sich in den Jüngern wieder, die drohen, im sturmgepeitschten Meer umzukommen. Mit ihnen steht er vor der provozierenden Frage Jesu: »Ihr Kleingläubigen, warum seid ihr so furchtsam?« (Matth. 8, 26; Mark. 4, 38; Luk. 8, 24). Auf Jesus sehen, das ist Befreiung. Nur durch ihn wird alle Angst überwunden. Er steht dem peitschenden Sturm wie dem wütenden Meer gegenüber. Es ist seine Schöpfung. Auf sein Wort werden sie ganz still. Die Gefahr ist beseitigt. Die Jünger sind geborgen. Er bleibt unser Schutz. Wer sich unter ihn stellt, der überwindet (Joh. 16, 33). Das müssen wir Tag für Tag neu lernen. Darin sind wir allein auf Jesus angewiesen. Wir brauchen sein Wort.

Zu leicht werden unsere Herzen verstockt – und wir hören an seinem Wort vorbei. Das Heute unseres ungebrochenen Gehorsams entscheidet über den Glaubensschritt in das Morgen seiner segnenden Verheißung. Darum mahnt die Schrift: »Heute, so ihr seine Stimme hört, verstockt euer Herz nicht!« (Ps. 95, 7 f.; Hebr. 3, 7; 8, 15; 4, 7). Denn wer auf seine Stimme hört und ihm folgt, der bekommt ewiges Leben. Niemand wird ihn aus des Herren Hand reißen (Joh. 10, 27 f.; Ps. 100, 3). Darin liegt mehr als Bewahrung. Das ist erfüllter Glaube. Dazu muß Israel durch die Wüste. Und wir? Weichen wir dem Glaubenswagnis aus?

2. Durch die Macht der Zahl abgeschreckt

Jeder Stamm wird mit einem Auserwählten an der Expedition nach Kanaan beteiligt. Es handelt sich um die Stämme, die später im Land der Väter Grund und Boden übertragen bekommen. Deshalb wird vom Stamme Levi niemand entsandt, weil er zum Priesterdienst ausgesondert ist.

Eine bunte Skala von Namen bietet sich uns. Von dem Situationsbericht dieser Männer wird es abhängen, wie das Volk reagiert. Sie tragen eine große Verantwortung. Ob sie sich dessen bewußt sind? Ihr Wort hat Gewicht! Deshalb haben sie die Lage im Spiegel Gottes und seiner Verheißungen zu sehen und wiederzugeben. Dazu brauchen sie erleuchtete Augen. Sie müssen sich von Gottes Geist leiten lassen.

Zu leicht begnügen wir uns mit menschlicher Sichtweite und verfallen lähmender Verzerrung. Das nimmt uns den Glauben. Solche Sichtverkürzung ist in jedem Fall gefährlich. Sie vergrößert die Hindernisse und steigert sie ins Unmeßbare, während sie Gottes Macht auf ein Mindestmaß verkleinert. Dahinter steht der Versucher, der nicht will, daß wir dem Herrn vorbehaltlos vertrauen. Er möchte uns durch sein Zahlenspiel beeindrucken und will uns durch seinen Machtaufwand bange machen. Das gelingt ihm hier und dort. Wir haben auf der Hut zu sein!

Sind es die Abgesandten des Volkes Gottes auch? Einer unter ihnen fällt durch seinen Namen auf. Es ist Hosea, der Sohn Nuns. Von Mose bekommt er den Namen Josua, »Gott ist Hilfe«. Dadurch wird er ganz persönlich an den Gott der Väter »Jahwe« gebunden. Denn kein anderer kann Heiland, Helfer und Retter sein als der Herr allein. Sein Lebensweg bekommt Richtung und wird aus der Vielzahl seiner Zeitgenossen herausgehoben. Über der Tatsache, daß jemand Hilfe erfährt, steht das Bekenntnis zum Helfer, der nicht namenlos bleiben darf. Sein Name muß stets genannt werden. Darum dieser Zusatz! Denn Hosea heißt nur soviel wie »Hilfe« oder »ist geholfen«, während Josua (jehoschua oder jeschua) wie auch die Namen Jesaja und Jesus den Erretter und Helfer nennen, nämlich: Jahwe ist Hilfe oder Heil. Wer fortan unter solchem Bekenntnis steht, behält den Blick für die Wirklichkeiten. Er verfällt keiner Verzerrung. Lähmende Angst wie menschlicher Übermut sind ihm fremd. Er setzt sein Vertrauen auf den Herrn. Das macht ihn zum Boten des Glaubens und zum Botschafter des Heils. Kaleb, vom Stamme Juda, hat die gleiche Sicht. Er sieht sich um und weiß: Unser Gott kann! Das macht ihn standfest.

Alle anderen erliegen der Übermacht der Zahlen. Ihrem Auftrag gemäß gehen sie von einem Ende zum anderen, auf das Gebirge, an die Flüsse, durch die Dörfer und Städte. Sie erkunden das Land vom Süden zum Norden; denn die Stadt Rehob liegt im Norden Kanaans. Dabei entgeht ihnen die heute noch große Stadt Hamath am Libanon nicht. Hebron statten sie einen Besuch ab. Sie ist sieben Jahre früher als Zoan oder griechisch Tanis, die erste ägyptische Hauptstadt, erbaut. Somit befinden sie sich auf geschichtlichem Boden. In dieser Gegend hat Abraham gelebt (1. Mose 13, 18). Die

Zeit der Patriarchen bricht auf. Abraham ist greifbar nahe. Er hat dem Herrn vertraut. Von ihm heißt es, daß er durch den Glauben gehorsam gewesen ist und auszog, obgleich er nicht wußte, wo er hinkam (Hebr. 11, 8). Das macht ihn zum Vater aller Glaubenden. An ihm und den nachfolgenden Vätern hat Gott seine Gnade, Macht und Durchhilfe offenbart. Das hätte die Kundschafter im Glauben fest und froh machen müssen. Sie sehen es nicht, obgleich sie es wissen. Ihre Augen sind für eine tiefer liegende und stärkende Barmherzigkeit Gottes verschlossen. Dafür bleiben sie vor starken Befestigungsanlagen stehen, zittern vor Enakskindern, die wie Riesen auf sie wirken. Sie hören von Bürgerkriegen und erschreckenden Grausamkeiten. Ein Übermaß an kriegerischer Bereitschaft prägt sich bei ihnen unverlierbar ein. Kurzum, sie sind betroffen von den guten befestigten Städten wie von dem Kampfeswillen ihrer wehrfähigen Männer.

Wo das Vertrauen auf die Zusagen Gottes schwindet, nistet sich Angst vor unüberwindlicher menschlicher Macht ein, die sich in wachsenden Zahlen schreckhaft aufzutun scheint.

3. Für aufbrechende Hilfe Gottes blind

Was die israelitischen Kundschafter demgegenüber an üppiger Vegetation sehen, beeindruckt sie weniger entscheidend. Die Riesentraube aus dem Eschkol-Tal im Südwesten des Landes mit den Granatäpfeln und Feigen, die sie mitbringen, beweist, daß der Herr nicht zuviel versprochen hat. Es ist ein Land von seltener Fruchtbarkeit und ungeahnten Lebensbedingungen. Gott hält das Beste für sein Volk bereit.

Aber Israel sieht mehr Hindernisse als offene Türen. Aus dem Bericht der heimkehrenden Kundschafter, auf die das Volk vierzig Tage voller Spannung gewartet hat, schöpft es keinen Mut weiterzuziehen. Es bleibt in Kadesch. Die nüchterne Stimme eines Kaleb wird einfach überhört. Die Vorwürfe richten sich gegen Mose. Einigkeit besteht im Volke Gottes, daß sie das Land der Amalekiter, Hethiter, Jebusiter und Amoriter nie einzunehmen imstande seien.

Hat der Herr nicht dennoch angefangen, das Land für sein Volk freizumachen? Das Zorngericht Gottes ist bereits über die heidnischen Bewohner hereingebrochen, weil das Maß ihrer Sünden sie verklagt. Warum sehen sie die Wehrkraft der Feinde riesengroß und die Möglichkeiten Gottes, seine Zusagen einzulösen, mikroskopisch klein?

Das Land fängt bereits an, seine Bewohner auszuspeien. Sehen die Kundschafter das nicht? Bürgerkriege, Kranke und Leichen (Richter 1, 7) sind mutmachende Zeichen, daß der Herr am Werke ist, Israel das Land zu geben. Josua und Kaleb vertreten diese Meinung im Gegensatz zu ihren Mitgesandten vor dem Volk. Aber sie werden nicht gehört. Der Unglaube behält das Wort. Er endet im Gericht! Und was dann? – Das sollte uns erschrecken!

Gott läßt seinen Mann reifen

Da fuhr die ganze Gemeinde auf und schrie, und das Volk weinte die ganze Nacht. Und alle Kinder Israel murrten gegen Mose und Aaron, und die ganze Gemeinde sprach zu ihnen: Ach, daß wir in Ägyptenland gestorben wären oder noch in dieser Wüste stürben! Warum führt uns der Herr in dies Land, damit wir durchs Schwert fallen und unsere Frauen und Kinder ein Raub werden? Ist's nicht besser, wir ziehen wieder nach Ägypten? Und einer sprach zu dem andern: Laßt uns einen Hauptmann über uns setzen und wieder nach Ägypten ziehen! Mose aber und Aaron fielen auf ihr Angesicht vor der ganzen Versammlung der Gemeinde der Kinder Israel. Und Josua, der Sohn Nuns, und Kaleb, der Sohn Jephunnes, die auch das Land erkundet hatten, zerrissen ihre Kleider und sprachen zu der ganzen Gemeinde der Kinder Israel: Das Land, das wir durchzogen haben, um es zu erkunden, ist sehr gut. Wenn der Herr uns gnädig ist, so wird er uns in dies Land bringen und es uns geben, ein Land, darin Milch und Honig fließt. Fallt nur nicht ab vom Herrn und fürchtet euch vor dem Volk dieses Landes nicht, denn wir wollen sie wie Brot auffressen. Es ist ihr Schutz von ihnen gewichen, der Herr aber ist mit uns. Fürchtet euch nicht vor ihnen! Aber das ganze Volk sprach, man sollte sie steinigen. Da erschien die Herrlichkeit des Herrn über der Stiftshütte allen Kindern Israel. Und der Herr sprach zu Mose: Wie lange lästert mich dies Volk? Und wie lange wollen sie nicht an mich glauben trotz all der Zeichen, die ich unter ihnen getan habe? Ich will sie mit der Pest schlagen und sie vertilgen und dich zu einem größeren und mächtigeren Volk machen als dieses. Mose aber sprach zu dem Herrn: Dann werden's die Ägypter hören; denn du hast dies Volk mit deiner Kraft aus ihrer Mitte herausgeführt. Auch wird man es sagen zu den Bewohnern dieses Landes, die da gehört haben, daß du, Herr, unter diesem Volk bist, daß du von Angesicht gesehen wirst und deine Wolke über ihnen steht und daß du, Herr, vor ihnen hergehst in der Wolkensäule am Tage und in der Feuersäule bei Nacht. Würdest du nun dies Volk töten wie e i n e n Mann, so würden die Völker, die solch ein Gerücht über dich hören, sagen: Der Herr vermochte es nicht, dies Volk in das Land zu bringen, das er ihnen zu geben geschworen hatte; darum hat er sie hingeschlachtet in der Wüste. So laß nun deine Kraft, o Herr, groß werden, wie du gesagt hast: »Der Herr ist geduldig und von großer Barmherzigkeit und vergibt Missetat und Übertretung, aber er läßt niemand ungestraft, sondern sucht heim die Missetat der Väter an den Kindern bis ins dritte und vierte Glied.« So vergib nun die Missetat dieses Volkes nach deiner großen Barmherzigkeit, wie du auch diesem Volk vergeben hast von Ägypten an bis hierher (4. Mose 14, 1–19).

Die Kundschafter sind zurück. Ihr Bericht liegt vor. Er ist nicht einheitlich. Ist jetzt das Volk klüger, seine Entscheidung leichter, das Wagnis gefahrloser? Im Gegenteil! Wenn auch Josua und Kaleb die Lage anders deuten, so hat doch die Mehrheit das Wort. Sie wird entscheidend gehört.

Der Unglaube ist immer lautstark und augenblicksbezogen. Er setzt sich gegenüber den Schwankenden und Unentschiedenen stets ohne Mühe durch. Wer aufgrund göttlicher Zusage den Glaubensschritt nicht wagt, läuft Gefahr, auf Menschen zu hören und aus zögerndem Mißtrauen im Unglauben zu versinken. Israel verfällt dieser Gefahr.

1. Gestaffelter Unglaube

Wie Jahresringe zeigt sich der Unglaube in der Geschichte des Volkes Gottes. Es murrt und schreit, verklagt und meutert. Sein Ungehorsam stapelt sich zu Bergen und hinterläßt Blut und Tränen, Vertreibung und Tod, Angst und Schrecken. Staffelweise kreisen die Geschwader der Verführung über dieses Volk und bekommen Landeerlaubnis. Sie sprühen ihr Gift des Mißtrauens ab und lassen Blindheit, gepaart mit massierter Gottlosigkeit, zurück. Israel ist in der Schlinge des Verführers.

Vierzig Tage hat es voller Spannung und Neugierde nach dem Bericht der Abgesandten verlangt. In froher Erwartung sind sie begrüßt worden, und schon richtet sich die Masse des Volkes vorwurfsvoll gegen Mose. Ihn klagen sie an, und ihn machen sie für die augenblickliche Lage verantwortlich. Er hat sie aus Ägypten geführt und in die Wüste gebracht. Ausweglos liegt für das murrende Volk alles Weitere vor ihnen. Kein Silberstreifen zeigt sich am Horizont, der Hilfe andeutet. Kein Morgenrot zieht auf, das einen jungen Tag ankündigt. Kein Feuer leuchtet, das ihnen den Weg zeigt. Jedenfalls sehen sie keines.

Für Mose ist das nichts Neues. Und doch belastet es ihn schwer. Israel lernt nichts dazu. Es wird nicht besser mit ihm, sondern ernster. Die Fieberkurve tödlichen Mißtrauens steigt von Stunde zu Stunde. Es fährt furchterfüllt auf und schreit hilflos bis in die Nacht hinein. Selbst Aaron kommt unter den Beschuß seiner Mitbürger und Freunde. Wie Mose gerät er in das Angriffsfeld der Enttäuschten.

Wenn sie nur den Schritt in das Land Kanaan aus Glauben gewagt hätten, dann brauchten sie jetzt nicht zu verzweifeln. Sie haben auch keinen Grund dazu. Denn was der Herr verspricht, das führt er aus.

Er enttäuscht niemanden, der sich auf sein Wort und seine Zusagen verläßt. Der Fischermeister Simon, Jonas Sohn, hätte nie den Herrn Jesus Christus in seinem befreienden Segnen erfahren, wenn er nicht gegen alle sachgerechten und fachlichen Regeln des Berufes mit seinem Boot am hellichten Tag zum Fischfang ausgelaufen wäre. Er wirft auf Befehl Jesu die Netze aus (Luk. 5, 5) und macht den Fang seines Lebens. Nicht nur, daß ihn die prallgefüllten Netze beeindruckten, sondern vielmehr sieht er sich im Netz des Meisters. Deshalb fällt er vor Jesus nieder und stuft sich selbst als sündigen Menschen (Luk. 5, 8) ein. Das ist die Stunde seines Heils und der Augenblick seiner Berufung. Simon, Jonas Sohn, hat sich finden lassen. Sein Leben ist randgefüllt von der vergebenden Liebe und haltenden Treue des Sohnes Gottes. Er ließ sich senden und führte Sünder ins Heil. Sterbende brachte er ins Leben. Nur eine Leidenschaft erfüllte seine Tage: Jesus uneingeschränkt nachzufolgen, ihm ohne Klage nachzuleiden und sein Wort in segnender Dienstbereitschaft auszuleben.

Solche Menschen schaffen Atmosphäre und hinterlassen unverwehbare Spuren ansteckenden Glaubens. Ihre Namen stehen weder auf den Heldengedenktafeln der Welt noch unter Standbildern und Skulpturen. Sie sind in der Mehrzahl keine bedeutenden Bildhauer, Künstler, Wissenschaftler oder Staatsmänner, sondern haben sich selber in Gottes Werkstatt zuhauen, dort den Meißel ansetzen lassen, damit sie nach Gottes Willen geformt würden.

Wie mag jener junge Mann abschnittweise geführt worden sein, bis er zu der Erkenntnis kommt, daß es besser sei, ein Segen zu sein, als einen Titel zu haben? – Wer mag jener Bauer gewesen sein, der in seiner Treue vorbildlich, in seinem Glauben bedingungslos und in seiner Verkündigung schlichtverständlich, aber voll Geisteskraft gewesen ist? – Wo mag jene Mutter gelebt haben, die im Vertrauen zum Herrn still ihren Weg ging, ihre Kinder betend begleitete, Kranken Trost brachte und Einsame unsagbar froh machte? – Wir kennen die Vielzahl ihrer Namen nicht. Aber sie alle sind in der Ewigkeit eingetragen im Buch des Lebens. Sie haben Glauben gehalten.

Israel wagt das nicht. Sein schreiendes Mißtrauen verfestigt sich zu massiertem Unglauben. Es verwünscht sich und seine Kinder. Lieber wären sie in Ägypten gestorben oder wollten in der Wüste umkommen, als daß sie die Grenze nach Kanaan überschreiten würden. Der Gedanke »Zurück nach Ägypten!« setzt sich bei ihnen fieberhaft fest. Das wäre Wahnsinn! Aber der Mensch, vom Unglauben infiziert, ist taub für Gottes Mahnen und Reden. Deshalb schlagen die Israeliten das mutmachende Wort Josuas und Kalebs in den Wind. Der Unglaube hat sie ganz. Er verfinstert ihren Blick, nimmt ihnen das Gehör und überläßt sie krampfartiger Angst. Sie nehmen eine erneute ägyptische Knechtschaft mit allen ihren drückenden Folgen eher in Kauf, als daß sie sich vom Vertrauen Josuas und Kalebs anstecken lassen. Unter eigener Führung wollen sie zurück in die Gefangenschaft. Wer kann das verstehen?

2. Bußfertiges Einstehen

Mose und Aaron fallen auf ihr Angesicht. Sie stellen sich vor Gott. Zerschlagen stehen sie der Wirklichkeit schneidender Gottlosigkeit gegenüber, Gott wird beschuldigt, als wolle und könne er sein Versprechen nicht einlösen. Dies und noch anderes mag den Tag bis in die Nacht hinein erfüllt haben. Es ist gut, daß wir Einzelheiten nicht wissen, damit wir selber dem Unglauben nicht verfallen. Wo Angst regiert, ist Nüchternheit ausgeklammert. Das Volk sieht gar nicht mehr, daß es viel schwieriger ist, nach Ägypten zurückzuziehen, als in Kanaan einzumarschieren. Dazu fehlt ihm das gediegene Urteilsvermögen. Es wird vom Unglauben genarrt.

Das alles wirft Mose und Aaron zu Boden. Als Priester bringen sie die Schuld, den Ungehorsam, das gotteslästernde Mißtrauen vor den Herrn. Sie beten für das verblendete Volk. Ihr Kummer ist groß und ihre Buße echt.

Währenddessen versuchen Josua und Kaleb, die aufgebrachten Israeliten zur Vernunft zu bringen. Sie locken sie zum hingebenden und wagenden Vertrauen. Ihre ganze Gunst und ihren Einfluß setzen sie ein, um das Volk zum Glaubensgehorsam zu ermuntern. Ihr Mühen fruchtet nichts. Sie reden vergeblich. Ihr Wort wird überhört. Das Volk ist verstockt.

Eine elende Situation für Knechte Gottes tut sich auf. Wenn Gebet und Verkündigung kein durchschlagendes Echo finden, sondern der Unglaube sich verhärtet und die Rebellion gegen Gott wächst, ist das Gericht nicht mehr weit.

Mose und Aaron übersehen die Lage und möchten den unaufhaltsamen Zusammenstoß vermeiden. Es bleiben nur Tote und Schwerverletzte zurück. Wir wissen um die Folgen schwerer Zusammenstöße im Verkehr. Auffahrunfälle bei dem heutigen rasanten Tempo über Landstraßen, auf Autobahnen und durch die Großstädte gehören zum Tagesgeschehen. Blechschäden sind das geringste Übel. Mitunter kommen ganze Familien zu Tode. Bei dem schweren Eisenbahnunglück in Radevormwald ist nahezu eine ganze Schulklasse ausgelöscht worden. Wir stehen betroffen daneben und können nur haltenden Trost wie durchtragenden Glauben für die Leidgeprüften erbitten. Wer so urplötzlich von der Wirklichkeit des Todes gepackt wird, daß er seine Nähe eiskalt und schmerzend spürt, fragt nach dem, was bleibt, oder vergräbt sich anklagend in seinem Leid. Er läßt sich vom Herrn finden oder kehrt ihm trotzig den Rücken. Bei solchen Zusammenstößen geht es stets auf Leben und Tod. Deshalb werfen sich Mose und Aaron dazwischen. Sie können es nicht mitansehen, wie das Volk in seiner Blindheit Gott herausfordert. Es ist von der Hölle entzündet und in seiner Anklage grenzenlos. Seine Mahner will es am liebsten umbringen. Denn wer nicht bekehrt sein will, hält alle für seine persönlichen Feinde, die ihn bekehren möchten. Er weist sie ab, stellt ihnen nach, würde sie am liebsten töten.

Das hat Israel mit dem Sohne Gottes getan. Er bricht über Jerusalem in Tränen aus und stellt nüchtern, aber schmerzvoll fest: »Jerusalem, Jerusalem, die du tötest die Propheten und steinigst, die zu dir gesandt sind! Wie oft habe ich deine Kinder versammeln wollen, wie eine Henne versammelt ihre Küchlein unter ihre Flügel; und ihr habt nicht gewollt!« (Matth. 23, 37; Luk. 13, 34). Dieser hartnäckige Widerstand gegenüber dem Heilshandeln Gottes hält heute noch an. Das moderne Israel ist weit davon entfernt, den gekreuzigten Nazarener als seinen Messias anzuerkennen. Statt dessen warten die orthodoxen Juden voller Hingabe auf den Messias, der da kommen soll. Es wird kein anderer sein als der, den ihre Vorväter gekreuzigt haben, und vor dessen Wort sie noch heute, gleich ihren Vätern, ihr Herz verschließen. Die Decke der Verstockung liegt auf ihnen. Gott hat sie dahingegeben, aber er wird zu seiner Zeit die Decke von ihren Augen nehmen. Dann werden sie sehen, wen sie getötet haben, und erschrecken. Das wird für sie die Stunde der Bekehrung sein.

Noch ist es aber nicht soweit. Mose und Aaron stellen sich unter die Schuld ihres Volkes und leiden unter dem glaubenszersetzenden Irrtum ihrer Väter, Brüder und Söhne. Der Herr schützt und bestätigt sie. In der größten Gefahr springt er ihnen bei und läßt es nicht zu, daß sie vom Volke gesteinigt werden. Er überdeckt mit seiner Herrlichkeit die Stiftshütte und gibt sich allen Kindern Israel kund. Wer jetzt seine beiden Knechte antastet, tastet ihn an. Davor schrecken die Israeliten im Augenblick noch zurück, während Jesus als Sohn Gottes von ihren Nachfahren ans Kreuz geschlagen worden ist. Das macht ihren Irrtum um so schwerer und ihre Schuld um so tödlicher.

Nicht anders sind wir auch. Wir meiden jene, die uns zu Jesus rufen, und hassen alle, die uns Bekehrung predigen. Der Heiland ist nicht unser Mann. Solchen Retter wollen wir nicht. Darin gipfelt unsere Absage.

3. Wagendes Vertrauen

Mose gibt nicht auf. Er hört auf das Gerichtswort Gottes. Durch eine Pest will der Herr das lästernde, ungehorsame und glaubenslose Volk wie *einen* Mann austilgen. Ihr Wunsch, in der Wüste zu sterben, wird zur hautnahen Wirklichkeit. Das haben sie in letzter Konsequenz gewiß nicht bedacht. Dennoch müssen sie jetzt dazu stehen. Sie haben keine andere Wahl, als daß sie umkehrn und Gott die Ehre geben. Ob es dazu bereits zu spät ist, wird sich zeigen.

In der Zwischenzeit ringt Mose mit dem Herrn. Er lehnt das Angebot, ihn zu einem mächtigen Volk zu machen, erneut dadurch ab, daß er für sein starrköpfiges und gottfeindliches Volk eintritt. Das tut er, indem er Gott die Geschichte, die er mit diesem Volk gehabt hat, und die Verheißungen, die er ihm gegeben hat, vorhält. Was würden die Ägypter sagen, wenn sie von dieser Totalvernichtung der Hebräer hören würden? Sie würden an Gottes Stärke zweifeln und sein machtvolles Wort nie mehr ernst nehmen. Ähnlich würden die Völker Kanaans reagieren; denn auch ihnen wird solches Massensterben eines Volkes in der Wüste dicht vor ihren Grenzen nicht verborgen bleiben. Überdies werden sie erfahren, daß der Herr sie durch die Wolke wie in der Feuersäule geführt hat. Dann wird für sie die Vernichtung noch unverständlicher. Mose läßt nicht nach. Er geht so weit, daß er Gott bei seiner Geduld faßt und ihn an seine große Barmherzigkeit erinnert, Sünde zu vergeben. Wird er den Herrn umstimmen? Es bleibt abzuwarten. Der Knecht Gottes wagt es und spricht ihn im Vertrauen auf sein Gebot an, daß er die Sünde der Väter bis ins dritte und vierte Glied heimsuchen wolle. Begrenzte Verfolgung begangenen Ungehorsams sowie grenzenloses Erbarmen befreiender Vergebung sind für Mose die Grundlage seines Ringens um Gnade für sein Volk. Sein priesterliches Eintreten reift zur anhaltenden Fürbitte. Vierzig Tage ringt er mit Gott um Vergebung für seine Landsleute (vgl. 5. Mose 9, 25). Welch bezwingende Treue und welch schonungsloser Einsatz werden darin offenbar!

Uns hat ein anderer freigekauft. Es ist der Sohn Gottes. Wer ihm vertraut, der wird leben; und das in Ewigkeit.

Gott straft das Volk
vor seinem Mann

Und der Herr sprach: Ich habe vergeben, wie du es erbeten hast. Aber so wahr ich lebe und alle Welt der Herrlichkeit des Herrn voll werden soll: Alle die Männer, die meine Herrlichkeit und meine Zeichen gesehen haben, die ich getan habe in Ägypten und in der Wüste, und mich nun zehnmal versucht und meiner Stimme nicht gehorcht haben, von denen soll keiner das Land sehen, das ich ihren Vätern zu geben geschworen habe; auch keiner soll es sehen, der mich gelästert hat. Nur meinen Knecht Kaleb, weil ein anderer Geist in ihm ist und er mir treu nachgefolgt ist, den will ich in das Land bringen, in das er gekommen ist, und seine Nachkommen sollen es einnehmen, während die Amalekiter und Kanaaniter in der Ebene wohnen bleiben. Morgen wendet euch und zieht in die Wüste auf dem Wege zum Schilfmeer! Und der Herr redete mit Mose und Aaron und sprach: Wie lange murrt diese böse Gemeinde gegen mich? Ich habe das Murren der Kinder Israel, womit sie gegen mich gemurrt haben, gehört. Darum sprich zu ihnen: So wahr ich lebe, spricht der Herr: Ich will mit euch tun, wie ihr vor meinen Ohren gesagt habt. Eure Leiber sollen in dieser Wüste verfallen. Alle, die ihr gezählt seid von zwanzig Jahren an und darüber, die ihr gegen mich gemurrt habt, wahrlich ihr sollt nicht in das Land kommen, über das ich meine Hand zum Schwur erhoben habe, euch darin wohnen zu lassen, außer Kaleb, dem Sohn Jephunnes, und Josua, dem Sohn Nuns. Eure Kinder aber, von denen ihr sagtet: Sie werden ein Raub sein, die will ich hineinbringen, daß sie das Land kennenlernen, das ihr verwerft. Aber eure eigenen Leiber sollen in dieser Wüste verfallen. Und eure Kinder sollen Hirten sein in der Wüste vierzig Jahre und eure Untreue tragen, bis eure Leiber aufgerieben sind in der Wüste. Nach der Zahl der vierzig Tage, in denen ihr das Land erkundet habt – je ein Tag soll ein Jahr gelten –, sollt ihr vierzig Jahre eure Schuld tragen, auf daß ihr innewerdet, was es sei, wenn ich die Hand abziehe. Ich, der Herr, habe es gesagt, und wahrlich, das will ich auch tun mit dieser ganzen bösen Gemeinde, die gegen mich empört hat. In dieser Wüste sollen sie aufgerieben werden und dort sterben. So starben vor dem Herrn durch eine Plage alle die Männer, die Mose ausgesandt hatte, um das Land zu erkunden, und die zurückgekommen waren und die ganze Gemeinde gegen ihn zum Murren verleitet hatten, dadurch, daß sie über das Land ein böses Gerücht aufbrachten. Aber Josua, der Sohn Nuns, und Kaleb, der Sohn Jephunnes, blieben am Leben von den Männern, die gegangen waren, um das Land zu erkunden. Als Mose diese Worte allen Kindern Israel sagte, da trauerte das Volk sehr. Und sie machten sich früh am Morgen auf und zogen auf die Höhe des Gebirges und sprachen: Hier sind wir und wollen hinaufziehen in das Land, von dem der Herr geredet hat; denn wir haben gesündigt. Mose aber sprach: Warum wollt ihr das Wort des Herrn übertreten? Es wird euch nicht gelingen. Zieht nicht hinauf – denn der Herr ist nicht unter euch –, daß ihr nicht geschlagen werdet von euren Feinden. Denn die Amalekiter und Kanaaniter stehen euch dort gegenüber, und ihr werdet durchs Schwert fallen, weil ihr euch vom Herrn abgekehrt habt, und der Herr wird nicht mit euch sein. Aber sie waren so vermessen und zogen hinauf auf die Höhe des Gebirges; aber die Lade des Bundes des Herrn und Mose wichen nicht aus dem Lager. Da kamen die Amalekiter und Kanaaniter, die auf dem Gebirge wohnten, herab und schlugen und zersprengten sie bis nach Horma (4. Mose 14, 20–45).

Wer hier von einer Vertrauenskrise zwischen Gott und seinem Volk redet, verharmlost die Ereignisse. Er übersieht, daß sie sich zu einer offenen Rebellion ausgeweitet hat, die sich nicht mit guten Worten und frommen Sprüchen zurücknehmen läßt. Kein Mensch kann ein Geschehen ausradieren oder wegwischen. Es bleibt bestehen, weil es unaustilgbares Ereignis geworden und in die Geschichte eingegangen ist. Damit ist es nicht mehr reparabel. Niemand wird es ausbessern noch verwischen können. Die Sünde bleibt. Sie kann nur vergeben werden.

Das weiß Mose. Deshalb ringt er 40 Tage (5. Mose 9, 25) mit Gott um sein ungehorsames, starrsinniges und ungläubiges Volk. Er kann es nicht vertragen, wenn der Herr nicht ernst genommen wird. Schon der Anschein eines Ehrfurchtschwundes schmerzt ihn. Letzten Endes geht es dem Knecht Gottes um die uneingeschränkte Autorität des Herrn im Lebensalltag seiner Landsleute. Sie will er nicht angetastet sehen. Denn wer Gott im Leben und im Sterben nicht vorbehaltlos anerkennt und ihm nahtlos vertraut, der hat mit ihm gebrochen. Wer nicht bereitwillig hinter ihm hergeht, der steht bewußt oder unbewußt gegen ihn. Entweder mit ihm oder gegen ihn.

Solche Konsequenz ist hart und den wenigsten bewußt. Sie lassen sich vom Ungehorsam bis zur offenen Rebellion gegen Gott verführen und sterben an ihrer eigenen Unbußfertigkeit. Dahin hat sich Israel treiben lassen. Sein Weg ist heillos verbaut. Es kann weder vorwärts noch zurück. Das ist die Folge seines Ungehorsams.

Wer wollte darüber richten? Sind wir nicht alle in gleicher Versuchung und damit in derselben Verdammnis? Wir können nur anhaltend bitten: »Und führe uns nicht in Versuchung, sondern erlöse uns von dem Bösen!« Darin liegt unsere einzige Chance: »Das Blut Jesu Christi macht uns rein von aller Sünde« (1. Joh. 1, 7).

1. Einreisesperre als Folge geballten Unglaubens

Mose bekommt von Gott eine eindeutige Antwort. Sie ist klar und zweifelsfrei. Er vergibt seinem Volk. Es soll nicht in einem Augenblick vernichtet werden. Der Herr hat Geduld. Der Tatbestand ist ermittelt und unstrittig. Wer wollte auch mit Gott rechten? Das wäre vermessen. Nur der Zweifler bringt so etwas fertig.

Hiob muß sich von Gott gefallen lassen, daß er ihn hierauf anspricht (Hiob 40, 2). Er demütigt sich vor ihm, weil ihm schlagartig deutlich wird, daß er zu weit gegangen ist. Deshalb kann Paulus schlechthin fragen: »Wer bist du, daß du mit Gott rechten willst?« (Röm. 9, 10). Wir haben dazu keine Handhabe.

Das Geschöpf kann nicht ohne ernste Folgen gegen den Schöpfer stehen. Er verklagt den, aus dessen Meisterhand es kommt. Deshalb können die fortgesetzten Revolten Israels gegen seinen eigentlichen König und Herrn nicht im Austausch von Noten auf diplomatischem Wege beigelegt werden. Denn hier stehen sich keine gleichberechtigten Partner gegenüber, sondern der allmächtige Herr und sein schwankendes Volk.

Eine Partnerschaft gründet sich auf Gegenseitigkeit. Sie ist nur lebensfähig, wenn beide alles einbringen, was sie besitzen. Deshalb kann der Herr nie unser Partner sein. Er hat zwar alles, selbst seinen einzigen Sohn für unsere Schulden eingebracht, aber ohne Gegenleistung. Niemand von uns hat etwas auf dem Konto noch in der Hand.

Ein Afrikaner, der im Alter zu Jesus kam, bekannte: »Jetzt bin ich gerettet, aber ich habe nichts auf meinem Konto.« Er meinte damit, daß er für Jesus nichts mehr tun könne, weil er gebrechlich und schwach geworden sei. Er wäre ein Pflegefall. Sind wir das im Grunde genommen nicht auch? Wir bleiben auf die pflegerische Treue Jesu und seinen bewahrenden Eingriff zeitlebens angewiesen.

Es ist nicht unserem Einsatz zu danken, wenn sich einer vom Sohne Gottes finden läßt. Er hat ihm das Herz aufgetan, nicht wir. Die Modesaloninhaberin Lydia in Philippi ist uns dafür beispielhaft (Apg. 16, 14). Weil wir so mittellos arm sind, ist uns Gott in Jesus Christus unser Vater geworden. Das geht über alle Partnerschaft hinaus und macht uns zu seinen Kindern.

Kinder sind nicht Partner ihrer Eltern, sondern Fleisch von ihrem Fleisch. Sie haben Heimatrecht und gehören zu den Erben ersten Grades. Wer darin keinen Unterschied sieht, ist nie ganz Kind gewesen. Ein Kind sucht nicht den Partner, sondern die Nähe des Vaters, weil es sich da geborgen weiß.

Israel hat sich in letzter Zeit zehnmal gegen den Herrn gestellt. Das steht unbestreitbar fest (2. Mose 14, 11; 15, 23; 16, 2 f.; 16, 20; 16, 27 f.; 17, 2; 32, 1 ff.; 4. Mose 11, 1; 11, 4; 13, 14) und ist nicht zu leugnen. Gleichzeitig ist es der Kern der Krankheit. Darum bekommt das Volk die Einreise nach Kanaan gesperrt. Es würde andere anstecken, sie zum Unglauben verführen oder sie in ihrer heidnischen Gottlosigkeit bestärken.

Gott zieht die Pässe ein. Israel muß warten. Durch den eigenen Ungehorsam haben sich die Hebräer um das Ziel ihrer Reise gebracht. Sie bleiben draußen. Das ist kein unfreundlicher Akt von seiten Gottes, sondern die Folge ihres Vertrauensbruches. Er hat dadurch keinen Prestigeverlust, sondern festigt seine unwandelbare Treue wie seine unbeugsame Gerechtigkeit. Der Herr bleibt derselbe: gestern, heute und in Ewigkeit (Hebr. 13, 8). Daran wird sich niemals etwas ändern.

2. Wüstentod als Quittung innerer Auflehnung

Vergebung bedeutet nicht Straffreiheit. Das würde der Gerechtigkeit Gottes widersprechen. Er kann nicht so tun, als sei nichts geschehen. Israel hat gegen ihn revoltiert. Es hat ihn angeklagt und mit Vorwürfen grundlos überschüttet. Das läßt sich nicht aus der Welt schaffen. Uns ist vergeben, weil Jesus unsere Schuld auf sein Konto hat umbuchen lassen: »Die Strafe liegt auf ihm, auf daß wir Frieden hätten« (Jes. 53, 5). Der leidende Gottesknecht, von dem der Prophet Jesaja trostvoll redet, ist kein anderer als der

Sohn Gottes. Er bleibt uns zum Heil gesetzt, damit wir leben sollen. Wem das aufgeht, der läßt sich von Jesus ohne Widerspruch ergreifen und bekennt, daß ihn nichts von der Liebe Gottes scheiden kann, die in Christo Jesu ist, seinem Herrn (Röm. 8, 39). Freilich weiß er, daß er dadurch noch nicht vollkommen ist. Er jagt ihm aber nach, ob er es ergreifen möchte, nachdem er von Christus ergriffen ist (Phil. 3, 12). In jedem Fall geht der Heilsaneignung das persönliche Schuldbekenntnis voraus. Ohne solches Anerkenntnis bleibt der Kreuzestod Jesu für den einzelnen eine Mustersendung ohne Wert. Er lebt an ihr vorbei.

Erst als der junge Graf Zinzendorf in der Dresdener Gemäldegalerie vor dem Bild des Gekreuzigten stand, mußte er sich fragen lassen: »Das tat ich für dich! Was tust du für mich?« Kurzerhand hat er seine Orientierungsreise durch Völker und Länder abgebrochen, ehe er sie richtig begonnen hatte. Er war im Bilde. Was brauchte er mehr als Vergebung seiner Schuld! Er hatte, wie einst Philippus, den gefunden, von dem Mose und die Propheten geschrieben haben (Joh. 1, 45). Jesus ist ihm zur köstlichsten Perle geworden, für deren Aneignung er alles verkaufte, was er hatte (Matth. 13, 45 f.). Dadurch steht er mit Paulus in einer Front. Denn was ihm bisher Gewinn war, das hat er um Christi willen für Schaden geachtet (Phil. 3, 7). Fortan betet eine unübersehbare Schar das Lamm Gottes an, denn er hat sich selbst zur Erlösung für alle gegeben (1. Tim. 2, 6; Gal. 1, 4; Eph. 1, 7. 14; 4. 30; Hebr. 9, 12). Ob wir uns in dieser Schar der Anbeter befinden?

Das ist nicht selbstverständlich. Ein Frühinvalide, der unter den Auswirkungen einer heimtückischen Krankheit schwer zu leiden hatte, bekannte, daß er ein Kind Gottes geworden sei. Das Wort Gottes habe an ihm seine erlösende Sprengkraft erwiesen. Er sei befreiter und zielgerichtet. Ihm ist Jesaja 43, 1 b der Anruf zur persönlichen Heilsaneignung geworden.

Israel steht unter Strafe. Die Ursache ist sein Unglaube. Das Urteil wird verschärft, weil das Volk weiter murrt. Alle Mießmacher und Meckerer werden in der Wüste umkommen und das Land der Verheißung nicht sehen. Der plötzliche Tod der zehn Kundschafter, die die Hebräer zur Meuterei verleitet haben, ist nur der Auftakt. Die Strafhaft in der Wüste wird auf vierzig Jahre ausgedehnt. So erweist Gott seine Gerechtigkeit an den ungläubigen Vätern, aber seine Treue und Wahrhaftigkeit verherrlicht er an deren Kindern. Sie dürfen Kanaan in Besitz nehmen. Vorerst sind sie mit in der Haft. Genauso hat Gott den ersten Sündern vergeben, aber bei dem Wort vom Tode ist es geblieben (1. Mose 3, 16 ff.). Der Ungehorsam des ersten Adam fordert den Gehorsam des zweiten Adam heraus (Röm. 5, 17 ff. u.a.). Das verlangt Gottes Gerechtigkeit. Sie ist unabänderlich.

3. Heilszuspruch als Erweis erbetener Vergebung

Dieses Strafgericht am Volk Israel wird im Neuen Testament der Gemeinde Jesu warnend vorgehalten (1. Kor. 10, 5 ff.; Hebr. 3, 7 ff.; Judas 5). Sie hat es mit dem gleichen Herrn zu tun wie die Hebräer. Er ist der unbeugsame Richter über uns alle. Wir sind der Sünde verfallen und damit dem Tode übergeben (Röm. 5, 12; 6, 23). Deshalb haben wir uns zu bekehren, damit unsere Sünden vertilgt werden (Apg. 3, 19). Dazu fordert Petrus seine Mitmenschen auf, nachdem das Wunder der Heilung an dem lahmen Bettler vor der »schönen« Tür des Tempels geschehen ist (Apg. 3, 6 ff.). Bekehrung ist kein Zauberwort, keine magische Formel noch ein hohler Lehrsatz, sondern will sich in uns und an uns ereignen. Wir sind falsch programmiert. Das Alte muß restlos heraus. Jesus hat uns von Grund auf neu zu gestalten. Darin besteht die Wende in unserm Leben. Deshalb werden wir ohne des Gesetzes Werke allein durch den Glauben gerecht (Röm. 3, 28). Solche Gnade kann nicht in verschiedener Verdünnung verabreicht und eingenommen werden. Sie hat keine Wirkung. Menschliche Zusätze verändern sie völlig. Sie machen sie zur Schleuderware oder lassen sie zu einer unverkäuflichen Schaufensterauslage werden, die am Ende nur noch Attrappe ist. Gnade will unverdünnt und ohne Zusätze genommen werden. Sie ist Urtinktur des Glaubens.

Israel kennt den Sohn Gottes noch nicht. Es hat in Mose den Mittler zu Gott. Er hat sich in priesterlicher Geduld und aufopfernder Treue für sein Volk eingesetzt, sonst wäre es bereits vom Erdboden verschwunden. Die Väter verfallen der zeitlichen Strafe. Ihre Kinder leiden mit unter dem Gericht. Sie müssen in der Wüste bleiben, bis der letzte Rebell gestorben ist. Erst dann dürfen sie in das Land der Verheißung. Kaleb und Josua sind aus der Strafvollstreckung herausgenommen. Sie haben dem Herrn vertraut. Das ist das Geheimnis ihrer Bewahrung.

Wer sich an Jesus anseilt, wird in der anbrechenden Gerichtszeit nicht umkommen. Selbst der Satan kann ihn nicht hinterrücks rauben. Er steht in des Herren Hand. Darin bleibt er geborgen.

Die aufkeimende Traurigkeit des Volkes geht nicht tief genug. Sie verwurzelt sich im menschlichen Erdreich, anstatt sich in den Boden göttlicher Wahrheit, Gerechtigkeit und Treue einpflanzen zu lassen. Deshalb kommt es bei ihr zu keinem Fruchtansatz, geschweige denn zu ausgereiften Früchten. Die Eigenwilligkeit und der Starrsinn wuchern wild und wachsen aus. Nimmt es da wunder, daß Israel gegen Gottes Willen den Kampf mit den Amalekitern und Kanaanitern aufnimmt? Seine hochschießende Vermessenheit macht es maßlos. In seiner Blindheit läuft es geradewegs in den Tod. Da nützt kein Raten mehr. Erst später hat es hier im Glauben gesiegt (4. Mose 21, 3; Richt. 1, 17). Der Umweg ist von ihm verschuldet.

Wir siegen nur mit dem lebendigen Gott und im Gekreuzigten, weil er der unantastbare Sieger bleibt.

Gott richtet die Meuterer durch seinen Mann

Und Korah, der Sohn Jizhars, des Sohnes Kehaths, des Sohnes Levis, dazu Dathan und Abiram, die Söhne Eliabs, und On, der Sohn Peleths, die Söhne Rubens, die empörten sich gegen Mose, dazu zweihundertundfünfzig Männer unter den Kindern Israel, Vorsteher der Gemeinde, von der Versammlung berufen, namhafte Leute. Und sie versammelten sich gegen Mose und Aaron und sprachen zu ihnen: Ihr geht zu weit! Denn die ganze Gemeinde, sie alle sind heilig, und der Herr ist unter ihnen. Warum erhebt ihr euch über die Gemeinde des Herrn? Als Mose das hörte, fiel er auf sein Angesicht und sprach zu Korah und zu seiner ganzen Rotte: Morgen wird der Herr kundtun, wer ihm gehört, wer heilig ist und zu ihm nahen soll; wen er erwählt, der soll zu ihm nahen. Dies tut morgen: Nehmt euch Pfannen, Korah und seine ganze Rotte, und legt Feuer hinein und tut Räucherwerk darauf vor dem Herrn. Wen dann der Herr erwählt, der ist heilig. Ihr geht zu weit, ihr Söhne Levi! Und Mose sprach zu Korah: Höret doch, ihr Söhne Levi! Ist's euch zu wenig, daß euch der Gott Israels ausgesondert aus der Gemeinde Israel, ihm zu nahen, damit ihr euer Amt ausübt an der Wohnung des Herrn und vor die Gemeinde tretet, um ihr zu dienen? Er hat dich und mit dir alle deine Brüder, die Söhne Levi, zu sich nahen lassen; und ihr sucht nun auch das Priestertum? Du und deine ganze Rotte, ihr macht einen Aufruhr wider den Herrn! Es ist nicht Aaron, gegen den ihr murrt. Und Mose schickte hin und ließ Dathan und Abiram rufen, die Söhne Eliabs. Sie aber sprachen: Wir kommen nicht! Ist's nicht genug, daß du uns aus dem Land geführt hast, darin Milch und Honig fließt, und uns tötest in der Wüste, Mußt du auch noch über uns herrschen? Wie fein hast du uns gebracht in ein Land, darin Milch und Honig fließt, und hast uns Äcker und Weinberge zum Erbteil gegeben! Willst du den Leuten auch die Augen ausreißen? Wir kommen nicht! Da ergrimmte Mose sehr und sprach zu dem Herrn: Wende dich nicht zu ihrem Opfer. Ich habe nicht einen Esel von ihnen genommen und habe keinem von ihnen ein Leid getan. Und Mose sprach zu Korah: Du und deine ganze Rotte, ihr sollt morgen vor den Herrn kommen, du und sie und Aaron. Und ein jeder nehme seine Pfanne und lege Räucherwerk darauf, und tretet hin vor den Herrn, ein jeder mit seiner Pfanne, zweihundertundfünfzig Pfannen; auch du und Aaron, ein jeder mit seiner Pfanne. Und ein jeder nahm seine Pfanne und legte Feuer hinein und tat Räucherwerk darauf, und sie traten vor die Tür der Stiftshütte und Mose und Aaron auch. Und Korah versammelte gegen sie die ganze Gemeinde vor der Tür der Stiftshütte. Da erschien die Herrlichkeit des Herrn vor der ganzen Gemeinde. Und der Herr redete mit Mose und Aaron und sprach: Scheidet euch von dieser Gemeinde, damit ich sie im Nu vertilge. Sie fielen aber auf ihr Angesicht und sprachen: Ach Gott, der du bist der Gott des Lebensgeistes für alles Fleisch, wenn ein einziger Mann gesündigt hat, willst du darum gegen die ganze Gemeinde wüten? Und der Herr redete mit Mose und sprach: Sage der Gemeinde: Weicht ringsherum zurück von der Wohnung Korahs und Dathans und Abirams. Und Mose stand auf und ging zu Dathan und Abiram, und die Ältesten Israels folgten ihm nach; und er redete mit der Gemeinde und sprach: Weicht von den Zelten dieser gottlosen Menschen und rührt nichts an, was sie haben, damit ihr nicht auch umkommt durch all ihre Sünde. Und sie gingen hinweg von der Wohnung Korahs, Dathans und Abirams. Dathan aber und Abiram gingen heraus und traten an die Tür ihrer Zelte mit ihren Frauen und Söhnen und

kleinen Kindern. Und Mose sprach: Daran sollt ihr merken, daß mich der Herr ge-
sandt hat, alle diese Werke zu tun, und daß ich sie nicht tue aus meinem eigenen Her-
zen: Werden sie sterben, wie alle Menschen sterben oder heimgesucht, wie alle Men-
schen heimgesucht werden, so hat mich der Herr nicht gesandt; wird aber der Herr et-
was Neues schaffen, daß die Erde ihren Mund auftut und sie verschlingt mit allem,
was sie haben, daß sie lebendig hinunter zu den Toten fahren, so werdet ihr erken-
nen, daß diese Leute den Herrn gelästert haben. Und als er alle diese Worte beendet
hatte, zerriß die Erde unter ihnen und tat ihren Mund auf und verschlang sie mit ih-
ren Sippen, mit allen Menschen, die zu Korah gehörten, und mit all ihrer Habe. Und
sie fuhren lebendig zu den Toten hinunter mit allem, was sie hatten, und die Erde
deckte sie zu, und sie kamen um, mitten aus der Gemeinde heraus. Und ganz Israel,
das um sie her war, floh vor ihrem Geschrei; denn sie dachten: Daß uns die Erde nicht
auch verschlinge! Und Feuer fuhr aus von dem Herrn und fraß die zweihundertund-
fünfzig Männer, die das Räucherwerk opferten (4. Mose 16, 1-35).

Wo Ungehorsam Wurzeln geschlagen hat, ist er wie Unkraut, das wild wuchert und nichts von der ausgestreuten Saat aufkommen läßt. In der Blüte-
zeit wird der Same weit getragen, keimt und beginnt sein Werk erneut. Er
breitet sich ungeahnt schnell aus, indem er Schwerpunkte errichtet. Nur
durch energisches Eingreifen wird dem Übel gewehrt. Es muß bei der Wurzel gepackt werden.

Israel hat sich die Tür selbst zugeschlagen. Seine Väter kommen nicht in das
verheißene Land. Obgleich es diese Tatsache täglich vor Augen hat, wuchert der Ungehorsam weiter. Das Volk murrt, klagt, ist unwillig und wird
unzufrieden mit sich und seinem Weg. Einzelne sprechen es aus. Andere
machen sich solche Aussagen zu eigen. So etwas geschieht schnell und vollzieht sich unter der Hand. Ehe sich Mose versieht, wird Anklage erhoben.
Er ist zur unerwünschten Person geworden. Deshalb soll er abgelöst werden. Zumindest darf er nicht das entscheidende Wort haben. Sein Einfluß
muß begrenzt, seine Macht muß zurückgeschnitten werden.

Im Untergrund arbeitet eine Gruppe hieran. Sie gewinnt immer mehr an
Einfluß. Ihre Mitgliederzahl steigt. Die geheimen Befürworter ihrer The-
sen sitzen in allen Bereichen und haben ihre Vertrauensmänner in allen
Stämmen. Die Revolution ist nicht mehr aufzuhalten. Die Welle innerer
Auflehnung Israels gegen Gott und seinen Mann steigt.

1. Wachsende Empörung

Mose weiß darum. Er kennt das Volk. Deshalb steht er den Ereignissen
furchtlos gegenüber. Der Herr wird für ihn streiten. Das hat er in seinem
Leben ungezählte Male erfahren. Darüber könnte er Erinnerungen schreiben. Sie würden nur die bewahrende Gnade Gottes zum Thema haben. Alles hätte sich dieser Tatsache unterzuordnen. Mose bleibt, was er ist, der
Bevollmächtigte seines Herrn und der Diener seines Volkes. Ob Israel ihm
das honoriert, ist ihm einerlei. Er will keine Ehren, sondern ihm ist es Anerkennung genug, daß er darf.

Das wollen die Gegner nicht sehen. Angesehene Männer aus dem Stamm Levi und Ruben bilden die Opposition. Sie haben sich bereits zu einer geschlossenen Fraktion zusammengetan. Das Wort führt der Levit Korah. Er ist mit Mose verwandt. Ihre Väter Jizhar und Amram sind Brüder (2. Mose 6, 18. 21). Hier steht der Vetter gegen den bevollmächtigten und beglaubigten Knecht Gottes. Er bekommt Verstärkung durch Dathan, Abiram und On vom Stamme Ruben. Letzterer wird nur in diesem Zusammenhang erwähnt. Er scheint unbedeutend, ein Mitläufer gewesen zu sein.

Die Verschwörer sind sich absolut einig, Mose und Aaron zu stürzen. Dieses Ziel steuern sie unerschrocken an. Ihren Einfluß wissen sie geschickt zu vergrößern, und ihre Machtposition bauen sie nach allen Richtungen aus. Was will der einzelne in Israel gegen sie sagen! Ihre Argumente sprechen für sie. Die Vernunft ist auf ihrer Seite.

Wo das Vertrauen zu den Führungen Gottes weicht, wird die Vernunft zur letzten Größe erhoben. Das ist damals wie heute das gleiche. Wer dem Worte Gottes seine bleibende Verbindlichkeit nimmt, hat die Vernunft als einzige Korrekturgröße. Sie wird vergöttert, umworben und neu eingekleidet. Jede Zeit ist daran beteiligt. Der Vernunftglaube hat immer seine Anbeter gehabt und findet sie noch heute in allen Volksschichten und Berufsständen. Er vertritt die These, daß nur der glauben könne, der auch zu denken gelernt habe. Für sie ist Glaube lediglich ein Denkvorgang, der sich im Bereich der Vernunft vollzieht.

Im Gegensatz dazu preist Jesus den Vater, daß er es den Weisen und Klugen verborgen und es den Unmündigen offenbart habe (Matth. 11, 25). Denn aus dem Munde der Unmündigen und Säuglinge hat er sich ein Lob zugerichtet (Ps. 8, 3; Matth. 21, 16). Nicht Hohepriester und Schriftgelehrte sind auf Grund ihres Amtes und ihrer geistigen Stellung bereits vor Gott angenehm, sondern dadurch, daß der Herr an ihnen gestalten kann. Dabei kommt es nicht so sehr auf die Beweglichkeit ihres Denkens an, sondern vielmehr auf die Bereitschaft ihres Herzens, ihrem Gott ganz zu gehören.

In Afrika ist ein zwölfjähriger Junge zum Glauben an den Herrn Jesus Christus gekommen. Er möchte, daß seine Eltern auch den Heiland finden. Was macht er? Da sie wenig Wohnraum haben, betet er täglich im Hühnerstall und ringt in kindlichem Vertrauen um das Seelenheil seiner Eltern. Der Herr erhört sein Gebet. Dieser Junge hat begriffen, um was es geht. Er wird zum Zeugen seines Heilandes und weiß sich vor Jesus seinen Eltern verpflichtet. Das macht ihn zum Seelsorger. Er ist ein Geistlicher; nämlich ein Mensch, der sich vom Geiste Gottes leiten läßt. Solche Leute haben wir nötig. Sie prägen das Bild der Gemeinde, weil sie sich von Jesus gestalten lassen. Dadurch schaffen sie Atmosphäre.

Für Mose kommt die Verschwörung aus der eigenen Verwandtschaft. Das ist häufig so. Die einmal mit dabeigewesen sind und die Nähe Gottes erfahren haben, können später zu erbitterten Feinden werden. Weil sie den Herrn nicht zu fassen bekommen, greifen sie seine Gesalbten, die Knechte

Gottes an. Jesus hat es nicht anders durch sein Volk erfahren. Hohepriester, Schriftgelehrte und Pharisäer haben ihn ans Kreuz gebracht. Sie wollten nicht, daß dieser über sie herrsche (Luk. 19, 14). Mit diesem Satz hat Jesus den Kern aller Ablehnung getroffen. Im Grunde wollen sie ganz groß heraus. Dazu ist ihnen jedes Mittel recht. Deshalb darf es nicht wahr sein, daß er der verheißene Messias ist.

Saulus ist diesem Irrtum erlegen, bis Jesus ihn vor Damaskus überwand. So wird es auch der Gemeinde der Letztzeit gehen. Sie kann sich diesem Geschehen nicht entziehen.

2. Frevelhafter Hochmut

Die Anhänger Korahs sind sich ihrer Sache ganz sicher. Auf Mose hören sie nicht mehr, obgleich er um sie ringt und ihnen klarmacht, daß sie zu weit gegangen seien. Sie lehnen jede Begegnung mit ihm ab, seine Einladung zu ihm zu kommen, beantworten Dathan und Abiram frech mit einem »Nein«. Damit schlagen sie die Freundeshand aus. Das bedeutet viel. Vielmehr fangen sie an zu spotten, um Mose zu ärgern und zu reizen. Es ist der gleiche Ton, mit dem das Volk Jesus begegnet, wenn es ruft, daß er vom Kreuz steigen solle, er sei doch Gottes Sohn (Matth. 27, 42 f.).

An dem Hochmut der Menschen ändert sich nichts. Er äußert sich stets in gleicher Form. Sarkastisch erhebt er sich über jeden Glauben. So äußert sich ein Leser zu einem Bericht über die Erweckungsbewegung unter den Drogensüchtigen in einer deutschen Wochenzeitung höhnisch: »Heiland als Rauschgiftersatz! Kann sich das ›Eiapopeia vom Himmel‹ (Freud) noch deutlicher entlarven?« Ein anderer kann nicht umhin, daraus den Schluß zu ziehen, daß Religion Opium fürs Volk sei. Wir stehen betroffen davor. Uns schmerzen solche Stimmen. Im letzten Grunde treffen sie nicht uns, sondern den Herrn, der sein Leben für alle, auch für die, die spöttisch höhnen, gegeben hat. Sie sind zu bedauern, weil sie nicht wissen, was sie schreiben, sagen oder tun.

Mose ergrimmt über solche Vermessenheit, die in Verstockung übergegangen ist. Er verwendet sich nicht mehr für sie beim Herrn, sondern bittet, daß er jetzt Klarheit schaffe. Die Gottlosen sollen vor der ganzen Gemeinde offenbar werden. Hier kann nur noch durch ihn die Scheidung vollzogen werden. Denn sie sehen alle als heilig an, die Israeliten sind. Die Kirchenzugehörigkeit genügt. Wer getauft und konfirmiert ist, wird als Christ registriert. Er zahlt seine Kirchensteuern und bekommt dafür ein kirchliches Begräbnis. Heilsaneignung durch Bekehrung ist nicht gefragt. Allein die Mitgliedschaft reicht aus. Wer anders redet und denkt, klassifiziert und richtet in ihren Augen Schranken auf. Er wird als überspannt abgetan. Das ist die bequemste Art, ihn loszuwerden.

Den Keim zur Verschwörung hat bei Korah und seinen Leuten die Eifersucht gelegt. Sie können es nicht vergessen, daß die Erstgeburtsrechte von

Ruben auf Juda gegangen sind (1. Mose 49, 4. 8). Jetzt wollen sie Priesterwürde und Regierungsgewalt. Sie versuchen beides zu bekommen, indem sie dem Volk bessere Lebensbedingungen versprechen, anstatt es zur Buße zu rufen. Wer mit dem Brotkorb winkt, bekommt noch heute die Leute. Der Schuldfrage weichen sie aus. Diese Taktik ist uralt und verfehlt ihre Wirkung nie.

3. Ausreifendes Gericht

Zwischen Gläubigen und Gottlosen wird kein Unterschied mehr gemacht. Glaubensgehorsam ist ein überholter Begriff. Die rechte Tat nehmen sie wichtiger als die rechte Lehre. Für das Wohl des Volkes treten sie ein. Um das Heil machen sie sich keine Sorgen. Sie sind blind für das Wirken Gottes. Darum rufen Mose und Aaron die ganze Gemeinde auf, sich von den Wohnplätzen Korahs, Dathans und Abirams zu trennen. Das Gericht steht vor der Tür. Mose verkündet ihnen das Urteil. Gott wird reden. Er richtet recht.

Die Trennung ist bereits vollzogen. Mose hat sich für seine Gemeinde verwandt. Gott wollte sie alle vernichten. So weit ist das Gift innerer Auflehnung bereits vorgedrungen. Alle stehen in Gefahr und wissen es nicht. Der Herr läßt sich von Mose erbitten. Wer mit den Gottlosen an einem Joch zieht, kommt mit ihnen um (2. Kor. 6, 14; Gal. 5, 1). Deshalb dürfen die Israeliten mit den Verschwörern nichts gemein haben. Das wäre für sie alle lebensbedrohlich. Sie können nur warten. Beide Seiten stehen sich gegenüber. Es gibt keine Verbindung mehr hinüber und herüber. Die Trennung ist perfekt.

So wird es einmal vor dem Kommen, der Wiederkunft Jesu sein. Die Fronten sind klar. Die Scheidung hebt sich deutlich ab. Das gehört zur Gerichtssituation unserer Welt.

Indem die gottlosen Verschwörer mit ihren Frauen, Söhnen und Kleinkindern vor ihren Zelten stehen, verschlingt sie plötzlich die Erde, während die zweihundertfünfzig Männer, die das Räucherwerk opfern, bei lebendigem Leibe verbrennen. Die einen werden mitten aus der Gemeinde herausgerissen, die anderen verbrennen im Feuer des Herrn, weil sie zum Opferdienst nicht berufen sind. Mose ist durch dieses Gericht vor dem ganzen Volk erneut in Amt und Dienst bestätigt.

So hart kann Gott sein. Täuschen wir uns nicht! Wer mit ihm spielt, fordert ihn heraus. Und was das heißt, haben wir an Korah und seinen Leuten gesehen. Ob wir daraus lernen? Es wäre nur zu unserem Besten!

Gott erstickt den Aufruhr gegen seinen Mann

Und der Herr redete mit Mose und sprach: Sage Eleasar, dem Sohn des Priesters Aaron, daß er die Pfannen aufhebe aus dem Brand und streue das Feuer weit hinweg. Denn die Pfannen dieser Sünder, die umgekommen sind, gehören dem Heiligtum. Man schlage sie zu breiten Blechen, daß man den Altar damit überziehe denn sie haben sie hingebracht vor den Herrn, so daß sie geheiligt sind; sie sollen den Kindern Israel ein Zeichen sein. Und Eleasar, der Priester, nahm die kupfernen Pfannen, die die Verbrannten herangebracht hatten, und schlug sie zu Blechen, um den Altar zu überziehen; als Mahnzeichen für die Kinder Israel, daß kein Fremder, der nicht vom Geschlecht Aarons ist, sich nahe, um Räucherwerk zu opfern vor dem Herrn, damit es ihm nicht gehe wie Korah und seiner Rotte, wie der Herr zu ihm geredet hatte durch Mose. Am andern Morgen aber murrte die ganze Gemeinde der Kinder Israel gegen Mose und Aaron, und sie sprachen: Ihr habt des Herrn Volk getötet. Und als sich die Gemeinde versammelte gegen Mose und Aaron, wandten sie sich zu der Stiftshütte: und siehe, da wurde sie bedeckt von der Wolke, und die Herrlichkeit des Herrn erschien. Und Mose und Aaron gingen hin vor die Stiftshütte. Und der Herr redete mit Mose und sprach: Hebt euch hinweg aus dieser Gemeinde; ich will sie im Nu vertilgen! Und sie fielen auf ihr Angesicht. Und Mose sprach zu Aaron: Nimm die Pfanne und tu Feuer hinein vom Altar und lege Räucherwerk darauf und geh eilends zu der Gemeinde und schaffe für sie Sühne; denn der Zorn ist von dem Herrn ausgegangen, und die Plage hat angefangen. Und Aaron tat, wie ihm Mose gesagt hatte, und lief mitten unter die Gemeinde; und siehe, die Plage hatte schon angefangen unter dem Volk. Da räucherte er und schaffte Sühne für das Volk und stand zwischen den Toten und den Lebenden. Da wurde der Plage gewehrt. Die aber gestorben waren an der Plage, waren vierzehntausendsiebenhundert, außer denen, die mit Korah starben. Und Aaron kam wieder zu Mose vor die Tür der Stiftshütte, und der Plage war gewehrt. Und der Herr redete mit Mose und sprach: Rede mit den Kindern Israel und nimm von ihnen zwölf Stäbe, von jedem Fürsten ihrer Sippen je einen, und schreib eines jeden Namen auf seinen Stab. Aber den Namen Aaron sollst du schreiben auf den Stab Levis. Denn für jedes Haupt ihrer Sippen soll je ein Stab sein. Und lege sie in der Stiftshütte nieder vor der Lade mit dem Gesetz, wo ich mich euch bezeuge. Und wen ich erwählen werde, dessen Stab wird grünen. So will ich das Murren der Kinder Israel, mit dem sie gegen euch murren, stillen. Mose redete mit den Kindern Israel, und alle ihre Fürsten gaben ihm zwölf Stäbe, ein jeder Fürst je einen Stab, nach ihren Sippen, und der Stab Aarons war auch unter ihren Stäben. Und Mose legte die Stäbe vor dem Herrn nieder in der Hütte des Gesetzes. Am nächsten Morgen, als Mose in die Hütte des Gesetzes ging, fand er den Stab Aarons vom Hause Levi grünen und die Blüte aufgegangen und Mandeln tragen. Und Mose trug die Stäbe alle heraus von dem Herrn zu allen Kindern Israel, daß sie es sahen, und ein jeder nahm seinen Stab. Der Herr aber sprach zu Mose: Trage den Stab Aarons wieder vor die Lade mit dem Gesetz, damit er verwahrt werde zum Zeichen für die Ungehorsamen, daß ihr Murren vor mir aufhöre und sie nicht sterben. Mose tat, wie ihm der Herr geboten hatte. Und die Kinder Israel sprachen zu Mose: Siehe, wir verderben und kommen um; wir werden alle vertilgt und kommen um. Wer sich naht der Wohnung des Herrn, der stirbt. Sollen wir denn ganz und gar untergehen? (4. Mose 17, 1-28)

Das Strafgericht Gottes liegt hinter dem Volk. Sein Urteil ist auf dem Fuße vollstreckt worden. Korah und seine Leute sind nicht mehr. Ihren frevelhaften Hochmut haben sie mit dem Tode bezahlt. Das ist in jedem Fall ein teurer Preis. Verführer und Verführte haben ihren Lohn. Sie empfangen, was ihre Taten wert sind. Der Herr erweist sich als gerechter Richter. Ihn kann niemand beeinflussen. Er läßt sich nicht bestechen, sondern sieht in unsere geheimen Machenschaften. Seinen Augen entgeht nichts. Vor ihm wird alles durchsichtig.

Er kennt das wechselnde Spiel unserer Gedanken, die schillernden Bilder unserer Traumwelt, den belastenden Druck unbewältigter Vergangenheit, die hervorragend getarnten Schleichwege unterbewußtseinsträchtiger Verführung sowie die geheimen Stoßseufzer aus menschlichem Elend. Kurzum: Vor ihm liegt alles offen, was uns betrifft – die Ballungsgebiete unserer Schuld, die Schwerpunkte unseres Unglaubens, die unfreundlichen Akte aus hochschießender Ehrsucht. Damit sind wir bei den Suchtgefahren, die in uns selbst ihren Ursprung haben. Wer kennte nicht die wohltuende Ichsucht, das steigende Ehrbedürfnis und die hemmungslose Herrschsucht? Mehr denn je haben sie ihren festen Platz in unserem Alltag und werden zu einem krebsartigen Schlinggewächs tödlicher Schuld. Weithin wird von ihnen unser Weg bestimmt. Sie sind Kristallisationspunkte unserer fortgeschrittenen Verschuldung und schneiden uns den Strom ab, so daß wir kein Licht mehr bekommen. Dunkelheit und Kälte nehmen sich als geniale Feldherren aus, um unsere Verdammnis fest zu machen. Sie sind harte Krieger, die kein Mitleid kennen und erbarmungslos alles niederwalzen, was sich ihnen an moralisch-sittlichem Bewußtsein in den Weg stellt.

Hier kann nur einer befreien. Dieser eine ist Jesus Christus, der Herr. Er räumt die Ballungsgebiete unserer Schuld auf, bewältigt unsere Vergangenheit, beseitigt die Schwerpunkte unseres Unglaubens und brennt das Strauchwerk unserer Ehrsucht mit Stumpf und Stiel nieder. Am Kreuz auf Golgatha ist das alles für uns sichtbar geworden. Wir haben einen Herrn, der erlöst. Er ist das Kind in der Futterkrippe des Viehstalls zu Bethlehem, der Mann am Kreuz, das Licht zu Ostern, die lebendige Hoffnung des wandernden Gottesvolkes, der Gemeinde Jesu. Der Tag seiner Wiederkunft kommt ganz gewiß.

1. Unübersehbares Mahnzeichen

Noch gilt es aufzuräumen. Der Brandgeruch der geopferten Tiere erfüllt die Luft. Die Opferpfannen liegen herrenlos herum. Ihre Eigentümer sind umgekommen. Ihr Tod ist ihre grenzenlose Anmaßung gewesen. Das Feuer des Herrn hat sie vernichtet. Übriggeblieben sind die kupfernen Bleche ihrer Pfannen.

Was ist der Mensch, der gegen Gott anläuft? Im Augenblick ist er gewesen. Niemand kennt seinen Namen noch seinen Weg. *Die Sünde macht namen-*

los, aber der Herr ruft uns bei Namen. Wer an ihn glaubt, wie die Schrift sagt, der steht im Buch des Lebens. Sein Name ist eingetragen, weil für ihn der Sohn Gottes seinen Namen gegeben hat. Durch ihn sind wir befreit zu leben. Wir dürfen recht Mensch sein. Wer wollte das übersehen! Der Herr ist unser Heil.

Mose bekommt von Gott seine Anweisungen. Er befolgt sie haargenau. Eleasar, der Sohn Aarons, soll aufräumen. Aaron würde sich an den Überresten der Toten verunreinigen (3. Mose 21, 1 ff.; 4. Mose 6, 6 ff.). Er hat das Gesetz zu befolgen. Sein Priesteramt verpflichtet ihn dazu. Deshalb muß sein Sohn die Pfannen aus der Mitte der verbrannten Männer aufheben und das Feuer hinwegstreuen, damit es außerhalb des Lagers verlischt.

Vor dem Opfer der Getöteten hat Gott einen Ekel, weil sie nicht zu Priestern berufen waren. Sie haben sich selber zu solchen gemacht. Unberufene verbreiten nur Tod. Das sollten wir nicht verharmlosen. Noch heute ist das gültig. Unsere Kirchen, Gemeinschaften und freien Verbände haben es zu hören und bitter ernst zu nehmen, wie jeder, der in ihnen ein Amt hat. Sie zerbrechen und sterben sonst an der Vielzahl ihrer Unberufenen.

Würde dieses Stück biblischer Aussage ernster genommen, wir wären vor der Welt glaubwürdiger und hätten keine Umschlagplätze tödlichen Unglaubens sowie getarnte Gottlosigkeit in unseren eigenen Mauern.

Die Sünder sind gerichtet. Dennoch bleiben die Pfannen der falschen Priester geheiligt (3. Mose 17, 11). Mit ihren Kupferblechen soll der Altar überzogen werden. Das Volk darf den blutigen Aufstand, das tödliche Aufbegehren seiner Unberufenen nicht vergessen. Als Mahnmal erinnern sie die Bleche an jenen schuldhaften Todesweg der Rotte Korah und ihrer Parteifreunde. Israel ist gewarnt. Ob es aus dem Geschehen lernt, wird sich zeigen.

Nicht alle Kinder Korahs sind im Gericht umgekommen. Offenbar haben sich einige von den Verschwörern losgesagt und getrennt. Deshalb sind sie übriggeblieben. Sie werden in der späteren Personenstandsaufnahme des Volkes Gottes erneut genannt (4. Mose 26, 11).

So dicht liegen Gericht und Gnade beieinander. Bei uns steht es, ob wir umkehren und uns erretten lassen aus diesem verkehrten Geschlecht. Jesus hat alles für uns alle getan. Worauf warten wir noch? Wir haben es besser als Korah und seine Leute.

2. Vernichtende Blindheit

Die Wunden des Gerichtes sind noch nicht vernarbt, als eine neue Welle innerer Empörung die Israeliten erfaßt. Nur eine Nacht liegt dazwischen. Ihre Einstellung zum Gott ihrer Väter hat sich nicht geändert. Sie greifen ihn zwar nicht an, wohl aber seine Knechte Mose und Aaron und beschuldigen sie des Menschenmordes. Nur sie ganz allein seien verantwortlich für den Tod und die Vernichtung der Rotte Korah. Damit wollen sie sich die Gunst Gottes erschleichen. Aber sie haben nicht begriffen, daß der Herr auf solche Schmierfinke nicht hereinfällt. Vermutlich ist ihnen die Erkenntnis für die Schuld der Gerichteten abhandengekommen. Oder aber sie wollen nicht erkennen, daß auch ihr Boot leck ist. Dann nämlich steuern und treiben sie unaufhaltsam der gleichen Katastrophe zu.

So blind können wir sein, daß wir die Schuld stets bei den anderen suchen, aber nie bei uns. Den Splitter in unseres Bruders Auge sehen wir unter Garantie. Den Balken in unserem eigenen Auge nehmen wir nicht wahr (Matth. 7, 3 ff.). Wir spüren ihn nicht einmal. Er behindert uns auch nicht. So haben wir uns an ihn gewöhnt.

Ist das nicht aufregend? Jesus hält es seinen Zuhörern in der Einöde des galiläischen Gebirges vor. Er warnt sie, nicht zu richten. Sie würden sonst Gefahr laufen, auf Grund ihrer eigenen Maßstäbe verurteilt zu werden. Und doch verfallen wir dieser Versuchung stets aufs neue. Die Suche nach dem Schuldigen geben wir nicht auf. Sie liegt uns im Blut. Wir fahnden nach Unbekannt und vermuten in jedem den Täter, nur nicht in uns. Das ist gefährlich. Bumerangartig fällt das Wurfholz erklärter Schuld auf uns. Wir fangen es geschickt auf und werfen es zurück. Das kann sich mehrere Male wiederholen, bis es uns am Ende tödlich trifft. Dann sind alle Chancen dahin.

In unvorstellbarem Leichtsinn hat das Volk vor dem römischen Landpfleger Pilatus die Kreuzigung Jesu ertrotzt. Sein Blut solle über sie und ihre Kinder kommen (Matth. 27, 25). Mit gleicher Blindheit haben sie Steine auf Stephanus geworfen und ihn getötet, weil sie seine Rede nicht ertragen wollten (Apg. 7, 54 ff.). Obwohl sie ihnen durch das Herz gegangen ist, knirschen sie mit den Zähnen und bleiben auf der Todesstrecke. Wie viele den Herrn Jesus Christus aber aufnehmen, denen gibt er Macht, Gottes Kinder zu werden, die an seinen Namen glauben (Joh. 1, 12). Durch ihn kommen wir von der Todesstrecke auf die Lebensspur. Wir sind gerettet. Das verpflichtet uns!

3. Priesterliches Einspringen

Fortan können wir nicht zusehen, wie andere in den Tod hineinrasen. Wir müssen sie stoppen, ihnen beispringen, damit sie die Bundesstraße des Heils befahren.

Nichts anderes tun Mose und Aaron. Die Gegenwart Gottes bedeckt die Stiftshütte. Sein Urteil steht fest. Er will dieses murrende Volk im Nu vertilgen. Denn wer seine Knechte belastet, belastet den Herrn. Das läßt er nicht zu. Sein Wort ist Tat. Das wissen Mose und Aaron. Deshalb fallen sie auf ihr Angesicht und treten für das Volk ein.

Aaron bekommt von Mose den Auftrag, seines priesterlichen Amtes zu walten. Mit Pfanne, Feuer vom Altar und Räucherwerk läuft er zur Gemeinde. – Es eilt, sie sterben darüber! – Das ist buchstäblich so. Aaron steht zwischen Toten und Lebenden. Dem Sterben wird gewehrt. Sein priesterlicher Einsatz hält die Vernichtung auf. Immerhin sind 14 700 Menschen umgekommen. Den anderen hat das priesterliche Einstehen der Knechte Gottes das Leben gerettet.

Wie mag es um solchen priesterlichen Dienst in unseren Gemeinden, Häusern und Ehen bestellt sein? Leiden wir unter dem Sterben um uns her? Oder können wir es mit ansehen, wie Menschen dem Abgrund der Vernichtung zurasen? Leisten wir durchgreifende Hilfe? Springen wir den Todesfahrern durchs Gebet bei?

Das sind Fragen, die wir uns gefallen lassen müssen. Wir können ihnen nur standhalten, wenn Jesus uns hält. Der Rettungswagen zupackender Fürbitte kommt nie zu früh. Wir haben unter Blaulicht und mit Martinshorn zu fahren. Es könnte sonst zu spät sein. Eile ist geboten. Wir haben keine Zeit zu verlieren. Das Evangelium muß an den Mann. Es bleibt für den einzelnen die einzige Möglichkeit zu leben. Eine andere gibt es nicht.

Mose und Aaron sind durch Gott in ihren Ämtern bestätigt. Der Herr hat nachhaltig eingegriffen und sich vor seine Knechte gestellt. Er läßt sich erbitten und hat die Vernichtung abgesetzt. Die Fürbitte seiner berufenen Diener bringt Sühne und mildert seinen Zorn. Damit sind sie Vorbilder auf Christus.

Er hat sein Leben für die Sünder zur Tilgung ihrer Schuld gegeben. Wer von ihnen dieses Opfer annimmt, der wird leben. Denn Jesus starb für jeden einzelnen unter ihnen. Durch seinen Opfertod wird der Sünder vor Gott gerechtfertigt und hat teil an seiner herrlichen Auferstehung. Der Todeskandidat ist zum Heiligen geworden. Er ist heil durch des Lammes Blut. Er gehört dem Herrn und zählt zu den Seinen. Für sie tritt Jesus als berufener Hoherpriester ein. Für sie heiligt er sich. Mehr brauchen sie nicht. Durch ihn haben sie alles (vgl. Luk. 22, 32; Joh. 17, 15 ff.).

Der Herr tut ein übriges. Er bestätigt durch das Wunder des grünenden Stabes das Priestertum an Aaron und seinem Hause. Der Mandelbaum treibt am schnellsten Blüten und setzt sogleich Früchte an. Er ist das Sinnbild schnell aufbrechender Lebenskraft, die dem Worte Gottes eigen ist (Jer. 1, 11 ff.). Noch der Hebräerbrief redet vom Stab Aarons, der im Allerheiligsten aufbewahrt wird (Hebr. 9, 4 f.). Damit ist auch er Vorbild auf das Priestertum Jesu und Vorbild seiner Auferstehung, seiner Verklärung und Himmelfahrt. Als ewiger Hoherpriester thront Christus bei Gott im Allerheiligsten (Hebr. 4, 15 f; 10, 22 ff.).

Das Volk ist erschrocken. Es erwartet ein neues Strafgericht, weil die übrigen Stäbe dürr geblieben sind. Gott aber will nicht den Tod des Sünders, sondern daß der Gottlose sich bekehre und lebe (Hes. 18; 21, 23, 32). Was suchen wir mehr als das!

Gott übersieht nichts
bei seinem Mann

Und die ganze Gemeinde der Kinder Israel kam in die Wüste Zin im ersten Monat, und das Volk lagerte sich in Kadesch. Und Mirjam starb dort und wurde dort begraben. Und die Gemeinde hatte kein Wasser, und sie versammelten sich gegen Mose und Aaron. Und das Volk haderte mit Mose und sprach: Ach daß wir umgekommen wären, als unsere Brüder umkamen vor dem Herrn! Warum habt ihr die Gemeinde des Herrn in diese Wüste gebracht, daß wir hier sterben mit unserm Vieh? Und warum habt ihr uns aus Ägypten geführt an diesen bösen Ort, wo man nicht säen kann, wo weder Feigen noch Weinstöcke noch Granatäpfel sind und auch kein Wasser zum Trinken ist? Da gingen Mose und Aaron von der Gemeinde hinweg zur Tür der Stiftshütte und fielen auf ihr Angesicht, und die Herrlichkeit des Herrn erschien ihnen. Und der Herr redete mit Mose und sprach: Nimm den Stab und versammle die Gemeinde, du und dein Bruder Aaron, und redet zu dem Felsen vor ihren Augen; der wird sein Wasser geben. So sollst du ihnen Wasser aus dem Felsen hervorbringen und die Gemeinde tränken und ihr Vieh. Da nahm Mose den Stab, der vor dem Herrn lag, wie er ihm geboten hatte. Und Mose und Aaron versammelten die Gemeinde vor dem Felsen, und er sprach zu ihnen: Höret, ihr Ungehorsamen, werden wir auch wohl Wasser hervorbringen können aus diesem Felsen? Und Mose erhob seine Hand und schlug den Felsen mit dem Stab zweimal. Da kam viel Wasser heraus, so daß die Gemeinde trinken konnte und ihr Vieh. Der Herr aber sprach zu Mose und Aaron: Weil ihr nicht an mich geglaubt habt und mich nicht geheiligt habt vor den Kindern Israel, darum sollt ihr diese Gemeinde nicht ins Land bringen, das ich ihnen geben werde. Das ist das Haderwasser, wo die Kinder Israel mit dem Herrn haderten und er sich heilig an ihnen erwies (4. Mose 20, 1–13).

Die Wüstensituation ist für das Volk Gottes noch nicht zu Ende. Sie hat ihre Spuren hinterlassen. Viele sind gestorben oder in den Gerichten Gottes umgekommen. Die Fremde fordert ihren Zoll und holt sich ihre Opfer.

Wer die Wüste zur Heimat macht, stirbt mit ihr. Vom Winde verweht, sind ihre Namen vergessen, ihre Lebensinhalte ausgetrocknet und ihre Seelen verdorrt. Zu Mumien geschrumpft, geben sie erschütternden Anschauungsunterricht über die Sinnlosigkeit unseres Daseins. Was bleibt an Lebenswerten, wenn alles im Tode endet? Worin besteht echtes Leben, wenn doch nichts beständig ist?

Die Frage nach dem Sinn des Lebens bricht in der Wüste auf. Sie läßt sich nicht von ihr beantworten. Keine Philosophie wird eine letztgültige und zeitlose Antwort finden, weil sie über die Wüste nicht hinauskommt. Als Kind der Wüste bleibt sie Wüste. Geistreiche Worte und Augenblickserkenntnisse heben sie über diese Grenze nicht hinaus.

Niemand von uns kommt über die Todesgrenze. Wir alle sind ihr verhaftet und gehen auf sie zu. Nur einer hat sie überwunden. Der Sohn Gottes ist der Todesüberwinder. Durch ihn bekommt sie eine andere Bestimmung. Sie wird Eingang ins Leben.

Entscheidend bleibt unsere Verankerung. Wer in der Welt verankert ist, stirbt mit ihr. Daran ändert keine Philosophie, kein Leistungsprinzip, keine Arbeitstreue und kein Pflichtbewußtsein etwas. »Die Welt vergeht mit ihrer Lust; wer aber den Willen Gottes tut, der bleibt in Ewigkeit« (1. Joh. 2, 17). Ohne Jesus gibt es keinen neuen Anfang. Wer in ihm verankert ist, der bleibt und wird von den Stürmen der Zeit nicht fortgetrieben. Er hat Ankergrund. Die Todesgrenze liegt hinter ihm, obgleich er leiblich noch nicht gestorben ist.

Israel ist in der Wüste. Es hat die Durchhilfe Gottes erfahren und steht immer vor neuen Schwierigkeiten. Die Wüste hat viele für immer aufgenommen. Sie haben hier ihr Grab gefunden, weil sie dem Wort des Herrn nicht vertraut haben. Ihnen ist der Tod Gericht. Wir haben einen Erlöser, der dem Tode die Macht genommen hat. Jesus Christus, der Sohn Gottes, bleibt in Ewigkeit. In ihm leben wir. Wer kann das begreifen?

1. Schuldhafter Leerlauf

Wir bewegen uns im Sperrbezirk unserer Vernunft. Sie übernimmt letzte Kontrollfunktionen und bestimmt, was ist und sein darf. Damit geben wir ihr einen Stellenwert, den sie nicht ausfüllen kann. Er gleicht einer Heiligsprechung und ist doch eine tödliche Vergötterung. Der Glaube an Jesus Christus reicht über den Sperrbezirk der Vernunft hinaus. Geheiligtes Denken ist am Wort der Schrift orientiertes Denken. Es wird von ihm, dem Sohne Gottes, erfüllt. Damit hat es keine beherrschende Funktion, sondern eine dienende Aufgabe und bekommt eine andere Wertung. Denn von ihm und durch ihn und zu ihm sind alle Dinge (Röm. 11, 36). Er trägt sie mit seinem kräftigen Wort (Hebr. 1, 3). Das führt uns in die Anbetung des gekreuzigten, auferstandenen und wiederkommenden Herrn.

Israel lagert an bekannter Stelle. Es ist nicht vorangekommen. Sein schuldhaftes Versagen erweist sich als Blockade. Von hier aus haben vor gut 37 Jahren die Kundschafter die Grenze zum Land Kanaan überschritten und sind zurückgekehrt. Das Volk Gottes hat sichergehen wollen und ist darüber gestorben. Sein Vertrauen zum Gott der Väter ist bereits durchlöchert gewesen. Der wagende Glaube wurde vom Unglauben überwuchert. Die Vernunft hat bei dem Entschluß Pate gestanden, das Land nicht zu betreten. Josua und Kaleb vermochten das Volk nicht mehr umzustimmen. Es hat sich von der Mehrheit beeindrucken lassen und den Rat der beiden geistbevollmächtigten Knechte verworfen (4. Mose 14, 1 ff. 36).

Im vierzigsten Jahr des Auszuges aus Ägypten muß es sich eingestehen, daß es 37 Jahre in der Wüste umhergeirrt ist. Es hat damals auf sich, seine Kraft und sein Können gesehen, anstatt dem Herrn zu vertrauen, daß er das Land frei machte. Über der Wüstenwanderung steht das Gerichtszeichen Gottes.

Das Volk ist vergeblich gelaufen. Viele haben umsonst gelebt und sind gestorben. Einige werden noch sterben müssen. Zu ihnen gehört Mirjam, deren Tod gerade angezeigt wird.

Darüber hinaus ist eine junge Generation herangewachsen. Sie soll das Land erben. Dennoch wird das Volk stoßartig von innerer Auflehnung und geistlicher Empörung überfallen wie von Fieberwellen. Die Temperatur steigt, nimmt tödliche Höhen an und fällt wieder ab, weil sich der Herr erbitten läßt. Sein Erbarmen hält die Tür offen (Jes. 57, 16; Jer. 3, 12; Ps. 103, 8 f.). Das beweist er täglich in seinem Sohne Jesus Christus. Diese Tür kann niemand zuschlagen, nur er selbst. Sein Angebot rettenden Erbarmens bleibt taufrisch. Damals wie heute handelt der eine Herr. Er ist die Tür, die ins Leben führt (Joh. 10, 7. 9).

Gemeinde wird nur durch ihn und besteht in ihm. Sie läßt sich nicht machen, sondern erbaut sich auf aus lebendigen Bausteinen (1. Petr. 2, 5). Das ist mehr als organisierte Ökumene. Sie zieht sich durch alle Kirchen, Freikirchen und Gemeinschaften. Zu allen Zeiten hat sie ihren Platz gehabt. Märtyrer sind ihre Weggenossen. Sie hat stets das Bekenntnis der Hoffnung wach gehalten und auf den Weg der Wiederkunft Jesu zugelebt (Hebr. 10, 23 ff.). Das wird so bleiben, bis der Herr kommt. In der Wüste, aber nicht von der Wüste ist sie für alle, die durch ihn zu ihr eingehen, rettende Oase, Salz der Erde, Licht der Welt (Matth. 5, 13 ff.).

Krankheit legt uns auf Jahre lahm, ein Autounfall macht einen Berufswechsel nötig, die Stillegung eines Betriebes verändert unseren Lebensstil, der Tod des Ehegatten legt einen Ortswechsel nahe. Immer taucht die Frage auf, ob alles bisher vergeblich gewesen sei. Niemand kann es sich leisten, die besten Jahre zu verspielen. Es ist schon genug, wenn durch Krieg und Gefangenschaft, durch Zwangsevakuierung und KZ-Haft Zeit verlorengegangen ist. Verlorene Zeit läßt sich nie aufholen. Sie fehlt uns an der Endsumme. Wie aber, wenn ein ganzes Leben vergeblich gelebt worden ist? Der hat umsonst gelebt, der an der Zielbestimmung seines Lebens vorbeilebt.

Das haben die Väter Israels in der Wüste getan. Sie haben die Grenze ins verheißene Land nicht überschritten. Und wir? Wer sich nicht von Jesus entschulden läßt, indem er seine Sünden vor ihm bekennt, um sich in seine Gemeinde einleiben zu lassen, der lebt auch heute noch umsonst. Er läuft auf der verkehrten Bahn und kommt nicht ans Ziel, so schön und reizvoll die Laufstrecke auch gewesen sein mag. Nur Christus ist unser Leben!

2. Abweichende Eigenmächtigkeit

Erneut empört sich das Volk gegen Mose und Aaron. Es hat kein Wasser. Die Israeliten sehen sich der Verdurstung nahe. Der Tod steht mit allen seinen Schrecken vor ihnen. Die Fieberkurve inneren Widerspruchs steigt ständig. Im Augenblick ist der Höhepunkt erreicht. Sie verwünschen die

Befreiung aus ägyptischer Sklaverei und wären am liebsten schon früher gestorben.

Der schöne Tod wird gesucht. Er ist auch bei uns gefragt. Wie oft sprechen Angehörige davon, daß der Verstorbene ohne Kampf eingeschlafen sei. Er habe keine Schmerzen und keine Not gehabt. Ein Herzinfarkt sei die Ursache, daß er so plötzlich aus dem vollen Leben gerissen worden ist. Vom Sterben wäre ihm nichts bewußt geworden.

Es gibt keinen schönen Tod. Wer ohne Jesus stirbt, bleibt ohne Hoffnung. Der Tod verliert erst seinen Stachel in Christus. Durch ihn wird er zum Eingang ins Leben. Verschönen wir nicht, wo keine Schönheit ist. Denn dadurch ändert sich nichts an der Kälte und Starrheit dieses Feindes. Er bleibt, wer er ist, wenn wir nicht unter dem Kreuz des Gekreuzigten leben.

Indem Mose und Aaron sich vor den Herrn stellen und niederfallen, erscheint ihnen in der Tür zur Stiftshütte die Herrlichkeit Gottes. Noch ehe sie reden, antwortet er. Mose erhält ganz bestimmte Anweisungen. An sie hat er sich zu halten. Eigenmächtige Abweichungen, wenn sie noch so begründet erscheinen, fallen schwer ins Gewicht. Bei seinem Knechte sieht der Herr scharf zu und reagiert auf die geringsten Unstimmigkeiten. Werden sie nicht berichtigt, gibt es Kursabweichungen, die Zielverfehlung zur Folge haben. Das wäre dann verfehlter Einsatz.

Aus der Weltraumfahrt wissen wir, wie notwendig Kurskorrekturen sind, damit das Raumschiff das vorbestimmte Zielgebiet erreicht. Nur so können die Astronauten die ihnen gestellten Aufgaben erfüllen. Sie sind auf die Befehle aus der Bodenzentrale angewiesen und haben sie ohne Einschränkung zu befolgen. Eigenmächtigkeiten können das ganze Unternehmen gefährden. Ein ungetrübtes Zusammenspiel der Mannschaft ist unaufgebbare Voraussetzung. Wenn einer versagt, sind alle in Gefahr.

Das gilt auch von der Gemeinde Jesu. Experimente sind verboten, weil es um die Rettung Verlorener geht. Hier ist nur das Wort Gottes bestimmend. Es muß genau beachtet werden, damit die Rettung des einzelnen nicht gefährdet wird. Bedenken wir das immer? Oder sind wir nicht oft sehr nachlässig, unkonzentriert und oberflächlich?

Jesus Christus hat sich an das Wort Gottes gebunden. Dem Satan ist er in der Wüste mit dem Wort der Schrift entgegengetreten und hat der Versuchung widerstanden (Matth. 4, 1 ff.; Mark. 1, 13 f.; Luk. 4, 1 ff.). Er sei nicht gekommen, das Gesetz oder die Propheten aufzulösen, sondern zu erfüllen (Matth. 5, 17). Bei der Gefangennahme verweist der Sohn Gottes seine Jünger darauf, daß alles so geschehen müsse, damit die Schriften der Propheten erfüllt würden (Matth. 26, 56). Die Worte ». . . auf daß erfüllt würde« zeichnen den Erdenweg des Menschensohnes. Viele Stellen der Evangelien reden davon (z. B. Matth. 1, 22; 2, 15 u. 23; 8, 17; 12, 17; 13, 35; 21, 4; 27, 35; Luk. 21, 22; Joh. 12, 38; 13, 18; 15, 25; 17, 12; 19, 24; 28, 36). Sie bestätigen, daß Himmel und Erde vergehen werden, aber Gottes Wort nicht (Matth. 5, 18; 24, 35). Der Sohn Gottes ist der eine Gehorsame, weil er sich vorbehaltlos unter das Wort der Schrift gestellt hat. Dadurch unterscheidet er sich von Mose, der in diesem Punkt versagte.

So verständlich das auch sein mag, es bleibt bestehen. Der Sohn Amrams hat sich nicht uneingeschränkt an den Befehl Gottes gehalten und ist ihm nicht wortgetreu nachgekommen. Solche Kursabweichung läßt der Herr nicht zu. Mose sollte den Felsen anreden, damit seine Handlung weder magisch noch zauberhaft wirkt. Das hat er nicht getan. Statt dessen spricht er aus Verbitterung unwillig das Volk an.

Menschlich ist seine Handlungsweise zu begreifen. Wie oft haben sich die Israeliten gegen Mose empört. Solche Stunden sind schmerzhaft und machen bitter. Zu oft ist er zu solcher Zielscheibe geworden. Die Anwürfe aus den eigenen Reihen verletzen am tiefsten. Das gilt besonders dann, wenn die Wunde stets neu aufgerissen wird. Einmal ist das Maß voll.

Wer kann garantieren, daß er sich nicht vergißt? Niemand von uns wird das können. Dafür sind wir zu anfällig. Der kleinste Widerspruch wirft uns um. Wir handeln manches Mal unbrüderlich und reden lieblos. Dadurch werden wir unglaubwürdig und wirken nicht echt. Die Kursabweichung ist passiert. Wir brauchen Berichtigung. Deshalb haben wir jede berechtigte Korrektur an uns geschehen zu lassen. Der Herr duldet keine Abweichungen. Er berichtigt durch das Wort oder den Bruder. Wer sich widersetzt, verfehlt das Zielgebiet.

Gottes strafende Gerechtigkeit ist für Mose verbindlich. Deshalb widersetzt er sich der Strafe nicht. Zweimal hat er den Felsen anschlagen müssen, bis er Wasser gab. Dieses Wunder ist keine bloße Wiederholung des Wunders vom Horeb bei Raphidim (2. Mose 17, 1 ff.; 19, 2). Gott handelt stets ursprünglich und bleibt dadurch echt.

Aaron denkt wie Mose. Er hat sich ihm gleichgeschaltet. Deshalb dürfen beide nicht in das verheißene Land. Gott bleibt gerecht. Er läßt sich nichts abkaufen. Das wissen beide. Deshalb nehmen sie die Strafe ohne Einwand an.

Darin haben sie ihren Auftrag überschritten, daß sie ihrem Volk die Sünden aus Ungehorsam vorhalten. Dazu fehlte ihnen jede Vollmacht. Alles, was aus eigener Machtvollkommenheit geschieht, bleibt Zielverfehlung. Es löst Gericht und Strafe aus. Vor Gott gibt es kein Ansehen der Person (Röm. 2, 11; Eph. 6, 9). Das müssen Mose und Aaron einsehen. Der Herr ist der Heilige. Er wollte sie als Werkzeuge seiner Allmacht gebrauchen. Ihn sollten sie durch wortgebundenen Gehorsam heiligen. Er bleibt der unauswechselbare Erfüller seiner Verheißung. Das hat den Kurs zu bestimmen und bewahrt vor Abweichungen.

Kleinigkeiten mit ernsten Folgen sind nicht selten. Der Herr tritt uns in den Weg, damit wir nicht vom Weg abkommen.

Gott macht zum Vollstreckungs-
gehilfen seinen Mann

Und Mose sandte Botschaft aus Kadesch zu dem König der Edomiter: So läßt dir dein Bruder Israel sagen: Du kennst all die Mühsal, die uns betroffen hat, daß unsere Väter nach Ägypten hinabgezogen sind und wir lange Zeit in Ägypten gewohnt haben und daß die Ägypter uns und unsere Väter schlecht behandelt haben. Und wir schrien zu dem Herrn; der hat unsere Stimme gehört und einen Engel gesandt und uns aus Ägypten geführt. Und siehe, wir sind in Kadesch, einer Stadt an deiner Grenze. Laß uns durch dein Land ziehen. Wir wollen nicht durch Äcker oder Weinberge gehen, auch nicht Wasser aus den Brunnen trinken. Die Landstraße wollen wir ziehen, weder zur Rechten noch zur Linken weichen, bis wir durch dein Gebiet hindurchgekommen sind. Edom aber sprach zu ihnen: Du sollst nicht hindurchziehen, oder ich werde dir mit dem Schwert entgegentreten. Die Kinder Israel sprachen zu ihm: Wir wollen auf der gebahnten Straße ziehen, und wenn wir von deinem Wasser trinken, wir und unser Vieh, so wollen wir's bezahlen. Wir wollen nichts als nur zu Fuß hindurchziehen. Er aber sprach: Du sollst nicht hindurchziehen. Und die Edomiter zogen aus, ihnen entgegen, mit mächtigem Heer und starker Hand. So weigerten sich die Edomiter, Israel zu gestatten, durch ihr Gebiet zu ziehen. Und Israel wich ihnen aus. Und die Kinder Israel brachen auf von Kadesch und kamen mit der ganzen Gemeinde an den Berg Hor. Und der Herr redete mit Mose und Aaron am Berge Hor an der Grenze des Landes der Edomiter und sprach: Aaron soll versammelt werden zu seinen Vätern; denn er soll nicht in das Land kommen, das ich den Kindern Israel gegeben habe, weil ihr meinem Munde ungehorsam gewesen seid bei dem Haderwasser. Nimm aber Aaron und seinen Sohn Eleasar und führe sie auf den Berg Hor, und zieh Aaron seine Kleider aus und zieh sie seinem Sohn Eleasar an. Und Aaron soll dort zu seinen Vätern versammelt werden und sterben. Da tat Mose, wie ihm der Herr geboten hatte, und sie stiegen auf den Berg Hor vor der ganzen Gemeinde. Und Mose zog Aaron seine Kleider aus und zog sie seinem Sohn Eleasar an. Und Aaron starb dort oben auf dem Berge. Mose aber und Eleasar stiegen herab vom Berge. Und als die ganze Gemeinde sah, daß Aaron tot war, beweinten sie ihn dreißig Tage, das ganze Haus Israel (4. Mose 20, 14–29).

Immer wieder kommen wir im Leben an Grenzen. Wer solche Erfahrungen noch nicht gemacht hat, ist nicht reicher. Grenzsituationen bleiben auch ihm nicht erspart. Sie gehören wie das Salz zur Suppe. Wir möchten sie gerne umgehen. Aber sie lassen sich nicht ausklammern. Unsere Kraft ist begrenzt, unser Wissen ist Stückwerk, unsere Tage sind bemessen. Zeitverhältnisse, Bildungsmöglichkeiten und persönliche Begabung bestimmen unsere Planziele. Der Krieg hat die besten Jahre gekostet, die Währungsreform das angesparte Vermögen verschlungen, politische Umwälzungen haben die Freiheit stark beschnitten. Krankheit ist als ungebetener Gast ein undurchsichtiger Betreuer. Er setzt unverrückbare Grenzsteine und verpflichtet zu unliebsamen Wegen. Wir nennen es Härte, Schicksal oder auch Unglück. Im Grunde genommen fehlt uns die rechte Bezeichnung. Was unserem Zugriff entnommen ist, können wir nicht mehr bestimmen. Darüber verfügt ein anderer. Dieser andere läßt sich nicht erkaufen, nicht rational erschließen, sondern nur vertrauensvoll erglauben. Der eine zerbricht an seiner Körperbehinderung. Der andere wird als Frühgelähmter vielen zum Segen, weil er das »Ja« zu seinem Weg findet. Er sieht eine andere Hand sein Leben gestalten und seinen Tag formen. Nie hätte er das für möglich gehalten, daß Lebensbewältigung »Glaube« heißt. Das ist kein Glaube an ein unverrückbares Schicksal, sondern das Vertrauen zur guten Vaterhand Gottes, die nicht tötet, wohl aber errettet. Sie verwundet, beschneidet, haut ab, was nicht hingehört, aber handelt nie in brutaler Willkür.

Das mußte das Volk Gottes lernen. Es war nicht einfach. Deshalb wiederholt sich diese Lektion von Zeit zu Zeit. Israel hat es bis heute noch nicht begriffen. Wir sind nicht anders. Der Frage »Warum?« erweisen wir uns zugänglicher als der Frage »Wozu?«. Damit verriegeln wir uns den Zugang selbst. Wir bohren uns fest und laufen uns tot. Die Frage »Warum?« narrt und vernebelt unsern Blick. Ihr Ansteckungsbereich ist groß. Der Infektionsträger hat eine unübersehbare Streukraft. Persönlicher Berührung bedarf es deshalb mit ihm nicht. Er reichert die Atmosphäre mit seinen Bazillen an, und schon haben Zweifel und Anklage das Wort. Gott wird bekrittelt und seine Liebe in Frage gestellt. Nichts und niemand kommt bei solcher Beschwerdeführung kritiklos weg. Ein jeder erhält sein Fett.

Das hat Mose als Knecht Gottes zur Genüge erfahren. Der Satan gebraucht seine Methode stets mit berechenbarem Erfolg, weil er auf Dauerempfang eingestellte Herzen vorfindet. In ihnen hat der Bazillus des Zweifels den besten Nährboden. Er kann sich ungeahnt vermehren, so daß ganze Kulturen auf neue Nährböden warten und zur ansteckenden Ausweitung bereitstehen. Der Zweifel übervölkert schnell unseren Alltag, unsere Ehe, unsere Familien, jung und alt. Er zerstört Freundschaften, zerreißt Ehen und trennt Generationen. Die Söhne verstehen plötzlich die Väter nicht mehr, und die Mütter nicht mehr die Töchter. Ein unüberspringbarer Graben scheint sie zu trennen. Ganze Völker werden von diesem Bazillus gegeneinander aufgehetzt und aneinander aufgerieben. Der Zweifel bleibt nie allein. Er verbirgt sich hinter Geltungsbewußtsein, Herrschsucht, Argwohn und Haß. Das sind nur einige seiner Vasallen. Stets ändert er seine Begleiter und paßt sie der jeweiligen Lage an. Meisterhaft und geschickt weiß er sich zu tarnen. Im ersten Augenblick erkennt ihn kaum jemand, und doch ist es der große Durcheinanderwerfer, der überall am Werke ist. Er schürt das Feuer und facht es neu an, wo er nur kann.

1. Gezielte Führung

Das erfahren Mose und das Volk. Sie befinden sich an der edomitischen Grenze. Ihr Durchreiseersuchen wird kategorisch abgelehnt. Der alte Haß ist neu entfacht. Der Edomiter König stellt sich Israel mit seiner militärischen Stärke in den Weg. Hier sind Tür und Tor verschlossen. Die entfernte Verwandtschaft spielt dabei keine Rolle.

Die Edomiter kommen von Esau, dem Zwillingsbruder Jakobs. Edom heißt rot, und Esau ist der Behaarte. Die in Frage kommende Textstelle versteht sich als Wortspiel. Sie lautet: »Und der erste, der herauskam, war rothaarig, ganz wie ein haariges Kleid, und sie nannten ihn Esau« (1. Mose 25, 25). Etwas weiter lesen wir: »Laß mich doch essen von dem Roten, dem Roten da . . ., darum wird sein Name Edom genannt« (1. Mose 25, 30). Zwischen Esau und Jakob steht der Erstgeburtsbetrug. Der Haß, den er auf der einen Seite ausgelöst hat, ist weitergelaufen und bestimmt das Verhalten der Edomiter gegenüber Israel bis in diese Stunde hinein. Das ist nicht nur tragisch, sondern zeigt, wie sich Haß über Generationen festfressen kann. Er wird zur unüberwindlichen Mauer und führt zu verschlossenen Herzen. Auf nichts sprechen sie mehr an. Ihr Handeln wird unterschwellig vom Mißtrauen bestimmt. Sie können nicht anders.

Die Fehde des Mittelalters ist so ein Ausläufer. Sie hat ganze Geschlechter vergewaltigt, gegeneinander gehetzt und aufgesogen. Das Faustrecht behauptet bis heute seinen Platz und findet im Rufmord sein lohnendes Betätigungsfeld. Wie schnell ist dem andern der Fehdehandschuh hingeworfen, und schon beginnt versteckt, heimtückisch, aber messerscharf der Kampf. Blutsbande werden zu Trennwänden, die nach beiden Seiten verstärkt wie unumgängliche Stahlbetonklötze den Weg zueinander versperren.

Wer hätte das nicht schon aus nächster Nähe mit ansehen müssen! Der eine Mieter darf die Schwelle des anderen nicht betreten, weil er zur unerwünschten Person, zur »persona ingrata«, erklärt worden ist. Der Anlaß zu solcher Maßnahme läßt sich kaum noch ergründen. Brüder werden zu Feinden, weil der eine mehr hat als der andere. Freundschaften zerbrechen, weil die Ehefrauen sich nicht sehen können. Es sind oft ganz banale, unwichtige Ereignisse, die so umwälzende Folgen haben. Den Unbeteiligten nötigen sie ein Kopfschütteln ab, aber für die Erhitzten sind sie mehr. Sie haben den Durchblick verloren. Der Wertmaßstab ist ihnen abhandengekommen.

Die Edomiter demonstrieren den Israeliten ihre Stärke, und doch kommen sie nicht weiter, wie Gott es will. Er hat ihre verschlossene Grenze in seinen Führungsplan mit einbezogen. Jetzt ist die Stunde für das Volk Gottes noch nicht da, in das verheißene Land zu ziehen. Deshalb ist das Verhalten der Edomiter nicht bloß ein unfreundlicher Akt, sondern es gehört in die Führungsstrategie Gottes mit seinem Volk. Verriegelte Tore sind Durchfahrtsverbote. Sie weisen auf die Umleitung und erfordern Aufmerksamkeit und Rückfragen.

Dem Apostel Paulus wird vom Heiligen Geist gewehrt, in Asien das Wort Gottes zu reden. Er zieht durch Phrygien, besucht Galatien und kommt bis nach Mysien. Wieder hindert ihn der Heilige Geist, nach Bithynien zu gehen. Das veranlaßt ihn, sich an Mysien vorbei nach Troas zu wenden. Hier erscheint ihm der Mann aus Mazedonien. Das Reiseziel ist klar. Paulus hat Gewißheit über seinen Weg (Apg. 16, 6 ff.). Verschlossene Türen sind ihm Hinweisschilder zu einem vorgeplanten Arbeitsplatz. Der Herr hat ihn umgeleitet.

Das passiert noch heute genauso. Unsere Väter im Glauben haben gleiche Erfahrungen gemacht. Tröstlich bleibt es zu wissen, daß Jesus mit seinen Leuten zurechtkommt und sie ans Ziel bringt.

2. Letzte Wegstrecke

Das gilt bis in die Todesstunde hinein. Mose wird herausgerufen, seinen Bruder zu begleiten und ihn zur Ruhe zu bringen. Den Ort hat Gott bereits vorgesehen. Darum darf Israel nicht durch das Gebiet der Edomiter ziehen, weil der Herr sein Wort an Aaron wahrmachen will. Er darf nicht in das verheißene Land. Sein Unglaube läßt das nicht zu (4. Mose 20, 12). Er ist seinem Volk in entscheidender Stunde kein Vorbild gewesen.

Mose steht unter dem gleichen Urteil. Der Mitbetroffene wird Vollstreckungsgehilfe im Auftrage Gottes an seinem Bruder. Er sieht, wie unauflösbar und letztgültig Gottes Urteil ist. Niemand kann ihn hindern, es zu vollstrecken. Sein Knecht muß ihm dabei widerspruchslos zur Hand gehen. Außerdem wird dadurch vor dem Volk seine Heiligkeit und unwandelbare Fülle erschreckend sichtbar. Gott läßt nicht mit sich spielen. Er ist kein Handelsmann, der seine Ware anbietet und sie sich abgaunern läßt. Orientalische Preisdrückerei kennt er nicht. Was er sagt, wird sich erfüllen, und was er befiehlt, ereignet sich im Augenblick. Gottes Wort läßt sich nicht in Begriffe pressen. Es ist Tat und Leben zugleich. In Jesus Christus begegnen wir ihm und können es doch nicht packen. Vielmehr muß er uns ergreifen, damit wir von ihm ergriffen sind.

Vor dem versammelten Volk in Gegenwart von Mose und Aaron verkündet Gott die Vollstreckung seines Urteils. Er verliest es selber. Die Stunde ist da! Aaron wird zu seinen Vätern versammelt. Er hat wie sein Volk dem Munde Gottes nicht gehorcht (4. Mose 20, 24) und ist am Ende seiner Wege. Bis ins einzelne bestimmt der Herr den Ablauf. Auf dem Berge Hor an der edomitischen Grenze findet Aaron seine letzte Ruhestätte. Schweigend und widerspruchslos folgt er den göttlichen Anordnungen. Mit Mose und seinem Sohn besteigt er den Berg. Dann sind sie allein.

Seine Amtskleider werden ihm von seinem Bruder ausgezogen. Vor Gott gibt es keine Würdenträger und keine geistliche Hierarchie. Da sind keine Bischöfe, Oberkirchenräte, Prälaten und Pröbste. Dort entscheidet nicht der Titel noch das Amt, sondern allein der Glaube. Pastor und Prediger bin ich nur auf Zeit, Gottes Kind aber in alle Ewigkeit. Von allem haben wir uns zu lösen, von Weggefährtin, Familie, Gemeinde und Dienst. Nichts können wir mitnehmen. Das letzte Hemd hat keine Taschen. Ohne Würdezeichen steht Aaron vor dem Herrn, um zu den Vätern versammelt zu werden.

Nichts hat er zu bringen, alles ist nur Gnade. Von dieser Schau her betet Professor Theodor Christlieb bei seinem letzten Besuch im Johanneum: »Von allem müssen wir Abschied nehmen, nur nicht Herr, von dir!« Wer so geht, der bleibt in Ewigkeit, dem ist Sterben Gewinn.

Solches Loslösen geschieht nicht im Handumdrehen. Es erfordert Gebetskampf und Glaubensgewißheit. Beides verwurzelt uns tiefer mit der Ewigkeit. Es löst das Heimweh nach Hause aus.

Pastor Johannes Busch hatte seine sterbenskranke Frau auf die Ewigkeit vorzubereiten. Die unversorgten Kinder lagen ihr am Herzen. Sie konnte nicht sterben. Das ist ein schmerzvolles Loslassen und ein trostreiches Gehaltenwerden. Jesus nimmt nichts, ohne etwas dafür zu geben. Aus solchen Stunden kommen wir gereifter heraus, als wir hineingegangen sind. Der stechende Schmerz des Hammerschlags seiner Liebe verwandelt sich in ausstrahlende Vollmacht und vertiefende Gebetstreue. Nur der reift, der sich behauen läßt. Das gilt von jedem, der durch solche Tiefen muß. Deshalb hatte Johannes Busch am Grabe seiner Frau, die er selbst beerdigte, keine andere Botschaft als die von der Liebe Gottes in Jesus Christus. Das ist allen durchs Herz gegangen. Der geschlagene Mann wird zum Zeugen der Herrlichkeit und des Evangeliums: »gerecht aus Gnaden«. Solche Bekenntnisse lassen sich nicht nachspielen. Sie sind stets ursprünglich und haben dadurch ihre Aussagekraft.

Den Vätern folgen die Söhne. Das ist mir vor einigen Jahren am Grabe meines Vaters schlagartig deutlich geworden, daß ich aus der Sohnesgeneration in die Väterreihe aufgerückt bin. Dem Eleasar wird es nicht anders gehen. Mose zieht ihm die hohenpriesterlichen Amtskleider seines Vaters an. Er handelt auf Befehl Gottes. So wie er erstmalig den Vater in sein Amt als Hohenpriester eingeführt hat (3. Mose 8, 6 ff.), so nimmt er es jetzt an dem Sohn seines Bruders vor. Bei dem Herrn gibt es keinen Nachwuchsmangel. Er schließt die Lücke gleich und ganz. Seine Botschafter sind unterwegs.

Aaron ist im 123. Lebensjahr, als er auf dem Berg Hor stirbt, um zu den Vätern versammelt zu werden (4. Mose 33, 38 f.). Niemand stirbt an seiner Krankheit. Wir alle sterben am Willen Gottes. Wenn diese Stunde kommt, helfen die besten Ärzte und die modernste medizinische Klinik nichts. Wir haben abzutreten. In unserer gefahrvollen Zeit ist das tröstlich zu wissen, wo täglich auf den Straßen etwa 50 Menschen tödlich verunglücken und ungefähr 500 täglich schwer verletzt werden, so daß sie stark behindert oder dauernd arbeitsunfähig bleiben. Das Zeitalter der Technik fordert darüber hinaus auf Baustellen und in Fabrikationsstätten seinen grausamen Tribut.

Das Volk trauert um Aaron einen Monat. Wir aber halten uns zu dem, der die Auferstehung und das Leben ist.

Gott handelt erneut durch seinen Mann

Und als der König von Arad, der Kanaaniter, der im Südland wohnte, hörte, daß Israel herankam auf dem Wege von Atharim, zog er in den Kampf gegen Israel und führte einige gefangen. Da gelobte Israel dem Herrn ein Gelübde und sprach: Wenn du dies Volk in meine Hand gibst, so will ich an ihren Städten den Bann vollstrecken. Und der Herr hörte auf die Stimme Israels und gab die Kanaaniter in ihre Hand, und sie vollstreckten den Bann an ihnen und ihren Städten, und man nannte die Gegend Horma (d. h. Bann). Da brachen sie auf von dem Berge Hor in Richtung auf das Schilfmeer, um das Land der Edomiter zu umgehen. Und das Volk wurde verdrossen auf dem Wege und redete wider Gott und wider Mose: Warum hast du uns aus Ägypten geführt, daß wir sterben in der Wüste? Denn es ist kein Brot noch Wasser hier, und uns ekelt vor dieser mageren Speise. Da sandte der Herr feurige Schlangen unter das Volk; die bissen das Volk, daß viele aus Israel starben. Da kamen sie zu Mose und sprachen: Wir haben gesündigt, daß wir wider den Herrn und wider dich geredet haben. Bitte den Herrn, daß er die Schlangen von uns nehme. Und Mose bat für das Volk. Da sprach der Herr zu Mose: Mache dir eine eherne Schlange und richte sie an einer Stange hoch auf. Wer gebissen ist und sieht sie an, der soll leben. Da machte Mose ein eherne Schlange und richtete sie hoch auf. Und wenn jemanden eine Schlange biß, so sah er die eherne Schlange an und blieb leben. Und die Kinder Israel zogen aus und lagerten sich in Oboth. Und von Oboth zogen sie aus und lagerten sich in Ijjim-Abarim, in der Wüste östlich von Moab. Von da zogen sie weiter und lagerten sich am Bach Sered. Von da zogen sie weiter und lagerten sich in der Wüste südlich des Arnon, der im Gebiet der Amoriter entspringt; denn der Arnon ist die Grenze Moabs zwischen Moab und den Amoritern. Daher heißt es in dem Buch von den Kriegen des Herrn: »Das Waheb in Supha und die Bäche am Arnon und den Abhang der Bäche, der sich hinzieht zur Stadt Ar und sich lehnt an die Grenze Moabs.« Und von da zogen sie nach Beer. Das ist der Brunnen, von dem der Herr zu Mose sagte: Versammle das Volk, ich will ihnen Wasser geben. Damals sang Israel dies Lied: »Brunnen, steige auf! Singet von ihm: Das ist der Brunnen, den die Fürsten gegraben haben; die Edlen im Volk haben ihn gegraben mit dem Zepter, mit ihren Stäben.« Und von Beer zogen sie nach Mattana und von Mattana nach Nahaliël; und von Nahaliël nach Bamoth; und von Bamoth in das Tal, das im Feld von Moab liegt bei dem Gipfel des Pisga, der hinunterblickt auf das Jordantal (4. Mose 21, 1–20).

Die Tage der Trauer sind vorbei. Aaron hat das Ziel seiner Wege erreicht. Er ist vier Monate nach seiner Schwester Mirjam und sieben Monate vor seinem Bruder Mose gestorben. Gottes Volk kommt den alltäglichen Verpflichtungen wieder nach. Es hat noch einen weiten Weg. Das Ende seiner Wanderschaft ist noch nicht abzusehen. Da gilt es, dem Herrn ohne Vorbehalte zu vertrauen, seine Befehle ohne Abstriche zu befolgen und seinen Knechten ohne Widerspruch zu gehorchen. Israel hat daran immer neu zu üben. Es lernt nie aus. Die Väter sind Schüler geblieben, und die Söhne werden es auch sein. Wann wird das ein Ende nehmen? Nicht früher und nicht später, bis der neue Himmel und die neue Erde Wirklichkeit sind.

Die Fremde ist nie unsere Heimat. Sie bleibt Wanderweg für Heimkehrer, Wüste für Durchreisende, Startbahn ins Leben. In ihr gibt es keine Ruhe, keinen Frieden und keine Sicherheit. Wer die Fremde zur Heimat hat, lebt unecht. Israel hat das auf seinem Wanderweg schmerzvoll erlitten. Und doch murrt, zweifelt und revoltiert es weiter. Jede Generation macht die gleichen Fehler, braucht die gleichen Klagen und fällt auf die gleichen Verlockungen herein. Ihre Gottlosigkeit hat stets die gleichen Ursprünge. Wir sind nicht anders. Wir wollen den Ton angeben, die Richtung bestimmen, das letzte Wort haben. Nichts ist so bei uns verankert wie das eigene Ich. Es wird gepflegt, gehegt und gemästet. Im Augenblick sind wir getroffen, wenn wir es beim Gegenüber finden. Aber wenige Augenblicke später lassen wir den Nächsten merken, daß wir es noch besser können. Unser Ich muß noch kräftiger, noch strahlender und noch selbstbewußter sein. Die Superlative gebrauchen wir flüssiger als alles andere. Steigerungsformen liegen uns mehr als bedingungsloser Gehorsam gegenüber dem Herrn. Eigene Wege gefallen uns besser als vorgelegte. Angebliche Freiheit ruft uns tätiger auf den Plan als geschenkte. Wir suchen stets das, was wir nicht haben, und bauen denen Tempel, die uns gewähren lassen. Israel ist dieser Weg teuer zu stehen gekommen. Der alten Generation hat er das Leben gekostet. Der neuen kann er zur Gefahr werden. Wir haben ihn auch nicht überwunden. Ein anderer ist Sieger geblieben. Der Sohn Gottes hat das Feld behalten. Wer vor ihm zur Null geworden ist, hat sein Ich durch ihn überwinden lassen. Er wird zur Neuschöpfung, geboren aus Wasser und Geist. Denn was vom Geist geboren wird, das ist Geist (Joh. 3, 5 f.). Nikodemus versteht das zwar noch nicht, aber er sehnt sich danach. Er will verstandesmäßig packen, was nur dem Glauben greifbar bleibt (Joh. 3, 1 ff.). Dieser Irrtum beschleicht viele, aber wenige lassen ihn sich aufdecken. Davon endgültig befreien kann nur der Herr. Er gestaltet in dieser Richtung an seinem Volk, um es in seine beschenkende Abhängigkeit zu ziehen und darin zu segnen.

1. Siegender Verzicht

Wir mühen uns ab und wollen die Lage selber meistern. Unbeirrt und mit guten Vorsätzen treten wir an und besteigen den Ring. Der Kampf kann beginnen. Was hindert uns, ihm auszuweichen? Wir fürchten Gott und sonst nichts in der Welt. Ob wir diesen Grundsatz durchhalten? Er ist leichter ausgesprochen als ausgelebt. Erst bei folgerichtiger Durchführung entdecken wir seine Dornen und spüren seine Härte. Lasten drücken nur dort, wo sie ohne Absetzen streckenweise getragen werden. Wer sich unter sie stellt, weiß erst, wie schwer sie sind.

Die Israeliten nehmen den Kampf mit den Kanaanitern und ihrem König auf. Sie stehen bereitwillig ihren Mann. Dennoch kann der König von Arad Anfangserfolge verzeichnen. Er macht Gefangene und bestärkt die Siegeszuversicht seiner Kampftruppe. Offenbar ist er von der Meinung ausgegangen, das Volk Gottes sei südlich gezogen, weil es die militärische Stärke seines Landes gefürchtet habe, nun versuche es, aus dieser Richtung nach Kanaan einzumarschieren. Das wollte er unter allen Umständen verhindern. Deshalb stellte er sie zum Kampf.

Israel hat keine Reserven. Es kann nicht auf sie zurückgreifen. Sein Bundesgenosse ist der Herr. Er will für sein Volk kämpfen, die Lasten auf sich nehmen und Sieg schenken. Deshalb kommt es zu ihm. Dazu gehört Vertrauen. Ihm gelobt und verspricht es die ganze Kriegsbeute. Es erklärt sich bereit, den Bann an den Kanaanitern zu vollstrecken. Sie werden Gott übergeben, ihm geweiht. Wer dem Allmächtigen in den Arm fällt, der siegt sich tot. Unser Volk hat das im letzten Weltkrieg in besonderem Maße erfahren. Sein Vergehen am Augapfel Gottes, den Juden (5. Mose 32, 9 f.), ist unentschuldbar. Es kann sich nicht damit rechtfertigen, daß andere Ähnliches getan haben. Seine Schuld bleibt. Es sei denn, es tut Buße und schüttet Mann für Mann vor Jesus das Herz aus. Wer sich ihm, dem Sohn Gottes, ungeteilt weiht, bekommt bis in den Glaubensalltag hinein Sieg.

2. Tödlicher Abrutsch

Solche Stunden halten nicht an. Horma wird bald zur blassen Ortsbezeichnung und hat nur noch den Namen »Verbannung, Vertilgung oder Vernichtung«. Aus erlebter Gegenwart ist farblose Vergangenheit geworden. Mitunter vollzieht sich solche Verwandlung sehr schnell. Sie bringt alte Gefahren zurück und führt zur Verdrossenheit. Abgelegte Klagen werden laut, Mangelerscheinungen sichtbar und empfangene Gaben ekelhaft. Die Unzufriedenheit hat das Wort, und der Absturz beginnt. Er muß tödlich enden, wenn der Herr nicht dazwischenspringt.

Paulus sieht in dem Murren des Volkes Gottes ein Versuchen Christi (1. Kor. 10, 9). Für ihn ist es keine Einzelerscheinung, sondern ein Infektionsherd, der ungeahnte Streukraft und unübersehbare Reichweite zeigt. Schnell überfällt er ganze Familien und Hauskreise. Vor ihm ist niemand sicher. Wie Streukrebs breitet es sich in Windeseile aus und führt zum sicheren Tode. Nichts hebt seine mörderische Wirkung auf. Grund zur Anklage brauchen wir nicht zu suchen. Das Material liefern wir aus eigenen Beständen. Warum geht es uns schlechter als unserem Nachbarn? Weshalb haben wir im letzten Jahr drei Todesfälle in der engsten Familie gehabt und unsere Freunde nur Sonnenschein? Wieso ist der Kollege befördert worden und wir nicht, obgleich wir über mehr Dienstjahre verfügen als er? Warum werden wir enttäuscht und müssen Ungerechtigkeiten hinnehmen? Was hat uns der Kirchgang schon eingebracht? Was hat uns unser zuchtvolles Leben genützt? Solche und ähnliche Fragen könnte jeder beliebig anfügen. Er würde dabei nicht in Verlegenheit kommen. Dennoch ist ihr Biß tödlich. Das Gift des Zweifels lähmt das Vertrauen und zerfrißt den Glauben. Es bringt Gericht.

Dem Murren folgen die Giftschlangen. Sie sind in der unwegsamen Wüstengegend um Elath mit seinem tropischen Klima nicht selten. Das erklärt keinesfalls ihr sekundenschnelles Ansteigen. Wir sollten dafür auch keine Erklärung suchen. Es genügt, wenn wir lesen, daß der Herr sie als Gericht über sein Volk gebraucht. Er hat sie gesandt (4. Mose 21, 6). Sie sind seine Geschöpfe, die ihm zu gehorchen haben.

Gleichzeitig erinnern sie an die Erbfeindschaft zwischen ihnen und den Menschen. Denn durch die Schlange hat der Versucher, der Satan, das erste Menschenpaar in Sünde und Tod gebracht (1. Mose 3, 15). Nicht nur sie, sondern wir alle sind dadurch im Tode. Denn der Tod ist der Sünde Sold (Röm. 6, 23). Er hält eine grausame Ernte. An seinem Schlagbaum kommt niemand vorbei. Auf seine Grenze geht jeder von uns zu. Dem Menschen ist es nun einmal gesetzt zu sterben (Hebr. 9, 27). Daran wird keine medizinische Wissenschaft in ihren vielseitigen Disziplinen jemals etwas ändern. Denn solange unsere Welt besteht, wird gestorben.

3. Rettender Aufblick

Nur einer hat den Tod entmachtet: Jesus Christus, der gekreuzigte, auferstandene und wiederkommende Herr. Er ist das Lamm Gottes, das der Welt Sünde trägt (Joh. 1, 29; Jes. 53, 7). Sein Opfertod gilt uns. Wir sind von der Sünde gefesselt. Ihre Hand- und Beinschellen engen unseren Lebensraum ein und bewirken den tödlichen Absturz. Wir elenden Menschen! Wer wird uns von dem Leibe dieses Todes erlösen? (Röm. 7, 24). Es gibt nur einen: Jesus Christus. Er hat unser Fleisch und Blut angenommen, doch ohne Sünde, um uns vom Sündentod freizukaufen (Röm. 8, 13; 2. Kor. 5, 21; Gal. 3, 13; Phil. 3, 8; Hebr. 4, 15). Sein Kreuz ist in der ehernen Schlange vorgebildet. So sieht es Jesus, als er mit dem Pharisäer Nikodemus redet. Dort vergleicht er sich mit der Schlange, die Mose in der Wüste erhöht hat. Genauso müsse des Menschen Sohn erhöht werden, auf daß alle, die an ihn glauben, nicht verloren würden, sondern das ewige Leben hätten (Joh. 3, 14 f.). Ihn kann niemand beschuldigen. Er ist ohne Sünde (Joh. 18, 38; 19, 4 und 6; Hebr. 9, 14). Das muß ihm sogar Pilatus bestätigen (Joh. 18, 38). Das Gift des Todes hat er nicht in sich. Er ist nicht aus unserem Samen, sondern durch den Heiligen Geist gezeugt, obwohl er in irdischer Leidensgestalt uns gleich gerechnet werden muß. Erst mit der Taufe am Jordan hat er sich unter die Sünde der Welt gestellt (Matth. 3, 13 ff.; Mark. 1, 9 ff.; Luk. 3, 21 f.; Joh. 1, 31 ff.). Dadurch nimmt er den Tod als der Sünde Sold auf sich. Mit der Taufe beginnt deshalb die Passion Jesu, die auf Golgatha ihre mörderische Tiefe hat. Jordan, Golgatha und leeres Grab lösen einander nicht ab, sondern gehören zusammen. Sie sind nicht nur heilsgeschichtlich notwendige Daten, sondern machen das Heilsereignis insgesamt aus. In Teilstücke läßt es sich nicht zerlegen. Wer das versucht, verliert alles und bleibt im Tode. Er kann sich niemals selber freikaufen, weil er kein Vermögen, doch nichts als Schulden hat. Um zu leben, kommt niemand an Jesus vorbei.

In seiner Not wendet sich das Volk an Mose und gesteht vor ihm ungeschminkt seine Schuld ein. Ganz klar beugen sich die Israeliten unter ihre begangene Sünde. Dieses Geständnis löst Gottes Hilfe aus. Das gibt es auch heute noch. Unsere Väter haben es so ausgedrückt: »Wer Jesum am Kreuze im Glauben erblickt, wird heil zu derselbigen Stund.«

Als Knecht Gottes handelt Mose genau nach Anweisung. Jetzt kommt es allein auf den einzelnen an. Die eherne Schlange beißt nicht. Sie hat kein Gift. Wer sie ansieht, stirbt nicht. Er ist entgiftet. Darin liegt ihre rettende Kraft. Sie ist nicht nur Zeichen, sondern schafft Hilfe. Das Volk Israel hat sie mit nach Kanaan genommen. Dort ist sie zur Reliquie geworden. Sie wurde zum Götzendienst mißbraucht. Deshalb hat sie Hiskia später zerstört (2. Kön. 18, 4).

Noch heute ist der Äskulapstab Sinnbild der Medizin. Ihr Wahrzeichen ist die sog. »heilige Schlange«. Wir haben nur einen, der heilig ist: den Sohn Gottes. Er ist würdig, zu nehmen Kraft und Reichtum und Weisheit und Stärke und Preis und Lob (Offb. 5, 12).

4. Vorwärtsstürmende Freude

Der Vormarsch geht weiter. Die tödliche Gefahr durch die feurigen Schlangen ist gebannt. Der Herr hat Großes an ihnen getan. Seine Gnade und Treue lassen sich nicht beschreiben. Die Israeliten können nur stammelnd und staunend den Gott ihrer Väter anbeten.

Gehorsam umgehen sie das Land der Edomiter und Moabiter. Den letzteren dürfen sie kein Stück Boden abnehmen. Das ist ihnen verboten (Richt. 11, 18; 5. Mose 2, 9). Aus diesem Anlaß ziehen sie in nordöstlicher Richtung und kommen an den Fluß Arnon, der in das Tote Meer fließt. Gleichzeitig bildet er die Grenze zwischen den Moabitern und Amoritern. Hier sind denn auch die letzten waffenfähigen Männer der alten Generation gestorben (5. Mose 2, 16). Das Gericht vollzieht Gott schrittweise an seinem Volk. Er läßt niemanden durch. Das duldet seine Heiligkeit nicht.

Nach langer Wüstenwanderung stehen die Israeliten in dankbarer Freude vor dem ersten Quellbrunnen. Viele unter ihnen haben gewiß einen solchen noch nie gesehen (4. Mose 21, 16). Denn mittlerweile ist eine junge Generation herangewachsen. Im Gegensatz zum Murren der alten besingt sie in jugendlicher Frische und mit dichterischem Schwung die Taten Gottes. Leider ist der Sammelband ihrer Lieder verlorengegangen. Das sollte uns nicht wehmütig stimmen. Wir haben Gottes Wort. Es bleibt in Ewigkeit. Keine Katastrophe wird es je auslöschen. Sein Stellenwert ist unbestreitbar. Ohne dieses Wort bleiben wir blinde Leute und stürzen ab. Unter ihm sind wir geborgen; denn keine Kreatur kann uns von der Liebe Gottes scheiden, die in Christo Jesu ist, unserm Herrn (Röm. 8, 39).

Gott erwählt den Nachfolger für seinen Mann

Und die Töchter Zelophhads, des Sohnes Hephers, des Sohnes Gileads, des Sohnes Machirs, des Sohnes Manasses, von den Geschlechtern Manasses, des Sohnes Josephs, mit Namen Machla, Noa, Hogla, Milka und Tirza kamen herzu und traten vor Mose und vor Eleasar, den Priester, und vor die Stammesfürsten und die ganze Gemeinde vor der Tür der Stiftshütte und sprachen: Unser Vater ist gestorben in der Wüste und war nicht mit unter der Rotte, die sich gegen den Herrn empörte, unter der Rotte Korah, sondern ist um seiner eigenen Sünde willen gestorben und hatte keine Söhne. Warum soll denn unseres Vaters Name in seinem Geschlecht untergehen, weil er keinen Sohn hat? Gebt uns auch ein Erbgut unter den Brüdern unseres Vaters. Mose brachte ihre Sache vor den Herrn. Und der Herr sprach zu ihm: Die Töchter Zelophhads haben recht geredet. Du sollst ihnen ein Erbgut unter den Brüdern ihres Vaters geben und sollst ihres Vaters Erbe ihnen zuwenden. Und sage den Kindern Israel: Wenn jemand stirbt und keinen Sohn hat, so sollt ihr sein Erbe seiner Tochter zuwenden. Hat er keine Tochter, sollt ihr's seinen Brüdern geben. Hat er keine Brüder, sollt ihr's den Brüdern seines Vaters geben. Hat sein Vater keine Brüder, sollt ihr's seinen nächsten Verwandten geben, die ihm angehören in seinem Geschlecht, damit sie es in Besitz nehmen. Das soll den Kindern Israel Gesetz und Recht sein, wie der Herr dem Mose geboten hat. Und der Herr sprach zu Mose: Steig auf dies Gebirge Abarim und sieh auf das Land, das ich den Kindern Israel geben werde. Und wenn du es gesehen hast, sollst du auch zu deinen Vätern versammelt werden, wie dein Bruder Aaron zu ihnen versammelt ist, weil ihr meinem Wort ungehorsam gewesen seid in der Wüste Zin, als die Gemeinde haderte und ihr mich vor ihnen heiligen solltet durch das Wasser. Das ist das Haderwasser zu Kadesch in der Wüste Zin. Und Mose redete mit dem Herrn und sprach: Der Herr, der Gott des Lebensgeistes für alles Fleisch, wolle einen Mann setzen über die Gemeinde, der vor ihnen her aus- und eingeht und sie aus- und einführt, damit die Gemeinde des Herrn nicht sei wie die Schafe ohne Hirten. Und der Herr sprach zu Mose: Nimm Josua zu dir, den Sohn Nuns, einen Mann, in dem der Geist ist, und lege deine Hände auf ihn; und laß ihn treten vor den Priester Eleasar und vor die ganze Gemeinde und bestelle ihn vor ihren Augen und lege von deiner Hoheit auf ihn, damit ihm gehorche die ganze Gemeinde der Kinder Israel. Und er soll treten vor Eleasar, den Priester, der soll für ihn mit den heiligen Losen den Herrn befragen. Nach dessen Befehl sollen aus- und einziehen er und alle Kinder Israel mit ihm und die ganze Gemeinde. Mose tat, wie ihm der Herr geboten hatte, und nahm Josua und ließ ihn treten vor den Priester Eleasar und vor die ganze Gemeinde und legte seine Hand auf ihn und bestellte ihn, wie der Herr durch Mose geredet hatte (4. Mose 27, 1–23).

Die Amoriter sind besiegt. Der hartnäckige Widerstand des Königs Sihon hat nichts vermocht. Seine Eigenwilligkeit und sein Starrsinn haben ihm die Niederlage beschert (4. Mose 21, 21 ff.). Wer sich Israel in den Weg stellt, wird vernichtet. Das muß auch der König von Basan erfahren. Mose braucht sich vor ihm nicht zu fürchten. Gott hat ihn bereits in seine Hand gegeben, bevor er sich Mose in den Weg stellt (4. Mose 21, 34). Er ist schon besiegt, ehe er überhaupt aufmarschiert. Israel erlebt Wunder der Treue Gottes. Der Herr hält sein Versprechen. Das Volk braucht nur zu vertrauen.

Wie schwer fällt ihm das aber! Es ist einfacher geschrieben als im Alltag gelebt. Das wissen wir alle. Niemand kann dem andern in dieser Sache etwas vormachen. Deshalb haben wir kein Recht, auf das Volk Gottes mit dem Finger zu zeigen. Wir hätten es auch nicht besser gemacht. Hernach will jeder klüger sein als der Betroffene. Wenn Gottes Güte uns nicht leiten würde, wären wir schon längst am Ende.

Israel hat den Weg frei in das verheißene Land. In den Städten der Amoriter wohnen jetzt ihre Leute. Sie haben Heimat bekommen. Die Wüste liegt hinter ihnen. Das Kulturland breitet sich vor ihnen aus. Noch besitzen sie es nicht. Was sie bereits unter eigener Verwaltung haben, ist erst ein bescheidener Anfang, eine kleine Kostprobe. Die meisten Stämme sind noch nicht im Besitz des ihnen zugedachten Bodens. Dennoch braucht keiner zu fürchten, daß er leer ausgeht. Für jeden hat Gott sein Teil reserviert.

Selbst Jesus kann seinen Jüngern sagen: »In meines Vaters Hause sind viele Wohnungen« (Joh. 14, 2 ff.). Er geht vorauf, uns die Stätte zu bereiten. Das Vaterhaus ist offen. Wir haben dort bereits unseren Platz. Niemand kann uns den streitig machen. Deshalb warten Jünger Jesu froh und getrost. Für sie ist Sterben Gewinn. Denn sie haben das Schönste vor sich – das Vaterhaus.

1. Aus Vertrauen

Die Erbfolge liegt fest. Israel weiß darum und handelt danach. Die Söhne beerben die Väter. Das ist eine klare Sache. Wie verhält es sich aber, wenn der verstorbene Vater nur Töchter hinterläßt? Erlischt dann der Name in seinem Geschlecht?

Gewiß ist der Vater der Töchter Zelophhads an seiner eigenen Sünde gestorben. Das sind auch andere und haben doch Söhne zu Erben. Hier liegt ein Sonderfall vor, der der genauen Regelung bedarf. Bescheiden und demütig, aber doch glaubensgewiß tragen diese bruderlosen Töchter ihre Bitte Mose, Eleasar, den Stammesfürsten und der ganzen Gemeinde vor der Tür der Stiftshütte vor. Ihre nagende Frage nach Erbgerechtigkeit bringen sie im Grunde genommen vor Gott. Dabei verbergen sie nichts. Offen und ungeschminkt ist ihre Rede. Mose hat hier nichts zu sagen. Er gibt den Rechtsfall an Gott ab. Der Herr entscheidet in dieser Sache allein. Denn nur er teilt das Land auf.

Der Knecht Gottes weiß um seine Zuständigkeit. Wir nehmen das nicht so genau. Mitunter mischen wir uns in Dinge ein, die wir nicht durchschauen. Vielmehr sollten wir um unsere Grenzen wissen. Weniger zu reden, aber mehr die Fragen unseres Alltags zu durchbeten, wäre unserer persönlichen

Unwissenheit gemäßer. In der Gefahr der Selbstüberschätzung befinden wir uns alle. Der Mensch gibt gerne an, auch der fromme. Aber Jesus macht uns von Herzen demütig. Vor ihm werden wir immer kleiner.

Der Herr erhört die Bitte dieser bruderlosen Töchter. Er bezieht sie in die Erbfolge mit ein. Sie bekommen anteilmäßigen Besitz im Lande Kanaan (4. Mose 27, 7; 36, 2; Jos. 17, 3 f.). Damit zeigt Gott seine Größe im Kleinen und offenbart dem Armen seine Liebe. Er ist ein Vater der Waisen (Ps. 68, 6). Er schafft ihnen Recht (5. Mose 10, 18; Ps. 82, 3; Jes. 1, 17) und hilft ihnen aus.

Sein Ziel ist unverkennbar. Damit der Besitz in der Hand es jeweiligen Stammes bleibt, erbt grundsätzlich nur die väterliche Linie. Denn bis auf Christus müssen die Stämme voneinander geschieden bleiben, weil aus dem Stamme Juda der Messias, der Verheißene Gottes, kommen wird. Ist er aber da, kann eine Vermischung einsetzen. Das ist in der Zwischenzeit geschehen. Noch heute sind die Stämme vermischt, obgleich der Staat Israel wieder erstanden ist. Nur der Herr kennt sie. Zu seiner Zeit wird er sie wieder scheiden, damit sie in Christo am Ende auferstehen (Hes. 37, 1 ff.; 48, 1 ff.).

2. Von ferne

Mose hat die ersten Siege über die Gegner errungen. Dem Einmarsch in das Land der Väter steht nichts mehr im Wege. Das gelbe Ampellicht leuchtet bereits auf. Für den Autofahrer heißt das, sich zur Abfahrt fertig zu machen. Die Kupplung wird durchgetreten und der erste Gang eingelegt. Er kann jeden Moment anfahren, sobald die Ampel auf »grün« umschaltet.

In dieser Situation befindet sich Israel. Mose wird aus der Schlange der Wartenden herausgerufen. Er darf nicht anfahren, wenn die Ampel »grün« zeigt. Seine Marschrichtung ist eine andere. Er soll wie kurz vorher sein Bruder Aaron zu den Vätern versammelt werden. Beide sind vor Gott in gleicher Schuld. Das Haderwasser zu Kadesch klagt sie an. Ihr Ungehorsam spricht gegen sie. Sie haben Gottes Wort nicht haargenau befolgt. Das ist Entheiligung des Herrn. So etwas duldet er unter seinen Knechten nicht. Wir haben davon bereits gehört.

Wir nehmen unseren Ungehorsam manches Mal zu leicht. Rechnen wir wirklich mit seiner Heiligkeit? Gott ist gerecht! Deshalb hat er seinen einzigen Sohn für unsere Schuld geopfert, weil seine Gerechtigkeit es forderte. Wenn wir das übersehen, bekommt unsere Gottesvorstellung einen unbiblischen Ansatz. Sie endet in frommer Spekulation und geht an der Heilswirklichkeit vorbei. Deshalb ist es unvermeidbar notwendig, sich die Schuld aufdecken zu lassen und den Ungehorsam zu bekennen.

Mose tut nichts anderes. Er steht zu seinem »Ausrutscher«, ohne ihn zu beschönigen. Warum sollte er es auch tun? Der Herr hat in jedem Fall recht.

Das weiß er. Deshalb stemmt er sich nicht gegen Gottes Urteil. Er ist selber daran schuld, daß er bei »gelb« die Fahrkolonne verlassen muß. Seine letzte Stunde kommt. Bald tritt er von der Weltbühne ab. Sein Volk aber zieht weiter. Es hat den ersten Gang bereits eingelegt, um bei »grün« ohne Zögern anzufahren. Dem Knecht Gottes wird immer bestimmter der Ort seines Todes gezeigt (5. Mose 32, 49; 34, 1). Zuvor darf er vom Gebirge Abarim das Land seiner Väter sehen. Darin liegt ein Stück Erfüllung. Er befindet sich am Ziel seine Auftrages. Im Gericht ist der Herr noch gnädig. Seine Barmherzigkeit wird für Mose noch einmal deutlich. Kanaan liegt vor ihm. Abarim heißt soviel wie Furten, Furchen oder Übergänge. Es handelt sich um den Westrand der ammonitischen Hochebene im Ostjordanland.

Mose ist dem Land seiner Väter greifbar nahe, aber er darf nicht hinein. Wir möchten auch gerne den Weg unserer Kinder mitgehen, dürfen ihn aber hier und dort nur von ferne ansehen. Das ist dann bereits Gnade. Ob wir sie stets recht werten? Der Knecht Gottes tut es. Er stellt sich getrost darunter, wie der Herr an ihm handelt.

3. Nach vorne

Sogleich bittet er um den Nachfolger. Er weiß, daß sein Volk alleine nicht fertig wird. Es braucht den Beauftragten Gottes, der es führt und leitet. Zu leicht läßt es sich von dem Augenblick der Stunde bestimmen, und schon bricht es aus der Spur. Es biegt von der Fahrbahn ab, ohne den Weg zu wissen. Das kann tödlich enden.

Deshalb hat es eine feste Hand und einen ganzen Mann nötig. Ohne Autorität geht es nicht. Ein Zusammenleben von Menschen verfestigt sich durch ungetrübten Gehorsam, gegenseitige Achtung und zielbewußtes Vertrauen. Es kann auf Persönlichkeiten nicht verzichten, die prägend und bestimmend voraufgehen. Sie gehören dazu wie das Salz zur Suppe. Ohne sie ist alles fade und geschmacklos. Jeder ißt es sich bald über.

Unter uns hat »antiautoritär« einen besonderen Klang. Es ist zum Modebegriff in Schule, Familie und Erziehung geworden. Schließlich leben wir in einer mündig gewordenen Welt und lösen keines ihrer schwerwiegenden Probleme. Der mündige Mensch steht den Fragen unmündig gegenüber. Ob es um den Hunger, die Rassengegensätze, die Umweltverschmutzung oder die Weltkriegsgefahr geht, stets bleibt der Mensch gleich ratlos. Er kommt von einer Krise in die andere. Das eine Mal sind es die Finanzen. Dazu gesellt sich die Bildung. Ihr folgt die Landwirtschaft. Und später ist es die Altersversorgung.

Was Mose befürchtet, stellt Jesus fest. Er ist durch die Städte und Dörfer Israels gegangen und hat in den Synagogen des Volkes Gottes gepredigt. Seine Diagnose lautet: »Sie waren verschmachtet und zerstreut wie Schafe, die keinen Hirten haben« (Matth. 9, 36). Arbeiter fehlen! Sie können nicht einfach herbeigeholt, sondern müssen erbeten werden. Diesem Notstand kann nur der Herr abhelfen. Er hat den Durchblick. Deshalb weist Jesus seine Jünger mit dieser speziellen Bitte an den Vater (Matth. 9, 37), der Macht hat über alles.

Das Volk Gottes braucht treue Hirten. Darum hält Mose den Herrn an. Seine Fürbitte gilt einzig und allein seinem Volk. Sie erfüllt sich aber erst ganz in Jesus Christus, dem Lamm Gottes, das der Welt Sünde trägt. Der gekreuzigte, auferstandene und wiederkommende Herr und Heiland kann in seiner Treue nicht übertroffen werden. Er ist der eine Hirte seiner Gemeinde (4. Mose 27, 17; Micha 5, 3; Matth. 9, 36; Joh. 10, 12 ff.; Ps. 23, 1 ff.). Unter ihm hat sie keinen Mangel, weil er sie weidet und auf rechter Straße führt. Das ist auch unser Trost. Darin gibt es keine Mündigkeit, wohl aber eine wachsende Unabhängigkeit. Sie bewahrt und läßt uns nicht zuschanden werden.

4. Unter Handauflegung

Josua heißt der Mann nach Gottes Wahl. Er hat sich bewährt. Als Kundschafter ist er hervorgetreten. Wenn es nach Kaleb und ihm gegangen wäre, hätte Israel schon eher den Schritt nach Kanaan gewagt. Der Sohn Nuns ist eine geistliche Persönlichkeit. Bisher hat er Mose treu zur Seite gestanden. Von Gottes Hand gestaltet wächst sein Ansehen unter seinem Volk. Das stellt ihn heraus. Ohne daß er es will, fällt er ins Auge.

Den Simon Petrus hat in der Stunde der Versuchung seine Mundart verraten (Matth. 26, 73). Den Jünger Jesu kennzeichnet sein Glaubensleben. Die Früchte des Geistes (Gal. 5, 22) lassen sich nicht verbergen. Sie brechen dort auf, wo einer völlig dem Herrn vertraut. Von ihm wird dann gesagt: »Dieser war auch mit dem Jesus von Nazareth« (Matth. 14, 67). Ein tieferes Bekenntnis kann niemand hinterlassen. Er lebt, obgleich er gestorben ist.

Mose handelt nach Gottes Anordnung. Durch Handauflegung weist er Josua seinen künftigen Dienstbereich zu (vgl. Apg. 6, 6). Das geschieht vor der ganzen Gemeinde und Eleasar. Damit ist Josua vor aller Augen zum Nachfolger bestellt. Er bekommt vom Herrn, was er für diese Amtsführung bedarf. Mit dem Geist der Weisheit erfüllt kann er ans Werk gehen (5. Mose 34, 9). Gott überfordert niemanden. Was er abverlangt, gibt er auch. Das erfährt eine Generation nach der anderen, die sich von ihm in den Dienst einweisen läßt. Josua darf nicht so unmittelbar mit Gott reden, wie es Mose gestattet war. Darin hatte er eine Sonderstellung. Sein Verhältnis zu dem Gott der Väter ist unwiederholbar. Deshalb wird sein Nachfolger von vornherein an den Hohenpriester gewiesen (4. Mose 27, 21). Josua und Eleasar haben sich zu ergänzen. Ihr Auftrag verbindet sie, den Staatsmann und den Priester.

Wie Aaron kennt nun auch Mose seinen Amtsnachfolger (4. Mose 20, 26). Nur Jesus ist einmalig. Er hat keinen Nachfolger, sondern bleibt als Melchisedek (König der Gerechtigkeit) der eine Priester und Hirte in Ewigkeit. Er ist derselbe gestern, heute und immerdar.

Gott vernichtet die Feinde
vor seinem Mann

Und der Herr redete mit Mose und sprach: Übe Rache für die Kinder Israel an den Midianitern, und danach sollst du versammelt werden zu deinen Vätern. Da redete Mose mit dem Volk und sprach: Rüstet unter euch Leute zum Kampf gegen die Midianiter, die die Rache des Herrn an den Midianitern vollstrecken. Aus jedem Stamm je tausend Mann sollt ihr aus allen Stämmen Israels in das Heer schicken. Und sie nahmen aus den Tausendschaften Israels je tausend eines Stammes, zwölftausend Mann gerüstet zum Kampf. Und Mose schickte sie mit Pinhas, dem Sohn des Priesters Eleasar, in den Kampf, und er hatte die heiligen Geräte und die Kriegstrompeten bei sich. Und sie zogen aus zum Kampf gegen die Midianiter, wie der Herr es Mose geboten hatte, und töteten alles, was männlich war. Samt diesen Erschlagenen töteten sie auch die Könige der Midianiter, nämlich Ewi, Rekem, Zur, Hur und Reba, die fünf Könige der Midianiter. Auch Bileam, den Sohn Beors, töteten sie mit dem Schwert. Und die Kinder Israel nahmen gefangen die Frauen der Midianiter und ihre Kinder; all ihr Vieh, alle ihre Habe und alle Güter raubten sie und verbrannten mit Feuer alle ihre Städte, wo sie wohnten, und alle ihre Zeltdörfer. Und sie nahmen allen Raub und alles, was zu nehmen war, Menschen und Vieh, und brachten's zu Mose und zu Eleasar, dem Priester, und zu der Gemeinde der Kinder Israel, nämlich die Gefangenen und das genommene Vieh und das geraubte Gut, ins Lager im Jordantal, der Moabiter gegenüber Jericho. Und Mose und Eleasar, der Priester, und alle Fürsten der Gemeinde gingen ihnen entgegen, hinaus vor das Lager. Und Mose wurde zornig über die Hauptleute des Heeres, die Hauptleute über tausend und über hundert, die aus dem Feldzug kamen, und sprach zu ihnen: Warum habt ihr alle Frauen leben lassen? Siehe, haben nicht diese die Kinder Israel durch Bileams Rat abwendig gemacht, daß sie sich versündigten am Herrn durch den Baal-Peor, so daß der Gemeinde des Herrn eine Plage widerfuhr? So tötet nun alles, was männlich ist unter den Kindern, und alle Frauen, die nicht mehr Jungfrauen sind; aber alle Mädchen, die unberührt sind, die laßt für euch leben. Und lagert euch draußen vor dem Lager sieben Tage, alle, die jemand getötet oder die Erschlagene angerührt haben, daß ihr euch entsündigt am dritten und siebenten Tage samt denen, die ihr gefangengenommen habt. Auch alle Kleider und alles Lederzeug und alles Pelzwerk und alle hölzernen Geräte sollt ihr entsündigen. Und Eleasar, der Priester, sprach zu dem Kriegsvolk, das in den Kampf gezogen war: Dies ist das Gesetz, das der Herr dem Mose geboten hat: Gold, Silber, Kupfer, Eisen, Zinn und Blei und alles, was Feuer verträgt, sollt ihr durchs Feuer gehen lassen, so wird es rein; nur daß es mit dem Reinigungswasser entsündigt werde. Aber alles, was Feuer nicht verträgt, sollt ihr durchs Wasser gehen lassen. Und ihr sollt eure Kleider waschen am siebenten Tage, so werdet ihr rein. Danach sollt ihr ins Lager kommen (4. Mose 31, 1–24).

Eine Vielzahl von Opfervorschriften ist erlassen. Die Jugend ist mit ihnen nicht mehr vertraut. Sie muß in das Gott wohlgefällige Opfer neu eingeübt werden. Denn in der Wüstenzeit hat es Unterbrechungen in den regelmäßigen Opfergottesdiensten gegeben. Die Väter konnten darauf nicht so genau sehen. Sie sind wohl auch in diesem Stück gottesdienstlichen Handelns träge geworden.

Wir können ihnen daraus keinen Vorwurf machen, weil es uns nicht besser gelingt. Unsere Opferscheu ist ein Ausdruck frommer Ichsucht. Sie liegt uns näher als wagender Glaube in dankbarem Opfer. Die Eigenliebe erwacht oft zu neuem Leben und erstickt erste Anfänge aufopfernden Dienstes.

Deshalb können die Opferbestimmungen dem Volk Israel nur Handlauf sein, an dem es sich festhält, um in der Spur zu bleiben. Uns hält Jesus Christus, der Heiland der Welt. Sein Wort ist uns Gotteskraft.

Das ist kein frommes Geschwätz, sondern dankbare Glaubenserfahrung. Sie wird jedem zuteil, der mit Jesus ernst macht, sich bekehrt und ihm restlos vertraut. Durch sein einmaliges Opfer sind wir rechtskräftig vor Gott versöhnt, während Israel seine Opfer noch ständig wiederholen muß. Dadurch soll es wach werden, um den Tag der Erlösung herbeizusehnen. Er kommt ganz gewiß. Dann gibt es keine Entschuldigung mehr. Israel muß sich entscheiden.

Jetzt steht es vor der Landnahme. Die ersten Landstriche auf der Ostseite des Jordans sind besetzt. Der Herr hat sein Wort gehalten. Davon reden die vorhergehenden Kapitel. Sie sind ein Beweis der unwandelbaren Treue Gottes. Wer kann Israel widerstehen, wenn es sich auf den Herrn verläßt? Niemand! Auch die Midianiter nicht.

1. Der unausweichbare Befehl

Sie haben sich in ein Bündnis gegen Israel eingelassen (1. Mose 25, 4). Deshalb fallen sie unter das Gericht. Sie haben Israel zum Götzendienst und zur Hurerei verleitet. Von innen wollten sie die Kampfkraft dieses Volkes binden. Dabei haben sie Erfolg gehabt (4. Mose 25, 1 ff.). Wenn der Satan Gottes Volk nicht einschüchtern kann, verführt er es zur Unzucht. Er weiß genau, welche Töne er anschlagen muß, damit wir tanzen.

Das ist heute noch genauso wie damals. Die vielbesungene Freiheit wird bedenkenlos zum Deckmantel der Sünde genommen. Der Seitensprung ist Ausdruck gelebter Freiheit. Er wird gebilligt und stillschweigend anerkannt. Onkelehe scheint dagegen harmlos zu sein. In Wirklichkeit beglückt solche Freiheit nie. Sie belastet und zerstört. Schuld kann nicht durch Schuld beglichen werden. Wer es versucht, verdoppelt sie.

Darum läßt Gott bei seinem Volk nichts durchgehen. Er bestraft die Unzucht hart und unnachsichtig. Mose hat die Übeltäter aufzuhängen (4. Mose 25, 4). Jeder, der dem Baal-Peor gedient hat, wird erwürgt (4. Mose 25, 5). Hier gibt es keine Ausnahme. Insgesamt sind auf diese Weise 24 000 Männer getötet worden. Der Tod ist der Sünde Sold.

Ein Judas, ein Ananias und eine Saphira sind für uns warnende Beispiele (Joh. 13, 27; Apg. 5, 4. 9). Sie zeigen uns, wie gefährlich es ist, mit der

Sünde zu spielen. Es gibt keine Entschuldigung, so bitter es sein mag. Dem Judas bleibt der Strick, während für Ananias und Saphira die Totenbahre bereitsteht. Sie haben Gott nicht ernst genommen. Aber Gott nimmt ihre Sünde ernst. Darum sterben sie.

Mit den fünf midianitischen Königen kommt auch Bileam um. Er spielt eine traurige Rolle (4. Mose 31, 8). Es lohnt sich, ihn zu durchschauen. Er kommt aus dem Land Abrahams, Jakobs und Labans. Wenn dort auch noch Gotteserkenntnis ist, so fehlt Bileam die Entschiedenheit (4. Mose 22, 1 ff.). Seinem Wesen nach entpuppt er sich immer mehr als Mischgeist. Wenn er auch Gott fragt, so lebt er bis zur endgültigen Verstockung seinem Geltungsbedürfnis. Er gehört zu jenen Menschen, die im Namen des Herrn weissagen und Teufel austreiben, aber dennoch als Übeltäter verlorengehen (Matth. 7, 22). Aus geistlichen Gaben will er, wie Simon in der Apostelgeschichte, Gewinn schlagen (Apg. 8, 18 ff.). Gott hat es nicht daran fehlen lassen, ihn ganz auf seine Seite zu bekommen. Bileam hat aber stets den letzten Schritt gescheut. Deshalb hat Gott ihn schließlich dahingegeben.

Wie wichtig ist die Gabe der Geisterunterscheidung! Wir brauchen sie nötiger denn je. Gerade auf religiös frommen Böden entwickeln solche Geister eine ungeahnte Keimkraft. Sie reden geistlich und tun Wunder, sind aber dennoch falsche Propheten. Sie verwirren und werden am Ende der Tage zunehmen. Sollte uns das nicht umtreiben, die Gabe der Geisterunterscheidung zu erbitten, damit wir ihnen nicht ins Netz gehen? Vorsicht ist geboten!

2. Ein letzter Dienst

Jeder Stamm Israels hat tausend wehrfähige und kampferprobte Männer zu stellen. Ein Heer von zwölftausend Mann soll gegen die Midianiter antreten, den Befehl des Herrn zu vollstrecken. Für Mose wird es ein letzter Dienst sein, bevor er zu den Vätern geht. Er hat Gottes Anordnungen getreu zu befolgen. Er hängt nicht an diesem Leben, sondern weiß um das Eigentliche, was sein Leben füllt. Es geht ihm um das Ziel.

Für den sportlichen Wettkampf ist der Endspurt entscheidend. Der Wettläufer bringt in die letzten Meter vor dem Ziel sein ganzes sportliches Können ein. Er mobilisiert die letzten Reserven an körperlicher Kraft und nervlicher Konzentration, um das Ziel nicht zu verfehlen, um mit ihm den Sieg nicht zu verschenken. Der Sportler hat bis zur letzten Sekunde ganz dazusein. Bei ihm kommt es mitunter auf eine zehntel Sekunde an. Sie entscheidet über Sieg oder Niederlage.

Vor den Ältesten aus Ephesus bekennt der Apostel Paulus in Milet, daß er sein Leben keiner Rede wert achtet, wenn er nur seinen Lauf vollende. Ihm geht es um das Amt, das er von dem Herrn Jesus empfangen hat, zu bezeugen das Evangelium von der Gnade Gottes (Apg. 20, 24). Damit ist er auf das Kampffeld gestellt. So ein geistlicher Glaubenskampf gleicht einem irdischen Wettkampf. Deshalb finden wir im Neuen Testament viele solcher Bilder. Es wird vom Ringkampf gesprochen (Eph. 6, 12 ff.), von der Rennbahn (Phil. 3, 14) und von Wettspielen sowie ihren Regeln (2. Tim. 2, 5). Paulus ist reich an solchen Bildern. Wenn schon der Sportler sich aller Dinge enthält und ganz der Sache lebt, wieviel mehr muß ein Christ im Training bleiben, um die Siegeskrone zu erlangen (1. Kor. 9, 25)!

Solches Training umfaßt den ganzen Menschen, mit Essen und Trinken, unter Freunden und Verwandten. Letzten Endes geht es bei uns um die Krone der Gerechtigkeit (2. Tim. 4, 7 f.; 1. Petr. 5, 4). Sie fällt nur dem zu, der den guten Kampf gekämpft, der Glauben gehalten hat.

Mose ist solch ein Wettkämpfer, der die letzten Meter zu überwinden hat (vgl. 2. Tim. 4, 6). Er hat keine Zeit. Deshalb kann er sich keinen Fehltritt leisten. In bindendem Gehorsam bleibt er ein rechter Botschafter seines Herrn. Er kann nur immer wieder staunen, wie Gott mit den Feinden fertig wird. Der Sieg über die Midianiter ist den Israeliten gewiß.

Als Feldpropst wird ihrem Zwölftausend-Mann-Heer Pinhas beigegeben. Er hat die heiligen Geräte und die Kriegstrompeten. Gegenüber einem zahlenmäßig überlegenen Feind ist es seine Aufgabe, zu stärken und zu trösten, damit Israel nicht verzage noch sich fürchte oder dem Grauen verfalle. Denn Gott streitet für sie und hilft ihnen. Das ist gewiß und wird veranschaulicht durch die Anwesenheit der heiligen Geräte. Über ein Trompetensignal geben die Priester dem Heer das Zeichen zum Aufmarsch. Gleichzeitig mahnen sie die Beter zur Fürbitte vor dem Herrn, daß er sie von den Feinden befreie (4. Mose 10, 2, 9; 2. Chron. 13, 12).

Auf die Kämpfer wie die Beter kann keine Gemeinde verzichten. Sie bilden eine Front und gehören zusammen. Der Missionar ist ohne den Beter kampfunfähig. Die Beter sind durch nichts zu ersetzen. Das entgeht uns oft. Darum fehlt uns die Vollmacht. Wir kommen nicht durch. Unserem Zeugnis fehlt die Sprengkraft des Wortes Gottes. Ob wir uns das sagen lassen?

Der Feldpropst Pinhas ist ein gestandener Mann. Er hat sich bewährt. Obgleich das Strafgericht Gottes durch Mose Israel verkündet worden ist, setzt Simri, ein Fürst unter den Hebräern, mit Kosbi, einer vornehmen Midianiterin, den götzendienerischen Ehebruch provozierend fort (4. Mose 25, 1 ff.). Das veranlaßt Pinhas, aus Gott gewirktem Eifer einzuschreiten (vgl. 2. Kor. 11, 2). Er ersticht beide mit seinem Schwert. Von seiner Tat redet uns allen zum Vorbild der Psalmist (Ps. 106, 28–31). Das Neue Testament greift sie ebenfalls auf (1. Kor. 10, 8). Aufgrund dessen wird dem Enkel Aarons wie seinen Nachkommen vorzugsweise die Hohepriesterwürde auf Lebenszeit zuteil (4. Mose 25, 13). Damit bleibt er wie jeder Gläubige Priester vor Gott (Offb. 1, 6; 1. Petr. 2, 9).

Die Schuldigen erreicht das Strafgericht. Sie stehen namentlich fest. Soweit sich die Midianiter nicht durch die Flucht entziehen können (vgl. Richter 6,

1 ff.), werden sie erschlagen. Unter ihnen befindet sich auch der Verführer Bileam (4. Mose 25, 1. 6 u. 17 f.; 31, 16; Offb. 2, 14). Er bekommt, was seine Taten wert sind. Erschrecken wir noch darüber?

3. Geheiligt dem Herrn

Über die Midianiter ist der Sturm der Vernichtung gegangen. Ihre Zelte sind niedergebrannt und ihre Städte verwüstet. Ihre Väter und Söhne liegen erschlagen am Boden. Was nicht niet- und nagelfest war, haben die Israeliten als Beute mitgenommen. Darunter fallen das Vieh, die Frauen mit ihren Kindern, die Wertgegenstände sowie alle anderen transportablen Güter. Damit sind sie barmherziger als Gott. Das können sie nicht. Sie haben dem Befehl Gottes zu gehorchen. Was er anordnet, hat ohne Einschränkung zu geschehen. Vor ihm gibt es kein Wenn und Aber. Mose kann nicht schweigen. Er ist zornig darüber, daß sie die midianitischen Frauen gefangengenommen und nicht getötet haben. Denn sie sind es gewesen, die Israel zum götzendienerischen Ehebruch und damit zur Hurerei auf Anraten von Bileam verführt haben. Deshalb müssen sie ausnahmslos getötet werden. Lediglich die Jungfrauen sollen davon ausgenommen sein. Ebenfalls dürfen die Knaben nicht verschont bleiben. Auch sie verfallen dem Schwert. So verlangt es der Herr.

Darüber hat Mose zu wachen. Es könnte sonst eine neue Versuchung über Israel kommen. Mit der Sünde kann niemand leben. Er stirbt daran, weil sie krebsartig alles, ein Volk wie den ganzen Menschen schmerzvoll durchsetzt. Denn der Stachel des Todes ist die Sünde (1. Kor. 15, 56). Sie ist durch Jesus Christus entschärft. Deshalb kann sie den Gläubigen nichts anhaben noch sie zerreißen. Sein Blut macht sie rein von aller Sünde (1. Joh. 1, 7). Dabei bleibt kein Rand noch Flecken zurück.

Demgegenüber müssen sich die israelitischen Soldaten reinigen, wenn sie jemand erschlagen oder einen Toten berührt haben (4. Mose 19, 1 ff.; 31, 9). Ein gleiches gilt von den erbeuteten Kleidern und Geräten. Sie sind ebenfalls zu entsündigen (vgl. 4. Mose 31, 20 ff.; 19, 9). Das ist erschreckend, wenn wir bedenken, daß selbst unser bestes Werk noch der Reinigung bedarf. So voller Sünde sind wir (vgl. Hebr. 9, 8 ff.). Deshalb hat sich Jesus Christus als ein Opfer ohne Fehl Gott dargebracht, um unser Gewissen von den toten Werken zu reinigen. Er hat uns nicht mit vergänglichem Silber oder Gold erlöst, sondern mit seinem teuren Blut als eines unschuldigen und unbefleckten Lammes (Hebr. 9, 14; 1. Petr. 1, 18 f.). Seine Gemeinde ist rein um des Wortes willen, geheiligt dem Herrn (Joh. 15, 3 ff.; 1. Petr. 2, 5; Hebr. 9, 13 f.). Sind wir uns dessen bewußt? – Wir würden ehrlicher leben.

Gott gebietet bis zuletzt
seinem Mann

Und der Herr redete mit Mose und sprach: Nimm die gesamte Beute an Menschen und Vieh, die weggeführt wurde, auf, du und der Priester Eleasar und die Häupter der Sippen der Gemeinde, und gib die eine Hälfte denen, die in den Kampf gezogen sind und die Schlacht geschlagen haben, und die andere Hälfte der ganzen Gemeinde. Du sollst aber für den Herrn als Abgabe erheben von den Kriegsleuten, die in den Kampf gezogen waren, je eins von fünfhundert, an Menschen, Rindern, Eseln und Schafen. Von ihrer Hälfte sollst du sie erheben und dem Priester Eleasar geben als Opfergabe für den Herrn. Aber von der Hälfte der Kinder Israel sollst du je eins von fünfzig erheben, an Menschen, Rindern, Eseln und Schafen und von allem Vieh, und sollst sie den Leviten geben, die den Dienst versehen an der Wohnung des Herrn. Und Mose und der Priester Eleasar taten, wie der Herr es Mose geboten hatte. Und es betrug die Beute, soviel am Leben geblieben war von dem, was das Kriegsvolk erbeutet hatte, 675 000 Schafe, 72 000 Rinder, 61 000 Esel; an Menschen aber 32 000 Mädchen, die nicht von Männern berührt waren. Und die Hälfte, die denen gehörte, die in den Kampf gezogen waren, betrug 337 500 Schafe; davon waren Abgabe für den Herrn 675 Schafe. Desgleichen 36 000 Rinder; davon waren Abgabe für den Herrn 72. Desgleichen 30 500 Esel; davon waren Abgabe für den Herrn 61. Desgleichen 16 000 Menschen, davon waren Abgabe für den Herrn 32. Und Mose gab diese Abgabe als Opfergabe für den Herrn dem Priester Eleasar, wie ihm der Herr geboten hatte. Aber die andere Hälfte, die Mose für die Kinder Israel absonderte von dem Anteil der Kriegsleute, nämlich die Hälfte, die der Gemeinde zukam, betrug auch 337 500 Schafe, 36 000 Rinder, 30 500 Esel und 16 000 Menschen. Und Mose nahm von dieser Hälfte der Kinder Israel je eins von fünfzig, sowohl vom Vieh als von den Menschen, und gab's den Leviten, die den Dienst versahen an der Wohnung des Herrn, wie der Herr es Mose geboten hatte. Und es traten an Mose heran die Anführer der Tausendschaften des Kriegsvolks, nämlich die Hauptleute über tausend und über hundert, und sprachen zu ihm: Wir, deine Knechte, haben die Summe der Kriegsleute aufgenommen, die unter unserm Befehl standen, und es fehlt nicht einer. Darum bringen wir dem Herrn als Gabe, was jeder gefunden hat an goldenem Gerät, Ketten, Armgeschmeide, Ringen, Ohrringen und Spangen, um für uns Sühne zu schaffen vor dem Herrn. Und Mose samt dem Priester Eleasar nahm von ihnen das Gold, allerlei Geschmeide. Und alles Gold, das die Hauptleute über tausend und über hundert als Opfergabe für den Herrn darbrachten, wog 16 750 Lot. Aber von den Kriegsleuten hatte jeder nur für sich selber Beute gemacht. Und Mose und der Priester Eleasar nahmen das Gold von den Hauptleuten über tausend und über hundert und brachten es in die Stiftshütte, damit es dazu diene, daß der Herr gnädig der Kinder Israel gedenke. Und der Herr redete mit Mose im Jordantal der Moabiter gegenüber Jericho und sprach: Rede mit den Kindern Israel und sprich zu ihnen: Wenn ihr über den Jordan gegangen seid in das Land Kanaan, so sollt ihr alle Bewohner vertreiben vor euch her und alle ihre Götzenbilder und alle ihre gegossenen Bilder zerstören und alle ihre Opferhöhen vertilgen und sollt das Land einnehmen und darin wohnen; denn euch habe ich das Land gegeben, daß ihr's in Besitz nehmt. Und ihr sollt das Land austeilen durchs Los unter eure Geschlechter. Dem Geschlecht, das groß ist, sollt ihr ein großes Erbe geben, und dem, das klein ist, sollt ihr ein kleines Erbe geben. Worauf das Los für je-

den fällt, das soll er haben. Nach den Stämmen eurer Väter sollt ihr's austeilen. Wenn ihr aber die Bewohner des Landes nicht vor euch her vertreibt, so werden euch die, welche ihr übriglaßt, zu Dornen in euren Augen werden und zu Stacheln in euren Seiten und werden euch bedrängen in dem Lande, in dem ihr wohnt. So wird's dann geschehen, daß ich euch tun werde, wie ich gedachte, ihnen zu tun (4. Mose 31, 25–54; 33, 50–56).

Wenn auch die ersten Siege bereits errungen sind, hat Israel doch noch einen weiten Weg vor sich. Er erfordert Gehorsam, Glaubensmut und Wachsamkeit. Es hat keine andere Waffe als das uneingeschränkte Vertrauen auf die Zusage des Herrn. Er will für sein Volk streiten und es in das Land seiner Väter bringen. Ob es sich auf diesem Marsch die nötige Glaubensgelassenheit erbittet? Von ihr hängt alles ab. Gottes Volk kann nur bestehen, wenn es sich ganz unter die unwandelbare Treue des Herrn stellt.

So etwas ist leichter geschrieben und ausgesprochen als ausgelebt. Wir sind mit dem Mund schneller als mit der Tat. Das klagt uns an. Damit versagen wir uns manchen Segen. Wir bringen uns um die Erfahrung göttlicher Durchhilfe. Der Kleinglaube bindet uns und versperrt uns den Weg zur Freude. Es gibt wohl niemand, der das nicht schmerzvoll erfahren hätte. Dennoch ist der Herr barmherzig und gnädig. Er bringt uns ans Ziel. Seine Geduld und Treue haben noch kein Ende. Sie sind alle Morgen neu. Von ihr lebt Gemeinde Jesu. Durch ihn behält sie den Sieg. Das gilt auch für die letzte Zeit.

1. Gleiche Anteile

Noch hat Israel den Jordan nicht überschritten. Seine Truppen haben die Midianiter klar besiegt. Ein Gericht ist über die Besiegten dahingegangen, das uns noch heute den Atem verschlägt. Niemand kann dem Gericht Gottes entfliehen. Auch wir nicht. Es sei denn, daß Jesus Christus unser Heiland und Herr ist. Wer meint, sich selber verteidigen zu können, kommt gar nicht zu Wort. Denn vor ihm wird jedes gelebte Leben zu einer einzigen Anklageschrift. Jede Erwiderung löst sich bereits im Ansatz auf. Er hat nichts zu sagen. Deshalb bleibt uns nur ein Name, der des Sohnes Gottes: Jesus. In ihm sind wir gerechtfertigt, weil er uns Recht schafft. Er hat auf Golgatha den Sieg erkämpft. Sein Blut macht hell uns und rein. Wer an Jesus vorbei will, bleibt im Gericht. Er kommt in ihm um, noch ehe er ein Wort erwidern kann.

Darin besteht der Ernst unserer Lage. Jesus will die Starken zum Raube haben. Er hat einen Saulus zum Paulus umfunktioniert. Das kann nur er. Niemand ist ihm darin gleich. Als solcher wird er uns in Jesaja 53 vorgestellt; der leidende Gottesknecht ist unser Mann: »Fürwahr, er trug unsere Krankheit und lud auf sich unsere Schmerzen. Wir hielten ihn für den, der geplagt und von Gott geschlagen und gemartert wäre. Aber er ist um unserer Missetat willen verwundet und um unserer Sünde willen zerschlagen.

Die Strafe liegt auf ihm, auf daß wir Frieden hätten, und durch seine Wunden sind wir geheilt« (Jes. 53, 4 ff.). Darum sollen ihm die vielen zur Beute gegeben werden, weil er die Sünde der vielen getragen und für die Übeltäter gebeten hat (vgl. Jes. 53, 12).

Im Grunde genommen leben wir das, was Jesus für uns erworben hat: frei von der Sünde, frei vom Gesetz und frei vom Tode. Das wird aber nur dem faßbar, der an den gekreuzigten und auferstandenen Herrn uneingeschränkt glaubt. Den anderen bleibt er Anstoß und Ärgernis. In Zukunft wird es nicht anders sein. An Jesus scheiden sich die Geister. Wir halten es mit dem Apostel Paulus, der bekennt: »Ich bin gewiß, daß weder Tod noch Leben, weder Engel noch Fürstentümer noch Gewalten, weder Gegenwärtiges noch Zukünftiges, weder Hohes noch Tiefes noch keine andere Kreatur kann uns scheiden von der Liebe Gottes, die in Christus Jesus ist, unserm Herrn« (Röm. 8, 38 f.). Darin liegt unser Reichtum. In ihm sind wir geborgen für Zeit und Ewigkeit, ins Buch des Lebens geschrieben (Röm. 8, 17; Offb. 3, 5) und zu Überwindern gesetzt.

Mose hat das Volk bei der Verteilung der Kriegsbeute zu berücksichtigen. Nicht nur das Heer soll bedacht werden, sondern auch die Gemeinde (4. Mose 31, 27; Jos. 22, 8; Sam. 30, 24). Sie bekommt am Segen des Sieges Anteil. Kampftruppen wie Gemeinde erhalten je die Hälfte. Sie sind eine Einheit. Stets bleiben beide aufeinander angewiesen. Die einen können ohne die anderen nichts tun. Ihre Freude ist bei allen die gleiche. Mose und Eleasar handeln streng nach dem Willen Gottes. Selbst die Leviten werden nicht vergessen. Sie erhalten ebenfalls ihr vorbestimmtes Teil. Gottes Gerechtigkeit wird gerade in alltäglichen Dingen sichtbar. Hier müßte sie Israel ins Auge fallen, weil sie unübersehbar ist.

Auch in der Gemeinde Jesu bleiben Segnungen nie allein. Alle bekommen ihren Anteil daran. Durch eine Zeltmission, Evangelisation oder Bibelwoche werden nicht nur einzelne gerufen, getröstet, gestärkt und auferbaut, sondern durch sie die ganze Gemeinde. Die Freude über solche Segnungen ergreift selbst die Engelwelt (Luk. 15, 7). So wert achtet der Herr den einzelnen Sünder, der sich nach Hause rufen läßt.

Unsere Traurigkeit wird in Freude verwandelt, wenn wir uns mitnehmen lassen und teilhaben an den Segnungen Gottes. Sonst findet der Bekehrte keine Nestwärme unter uns. Er braucht sie, um wachsen und reifen zu können. Es hat keinen Zweck, über den Rauschgiftsüchtigen oder Gammler zu schimpfen. Wenn er sich bekehrt hat, gehört er zu uns, ganz gleich, wie lang sein Haar und wie ungepflegt sein Äußeres noch sind. Ob uns der Herr niemanden geben kann, weil wir ihn vorschnell ausschließen würden? Er gibt nicht mehr, als wir ihm zutrauen und was wir dankbar aus seiner Hand nehmen. Bringen wir uns nur nicht um den Segen, sondern nehmen wir das, was der Sohn Gottes uns zuteilt, damit die Herde bereichert werde. Der Herr beschenkt so gerne und erfreut durch seine Güte.

2. Spontane Dankbarkeit

Die Einsatztruppen mit ihren Hauptleuten haben das erfahren. Sie sind Beschenkte. Eine Bestandsaufnahme stellt fest, daß sie in diesem Krieg keine Verluste gehabt haben. Alle zwölftausend Männer sind heil und unversehrt aus der Schlacht gegen die Midianiter zurückgekehrt. Das ist nicht nur ihr Verdienst, sondern gnädige Bewahrung. Nicht ihrer Feldherrnkunst ist es zu verdanken, daß sie den Kampf verlustlos bestanden haben, sondern der freundlichen Durchhilfe des Herrn. Er hat seine Zusage wahrgemacht, daß er für sie streiten wolle (2. Mose 14, 14). Damals wie heute gilt sein Wort (Jos. 10, 14). Es verliert nicht an Kraft, Trost und Echtheit. Wer es verbindlich hört, bleibt mit Gott verbunden.

Mitunter nehmen wir solche Erweise barmherziger Durchhilfe im Alltag gedankenlos hin. Wir halten es unserer schnellen Reaktionsfähigkeit und unserem kühnen Verstand zugute, daß wir aus einer gefahrvollen Situation ohne irgendeinen Schaden heil herausgekommen sind. Damit setzen wir uns selbst den Lorbeer auf. Dennoch müssen wir uns innerlich gestehen, daß wir es nicht alleine gemeistert haben, jener Gefahr zu entgehen, sondern, daß »Glück« mit dabei gewesen sei. So und anders benennen wir jene halbe Sekunde, die mitgeholfen hat, daß uns nichts geschehen ist.

Auf einer unserer Bundesstraßen wollten Jugendliche aus Übermut Geschwindigkeitsrekorde aufstellen. Drei Wagen beteiligten sich. Ihre Motore waren zu diesem Zweck frisiert. Sie sollten mehr hergeben, als ihr Hersteller in sie hineingelegt hatte. Es war in vorgerückter Stunde. Mädchen spielten eine Rolle. Die Wagen waren gut besetzt. Nur einer fuhr allein. Sein Mädchen war ihm von den anderen ausgespannt worden. Aus Verärgerung machte er nicht mit. Die beiden anderen Wagen rasten davon. Bei einem Überholmanöver war es geschehen. Zehn Tote mußten aus den völlig zertrümmerten Wagen geholt werden. Nur der eine war davongekommen. Hat er »Glück« gehabt? Nein! Er ist bewahrt worden. Ob er das eingesehen hat?

Dazu bedarf es des rechten Durchblicks. Allein der Glaube sieht weiter. Er vertraut sich dem Herrn an und weiß sich unter seinem Schutz. Das macht ihn dankbereiter. Als Jesus auf dem Weg nach Jerusalem in einem Dorf zehn aussätzige Männer trifft, erfüllt er ihre Bitte. Auf dem Weg zu den Priestern werden alle gesund. Aber nur einer kommt zurück und fällt Jesus zu Füßen, um ihm zu danken. Dieser eine ist ein Samariter. Er empfängt den Zuspruch des Glaubens (Luk. 17, 11 ff.). So selten kommt echter Dank vor. Alle anderen nehmen die Wohltaten Gottes als Selbstverständlichkeiten an. Sie murren und schimpfen, wenn sie ausbleiben. Damit bringen sie sich um die Segenstiefe aus gelebter Dankbarkeit.

Israels Hauptleute wollen keine Anerkennung noch Auszeichnung. Ihre Tapferkeit soll nicht prämiiert werden. Sie sind bewegt von der schützenden und bewahrenden Gegenwart Gottes. Ihrer Meinung nach ist das nicht ihr Verdienst. Vielmehr wissen sie sich schuldig. Deshalb suchen sie Versöhnung und Gnade. Ihre Gaben an Gerät, Ketten, Armgeschmeiden, Spangen und Ringen sind Opfer, um vor dem Herrn Sühne zu schaffen (4. Mose 31, 50). Mose und Eleasar nehmen das Gold und bringen es in die Stiftshütte, damit den Kindern Israel Gnade zuteil werde (4. Mose 31, 54).

Die Soldaten beteiligten sich nicht an diesem Opfer. Sie wollen die Kriegsbeute für sich allein behalten. Die Dankbarkeit bei ihnen geht nicht tief genug. Sie erfaßt lediglich die Hauptleute. Wer aber um seine Schuld weiß, wird dankbarer. Er hat nichts zu bringen, alles ist der Herr.

Dennoch bleibt es erschütternd, daß sich echter Dank nur selten findet. Letzten Endes kann unser Opfer an Zeit, Kraft und Gaben nur Dank für Golgatha sein. Denn auch Jesus bezeugt im hohenpriesterlichen Gebet, daß er keinen von den seinen verloren habe (4. Mose 31, 49; Joh. 17, 12). Lassen wir uns von solcher dankenden Freude bewegen? Die Thessalonicher ermahnt der Apostel Paulus, ohne Unterlaß zu beten und allezeit fröhlich und in allen Dingen dankbar zu sein, denn das sei der Wille Gottes in Christus Jesus an ihnen (1. Thess. 5, 16 ff.). Dankbarkeit ist damit nicht nur eine Tugend, sondern unverzichtbare Äußerung lebendigen Glaubens. Sie kann niemals gespielt werden, sondern muß gelebt sein, wenn sie ansteckend wirken soll.

3. Keine Kompromisse

Israel hat sie stockend gelebt. Es bedarf immer neuen Anstoßes. Deshalb vertilgt Gott nicht auf einmal, sondern nacheinander (1. Mose 9, 25; 15, 16; 2. Mose 23, 29 ff.; 34, 11 ff.; 3. Mose 18, 24 ff.; 26, 1; 4. Mose 33, 50 ff.; 5. Mose 7, 1 ff.; 9, 11 ff.). Mose läßt er das uneingeschränkt wissen. Israel soll Schritt um Schritt das Land der Väter betreten und es nicht durch einen Blitzkrieg besetzen. Es muß durch Glaubensprüfungen und Demütigungswege hindurch. Das soll die schrittweise Eroberung des Landes bezwecken. Gott hat eine umfassende Strategie. Er führt sein Volk nach Kanaan und gestaltet gleichzeitig an ihm. Es befindet sich in seiner Schule.

Uns geht es genauso. In der Kraft Gottes haben wir die Sünde bei uns austreiben zu lassen, damit sie am Ende nicht uns austreibt (Jer. 2, 19). Denn wer sich der Welt gleichstellt, wird durch sie gestraft und mit ihr gerichtet. Davor bewahre uns der Herr.

Das Volk Gottes hat eindeutige Befehle. Jeder Stamm bekommt sein Teilgebiet. Dabei wird keiner übersehen. Die Verteilung erfolgt durchs Los. Mit allem Heidentum ist zu brechen.

Das hat zur Folge, daß niemand der bisherigen Völkerschaften bleiben darf. Sie sind restlos zu vertreiben. Ihre Opferstätten und Götzenbilder müssen zerstört werden. Israel hat klar Schiff zu machen. So will es der Herr. Gott kennt keine Kompromisse. Zweideutigkeiten sind ihm fremd. Er gibt das Land seinem Volk. Deshalb darf es den Boden mit niemand anderem teilen. Denn geteilter Besitz ist halbes Eigentum. Nur wer ungeteilt verfügt, kann ungeteilt leben.

Darauf kommt es dem Herrn an. Seine Herrschaft ist unteilbar. Wer sich unter seinen Schutz stellt, gehört ihm ganz. Halbheiten duldet er nicht. Niemand kann sich zweimal verdingen, um Gott und dem Mammon zu dienen (Matth. 6, 24). Er bleibt auf der Strecke. Das ist hart, aber wahr. Von Natur aus sind wir kompromißbereit. Wir suchen den Weg des geringsten Widerstandes. Das bringt uns oft in Gefahr.

Der Herr lehnt solche Wege klar ab. Sollte Israel sie gehen und Kanaaniter im Lande lassen, werden sie ihm zu Dornen und Stacheln werden. Ungehorsam wirkt sich stets bitter aus.

Jesus will eindeutige Entscheidungen, klare Verhältnisse und bindendes Vertrauen. Vor ihm haben wir mit offenen Karten zu spielen. Wer etwas verbergen muß, spielt mit dem Leben, erschwert sich den Tag und fügt sich selber Leid zu.

Kompromisse bringen nichts ein. Sie belasten unser Glaubensleben und verdunkeln unsern Weg. Was läge näher, als offen und ungeschminkt unseres Glaubens zu leben?

Das haben unsere Väter erfahren. Getrost und dankbar gaben sie es weiter. Nichts anderes sollten wir tun. Denn wer dem Herrn kompromißlos gehört, hört auf, sich selber zu gehören. Darin liegt seine wahre Freiheit.

Um sie haben wir besorgt zu sein. Deshalb betet Philipp Friedrich Hiller ohne Umschweife:

O laß mir meinen Willen nicht,
sonst will ich mein Verderben,
und laß mich, wenn mein Herz einst bricht,
in meinem Heiland sterben;
so ist mein Heil mir ganz gewiß;
ich glaub und hoff und werde dies
vor deinem Throne preisen.

Solche Bitte ist heute nicht überholt. Wir sind aus gleichem Holz geschnitzt und wollen manches Mal unseren Willen durchdrücken. Unsere Dickköpfigkeit macht uns blind für den Dienst und die Aufträge, die der Herr uns gibt. Das gilt besonders von denen, die uns nicht gefallen. Sind sie mit Arbeit und Leid angereichert, weichen wir ihnen gerne aus.

Paulus hat mehr gearbeitet als sie alle (1. Kor. 15, 10; 2. Kor. 11, 23 ff.). Dabei ist es ihm nicht um persönliche Ehre gegangen. Aufstiegschancen gibt es auf dieser Kampfbahn nicht. Jesus will etwas anderes, wenn er seinen Jüngern sagt: »So soll es nicht unter euch sein; sondern wer groß sein will, der sei euer Diener; und wer der Erste unter euch sein will, sei euer Knecht; gleichwie des Menschen Sohn ist nicht gekommen, daß er sich dienen lasse, sondern daß er diene und gebe sein Leben zu einer Erlösung für viele« (Matth. 20, 26 ff.). Damit setzt er seiner Gemeinde andere Maßstäbe.

Der einzelne muß abnehmen, Christus aber zunehmen. Das zeigt sich im Ablegen des alten Menschen, einer Willensarbeit, die unumgänglich ist. Der alte Wandel muß abgestreift werden. Er besteht »in Selbstbehauptung ohne Recht dazu, Selbstpflege ohne Pflicht dazu, Selbstliebe, die verstört, Selbstsucht, die verzehrt«. So hat es Hermann Bezzel in einer seiner Predigten ausgedrückt. Diesem alten Menschen, der durch trügerische Begierde sich selbst verdirbt, gilt es fristlos zu kündigen. Er muß ausziehen, wenn etwas Neues werden soll (Eph. 4, 22 ff.).

Das Neue in Jesus Christus duldet nichts Altes. Deshalb muß es mit Bezzel unser tägliches Gebet sein: »Gib mir Mut, daß ich nie mehr sei, als ich sein darf, nie weniger sei, als ich sein soll; gib mir die Kraft, daß ich das Wenige, was ich sein kann, ganz sei, damit ich mehr das werde, was ich sein soll.«

Beides, das Ablegen wie Anziehen, läßt uns reifen, so daß wir ein Segen sein dürfen. Sobald wir solchen Dienst an uns geschehen lassen, erfahren wir die Treue Gottes. Wir bleiben auf der Bahn. Wenn aber unser Wollen die Richtung angeben will, sind wir nicht mehr in der Lage, Gott kompromißlos zu gehören. Davor soll Israel bewahrt werden. Deshalb muß es die Kanaaniter vertreiben und ihre Heiligtümer ersatzlos vernichten.

Gott schafft neue Verhältnisse. Und das auch unter uns.

Gott macht seinen Mann
zum Wahlhelfer

Wenn nun dies alles über dich kommt, es sei der Segen oder der Fluch, die ich dir vorgelegt habe, und du es zu Herzen nimmst, wenn du unter den Heiden bist, unter die dich der Herr, dein Gott, verstoßen hat, und du dich bekehrst zu dem Herrn, deinem Gott, daß du seiner Stimme gehorchst, du und deine Kinder, von ganzem Herzen und von ganzer Seele in allem, was ich dir heute gebiete, so wird der Herr, dein Gott, deine Gefangenschaft wenden und sich deiner erbarmen und wird dich wieder sammeln aus allen Völkern, unter die dich der Herr, dein Gott, verstreut hat. Wenn du bis ans Ende des Himmels verstoßen wärst, so wird dich doch der Herr, dein Gott, von dort sammeln und dich von dort holen und wird dich in das Land bringen, das deine Väter besessen haben, und du wirst es einnehmen, und er wird dir Gutes tun und dich zahlreicher machen, als deine Väter waren. Und der Herr, dein Gott, wird dein Herz beschneiden und das Herz deiner Nachkommen, damit du den Herrn, deinen Gott, liebst von ganzem Herzen und von ganzer Seele, auf daß du am Leben bleibst. Aber alle diese Flüche wird der Herr, dein Gott, auf deine Feinde legen und auf die, die dich hassen und verfolgen. Du aber wirst umkehren und der Stimme des Herrn gehorchen, daß du tust alle seine Gebote, die ich dir heute gebiete. Und der Herr, dein Gott, wird dir Glück geben zu allen Werken deiner Hände, zu der Frucht deines Leibes, zu den Jungtieren deines Viehs, zum Ertrag deines Ackers, daß dir's zugute komme. Denn der Herr wird sich wieder über dich freuen, dir zugut, wie er sich über deine Väter gefreut hat, weil du der Stimme des Herrn, deines Gottes, gehorchst und hältst seine Gebote und Rechte, die geschrieben stehen im Buch dieses Gesetzes, wenn du dich bekehrst zu dem Herrn, deinem Gott, von ganzem Herzen und von ganzer Seele. Denn das Gebot, das ich dir heute gebiete, ist dir nicht zu hoch und nicht zu fern. Es ist nicht im Himmel, daß du sagen müßtest: Wer will für uns in den Himmel fahren und es uns holen, daß wir's hören und tun? Es ist auch nicht jenseits des Meeres, daß du sagen müßtest: Wer will für uns über das Meer fahren und es uns holen, daß wir's hören und tun? Denn es ist das Wort ganz nahe bei dir, in deinem Munde und in deinem Herzen, daß du es tust. Siehe, ich habe dir heute vorgelegt das Leben und das Gute, den Tod und das Böse. Wenn du gehorchst den Geboten des Herrn, deines Gottes, die ich dir heute gebiete, daß du den Herrn, deinen Gott, liebst und wandelst in seinen Wegen und seine Gebote, Gesetze und Rechte hältst, so wirst du leben und dich mehren, und der Herr, dein Gott, wird dich segnen, in dem Lande, in das du ziehst, es einzunehmen. Wendet sich aber dein Herz und du gehorchst nicht, sondern läßt dich verführen, daß du andere Götter anbetest und ihnen dienst, so verkündige ich euch heute, daß ihr umkommen und nicht lange in dem Lande bleiben werdet, in das du über den Jordan ziehst, es einzunehmen. Ich nehme Himmel und Erde heute über euch zu Zeugen: Ich habe euch Leben und Tod, Segen und Fluch vorgelegt, damit du das Leben erwählst und am Leben bleibst, du und deine Nachkommen, indem ihr den Herrn, euren Gott, liebt und seiner Stimme gehorcht und ihm anhanget. Denn das bedeutet für dich, daß du lebst und alt wirst und wohnen bleibst in dem Lande, das der Herr deinen Vätern Abraham, Isaak und Jakob geschworen hat, ihnen zu geben. Und Mose ging hin und redete diese Worte mit ganz Israel (5. Mose 30, 1–31, 1).

Israel weiß, um was es geht. Für das Volk Gottes gibt es nur einen Weg: auf Gottes Befehle zu hören und sie haargenau zu befolgen. Darin liegt seine Chance. Gott hat die Hebräer zu seinem Volk erwählt. Er will es zum höchsten über alle Völker machen (5. Mose 26, 18 ff.). Das ist unausdenkbar. Damit bekommt Israel eine große Verantwortung. Es soll für die Völkerwelt Schreibvorlage der Treue seines Gottes sein. An ihm will er seinen Namen verherrlichen. Das hat er stets aufs neue getan. Er ist es gewesen, der es aus ägyptischer Knechtschaft herausgebrochen hat. Sein starker Arm hat dem machthungrigen Pharao geboten und ihn zu Boden gerungen. Durch seine Güte hat er es vor dem Tode bewahrt. Seiner vergebenden Gnade ist es zuzurechnen, daß Israel den Jordan überschreiten und das Land der Väter betreten darf.

Eine Kette von wunderbarer Errettung, vergebender Gnade, durchtragender Liebe und erfüllter Verheißungen liegt hinter dem Volk Gottes. Sie ist aber nur ein Kleines von dem, was der Herr für sein Volk bereit hat. Es kann die Fülle nicht übersehen und die Weite nicht durchdringen. Vielmehr hat es Schritt für Schritt zu gehen. Dabei kommt es auf Vertrauen an. Ob Israel seinem Gott vertraut? Wir werden es sehen. Jedenfalls hat es die Wahl. Es muß sich entscheiden. Dadurch wird deutlich, wo es jeweils steht. Der Herr will klare Verhältnisse. Er kann es sich leisten, die Vertrauensfrage zu stellen.

1. Zweifelsfreie Vorlage

Israel hat das Gesetz vor sich. Es liegt mit allen Ausführungsbestimmungen auf dem Tisch. Niemand kann von der Ausrede der Unkenntnis Gebrauch machen. Über Segen und Fluch hat der Herr sein Volk unterrichtet. Nur taube Ohren und erstarrte Herzen vernehmen nichts von dem Wortlaut des Gesetzes. Sie wollen es auch nicht. Deshalb versperren sie sich den Blick für die Weite göttlicher Verheißungen. Diese lassen keinen Zweifel zu. Wer sie umdeutet oder mißachtet, fällt unter ihre Schärfe. Menschliche Maßstäbe und Vorurteile sind hier nicht angebracht. Es geht nicht um vertragliche Regelungen, die Parteien aushandeln, sondern um von Gott verfügtes Recht. Seine Gebote sind unantastbar. Deshalb ist in den vorhergehenden Kapiteln davon die Rede, daß Israel alle Gebote halten solle, die der Herr ihm vorschreibe (5. Mose 26, 16 f.; 27, 1 ff.; 28, 1 ff. u. a.). Keines von ihnen gibt dem einzelnen Auslegungsmöglichkeiten, sondern sie alle wollen exakt befolgt sein. Deshalb kann vor Gott niemand hindurchschlüpfen und sich durch vermutete Maschen hindurchzwängen. Sein Wort ist unumgänglich. Unter seinen Fluch fällt, wer es bricht. Götzenbilder, Talismänner und Glückseisen sind verboten (5. Mose 27, 11 ff.). Wie viele benutzen sie und meinen, ohne sie Schaden zu erleiden! Das ist heute noch so wie damals. Wir möchten gerne ein sichtbares Zeichen persönlicher Versicherung. Darum binden wir uns an Eisen, Holz oder Strohpuppen. Je aufgeklärter wir sind, um so mehr ketten wir uns an solche Dinge.

Grenzverschiebungen gehören zur Unwahrhaftigkeit menschlicher Existenz. Dabei geht es nicht nur um Grenzsteine, sondern um jeden unlauteren Vermögenszuwachs, den der einzelne zu seinen Gunsten einbringt (5. Mose 27, 17). Jede Generation hat hier ihr volles Maß an Verschuldung aufzuweisen. Wird die Sexualität angesprochen, löst sie eine Kettenreaktion von Schuld und Sünde aus. Hier geht es nicht nur um alte Tabus, die radikal zu beseitigen wären, sondern um Grenzen, die nicht ungestraft überschritten werden dürfen (5. Mose 27, 20 ff.). Wer es dennoch in Israel wagt, fällt unter den Fluch. Er ist gerichtet. Alles Volk muß seine Bestätigung in dem laut gesprochenen »Amen« geben. So ernst nimmt es Gott mit seinen Geboten und mit seinem Gericht.

Wer es mit ihm anlegt, zieht immer den kürzeren. Israel weiß Bescheid. Wir nicht minder. Jederzeit können wir uns in der Bibel orientieren. Kirchen, Zelte und Missionswagen bieten sich uns an, das Wort Gottes zu hören. Sonntäglich rufen die Glocken und laden uns ein zu kommen. Selbst bei kirchlichen Trauerfeiern haben wir die Möglichkeit, uns mahnen zu lassen. Aber auch dort macht die Gewohnheit uns taub. Ein wenig Rührseligkeit oder persönliches Betroffensein wird spätestens am nächsten Tag durch Gespräche am Arbeitsplatz abgeworfen. Was bleibt dann noch als kalte Gottlosigkeit! Sie wird unter uns in steigendem Maße gelebt. So mancher hat vergessen, daraus die Folgerungen zu ziehen. Er kann sich nicht entschuldigen. Das Wort klar und ungeschminkt zu hören, hat er genügend Raum gehabt. Die Vorlage war zur Hand, aber er hat sie nicht benutzt. Die Einbanddeckel sind ihm vertraut, aber um den Inhalt hat er sich nie gemüht. Deshalb kann er auch nicht mitreden.

Wer aber mit der Vorlage lebt, kommt aus dem Staunen nicht heraus. Er erfährt die Liebe und Treue Gottes in einem Maße, daß sein Dank kein Ende findet. Für ihn gibt es nur einen Weg, nur eine Wahrheit und nur ein wirkliches Leben. In Jesus ist die Fülle der Gottheit leibhaftig (Kol. 2, 9). Er ist des Gesetzes Erfüllung (Röm. 13, 10). In ihm hat die Liebe Gottes Gestalt angenommen. Mit ihm wird uns das Heil vorgelegt. Ohne ihn kommt niemand zum Vater. An diese Vorlage sind wir gewiesen. Wer sie beiseiteschiebt oder ihr mißtraut, geht verloren. Er hat die Sternstunde seines Lebens vertan.

2. Eindeutiger Wahlaufruf

Wir aber wollen hören. Noch sind die Gnadenpforten offen, so daß jeder Zutritt hat. Jedes Gemeindehaus, jede Stadtmission, jedes Blaukreuzheim, jeder Hinweis zu Evangelisationswochen ist ein Wahlaufruf unseres Gottes an uns.

Seit Jesus Christus den Satan vor das konstruktive Mißtrauensvotum gestellt hat, ist der Wahlkampf in vollem Gange. Es gibt nur zwischen diesen beiden eine Wahl. Eine dritte Kraft ist nicht vorhanden. Sie würde auch gar nicht zum Zuge kommen.

Satan will unter keinen Umständen die Herrschaft abgeben. Er kämpft um jede Position, obgleich er ein Besiegter ist. Meisterhaft schiebt er das Elend, die Not und das Morden in unserer Welt Gott zu. Dieser habe versagt und mit ihm seine Leute. Die Welt sei durch die Christen nicht verändert worden. Lange genug Zeit hätten sie dazu gehabt. Jetzt ist seine Stunde da. Deshalb fordert er mehr Macht über den einzelnen. Er bindet ihn vorbehaltlos an sich, um ihn restlos zu verspeisen. Was kümmern ihn Leben und Einzelschicksale! Er geht über sie kaltlächelnd hinweg. Mit Drogen, Alkohol und Sexualität gibt er dem einen, was der andere hat, und mordet beide. Sein Ziel ist Zerstörung auf der ganzen Linie und Chaos in allen Bereichen. Deshalb gehören Unsicherheit, Mangel und Ungerechtigkeit zu seinen ständigen Begleitern. Sie werden bis zum letzten Tag zunehmend das Weltgeschehen bestimmen.

Ihm gegenüber steht der eigentliche Sieger. Er hat Macht, zu erretten und zu verdammen. Nichts ist ihm unmöglich. Wer ihm angehört, hat die Fülle. Er braucht sich um nichts zu sorgen. Der Herr sorgt für ihn. Das verpflichtet ihn zu völligem Gehorsam. Hier werden keine großartigen Wahlversprechen gegeben und keine mehrseitigen Wahlprogramme verteilt, sondern hier ist einer, der alles für uns getan hat. Das Kreuz spricht für ihn. Sein Marterpfahl ist das Zeichen unserer sinnlosen Verschuldung. Die Inflation aller Werte findet kein Ende. Sie schreitet still wie offen voran. Hier helfen keine Lebensregeln hoher Weisheit noch wissenschaftlicher Fortschritt aller Jahrhunderte. Der Mensch bleibt, der er ist – ein Rebell Gottes. Das ändert sich erst, wenn er sich uneingeschränkt zu Jesus Christus, dem Sohne Gottes, bekehrt. Dazu werden wir aufgerufen. An dieser Wahl kommt niemand vorbei. Sie bestimmt darüber, wer in Zukunft der Herr unseres Lebens ist. Von ihr hängt es ab, ob wir uns aus diesem verkehrten Geschlecht erretten lassen. Es gibt nur ein Entweder-Oder.

Vor dieser Tatsache steht auch Israel. Ihm sind das Leben und das Gute wie der Tod und das Böse vorgelegt. Damit wird es an die Wahlurne gebeten. Seine Entscheidung bestimmt den Weg seiner Kinder und Kindeskinder. Sie wirkt sich über Generationen hin aus. Wer Gottes Gebote hält, dem tut er wohl bis ins tausendste Glied. Das ist nicht mehr nachkontrollierbar. Es übersteigt unser Vorstellungsvermögen. So groß ist der Herr, daß er es sich leisten kann, mit gescheiterten und restlos verschuldeten Leuten sein Reich zu bauen.

Er hat sich für uns entschieden. Für wen entscheiden wir uns? Die Wahl dürfte nicht schwer sein, auch für Israel nicht.

3. Klare Entscheidung

Wir stehen uns oftmals im Wege, weil wir uns selbst überschätzen. Würden wir das Maß unserer Verschuldung aus Ungehorsam einigermaßen übersehen, wir brauchten nicht viel zu überlegen. Die Entscheidung wäre eindeutig. Für uns könnte sie nur so ausfallen, daß Jesus Christus unser alleiniger Herr sei.

Nichts anderes wird von Israel erwartet. Gott stellt sein Volk vor die Wahl: Gehorsam oder Rebellion, Segen oder Fluch. Er will es zerstreuen und wieder sammeln. Es soll unter allen Völkern wohnen und doch keine Heimat in ihnen bekommen. In alle Winde verweht und doch nicht in der Vielzahl der Gastvölker aufgehen zu können, ist der Weg dieses Volkes. Der Herr hat unendliche Geduld mit Israel. Er plant über Jahrtausende und verliert das Ziel nicht aus den Augen. Das Volk Gottes hat eine unauslöschbare Verheißung. Durch Buße und Bekehrung will der Herr an Israel seine Gnade vor allen Völkern unübersehbar aufrichten. Die hier gebrauchten Worte bezeichnen ein gewiß stattfindendes Ereignis (5. Mose 30, 1 f.).

Mit gleicher Bestimmtheit redet auch der Apostel Paulus. Im Römerbrief schreibt er: »Blindheit ist Israel zum Teil widerfahren solange, bis die Fülle der Heiden eingegangen ist, und alsdann wird das ganze Haus Israel gerettet werden« (Röm. 11, 25 f.). Er bezieht sich auf prophetische Verheißungen und weiß sich mit den Vätern in einer Linie. Mose darf die Geschichte seines Volkes bis auf den Tag Jesu überschauen. Das ist ein Vorrecht.

Wir erleben es, wie Israel heimkehrt und das Land seiner Väter einnimmt. Seine Verheißungen beginnen sich zu erfüllen (Jes. 2, 2 ff.; 24, 20 ff.; 27, 12 f.; 30, 19 ff.; 31, 4 ff.; 32, 15 ff.; die Kapitel 40 bis 66; Jes. 59, 20; Jer. 16, 14 ff.; 31, 33; Hes. 34, 12 ff.; 36, 1 ff.; 37, 1 ff.; Joel 3, 21 ff.; Amos 9, 11 ff; Micha 4; Sach. 8, 12 f.u. a.). Das im einzelnen aufzuzeigen, sprengt den Rahmen dieser Auslegung. Der Leser mag sich selber anhand der Heiligen Schrift überzeugen, wie einmalig und ohne Beispiel in der Weltgeschichte die Rückkehr Israels in das Land seiner Väter ist.

Deshalb geht es in unserem Textabschnitt nicht um das geistliche Israel, sondern das alte Bundesvolk Gottes. Es wird zum Adelsvolk dieser Erde heranreifen. Was wir jetzt erst vermuten, wird morgen gewiß geschehen. Die Wendung kommt. Abgefallene Heidenchristen werden zu kämpferischen Antichristen. Sie entpuppen sich als wutentbrannte Feinde des ohnehin verhaßten Gottesvolkes, wenn es sich endgültig bekehrt. Dann aber bricht das Fluchgericht über alle Gegner herein (Jes. 49, 26; 51, 22 f.). Die Freude des Herrn über sein wiederbekehrtes Bundesvolk findet seinen Ausdruck in vemehrtem Segen (5. Mose 30, 9 ff.; Jes. 62, 5; 65, 19; Jer. 32, 41; Zeph. 3, 17). Was dem Gesetz unmöglich ist, das tut Gott (Röm. 8, 3). Er gibt das neue Herz denen, die ihn darum bitten (Ps. 51, 12).

Mose predigt hier nicht Gesetz, sondern weist auf den, der vom Tode errettet (5. Mose 30, 11–14; Röm. 10, 6–10). Er ruft auf, sich für den Herrn zu entscheiden und das Leben zu wählen. Sein Aufruf gilt damals wie heute.

Gott regelt die Nachfolge vor seinem Mann

Und Mose ging hin und redete diese Worte mit ganz Israel und sprach zu ihnen: Ich bin heute 120 Jahre alt, ich kann nicht mehr aus- und eingehen. Dazu hat der Herr zu mir gesagt: Den Jordan hier sollst du nicht überschreiten! Der Herr, dein Gott, wird selber vor dir hergehen. Er selber wird diese Völker vor dir her vertilgen, damit du ihr Land einnehmen kannst. Josua, der soll vor dir hinübergehen, wie der Herr zugesagt hat. Und der Herr wird mit ihnen tun, wie er getan hat mit Sihon und Og, den Königen der Amoriter, und ihrem Lande, die er vertilgt hat. Wenn sie nun der Herr vor euren Augen dahingeben wird, so sollt ihr mit ihnen tun ganz nach dem Gebot, das ich euch gegeben habe. Seid getrost und unverzagt, fürchtet euch nicht und laßt euch nicht vor ihnen grauen; denn der Herr, dein Gott, wird selber mit dir ziehen und wird die Hand nicht abtun und dich nicht verlassen. Und Mose rief Josua und sprach zu ihm vor den Augen von ganz Israel: Sei getrost und unverzagt; denn du wirst dies Volk in das Land bringen, das der Herr ihren Vätern geschworen hat, ihnen zu geben, und du wirst es unter sie austeilen. Der Herr aber, der selber vor euch hergeht, der wird mit dir sein und wird die Hand nicht abtun und dich nicht verlassen. Fürchte dich nicht und erschrick nicht! Und Mose schrieb dies Gesetz und gab's den Priestern, den Söhnen Levi, die die Lade des Bundes des Herrn trugen, und allen Ältesten Israels und gebot ihnen und sprach: Jeweils nach sieben Jahren, zur Zeit des Erlaßjahrs, am Laubhüttenfest, wenn ganz Israel kommt, zu erscheinen vor dem Angesicht des Herrn, deines Gottes, an der Stätte, die er erwählen wird, sollst du dies Gesetz vor ganz Israel ausrufen lassen vor ihren Ohren. Versammle das Volk, die Männer, Frauen und Kinder und den Fremdling, der in deinen Städten lebt, damit sie es hören und lernen und den Herrn, euren Gott, fürchten und alle Worte dieses Gesetzes halten und tun und daß ihre Kinder, die es nicht kennen, es auch hören und lernen, den Herrn, euren Gott, zu fürchten alle Tage, die ihr in dem Lande lebt, in das ihr zieht über den Jordan, um es einzunehmen. Und der Herr sprach zu Mose: Siehe, deine Zeit ist herbeigekommen, daß du sterben mußt. Rufe Josua und tretet hin zur Stiftshütte, daß ich ihm Befehl gebe. Mose ging hin mit Josua, und sie traten hin zur Stiftshütte. Der Herr aber erschien in der Hütte in einer Wolkensäule, und die Wolkensäule stand in der Tür der Hütte. Und der Herr sprach zu Mose: Siehe, du wirst schlafen bei deinen Vätern, und dies Volk wird sich erheben und nachlaufen den fremden Göttern des Landes, in das sie kommen, und wird mich verlassen und den Bund brechen, den ich mit ihm geschlossen habe. Da wird mein Zorn entbrennen über sie zur selben Zeit, und ich werde sie verlassen und mein Antlitz vor ihnen verbergen, so daß sie völlig verzehrt werden. Und wenn sie dann viel Unglück und Angst treffen wird, werden sie sagen: Hat mich nicht dies Übel alles getroffen, weil mein Gott nicht mit mir ist? Ich aber werde mein Antlitz verborgen halten zu der Zeit um all des Bösen willen, das sie getan haben, weil sie sich zu andern Göttern wandten. Und der Herr befahl Josua, dem Sohn Nuns, und sprach: Sei getrost und unverzagt, denn du sollst die Kinder Israel in das Land führen, wie ich ihnen geschworen habe, und ich will mit dir sein (5. Mose 31, 1–18 u. 23).

Das Volk hat die Wahl. Es kann entscheiden. Leben und Tod, Segen und Fluch sind in seiner Hand. Niemand in Israel kann sich in den Mantel der

Unkenntnis hüllen. Himmel und Erde sind Zeugen, daß der Herr sein Volk aufgeklärt hat. Es ist eingehend informiert. Ihm sind die Folgen seiner Wahl bis ins kleinste bekannt. Deshalb hat es nichts einzuwenden, was auch immer geschieht. Israel weiß Bescheid.

Wir nicht minder! Uns ist der Weg des Heils in Jesus Christus vorbehaltlos aufgezeigt. Sein Wort ist greifbar. Sein Name kann nicht übersehen werden. Er hat Menschen geprägt und sie zu seinen Kindern berufen. Durch die Jahrhunderte ist er derselbe geblieben. Seine Treue ist unantastbar. In seiner Liebe hat er sich am Kreuz verzehrt. Sein Leben ist ihm nicht zu teuer gewesen, als daß er es nicht für unseren Ungehorsam unter Dornenkrone und Purpurmantel aufgegeben hätte. Wer sich im Glauben ihm unterstellt, hat seine Sünde auf ihn geworfen. Fortan klebt sie ihm an. Wir sind frei, rein durch sein Blut. Seine Gerechtigkeit kommt uns zugut. Wer kann das begreifen?

Deshalb haben wir die Wahl. Wer Jesus hat, der ist im Leben. An dieser Entscheidung kommt niemand von uns vorbei. Sie bestimmt über unsere Zukunft. Wer wollte da fehlen?

Israel ist auf dem Wege. Es hat noch alles vor sich. Ob es sich bedingungslos dem Herrn übergibt, ihn allein liebt und seinem Wort restlos vertraut? Wir werden es erfahren. Gott aber sieht weiter. Er weiß, daß unser Herz böse ist, von Jugend auf. Deshalb will er uns an seine starke Hand nehmen und uns führen. Das Volk Gottes ist nicht anders. Es braucht die Hand, die da hält. Täuschen wir uns nicht!

1. Vor dem eigentlichen Schlagbaum

Wir sind Grenzbewohner. Niemand kann sich dem entziehen. Tief gestaffelt geht ein jeder auf diese eine Grenze zu. Für Mose ist sie bereits sichtbar. Er steht vor ihrem Schlagbaum. Das ist die Lage. Wie viele unter uns befinden sich in ähnlicher Situation und wollen es nicht sehen! Sie verharmlosen ihre Krankheit, verschönen ihre Probleme und betrügen sich selbst. Ihnen fehlen am Ende der klare Blick und der aufrichtige Mut zur Wahrheit. Sie meinen, unentbehrlich zu sein, und wollen nicht loslassen, was sie selber schon nicht mehr in der Hand haben.

Für Mose ist es gewiß nicht leicht gewesen abzutreten. Er hat sich vermutlich zu einem »Ja« durchbeten müssen. Das beweisen die wiederholten Andeutungen Gottes, daß er bald zu den Vätern gehen werde. Ihm wird das Haltesignal in Abständen vorgehalten. Je näher er dem Schlagbaum kommt, um so häufiger wird er gemahnt. Gott bereitet seinen Knecht zu.

Mose fügt sich. Er geht keinen Schritt weiter. Wir würden versuchen, am Schlagbaum vorbeizukommen. Wie schwer fällt uns mitunter, abzutreten und den Prophetenmantel niederzulegen! Im Grunde genommen wollen wir nicht aus dem ersten Glied, obgleich wir der Arbeit hindernd im Wege stehen. Wir halten ihren Fortgang eher auf, als daß wir ihn fördern. Da kann ein Vorsitzender nicht zurücktreten, weil er sich für unersetzbar hält. In Wirklichkeit ist es seine Ehrsucht, die ihn hält. Bei aller Erfahrung und allen Verdiensten, die ihm nicht abgesprochen werden, wirkt er jetzt nur noch wie ein Hemmschuh.

So wie wir uns vom Herrn in den Dienst haben rufen lassen, sollten wir auch bereit sein, den Zeitpunkt unserer Abberufung wahrzunehmen. Würde ein Botschafter weiter auf seinem Posten bleiben, obgleich ihn seine Regierung zurückgerufen hat, fehlte ihm die rechtliche Grundlage für die Ausübung seines Amtes. Fortan hätte er keine Vollmacht mehr, im Namen seines Auftraggebers zu sprechen. Er fände kein Gehör bei der Regierung des Gastlandes. Sie nähme ihn nicht ernst, weil er nicht mehr zu diesem Dienst beauftragt wäre.

Ähnlich wirkt es sich bei einem Prediger, Pastor, Gemeinschaftsleiter oder Jugendwart aus, der nicht abtritt. Er befindet sich am Schlagbaum, steht vor der Grenze, hat die Abberufung in der Tasche – und räumt die Stellung nicht. Den Schreibtisch im Dienstzimmer gibt er für den Nachfolger nicht frei. An der Tür soll weiter sein Name stehen. Jede Versetzung in einen anderen Dienstbereich wertet er insgeheim als Degradierung. Abschied von seinem Befehlsstand zu nehmen, fällt ihm unsagbar schwer. Noch in jungen Jahren hat er seine älteren Amtsvorgänger nicht verstanden, daß sie für ihn nicht Platz machten. Jetzt ist er in gleicher Lage.

Mose problematisiert seine Abberufung nicht. Er gehorcht und weiß, daß der Herr mit ihm stets das Beste vorhat. Denn bei den Vätern sein heißt, am Ziel zu sein. Das wollen wir doch alle. Warum wehren wir uns mitunter gegen den Stabwechsel? Der Herr hat uns die Bahn abgesteckt und die Laufzeit vorgeschrieben. Hinter dem Schlagbaum wartet das Erbe, zu dem wir berufen sind. Es ist das Erbteil der Heiligen im Licht (Kol. 1, 12). Wo der Prophetenmantel abgelegt und der Staffelstab übergeben wird, geht es vom Glauben zum Schauen. Die Möglichkeit eines langsamen Auslaufens wird gewährt. Zur Spätlese kommt nicht jeder. Dennoch ist beides ein Geschenk der Treue Gottes. Mose weiß sich am Ende seines Weges. Er bleibt getrost.

2. In letzter Gewißheit geborgen

Israel hat den Nachfolger. Josua ist ein gestandener und bewährter Mann. Auf ihn hat Gott sein Auge gerichtet. Er soll das Volk in das Land der Väter bringen. Die Botschafter wechseln, aber der Auftrag bleibt. Mose braucht keine Sorge zu haben. Der Herr hat die Sache seines Volkes fest in der Hand. Er wird vor Israel hergehen und die Völker vertilgen, damit es das Land einnehmen kann. Seine Macht hat er bereits erwiesen. Die Ägypter haben sie zu spüren bekommen wie die Amoriter. Stets hat er den Weg für sein Volk freigekämpft. Das wird es auch in diesem Abschnitt seiner Geschichte erfahren, wenn es sich in verbindlichem Gehorsam Gott stellt. Immer entscheidet ungeteiltes Vertrauen zum Herrn über Segen und Strafe. Nie kann man Gott täuschen. Er deckt jedes Täuschungsmanöver auf. Obgleich Israel das weiß, wird es ungehorsam werden, abfallen und Götzendienst treiben. Darüber könnte Mose besorgt sein.

Wie schwer fällt es im Blick auf die Sterbestunde mancher Mutter und manchem Vater, weil eines ihrer Kinder einen gefährlichen Weg geht! Dafür haben wir Beispiele genug. Und doch bleibt ihnen nichts anderes, als sich und ihr notvolles Kind dem Herrn anzuvertrauen. Er wird es zurechtbringen. Sie haben das Letzte nicht zur Verfügung, aber sie dürfen dessen gewiß sein, daß ein Kind solcher Gebete nicht verlorengeht. Ihr bindendes Vertrauen wirkt über ihr Grab hinaus.

Solche angehängten Gewichte verfehlen ihren Zweck nicht. Wir bleiben bis zum letzten Atemzug an die Treue Gottes gebunden. Nichts haben wir zu bringen. Unser eigenes Werk, unsere Erziehungserfolge, unser missionarischer Einsatz, unsere Familientradition zerschmelzen gegenüber solcher Liebe, die keine Grenzen kennt. Denn wer seinen einzigen Sohn opfert, den Gerechten ans Kreuz nageln läßt, damit der Sünder aus der Rebellion gegen Gott herauskommt, gibt sich ganz auf. Das hat der Herr getan. Deshalb dürfen wir ihm bedingungslos vertrauen, unsere Sorgen auf ihn werfen, weil er für uns sorgt. Von solcher Liebe kann uns fortan nichts scheiden. Denen aber, die Gott lieben, müssen alle Dinge zum Besten dienen (Röm. 8, 26 ff.; 1. Kor. 13, 1 ff.). Darum hält Paulus die Leiden dieser Zeit nicht wert der Herrlichkeit, die an uns soll offenbart werden (Röm. 8, 18). Er sieht von sich fort auf den Herrn, der die Fülle ist.

Wenn ein Knecht Gottes abberufen wird, der unter uns im Segen gewirkt hat, übermannt manchen die Sorge, wie es weitergehen werde. Der Bundeswart des Westbundes im CVJM, Pastor Johannes Busch, hatte durch seinen Tod gewiß eine Lücke hinterlassen. Aber der Dienst ist weitergegangen. Denn im gleichen Augenblick beschlagnahmt der Herr andere und füllt durch sie die Lücken aus. Eine ähnliche Besorgnis mag der plötzliche Heimgang von Pastor Wilhelm Busch unter einigen von uns ausgelöst haben. Das ist mehr als verständlich. Hat es sie aber auch ins Gebet getrieben, um anzuhalten, daß der rechte Nachfolger gefunden werde? Darin liegt der Schwerpunkt unseres Einsatzes. Er darf nicht gering geachtet werden. Der Herr setzt solche Signale, damit wir wach bleiben und nicht einschlafen. Er läßt uns an seiner Sache teilhaben. Wir sind ihm nicht gleichgültig.

Letzten Endes nimmt er sich seiner Herde selbst an (Hes. 34, 11). Das weiß auch Mose. Deshalb kann er dem Blick in die notvolle Zukunft seines Volkes standhalten. Denn der Herr deckt ihm in schonungsloser Offenheit den wechselvollen Weg Israels auf, der von steigendem Ungehorsam, wachsender Eigenmächtigkeit, fortschreitendem Abfall und zurückfindender Buße gezeichnet ist. Wie groß muß die Treue Gottes sein, mit diesem Volk zurechtzukommen!

3. Unter segnendem Zuspruch

Josua ist fortan der Mann, er wird aus dem ersten Glied an die Spitze gerufen. Damit übernimmt er ein schweres Amt. Ob er es ausfüllen kann? Das weiß der Herr. Wen er beruft, dem gibt er auch die Kraft, den Wagemut, die Weisheit und das Durchhaltevermögen, das er braucht. Unsere kritischen Anmerkungen sind hier fehl am Platze. Sie können nur unser schleichendes Mißtrauen aufdecken. Wie schnell haben wir über einen Prediger des Wortes oder eine Gemeindeschwester den Stab gebrochen, nur weil sie unseren Vorstellungen nicht entsprechen! Sollten wir sie nicht vielmehr als Geschenk annehmen und dankbar sein, daß der Herr durch sie handelt? Das wäre jedenfalls glaubensmäßiger und wortbezogener. Mahnt uns dazu nicht das Wort Gottes? Es fordert uns auf, an unsere Lehrer zu denken, die uns das Wort gesagt haben (Hebr. 13, 7. 17).

Mose war so ein Lehrer. Er hat das Gesetz hinterlassen. Das ist ein unauskaufbarer Nachlaß. Es soll alle sieben Jahre öffentlich vor allem Volk verlesen werden. Jeder muß es dann hören. Denn aller Glaube kommt aus dem Hören auf das Wort (Röm. 10, 17) und z. B. nicht aus der Musik. Das wird heute zuwenig bedacht. Die Kinder haben es in der Furcht des Herrn zu lernen, um sich mit den Eltern und Vätern im Glauben darin zu üben. Noch heute gehören die fünf Bücher Mose wie das ganze Alte Testament zum Lehrstoff in den israelitischen Schulen. Kein Rabbiner bezweifelt, daß die fünf Bücher nicht von Mose wären. Er unterhält sich mit niemandem, der die Verfasserschaft dieser Bücher in Frage stellt. Das hat uns bei unseren Begegnungen in Israel stark beeindruckt. Wir stellen Thesen auf und wollen die Quellen freilegen, bleiben dem eigentlichen Wort dennoch fern. Wir diskutieren darüber, sie aber leben darunter. Es fragt sich, was mehr ist.

Josua hat täglich im Gesetz, den fünf Büchern Mose, gelesen (Jos. 1, 8). Die Urschrift ist von seinem Vorgänger feierlich den levitischen Priestern übergeben worden. Später sind sie dann in einem besonderen Kästchen an der Seite der Bundeslade aufbewahrt gewesen. In jedem Fall sollten sie vor Verfälschungen sicher sein.

Mose gibt das Führungsamt an Josua weiter. Er segnet seinen Nachfolger zum Dienst ein. Das mag beim Volk einen starken Nachhall hinterlassen haben. Denn jeder Führungswechsel wirft Fragen auf. Das läßt sich nicht hindern. Hier übernimmt der Herr die Verantwortung. Das Aufgabengebiet des Nachfolgers ist weit, aber dennoch begrenzt. Sein Trost ist der des Volkes. Unverzagt und furchtlos den Weg des Gehorsams zu gehen, den Schwankenden und Müden ein Vorbild zu sein, ist ihm auferlegt. Gott bestätigt den Zuspruch des Mose. Er wiederholt ihn in der Stiftshütte. Der Herr ist mit ihm.

Unter den Jüngern Jesu weiß Petrus um das nahe Ende seines Dienstes (2. Petr. 1, 14). Deshalb ermahnt er seine Gemeinde, treu unter dem Wort der Gnade auszuhalten. Nichts anderes tut Mose. Es vollzieht sich eine reibungslose Übergabe.

Auf dem Sterbebett segnet der Vater den Sohn. So etwas geht mit durchs Leben. Das läßt sich nicht fortwischen. Es rüstet vielmehr zu echter Hingabe und ganzer Treue. Hier verwandelt sich Vätersegen in Glaubensstärkung. Der Herr wird uns nicht verlassen noch versäumen (Hebr. 13, 5 b u. 6; Eph. 6, 10; Jos. 1, 5). Er ist unser Schild und unser sehr großer Lohn (1. Mose 15, 1). Was brauchen wir mehr?!

Gott bestellt zum Seher seinen Mann

Als Mose nun damit fertig war, die Worte dieses Gesetzes vollständig in ein Buch zu schreiben, gebot er den Leviten, die die Lade des Bundes des Herrn trugen, und sprach: Nehmt das Buch dieses Gesetzes und legt es neben die Lade des Bundes des Herrn, eures Gottes, daß es dort ein Zeuge sei wider dich. Denn ich kenne deinen Ungehorsam und deine Halsstarrigkeit. Siehe, jetzt schon, während ich noch bei euch lebe, seid ihr ungehorsam gewesen gegen den Herrn; wieviel mehr nach meinem Tode. Versammelt vor mir alle Ältesten eurer Stämme und eure Amtleute, daß ich diese Worte vor ihren Ohren rede und Himmel und Erde wider sie zu Zeugen nehme. Denn ich weiß, daß ihr euch nach meinem Tode sehr versündigen werdet und von dem Wege abweichen, den ich euch geboten habe. So wird euch am Ende der Tage das Unheil treffen, weil ihr tut, was böse ist in den Augen des Herrn, und ihn erzürnt durch eurer Hände Werk. Und Mose trug vor den Ohren der ganzen Gemeinde Israel dies Lied bis zum letzten Wort vor: Merkt auf, ihr Himmel, ich will reden, und die Erde höre die Rede meines Mundes. Meine Lehre rinne wie der Regen, und meine Rede riesele wie Tau, wie der Regen auf das Gras und wie die Tropfen auf das Kraut. Denn ich will den Namen des Herrn preisen. Gebt unserm Gott allein die Ehre! Er ist ein Fels. Seine Werke sind vollkommen; denn alles, was er tut, das ist recht. Treu ist Gott und kein Böses an ihm, gerecht und wahrhaftig ist er. Das verkehrte und böse Geschlecht hat gesündigt wider ihn; sie sind Schandflecken und nicht seine Kinder. Dankst du so dem Herrn, deinem Gott, du tolles und törichtes Volk? Ist er nicht dein Vater und dein Herr? Ist's nicht er allein, der dich gemacht und bereitet hat? Gedenke der vorigen Zeiten und hab acht auf die Jahre von Geschlecht zu Geschlecht. Frage deinen Vater, der wird dir's verkünden, deine Ältesten, die werden dir's sagen. Als der Höchste den Völkern Land zuteilte und der Menschen Kinder voneinander schied, da setzte er die Grenzen der Völker nach der Zahl der Kinder Israels. Denn des Herrn Teil ist sein Volk, Jakob ist sein Erbe. Er fand ihn in der Wüste, in der dürren Einöde sah er ihn. Er umfing ihn und hatte acht auf ihn. Er behütete ihn wie seinen Augapfel. Wie ein Adler ausführt seine Jungen und über ihnen schwebt, so breitete er seine Fittiche aus und nahm ihn und trug ihn auf seinen Flügeln. Der Herr allein leitete ihn, und kein fremder Gott war mit ihm. Er ließ ihn einherfahren über die Höhen der Erde und nährte ihn mit den Früchten des Feldes und ließ ihn Honig saugen aus dem Felsen und Öl aus hartem Gestein, Butter von den Kühen und Milch von den Schafen und samt dem Fett von den Lämmern, feiste Widder und Böcke und das Beste vom Weizen und tränkte ihn mit edlem Traubenblut. Als aber Jeschurun fett ward, wurde er übermütig. Er ist fett und dick und feist geworden und hat den Gott verworfen, der ihn gemacht hat. Er hat den Fels seines Heils gering geachtet und hat ihn zur Eifersucht gereizt durch fremde Götter; durch Greuel hat er ihn erzürnt. Sie haben den bösen Geistern geopfert und nicht ihrem Gott, den Göttern, die sie nicht kannten, den neuen, die vor kurzem erst aufgekommen sind, die eure Väter nicht geehrt haben. Deinen Fels, der dich gezeugt hat, hast du außer acht gelassen und hast vergessen den Gott, der dich gemacht hat (5. Mose 31, 24–32, 18).

Der Auftrag des Knechtes Gottes ist nahezu abgeschlossen. Mose geht auf seine letzte Stunde zu. Er hat seinem Volk unter Einsatz aller Kräfte ge dient. Dabei hat er nicht auf sich gesehen, sondern ist Israel stets ein bevollmächtigter Seelsorger gewesen. Ein Hirte von Gottes Gnaden kann er ohne Widerspruch genannt werden.

Hätten wir nur solche Männer, die sich restlos vom Herrn gestalten und formen ließen, es würde besser um unsere Kirchen und Gemeinschaften stehen. Uns fehlen Vorbilder, Originale des Glaubens. Nachkopierte haben keine Anziehungskraft. Sie werden übersehen, als unecht abgetan und sehr schnell zur Seite gestellt.

Das ist etwas anderes, als wenn Gottes Knechte verleugnet, beschimpft, verlacht und bekämpft werden. Sie bleiben dennoch, wer sie sind. Unbeugsam und standhaft wirken sie mit am Bau des Reiches Gottes. Mancher kommt durch sie zum Glauben und erfährt den Umbruch in seinem Leben. Wer wüßte nicht davon zu berichten?

Demgegenüber stoßen Karikaturen ab. Sie verzerren das Eigentliche und machen es lächerlich. Dadurch strafen sie sich selbst und bleiben für andere ein Hindernis im Glauben. Solche sind stets zuviel, und wenn es nur einer ist. In jedem Fall bremst er mehr, blockiert die Arbeit und drosselt den Segen, als es jeweils im Augenblick sichtbar wird.

Blender verschwinden spurlos. Originale sind nicht fortzudenken. Sie hinterlassen eine Spur, die nicht verweht. Darin sind sie einmalig. Mose steht in der vordersten Linie. Seiner Spur nachzugehen, ist Gewinn.

1. Unverlierbares Wort

Neben der Lade des Bundes wird das Buch des Gesetzes aufbewahrt. Damit bestätigt es sich als Gottes Wort. Hier werden nicht menschliche Gedanken und Meinungen wiedergegeben, sondern das Heilshandeln Gottes mit dieser Welt und seinem Volk. Autor des Buches ist der Herr. Mose hat aufgezeichnet und niedergeschrieben, was ihm vertraut war. Israel hat alles gehört, was notwendig ist, um dem Gott seiner Väter zu gehorchen. Jetzt liegt es schwarz auf weiß da, was der Herr von seinem Volk erwartet. Niemand kann so tun, als habe er nichts gewußt. Älteste, Amtleute und durch sie das ganze Volk sind von Mose in Kenntnis gesetzt. Himmel und Erde können das jederzeit bezeugen.

Uns geht es nicht anders. Wir haben Gottes Wort durch die Heilige Schrift. Jedem ist sie zugänglich. Wer will, kann in vielen Sprachen die Großtaten des einen Herrn bezeugt lesen. Ehepaare erhalten am Tage ihrer Trauung eine Bibel. Kinder, Jugendliche und Erwachsene werden darin unterwiesen. Und doch gehen wir an dem Wort der Wahrheit vorbei, als ginge es uns nichts an. Wir handeln leichtfertig. Eine Entschuldigung haben wir nicht. Das Wort zeugt gegen uns. Seinem Zeugnis können wir nichts entgegenstellen. Es deckt unseren Ungehorsam und unsere Halsstarrigkeit auf. Unser Unglaube kommt offen zutage.

In diesem Teil stehen wir Israel nicht nach, vielmehr übertreffen wir es noch. Uns ist der Heiland bekannt. Jesus Christus wird unter uns verkündigt. Auf vielerlei Weise haben wir Gelegenheit, das Evangelium zu hören. Die Verwirrung unter uns ist nicht so stark und laut, als daß der Retterruf des Sohnes Gottes nicht zu hören wäre. Seine Zusage erfüllt sich mehrfach, daß wo zwei oder drei in seinem Namen versammelt sind, er mitten unter ihnen ist (Matth. 18, 20).

Gottes Wort ist unverlierbar. Wer es gehört oder gelesen hat, wird es nicht mehr los. Es befreit oder richtet. Es errettet oder verdammt. Niemals kommt es leer zurück (Jes. 55, 11). Das ist unsere Chance. Der Herr will, daß der Sünder sich bekehre und lebe (Hes. 10, 23). Gottes Wort bleibt in Ewigkeit.

2. Richtungweisende Leitplanken

Jeder Kraftfahrer weiß, daß er Orientierung braucht. Er fährt oft an Abgründen vorbei, über gefährliche Kreuzungen, durch unübersichtliche Kurven und mit verantwortungslosen Verkehrsteilnehmern. Stets hat er zu danken, wenn er sein Fahrzeug wieder heil in die Garage fahren kann. Unterwegs haben ihm Verkehrszeichen geholfen, auf dem Weg zu bleiben, und Warnschilder ihn gemahnt, Vorsicht zu bewahren. Leitplanken sind ihm zu Hilfe gekommen, nicht gegen eine Bergwand zu prallen oder eine Böschung hinabzustürzen. Beides hätte tödlich enden können. Weil er sich orientierte, deshalb konnte er die Richtung einhalten und ist nicht auf der Strecke geblieben.

Das ganze Gesetzbuch wie das nachfolgende Lied sollten Zeugen wider das sündige Volk Gottes sein. Zeitweise ist das erstere völlig vergessen worden. Unter dem König Josia hat es z. B. der Hohepriester Hilkia neu entdeckt (2. Kön. 22, 8 ff.; 2. Chron. 34, 15 ff.). Ein gebührendes Lob findet Sirach für das Buch des Bundes (Sirach 24, 32 ff.), dessen Sinn reicher als das Meer und dessen Wort tiefer als der Abgrund sei. Niemand würde es je ausschöpfen noch seine Schätze restlos heben. Gottes Wort behält doch recht.

Dasselbe gilt auch von dem Lied, das Mose, nachdem er es aufgeschrieben hat, Israel vorträgt. Wer konnte seine Prophetie bis ins letzte erfassen? Niemand! Selbst den Mann Gottes muß es hart getroffen haben, wenn er den Abfall seinem Volk verkündigte. Das trägt bestimmt nicht zur Stärkung eines Nationalbewußtseins bei. Vielmehr ruft es zur Nüchternheit und klaren Selbsteinschätzung auf. Wer da seinen Vorteil sucht, bleibt liegen. Er durchbricht die Leitplanken und überfährt die Warnschilder, ohne sich dabei etwas zu denken. Nichts kann ihn dann mehr halten. Er stürzt blindlings ab.

Den Propheten und Psalmisten dient dieses Lied als Vorlage. Seine Grundgedanken kehren bei ihnen wieder. Auch sie rufen Himmel und Erde zu Zeugen auf (Jes. 1, 3; Jer. 11, 12; Micha 6, 1 f.) und preisen Gott als den Vater, der sich seiner Kinder erbarmt (Ps. 103, 13). Seine Gnade und Wahrheit sind ein Beweis seiner unwandelbaren Treue. Sein Strafgericht kennt keine Revision. Sein Handeln ist immer zielgerichtet. Ob wir es erkennen oder nicht, bleibt sich gleich. Irret euch nicht, Gott läßt sich nicht spotten! Denn was der Mensch sät, das wird er ernten (Gal. 6, 7). Israel hat dieses eherne Gesetz schmerzvoll durchzuüben. Uns gilt es nicht weniger. Es richtet jeden, der es darauf ankommen läßt.

Vollmächtig redet Mose alle Geschöpfe an. Denn dieser Augenblick ist für die gesamte Schöpfung in ihrer Vielfalt von unüberhörbarer Bedeutung. Sie soll als Zeuge oder gegebenenfalls als Ankläger gegen Israel auftreten. Das kann sie nur, wenn sie mithört, mitsieht und mitlobt. Ihre Aussage ist urteilsklärend. Sie hat Beweiskraft.

Uns hält nur einer in der Bahn: Jesus Christus. Deshalb gehört er auf den Führersitz unseres Lebens, um uns durchzuleiten. Er kennt sich bestens aus. Wir dürfen ihm restlos vertrauen.

3. Väterliches Erbarmen

Darum gilt ihm unsere Anbetung und unser Lobpreis. Seine Treue ist ohne Gegenstück. Er hat alles für uns eingesetzt, sich seiner Herrlichkeit entäußert, sein Leben am Kreuze geopfert, damit unsere Schuld getilgt werde. Sein bindender Gehorsam löst unseren Ungehorsam auf. Er befreit uns aus dem Würgegriff der Sünde.

Von solcher Vorsorge Gottes redet Mose. Der Herr handelt an seinem Volk und durch sein Volk. Mit seiner Fürsorge hat er nicht erst bei Abraham oder Jakob begonnen. Im Gegenteil! Mose geht weit zurück. Die Weissagung Noahs unmittelbar nach der Sintflut weist auf Israel als auserwähltes Volk (1. Mose 9, 24 ff.) hin. Denn die Unterwerfung Kanaans unter Sem und Japheths Abhängigkeit von ihm wird hier bereits ausgesprochen. Vom ersten Augenblick an verläuft deshalb die Geschichte Israels heilsbedingt zur Geschichte aller übrigen Völker. Durch Israel sollen alle Geschlechter auf Erden gesegnet werden. Das ist die Zusage Gottes an Abraham (1. Mose 12, 3; Apg. 17, 26 f.), die sich fortlaufend erfüllt hat und noch erfüllen wird. Von daher sind aller Völker Grenzen zu sehen.

Darum darf Israel nie vergessen, daß es von Gott gemacht, zugestaltet und bereitet ist. Es hat seine Bestimmung in dem Herrn aller Herren. Deshalb muß es der vorigen Zeiten gedenken. Seine Geschichte ist Gottes Geschichte. In der Wüste war es ohne Grundbesitz, ohne Hilfe und ohne Schutz. Wie sich der Hirte des irrenden Schafes annimmt, so hat sich der Herr seines Volkes bis zur Stunde angenommen. Es ist zu seinem Augapfel geworden (vgl. Ps. 17, 8; Sach. 11, 8), der seiner besonderen Fürsorge und Pflege bedarf. Israel bleibt der Zeiger an der Weltenuhr. Seine Aktualität steigt zunehmend.

Jeder vertiefende Blick in die Vergangenheit macht dankbar. Professor Karl Heim hat der vorigen Zeiten gedacht. Unter dieser Überschrift ist sein Lebensbericht mehr als eine Besinnung. Er ist ein steigender Lobpreis der Treue Jesu, ein werbendes Bekenntnis zum Sünderheiland und ein lautloser Aufruf, unserem Gott die Ehre zu geben. Denn er gewährt uns Zuflucht in allen Gefahren und Schatten vor aller Hitze des Alltags. Sein Erbarmen hält uns Tag für Tag.

Mose zeigt das am Bild des Adlers, der seine Jungen ausführt. Mitunter nimmt er sie auf den Rücken oder läßt sie nach ermüdenden Flugversuchen auf seinen mächtigen Schwungfedern sitzen. Er pflegt und hegt seine Jungen. Sollte es Gott anders machen? Nein, das ist unmöglich! Seine Liebe kennt keine Grenzen. Sie ist und bleibt unwandelbar.

4. Erstickender Abfall

Als Abschluß seines Dienstauftrages gibt der Herr seinem Vertrauten den Blick frei durch die Zeiten. Für Augenblicke wird ihm die Zukunft zur Gegenwart. Mose sieht die unermeßlichen Reichtümer des verheißenen Landes. Vollste und nie gekannte Genüsse werden Wirklichkeit. Israel erstickt im Lebensstandard wie im Wohlstand.

Wir kennen das. Unsere Zeit ist nicht anders. Je mehr der Mensch hat, je mehr erstrebt er. Seine Wünsche kommen zu keinem Ende. Dem Auto folgt die Villa, das Ferienhaus, der berufliche Aufstieg um jeden Preis. Nichts scheut der einzelne, um voranzukommen. Dabei erweist sich das spontane Vorwärtsstreben als ein Rückschritt. Er verliert die Stille zu Gott. Ihn braucht er nicht mehr. Er hat Ersatzgötter, indem er Karten befragt, Handlinien deutet, Horoskope in Anspruch nimmt und Tage wie Zeiten beachtet. Nie fährt er am Freitag. Stets meidet er die Zahl »13«. Damit ist sein Abfall perfekt.

Jeschurun ist ein anderer, nur selten vorkommender Name für Israel. Er leitet sich von dem hebräischen Wort »jaschar« ab, das soviel wie redlich oder fromm bedeutet. Israel ist das fromme und heilige Volk. Als solches erkennt es selbst Bileam (4. Mose 23, 21). Mose gebraucht dieses Wort offenbar, um den Widerspruch von Wirklichkeit und Bestimmung Israels aufzuzeigen. Von dem übermäßigen Reichtum Kanaans hebt sich der Abfall besonders drastisch ab.

Wilder Honig quillt als Saft aus den Bäumen (1. Sam. 14, 26 f.; Matth. 3, 4). Öl fließt aus harten Steinen. Dicke Milch liefern die Kühe. Im Ostjordantal, in der Gegend von Basan sind reiche Weideflächen für unzählige Herden. Nichts brauchen die Israeliten zu entbehren. Fett, dick, feist und übermütig haben sie dem Gott der Väter den Rücken gekehrt.

Dafür sind sie modernen Bewegungen offen. Stets wollen sie »up to date« (zeitgemäß) sein. Alles Neue reizt sie. Ganz Israel gerät unter solchen Einfluß. Aus der ehemaligen Glaubensoase wird eine weitausladende Wüste, die sich stumm und kahl ausbreitet.

Das ist heute nicht anders. Wir befinden uns in einer gleichen Strömung. Die Vielfalt religiöser, sozialer und politischer Zeiterscheinungen drohen uns zu verschlingen. Uns bleibt nur noch die Flucht zu ihm, unter das Kreuz Jesu, der Schritt nach vorne.

Er, Jesus, ist unser Friede.

Gott offenbart Gericht und Heilsplan seinem Mann

Deinen Fels, der dich gezeugt hat, hast du außer acht gelassen und hast vergessen den Gott, der dich gemacht hat. Und als es der Herr sah, ward er zornig über seine Söhne und Töchter, und er sprach: Ich will mein Antlitz vor ihnen verbergen, will sehen, was ihnen zuletzt widerfahren wird; denn es ist ein verkehrtes Geschlecht, es sind untreue Kinder. Sie haben mich gereizt durch einen Nicht-Gott, durch ihre Abgötterei haben sie mich erzürnt. Ich aber will sie wieder reizen durch ein Nicht-Volk, durch ein gottloses Volk will ich sie erzürnen. Denn ein Feuer ist entbrannt durch meinen Zorn und wird brennen bis in die unterste Tiefe und wird verzehren das Land mit seinem Gewächs und wird anzünden die Grundfesten der Berge. Ich will alles Unglück über sie häufen, ich will alle meine Pfeile auf sie schießen. Vor Hunger sollen sie verschmachten und verzehrt werden vom Fieber und von jähem Tod. Ich will der Tiere Zähne unter sie schicken und der Schlangen Gift. Draußen wird das Schwert ihre Kinder rauben und drinnen der Schrecken den jungen Mann wie das Mädchen, den Säugling wie den Greis. Ich hätte gesagt: Es soll aus sein mit ihnen, ich will ihren Namen tilgen unter den Menschen –, wenn ich nicht den Spott der Feinde gescheut hätte; ihre Widersacher hätten es nicht erkannt und gesagt: Unsere Macht ist groß, und nicht der Herr hat dies alles getan. – Denn Israel ist ein Volk, dem man nicht mehr raten kann, und kein Verstand wohnt in ihnen. Oh, daß sie weise wären und dies verstünden, daß sie merkten, was ihnen hernach begegnen wird! Wie geht's zu, daß einer tausend verjagt und zwei sogar zehntausend flüchtig machen? Kommt's nicht daher, daß ihr Fels sie verkauft hat und der Herr sie dahingegeben hat? Denn unserer Feinde Fels ist nicht wie unser Fels; so müssen sie selber urteilen. Denn ihr Weinstock stammt von Sodoms Weinstock und von dem Weinberg Gomorras; ihre Trauben sind Gift, sie haben bittere Beeren, ihr Wein ist Drachengift und verderbliches Gift der Ottern. Ist dies nicht bei mir verwahrt und versiegelt in meinen Schatzkammern? Die Rache ist mein, ich will vergelten zur Zeit, da ihr Fuß gleitet; denn die Zeit ihres Unglücks ist nahe, und was über sie kommen soll, eilt herzu. Denn der Herr wird seinem Volk Recht schaffen, und über seine Knechte wird er sich erbarmen. Denn er wird sehen, daß ihre Macht dahin ist und es aus ist mit ihnen ganz und gar. Und er wird sagen: Wo sind ihre Götter, ihr Fels, auf den sie trauten, die das Fett ihrer Schlachtopfer essen sollten und trinken den Wein ihrer Trankopfer? Laßt sie aufstehen und euch helfen und euch schützen! Sehet nun, daß ich's allein bin und ist kein Gott neben mir! Ich kann töten und lebendig machen, ich kann schlagen und kann heilen, und niemand ist da, der aus meiner Hand errettet. Denn ich will meine Hand zum Himmel heben und will sagen: So wahr ich ewig lebe: wenn ich mein blitzendes Schwert schärfe und meine Hand zur Strafe greift, so will ich mich rächen an meinen Feinden und denen, die mich hassen, vergelten. Ich will meine Pfeile mit Blut trunken machen, und mein Schwert soll Fleisch fressen, mit Blut von Erschlagenen und Gefangenen, von den Köpfen streitbarer Feinde! Preiset, ihr Heiden, sein Volk; denn er wird das Blut seiner Knechte rächen und wird an seinen Feinden Rache nehmen und entsühnen das Land seines Volks! Und Mose kam und redete alle Worte dieses Liedes vor den Ohren des Volks, er und Josua, der Sohn Nuns. Als nun Mose das alles zu Ende geredet hatte vor ganz Israel, sprach er zu ihnen: Nehmt zu Herzen alle Worte, die ich euch heute bezeuge, daß ihr euren Kindern befehlt, alle Worte dieses Gesetzes zu halten und zu tun. Denn es ist nicht ein leeres Wort an euch, sondern es ist euer Leben, und durch dies Wort werdet ihr lange leben in dem Lande, in das ihr zieht über den Jordan, um es einzunehmen. Und der Herr redete mit Mose am selben Tage und sprach: Geh auf das Gebirge Abarim, auf den Berg Nebo, der da liegt im Lande Moab gegenüber Jericho, und schaue das Land Kanaan, das ich den Kindern Israel zum Eigentum geben werde. Dann stirb auf dem Berge, auf den du hinaufgestiegen bist, und laß dich zu deinem Volk versammeln, wie dein Bruder Aaron starb auf dem Berge Hor und zu seinem Volk versammelt wurde; denn ihr habt euch an mir versündigt unter den Kindern Israel bei dem Haderwasser zu Kadesch in der Wüste Zin, weil ihr mich nicht heiligtet inmitten der Kinder Israel. Denn du sollst das Land vor dir sehen, das ich den Kindern Israel gebe, aber du sollst nicht hineinkommen (5. Mose 32, 18-52).

Durchblicke sind Geschenk. Sie erwachsen aus der Offenbarung einer Stunde. Gottes weitsichtige Barmherzigkeit ist ihr Urheber. Vor ihm enthüllt sich unsere Abhängigkeit. Wir sind mittellos, flüchtig und staubverfallen. Daran ändert sich nichts. Zu Erde müssen wir wieder werden. Der Tod ist jedem gewiß. Niemand kann ihm ausweichen. Er stellt jung und alt, Frau und Mann, Arbeiter und Gelehrte. Vor dieser Tatsache steht Mose. Als Knecht Gottes ist sie ihm bekannt. Noch kürzlich hat er seinem Bruder Aaron den letzten Dienst erwiesen. In der Wüste mußte er dem Sterben der Väter standhalten. Die Gerichte Gottes haben selbst noch die letzten geholt. Damit ist der Weg in das Land der Väter frei geworden. Nur für Mose bleibt er versperrt.

Statt dessen öffnet ihm der Herr den Blick für das Kommende und den Kommenden. Er sieht das Land im Ablauf der Geschichte. Das gibt seiner Rede Würze. Wie Tau soll sie die Generationen erfrischend berieseln und wie der Regen in die Tiefe dringen. Ohne Stocken hat sie Mose weiterzugeben. Er darf nichts abnehmen noch hinzusetzen. Bis zum letzten Atemzug bleibt er ganz Knecht. Das adelt und füllt sein Leben.

Einige Ausleger halten dieses Lied für das Lied des Lammes, das in Offenbarung 15, 3 gesungen wird. Sie sehen in gleichlautenden Stellen wie Ausdrücken ihre Annahme bestätigt. Wie dem auch sei, feststeht, daß Gott dem Volk Israel seine allumfassende Majestät enthüllt. Er deckt schonungslos auf, was ihm widerfahren wird. Israel hört seine Geschichte. Ob es sich mahnen läßt?

1. Zunehmende Abgötterei

Nicht was wir reden, ist entscheidend, sondern wie wir leben. Worte sind schnell gefunden. Sie reihen sich mühelos aneinander und lassen sich willig von ihrem Sprecher gebrauchen. Erst dort erweisen sie ihren Wert, wo sie zum persönlichen Bekenntnis werden. Wort und Person werden tragende Kraft, indem sie zur Einheit verschmelzen. Hier hat die Person in der Aussage aufzugehen. Diese letzte Einheit ist Jesus Christus erfüllt. In ihm verleiblichte sich das Wort Gottes. Er verband sich mit ihm als dem einen Gehorsamen. Wer ihn sieht, der sieht den Vater. Er und der Vater sind eins (Joh. 10, 30; 14, 9).

Dieser Eine ist der Fels Israels. Ihn hat das Volk Israel außer aucht gelassen. Vergessen ist der Gott, der uns gemacht hat. Wir schaffen uns unsere eigenen Götter.

Lebensstandard und Freizeit verlangen viele Opfer. Leidenschaften brechen auf und binden den einzelnen wie die Menge. Untermalt von aufreizender Musik steigern sich Sexualität und Drogensucht zum Ritual. Sie nehmen den Platz Gottes ein. Selbst der Sport in seinen Massenveranstaltungen ist zur Ersatzreligion geworden. Daneben gibt es viele andere Dinge, die an die Stelle religiöser Verehrung getreten sind. Es lohnt sich zu beobachten, mit welcher Hingabe mancher Autobesitzer sein Fahrzeug pflegt und wartet. Ähnliches gilt von der Vergötterung des Eigentums und seinem Mobiliar. Nur Auserwählte dürfen es an besonderen Tagen bei auserlesenen Anlässen betreten. In jedem Fall bleibt es das Heiligtum der Familie. Und doch hat es seine Zeit. Kurzlebig wie seine Verehrer endet es auf dem Schrottplatz oder der Müllkippe.

So verblendet sind wir, daß wir uns Götzen aus Stahlbeton, Holz und Stein fertigen, totalitären Ideologien und Wirtschaftswachstum nachlaufen, Wissenschaft und Bildung abgöttisch anbeten, anstatt dem zu dienen, der unser Erretter und Heiland ist. Nichts spricht uns von unserem Irrtum frei, als daß wir Buße tun und unseren Abfall bekennen. Wer mit Gott spielt, verspielt alles. Er endet in wachsender Gottlosigkeit.

Wie ernst es damit steht, besagt unser Text. Der Herr ist zornig über Israel, weil es ein törichtes und verkehrtes Volk ist. Die Untreue schreit zum Himmel. Seine Abgötterei löst den Zorn und das Gericht Gottes aus. Es hat aus seiner Vergangenheit nichts gelernt. Raum zur Buße gibt es nicht mehr. Es befindet sich auf einer schiefen Ebene und rast mit steigender Geschwindigkeit zu Tal, weil alle Bremsen versagen. Gott überläßt es seinem Irrtum.

Täuschen wir uns nicht! Der Herr verschmäht, wer ihn verschmäht. Von den Größen des Hitlerreiches muß im Nürnberger Gefängnis Robert Ley 1945 eingestehen: »Wir haben Gott verlassen; nun hat Gott uns verlassen. Wir haben an die Stelle der göttlichen Gnade die menschliche Willkür gesetzt.« Solche Sätze sprechen für sich. Wir sollten sie nicht leichtfertig abtun. Sie sind gewichtig genug, um uns zu mahnen und zu warnen.

2. Strafende Härte

Wo Ungehorsam aufbricht, folgt Gericht. Israel hat das in seiner wechselvollen Geschichte vielfach erfahren. Mose hört es von dem Herrn. Er sieht in ein Meer von Blut und Tränen. Sein Volk geht selbstgemachte Wege. Es verläßt den geraden Weg des Gehorsams. Das trägt ihm Gottes Gerichte ein. Sie schnellen wie Pfeile unerwartet in ihre Reihen und hinterlassen Wunden, Schmerzen und Tod. Israel ist schutzlos in die Hände der Feinde gefallen. Es hat seine Wurzeln in Sodom und Gomorra. Das führt zu seiner fortschreitenden geistlichen Verkalkung. Den Namen »Volk Gottes« hat es verloren. Sein Gedächtnis ist geschrumpft und sein Erinnerungsvermögen verschüttet.

Vor einiger Zeit wurde in Nordfrankreich ein junger Belgier aufgelesen, der nicht wußte, wer er war. Das gab der Polizei Rätsel auf. Was sollte sie mit einem Mann ohne Personalpapiere und ohne Gedächtnis anfangen? An einem Abend ließ sie sein Porträt über alle Fernsehschirme ausstrahlen. Und siehe da, es meldete sich ein Onkel. Jener Mann stammte aus einer angesehenen Familie, hatte eine gute Bildung, aber er wußte nicht, wer er war. Deshalb bekam er nur als Tellerwäscher in einem Hotel Arbeit. Erst als sein Onkel mit gültigen Ausweisen kam, wurde ihm die Ausreise nach Hause gestattet.

Ist das nicht unsere Geschichte? Wir wundern uns über die Gerichte und Ungereimtheiten in dieser Welt und bedenken nicht, daß wir unsere Herkunft vergessen haben. Wir sind unserer Bestimmung entlaufen. Deshalb landen wir – wie der verlorene Sohn – bei den Schweinen. Können wir uns darüber beklagen? Im Grunde genommen nicht! Wir tun es aber trotzdem, weil wir Jesus vergessen haben.

Wer den Herrn absetzt, wird von ihm ausgesetzt. Er verendet in der Wüste. Das Volk Gottes ist zum Nicht-Volk geworden. Es hat den Verstand verloren. Deshalb ist ihm nicht mehr zu raten. Die Strafen nehmen ihren Lauf. Das kann nicht ernst genug gesehen werden.

Viele Israeliten sind in den einzelnen Gerichtsepochen der Geschichte bestialisch umgekommen. Greuel starken Ausmaßes legten sich bleischwer über dieses Volk. Josephus berichtet von ihnen. Der bittere Tod hielt reiche Ernte. Über die wilden Tiere in den Arenen der Römerzeit bis zu den Gaskammern unserer Tage reicht sein Erntefeld. Es geht darüber hinaus. Denn Israel hat bis heute den Fels seines Heils, Jesus Christus, verworfen.

Bewegend ist es zu hören, wie auf den Todesstraßen der Judenverfolgungen bis in die Gaskammern von Auschwitz, Dachau und anderen Todeslagern die Psalmen bußfertig und betend gesungen worden sind. Das zeugt von dem Einen, der sein Volk straft, aber nicht endgültig verstößt. Die Feinde dürfen es nicht gänzlich vertilgen noch ausrotten. Gott behält das letzte Wort. Israel wollte in den Völkern aufgehen, aber es konnte nicht. Nach zweitausend Jahren hat der Herr es zu neuem Leben erweckt. Es darf das Land der Väter einnehmen. Dennoch muß das Volk durch schwere Zeiten, bis es den erkennt, der sein Messias und Heiland ist.

3. Durchbrechendes Heil

Es hat Gott Arbeit gemacht mit seinen Sünden und Mühe mit seinen Missetaten. Der Herr will ihrer nicht gedenken, sondern sie tilgen um seinetwillen (vgl. Jes. 43, 24 f.). Denn wer ihn aufrichtig und kindlich verehrt, der wird von ihm zu seiner Zeit wieder geehrt. Aller falscher Trost verfliegt und ist von kurzer Dauer. Er hat keine Zukunft, sonden geht, wie er kommt. Unsere lebendige Hoffnung ist Jesus allein. Mit ihm sind und bleiben wir verbunden. Niemand kann uns aus des Vaters Hand reißen (Joh. 10, 29; 20, 17). Das Blut seines Sohnes hat uns von aller Sünde frei gemacht. Wir sind dem wahren Weinstock, Jesus Christus, einverleibt (Joh. 15, 1 ff.). Wer in ihm bleibt, der hat das Leben.

Um an seinem Heilsweg zu bauen, müssen selbst die Feinde Gottes dienen. Er gibt ihnen Siege, die sie nicht erklären können, und Niederlagen, die ihren Untergang auslösen. So bekennt Titus, der Zerstörer von Jerusalem, in aller Offenheit, daß es ihm unbegreiflich sei, wie er über die Juden so uneingeschränkt habe siegen können.

Gott schafft seinem Volk Recht. Es hat sich selbst nicht zu rächen. Vergeltung ist das Majestätsrecht Gottes (vgl. Röm. 12, 19; Hebr. 10, 30). Sobald der Herr Israel in Ganden ansieht, kehren sich Strafgerichte gegen dessen Feinde. An ihnen vollzieht sich jedes der angekündigten Gerichte wie auch das Schlußgericht in seiner schrecklichen Ausführung (2. Petr. 2, 3; Offb. 18, 8; 19, 1 ff.). Zuvor fängt das Gericht am Hause Gottes an (Ps. 135, 14; 1. Petr. 4, 17). Wir haben zu warten, auf die Zeichen der Zeit zu achten, gehorsam und wortgebunden zu dienen. Unser Herr kommt! Er kommt ganz gewiß!

Auf seinen Tag hat Mose zusehen dürfen. Wir sind diesem Tag nähergerückt. Dennoch wissen wir seine Stunde nicht. Darin bleiben wir Unwissende, die aus Glauben leben. Nur Halbwisser wollen alles wissen. Darum sprechen sie auch gerne über alles. Den Ablauf endzeitlicher Ereignisse in allen Einzelheiten haben sie bereits sicher in der Tasche. Sie schwingen sich zu Geheimräten Gottes auf. Und doch liegt alles und jedes in der Hand des Herrn. Das sollte uns trösten. Er behält am Ende ganz recht. Gott schwört seinem Volk die Hilfe zu. Sie steht in seiner Hand. Darin bleibt es geborgen bis auf seinen großen Tag.

Mose hat sich zum Sterben gerüstet. Demütig befolgt er den Befehl seines Herrn. Er überhebt sich der hohen Offenbarungen seines Gottes nicht, sondern besteigt bußfertig, gebeugt, aber glaubensgewiß den Berg Nebo. Er weiß, wohin er geht. Sterben ist ihm Gewinn. Die Hoffnung der Auferstehung macht den Tod zum Anwalt seines Lebens. Darin weiß sich Gemeinde Jesu mit Mose verbunden.

Jesus lebt, mit ihm auch ich!
Tod, wo sind nun deine Schrecken?
Jesus lebt und wird auch mich
von den Toten auferwecken.
Er verklärt mich in sein Licht:
Dies ist meine Zuversicht.

Gott gestattet seinem Mann
einen letzten Dienst

Dies ist der Segen, mit dem Mose, der Mann Gottes, die Kinder Israel vor seinem Tode segnet. Er sprach: Der Herr ist vom Sinai gekommen und ist ihnen aufgeleuchtet von Seir her. Er ist erschienen vom Berge Paran her und ist gezogen nach Meribath-Kadesch; in seiner Rechten ist ein feuriges Gesetz für sie. Wie hat er sein Volk so lieb! Alle Heiligen sind in deiner Hand. Sie werden sich setzen zu deinen Füßen und werden lernen von deinen Worten. Mose hat uns das Gesetz geboten, das Erbe der Gemeinde Jakobs. Und der Herr ward König über Jeschurun, als sich versammelten die Häupter des Volks samt den Stämmen Israels. R u b e n lebe und sterbe nicht; seine Mannschaft gewinne an Zahl! Dies ist der Segen über J u d a. Und er sprach: Herr, erhöre die Stimme Judas und bringe ihn zu seinem Volk; laß seine Macht groß werden und sei ihm Hilfe wider seine Feinde! Und über L e v i sprach er: Deine Lose »Licht und Recht« sollen bleiben bei deinem Getreuen, den du versucht hast zu Massa, für den du gestritten hast am Haderwasser, der von seinem Vater und von seiner Mutter spricht: »Ich sehe ihn nicht«, und von seinem Bruder: »Ich kenne ihn nicht«, und von seinem Sohn: »Ich weiß nichts von ihm«. Die hüten dein Wort und bewahren deinen Bund; sie lehren Jakob deine Rechte und Israel dein Gesetz; sie bringen Räucherwerk vor dein Angesicht und Ganzopfer auf deinen Altar. Herr, segne seine Macht, und laß dir gefallen die Werke seiner Hände! Zerschlage den Rücken derer, die sich wider ihn auflehnen, und derer, die ihn hassen, daß sie nicht aufkommen! Und über B e n j a m i n sprach er: Der Geliebte des Herrn wird sicher wohnen; allezeit wird er die Hand über ihm halten und wird zwischen seinen Höhen wohnen. Und über J o s e p h sprach er: Gesegnet vom Herrn ist sein Land mit dem Köstlichsten vom Himmel droben, dem Tau, und mit der Flut, die drunten liegt, mit dem Köstlichsten, was die Sonne hervorbringt, und mit dem Köstlichsten, was die Monde erzeugen, mit dem Besten uralter Berge und mit dem Köstlichsten der ewigen Hügel, mit dem Köstlichsten der Erde und ihrer Fülle. Die Gnade dessen, der in dem Dornbusch wohnte, komme auf das Haupt Josephs, auf den Scheitel des Geweihten unter seinen Brüdern. Sein erstgeborener Stier ist voll Herrlichkeit, und seine Hörner sind wie die Hörner wilder Stiere, mit ihnen wird er die Völker stoßen bis an die Enden der Erde. Das sind die Zehntausende E p h r a i m s und die Tausende Ma n a s s e s. Und über S e b u l o n sprach er: Sebulon freue dich deiner Fahrten; und I s a s c h a r freue dich deiner Zelte. Sie werden die Stämme auf den Berg rufen und daselbst opfern rechte Opfer. Denn sie werden den Reichtum des Meeres gewinnen und die verborgenen Schätze im Sande. Und über G a d sprach er: Gelobt sei, der Gad Raum schafft! Gad liegt da wie ein Löwe und zerreißt Schenkel und Scheitel. Und er ersah sich ein Erstlingserbe; denn daselbst war für ihn eines Anführers Teil. Und es versammelten sich die Häupter des Volks, und er vollstreckte die Gerechtigkeit des Herrn und seine Gerichte zusammen mit Israel. Und über D a n sprach er: Dan ist ein junger Löwe, der hervorspringt aus Basan. Und über N a p h t h a l i sprach er: Naphthali hat viel Gnade und ist voll Segens des Herrn; gegen Westen und Süden hat er Besitz. Und über A s s e r sprach er: Asser ist gesegnet unter den Söhnen. Er sei der Liebling seiner Brüder und tauche seinen Fuß in Öl. Von Eisen und Erz sei der Riegel deiner Tore; dein Alter sei wie deine Jugend! Es ist kein Gott wie der Gott Jeschuruns, der am Himmel daherfährt dir zur Hilfe und in *seiner Hoheit auf den Wolken. Zuflucht ist bei dem alten Gott und unter den ewigen Armen. Er hat vor dir her deinen Feind vertrieben und geboten: Vertilge! Israel wohnt sicher, der Brunnquell Jakobs unbehelligt in dem Lande, da Korn und Wein ist, dessen Himmel von Tau trieft. Wohl dir, Israel! Wer ist dir gleich? Du Volk, das sein Heil empfängt durch den Herrn, der deiner Hilfe Schild und das Schwert deines Sieges ist! Deine Feinde werden dir huldigen, und du wirst auf ihren Höhen einherschreiten (5. Mose 33, 1–29).*

Die Tage laufen, und die Stunden eilen. Die Zeit des Knechtes Gottes ist sehr bemessen. Er hat nicht mehr lange zu schaffen. Gott bestimmt Anfang und Ende unseres Einsatzes. Das ist gut so! – Sonst würde mancher kein Ende finden. Entbehrlich sind wir alle. Der Herr kann auf uns verzichten, wir aber nicht auf ihn. Darum haben die Reformatoren gewußt. Luther meinte, wenn der eine Martino ersaufe, könne sich Gott an seiner Stelle zehn erschaffen. Er hat die Macht dazu.

Nicht anders ist es bei Mose. Er hat Abschied zu nehmen. Das ist nicht immer leicht, aber er vertraut seinem Gott.

1. Auf Jesus Christus gerichtet

Wie sollte es anders sein, als daß wir auf den Herrn sehen! Er ist der Mittelpunkt unseres Lebens, der Inhalt und die Fülle unserer Tage. Wenn das nicht so wäre, würde niemand von uns überleben. Wir alle würden vor Schuld in den anbrechenden Gerichten umkommen. Niemand könnte vor dem Thron Gottes bestehen. Aber weil einer bestanden hat, deshalb dürfen wir im Glauben kommen. Dieser Eine ist Jesus Christus, der Herr. Er hat uns die Stätte bereitet und ist als Quartiermeister den Seinen vorausgegangen. Niemand kommt zum Vater, denn durch ihn (Joh. 14, 1 ff.).

Das gilt für die letzte Grenzkontrolle. An ihr kommt niemand vorbei. Ein jeder wird angehalten. Niemand kann sich durchmogeln. Fälschungen werden sofort erkannt. Vor Menschen können wir scheinen, aber nicht vor diesem Herrn. Unter seiner Kontrolle wird alles aufgedeckt. Versteckter Hochmut, verpackte Ichsucht, gestellte Frömmigkeit, verhülltes Geltungsbedürfnis, päpstliche Unfehlbarkeit sind nur einige solcher Fehlleistungen aus menschlichem Unglauben. Es gibt viel mehr von ihnen. Wer könnte sie alle erfassen? Niemand ist restlos frei von ihnen. In irgendeiner Weise sind wir alle Befallene, die Jesus freischneiden muß. Das ist bitter, aber wahr! – Es hält uns in der Demut, damit wir nicht hoch über uns denken, sondern alle Ehre dem Herrn zuteil werden lassen (2. Kor. 3, 5 f.). Echtes geistliches Wachstum zeigt sich darin, daß wir arm und ärmer vor uns selbst werden, um am Ende reich in Christus zu sein.

Mose hat noch den Schwur Gottes im Ohr (5. Mose 32, 39 ff.). Er weiß, wem er gehört. Es ist der Gott, der töten und lebendig machen kann, der schlägt und heilt. Aus dessen Hand niemand errettet, weil er unfehlbarer Richter und einziger Heiland zugleich ist. In Gericht und Gnade bleibt er derselbe. Darin ist Mose getrost. Er steht in anbetender Ehrfurcht vor dieser Wirklichkeit Gottes. Sein Blick geht auf den zu, von dem der Prophet Jesaja weissagt: »Uns ist ein Kind geboren, ein Sohn ist uns gegeben, und die Herrschaft ruht auf seiner Schulter« (Jes. 9, 5 f.). Deshalb rühmt Mose die Liebe Gottes zu seinem Volk. Er sieht diese Liebe in Jesus Christus verwirklicht. Darum braucht er nicht zu verzagen, sondern weiß sich mit allen Heiligen in Gottes durchtragenden Händen geborgen.

Das ist und bleibt die einzige Hoffnung für Israel. Es hat das Gesetz. Die Bahn ist abgesteckt. Der Weg ist klar. Es braucht nur Gottes Fußtapfen nachzugehen. Das hört sich leicht an, will aber dauernd geübt werden. Wer nicht in solchem Lauf bleibt, hängt sich selber ab. Er verliert den Anschluß. Deshalb ermahnt Jesus seine Leute, von ihm zu lernen und sich sein Joch auflegen zu lassen (Matth. 11, 29). Er ist unsere Schreibvorlage. Sonst gibt es keine. Wir bleiben Schüler und dürfen zu seinen Füßen sitzen, der unser Erzieher ist. Mit großer Geduld nimmt er sich unser an, damit wir das Ziel, in Ewigkeit bei ihm zu sein, erreichen.

2. Zum Kampf gesetzt

Israel hat nur einen König. Dieser König ist der Herr. Von seinen Worten hat es zu lernen. Aus seiner Fülle darf es nehmen, was ihm fehlt. Nur muß es auf der Kampfbahn des Glaubens bleiben.

Es kann nicht von oben herab den Lauf verfolgen. Es muß im Kampf bestehen und sich bewähren. Nur so wird es seiner Aufgabe gerecht, ein Segen für alle Völker zu sein. Mit Jeschurun wird das Volk Gottes charakterisiert. Dieser Beiname besagt, daß es das rechtschaffende Volk sei, den Willen Gottes kenne und ihn im Leben verwirkliche (vgl. neben V. 5 und 26 auch 5. Mose 32, 25; Jes. 44, 2). Israel lebt nicht für sich selbst, sondern soll sich von Gott gebrauchen lassen.

Das liegt uns Menschen nicht. Wir sind lieber Zuschauer der Wettkämpfe. Von den Tribünen läßt sich alles besser übersehen. Kritik ist leichter und schneller getan, als sich in der Arena zu bewähren. Die auf den Tribünen riskieren nichts. Sie jubeln, pfeifen und johlen, schwenken die Fahnen, verurteilen und verdammen. Grundsätzlich wissen sie alles besser. Sie sehen, wo ihre Spieler versagt haben, ihr Läufer nicht sachgerecht gestartet ist, ihr Mann sich nicht restlos eingesetzt hat und ihre Schützlinge nicht jede Chance genützt haben. Sollten sie aber den Kampf bestehen, würden sie gar nichts zuwege bringen. Sie wissen zwar alle Kampfesregeln, können sie aber selber nicht erfüllen. Theoretisch sind sie bestens da, aber in der Praxis würden sie laufend versagen.

Bei den Olympischen Spielen in München hat sich das wieder sehr deutlich gezeigt. Die Zuschauer sind mit den Kämpfern der einzelnen Disziplinen mitgegangen, haben sie angefeuert oder ausgepfiffen, aber selbst wären sie für jeden Kampf untüchtig gewesen, weil ihnen das Training fehlt. Sie brauchten nichts als ihre Stimme einzusetzen, um ihrem Beifall oder ihrer Entrüstung Ausdruck zu verleihen. Die Sportler hingegen hatten alles einzubringen, weil es für sie um den Sieg ging.

Mitfeiern ist leichter als mitkämpfen. Die Frage ist nur, ob wir auf den Tribünen oder in der Arena unsere Aufgaben sehen. Für Christen gibt es hier kein Überlegen. Sie haben Kämpfer in der Arena ihrer beruflichen Verpflichtungen zu sein. Diese Arena ist ihr Alltag mit den Begegnungen, Gesprächen, Terminen, Aufgaben und Ereignissen. Dort sollen sie sich als Bevollmächtigte des Christus bewähren. Tribünenplätze stehen für sie nicht bereit. Gehen sie auf einen zu, schließen sie sich selber vom Wettkampf aus.

Wie ist es aber, wenn sie disqualifiziert werden, weil sie den Anforderungen nicht entsprechen? Dann haben sie abseits zu stehen. Der Anteil am Sieg ist ihnen verwehrt. Was mögen jene beiden Athleten bei den Olympischen Spielen gedacht haben, die den Start verschliefen? Könnte uns das nicht genauso passieren? Niemand schließe diese Möglichkeit bei uns aus. Wer meine, er stehe, der mag wohl zusehen, daß er nicht falle (1. Kor. 10, 12).

Kampfbahnerfahrung ist uns allen not. Auf sie legt Paulus großen Wert. Deshalb ermahnt er den jungen Timotheus, daß er recht kämpfe, um die Siegeskrone zu erlangen (2. Tim. 2, 5). Die Römer hält er an, ihm im Kampf zu helfen, indem sie im Gebet für ihn vor Gott eintreten (Röm. 15, 30). Denn wir haben nicht mit Fleisch und Blut zu kämpfen, sondern mit Mächtigen und Gewaltigen, nämlich mit den Herren der Welt, die in dieser Finsternis herrschen, mit den bösen Geistern unter dem Himmel. Deshalb müssen wir die Waffenrüstung Gottes anlegen, um Widerstand leisten zu können und das Feld zu behalten (Eph. 6, 12 ff.; Phil. 1, 27 ff; Kol. 2, 1; 1. Tim. 6, 12; 2. Tim. 4, 7; Hebr. 10, 32; 12, 1 ff.). Wer sich nicht alles Dinges enthält, kann nicht Kämpfer sein (1. Kor. 9, 25).

3. Durch Vätersegen verbunden

Mose weiß das. Deshalb bindet er die einzelnen Stämme an die Kampfbahn des Glaubens. Er verpflichtet sie zum Einsatz und stellt sie unter den Schutz Gottes. Er gibt den Segen, den er empfangen hat, weiter. Darin liegt Kampfbahnerfahrung. Dem Knecht Gottes geht es einzig und allein darum, daß sein Volk das Ziel erreicht. Das kann es nur, wenn es auf den Herrn sieht.

Ein Sohn wird den Augenblick nie vergessen, in dem sein sterbender Vater ihn gesegnet hat. Er habe den schwersten Beruf, aber den schönsten Dienst, weil er den anderen Jesus groß machen dürfe und dadurch mithelfe, Menschen vom ewigen Tod zu erretten. Vätersegen verbindet untereinander, hält auf der Aschenbahn des Glaubens, verpflichtet sich zum schonungslosen Einsatz und weiß um das Kleinod (Jes. 45, 3; 1. Kor. 9, 24; Phil. 3, 14), das vorgesteckte Ziel.

Jeder Stamm bekommt den ihm eigens angemessenen Zuspruch. Ihn hat er aufzugreifen, um die Startbahn einzuhalten. Er ist der Wegweiser, die Markierung, nach der jeder Stamm zu laufen hat. Vätersegen reicht weiter. Gott erweist seine Barmherzigkeit, Gnade, Geduld und Treue Tausenden, die ihn lieben und seine Gebote halten. Er sucht aber an denen, die ihn hassen, die Sünde der Väter heim bis ins dritte und vierte Glied (2. Mose 20, 5 f.; 34, 6).

Vergessen wir nicht, daß wir Glieder am Leibe Christi sind (1. Kor. 6, 15; Eph. 5, 30), einander zugeordnet, ihm zu dienen (Röm. 12, 5). In dieser Reihe stehen Väter und Söhne, Mütter und Töchter, einander ein Segen zu sein.

4. In seiner Hand geborgen

Die Verheißung ist da, der Segen geht weiter, aber Gott bleibt der Unwandelbare. Es lohnt sich, den Segenssprüchen der einzelnen Stämme nachzugehen. Der Leser mag sich selber dieser Mühe unterziehen. Er wird feststellen, daß sie die Zeiten überspannen. Gottes Hand ist es, die da hält. In ihr sind wir geborgen für Zeit und Ewigkeit. Nichts kann uns aus dieser Hand reißen (Joh. 10, 28).

Dennoch sind wir nicht die Handelnden, sondern der Herr. Seine Söhne werden ihm geboren wie Tau aus der Morgenröte (Ps. 110, 3). Wir sind auf ihn angewiesen. Das gilt auch für die Stämme Israels. Er gewährt Zuflucht. Unter seinen ewigen Armen sind wir geborgen. Diese Arme sind die des Sohnes Gottes. Er hat sie am Kreuz weit ausgestreckt. Auch jetzt reichen sie vom Himmel zur Erde, um seine Herde zu weiden und die Lämmer zu sammeln (Jes. 40, 11). Er wird sich seiner Herde selbst annehmen (Hes. 34, 11), die Feinde vertreiben und gebieten, sie zu vertilgen (V. 27).

Israel darf sicher wohnen. Es ist abgesondert und hat sich über Jahrtausende, zum Wunder vor aller Menschen Augen, nie mit anderen Völkern vermischt. Wir hätten das niemals fertiggebracht, sondern wären bereits in den Völkern aufgegangen. Eine Exilzeit hätten wir nicht überlebt. Israel ist heute unbestreitbare Tatsache. Gott handelt. Deshalb gilt diese Zusage, daß Israel sicher wohnen darf (V. 28), auch für die letzte Zeit. Jeremia und Micha lassen diesen Schluß zu (Jer. 23, 6; Micha 4, 4).

Mose mündet in staunende Anbetung (V. 29). Israel, wer ist dir gleich! Er sieht durch die Zeiten hindurch bis auf den Tag der Vollendung. Die Gemeinde Jesu ist mit eingeschlossen. Sie gehört in den Heilsplan Gottes und zeichnet die Siegesspur des Gekreuzigten in dieser Welt. Er ist unser Schild. In seinem Namen ist der Sieg. Mose geht, aber unser Herr kommt! Dann wird offenbar, daß Gottes Verheißungen »Ja« und »Amen« sind.

Gott bringt seinen Mann zu den Vätern

Und Mose stieg aus dem Jordantal der Moabiter auf den Berg Nebo, den Gipfel des Gebirges Pisga, gegenüber Jericho. Und der Herr zeigte ihm das ganze Land: Gilead bis nach Dan und das ganze Naphthali und das ganze Land Ephraim und Manasse und das ganze Land Juda bis an das Meer im Westen und das Südland und die Gegend am Jordan, die Ebene von Jericho, der Palmenstadt, bis nach Zoar. Und der Herr sprach zu ihm: Dies ist das Land, von dem ich Abraham, Isaak und Jakob geschworen habe: Ich will es deinen Nachkommen geben. – Du hast es mit deinen Augen gesehen, aber du sollst nicht hinübergehen. So starb Mose, der Knecht des Herrn, daselbst im Lande Moab nach dem Wort des Herrn. Und er begrub ihn im Tal, im Lande Moab gegenüber Beth-Peor. Und niemand hat sein Grab erfahren bis auf den heutigen Tag. Und Mose war hundertundzwanzig Jahre alt, als er starb. Seine Augen waren nicht schwach geworden, und seine Kraft war nicht verfallen. Und die Kinder Israel beweinten Mose im Jordantal der Moabiter dreißig Tage, bis die Zeit des Weinens und Klagens über Mose vollendet war. Josua aber, der Sohn Nuns, wurde erfüllt mit dem Geist der Weisheit; denn Mose hatte seine Hände auf ihn gelegt. Und es stand hinfort kein Prophet in Israel auf wie Mose, den der Herr erkannt hätte von Angesicht zu Angesicht, mit all den Zeichen und Wundern, mit denen der Herr ihn gesandt hatte, daß er sie täte in Ägyptenland am Pharao und an allen seinen Großen und an seinem ganzen Lande, und mit all der mächtigen Kraft und den großen Schreckenstaten, die Mose vollbrachte vor den Augen von ganz Israel (5. Mose 34, 1–12).

Mit jedem Tag, der hinter uns liegt, kommen wir der Ewigkeit näher. – Wer denkt schon daran? – Und doch sollte ein jeder vom Ende her leben. Wir betrügen uns sonst selbst. Es ist später, als wir meinen. Was sind einige Jahre, die wir vermutlich noch vor uns haben? Schnell fliegen sie dahin. Am Ende wissen wir kaum, wo sie geblieben sind.

Unser Leben gleicht einem Kurzstreckenflug. Eben ist die Maschine aufgestiegen, wir haben die Höhe erreicht und dürfen uns abschnallen, als sie schon wieder zur Landung ansetzt. Der Gurt wird fester gezogen. Die Maschine verliert an Höhe. Der Flugplatz kommt in Sicht, und schon setzen die Räder mit einem spürbaren Ruck auf der Landebahn auf. Der Flug geht seinem Ende entgegen. Nur noch ein Auslaufen, und die Boeing 707 steht. Über die Gangway verlassen wir das Flugzeug. Wir sind am Ziel. Dabei ist es unerheblich, ob der Flug eine oder zwei Stunden gedauert hat. Er reicht gerade, um einen Imbiß zu nehmen, und alles ist Vergangenheit.

Sollte uns das nicht zur Besonnenheit mahnen? Wir können keine Stunde zurückholen, kein Ereignis ungültig machen und nichts Versäumtes aufarbeiten. Was versäumt ist, bleibt versäumt. Seinen unverlierbaren Wert hat es einzig und allein in dem Augenblick gehabt, in dem wir es aufgreifen sollten. Später hat es seinen Inhalt verloren. Seine Taufrische ist dahin, und seine Würze hat es verbraucht. Versäumtes läßt sich niemals nachholen. Wir alle wissen darum und leiden darunter. Der Herr arbeitet Versäumtes auf. Er bringt zurecht, was wir nicht beachtet haben. Das macht uns nicht gleichgültig, sondern schärft unser Auge für das Notwendige, was der Herr heute und jetzt, in diesem Augenblick von uns erwartet. Unser Leben hat soviel Tiefgang, wie wir bereit sind, in der Tiefe der Gnade Gottes uns verwurzeln zu lassen. Sie reicht aus, um in Dürre und Sturm zu bestehen.

1. Ein letzter Meißelschlag

Mose ist fertig zum Aufstieg. Er kann auf ein bewegtes Leben zurücksehen. Der Herr hat bei ihm manchen wilden Trieb fortgeschnitten. Er hätte ihn unnötig Kraft gekostet. Wer in die Tiefe wachsen soll, kommt am Winzermesser Gottes nicht vorbei. Es ist zu seiner Reife notwendig. Deshalb geht Mose, ohne zu murren.

Aus dem Jordantal führt sein Weg auf den Nebo. Er darf auf die Höhe. Das Land der Verheißung liegt vor ihm. Mose sieht das üppige Grün, die quellende Fruchtbarkeit und die reiche Blütenpracht greifbar nahe. Jetzt hat er das Ziel seiner Arbeit und seiner Mühe vor Augen. Aber er darf nicht hinein. Ist das nicht hart? So fragen wir. Dabei sehen wir nur uns. Der Herr aber sieht weiter.

Mose muß abtreten, obgleich er noch im Vollbesitz seiner geistigen und körperlichen Kräfte ist. Er hat seine Aufgaben anderen zu übertragen. Sie sollen sie zu Ende führen.

Wir geben halbfertige Sachen zu ungern aus der Hand. Das geht gegen unsere Ehre. Und doch sind wir es nicht, die die Aufgaben lösen, sondern der Herr allein. Was können wir schon dazu beitragen, daß der andere selig wird! Wir haben uns von Jesus gebrauchen zu lassen. Alles andere ist in seiner Hand. Wenn wir darum nicht wüßten, würde uns der Abgang schier unmöglich. Uns binden die Aufgaben und halten die Verpflichtungen mehr, als wir bereit sind zuzugeben. Der letzte Meißelschlag Gottes will uns von allem lösen, was uns noch aufhält. Ob es sich dabei um Menschen oder Arbeitsbereiche handelt, ist völlig zweitrangig. Entscheidend bleibt, daß wir uns rüsten lassen.

Mose hat Abschied zu nehmen von seinem Volk. Mit ihm ist er vierzig Jahre durch die Wüste gezogen. Er hat frohe und notvolle Stunden mit ihm durchlebt. Eine junge Generation ist herangewachsen, die ihn hoffen läßt. Sie könnte ihn binden, daß er vor Gott den »Uk-Antrag« stellt. Wer würde nicht auch meinen, in solcher Situation »unabkömmlich« zu sein? Dennoch wechselt der Herr seine Knechte aus. Er läßt sie ablösen. Seine Zeit ist eine andere als die unsrige. Wir sehen vordergründig. Er sieht tiefgründig. Uns unterlaufen Fehler. Er hat stets die rechte Zeit.

Gott steht zu seinen Verheißungen. Was Abraham, Isaak und Jakob zugesprochen worden ist, darf Israel einnehmen. Mose ist getröstet. Die unübersehbare Treue Gottes steht ihm vor Augen. Sein Volk befindet sich in des Herren Hand. Was will er mehr!

Gilt das nicht auch für uns? Wir sorgen uns um unsere Kinder, den Ehegefährten, die Eltern. Das verdunkelt uns den letzten Weg. Und doch sollten wir unsere Sorgen, Nöte und Fragen bei dem Herrn abgeben. Er hat die Antwort und die Lösung. Bei ihm ist Hilfe. Mitunter geschieht es, daß eine Mutter aus Sorge um ihre hilfsbedürftige Tochter nicht sterben kann. Sie läßt sich binden und meint, unabkömmlich zu sein. Ein Vater gibt sein sterbendes Kind nicht frei, weil er es abgöttisch liebt. So und anders erschweren wir uns die letzten Stunden. Wir versuchen, dem Meißelschlag Gottes zu entgehen. Das gelingt uns nicht.

Ein Prediger und ein Pastor kann zu keiner Stunde selbstzufrieden auf seinen Dienstweg schauen. Immer muß er bekennen, daß er ein unnützer Knecht gewesen sei, auch wenn er alles getan hätte, was er zu tun schuldig war (Luk. 17, 10). Er bleibt Glied in der Kette. Der eine sät, der andere begießt, und ein weiterer erntet. Sie alle sind nötig, damit der Tag der Ernte anbreche. Gottes Strategie ist eine andere. Sie deckt sich manches Mal nicht mit unseren Einsichten. Wie sollte sie auch! Denn Gottes Gedanken sind höher als unsere Gedanken und seine Wege höher denn unsere Wege (Jes. 55, 8 ff.). Er hat stets das Ziel im Auge. Wir sollen nach Hause kommen. Deshalb redet er mit uns. Darum ist sein Sohn in diese Welt gekommen, um uns zu erlösen (Joh. 3, 16 ff.). Der Verheißene hat sich offenbart (Jes. 9, 5 ff.; Sach. 9, 9 u. a.). Er wird zu seiner Stunde wiederkommen. Wir haben zu handeln, zu dienen und zu gehorchen (Luk. 19, 13).

Der letzte Meißelschlag muß sein. Er macht uns fertig, den Herrn zu schauen. Andere treten an unsere Stelle. Wir dürfen zu ihm. Das will durchbetet sein.

2. In Gottes Vaterhand

Nachdem Mose das Land gesehen hat, stirbt er im Gebiet der Moabiter. Niemand der Seinen steht ihm zur Seite. Aaron ist auf seinem letzten Weg von seinem Sohn Eleasar und Mose begleitet worden (4. Mose 20, 25 ff.). Er war nicht allein. Mose wird vom Herrn selber zugerüstet. Er ist bei ihm. Der ihn berufen hat, ruft ihn auch persönlich ab. Er bringt ihn zu den Vätern. Das zeichnet den Weg dieses Knechtes, mit dem Gott geredet hat wie mit seinem Freund (2. Mose 33, 11). Wenn er auch nicht in das irdische Kanaan eingehen durfte, so wird er doch mit Freundlichkeit und Liebe überschüttet. Wie in einem Spiegel läßt Gott Mose nach vorwärts und rückwärts schauen. Ein Meer von durchtragender Gnade öffnet sich ihm. Der Herr hat ihn seine Wunder sehen lassen.

Ist es da erstaunlich, daß bereits die ältesten Juden glaubten, Gott habe

Mose umarmt und ihn geküßt? Da sei er übermannt von solcher Seligkeit am Munde Gottes gestorben. Ein Gleiches besagt eine alte Übersetzung des betreffenden Verses unseres Kapitels. Dort stehen die Worte: al pi Jahwe. »Al« heißt sowohl »nach« als auch »auf« und »an dem Munde des Herrn«. Deshalb ist solche Deutung nicht vorschnell von der Hand zu weisen. Wer nach dem Wort des Herrn stirbt, hängt an seinem Mund (vgl. V. 5). Mose hat das ein Leben lang geübt. Er ist von Gott in solche Schule genommen worden. Als Hirte in der Wüste war er nichts anderes als ein Mundbote Gottes. Er hat Glauben gehalten. Das bezeugt der Hebräerbrief in immer neuen Wendungen (Hebr. 11, 23–29).

Paulus sagt von der Zeit seines Abscheidens, daß er einen guten Kampf gekämpft habe. Er habe den Lauf vollendet und Glauben gehalten. Deshalb werde ihm an jenem Tage die Krone der Gerechtigkeit beigelegt, die alle bekämen, die seine Erscheinung lieb hätten (2. Tim. 4, 6 ff.). Ähnlich beteuert es Petrus, wenn er die Ältesten ermahnt, Vorbilder der Herde zu sein (1. Petr. 5, 4). In gleicher Weise redet Jakobus vom Empfang der Krone des Lebens in seinem Brief (Jak. 1, 12). Er preist den Mann selig, der die Anfechtung erduldet.

Mose steht in der Reihe der Beschenkten. Von ihm heißt es, daß der Herr in begrub. Wahrscheinlich haben das die Engel Gottes besorgt. Jedenfalls ist diese Möglichkeit im Brief des Judas angedeutet (Judas 9). Seine Ruhestätte findet er in der Nähe des Götzenhauses, das dem Baal-Peor geweiht ist. Ihm hat Israel schrittweise geopfert (4. Mose 25, 2 ff.). Einer der alten chaldäischen Schreiber bemerkt dazu: Mose sei auch deshalb gerade dort begraben, daß Baal-Peor sich nie rühmen möge, Israel habe sich an ihn gehängt. Darum sei ihm das Grab Moses, das seinem Tempel gegenüber gelegen hätte, stets ein Dorn im Fleisch gewesen. Anders sieht es Judas in seinem Brief. Dort erhebt der Satan in seinem Zorn Anspruch auf den Leichnam Moses. Denn der Knecht Gottes sei um einer Sünde willen gestorben (Judas 9). Der Erzengel Michael wirft sich dem Teufel entgegen, daß der Herr ihn strafe. An Mose kommt er nicht heran. Gott bewahrt seine Heiligen.

Das Grab weiß niemand. Letzten Endes geht es nicht um Totengebeine und Reliquiendienst, sondern um Treue zu dem Wort der Schrift. Israel ist nicht an Mose gebunden, wohl aber an Gottes Befehle. Es hat das Gesetz und die Propheten. Das genügt. So wird es dem reichen Mann am Ort der Qual gesagt (Luk. 16, 29).

Das Gesetz wird ein Ende haben, weil Jesus des Gesetzes Erfüllung ist, während das Evangelium ewig bleibt. Darum hat Gott Jesus Christus auferweckt, welcher ist zur Rechten Gottes und vertritt uns (Röm. 8, 34 ff.; Phil. 2, 9 ff.). Wir haben einen Anwalt, der unsere Sache zur seinen gemacht hat. Auf ihn geht alles zu.

Neben den verklärten Jesus tritt auf dem Berge Tabor Mose, der Mann des Gesetzes. Er redet mit dem Sohn Gottes (Matth. 17, 1 ff.). Am Ende sehen die drei Jünger niemand als Jesus allein. Auf seinen Tag haben die Väter gewartet. Unter ihnen befindet sich auch Mose. Sein Ende ist prophetisch. Er hat Glauben gehalten.

3. Kein Prophet wie er

Israel trauert um seinen Mann. Mose hat das Ziel seiner Wege erreicht. Er ist zu den Vätern versammelt, wenngleich er auch ihr Alter nicht erreicht hat (2. Mose 6, 14 ff.). Die Jahre spielen keine Rolle. Entscheidend ist, was der Herr aus diesen Jahren machen konnte.

Ludwig Hofacker starb als junger Mann. Und doch hat er in den wenigen Jahren seines Predigt- und Seelsorgerdienstes mehr Menschen mit dem Evangelium erreicht als mancher, der vierzig und mehr Dienstjahre aufzuweisen hat. Ordinationsjubiläen haben hier keinen Rang. Sie sagen über die innersten Werte unseres Dienstes nichts aus. Über sie befindet allein der Herr. Er ist unbestechlich in seinem Urteil.

Noch vor etwa vierzig Jahren standen die Väter der Kinder Israel dem vermeintlichen Tod Moses auf dem Berg Sinai gleichgültig gegenüber. Sie fertigten das goldene Kalb (2. Mose 32, 1 ff.). Heute trauern ihre Söhne dreißig Tage um Mose. Damit sind die vierzig Jahre der Wüstenwanderung voll. Sein Grab bleibt ihnen verborgen. Es ist nicht das Letzte.

Wir stehen nicht vor Gräbern, sondern gehen zum Herrn, der auferstanden ist. Deshalb verehren wir nicht das Grab Jesu, sondern beten ihn an. Er ist unser Heiland und Erlöser. Wer an ihn glaubt, der wird recht frei (Joh. 8, 32. 36).

Mose bleibt der Grund- und Fundamentalprophet des Volkes Gottes. Alle nach ihm sind seine Schüler. Und doch wird einer kommen, der mehr ist als er (5. Mose 18, 15 ff.). Ihm soll Israel gehorchen. Er wird es erretten. Wer kann das anders sein als Jesus von Nazareth, der gekreuzigte und auferstandene Herr. Er ist der Messias seines Volkes. Nur erkennt Israel ihn bis zur Stunde noch nicht. Es ist bedrückend, dies feststellen zu müssen. Die Decke liegt noch heute auf diesem Volk. Sie wird einmal weichen. Das ist gewiß.

Josua ist von Mose zum Dienst eingesegnet. Er hat Vollmacht. Das Volk respektiert ihn und gehorcht ihm. Er ist nicht größer als sein Lehrer. Mose hat damit alles aus der Hand gelegt, was seinen Tag füllte. Dennoch bleibt er der Repräsentant des Gesetzes, das tödlich wirkt und Furcht erregt. Er treibt uns zu Jesus Christus und macht uns offen für das Evangelium. Der Ruf nach befreiender Erlösung bricht unüberhörbar auf: »Ich elender Mensch! Wer wird mich erlösen von dem Leibe dieses Todes?« (Röm. 7, 24). Paulus weiß darum, wenn er fortfährt: »Ich danke Gott durch Jesus Christus, unseren Herrn!« (Röm. 7, 25). Er ist vom Gesetz zum Evangelium befreit.

Deshalb besteht die Mahnung Jesu zu Recht. Er erinnert sein Volk, ihm zu vertrauen. Dabei beruft er sich auf das Zeugnis Moses. Er habe von ihm geschrieben. Wenn Israel diesen Aussagen nicht traute, wie sollte es dann den Worten Jesu Glauben schenken (Joh. 5, 45 ff.)? Das geht schlechterdings nicht. Wissen wir, an wen wir glauben?

Ich weiß, was ewig bleibet,
wo alles wankt und fällt,
wo Wahn die Weisen treibet
und Trug die Klugen prellt.

Ich weiß, was ewig dauert,
ich weiß, was nimmer läßt;
auf ewgen Grund gemauert
steht diese Schutzwehr fest.

Es sind des Heilands Worte,
die Worte fest und klar;
an diesem Felsenhorte
halt ich unwandelbar.

So nur bleiben wir gegründet, geborgen unter der Treue Gottes.

In der TELOS-Paperbackreihe erscheinen folgende Titel

In der TELOS-Taschenbuchreihe erscheinen folgende Titel